WILLIAM BEACH LAWRENCE

AF854116

COMMENTAIRE

SUR LES

ÉLÉMENTS DU DROIT INTERNATIONAL

ET SUR

L'HISTOIRE DES PROGRÈS DU DROIT DES GENS

DE

HENRI WHEATON

TOME III

Elibron Classics
www.elibron.com

Elibron Classics series.

© 2006 Adamant Media Corporation.

ISBN 0-543-97131-7 (paperback)
ISBN 0-543-97130-9 (hardcover)

This Elibron Classics Replica Edition is an unabridged facsimile of the edition published in 1873 by F.A. Brockhaus, Leipzig.

Elibron and Elibron Classics are trademarks of Adamant Media Corporation. All rights reserved.

This book is an accurate reproduction of the original. Any marks, names, colophons, imprints, logos or other symbols or identifiers that appear on or in this book, except for those of Adamant Media Corporation and BookSurge, LLC, are used only for historical reference and accuracy and are not meant to designate origin or imply any sponsorship by or license from any third party.

COMMENTAIRE

SUR LES

ÉLÉMENTS DU DROIT INTERNATIONAL

ET SUR

L'HISTOIRE DES PROGRÈS DU DROIT DES GENS

DE HENRY WHEATON

PAR

WILLIAM BEACH LAWRENCE.

TOME TROISIÈME.

En vente chez le même éditeur:

WHEATON, Henry. Éléments du droit international. 4me édition. 2 vol. in-8. 4 Thlr.

WHEATON, Henry. Histoire des progrès du droit des gens en Europe et en Amérique depuis la paix de Westphalie jusqu'à nos jours. Avec une introduction sur les progrès du droit des gens en Europe avant la paix de Westphalie. 4me édition. 2 vol. in-8. 4 Thlr.

COMMENTAIRE

SUR LES

ÉLÉMENTS DU DROIT INTERNATIONAL

ET SUR

L'HISTOIRE DES PROGRÈS DU DROIT DES GENS

DE

HENRY WHEATON.

PRÉCÉDÉ D'UNE NOTICE SUR LA CARRIÈRE DIPLOMATIQUE DE M. WHEATON.

PAR

WILLIAM BEACH LAWRENCE,

ANCIEN MINISTRE DES ÉTATS-UNIS D'AMÉRIQUE A LONDRES, AUTEUR DU «DROIT DE VISITE EN TEMPS DE PAIX» ETC.

TOME TROISIÈME.

LEIPZIG:

F. A. BROCKHAUS.

1873.

Droits de traduction et de reproduction réservés.

Entered according to act of Congress, in the Year 1872,
By WILLIAM BEACH LAWRENCE,
In the office of the Librarian of Congress at Washington.

AVANT-PROPOS.

Il y a déjà plus de deux ans que la plus grande partie de ce volume est entre les mains de l'imprimeur. La guerre franco-allemande et des circonstances inattendues en ont retardé jusqu'aujourd'hui la publication. Le monde ne s'arrête jamais, et de nouveaux événements arrivent toujours. Depuis que la rédaction de ce livre a été commencée, les systèmes politiques de quelques-uns des principaux États du monde ont été constitués de nouveau, et des changements importants ont été effectués dans les lois de différents pays. Les études des jurisconsultes et des publicistes ont aussi éclairci, dans l'intervalle, des questions intéressantes touchant au droit international privé, questions qu'un traité tel que le nôtre ne doit pas ignorer.

Nous avons voulu profiter de l'occasion que nous a offerte la révision des épreuves, pour appeler l'attention de nos lecteurs, par des corrections intercalées soit dans le cadre du livre, soit dans les notes, sur des matières essentielles qui ont trait au sujet de nos travaux. On trouvera aussi dans les «Addenda» quelques explications pour remplir les lacunes, et qui doivent être insérées dans le corps de l'ouvrage. Un autre volume complétera les annotations sur le chapitre des «Éléments» concernant «les droits de Législation civile et criminelle.»

Dans la notice sur Mr. Wheaton, qui précède notre «Commentaire», nous avons parlé des éditions de ses ouvrages qui avaient paru jusqu'alors. Nous n'y avons pas fait mention d'une édition contrefaite des «Éléments», où on s'est servi de nos travaux en supprimant notre nom, et en déclarant dans la préface, que «les annotations de Mr. Lawrence ne font nullement partie de cette édition et qu'elle ne contient rien qui ne soit de l'auteur original et du présent commentateur.» Cette édition-là porte le nom de *Richard Henry Dana jr. LL. D.* Ayant intenté un procès à Mr. Dana, devant la Cour des États-Unis à Boston, pour réclamer notre propriété dans les annotations qui servent même aujourd'hui de base à ce «Commentaire», un jugement en notre faveur fut rendu par ce tribunal en 1869.

Le premier juge, en le prononçant, s'exprimait ainsi: «Il est inutile d'établir par des preuves, ce qui paraît clairement dans ces ouvrages, que les annotations dans les deux éditions de Wheaton, telles qu'elles ont été rédigées par le plaignant, indiquent des recherches et des travaux immenses, surpassant de beaucoup la matière des notes elles-mêmes; et il est également hors de doute que les résultats de ces recherches et de ce travail, ainsi qu'ils sont exposés dans ces ouvrages, ne pouvaient être atteints par personne autre qu'un homme de grande érudition, versé dans la lecture, et possédant l'expérience de telles études et de telles recherches. Un recueil aussi complet d'autorités, d'explications et de suggestions bien raisonnées ne peut se trouver, dans notre langue, nulle part ailleurs que dans le texte et dans les notes de l'auteur de l'ouvrage original. Ces propositions sont tellement hors de contradiction, que ce serait un acte de surérogation que d'ajouter rien de plus pour les maintenir.»

Aucun éloge plus flatteur ne pouvait être accordé à nos travaux que celui qui découle de l'existence de ce procès-là. Qu'un individu décoré du titre de *Doctor of Laws* par l'université de Cambridge, la première institution littéraire du pays, ne conçût aucun moyen qui lui servît davantage à revendiquer ses droits à un diplôme, que de s'approprier nos annotations, en publiant une édition dans laquelle, au risque d'être inculpé comme pirate et parjure, il a substitué son nom au nôtre, voilà un panégyrique de notre ouvrage, dont tout publiciste pourrait être fier à juste titre.

Comme notre attention a été, depuis quelques années, donnée exclusivement à notre «Commentaire», nous n'avons pas eu l'occasion de préparer une nouvelle édition de notre ouvrage en anglais. Nos deux premières éditions étant épuisées, nous lisons tous les jours dans les écrits d'auteurs étrangers, nos annotations avec des renvois à Dana.

Vu qu'il n'existe pas de conventions pour la garantie réciproque des œuvres de littérature (*Copyright Conventions*), entre les États-Unis et les pays étrangers, nous croyons qu'il est de notre devoir de faire savoir à nos collaborateurs de l'Europe, que nous n'avons pas abandonné les titres à notre propriété.

Ochre Point, Newport, Rhode Island, États-Unis d'Amérique, le 1er Octobre 1872.

W. B. LAWRENCE.

TABLE DES MATIÈRES

DU TOME TROISIÈME.

SECONDE PARTIE.

DES DROITS INTERNATIONAUX PRIMITIFS OU ABSOLUS.

CHAPITRE II.

DROITS DE LÉGISLATION CIVILE ET CRIMINELLE.

SECONDE PARTIE.

DES DROITS INTERNATIONAUX PRIMITIFS OU ABSOLUS.

CHAPITRE II.

DROITS DE LÉGISLATION CIVILE ET CRIMINELLE.

II.

CONFLIT DES LOIS.

ÉLÉMENTS, § 1. 2, tom. I, p. 102.

HISTOIRE, 4e *pér.*, § 41, tom. II, p. 371.

Rapports internationaux des États à l'endroit des individus.

« Les rapports directs des États entre eux, dit un publiciste de nos jours, ne sont pas les seuls dont le droit international ait à s'occuper. Deux États peuvent se trouver placés à la fois vis-à-vis d'un ou de plusieurs individus, et les rapports contradictoires naissant de ce contact personnel peuvent être d'une nature publique ou privée, selon que des intérêts sociaux ou des intérêts individuels sont en jeu. Dans le premier ordre d'idées rentrent les questions encore toujours si intéressantes, des droits d'extradition, d'expulsion arbitraire, et en général toutes les mesures qu'un État peut ou doit prendre quant à ceux qui ne sont pas ses sujets, et qui viennent cependant se placer dans les limites de sa juridiction.

Droits d'extradition, d'expulsion arbitraire.

« Le second ordre de rapports comprend tous ceux dont s'occupe le *droit international privé*, science de plus en plus

Droit international privé.

importante à mesure que les déplacements deviennent plus faciles, plus fréquents, et que les relations de famille, de propriété et de commerce se multiplient de peuple à peuple. Il s'agit en effet de savoir quel sera le sort légal, judiciaire, de toutes ces personnes, de tous ces biens, de tous ces actes, à l'occasion desquels deux ou plusieurs administrations de pays différents se rencontrent. Tantôt l'embarras provient, comme dans le droit international public, de ce qu'il n'y a pas de loi positive. Mais, d'autrefois, il s'agit de savoir, entre un grand nombre de lois positives, laquelle choisir ou comment les concilier. »[1]

Rencontre d'administrations de pays différents.

Dans les premiers jours de Rome, la jurisprudence se réglait selon la nationalité. Nous avons déjà eu occasion de parler du *jus civile* comme droit propre aux Romains, par opposition aux systèmes de droits particuliers aux autres peuples. Nous avons de même expliqué comment le *jus gentium* des Romains, ensemble des règles communément observées parmi les nations connues des Romains, fut introduit de bonne heure, non seulement comme droit des *Peregrini*, mais aussi comme complément nécessaire, dans le *jus civile.*[2]

Jus Gentium des Romains et droit international privé.

Du temps où la constitution romaine avait acquis tout son développement, vers la fin de la république et dans les premiers siècles de la domination impériale, l'Italie entière, non compris la ville de Rome, se composait d'un grand nombre de communes urbaines, la plupart municipes et colonies, et de diverses communautés secondaires. Chacune d'elles avait sa constitution plus ou moins indépendante, ses magistrats, sa juridiction et même sa législation spéciale. Les provinces avaient, dès l'origine, des constitutions très-différentes. Elles se rapprochèrent de plus en plus de la constitution des villes de l'Italie. Au second et au troisième siècle de l'ère chrétienne, le sol presque entier de l'Empire était partagé en territoires distincts des villes, et ainsi les habitants de l'Empire appartenaient ou à la ville de Rome, ou à l'une de ces communes urbaines.

Constitution romaine au commencement de l'Empire.

L'Italie partagée en communes.

La *Lex Julia* avait accordé le droit de cité romaine à l'Italie

Droit de cité accordé à l'Italie et aux provinces.

[1] ROLIN-JÆQUEMYNS, *De l'étude de la législation comparée et du droit international. Revue de droit international*, 1869, tom. I, p. 243.

[2] Voir notre *Commentaire*, tom. I, p. 106.

entière, et Caracalla à toutes les provinces. L'organisation politique de l'empire dut ainsi faire perdre au droit romain cette forte empreinte de nationalité qui le distinguait jadis, et rendre de plus en plus prédominante une certaine tendance à un caractère universel se pliant également à toutes les nationalités.

S'il existait des cas exceptionnels où un individu ou une classe ne jouissait pas complétement de tous les droits de citoyen romain, le nombre en était trop peu considérable pour influer sur la règle qui reconnaissait la jurisprudence de Justinien comme la loi universelle du monde civilisé.

Autonomie judiciaire et politique.

Tout était alors basé sur le principe de l'autonomie judiciaire de même que sur celui de l'autonomie politique.

Cette unification qui existait en tous sens ne laissait aucune place, ni aux conflits des lois, ni à l'idée moderne, que nous ne pouvons accepter, de jugements rendus, *ex comitate*, d'après une jurisprudence étrangère.

La loi romaine après le démembrement de l'Empire.

La loi romaine, même comme système pratique, ne cessa pas d'exister lors du démembrement de l'Empire, quoique les limites de son autorité fussent bornées à ceux qui avaient été élevés sous son influence.

La jurisprudence personnelle ou nationale lors de l'invasion des Goths.

Vers l'époque de l'invasion des tribus du Nord, la jurisprudence devint essentiellement personnelle ou nationale. « Lorsque, dit Savigny, les Goths, les Bourguignons, les Francs et les Lombards fondèrent de nouveaux États où les Romains ne conservèrent plus ni domination ni influence, ces barbares pouvaient traiter les vaincus de différentes manières. Ils pouvaient anéantir la nation en exterminant ou en asservissant les hommes libres; ils pouvaient encore se l'incorporer en lui imposant les mœurs, la constitution et les lois de la Germanie. Loin de là, confondues sur le même territoire, les deux nations conservèrent des mœurs et des lois distinctes qui engendrèrent cette espèce de droit civil appelé droit personnel ou loi personnelle, par opposition au droit territorial. Dans le même pays, dans la même ville, le Lombard vivait d'après la loi lombarde, le Romain d'après la loi romaine. L'esprit des lois personnelles régnait également parmi les individus des diverses tribus germaniques, et les Francs, les Bourguignons, les Goths vivaient sur le même sol, chacun d'après son droit. Ainsi

1 *

Les nationalités sur le même territoire conservent leurs lois distinctes.

s'explique le passage suivant d'une lettre d'Agobard à Louis le Débonnaire. 'On voit souvent converser ensemble cinq personnes dont aucune n'obéit aux mêmes lois.' » [1]

Pour reconnaître le lien qui unit une personne à un droit primitif déterminé, il faut se rappeler que le droit primitif lui-même a son siége dans le peuple, soit comme grande unité naturelle, soit comme partie intégrante d'une telle unité. Savigny, dans son « Système », dit: « Deux causes principales de tous temps ont établi et limité entre les individus la communauté du droit primitif: ce sont l'origine et le territoire. »

La nationalité, limite de la communauté de droit.

« La nationalité comme motif et comme limite de la communauté du droit nous apparaît surtout chez les peuples nomades, qui, en général, n'ont pas d'établissements fixes; tels étaient les Germains à l'époque de leurs migrations. Et, même après qu'ils se furent établis sur le sol de l'empire romain, le principe de la nationalité subsista longtemps encore avec le système des droits personnels, qui, dans chaque État, s'appliquaient concurremment; et là, à côté du droit franc et lombard, nous trouvons aussi le droit romain maintenu comme droit personnel des habitants primitifs des nouveaux États fondés par la conquête. » Il ajoute:

Nationalité des Juifs.

« De nos jours l'empire turc nous offre encore l'image la plus complète de cette espèce de communauté du droit. Dans les États chrétiens de l'Europe, les Juifs, pour qui la durée du droit national et même leur nationalité distincte se rattachait à la religion, ont conservé les derniers restes de la communauté du droit. » [2]

Communauté de droit dans l'empire turc.

Dans les États Ottomans, les Francs, selon un système exceptionnel, possèdent aujourd'hui une véritable exterritorialité, ainsi que nous le verrons lorsque nous traiterons de la juridiction consulaire dans le Levant. [3] D'après un éminent publiciste français, « Un moyen d'améliorer la condition des chrétiens d'Orient, est la reconnaissance légale des diverses nationalités qui partagent la population de l'Empire,

Effet de la reconnaissance légale des diverses nationalités des populations de l'Empire turc.

[1] Savigny, *Histoire du droit romain,* traduction de Guenoux, tom. I, p. 89. Voir aussi Fœlix, *Droit international privé*, p. 12.

[2] Savigny, *Traité de droit romain*, traduction de Guenoux, tom. VIII, p. 19.

[3] Voir § XI de ce chapitre.

et la concession faite à ces nationalités de droits et de priviléges particuliers. Souvent même cette reconnaissance de la nationalité d'une population a fait partie d'un traité conclu avec une puissance étrangère. Cet état de choses répugne aux idées d'égalité politique et civile de l'Occident; il s'accorde avec les idées et les traditions de l'Orient. Les diverses races chrétiennes y sont comme constituées naturellement en corps de nations par la reconnaissance de leurs églises. Ce moyen d'amélioration était donc celui qu'il était le plus raisonnable d'employer en Turquie. C'est de ce côté qu'il fallait pousser le progrès turc après le traité de 1856, afin d'en pratiquer et d'en appliquer l'esprit. L'Occident ne semble pas y avoir pensé. »[1]

Personnalité de lois dans les possessions françaises.

« Aujourd'hui encore, dit Fœlix, grâce à nos possessions dans l'Inde, grâce surtout à la conquête de l'Algérie, nous avons quelque chose d'assez analogue au système de la personnalité des lois qui fut autrefois en vigueur après la conquête de l'Empire romain par les Barbares. Certaines populations soumises à la France sont gouvernées, d'une manière plus ou moins complète, par une loi civile qui n'est point la loi française. »[2]

Personnalité de lois dans les Indes britanniques.

Il en est de même dans les Indes britanniques. Dans l'Hindoustan, la loi anglaise est la loi dominante pour tous les habitants qui appartiennent à la famille européenne de nations. En 1855 il n'y avait en vigueur au delà des limites des villes aucune *lex loci*, aucune véritable loi civile pour les diverses classes de personnes qui n'avaient pas, comme la plus grande partie de la population, c'est-à-dire les Hindous et les Mahométans, des lois spéciales, que les juges fussent obligés d'appliquer.[3]

Lois en vigueur dans l'Hindoustan.

Lois personnelles jusqu'à l'ère féodale.

Les lois restèrent personnelles aussi longtemps que les races diverses ne furent pas fondues dans une nationalité nouvelle. C'est au début de l'ère féodale que la fusion s'opéra.

« En même temps que le vieux droit romain s'en allait, un nouveau droit, ou plutôt une nouvelle législation s'établissait,

[1] SAINT MARC GIRARDIN, *Revue des Deux Mondes*, tom. II, 1869, p. 290.

[2] FŒLIX, *Traité du droit international privé*, p. 87.

[3] GUTHRIE, *Savigny's Private international law*, p. 18.

Code visigoth d'Ewarick.

tantôt seule, tantôt mêlée à un fonds romain. Cette révolution opérée à la fin du Ve et au commencement du VIe siècle, donna pour résultat le fameux Code visigoth, rédigé par les ordres du roi Ewarick.

Mélange des lois romaines avec les coutumes des Goths.

« Ce qui caractérise le Code d'Ewarick, c'est le mélange des lois romaines avec les vieilles coutumes et la vieille organisation des Goths. Quel était le fond de cette organisation? La truste

Truste ou clan militaire.

ou le clan militaire. Un chef renommé et puissant groupait autour de lui des guerriers d'un rang secondaire qui mangeaient à sa table et le suivaient partout, le défendaient à la guerre avec le plus absolu dévouement, en échange de quelques bienfaits, comme des chevaux, des armes, une part de butin, des terres prises sur l'ennemi. Ces terres étaient d'abord données à titre viager, et même elles pouvaient être reprises à volonté par le chef; mais, comme chaque nouveau partage entraînait à sa suite de graves désordres et était une occasion de déprédations féroces exercées sur les malheureux Gallo-Romains, Ewarick, pour donner quelque securité aux habitants du pays et contenir ses propres gens, rendit ces partages ou bénéfices inamovibles. C'était un progrès sur le pillage militaire, c'était le commencement de la féodalité et la ruine du système romain.

Loi salique.

«La loi salique, c'est le droit barbare, le droit germain, libre de toute influence romaine ou religieuse. C'était une réforme de l'ancienne loi des Saliens, opérée en 506, par Clovis, Childebert et Clotaire, mais que nous ne connaissons que par une rédaction du VIIe siècle. Qu'est ce qui fait le fond essentiel de cette législation fameuse? Trois choses, la haine du nom romain, le rachat en argent substitué à la peine, c'est-à-dire l'intérêt à la justice, et la force militaire substituée au droit; on peut ajouter l'organisation militaire, le clan militaire, la truste, tenant lieu de toute autre organisation. » [1]

Régime féodal.

Sous le régime féodal la personnalité fit place à la territorialité. La notion de l'État commença à se développer au sein des petites sociétés féodales qui s'établirent sur les ruines de l'empire

La personnalité fait place à la réalité.

carlovingien. La personnalité fit place en tout à la réalité. De personnelles qu'elles étaient, les lois devinrent réelles.

Les chefs donnaient à des gens de guerre des terres pour

[1] AD. FRANCK, *Réformateurs et publicistes de l'Europe*, p. 30.

en jouir à la charge de les servir en guerre. Les terres concédées à ce titre s'appelaient *beneficia*, ce qu'en langue barbare on a appelé *fiefs*. Ces concessions ne se faisaient dans l'origine que pour la vie de la personne à qui on les concédait; par la suite des temps, ceux qui tenaient des terres à titre de fiefs, les ont transmises à leurs enfants et même à leurs héritiers collatéraux; ils ont encore par suite acquis le droit de les aliéner et d'en disposer à leur gré.[1]

Beneficia ou fiefs.

C'était encore le fier esprit du Barbare qui inspirait le seigneur féodal; chaque baron était roi dans sa baronnie, comme après la conquête chaque propriétaire était indépendant dans son alleu. Seulement tous ces petits souverains étaient unis par un lieu de dépendance réelle, ou tout ensemble réelle et personnelle. Nulle terre sans seigneur, et tout seigneur avait un suzerain. De là les baronnies, les vassalités qui couvrirent l'Europe féodale. De là plus tard les coutumiers qui régissaient les provinces, les villes, les communes rurales.[2]

Origine des baronnies et des vassalités.

«Voilà, dit l'éminent publiciste français que nous avons cité, la barbarie installée sur le territoire et dans le droit de l'Europe, mais la barbarie était divisée en lambeaux épars, éparpillée sur tout le sol, et constamment en guerre avec elle-même; il fallait la réunir dans une seule main, la pénétrer d'un même esprit, lui donner une organisation au moins provisoire, en attendant qu'elle devînt une société durable.»[3]

Organisation des fiefs.

Par la suite des temps, les nations vivant sous la même domination politique se confondirent en se réunissant dans une seule, et le système des lois personnelles fut complétement remplacé par celui de la souveraineté territoriale. Le droit applicable ne fut plus déterminé par la naissance, mais par le territoire. La loi du territoire s'appliquait aux choses et aux personnes qui s'y trouvaient.

Souveraineté territoriale.

C'est la féodalité qui a contribué à substituer le principe territorial au principe de la nationalité ou au principe personnel. Elle a lié l'allégeance au sol. Le principe s'établit que le droit

Principe féodal substitué par la féodalité au principe territorial.

[1] Pothier, *Œuvres*, tom. IX, p. 494. *Traité des Fiefs.*

[2] Laurent, *Statuts réels et personnels. Revue du droit international*, 1869, tom. I, p. 265.

[3] Ad. Franck *in loc. cit.*

se détermine par le territoire et qu'il régit les propriétés et les contrats de tous ceux qui l'habitent. Ce principe a été poussé plus loin en Angleterre que partout ailleurs. Il a fallu même, au temps d'Édouard III, un acte du Parlement pour décider que le fils du roi, né sur un territoire étranger, pourrait hériter de la couronne.

Allégeance liée au sol.

Principe de la territorialité en Angleterre.

« Le régime des lois personnelles a survécu longtemps dans certaines contrées de l'Allemagne, où on en retrouve des vestiges jusqu'au XIIe siècle. Un diplôme de l'Empereur Frédéric Ier de 1181 fait mention du droit franc qu'il fallait appliquer aux personnes qui jusqu'alors l'avaient professé ou avaient vécu sous son régime. D'autres documents contemporains attestent l'existence de la loi des Bavarois, de celle des Saxons de l'Est, des Saxons angariens, des Saxons westphaliens, des Allemands. Dans le Miroir de Saxe le principe des lois personnelles subsiste à côté du principe territorial. » [1]

Durée du régime des lois personnelles en Allemagne.

L'empire germanique, tel qu'il fut définitivement fixé par la paix de Westphalie (1648), était composé de trois cents cinquante-cinq États souverains, tant féodaux qu'ecclésiastiques et municipaux. Tous les princes, États et membres immédiats de l'Empire, sans en excepter aucun, avaient droit de justice dans l'étendue de leurs fiefs, et cette justice était souveraine pour les affaires criminelles et pour les civiles; à la réserve toutefois d'un appel en certains cas civils à la chambre impériale ou au conseil aulique. [2]

Empire germanique, à la paix de Westphalie, 1648.

Droits de justice possédés par les Princes et les États.

Il s'ensuit qu'il y avait des droits contradictoires au sein de chacun des États qui composaient l'Empire. Ils existent encore aujourd'hui, bien que l'Empire germanique ait été dissous depuis deux tiers de siècle. «Ces droits particuliers», dit Savigny, «régissent tantôt une province, tantôt une subdivision d'une province, tantôt une commune. Le plus souvent ils sont établis pour le territoire d'une ville, quelquefois même pour une partie de ce territoire. Ainsi, par exemple, jusqu'au 1er Janvier 1840 il y eut à Breslau cinq lois particulières différentes sur le droit de succession, le droit de biens entre époux, etc., et constituant autant de juridictions locales. » [3]

Droits particuliers régissant une province ou une ville.

[1] SAINT JOSEPH, *Concordance des codes civils*, tom. I, p. cxiii.

[2] Voir notre *Commentaire*, tom. I, p. 349, 350 *supra*.

[3] SAVIGNY, *Traité de droit romain*, par GUENOUX, tom. VIII, p. 22.

C'était un axiome du droit allemand que les coutumes sont réelles. On entendait par là qu'elles étaient souveraines; mais leur empire était limité au territoire où elles avaient pris naissance. Poussé à l'extrême, le principe de la réalité des coutumes aurait exclu toute idée de la personnalité; toutes les coutumes étant également souveraines, chacune excluait toute influence d'une souveraineté étrangère. L'indépendance du Germain s'était transformée en souveraineté, et celle-ci était tout aussi exclusive que l'autre.

Coutumes réelles d'après le droit allemand.

Il y avait aussi un rapport tout spécial dans le développement du droit germanique qui existe jusqu'aujourd'hui, et dont Savigny parle sous l'expression technique d'*autonomie* — c'est le privilége appartenant à la noblesse et à plusieurs corporations de régler elles-mêmes leurs rapports particuliers par une espèce de législation domestique.[1]

Autonomie de la noblesse et de corporations.

La même condition de choses qui existait en Italie avant que tous les anciens États fussent englobés dans Rome, a reparu au moyen-âge. L'Empire allemand appelé le Saint Empire Romain n'existait que de nom pour l'Italie. L'idée de patrie était partout restreinte au petit territoire de la ville natale. Il se forma dans toutes les villes de l'Italie des systèmes séparés et indépendants, qui contrastaient non-seulement avec le droit romain, mais aussi avec le droit lombard, considérés l'un et l'autre comme droit commun.

État de l'Italie au moyen âge.

«Les deux principes de la personnalité et de la réalité étaient faux l'un et l'autre, tout en renfermant chacun un élément de vérité. Ils étaient faux parce que les lois personnelles des Barbares ne tenaient aucun compte de l'État et de ses droits, elles ne connaissaient que l'individu; tandis que les lois réelles de la féodalité faisaient de l'homme l'accessoire du sol et l'assujettissaient à la souveraineté qui y était attachée. A force d'exalter la personne, les Barbares détruisaient la société générale, sans laquelle l'individu ne peut pas vivre. Et à force de réagir contre toute loi étrangère, la féodalité méconnaissait la personnalité humaine, dont la loi est l'expression. La lutte devait durer des siècles, elle n'est pas encore à sa fin.»[2]

Principes de la personnalité et de la réalité tous deux faux.

Statuts d'après les légistes.

[1] Savigny, *Traité de droit romain*, par Guenoux, tom. VIII, p. 112.

[2] F. Laurent, *in loc. cit.*

Les légistes se sont beaucoup occupés de la distinction entre les différentes classes de statuts. Il est à peine nécessaire de dire que le mot *statut* dans le sens dans lequel il est ici employé n'indique pas la législation positive d'un pays. Il n'a pas de rapport avec le terme *statute* dans la loi anglaise et américaine, où il s'applique aux Actes du Parlement, ou du Congrès, en contradistinction avec la loi commune (*Common law*).[1]

Charles Albert donna aux lois organiques promulguées par lui en 1848 le titre de *Statuto Sardo*, devenu aujourd'hui *Statuto Italico.*

Le *statut* est pris par les légistes dans un sens général et comme synonyme de la loi.

Phillimore sur les *Statuts.*

Phillimore débute, dans son chapitre sur les Statuts, en disant: «Les efforts des juristes pour trouver une solution satisfaisante du grand problème de la jurisprudence internationale privée, à savoir: s'il y a des lois qui doivent avoir de l'effet au delà du territoire du législateur, et, s'il y a de telles lois, dans quels cas elles doivent agir? Ces efforts ont eventuellement amené la fameuse distribution des statuts en 1° *Personnels*, 2° *Réels*, 3° *Statuts mixtes.* Un ouvrage sur le *jus gentium* qui omettrait toute mention de cette ancienne et célèbre distinction, serait sujet à la critique, tant sous le rapport de l'imperfection historique, que pour avoir omis d'expliquer à ses lecteurs la valeur d'expressions techniques, sans la connaissance desquelles les ouvrages des juristes seraient, pour la plupart, inintelligibles. Il est vrai néanmoins, dit-il, que l'examen ne saurait établir des limites claires et positives dans cette partie de la science du Droit.»[2]

Statuta personalia, realia, mixta.

La distinction des *Statuta personalia, realia, mixta*, se trouve déjà à l'état d'ébauche dans Bartole (1313—1359), et elle n'apparaît plus complétement développée que vers la fin du seizième siècle.

Definition de Bartole.

D'après Boullenois (1680—1762) la définition de Bartole se borne à ce que certains termes mis devant ou mis après, déterminent la nature et la condition des statuts, comme par exemple, si le statut est conçu ainsi: *l'aîné aura les deux tiers*;

[1] STORY'S *Conflict of laws*, § 12, p. 11. Ed. REDFIELD.

[2] PHILLIMORE, *Commentaries on international law*, vol. IV, p. 233.

car pour lors ce statut sera personnel, parce que dans sa construction, il commence par la personne: que si, au contraire, il était conçu en ces termes: *les deux tiers seront pris par l'aîné*, le statut sera réel, en ce que dans sa construction il commence par la chose.

Les auteurs, qui ont écrit successivement sur cette matière, n'ont point été contents les uns des autres; presque tous trouvent que ceux qui les ont précédés s'étaient fort mal acquittés de ce qu'ils avaient entrepris: D'Argentré (1519—1590) et Burgundius (1586) se sont tellement fatigués à nous présenter des règles là-dessus qu'il semble qu'ils aient choisi cette matière comme un théâtre qui les placerait au grand jour. Il paraîtrait en être de même de Rodenburgh qui florissait au milieu du 17e siècle, de Voet père (1619—1677), de Voet fils (1647—1714), et de Hertius (1651—1710). Une traduction de l'ouvrage de Rodenburgh «de jure quod oritur e statutorum diversitate» est jointe par Boullenois à son propre livre.

D'Argentré, Burgundius.

Rodenburgh, Voet père et fils, Hertius, Froland.

Froland, écrivant en 1729 ses *Mémoires sur les Statuts*, insinue assez clairement que ceux qui ont écrit avant lui n'ont fait que glisser sur les difficultés.

Voici les définitions de Boullenois lui-même:

Définition de Boullenois.

«Ou le statut dispose simplement des personnes.

«Ou il dispose simplement des choses.

«Ou il dispose tout à la fois, et des personnes, et des choses.

«Ou le statut règle l'état universel de la personne et sa condition, sans faire aucune mention des choses, de manière que les personnes y sont considérées, abstraction faite, et sans aucun rapport aux biens. Tels sont, par exemple, les statuts qui fixent l'âge où la personne jouit de ses droits, ceux qui fixent le temps où le fils est affranchi de la puissance paternelle.

Statut qui règle la personne, fixant l'âge de majorité, etc.

«Ou le statut règle seulement les choses de manière que le ministère et le concours de la personne n'y sont point nécessaires. Tels sont les statuts qui règlent les successions *ab intestat*, ceux qui veulent que les biens maternels passent aux parents maternels, et les biens paternels aux parents paternels, que les bâtards succèdent à leurs mères et non à leurs pères. Tels sont encore ceux qui déterminent le cas où l'on succède par souche ou par tête. Toutes ces dispositions concernent les successions *ab intestat*.

Statut réglant les choses. Successions *ab intestat*, etc.

«Ou enfin le statut permet, défend, ou règle ce que la personne peut par rapport à ses biens, de manière qu'il ne saurait y avoir de contravention, qu'autant qu'il y a du fait de la personne: tels sont les statuts suivants: Aucun ne peut disposer de ses biens par testament sans la permission du Prince. Les conjoints ne peuvent se léguer l'un à l'autre. Le mari ne peut aliéner les biens-fonds sans le consentement de sa femme.» [1]

Définition de D'Aguesseau.

La meilleure définition qui ait été donnée par les auteurs du dernier siècle, est celle de D'Aguesseau (1668—1751): «Le véritable principe, en cette matière, dit il, est qu'il faut distinguer si le statut a directement des biens pour objet, ou leur affectation à certaines personnes, ou leur conservation dans les familles, en sorte que ce ne soit pas l'intérêt de la personne dont on examine les droits ou les dispositions; mais l'intérêt d'un autre dont il s'agit d'assurer la propriété ou les droits réels, qui ait donné lieu de faire la loi; ou si, au contraire, toute l'attention de la loi s'est portée vers la personne pour décider, en général, de son habileté générale et absolue, comme lorsqu'il s'agit de mineurs ou de majeurs, de père ou de fils légitime, d'habile ou inhabile à contracter par des causes personnelles. Dans le premier cas le statut est réel, dans le second il est personnel.» [2]

Statuts personnels et réels en Angleterre.

Westlake.

D'après Westlake, «la distinction entre les statuts réels et personnels, quoiqu'elle ne fût pas entièrement inconnue en Angleterre, n'y a jamais été d'un grand cas. C'est ce qui vient probablement du fait que notre système juridique avait déjà acquis un caractère défini, entièrement différent de celui du continent, avant l'époque où cette distinction a acquis son plein développement à l'étranger.» [3]

Statuts réels et personnels dans la Louisiane.

Mais bien qu'on ne trouve de mention des statuts ni dans les *Reports* anglais ni dans ceux des États américains qui reconnaissent la loi commune anglaise, la Cour Suprême de la Louisiane a examiné, il y a quelques années, en grand détail la doctrine des statuts réels et personnels, telle qu'elle existe sur

[1] BOULLENOIS, *Traité de la personnalité et de la réalité des lois*, tom. I, p. 13, 25, éd. 1766.

[2] D'AGUESSEAU, 54e *plaidoyer* (*Œuvres*, tom. IV, éd. 1764, p. 660)

[3] WESTLAKE, *Private international law*, p. 131.

le continent de l'Europe. Il s'agissait du droit de propriété des personnes mariées dans les autres États qui s'établissent par la suite dans la Louisiane, quant aux acquêts et gains faits après le changement de domicile.

«La doctrine, dit la cour, que les auteurs de la Hollande et de la France nomment *doctrine des statuts réels et personnels*, n'est pas, comme on pourrait le supposer d'après les termes employés, limitée à la loi écrite et positive. Elle est appliquée aussi aux lois non écrites, ou aux coutumes, par lesquelles l'état ou la condition de l'homme est réglé, ses contrats sont régis, ou ses biens partagés à sa mort. Elle prétend fournir les règles qui doivent régir les hommes en matière civile lorsqu'ils passent d'un pays dans un autre, et distinguer ainsi que décider dans tous les cas où la loi du domicile et celle du pays d'origine diffèrent; quand celle du lieu où un contrat est conclu diffère de celle de son exécution; quand le pays où un mariage est contracté et celui où il est dissous ont des règles différentes, ou quand, à la mort du propriétaire, ses biens sont situés en divers endroits ayant des règles différentes quant à leur répartition.

Doctrines des publicistes de la Hollande et de la France sur les statuts.

«D'après les juristes de ces pays, un statut personnel est celui qui suit et gouverne l'individu qui lui est sujet, en quelque lieu qu'il aille.

Statut personnel.

«Le statut réel régit les choses, et ne s'étend pas au delà des limites du pays dont il dérive son autorité.

Statut réel.

«Le statut personnel d'un pays gouverne le statut personnel d'un autre pays lorsqu'un individu qui a été régi par le premier, ou qui a conclu un contrat d'après lui, passe dans le second pays.

Statut personnel d'un pays — dans un autre pays.

«Mais il est sujet à un statut réel de l'endroit où la personne soumise au statut personnel s'établira, ou de celui où les biens donnant lieu au litige peuvent être situés.»

La Cour admettant que la plupart des auteurs de la France et de la Hollande étaient d'un autre avis, mais se basant principalement sur l'autorité de l'ancienne loi espagnole, arriva à la conclusion que la loi de la communauté doit, d'après de justes principes d'interprétation, à l'égard de personnes mariées en dehors de la Louisiane, et qui s'y établissent ensuite, être considérée comme un statut réel, puisqu'elle se rapporte davantage

Loi espagnole.

Loi de la communauté, Statut réel dans la Louisiane.

aux choses qu'aux personnes, et selon le langage de d'Aguesseau, « a en vue l'affectation des biens à certaines personnes ou leur conservation dans les familles. » [1]

Telle est la règle établie maintenant par le code revisé de la Louisiane (Art. 2370); mais la décision dont nous parlons fut rendue, quant à la loi selon qu'elle existait, avant la promulgation de ce code et lorsque la loi espagnole constituait la loi commune de l'État.

Définition de Savigny. Statuts personnels.

« Les Statuts personnels, d'après Savigny, sont les lois qui ont surtout pour objet (*principaliter*) la personne et son état, lors même qu'elles contiendraient des dispositions accessoires relatives aux biens.

Statuts réels.

« On appelle Statuts réels les lois qui traitent *principaliter* des choses (c'est-à-dire des immeubles), bien que les personnes puissent s'y trouver mentionnées secondairement.

Statuts mixtes.

« Les Statuts mixtes sont, suivant quelques auteurs, les lois qui ne se rapportent ni aux personnes ni aux choses, mais aux actes; suivant d'autres auteurs, ce sont les lois qui se rapportent en même temps aux personnes et aux choses. Ces deux définitions en apparence contradictoires rentrent néanmoins l'une dans l'autre.

« Voici maintenant le sens pratique de cette doctrine.

L'application de la doctrine des Statuts par Savigny.

« Prenant pour point de départ la question de savoir quelles sont les lois applicables même hors des États où elles ont été rendues, voici comment on y répond: les statuts personnels s'appliquent à toutes les personnes qui ont leur domicile dans les États du législateur, lors même que ces personnes comparaissent devant un juge étranger. Les statuts réels s'appliquent à tous les immeubles situés dans les États du législateur, quel que soit le juge appelé à prononcer, national ou étranger. Enfin les statuts mixtes s'appliquent à tous les actes passés dans les États du législateur, quel que soit le pays où intervient la décision. — Tel est l'ensemble du système; mais dans les détails nous trouvons une grande divergence d'opinions; car on n'est d'accord ni sur les limites de ses diverses parties, ni sur ses applications pratiques. » [2]

[1] MARTENS, *Louisiana Reports*, N. S., vol. V, p. 569, 608, *Saul vs. His Creditors*.

[2] SAVIGNY, *Traité de droit romain*, par GUENOUX, vol. VIII, p. 121.

Avant la révolution française, nous avons déjà eu occasion de le dire, la France se partageait en deux systèmes généraux: celui des pays *coutumiers* et celui des pays *de droit écrit*. Chacun de ces systèmes se subdivisait en une infinité de branches. Il y avait plus de cent quatre-vingt coutumes générales, lesquelles se trouvaient modifiées par un grand nombre de coutumes locales. Le *droit écrit* variait aussi suivant les lieux. [1]

Lois françaises avant la révolution — pays coutumier — pays du droit écrit.

Les coutumiers, œuvres privées des légistes, ont succédé aux lois barbares, comme les ordonnances des rois de France aux capitulaires des rois francs. Aucun de ces recueils ne remonte au delà du 13e siècle. Au régime des coutumiers succéda celui des coutumes. On distingue trois périodes dans la rédaction officielle des coutumes, dont la première fut commencée par une ordonnance de Charles VII, en 1453; la seconde commence avec les lettres d'édit de Louis XII, en 1505.

Les coutumiers français.

Rédaction des coutumes.

La réformation des coutumes qui constitue la troisième période, date de 1580. De Thou, Faye et Viole ont présidé comme commission du roi à cette révision.

Cujas (1520 à 1590) et Dumoulin (1560) réfléchissent le double esprit de leur siècle. Cujas, descendant admirable des jurisconsultes romains, reconstruit leurs statues mutilées et les orne des fleurs les plus riches des lettres classiques. Dumoulin, le vigoureux athlète, remplit de ses combats la France et l'Allemagne, revendique l'unité de la monarchie, l'unité du droit national, qui a trouvé enfin son jurisconsulte, et dont, selon l'expression de Bretonnier, il a été l'oracle. Il répond à Cujas qui poursuit le droit coutumier de ses épigrammes, que le droit romain n'a plus qu'une autorité de raison; que la force légale appartient au droit national sans partage. La route est tracée désormais, route parcourue plus tard par Pothier qui, avec son talent admirable de classification, réduira à l'expression la plus simple les vastes matériaux accumulés par les âges et préparés par les jurisconsultes du XVIe siècle.

Cujas et Dumoulin.

Pothier.

Le code Napoléon fut mis en vigueur en Mars 1803, et dès cette époque une jurisprudence uniforme fut reconnue par toute la France.

Code Napoléon — Jurisprudence uniforme.

Les rapports et les discussions des rédacteurs du Code con-

[1] Voir notre Notice sur Wheaton, *Commentaire*, tom. I, p. 3. Pailliet, *Droit français*, Introduction, p. IV, note.

stituent, même aujourd'hui, ses meilleurs commentaires. Mais où les rédacteurs du code ont-ils trouvé les moyens d'accomplir leur tâche? Le mérite que l'histoire accorde à Ulpien, d'être le véritable auteur du code Justinien, ce titre n'appartient-il pas à Pothier (1699—1772) quant au code Napoléon? A Pothier est certainement échue l'heureuse mission de devenir le précurseur du code Napoléon et de servir de modèle à ses rédacteurs. Non seulement ses œuvres, que nous avons eu occasion de consulter dans le cours de nos travaux, fournissent des commentaires sur l'ancien droit français, mais c'est lui qui, par un nouveau digeste des *Pandectes* de Justinien, a remédié au défaut d'ordre de ce grand ouvrage.

Pothier à l'endroit du code Napoléon.

Les devanciers du code Napoléon.

Laurent nous rappelle que les auteurs du code Napoléon ont mis à profit les ordonnances de 1731 sur les donations, de 1735 sur les testaments, de 1747 sur les substitutions. Il nous rappelle comment Portalis a déclaré que pour établir l'unité et l'harmonie entre deux droits aussi différents que les lois romaines et les coutumes, on avait fait une transaction entre eux toutes les fois qu'il avait été possible de concilier leurs dispositions ou de les modifier les unes par les autres sans rompre l'unité du système et sans changer l'esprit général.

Portalis sur la rédaction des Codes.

Transaction entre le droit romain et le droit coutumier.

Laurent regarde comme un fait heureux que la transaction se soit trouvée le plus souvent impossible. «La conciliation, dit-il, ne pouvant se faire entre le droit et les coutumes, il fallait choisir, et les auteurs du Code, élevés dans les pays de droit coutumier, donnèrent la préférence aux coutumes. Notre droit des personnes n'a plus rien de commun avec le droit romain. Le mariage, la puissance maritale, la puissance paternelle ont changé de caractère. Il n'y a presque aucun rapport entre les principes du droit romain sur la filiation et ceux du code Napoléon. Notre tutelle repose sur de tout autres bases. La communauté légale, régime de droit commun des époux, était inconnue des jurisconsultes de Rome. Notre système hypothécaire s'est écarté entièrement des maximes romaines. La saisine vient des coutumes; les formes et les conditions des donations et testaments sont puisées dans les ordonnances.» [1]

Laurent sur les différences entre le droit romain et le Code.

Les dispositions des lois romaines concernant les substitutions (*fideicommissa*) ne furent admises dans les anciennes lois

Les lois romaines sur les substitutions, et les principes des institutions féodales.

[1] LAURENT, *Principes du droit civil français*, tom. I, p. 14, 31, 32.

qu'avec de grandes modifications; mais conformément à l'esprit des institutions féodales, un ordre de succession perpétuel et particulier à chaque famille se réglait le plus souvent de mâle en mâle et d'aîné en aîné. Par le Code, «les substitutions sont prohibées» en termes généraux. Art. 896. [1]

Sous l'influence de l'esprit philosophique de l'époque, la France révolutionnaire, dont les premiers actes datent de 1789, abolit le régime féodal dans ses derniers vestiges en y comprenant le droit d'aînesse. Ce régime féodal, personne n'a voulu le restaurer, même lors du retour des Bourbons en 1814—15. Les lois devinrent encore personnelles, ou plutôt le principe personnel dérogea jusqu'à un certain point au principe territorial. On ne peut que regarder comme un hommage à ce principe, les titres qu'ont pris les souverains qui ont régné depuis en France, à l'exception de Louis XVIII et de Charles X. Ceux-ci basaient leur droit exclusivement sur une hérédité féodale. Louis-Philippe était roi des Français comme les Napoléons s'intitulaient empereurs des Français.

Effet de la révolution française sur le régime féodal.

Titres de Souverains français fondés sur le principe personnel.

La législation de la révolution française a pris un caractère particulièrement tranché dans les principes et les questions

[1] Les exceptions faites en faveur des dotations des titres héréditaires du premier Empire et des majorats de la restauration établis par des particuliers, vont disparaître par suite des lois du 12 Mai 1839 et du 7 Mai 1849; mais ces lois ne s'appliquent pas aux majorats établis par le chef de l'État au profit des particuliers avec les biens du domaine de l'État. Zachariæ, *Droit civil français*, tom. III, p. 190, note par Massé et Vergé. Ces substitutions, qui sont limitées aux biens dont le donateur a la faculté de disposer (biens non-compris dans la réserve) pourront être faites en faveur d'un ou de plusieurs enfants, par actes entre-vifs ou testamentaires, avec la charge de rendre ces biens aux enfants nés ou à naître, au premier degré seulement, du donataire; ou, en cas de mort sans enfants, au profit d'un ou plusieurs de ses frères ou sœurs, avec la charge de rendre ces biens aux enfants des dits frères ou sœurs. Art. 897, 1048, 1049.

898. La disposition par laquelle un tiers serait appelé à recueillir le don, l'hérédité ou legs, dans le cas ou le donataire, l'héritier institué ou le légataire, ne le recueillerait pas, ne sera pas regardée comme une substitution, et sera valable.

899. Il en sera de même de la disposition entre-vifs ou testamentaire par laquelle l'usufruit sera donné à l'un et la nue propriété à l'autre.

qui touchent au mariage. Rien de plus saillant que la distinction qu'elle a établie entre le mariage contrat civil et le mariage sacrement de l'église. Tout le monde aujourd'hui approuve le principe qui sépare entièrement le premier de l'autorité de l'église et le soumet au pouvoir civil, quoique ce soit précisément dans son retour aux entraves sur le mariage, mitigées par la législation de 1792, que le Code, selon nous, s'éloigne le plus d'une saine et juste liberté et porte le plus grand préjudice à la morale des deux sexes. Les grands principes de liberté sur lesquels la jurisprudence des lois est basée avaient été proclamés par les philosophes près d'un demi-siècle avant qu'il parût, et il est difficile de comprendre comment la doctrine de «laissez faire et laissez passer», doctrine émise par Gournay, et qui est aujourd'hui incorporée dans la politique commerciale de l'empire, ne serait pas aussi applicable aux personnes qu'aux choses.

Mariage comme contrat civil et comme sacrement de l'église.

«Laissez faire et laissez passer.»

Semblable aux protectionnistes de nos jours, au lieu d'accorder à tout le monde la liberté de régler ses affaires d'après sa propre volonté dans tout ce qui ne déroge pas à la sûreté publique, on se proposa de remédier à un abus restrictif par un autre abus restrictif en opposant la contrainte imposée aux parents quant à la disposition de leurs biens au *veto* auquel les enfants furent soumis pour les mariages. D'un côté, le consentement des parents à un âge au delà de la majorité légale pour tout autre acte, ou une sommation respectueuse à tout âge, est essentiel à la validité d'un mariage. De l'autre, non-seulement la réserve légale a été portée plus loin que la légitime des enfants dans les anciennes coutumes, mais, tandis que la loi de Justinien (*Novelles*, 115, cap. III) reconnaissait 14 causes d'exhérédation (auxquelles l'ancien droit français avait joint le cas de mariage sans le consentement des parents), le Code n'admet pas l'exhérédation, pour quelque cause que ce soit.

Entraves sur le mariage contre-balancées par la contrainte sur la disposition des biens.

Mais quoiqu'il ne soit pas parfait, il est loin de notre pensée de rien contester du mérite du code Napoléon. L'unité admirable du droit civil est le résultat des nombreux éléments hostiles que le génie national s'était assimilés successivement dans un travail séculaire. Non seulement le Code a fait beaucoup par l'unification des lois et par l'abolition de la féodalité, mais il a mis fin à une multitude d'abus qui se trouvaient dans les innombrables lois locales.

Mérite du Code Napoléon.

Il a servi de modèle à d'autres codes où, comme dans le Code italien, la France à son tour pourrait trouver de grandes améliorations à sa propre jurisprudence.

Les conquêtes de la France n'étaient pas simplement matérielles ou territoriales. Partout les institutions féodales tombaient devant ses armes. Elle portait avec elle une jurisprudence qui pouvait bien dédommager des inconvénients momentanés de l'invasion les sujets des petits souverains qui disparaissaient devant une nouvelle unification politique. Effet des conquêtes françaises sur la jurisprudence des pays conquis.

La Belgique n'a jamais changé comme base de sa jurisprudence le code qu'elle reçut lorsqu'elle était partie intégrante de l'Empire français. Code belge.

Quoique le royaume des Pays-Bas, depuis sa séparation d'avec la Belgique, fût doté en 1838 d'un code national dont la révision s'élabore aujourd'hui, le code Napoléon a été maintenu dans son essence. Code des Pays-Bas.

Nonobstant les plaintes nombreuses justement faites contre l'administration de la loi sous les Bourbons de Naples après leur retour, les codes introduits par le roi Joseph et son successeur Joachim (Murat) ne furent jamais abrogés. Code français en Italie.

Malgré la réaction qui suivit la restauration de l'ancien gouvernement du Piémont, Charles-Albert fit précéder ses réformes politiques, en 1838, par un code connu sous son nom. On trouve plusieurs des dispositions du code Albert dans celui qui devint exécutoire en 1866 pour tout le royaume d'Italie. Code de Charles-Albert.

Le code actuel de l'Italie, qui est, sous plusieurs rapports, un perfectionnement du code Napoléon, donne la sanction de la législation positive à quelques principes du droit international jusqu'alors tacitement reconnus comme droit commun des gens que nous aurons occasion d'examiner par la suite. Code actuel de l'Italie.

Les codes français sont toujours restés, malgré la répugnance des Allemands pour tout ce qui est français, la base du droit de ces provinces germaniques qui faisaient partie de la France, ou des États affiliés à l'Empire français, comme le royaume de Westphalie. On sait combien aussi les mérites de ce code entraient dans la grande querelle qui divisa en Allemagne les écoles historique et philosophique lors du Congrès de Vienne. Codes français dans les Provinces germaniques qui faisaient partie de la France.
La province rhénane de la Hesse a aussi conservé le code français, tandis qu'on n'y a fait que peu de changements dans le Code français en Hesse et en Pologne.

grand-duché de Bade. Introduit dans le grand-duché de Varsovie, il y exista avec des changements plus ou moins importants aussi longtemps que la Pologne conserva une administration distincte.

Lors de la cession de la Louisiane, c'étaient les *Partidas* d'Espagne, avec lesquelles étaient entremêlées quelques règles de l'ancienne loi française, restes de sa première colonisation, qui constituaient la loi de la province. Le code civil de l'État de la Louisiane, seul État de l'Union fédérale des États-Unis où la loi commune anglaise ne soit pas en vigueur, a été fait d'après le système du code Napoléon, quoique quelques-uns des principes distinctifs du droit espagnol aient été conservés.

Code Napoléon dans la Louisiane.

Le miroir de Saxe est le monument le plus considérable du droit coutumier germanique. C'est surtout dans les villes allemandes que le droit coutumier s'est développé et a été recueilli de bonne heure. A côté des coutumes (Statuts) municipales, on rencontre les coutumes des provinces recueillies sous le nom de *Landrecht*. La propagande du droit romain en Allemagne porte un caractère particulier: elle fut le résultat des rapports qui existaient entre l'Allemagne et l'Italie. Elle date du jour où les successeurs de Charlemagne commencèrent à invoquer dans leurs lois l'autorité des Empereurs romains comme celle de leurs illustres prédécesseurs. Sous l'autorité des textes romains, la monarchie absolue s'est établie en Allemagne au profit des grands vassaux territoriaux. Le travail de révision, de réformation des statuts des villes allemandes fut opéré au XVIe siècle. Les coutumes territoriales des provinces (Landrecht) subirent une révision analogue.

Les grands coutumiers d'Allemagne.

Coutumes municipales et Landrecht des provinces.

La loi romaine en Allemagne.

Qu'est-ce que le droit commun allemand? C'est l'ensemble des règles, des principes empruntés surtout aux textes du droit romain, en partie aussi à l'ancien droit germanique dont l'autorité est généralement admise en Allemagne. Il forme le droit subsidiaire dans les pays où ont été promulgués des codes, auxquels il sert de commentaire naturel, tels que l'Autriche, la Prusse, les grand-duchés de Bade et de Hesse, et le Wurtemberg. Dans les autres il est d'une application directe et il y complète et explique les coutumes locales. Il est le produit savant de la doctrine, et c'est là ce qui le distingue du droit français ou anglais.

Droit commun allemand.

Droit subsidiaire dans les pays des codes—dans les autres il explique les coutumes locales.

Le droit commun allemand se compose de règles empruntées aux anciennes coutumes germaniques, aux compilations, telles que le Sachsenspiegel, le Schwabenspiegel et le Kaiserrecht, aux statuts des villes, au droit canon, au droit romain, aux lois générales de l'Empire, enfin aux lois particulières rendues dans chaque État par les souverains. C'est en puisant à ces sources nombreuses, et même en consultant la législation primitive des nations qui ont une origine commune avec la race germanique, que les savants allemands ont composé ce corps de droit appelé Droit commun allemand, dû entièrement à leurs patientes recherches. [1]

Comment le droit commun allemand a été composé.

Le droit commun allemand doit être étudié dans les traités des auteurs; il vivait entièrement dans l'enseignement des universités. Boehmer, Glück, Muhlenbruch, Eichhorn et Mittermaier sont les Papiniens et les Ulpiens du droit allemand. L'influence éminente des écoles s'est manifestée dans l'institution singulière des *Spruchcollegien* des facultés de droit, auxquels les tribunaux étaient tenus de renvoyer les dossiers de procès (*Aktenversendung*), et dont les avis servaient de base aux arrêts rendus en dernier ressort.

Juristes allemands, auteurs du droit commun.

Influence des facultés de droit sur les tribunaux.

A Niebuhr, à Savigny et à la pléïade brillante de disciples de l'université de Berlin fondée en 1808 qui les entouraient, est échue la gloire d'avoir retiré ce vieux droit des décombres sous lesquels l'avait enseveli une doctrine surannée, d'avoir restauré ses textes antiques, d'avoir restitué aux divers éléments dont il se compose, aux monuments romains, germaniques, féodaux et canoniques leur vrai caractère et leur véritable signification.

Université de Berlin.

La part que les universités allemandes ont prise dans l'administration de la justice est un trait curieux de leur histoire. Probablement originaire de l'Italie, ce système a été largement développé en Allemagne. Là, le *Spruchcollegium* n'avait point de juridiction; mais les tribunaux étaient autorisés à lui transmettre les documents et les plaidoyers (*Aktenversendung*) de tout procès quelconque, et étaient obligés d'accepter et de promulguer ses décisions. Dans quelques parties de l'Allemagne, ce renvoi avait lieu à la demande des parties; dans

Les universités allemandes dans l'administration de la Justice.

[1] *Revue étrangère et française*, tom. I, p. 19. Fœlix, *Du droit privé de l'Allemagne*.

d'autres, il appartenait à l'*officium* du tribunal; mais dans tous les cas ce dernier seul désignait la faculté, les parties ayant le droit d'en récuser trois (jus eximendi).

Nous avons eu occasion de mentionner un renvoi fait aux universités à la demande du gouvernement de Mecklenbourg-Schwerin, au sujet de la validité d'une quittance donnée par l'Empereur Napoléon Ier pour une dette due à l'Électorat de Hesse.[1]

Collegium juridicum à l'université de Berlin.

Un des premiers soins qui occupèrent l'attention de Savigny se rapportait à la constitution d'un *Spruchcollegium* (Collegium juridicum) attaché à la faculté de jurisprudence. L'université de Berlin étant le premier établissement fondé par la couronne en Prusse, et ne dérivant pas sa charte de l'Empereur, il y eut quelque hésitation à y attacher un *Spruchcollegium*, principalement, paraît-il, parce que Frédéric II dans ses réformes legislatives de 1748 avait déclaré les verdicts des universités incompatibles avec une observation stricte de la loi prussienne. Il réussit à établir un *Spruchcollegium*, composé de tous les professeurs titulaires de la faculté de droit, et autorisé à traiter les affaires remises par les États allemands autres que la Prusse. 138 rapports par Savigny se trouvent dans les trois premiers volumes des archives de la faculté, qui datent de la fondation jusqu'à l'époque où il se retira, en 1826.[2]

Points où la coutume germanique a dérogé aux textes romains.

Pour bien comprendre le rôle important que le droit romain continue à remplir dans le droit commun allemand, il suffit d'énoncer quelques points où la coutume germanique a dérogé aux textes romains. Le mariage ou un établissement distinct des enfants met fin à la puissance paternelle du chef de la famille. Le régime de la communauté de biens entre époux s'est établi dans beaucoup de contrées à côté du régime dotal. De même l'ancienne tutelle germanique de femmes (*tutela mulierum*) subsiste encore dans plusieurs contrées. En matière de succession, les pactes successoraux, les fidéicommis, les retraits coutumiers continuent à jouer un rôle important. Mais la tradition romaine a remplacé partout la saisine et le nantissement de nos anciennes coutumes. Dans les contrats, le

[1] Voir notre *Commentaire*, tom. I, p. 217.

[2] *The Law Magazine and Law Review*, New Series, No. XXIX, p. 86. Notice sur Savigny, par Guthrie.

simple pacte a succédé à la stipulation romaine. En dehors des contrats du droit romain, le droit commun a maintenu ceux créés par la coutume féodale, ainsi que ceux qui constituent la coutume commerciale. Le régime des hypothèques, assis généralement sur les principes de la publicité et de la spécialité, consolidé par des régistres fonciers bien tenus, a fondé le crédit foncier et a servi de modèle à plusieurs législations de l'Europe.[1]

En 1814, lors de l'expulsion des Français de l'Allemagne, de nombreuses questions légales et politiques demeurèrent indécises. Entre autres, la question d'un code uniforme de lois pour toute l'Allemagne fut vivement discutée. Thibaut, professeur à l'université de Heidelberg, écrivit sur la nécessité d'un tel code «*Ueber die Nothwendigkeit eines allgemeinen bürgerlichen Rechts für Deutschland.*» L'Allemagne est libre, écrivait-il; c'est aux bons citoyens, aux bons Allemands, de s'unir pour faire disparaître tout ce qui reste de l'esprit français. L'unité et le pouvoir politique aux mains d'un seul seraient fatals à l'Allemagne. Mais l'unité de la législation civile sauverait l'Allemagne de l'anarchie dont elle est menacée. L'Allemagne a donc besoin, dit Thibaut, d'un code commun qui, profitant des leçons du passé, rassemblant les richesses et les progrès de la science, donnerait au pays un système uniforme de justice en laissant à l'érudition une complète indépendance. Mais les juristes pour lesquels l'amour de l'antiquité et des coutumes nationales était une doctrine, répugnaient aux innovations requises. Et Savigny, à leur tête, se déclara avec succès opposé à un code général pour l'Allemagne.[2]

Code pour toute l'Allemagne en 1815.

Thibaut sur la nécessité d'un tel code.

Savigny s'oppose à un code général pour l'Allemagne.

Savigny lui-même n'était pas assez avancé pour penser à un code universel, et il craignait toujours, en entreprenant trop, de tout perdre. Il combattit, même avant que la question fût devenue pratique par l'application continue des codes français aux provinces rhénanes, les idées de Schmidt, de Gœnnar qui lors de la conquête avait adopté avec empressement le Code Napoléon, et d'autres légistes qui réclamaient une révision des codes, une harmonie entre les législations des diverses nations

Savigny ne favorise pas un code universel.

[1] SAINT JOSEPH, *Concordance des codes civils*, tom. I, p. CXVII.

[2] HERON, *History of jurisprudence*, p. 776.

Nouveaux codes ni nécessaires ni possibles.

de l'Europe. Savigny répond que ces nouveaux codes ne sont ni nécessaires ni possibles; que les lois de la France, de l'Autriche et de la Prusse, ne sauraient convenir à tous les pays. Homme du passé plutôt que de l'avenir, il ne voulait pas innover plus que n'avait voulu Montesquieu dans son temps, et il tenait que le rôle du XIXe siècle était surtout de réunir des matériaux dont la postérité avait à tirer parti. [1]

Nous empruntons à une notice sur la vie de Savigny, provenant de l'éminent secrétaire perpétuel de l'Académie des Sciences morales et politiques de l'Institut de France, l'histoire de cette lutte qui entra si largement dans la vie de leur illustre associé: «Pendant que se délibérait au Congrès de Vienne cette législation fédérale pour tous les États germaniques, il s'éleva sur la codification des lois privées en Allemagne une controverse mémorable à laquelle M. de Savigny prit une part décisive. Fallait-il donner à tous les pays allemands une règle civile semblable? La grande imagination de Leibnitz l'avait déjà rêvé vers la fin du XVIIe siècle, l'esprit résolu du docte jurisconsulte Thibaut le proposa au commencement du XIXe. De sang français, comme Savigny, Thibaut enseignait alors dans la première chaire de l'université de Heidelberg le droit romain, qu'il avait professé longtemps aux universités de Kiel et de Jéna. Il était très-versé dans la connaissance de ce droit, qui restait encore la règle principale de l'Allemagne, mais il était moins sensible à ce qu'il avait d'original qu'à ce qu'il conservait de défectueux. Il en trouvait l'ordre imparfait, le texte souvent obscur, le sens quelquefois incertain, les principes en bien des points inapplicables, et le comparant à la nouvelle loi française bien mieux appropriée aux mœurs et à l'état de l'Europe, en ce qui concernait surtout la puissance paternelle, la condition des femmes, les successions et les hypothèques, il réclama la réforme de cette législation, selon lui vicieuse et confuse, et demanda qu'un code général, semblable au Code civil de la France, dont il admirait les règles sorties de la sagesse antique éclairée par l'équité moderne, pourvût aux besoins communs de l'Allemagne par des dispositions uniformes.

Notice de la controverse, par Mignet.

Antécédents de Thibaut, professeur à Heidelberg.

A Kiel et à Jéna.

Thibaut demande un code semblable à celui de la France.

[1] *Beruf unserer Zeit für Gesetzgebung und Rechtswissenschaft*, publié en 1814 et reproduit en 1841.

« Tandis que ce hardi provocateur d'une réforme des lois s'avançait dans la lice suivi d'une troupe assez considérable de beaux et généreux esprits de l'école philosophique rangés sous son drapeau, il s'y trouva soudainement en face du plus grand admirateur du droit romain, du savant qui en connaissait le mieux l'histoire, du jurisconsulte qui en avait le mieux pénétré la théorie, et pouvait le mieux en défendre le maintien. M. de Savigny descendit dans l'arène armé de son redoutable écrit *de la Vocation de notre époque pour la législation et la jurisprudence.* Ce fut le manifeste de l'école historique et comme une déclaration de guerre à tout projet de codification générale. Cette école ouverte par l'érudition et la critique du savant professeur de Göttingue, M. Hugo, c'est M. de Savigny qui l'avait dogmatiquement fondée, singulièrement étendue, et il en était devenu le chef. Il avait pour système que la forme du droit a besoin de se modeler sur l'état de la société, et que la marche de l'un doit suivre constamment les progrès de l'autre. Il voulait donc le développement naturel du droit par l'usage, et il en repoussait la condensation artificielle dans un code; parce que, dans un cas, le droit toujours vivant s'améliorait sans cesse, et que, dans l'autre, il déclinait en s'immobilisant à jamais. D'après lui, il en est du droit d'un peuple comme de sa langue : il procède tout d'abord de la position, de l'état, des instincts fondamentaux de ce peuple, sans aucun travail réfléchi de sa pensée, sans aucune violence faite à ses habitudes, sans aucune contrainte introduite dans ses rapports. Il est l'œuvre de tout le monde. Dans la condition primitive des peuples, il est coutumier; puis, à mesure que les rapports sociaux s'étendent, de l'état de coutume il passe à l'état de loi, par une élaboration successive qui le perfectionne sans l'abstraire, l'agrandit sans l'affaiblir, le fixe sans l'arrêter. Dans un progrès continu la loi améliore alors la coutume, et la science ajoute incessamment à la loi; tandis qu'un code mutile le droit en l'enfermant pour toujours dans des cadres resserrés, et paralyse sa vie en suspendant sa marche.

« Vocation de notre époque pour la législation et la jurisprudence, » de Savigny.

École historique.

Telle est la théorie de M. de Savigny, qui, sévère à l'égard des deux codes donnés à l'Autriche et à la Prusse vers la fin du dernier siècle par Marie Thérèse et Frédéric II, injuste même à l'égard du code que la France avait depuis peu reçu

Savigny sur les codes d'Autriche, de Prusse et de France.

de Napoléon, en cela réprésentant civil d'une grande révolution sociale, combat avec force et non sans une hauteur un peu dédaigneuse la pensée de former un code général pour tout l'Allemagne. L'Allemagne, en effet, n'était pas en situation de le recevoir, et personne n'était en mesure de le lui donner. Le pays de la division ne pouvait pas se prêter à la règle de l'unité. Comment introduire une loi civile uniforme, dans une contrée toujours désunie sous le rapport politique, encore divisée sous le rapport territorial, et qui n'était pas même en communauté de vues sur la législation? Les codes doivent

Objet des codes.

être donnés à propos, et alors ils ne sont pas un signe de déclin pour le droit, mais une marque de rapprochement civil pour un peuple. Ils règlent d'après des principes communs des rapports semblables; mais, résultat de l'unité, ils ne peuvent pas en être la cause, et ils ne sauraient précéder ce qu'ils sont

Savigny victorieux dans la bataille juridique.

destinés à régir. M. de Savigny sortit victorieux de cette bataille juridique, et la proposition de Thibaut échoua à la fois devant les objections d'une haute science et les obstacles d'une évidente impossibilité. »[1]

Frédéric II et les savants.

L'encouragement accordé par Frédéric II de Prusse, aux savants de son temps, et son ambition de figurer dans leurs rangs, donnèrent beaucoup d'essor aux principes qui éclatèrent bientôt après en Europe, au grand dépit de ses successeurs.

Traité avec les États-Unis pour abroger la course.

C'est sous les auspices de Frédéric que fut conclu, en 1785, le premier traité qui abrogea la course et défendit la capture maritime de la propriété privée. C'est avec les États-Unis que ce traité fut conclu; du nombre des négociateurs était le philosophe Franklin.[2]

Frédéric fait projeter un code.

Longtemps avant la fondation de l'université de Berlin, Frédéric II chargea le grand chancelier de Cocceji de rédiger un projet de code pour la Prusse; Cocceji mourut en 1755, la guerre de Sept ans survint et le travail resta suspendu jusqu'en 1780. C'est alors qu'on donna mission à d'autres jurisconsultes de composer un code destiné à comprendre tout ce qui, dans la législation de Justinien, était d'une application

[1] MIGNET, *Notice historique sur la vie et les travaux de M. de Savigny*, p. 18. Voir aussi LABOULAYE, *Essai sur la vie et la doctrine de Savigny*, p. 31.

[2] Voir part IV, ch. II, § 10 de ce *Commentaire*.

pratique, ainsi qu'un résumé des lois prussiennes et des coutumes provinciales. A cet effet, le chancelier de Carmer fit rédiger un extrait du code Justinien par le docteur Volmar; d'autres collaborateurs et Carmer lui-même y ajoutèrent leurs propres observations; et, en réunissant tous ces travaux, on composa en 1786, après la mort de Frédéric II, un projet en deux parties, qui fut soumis à l'examen des savants de l'Europe et des cours du royaume. Enfin le code général de Prusse (*preussisches Landrecht*), œuvre complexe qui renferme le droit civil, le droit criminel, le droit communal, et de nombreuses dispositions empruntées au droit féodal et au droit ecclésiastique, fut promulgué dans le royaume de Prusse par lettres patentes du 5 Février 1794 sous Frédéric-Guillaume II. Les édits du 28 Mars 1794 et du 30 Avril 1797 l'ont également introduit dans les provinces nouvellement acquises de la Prusse méridionale, où Napoléon, en créant le duché de Varsovie, le remplaça en matière de droit civil par son code.

Projet de code rédigé en 1786.

Preussisches Landrecht promulgué dans le royaume de Prusse, 1794.

Dans les provinces nouvelles, 1797.

Un rescrit du 9 Septembre 1813 rétablit de nouveau le *Landrecht* dans les provinces qui furent réincorporées au royaume de Prusse, après en avoir été detachées par les victoires de l'Empire. Enfin, par un édit du 9 Septembre 1816, il fut introduit aussi dans le nouveau duché de Posen. Il n'en fut pas de même pour la Prusse rhénane et le duché de Berg, où le code Napoléon est toujours resté en vigueur, sauf quelques modifications peu importantes.[1]

Dans les provinces réincorporées, 1813.

Le code général forme seulement un droit subsidiaire partout, à l'exception des provinces réincorporées à la Prusse en 1813, où il a été rétabli comme droit principal. Au termes du décret de promulgation, il a remplacé le droit romain jusqu'alors en vigueur; mais il a laissé subsister les statuts provinciaux et locaux, dont le législateur prussien annonçait la prochaine rédaction.[2]

Code général.

Statuts provinciaux et locaux.

Le Landrecht diffère fortement des codes français fondés sur l'égalité de tout citoyen devant la loi, en ce qu'il repose sur

[1] Une deuxième édition révisée de l'*Allgemeines Landrecht für die preussischen Staaten* fut publiée en 1803; mais on n'en a pas de révision depuis, et aucun des changements subséquents ne se trouve même dans l'édition que nous avons devant nous, de 1863.

[2] Saint Joseph, *Concordance des codes civils*, vol. III, p. 190.

la distinction des trois classes: celles des nobles, des bourgeois et des paysans.

Code saxon.

Le code saxon fut promulgué en Janvier 1863 sous le titre de *Bürgerliches Gesetzbuch*, et reste encore en vigueur, pour tout ce qui n'a pas été abrogé par le Reichsrath. Nous nous y rapporterons dans notre article sur le mariage. Nous avons parlé déjà du code de Bade basé sur le code français. Ceux de Bavière et du Wurtemberg devancent le code Napoléon.

Projets avant 1866 pour effectuer l'unification de la jurisprudence allemande.

Avant les événements politiques de 1866, on avait beaucoup fait pour réaliser l'unification de la jurisprudence allemande. A l'époque même du congrès de Vienne, il existait le projet d'un seul tribunal suprême et politique pour toute l'Allemagne, et nous avons vu que la discussion sur la convenance d'un code commun constitue une époque dans l'histoire de la jurisprudence. L'uniformité dans le droit civil et dans le droit public était toujours le fondement des constitutions mises en avant de part et d'autre, pendant le demi-siècle que dura la confédération de 1815. L'empire éphémère de 1848 débuta par le projet d'un code général.

Nature de la confédération du Nord.

La Confédération de l'Allemagne du Nord est même, quant aux lois internes, plutôt un seul État qu'une confédération. Comme la constitution pourvoit expressément à une législation commune sur le droit des obligations, le droit pénal, le droit commercial, les lettres de change, la procédure civile, etc., il ne dépend pas des princes fainéants auxquels on a laissé le titre de souverains dans les petits États non annexés formellement au royaume de Prusse, d'arrêter les réformes juridiques. Les liens intimes qui existaient, au moyen du Parlement du Zollverein et des conventions militaires, entre la confédération et les États du Sud, même avant l'établissement en 1871 de l'empire actuel, ne pouvaient manquer de rendre commune à l'Allemagne entière la réforme qui venait d'être inaugurée par le Reichstag.

Actes du Reichsrath.

La confédération avait déjà beaucoup fait pour la civilisation en faisant disparaître dans la législature des différents États de nombreuses entraves qui pesaient sur les artisans et le petit commerce, et surtout par le rappel des lois surannées qui rendaient presque impossible un mariage légitime en dehors des classes élevées. En 1869, on a statué que le code général de commerce et l'ordonnance sur les lettres de change auraient force de lois fédérales, et une autre loi institua une cour supérieure fédérale, pour les affaires commerciales de la confédération.

Discours d'ouverture du parlement fédéral.

Dans le discours d'ouverture du Parlement fédéral (14 Février 1870) le roi de Prusse, se rapportant au code pénal, a dit: « Ce nouveau code, qui a pour but de consacrer l'unité nationale dans la Confédération de l'Allemagne du Nord sur l'un des terrains les plus importants du droit public, contient en même temps une amélioration du droit pénal existant sur le territoire fédéral, laquelle est en harmonie avec les progrès de la science et les résultats d'expériences fécondes et nombreuses dans un terrain voisin. »

Il a ajouté que «le même but doit être recherché par une loi relative à la protection des droits d'auteur.» Il se rapporte aussi à d'autres réformes dont quelques-unes rentrent directement dans les rapports internationaux: « L'indigénat commun, qui a sa base dans la constitution fédérale et qui a été développé dans les lois relatives à la liberté du domicile et aux règlements industriels, trouvera, dans les projets de lois qui vous seront présentés, un nouveau développement en divers sens. Un projet de loi relatif à l'acquisition et à la perte de la nationalité fédérale et de la nationalité d'état, vous sera présenté, selon le vœu exprimé par vous dans la session précédente. Par suite de la différence des dispositions législatives locales sur les droits de patrie et sur l'assistance des pauvres, l'établissement de la liberté de domicile a provoqué des inégalités qui, je l'espère, ne tarderont pas d'être aplanies. Un projet de loi relatif au domicile et à l'assistance et qui vous sera présenté, a pour objet de parer aux misères les plus sensibles. Les obstacles que les législations locales sur l'impôt direct opposent encore au plein développement de la liberté de domicile, doivent être écartés par une loi déjà soumise au conseil fédéral. Les vœux plusieurs fois exprimés de voir régler, conformément à la justice, les servitudes qui pèsent sur les terrains situés dans la zone des forteresses nouvellement construites ou agrandies, seront satisfaits par un projet de loi.» [1]

[1] *Mémorial diplomatique*, 1870, p 110. *Revue de droit international*, 1870, tom. II, p. 121; *ib.*, 1871, tom. III, p. 88. Asser, *Législation comparée.*

Dans la session de 1870, on a accordé la force de loi au code pénal et à d'autres projets de loi dont parle le roi. D'après la constitution de 1871, la plupart des lois de la confédération du Nord sont déclarées exécutoires dans tous les États de l'empire. L'instinct de la grandeur nationale semble dominer en Prusse tous les autres sentiments.

Congrès de publicistes à Heidelberg.

Nous avons sous les yeux les propositions élaborées par un congrès de publicistes réunis à Heidelberg au mois d'Août 1869, ayant pour but l'unité de la législation germanique. Parmi les membres les plus importants, nous trouvons le nom de Gneist, reconnu comme interprète de la jurisprudence d'aujourd'hui qui se lie si étroitement à la politique prussienne, en subordonnant tous les intérêts particuliers à la grandeur de l'État. D'après une appréciation française, le professeur Gneist accuse la révolution française d'avoir inauguré dans le monde un système de gouvernement qu'on ne saurait trop réprouver.

Gneist sur les institutions françaises.

Il reproche à la France moderne de considérer l'institution politique comme une compagnie d'assurance destinée à garantir les intérêts privés, le développement des forces productives de la nation, et de chercher à atteindre ce but par la combinaison d'une législation démocratique et d'une administration dictatoriale. M. Gneist, ou, pour mieux dire, la Prusse elle-même, au nom de laquelle il porte la parole, déclare que l'état a de tout autres fonctions à remplir; que, loin d'être au service, des intérêts, son premier devoir est de tenir école de désintéressement, d'enseigner aux particuliers cette abnégation, cet esprit de sacrifice qui fait les peuples forts, — que l'état est plus qu'un arbitre, ou qu'un garant, ou qu'un assureur, qu'il est le grand éducateur chargé d'élever les hommes à la vie morale par les prestations qu'il exige d'eux, par les emplois auxquels il les appelle, par les habitudes et les institutions qu'il leur impose, et que la plus précieuse, la plus salutaire de ces institutions est le service militaire obligatoire et universel, parce qu'il coupe le mal à la racine en opposant aux groupements artificiels des intérêts qui désorganisent la société, la grande pensée du service personnel que, riche ou pauvre, chacun doit à la chose publique. Nous avons sujet de croire, ajoute-t-il, que, dans la grande crise que traverse l'Allemagne, ce sera l'état et non la société qui vaincra. Autrement c'en serait fait

Devoirs d'un État d'après lui.

Lutte entre l'État et la société.

des destinées idéales de l'espèce humaine. Ce qu'est dans la vie de l'individu la lutte entre les devoirs et les désirs nous est représenté dans la vie des peuples par l'éternelle lutte entre l'État et la société. » [1]

Joseph II. Réformes qui précédèrent le code.

Avant la révolution française, l'Empereur Joseph II (né en 1741, mort en 1790), avait essayé de réformer une foule d'abus en décrétant des améliorations législatives dictées non-seulement par des principes de nationalité, mais par les plus hautes considérations d'humanité. C'est lui qui rendit l'édit de tolérance de 1781 qui établit la liberté des cultes. Le système qui prit naissance dans la seconde moitié du dernier siècle, et qui avait pour but d'émanciper le pouvoir civil du pouvoir religieux a été généralement désigné sous le nom de Joséphisme. Les fruits de sa législation, surtout sur le caractère essentiellement civil du mariage soustrait à l'arbitraire du clergé catholique, sont recueillis même aujourd'hui en Autriche, malgré l'intervalle de despotisme qui suivit le Congrès de Vienne dont Metternich fut pendant longtemps l'instrument reconnu, et qu'on pensait couronné, même après un intervalle de gouvernement constitutionnel, par le concordat de 1855.

Sous les successeurs de Joseph II, la plupart des lois joséphines, sans être abolies, cessèrent d'être appliquées. Le clergé reprit son ancien empire. Les écoles normales et le fameux séminaire général fondé par Joseph II furent fermés. L'instruction primaire se réduisit à la récitation du catéchisme. Les universités tombèrent bien au-dessous du niveau qu'elles avaient atteint au moyen âge.

Même avant l'époque des réformes de l'Empereur Joseph, on avait fait des tentatives pour assurer à toutes les provinces autrichiennes une loi certaine et uniforme, et une commission fut nommée dans ce but par l'impératrice-reine Marie-Thérèse, en 1753. Le rapport de cette commission, rédigé après des travaux de 14 ans, fut rejeté et le conseiller Harten fut chargé de la rédaction d'un nouveau projet. La première partie du code ainsi préparé fut publiée en 1786, sous Joseph II. En 1811 un code civil général pour toutes les provinces allemandes de la monarchie autrichienne fut promulgué.

Promulgation du code en 1811.

[1] *Revue des Deux Mondes*, 15 Décembre 1869, p. 773. V. CHERBULIEZ, *La Prusse et l'Allemagne.*

« L'ordonnance de promulgation abrogea le droit commun suivi jusque là, et toutes les lois et coutumes se rapportant aux sujets traités dans le nouveau code. » [1]

Nous avons indiqué les changements constitutionnels de 1867, établissant le système du dualisme pour l'empire Austro-Hongrois, d'après lequel les pays cis-leithaniens et le royaume de Hongrie sont indépendants l'un de l'autre pour leurs affaires internes. [2]

Les lois qui forment la base de la constitution actuelle de l'Autriche ont reçu la sanction impériale le 21 Décembre 1867.

Loi de 1868 accordant le mariage civil facultatif.

On ne doute guère que la loi du 25 Mai 1868 qui règle, pour la partie autrichienne de l'Empire, les rapports inter-confessionnels des citoyens et accorde le mariage civil facultatif tel qu'il existait avant le concordat de 1857 d'après les règles du code civil, ne soit suivie d'une loi établissant le mariage civil en tous cas, système qui, adopté en Décembre 1869 en Espagne, va devenir général partout en Europe. En attendant on a déjà passé par le *Reichsrath* des lois pour supprimer les restes de la féodalité en dissolvant le lien féodal, contre le paiement d'une indemnité par les vassaux, et pour abolir les entraves qui gênaient la succession aux biens des paysans. Et par une loi du 13 Juin 1868, l'autorisation d'ériger un fidéicommis ne pourra être donnée que par une loi de l'Empire. Les nouvelles lois sur l'usure, pour l'abolition de l'emprisonnement pour dettes, et sur les faillites, sont conformes à l'esprit éclairé du siècle. [3]

Congrès de Heidelberg, 1869.

Les juristes autrichiens avaient leur part dans les discussions judiciaires qui avaient lieu avant que leur pays eût cessé d'être allemand, et au Congrès de Heidelberg, la proposition que le code pénal militaire soit assujetti aux garanties de la procédure civile est venue d'un éminent professeur de Vienne. [4]

Le code autrichien de 1811 a été rendu applicable à la Hongrie par patente impériale du 29 Novembre 1852 devenue exécutoire le 1er Mai 1853; mais en 1860 le code de 1811 a

[1] SAINT JOSEPH, *Concordance des codes civils*, tom. I, p. CXLIV, CXLV.

[2] Voir notre *Commentaire*, tom. I, p. 284.

[3] *Revue de Droit international*, 1869, p. 379. A. GEYER, *De la législation de l'Autriche depuis 1867 jusqu'à la fin de 1868.*

[4] *Le Nord*, 8 Septembre 1869.

de nouveau cessé d'être applicable en Hongrie, à l'exception de quelques articles. C'était en vertu des décisions prises par une commission que présidait le *judex curiae* (Judex curial), et sanctionnées ensuite par l'Empereur-Roi (Conferenzbeschlüsse).

Le code n'est pas applicable à la Hongrie.

On a fait récemment en Hongrie un nouveau code de procédure civile, mais le fond de la législation civile hongroise doit encore se trouver dans le *Corpus juris Hungarii*.

La loi sur les nationalités décretée au mois de Novembre 1868 par la représentation nationale hongroise, et sanctionnée le 6 Décembre de la même année par l'Empereur François-Joseph en sa qualité de roi de Hongrie, a pour but de mettre fin à des conflits existant depuis de longues années entre les Magyares et les autres populations hongroises.[1]

Codes espagnols.

L'Espagne figure parmi les premières nations de l'Europe qui ont réuni leurs lois dans des codes. Le code visigoth, rédigé en 687—701, a survécu sous le nom de *Fuero juzgo*.

Des codes furent composés sous l'autorité de Ferdinand III et de son fils Alphonso, surnommé le Sage. Le *Fuero réal* fut publié en 1255. Les *Partidas*, quoique complétées en 1260, ne furent publiées qu'en 1348. Les écrivains espagnols comparent le premier de ces codes, dans ses rapports avec l'autre, aux Institutes de Justinien rapprochées des *Pandectes*. Les *leyes de Estilo*, qui se rapportent à la procédure, furent publiées en 1310.

Les 84 *leyes de Toro* furent publiées sous le règne de Ferdinand et d'Isabelle (7 Mars 1505). Enfin Philippe II promulgua la *recopilacion de los leyes* et la *novissima recopilacion* parut en 1805.[2]

Code de 1851.

Un projet de code fut publié le 30 Avril 1851, lequel devait remplacer toutes les lois, coutumes et usages antérieurs.[3]

Mais il n'a pas été adopté en entier. Quelques-unes des lois sont en vigueur, et entre autres les lois réglant le mariage furent passées en 1862.[4]

[1] Bidermann, *La loi hongroise sur les nationalités*, etc. *Revue de droit international*, 1869, p. 513.

[2] Schmidt, *Civil law of Spain and Mexico*, p. 73, 88.

[3] Cardenas, *El derecho moderno, revista de jurisprudencia y administracion*, p. 340.

[4] Voir § VII *infra*.

Un décret du 5 Octobre 1855 fixa au premier Janvier suivant la mise en vigueur d'un nouveau code de procédure civile.[1]

Lois municipales et provinciales.

Un système de lois municipales et provinciales a été émis le 21 Octobre 1868.[2]

Le droit romain constitue le fond des lois portugaises et est applicable dans tous les cas omis par les lois spéciales du royaume.[3]

États scandinaves.

Les lois des différents États scandinaves, comme les lois anglaises avec lesquelles elles présentent des traces visibles d'une parenté intime, ont conservé jusqu'à nos jours leur ancien caractère distinctif. On n'y voit pas même les changements que la conquête féodale a imprimés aux lois anglaises.

Danemark.

Nous avons indiqué dans notre notice sur Wheaton ses études sur la législation de même que sur le droit public du Danemark.

Lex regia de 1660.

La *lex regia* de 1660 qui ne réglait pas seulement la succession au trône, mais qui conférait au roi tout le pouvoir exécutif, était alors en vigueur. Les circonstances qui déterminèrent une limitation du despotisme théorique de la monarchie par le Höieste Rett, sont bien expliquées par notre auteur. Le code qui existait alors et qui forme la base du système actuel fut rédigé par Frédéric III en 1661, et fut promulgué le 23 Juin 1683.[4]

Code 1661—1683.

Modifications nécessitées par des changements constitutionnels.

Les changements inaugurés par la loi fondamentale en 1849 et les statuts organiques promulgués depuis, faisant du Danemark un gouvernement constitutionnel, ont nécessité beaucoup de modifications dans la législation.

Réformes sous le règne de Frédéric VI, prérogatives seigneuriales, etc.

Grâce au mouvement de réforme inauguré sous le règne de Frédéric VI, les anciennes prérogatives seigneuriales et toutes les immunités féodales ont été successivement abolies à l'aide de conventions à l'amiable consacrées par la loi. Il n'y a plus en Danemark ni jurisprudence seigneuriale et patrimoniale, ni priviléges nobiliaires, plus de maîtrises ni de jurandes: liberté entière aux métiers et à l'industrie manufacturière.[5]

[1] *Revue de droit international*, 1869, tom. I, p. 200.

[2] *Archives diplomatiques*, 1869, vol. III, p. 917—964. Voir Guttierrez Fernandez, *Codigos à estudios fundamentales sobre el derecho civil español*, 1868—69, tom. I—V.

[3] Saint Joseph, *Concordance des codes civils*, tom. I, p. civ.

[4] *Commentaire*, tom. I, p. 30.

[5] *Annuaire des Deux Mondes*, 1861, p. 402.

A l'époque de la promulgation du code de Christian V, en 1683, le Danemark et la Norvége étaient réunis sous la même couronne. Le code norvégien de 1687 fut presque entièrement modelé sur le code danois de 1683 et on négligea de puiser dans les sources abondantes de l'ancienne législation norvégienne. Il faut signaler également que les législateurs évitèrent l'influence envahissante du droit romain, qui cependant était l'élément dominant de la science à cette époque. Ils préférèrent conserver le droit scandinave, qui était le droit national.

Code norvégien de 1687 modelé sur le code danois de 1683.

Quoique réunie à la Suède en 1814, la Norvége a conservé son indépendance législative.[1] La constitution de 1814, qui forme le droit politique de la Norvége, prescrivait, article 94, «l'adoption d'une nouvelle loi générale, civile et criminelle par le premier ou au plus tard par le second *Storthing.*» Après plusieurs tentatives inefficaces, de nouvelles commissions étaient nommées en 1845 pour des matières spéciales.

Nouvelle loi générale prescrite par la constitution de 1814.

La Suède a conservé plus que tout autre pays de l'Europe sa nationalité particulière, ses mœurs, ses lois et sa constitution politique. La législation suédoise, qui est contenue presque en entier dans le Code de 1734, est formée tout en dehors des mouvements de l'Europe latine ou latinisée.

La Suède, Code de 1734.

En 1686 une commission composée de douze personnes et présidée par le Chancelier Eric Lindskrol fut organisée.

Commission de 1686.

Cette commission continua ses travaux pendant quarante ans sous le règne de Charles XI et de Charles XII. Ce fut enfin le professeur Lundius qui rédigea le projet définitif. On le distribua en 1729; il fut discuté et amendé dans les deux diètes de 1730 et 1734; enfin l'acte de promulgation fut daté du 23 Janvier 1736. Le code de 1734 remplace les anciennes lois des provinces et les deux codes du XIVe siècle, qui sont expressément abolis. De nombreuses lois et ordonnances ont été rendues depuis 1734; elles servent à modifier et à compléter ce recueil de lois.[2] Des réformes importantes sont devenues lois depuis 1811; les nouvelles lois commerciales et la loi sur les faillites en 1862, et le nouveau code pénal en 1864.

Code promulgué en 1736.

La législation russe n'est pas entrée ordinairement dans les

Législation russe.

[1] Voir notre *Commentaire*, tom. I, p. 268.

[2] SAINT JOSEPH, *Concordance des codes civils*, tom. III, p. 495.

discussions des juristes sur la législation comparée. La codification remonte à l'Ougenie publiée en 1649. Pierre le Grand avait proposé de réunir les Ougenies publiées depuis le Code de 1649. Des commissions furent nommées depuis 1700 à 1826. C'est la onzième qui finit le travail en 1832. C'est de cette collection, dont 56 volumes in-4⁰ ont été publiés, qu'on a fait le *Svod*. Nulle part on ne trouve un recueil plus complet des lois que le digeste ou Svod, qui s'étend, dans l'édition de 1842, à 15 volumes in-4⁰. Un des volumes (le Xe) constitue un digeste du droit civil, quoiqu'une partie de celui-ci soit de droit administratif. On trouve parmi les lois civiles quelques-unes qui diffèrent de la jurisprudence générale de l'Europe: nous aurons occasion par la suite de les citer d'après la «Concordance des Codes civils de Saint Joseph;» cet auteur donne peu de renvois au code Napoléon et on n'y trouve pas beaucoup de coïncidences.[1] Depuis 1865, les institutions judiciaires de la Russie ont subi une réforme, et le système du jury y a été introduit.

Les lois du statut personnel de l'Europe continentale d'accord avec celles de France.

En général les lois du statut personnel des États du Continent de l'Europe qui reconnaissent comme base le droit romain sont d'accord avec celles de France. Elles vont encore plus loin que ces dernières en répudiant la territorialité. Quelques-unes ne font aucune distinction entre les biens mobiliers et les biens immobiliers. Le droit d'aubaine est ordinairement abrogé, et les étrangers peuvent librement acheter ou hériter les biens-fonds, comme les indigènes. La France ne nie pas, comme l'a fait l'Angleterre, le droit d'un enfant né dans le pays de parents

Naissance sur le sol. La France — L'Angleterre.

étrangers, d'appartenir au pays de ses père et mère, mais en lui accordant le privilége d'être français à son gré, elle n'ignore pas absolument le fait de sa naissance dans son territoire.

Austro-Hongrie.

Ni l'Empire d'Autriche ni les États allemands ne font le moindre cas de la naissance accidentelle d'un enfant dans leur pays. Son caractère national est toujours déterminé par celui de ses parents.[2]

Juridiction criminelle des États allemands à l'étranger.

La juridiction criminelle des États allemands s'étend à tous

[1] Voir SAINT JOSEPH, *Concordance des codes civils*, tom. III, p. 278—405.

[2] *Report of Royal Commission on Naturalization and Allegiance*, 1869, p. 141, 144, 146.

leurs sujets à l'étranger, pour toute offense pour laquelle ils seraient justiciables si elle avait été commise dans leur propre pays.[1]

Sur le Continent européen on a pour les opinions des écrivains qui traitent de la jurisprudence un respect qui ne se rencontre ni en Angleterre ni en Amérique. Nous avons fait allusion aux cas donnant lieu à des questions de droit qui ont été soumis à la décision des universités et qui formaient du temps de Savigny une branche importante des fonctions de la faculté de droit de Berlin.[2] D'après le système anglais et américain, ce n'est que par ce qui sort de la bouche des juges que la loi peut être connue, et la loi dans les deux pays peut être affectée par une décision judiciaire dans l'un ou dans l'autre. Car non-seulement les *Reports* anglais sont reçus comme autorité dans les cours fédérales et dans les cours des divers États des États-Unis, mais les *Reports* américains sont également admis par les cours de Westminster.

Effets d'une décision judiciaire en Angleterre et aux États-Unis.

La manière d'envisager un tel système de jurisprudence a été expliquée ainsi par le grand réformateur judiciaire (Bentham): «La manière dont s'exprime la volonté d'un législateur (agissant comme tel) est par des règles, la plupart générales, et en tous cas établies d'avance: le genre de lois ainsi produites se nomme *statute law*. La volonté des juges, agissant comme juges, et par l'exercice de cette volonté développant le cours de la procédure, était exprimée d'une manière très-différente. Aucune règle n'était formulée d'avance; selon que l'occasion se présentait, ce qui était jugé juste ou ce que l'on prétendait penser juste, dans chaque cas, était fait; et quant aux règles, c'était aux plaideurs de les recueillir ou plutôt de les déduire pour eux-mêmes de leur mieux d'après l'étude de ce qui avait été fait. Les lois ainsi produites ont été appelées *common law*, et quelquefois *juris prudentia*, ou loi de jurisprudence.[3]

Vues de Bentham.

Statute law.

«Quant à la loi jurisprudentielle *(judge made law)*, ou la loi

Judge made law.

[1] Voir § XIII *infra*, pour la juridiction exercée par les tribunaux des États de l'Europe et de l'Amérique sur leurs sujets accusés de crimes commis hors de leurs territoires.

[2] Voir p. 22 *supra*.

[3] Jeremy Bentham's *Works*, Bowring's ed., Edinburgh 1843, vol. VII, p. 197.

commune, ni dans cette occasion ni dans toute autre ne peut elle être, sans risque de donner une conception fausse, mise en vue, si elle est mise en vue dans un autre caractère que celui d'un monstrueux système d'absurdité et de fraude, dont personne ne peut convenablement parler sans se contredire. Un ami éclairé du genre humain, ne saurait y penser sans tristesse et sans honte.

Jurisprudence de la loi commune.

« Dans aucune occasion on ne peut parler de quelque portion que ce soit de cette loi comme ayant tel ou tel assemblage de mots déterminatifs qui y appartiennent; car elle n'a nulle part de tels mots déterminés qui lui appartiennent. Par l'individu qui dans quelque occasion ou pour quelque propos a besoin d'en parler — client, plaideur, avoué, avocat ou juge — à la portion la plus minutieuse qui vienne en question dans une telle occasion, un assemblage de mots lui sont attribués par hasard. Un avocat d'un côté disant que tel ou tel assemblage de mots doit l'être, l'avocat de l'autre côté de tels autres mots; un juge veut un assemblage, un autre le même ou un autre assemblage; ni l'avocat ni le juge ne s'occupant pour cinq minutes consécutives après que les mots ont été énoncés, de se les rappeler; le rapporteur — si un tel fonctionnaire nommé par lui-même était présent — les négligeant ou les notant, les comprenant ou ne les comprenant pas, notant sur ses tablettes ces mots ou d'autres, comme cela peut arriver par hasard, et les remettant ou non au libraire ou à l'imprimeur.

Manière de rendre les jugements.

Rapporteur.

« C'est ainsi que dans cette occasion et dans toute autre on donne une existence nominale à la portion en question de la chose qui n'existe pas, à laquelle on prostitue le nom de loi et à laquelle pour le malheur du genre humain on a donné force de loi. Cette puissance, n'existant qu'en idée mais agissant trop réellement, par laquelle les fins d'oppression, et d'exploitation, et de déprédation et l'injustice, dans toute autre forme qu'on peut s'imaginer, sont si correctement et si admirablement accomplies, tandis que, pour tout objet honnête et utile, elle possède cette espèce d'efficacité qu'on peut raisonnablement attendre d'une chose qui n'existe pas. »[1]

Les auteurs anglais citent encore pour le droit ancien Bracton,

[1] JEREMY BENTHAM'S *Works, ut supra*, vol. VI, p. 142.

les commentaires connus sous les noms de Fleta et de Britton (ce dernier écrit en langue française), que dans la suite ceux de Littleton et de Coke, les coryphées de la jurisprudence anglaise au XVIe et au XVIIIe siècle, ont fait oublier.

Livres sur l'ancien droit anglais.

Un commentateur français s'exprime ainsi : Les travaux de plusieurs siècles n'ont fait que fortifier le caractère profondément national et si original du droit anglais. Les lois romaines et les lois canoniques ont exercé peu d'influence sur son développement. La nation repoussait en tout temps le droit étranger et s'attachait avec énergie à ses coutumes, à cette *lex terræ* qui consacrait les grands principes de l'autonomie nationale, du *trial by jury* par opposition à la maxime romaine : *quod principi placuit legis habet vigorem* ; elle s'attachait enfin à la procédure des cours ecclésiastiques, tribunaux auxquels furent attribuées jusqu'en 1857 toutes les causes se rapportant aux successions qui ne touchent que les effets mobiliers et aux affaires matrimoniales dans la compétence des tribunaux.

Caractère national du droit anglais.

Adhérence des Anglais à leur ancienne loi.

On se rappelle la réponse des pairs du parlement de Merton à la demande que les enfants nés avant le mariage de leurs père et mère fussent reconnus légitimes : « Rogaverunt omnes episcopi magnates, ut consentirent quod nati ante matrimonium essent legitimi, sicut illi qui nati sunt post matrimonium, quia ecclesia tales habet pro legitimis. Et omnes comites et barones unâ voce responderunt, quod nolunt leges Angliæ mutare quæ huc usque usitatæ sunt et approbatæ. » Stat. 20 Hen. III, c. 9.

Réponse des pairs du parlement de Merton.

Par une singularité remarquable, le droit coutumier, tout en repoussant l'influence des lois romaines, en reproduit cependant une distinction célèbre entre *law* et *equity*, le *common law* correspondant au *jus civile* des Romains, tandis qu'à la jurisprudence prétorienne ou jus prætoris correspond celle des cours anglaises d'équité (of *equity*). [1]

La loi anglaise d'*equity* comparée avec la loi prétorienne des Romains.

Sans essayer de retracer la ressemblance entre l'*équité* du droit romain et l'*équité* du droit anglais, la première (ainsi que nous l'a rappelé un des meilleurs appréciateurs de la jurisprudence ancienne comparée avec la moderne) [2], même lorsqu'elle

L'équité du droit romain et du droit anglais.

[1] Saint Joseph, *Concordance des codes civils*, tom. I, p. CXVIII.

[2] Maine, *Ancient law in connection with the early History of Society*, p. 60.

s'écartait le plus de la loi civile, était toujours administrée par les mêmes tribunaux; tandis qu'il a été caractéristique de la « Chancery law » d'Angleterre, qu'elle a été appliquée non-seulement par des juges distincts, mais aussi sous un système de jurisprudence différent de celui de la « common law. »

Prætor romain.

Le *prætor* romain était à la fois le principal juge d'équité et le grand magistrat de la loi commune. Il avait sur la loi et sur la législation cette suprématie non définie, qui s'attachait toujours aux souverains anciens et qui se relie assez visiblement à l'autorité patriarcale et héroïque qu'ils avaient antérieurement possédée.

Édits du prætor.

Aussitôt que l'édit avait développé une règle d'équité, le tribunal du prætor pouvait se mettre à l'appliquer au lieu de la vieille règle de la loi civile, ou concurremment avec cette dernière, qui se trouvait ainsi abrogée sans qu'il fût besoin d'un acte exprès de législation.

Conflits entre les juges de la loi commune et les chanceliers.

De l'autre côté, en cas de conflit entre les juges de la «common law» et les chanceliers, on rencontrait une différente règle de procédure, sinon une différente règle de droit, dans les tribunaux de la loi commune et dans ceux de l'équité.

Influence de l'*equity*.

C'est sans doute l'introduction de l'élément connu comme l'«equity» qui a radicalement changé la jurisprudence anglaise. On se plaignait de bonne heure que «par la croissance de l'*equity* le cœur de la loi commune était navré.»

Une excellente demonstration du mode d'envahissement de l'«equity» nous est donnée par la loi des fidéicommis. L'ancienne « common law » faisait dépendre la validité d'un transfert de biens-fonds d'un acte matériel, visible. Le propriétaire remettait à l'acheteur proposé une motte de terre ou quelque autre symbole de possession. Le titre de propriété ainsi creé n'admettait aucune restriction. Le propriétaire *apparent* était à tous égards et pour tous effets propriétaire *actuel*. Sur cette conception si simple, l'« équité » greffa la notion de l'usufruit (« uses »). Le propriétaire d'une terre put la transmettre, par un symbole visible, à une personne non intéressée, et charger cette personne de la garder pour le profit d'une autre. La « conscience » de la personne à qui le bien était transféré était dite obligée dans cette transaction, et elle était tenue de remplir équitablement le fidéicommis qui lui était imposé. Cette

Ancien mode de faire les transferts de biens-fonds.

« Uses. »

Le fidéicommis obligatoire pour la conscience.

obligation ne pouvait être mise en vigueur que par une cour de « *chancery* » dont le juge président était un ecclésiastique. Cette cour était supposée procéder d'après les principes qui régissent le sens moral. Dans tous les anciens abrégés sur les lois, la loi de « *chancery* » est rangée sous le titre de « conscience. » [1]

Usufruits et fidéicommis.

Les usufruits et les fidéicommis de la loi anglaise étaient directement empruntés aux *fideicommissa* de la loi civile, mais ils ont reçu dans la jurisprudence anglaise une application beaucoup plus étendue que celle qu'ils avaient jamais eue à Rome, où ils avaient originellement été introduits dans le but seulement d'éluder les incapacités d'hériter et les restrictions imposées aux dispositions testamentaires. [2]

Juridiction des cours d'*equity* en Angleterre. Fidéicommis et associations.

Une grande partie de toutes les affaires judiciaires du pays est maintenant administrée par les cours d'équité; et en particulier les vastes sujets des fidéicommis et des associations tombent presque exclusivement sous leur administration. Les cours d'équité sont aussi les tribunaux réguliers et compétents auxquels on doit recourir soit pour obliger une personne à remplir un contrat, ou pour l'obliger à s'abstenir de faire du tort; et jusqu'à une époque récente elles étaient les seuls tribunaux auxquels on pût avoir recours pour l'un ou l'autre de ces buts, les tribunaux de la loi commune n'intervenant que pour accorder des dommages-intérêts lorsque le contrat avait été rompu ou le tort déja fait. Le mode de procédure dans les cours d'équité leur est aussi particulier, et comprend la méthode de requérir le défendeur de déposer, sous serment, une réponse par écrit aux allégations du plaignant, méthode qui est inconnue dans les tribunaux qui administrent la loi commune. [3]

[1] Maine, *Ancient law*, introduction par Dwight, p. XI, XII.

[2] Heron, *History of Jurisprudence*, p. 242.

[3] Depuis le 14 et 15 Vict., c. 99 les deux parties à une action devant les tribunaux de la loi commune sont compétentes à témoigner, et y sont même tenues sur la demande de l'une d'elles. Elles peuvent même être témoins en leur propre faveur. — Stephen, *Blackstone's Commentaries*, vol. I, p. 86; vol. III, p. 347. Il en est de même partout dans les États-Unis.

Quoique le droit d'aînesse soit conservé dans sa pleine force en Angleterre, que les substitutions y existent et que le principe territorial y domine toujours, la marche des événements et l'augmentation considérable des biens mobiliers ont nécessité dans les lois anglaises des changements qui ôtent beaucoup à l'immunité des biens-fonds contre les créanciers telle qu'elle était reconnue au temps de Lytleton ou même à l'époque des commentaires de Blackstone. On vient de mettre fin à toute distinction entre la faillite et l'insolvabilité et de soumettre les pairs du parlement à être déclarés banqueroutiers comme les simples négociants autrefois. On a beaucoup fait dans les quarante dernières années pour simplifier la procédure dans tous les tribunaux anglais.

Changements dans la loi d'Angleterre.

Acte de faillite.

Nous avons à noter un grand mouvement judiciaire qui vient de se faire, et qui indique une révolution entière dans le système anglais, déjà grandement changé de ce qu'il était dans le temps de Bentham.

Mouvement judiciaire en Angleterre.

Il y avait des *bills* présentés au parlement par le lord-chancelier, en Mars 1870, qui proposaient l'abrogation de toutes les distinctions de jurisprudence entre les différents hauts tribunaux, ainsi que l'établissement d'une *High Court of Justice*, où seraient réunis tous les juges actuels de l'*equity*, *de la loi commune*, le juge de la cour des divorces, et le juge de l'amirauté. Dès que le transfert de la juridiction aura lieu, toutes les cours actuelles cesseront d'exister. Il y aura cinq divisions dans cette cour, mais toutes les divisions seront également compétentes. Il est expressément déclaré que «toutes les procédures seront instituées par-devant la *High Court of Justice* et pourront être transférées d'une cour divisionnaire ou autre cour à une autre.» Il est permis à la *High Court* d'établir ses propres règles et entre autres «de règler toutes matières se rapportant à la manière d'instituer et de conduire toutes les affaires qui viendront dans la compétence de la cour, les procédures qui y auront lieu, la manière de recueillir les témoignages, le mode d'audience, les dépens à allouer, la manière de les percevoir, et les parties par lesquelles les dépens devront être supportés, enfin toutes les matières qui sont incidentes ou se rapportent à l'administration de la justice par la cour.»

Abrogation de toute distinction de jurisprudence entre les hauts tribunaux.

Réunion de tous les juges dans une haute cour de justice.

La cour a le pouvoir d'établir ses propres règles.

La réforme était complétée par la clause suivante, qui fut

proposée par le «juge de la cour des divorces,» Lord Penzance. Cette clause assimile les deux systèmes qui ont existé jusqu'ici en subordonnant les maximes de l'ancienne loi commune aux principes de l'« *equity*. »

Amendement de Lord Penzance.

La distinction existante entre les principes d'après lesquels la justice est administrée dans les cours de loi commune et les cours d'*equity*, est abolie par le présent *bill*.

Distinction entre la loi et l'équité (*equity*) abolie.

« Les principes reconnus et appliqués jusqu'ici par les cours d'*equity* seront considérés comme faisant partie de la loi commune du pays, et seront mis en vigueur comme tels dans toutes les actions et procédures devant la *High Court*.

Les principes d'equity font partie de la loi commune.

« Les maximes et les principes de la loi commune, là où ils sont en conflit avec les principes de l'*equity*, seront à l'avenir restreints, modifiés, ou entièrement remplacés par ceux-ci en tant qu'ils y sont en conflit.

Les maximes de la loi commune contradictoires aux principes de l'équité remplacées par ceux-ci.

«Dans les règles et les ordres qui seront rendus sous cet acte, il sera pourvu à ce que toutes les parties dans toute action ou procédure soient mises à même de demander ou de réclamer le bénéfice de ces principes d'*equity*, sous cette restriction : que lorsque, par défaut de facilités officielles suffisantes, ou pour toute autre cause, une division quelconque de la *High Court* ne sera pas en état de régler efficacement les droits équitables des parties, l'affaire sera transférée, par ordre de la cour, à une autre division.

Toutes les parties mises à même de reclamer les bénéfices des principes de l'*equity*.

« Les provisions de cette section ne seront pas appliquées ou interprétées de manière à empêcher, changer, qualifier, ou en aucune manière affecter ou modifier les droits de la propriété, soit en loi (*law*) soit en *equity*; mais ces droits et les relations de propriété reconnus jusqu'ici sous le nom de propriétés légales et équitables (*legal and equitable estate*) continueront à avoir pleine force et effet comme si cet acte n'eût pas été passé.»

Legal and equitable estates.

On avait pourvu aussi par un autre bill à une cour d'appel de 10 juges pour remplacer l'*Exchequer Chamber* et la Cour des *Lords Justices*. Cette cour sera composée du Lord-chancelier, du Lord *Chief Justice*, du *Master of the Rolls*, de quatre *Lords Justices of Appeal*, et de trois juges de la Haute Cour de justice qui seront nommés annuellement. La Chambre des Lords conserve son caractère comme cour d'appel, mais elle

High Court of Appeal.

peut au commencement de chaque session nommer un comité au parlement qui sera appelé le « Comité judiciaire de la Chambre des Lords, » et composé des membres de la Chambre qui ont à une époque quelconque remplis des fonctions judiciaires, et de tels autres pairs que la Chambre jugera convenable.

Chambre des Lords.

Le comité judiciaire aura le pouvoir de siéger pour les appels durant toute vacance ou prorogation du parlement.

Comité judiciaire de la Chambre des Lords.

Le rapport d'un comité judiciaire de la Chambre des Lords ne sera conclusif qu'après confirmation par la Chambre.

Tout membre du comité judiciaire du Conseil privé appelé à assister le comité judiciaire de la Chambre des Lords, pourra, lors même qu'il ne serait pas pair du parlement, siéger comme membre du comité judiciaire de la Chambre des Lords, et lorsqu'il siégera ainsi, il aura la juridiction qui est conférée par le présent acte.

Membres du Comité judiciaire du Conseil privé.

Le *chief judge in bankruptcy* et les quatre juges ordinaires de la Haute Cour d'Appel, ou l'un quelconque d'entre eux, s'il est du rang de conseiller privé, mais pas autrement, seront membres du comité judiciaire du Conseil privé. [1]

Il est à noter que, bien que tous les membres de la Chambre des Lords soient également, d'après la constitution, juges de la haute cour d'appel, il n'y a que les *law lords* qui votent dans de telles occasions. Les *law lords* sont, outre le lord-chancelier en fonctions, les ex-lords-chanceliers, et d'autres pairs qui remplissent ou qui ont rempli de hautes fonctions judiciaires, telles que celles de *Lord Chief Justice*, de *Lord Chief Baron*, ou de *Lord-chancelier d'Irlande*. Le lord-chancelier est membre du cabinet, et change avec chaque administration. Il est *virtute officii*, *Speaker of the House of Lords*; et il est d'usage, quand un avocat (*barrister*) est nommé pour la première fois *Lord-chancellor*, de le créer en même temps pair du parlement. Le titre est héréditaire, quoique l'office des Chancellors soit bien temporaire. Dans les occasions importantes, il est d'usage de demander l'avis des juges (du banc du roi, des *Common Pleas*, et de l'Échiquier). Leur avis n'est nullement obligatoire,

[1] *Parliamentary Papers*, 1870. Les réformes judiciaires, malgré les changements que les *bills* ont subi dans la chambre des *Lords*, ont manqué de reçevoir jusqu'ici (Octobre 1871) la sanction du Parlement.

et lorsqu'un de ces juges est un pair, il s'abstient de s'unir aux autres juges dans leur avis, pour prononcer son jugement comme membre de la *House of Lords*.

Les lois d'Irlande se conforment à celles d'Angleterre; mais quoique l'Angleterre et l'Écosse n'eussent constitué qu'un seul royaume depuis 170 ans, la jurisprudence distincte de l'Écosse a été scrupuleusement maintenue.[1]

L'Angleterre et le système féodal. Lois d'Irlande.

L'Écosse est régie, comme avant sa réunion à l'Angleterre, par un système de législation qui, pour la propriété immobilière, est une modification de la loi féodale, et qui, pour la propriété mobilière et le droit des personnes, a beaucoup d'analogie avec la loi civile romaine.

Loi d'Écosse.

«Basée, dit un avocat d'Édinbourg, sur le droit civil de Rome, la loi civile écossaise est plus exempte de particularités techniques que ne le sont d'ordinaire les systèmes de législation, et en même temps, c'est une des formules les plus philosophiques et les plus parfaites du droit naturel. Quand donc on s'étonne que nous restions attachés avec tant d'obstination à un système si différent de celui de nos voisins immédiats, au lieu de trancher en une fois des questions et des problêmes innombrables en nous appropriant la loi anglaise, nous avons le droit de répondre que rien ne nous serait plus agréable, si nous pouvions en conscience agir ainsi; mais que nous considérerions un tel acte comme un pas en arrière, impliquant de notre part l'abandon de beaucoup de dispositions que nous croyons être l'expression exacte de la loi naturelle, pour adopter en échange des combinaisons que nous tenons pour arbitraires, et sans base scientifique. Nous pourrions citer comme exemples le principe que la loi positive et l'équité, l'esprit de la loi et la lettre sont inséparables, principe qui distingue le système septentrional de celui du sud, et, en fait de dispositions concrètes, la théorie de la légitimation des enfants par mariage subséquent de père et mère, et la possibilité de contracter mariage par le pur consentement. Le premier de ces principes, qui est commun à l'Écosse avec le reste du monde civilisé, ne pourra jamais être honnêtement abandonné. La distinction établie en Angleterre entre la loi et l'équité, que l'on suppose fondées sur des principes différents, et sur lesquelles prononcent

Distinctions entre la loi d'Écosse et celle d'Angleterre.

La loi et l'équité en Angleterre.

[1] Voir notre *Commentaire*, tom. I, p. 285.

des cours distinctes, prouve à quel point on y a mal compris que la loi positive, dans toutes ses branches, repose sur une base commune, que l'on ne doit jamais permettre au *jus scriptum* de se séparer du *jus non scriptum*, et que, même pour le temps présent, et dans un cas spécial, il est impossible de rendre convenablement la justice suivant le droit écrit, sans l'aide des principes universels du droit non écrit. En Écosse, les cours suprêmes ont toujours possédé le pouvoir de tempérer la loi par l'équité, dans des cas où l'application rigoureuse des règles du droit positif serait tout-à-fait inconciliable avec la véritable justice, et de remédier à l'insuffisance de la loi dans des espèces non prévues par le législateur.[1]

Pouvoir des cours en Écosse de tempérer la loi par l'équité.

Mais c'est aux États-Unis qu'on a aboli l'ancien système territorial, de sorte qu'une grande partie des statuts des États depuis la révolution américaine sont une substitution du principe personnel au principe territorial. On a conservé cependant les anciens termes. La législation de New-York, et il en est de même dans les autres États quoique pour les lois de cette espèce chaque État soit indépendant de tout autre, en abolissant tous les droits féodaux, a déclaré que «toute propriété héréditaire, malgré l'abolition des tenures féodales, continuera d'être nommé un simple fief, ou fief, et que toute semblable propriété, lorsqu'elle ne sera pas annulable ou conditionnelle, sera nommée un fief simple absolu, ou fief absolu. Toutes les propriétés substituées (*estates tail*) sont abolies, et toutes les propriétés qui seraient jugées fiefs substitués selon la loi de cet État telle qu'elle existait avant le 12 Juillet 1782 seront jugées à l'avenir fiefs simples. Et s'il y a aucune reversibilité valable basée sur ce fief, il sera reconnu un fief simple absolu.»[2]

Changements dans les lois aux États-Unis.

On a établi un partage égal pour les terres entre les enfants des personnes qui meurent *ab intestat*, en conservant toutefois à tout parent le libre droit de tester; mais partout il y a deux lois, une pour l'héritage des biens-fonds, et une autre pour les successions mobilières, et le partage des terres et la

Cas de mort *ab intestat*. Partage égal entre les enfants.

[1] *Revue de droit international*, 1869, tom. I, p. 220. KIRKPATRICK, *Quelques remarques sur le droit écossais*. Voir JAYLER, *Differences of law of England and Scotland*, Edinburgh, 1849. ERSKINE, *Principles of law of Scotland*, par GUTHRIE, 1870. BELL'S *Commentaries of law of Scotland;* par M^cLAREN, 1870.

[2] *Revised Statutes of New-York*, vol. I, p. 670.

distribution des biens mobiliers ne sont pas faits d'après la même règle. Le transfert des deux espèces de propriétés est fait d'après des formes différentes, soit entre-vifs soit à la mort, et dans quelques États le même mandat n'agit pas contre les terres et contre les biens mobiliers d'un débiteur. La propriété d'une partie assez considérable des terres est sujette aux lois personnelles par suite de sociétés anonymes, dont les actions sont déclarées biens personnels. La plus grande partie des États ont abrogé la loi exceptionnelle anglaise de la légitimité, qui fait une distinction entre les enfants des mêmes père et mère nés avant et après le mariage. Les changements des lois en faveur des femmes, qui sont un véritable bouleversement du principe de la loi commune de l'identité du mari et de la femme, ont créé des anomalies dans les lois qui se rapportent aux droits des époux.

Changements des lois en faveur des femmes.

Plusieurs États de l'Union ont accordé un droit de propriété aux femmes mariées sur leurs propres biens, sans abroger en quelques cas soit le droit de *curtesy*, qui donne au mari, dans le cas où il y aurait un enfant du mariage, l'usufruit des biens-fonds de sa femme durant sa vie, soit le droit d'une femme à son douaire (*dower*), c'est-à-dire à l'usage du tiers des biens-fonds de son mari après sa mort. La loi anglaise projetée sur le même sujet fait la même réserve pour la *curtesy*. Quant au douaire, il est vrai qu'il vaut peu de chose en Angleterre depuis l'acte de 1839 par lequel on l'avait limité aux biens-fonds que possédait le mari à sa mort. Il va sans dire cependant que ces deux droits — celui de curtesy du mari et celui de douaire de la femme — sont en contradiction avec l'esprit de la nouvelle législation. Une autre inconséquence consiste en ce que, quoique les femmes mariées jouissent, leur vie durant, d'un contrôle illimité sur leurs biens mobiliers et qu'elles puissent en disposer par testament, néanmoins si elles meurent *ab intestat*, tous leurs biens mobiliers appartiennent comme d'après l'ancien système au mari, à l'exclusion entière des parents de la femme et même de ses enfants.[1]

Principes contradictoires de la vieille et de la nouvelle loi.

Mais les changements qui touchent au fond même du système

[1] *New York Statutes at large*, vol. IV, p. 514, 515, 516, 517. BARBOUR's *Supreme Court Reports* (1868), vol. I, II, p. 412, Burke *vs.* Valentine, ROBERTSON's *Superior Court Reports*, vol. II, p. 207. Beamish *vs.* Hoyt.

Reconnaissance par l'Angleterre du système américain sur la naturalisation.

anglais, ce sont ceux qui résultent de la reconnaissance du système américain sur la naturalisation, lequel est devenu la base même d'une convention qui constitue une renonciation complète au principe de l'allégeance perpétuelle et substitue à l'ancienne loi les principes du droit romain d'après lequel chaque individu était toujours libre de choisir sa patrie. La connaissance de ce principe, surtout si l'on donne suite à un projet de loi présenté à la dernière session du parlement et ayant pour but l'abrogation de tout droit d'aînesse ou de primogéniture, semblerait nécessiter une révision générale du système de jurisprudence anglais, système basé sur la territorialité.

Changements nécessités dans les lois anglaises par l'adoption du principe de la naturalisation.

Les stipulations conventionnelles qui viennent d'être conclues, tombent sous une autre rubrique; mais il appartient au sujet actuel de dire que l'Angleterre, avant de faire un traité définitif avec les États-Unis sur la naturalisation, a bien prévu que de tels changements dans son système auraient de l'influence au-delà de la simple matière de la renonciation ou de la rémission de l'allégeance d'origine. D'après la dépêche de Lord Stanley, du 21 Mai 1868, il faudrait considérer les questions de la dévolution de la succession, du titre des biens-fonds et toute la portée des lois propres à l'état actuel des choses. Il ajoute: «En ce qui regarde ce pays, si les principes du traité prussien [1] devaient être adoptés comme base d'un traité entre la Grande-Bretagne et les États-Unis, il serait nécessaire de considérer qu'elle portée aurait un pareil traité, non-seulement sur la loi commune (*common law*), et les statuts (*statute law*), mais aussi sur la législation des colonies anglaises; et, en considération de la grande ressemblance qui existe entre les lois et la procédure de ce pays-ci et celles des États-Unis, on aurait sans doute à faire la même chose là-bas; et dans les deux pays il sera probablement trouvé qu'une révision considérable des lois serait nécessaire pour obtenir le fonctionnement régulier d'un traité de naturalisation.» [2]

Lord Stanley sur la portée de la convention projetée sur la *common law* et sur la *statute law*.

Protocole substitué à un traité et remplacé par la convention du 13 Mai 1870.

C'est pourquoi on avait substitué au traité un protocole en date du 9 Octobre 1868 [3]. Nous verrons par la suite quels

[1] Voir § VII *infra*.

[2] *Parliamentary Papers*, No. 1, 1869, p. 3.

[3] Une convention formelle fut conclue le 13 Mai 1870. On avait pourvu par un acte de Parlement aux modifications des lois nécessitées par le nouveau système.

inconvénients peuvent résulter des traités déjà faits avec les États allemands et d'autres puissances, et qui furent conclus sans faire attention aux dommages qui pourraient en résulter pour les parties qu'on a voulu le plus favoriser, faute d'avoir prévu les conséquences probables dont Lord Stanley fait mention.[1]

Effets d'un traité de naturalisation sur les droits d'héritiers dans les deux pays.

A moins qu'on ne veuille, non-seulement rompre les liens d'une commune allégeance, mais dissoudre en même temps les liens de famille et faire passer les biens des père et mère aux parents éloignés, il semblerait convenable d'abroger partout les lois qui reconnaissent des distinctions entre les étrangers et les nationaux quant aux héritages, et surtout tout droit d'aubaine; autrement, les membres de la même famille étant devenus étrangers par la naturalisation, il se peut qu'un fils ne puisse hériter de son père ou un frère de son frère. Jusqu'à quel point cela pourra être accompli par la nouvelle loi anglaise sur la naturalisation d'accord avec la législation fédérale et sans l'entremise des États individuels, c'est ce qui paraîtra par notre article sur le droit d'aubaine.[2]

Codification en Angleterre et aux États-Unis.

A plusieurs reprises on a proposé une codification de la loi anglaise, et des tentatives à cet effet ont été faites dans quelques-uns des États-Unis d'Amérique qui ont le *common law* pour base de leur jurisprudence. Mais ces projets ont été basés sur des principes très-bornés, et n'ont aucune application aux changements radicaux que nous venons d'indiquer. On n'a voulu que mettre en ordre les règles qui se trouvent dans les statuts, et les résumés des décisions des tribunaux. L'État de New-York, et son exemple a été suivi par plusieurs autres États, a devancé la mère patrie en abolissant les anciennes formes de plaidoyers dans les actions du droit commun, de même que les distinctions entre les remèdes légaux et équitables (*legal and equitable remedies*), et a établi un système uniforme de procédure dans tous les cas. Une commission nommée par l'État de New-York a aussi proposé, en 1866, un code civil, mais la législature n'a encore (1871) rien résolu à ce propos.[3]

Autorité des décisions judiciaires aux États-Unis.

En Angleterre et en Amérique, les décisions judiciaires sont les exposés faisant autorité non-seulement pour la loi écrite

[1] Voir notre *Commentaire*, § 6. *infra*.

[2] Voir § 4. *infra*.

[3] Voir Addenda.

ou *common law*, mais pour l'interprétation des *statutes* ou actes de la législature, et elles sont regardées comme des déclarations concluantes de ce qu'est la loi. Aux États-Unis les tribunaux ont une fonction encore plus importante: celle de décider sur la conformité des actes du congrès et des législatures locales avec les lois organiques du pays, une loi qui viole la constitution étant considérée comme nulle et non avenue. Et le frein ainsi imposé par la Cour Suprême qui juge en dernier ressort aux actes irréguliers du congrès qui pourraient violer la constitution, avait, jusqu'à la récente guerre civile, été regardé par tous les publicistes étrangers aussi bien que par les hommes d'état américains comme la meilleure protection pour nos institutions.[1]

Droit des juges de prononcer une loi inconstitutionnelle.

Autre règle du continent de l'Europe.

Il paraîtrait pourtant que cet attribut judiciaire est contraire aux vues des juristes du continent européen sur les fonctions respectives des pouvoirs législatif et judiciaire. Laurent dit: «Le juge ne peut juger la loi. Mais est-il aussi forcé de l'appliquer lorsqu'elle est inconstitutionnelle? Cette question appartient au droit public plutôt qu'au droit civil. Nous n'en dirons qu'un mot. Notre constitution prévoit le cas où des arrêtés royaux seraient contraires à la loi; elle fait un devoir aux tribunaux d'examiner la légalité des règlements que l'on invoque devant eux, et de ne les appliquer que s'ils sont conformes à la loi (Art. 107). Mais la constitution ne donne pas au juge le droit d'examiner la constitutionnalité des lois; cela suffit pour décider la question. Il est vrai que le législateur est lié par la constitution; il n'y peut pas déroger, et, en théorie, on pourrait dire que la loi qui viole la constitution est frappée de nullité, de même que l'arrêté royal qui viole une loi. Mais la constitution ne consacre pas cette théorie. Dès que la loi est portée dans des formes constitutionnelles, elle oblige les tribunaux, aussi bien que le gouvernement et les citoyens; il faudrait une disposition formelle dans la constitution pour

Opinion de Laurent.

Devoir des tribunaux d'examiner la légalité des arrêts royaux apportés devant eux, mais non d'examiner la constitutionalité des lois.

Une loi dans des formes constitutionnelles oblige les tribunaux de même que le gouvernement et les citoyens.

[1] Voir notre *Commentaire*, tom. II, p. 135 et les renvois qui s'y trouvent à de Tocqueville et à d'autres. C'est seulement au mois de Février 1870 que la Cour Suprême a refusé de reconnaître comme valide quant aux contrats conclus avant son passage un acte passé en 1862 qui donnait, pour le paiement de dettes entre particuliers, un cours forcé au papier-monnaie émis par le gouvernement fédéral. — Voir Addenda.

autoriser le juge à ne pas l'appliquer, en se fondant sur ce qu'elle est inconstitutionnelle. Par cela seul que la constitution n'accorde pas ce pouvoir aux tribunaux, elle le leur refuse. Elle a crainte sans doute d'ébranler le respect dû aux lois, en permettant de les attaquer par le motif ou sous le prétexte qu'elles sont inconstitutionnelles. »[1]

État de la législation en 1856, d'après Saint Joseph. Législations non codifiées.

Parlant de l'époque de 1856, Saint Joseph dit: « Les législations civiles non codifiées sont celles de l'Amérique du Sud et de l'Espagne, du duché de Brunswick, des États-Unis à l'exception de la Louisiane, des États-Romains, de Francfort, de la Grande-Bretagne, de la Grèce, de Hambourg, de Hanovre, du Portugal, et du Brésil, de la Saxe, de Saxe-Weimar, de la Toscane, de la Turquie, de Vénézuela, des cantons d'Appenzell, des Grisons et de Saint-Gall, enfin le droit commun allemand. La plupart de ces législations se composent de dispositions tirées du droit romain, du droit canon, du droit coutumier, de lois s'abrogeant les unes les autres, et même quelquefois d'anciens codes tellement modifiés aujourd'hui, que très-peu de règles en sont applicables; enfin elles sont contenues dans les usages et la jurisprudence. On n'y trouve aucune unité; le plus souvent il y a dans chaque localité une coutume différente. Accessibles seulement aux savants et à ceux qui ont intérêt à la *glorieuse incertitude de la loi*, elles sont lettre close pour la grande majorité de ceux à qui on les applique.

Législations codifiées.

« Les législations civiles codifiées sont celles de l'Autriche, du duché de Bade, de la Bavière, de la Belgique, de la Bolivie, du Danemark, des Deux-Siciles, de la France, de Haïti, de la Hollande, des Iles Ioniennes, de la Louisiane, de Malte, des duchés de Parme et de Modène, de la Norvége, de la Pologne, de la Prusse, de la Russie, de la Sardaigne, de la Suède, du Wurtemberg, des cantons d'Argovie, de Berne, de Fribourg, de Genève, de Glaris, de Lucerne, de Neuchâtel, de Soleure, du Tessin, de Vaud, du Valais, et de Zurich. Deux systèmes de codification se sont trouvés en présence: l'un voulant rendre inutile à peu près la science du droit, en multipliant les définitions et en essayant de prévoir les cas particuliers; l'autre exposant les principes et laissant aux jurisconsultes et aux

Systèmes différents de codification.

[1] LAURENT, *Principes de droit civil français*, tom. I, p. 67—68.

magistrats le soin d'en faire découler les règles applicables à chaque espèce qui leur serait présentée. Le premier système est celui du code prussien seul. Le second système est celui du code Napoléon, auquel se sont rangés tous les autres pays.

Les codes ci-dessus mentionnés à l'endroit du code Napoléon.

« Parmi les codes il y en a qui sont antérieurs au code Napoléon; ce sont ceux de Bavière, de Prusse, de Wurtemberg, de Malte, de Norvége, de Suède, et de Danemark. Le code Napoléon n'a puisé dans aucun d'eux, et au contraire, a été imité depuis dans la plupart des pays qui ont codifié leurs lois. Conservé, sauf quelques modifications, dans la Prusse rhénane, dans le grand-duché de Berg, dans le duché de Bade, dans la Bavière rhénane, à Genève, en Belgique, et en Pologne, où il avait été mis en vigueur sous l'empire, le code Napoléon a servi de modèle depuis aux codes de Sardaigne, des Deux-Siciles, de Parme, de Modène, des Iles Ioniennes, de Bolivie, de Haïti, de Louisiane, et des cantons de Fribourg, de Lucerne, de Neuchâtel, du Tessin, de Vaud, et du Valais. »[1]

Nouveaux codes.

Nous avons eu déjà l'occasion de parler des changements réalisés dans les législations ci-dessus mentionnées depuis l'époque de la « Concordance. » Le code italien a été mis en vigueur en 1866 et a englobé six systèmes de législation différents. Le code saxon avait force de loi en Janvier 1863. Nous avons expliqué l'état du droit espagnol. La Grèce a un code, calqué sur celui de France, qui était en vigueur en 1868.[2]

But du traité de Savigny. Communauté de droit.

Le but du traité de droit romain (*System des heutigen Römischen Rechts*) était d'établir une communauté de droit entre toutes les personnes. Dans le dernier volume, celui qui parut en 1849, Savigny dit: «Les vues que je viens d'exposer sur la possibilité et les avantages qu'il y aurait à régler d'un commun accord la collision des droits locaux, se trouvent en grande partie réalisées par les traités conclus à ce sujet entre différents États, surtout entre États voisins, où les cas de collision sont les plus fréquents. Les jurisconsultes recommandent et appellent de tous leurs vœux ces espèces de traités, et nous en avons depuis longtemps des exemples. Mais il ne faut pas croire que

Traités internationaux pour régler les cas de collision, expression de la communauté de droit déjà existante.

[1] SAINT JOSEPH, *Concordance des Codes civils*, tom. I, p. XCVII—III.

[2] Voir *Report of Royal* (English) *Commission on Naturalisation and Allegiance*, 1869, p. 117.

là où les traités existent, ils établissent un droit positif tout nouveau, et changent complétement l'état de choses antérieur. Presque toujours ils ne sont que l'expression de cette communauté de droit dont j'ai parlé plus haut, et dès lors un acheminement à sa reconnaissance toujours plus complète. »[1]

Il fait ressortir dans un autre endroit le changement attesté par deux faits qu'il avait signalés: « la capacité du droit reconnue aux étrangers de plus en plus semblable à celle des nationaux, et la reconnaissance d'un plus grand nombre de principes qui rentrent dans un droit coutumier général sur la matière. Si des circonstances extérieures et imprévues n'arrêtent pas ce développement du droit, on peut croire qu'il finira par être le même chez tous les peuples. Cet accord pourrait résulter des doctrines scientifiques auxquelles se conformerait la pratique des tribunaux; il pourrait aussi résulter d'une loi sur la collision des droits locaux adoptée par toutes les nations. »[2]

Capacité du droit reconnue aux étrangers semblable à celle des nationaux.

Principes qui entrent dans un droit coutumier général.

Dans les vingt dernières années, non-seulement les traités qui assimilent les lois des différents pays ont été étendus à une infinité de matières auxquelles on n'avait jamais pensé jusque là, mais la législation de l'Allemagne et de l'Italie, fruit de l'unification politique de ces pays, a produit des résultats que Savigny n'aurait jamais pu espérer. Par exemple, la France a émis depuis 1837 des décrets qui autorisent les sociétés anonymes et autres associations commerciales, industrielles et financières légalement constituées dans la plus grande partie des États de l'Europe à exercer leurs droits en France, et tous ces États ont accordé des droits réciproques à la France.[3] Sans énumérer les traités d'extradition en cas criminels, ou les nombreux cas pareils, nous avons dans ce moment entre les mains un traité du 15 Juin 1869 entre la France et la Suisse, qui déclare que les jugements ou arrêts en matières civiles ou commerciales rendus dans l'un des deux États seront, lorsqu'ils auront acquis force de chose jugée, exécutoires dans l'autre.[4]

Progrès de la communauté de droit dans les vingt dernières années.

Sociétés anonymes.

Traités à l'égard de la reconnaissance réciproque de jugements.

[1] Savigny, *Traité de droit romain*, par Guenoux, tom. VIII, p. 33, 2e édit.

[2] *Ibid.*, tom. VIII, p. 114.

[3] Voir Roger et Sorel, *Lois*, p. 465.

[4] *Mémorial diplomatique*, 1869, p. 696.

Mais Savigny ne croyait pas au prompt accomplissement de ses vues par la législation et par les conventions internationales. Il semble incliner à étendre le domaine de la jurisprudence en déclarant que « Le législateur a laissé sur cette matière une si grande latitude au développement scientifique. » Et il dit à ce même propos qu'il ne peut être d'accord avec Wächter qui (*Archiv für civilistische Praxis*, vol. XXIV, p. 240; *Ibid.*, vol. XXV, p. 12—15) recommande avec tant d'instance (et selon nous, avec raison) de ne pas confondre le point de vue judiciaire et le point de vue législatif.

Savigny voudrait étendre le domaine de la jurisprudence.

Vues contraires de Wächter.

Savigny se base sur la *comitas*, mais il ajoute, à propos de la critique de Wächter, qu'il « ne faut pas voir dans cet accord l'effet d'une pure bienveillance, l'acte révocable d'une volonté arbitraire, mais bien plutôt un développement propre du droit, suivant dans son cours la même marche que les règles sur la collision entre les droits particuliers d'un même État. » Il ajoute: « Néanmoins les deux espèces de collision ne peuvent être assimilées complétement l'une à l'autre. On a vu que la question de collision entre des droits particuliers contradictoires pouvait être résolue par une loi générale supérieure à ces droits. Une semblable solution est inapplicable aux lois contradictoires de différents États indépendants. »[1]

La *comitas* d'après Savigny.

Collision entre les droits particuliers contradictoires d'un État — entre les lois contradictoires de différents États.

Ce n'est pas seulement dans l'ouvrage de Savigny qu'on trouve l'idée de *comitas* appliquée pour concilier les conflits que l'on suppose exister entre les lois de diverses nations.

Fœlix et Wheaton sur la *comitas*.

La section des « Éléments » intitulée du « *Conflit des lois* » et celle du « droit international privé » dans l'« Histoire » sont transcrites de Fœlix, qui déclare, pour sa part, que la doctrine qu'il expose à ce propos est celle de Story, et qu'il adopte complétement les idées du savant américain. Story se refère à Huber. Dans les articles de Fœlix et Wheaton qui débutent par la reconnaissance de l'indépendance des nations comme premier principe général, nous trouvons la phrase suivante: « Les législateurs, les autorités publiques, les tribunaux et les auteurs se dirigent, non pas d'après un devoir de nécessité, d'après une obligation dont l'exécution peut-être exigée, mais uniquement d'après des considérations d'utilité et de convenance

[1] Savigny, *Traité du droit romain*, par Guenoux, tom. VIII.

réciproque entre les nations (*ex comitate, ob reciprocam utilitatem*). La nécessité du bien public et général des nations a fait accorder, dans chaque État, aux lois étrangères des effets plus ou moins étendus.» [1]

Huber, exposition d'une *comitas* internationale.

Les trois maximes suivantes de Huber, avec le corollaire que l'auteur en déduit, sont la première exposition formelle d'une *comitas* internationale:

Maximes de Huber.

«I. Leges cujusque imperii vim habent intra terminos ejusdem reipublicæ, omnesque ei subjectos obligant, nec ultra.

«II. Pro subjectis imperio habendi sunt omnes qui intra terminos ejusdem reperiuntur, sive in perpetuum sive ad tempus ibi commorentur.

«III. Rectores imperiorum id comiter agunt, ut jura cujusque populi intra terminos ejus exercita teneant ubique suam vim, quatenus nihil potestati aut juri alterius imperantis ejusque civium præjudicetur.»

Voici le corollaire que Huber déduit de ces maximes:

Corollaire des maximes de Huber.

«Inde fluit hæc Positio: Cuncta negotia et acta, tam in judicio quam extra judicium, seu mortis causa sive inter vivos, secundùm jus certi loci rite celebrata, valent etiam ubi diversa juris observatio viget, ac ubi sic inita, quemadmodum facta sunt, non valerent. E contra negotia et acta certo loco contra leges ejus loci celebrata, cùm sint ab initio invalida, nusquam valere possunt; idque non modo respectu hominum qui in loco contractus habent domicilium, sed et illorum, *qui ad tempus ibidem commorantur*. Sub hac tamen exceptione: si rectores alterius populi exinde notabili incommodo afficerentur, ut hi talibus actis atque negotiis usum effectumque dare non teneantur, secundùm tertii axiomatis limitationem.» [2]

Comitas d'après Story.

Story dit que le mot *comitas* est le terme le plus approprié pour exprimer la veritable base et l'étendue de l'obligation imposée par les lois d'une nation dans le territoire d'une autre. Elle résulte uniquement du consentement volontaire de cette dernière et est inadmissible lorsqu'elle serait contraire à sa

[1] Fœlix, vol. I, p. 22; *Éléments*, tom. I, p. 105; *Histoire*, tom. II, p. 378.

[2] Huber, *Prælectiones*, tom. II, lib. I, tit. 3, *De conflictu legum*, § 2, 3, p. 25. Ed. Lovanii 1766.

politique connue ou préjudiciable à ses intérêts «Dans le silence de toute règle positive affirmant, niant ou restreignant l'action de lois étrangères, les cours de justice présument leur adoption tacite par leur propre gouvernement; à moins que ces lois ne soient contraires à sa politique ou ne portent préjudice à ses intérêts. Ce n'est pas la *comitas* des tribunaux, mais bien la *comitas* de la nation qui est appliquée, et elle est établie de la même manière et guidée par les mêmes raisonnements qui établissent et qui guident tous les autres principes de loi interne.»[1]

Définition sanctionnée par la Cour Suprême des États-Unis.

Il est convenable de dire que ce passage de Story est incorporé dans un jugement rendu par la Cour Suprême des États-Unis auquel nous reviendrons.[2]

Phillimore sur la *comitas*.

Sir Robert Phillimore considère le droit international privé comme le synonyme de ce que Story appelle *comitas* (*international comity*), et dont, d'après lui, «l'empire étendu commence où la province limitée du droit international se termine.»[3]

Westlake sur les maximes de Huber.

C'est en critiquant les maximes de Huber que Westlake, après s'être rapporté au principe de la souveraineté territoriale de Grotius (*de jure belli et pacis*, lib. II, ch. III Ed. Pradier-Fodéré, tom. I, p. 434) dit: «La doctrine que les lois étrangères ne sauraient être admises que par une *comitas*, limitée par les droits et l'autorité de l'État qui les admet et de ses membres, ne nous apprend absolument rien, puisque ce sont justement ces droits et cette autorité qui sont en question. Ainsi, une personne qui est majeure dans le pays où elle est domiciliée peut-elle disposer de terres situées dans un pays où elle serait encore considérée comme mineure?»[4]

Nous donnons la lettre suivante comme l'expression des dernières vues de ce savant publiciste au sujet de la *comitas*. Après avoir indiqué les passages qui se trouvent §§ 160, 165, 345, 397 (pp. 149, 154, 325, 379) de son ouvrage, Westlake dit: «Vous verrez que le principe dominant qui me guide est

[1] Story, *Conflict of Laws*, § 38, Redfield's ed., p. 34.

[2] Peter's *Reports*, vol. XIII, p. 513—589. *Bank of Augusta vs. Earle.*

[3] Phillimore, *Commentaries on international Law*, vol. IV, p. 3.

[4] Westlake, *Private international law*, § 144, p. 127.

Vues de Westlake au sujet de la *comitas*.

que la *comitas* peut bien être un motif d'admettre les lois étrangères qui peuvent être requises par la nature d'un cas donné, mais ne saurait déterminer quelles lois la nature d'un cas donné requiert. Pour trouver *cela*, il me faut examiner la loi territoriale qui régit l'acquisition du droit, et suivre alors le principe que les droits une fois acquis en vertu de la loi territoriale à laquelle les parties étaient soumises à l'époque, doivent être respectés par les tribunaux de tous les autres pays où ils peuvent venir en question. Ainsi je suis d'accord avec vous que si l'on admet jamais que l'acquisition originelle d'un droit puisse dépendre d'une loi autre que celle à laquelle les parties sont à l'époque territorialement soumises, ce ne saurait être que parce que la dernière loi adopte librement la première *pro hac vice.* De plus, là où le status n'est pas en question, il y a rarement quelque raison pour que la loi à laquelle les parties sont territorialement sujettes au moment où l'acquisition d'un droit est en question doive adopter ou se conformer à une loi étrangère quelconque. Et ainsi la plus grande partie du terrain de ce que l'on nomme le « conflit des lois » est ouverte par les quelques principes que je viens d'énoncer. Prenez pour exemple les questions résultant de contrats passés pour des parties dans un pays par des agents dans un second, exécutoires dans un troisième, et dont l'accomplissement ou le non-accomplissement produirait des effets dans un quatrième pays: on n'a qu'à s'assurer par une analyse scrupuleuse sous quelle loi territoriale chaque partie de la transaction a eu lieu, et c'est *cette loi* qui doit être appliquée, parce que des droits en sont résultés immédiatement aussitôt que l'événement était arrivé dans sa domination, et que ces droits doivent ensuite être respectés quelque part qu'ils viennent en question. Mais la capacité de contracter, quand elle dépend par exemple de la présence ou de l'absence du status de minorité, présente un cas dans lequel la loi territoriale ne peut éviter la nécessité de déclarer d'après quelle règle elle jugera au sujet de cette présence ou de cette absence; et où, s'il est question de la capacité d'un étranger, la nécessité ne saurait être évitée de déclarer quelle valeur sera donnée aux faits étrangers, quant à la vie de l'étranger pendant un certain nombre d'années sous l'empire de la loi territoriale de son propre pays. Ici, en conséquence, il est nécessaire de se guider par des considérations résultant des distinctions de territoires en décidant sur l'acquisition originelle des droits. Et, aussi bien pour les raisons que j'ai données dans le chapitre sur le *status* (p. 379) que parce que cette manière de procéder présente la plus grande analogie avec le principe de donner leur pleine valeur aux droits étrangers qui ont été une fois accordés sous la loi territoriale compétente à l'époque, il me semble que lorsque le législateur n'a pas parlé, le juge ferait bien de mesurer la capacité par la loi personnelle, et non par celle du lieu du contrat. On peut nommer cela de la «*comitas*,» mais je suis d'accord avec vous dans votre répudiation de cette expression, et je préfère le nommer de la *justice*.» [1]

Collision — Conflit des lois.

Les expressions «Collision» et «Conflit des lois» présupposent que les lois de différents pays sont toujours en conflit l'une avec l'autre, quand leur application à un cas particulier est mise en question; tandis qu'il est bien possible qu'elles s'harmonisent toutes parfaitement et que toutes laissent la décision a la même loi et au même tribunal. Une collision des lois n'arrive pas seulement à cause de la diversité des lois qui dans un cas particulier seraient peut-être applicables, mais seulement quand les lois de différents États, différent entre elles, cherchent à soumettre un seul rapport de droit chacune à sa propre autorité. [2]

Guthrie sur le conflit des lois.

Nous empruntons au traducteur anglais de Savigny ce qu'il dit au sujet du conflit des lois: «Les rapports que le commerce a établis, ont donné naissance à des questions de concurrence très-délicates entre les lois des différentes nations, de sorte qu'il n'est pas toujours facile de décider d'après quelle loi un contrat doit être gouverné. Des auteurs recommandables ont traité la question. Un écrivain étranger d'une haute réputation a fait un traité sur ce sujet, qu'il nomme «*conflictus legum*.» Il y traite de quelques questions subtiles, mais il a donné à son ouvrage un titre très-erroné: il ne saurait y avoir de *conflictus legum* parmi les nations civilisées. Une personne peut avoir un *forum* dans divers pays, et une même question

Conflictus legum n'est pas un terme convenable.

Il n'y a pas de conflit des lois parmi les nations civilisées.

[1] Lettre de M. Westlake à M. W. Beach Lawrence, 21 Novembre 1869.

[2] Bär, *Das internationale Privat- und Strafrecht*, § 1, p. 7.

peut par conséquent être jugée dans divers États, mais le décret sera le même dans tous; si les jugements différaient, il faudrait qu'il y en eût quelquefois d'erronés. Bien que l'on ait beaucoup parlé de *comitas*, c'est un terme qui n'a pas de place dans la jurisprudence. Il n'existe pas de décisions qui aient été rendues par courtoisie. Où les juges décident un cas selon la loi d'un autre pays, ils le font *ex justitia;* ils sont obligés de le faire. Dans les questions de successions, par exemple, l'Angleterre et l'Écosse ont des lois différentes; mais si un homme meurt intestat en Écosse, les Anglais, en décidant de la succession, ne suivent pas leur propre loi, mais la loi d'Écosse. Le jugement serait injuste s'il était rendu d'après la loi anglaise. 'Que veut dire la loi Écossaise?' Telle est la première question que les juges anglais doivent se poser. S'ils agissent autrement, ils causent du tort. Le jugement, dit le premier juge écossais, Macqueen (1791), des juges anglais et des juges écossais dans de tels cas devra être le même. »[1]

Comitas n'a pas de place dans la jurisprudence.

Loi de succession de l'Angleterre et de l'Écosse.

Si nous examinons de plus près la manière dont la *comitas gentium* a été mise en pratique (nous nous servons des citations par Guthrie), nous voyons avec surprise qu'elle n'a nulle part été convenablement appliquée; ou du moins, que dans la plupart des cas on a fait appel à quelque chose de bien différent de la *comitas*. Comment atteindre à des résultats raisonnables d'une idée si vague et si peu légale? Par le fait on ne saurait d'après ce principe arriver même approximativement à une décision correcte sur le cas le plus simple du droit international. Où commence et où se termine la *comitas?* Comment des questions de *droit* pourraient-elles être résolues selon les vues de la politique qui est la chose du monde la plus variable et la plus incertaine?[2]

La *comitas* n'a été appliquée à aucun cas.

Sans déroger au respect dû à l'illustre légiste allemand, ne peut-on point supposer que l'état politique de la Prusse aurait influé sur les vues de Savigny? Il vivait, comme Montesquieu, sous une monarchie absolue. Pendant tout le temps des études de Savigny dont nous avons les fruits dans ses grands ouvrages,

Influence des institutions prussiennes sur le jugement de Savigny.

[1] BELL 8°, Cas 106, Watson *vs.* Renton.

[2] SCHÄFFNER, *Entwickelung des internationalen Privatrechts*, § 30. GUTHRIE, *Savigny's Private International Law*, pp. 9, 33.

le gouvernement de ce pays était une monarchie absolue.[1] Dans cet état de choses, il ne devait pas être trop enclin à regarder d'un mauvais œil les empiétements du pouvoir judiciaire, naturellement le corps d'état le mieux constitué et auquel ordinairement on pouvait le mieux se confier.

Système allemand. Renvoi aux universités des cas devant les tribunaux.

De plus, d'après le système allemand, ce ne sont pas les juges qui décident dans ces cas, mais pour les questions difficiles, les tribunaux, de même que les gouvernements, s'en rapportent aux universités; et si l'on avait voulu instituer une commission de législation internationale, où aurait-on pu la chercher que parmi les illustres associés de Savigny?

Comitas opposée à tout système constitutionnel.

Disciple de Jeremy Bentham, nous ne pouvons que rappeler le fort raisonnement «du premier réformateur judiciaire des temps modernes» (emprunter au langage de notre ami Wheaton) contre la «*judge made law*» dont il a si bien désigné les défauts.[2] En outre, comme publiciste qui avons toujours combattu contre les empiétements du pouvoir exécutif et du pouvoir législatif sur le pouvoir judiciaire, nous ne pouvons reconnaître comme un principe de droit public une règle également opposée à tout système constitutionnel, et qui engloberait dans le pouvoir judiciaire tous les attributs du gouvernement.

Explication de Story.

Comitas des tribunaux et *comitas* des nations.

Story, qui était lui-même un des juges de la plus haute cour des États-Unis, semble s'apercevoir de cette difficulté quand il dit, dans une citation que nous avons déjà faite: «ce n'est pas la *comitas* des tribunaux, mais bien la *comitas* des nations qui est appliquée.» D'où, peut-on demander, les tribunaux dérivent-ils leur autorité de faire des actes de courtoisie internationale? Ils ne sont chargés, en nul sens, des rapports avec l'étranger. Le caractère de l'usurpation n'est pas le moins du monde amoindri parce que, comme le dit le juge Story, «elle est établie de la même manière et guidée par les mêmes raisonnements qui établissent et qui guident tous les autres principes de loi interne.»

C'est toujours la même idée formulée d'une autre manière.

Une série de décisions anglaises nous font savoir dans quel

[1] Voir *Commentaire*, tom. I, p. 66, *Notice sur M. Wheaton.*
[2] *Ibid.*, p. 28.

sens un tribunal met à exécution les lois d'un pays étranger comme affectant ses propres jugements.

Lois étrangères affectant les jugements des tribunaux d'un pays.

Dans un des premiers cas, dont on a conservé les notes, dans la cour *consistory* anglaise, cas décidé en 1753, le juge (Sir Edward Simpson) s'exprima ainsi : « La seule question devant moi est celle de savoir si ce mariage est valide ou non d'après la loi d'Angleterre. A ce propos je suis d'avis que c'est à la loi d'Angleterre de s'informer des lois de France ou de celles de toute autre nation étrangère en décidant des mariages de cette espèce. Voici la question : d'après la loi de ce pays les contrats de mariage doivent-ils être considérés comme valides ou invalides d'après les lois des pays où ils ont été faits, et ne doivent-ils pas être interprétés selon cette loi? Si c'est la loi de ce pays, on ne peut dire que les droits de sujets anglais sont déterminés par les lois de France, mais par celles de leur propre pays qui sanctionne et adopte cette règle de décision. » [1]

Jugement de Sir Edward Simpson en 1753.

La loi anglaise s'informe de la loi de France.

D'après la loi anglaise, les mariages valides ou invalides d'après les lois des pays où ils ont été faits?

Dans un cas en 1776, celui de Harford *vs.* Morris, Sir George Hay, répondant aux questions des mariages faits à Ypres et en Danemark, dit que si ces mariages doivent être jugés d'après les lois de ces pays, les lois de ces pays doivent être mises devant la cour et prouvées de la meilleure manière possible. [2]

Jugement de Sir George Hay, 1776.

Les lois étrangères doivent être prouvées.

Dans un autre cas, en 1802, où le jugement fut rendu par Sir W. Wynne, il a été déclaré qu'un mariage célébré à l'étranger, qui n'était pas fait d'après la loi du pays, était invalide. La cour n'exigea pas de copie légalisée des lois et des ordonnances, mais basa son jugement sur les témoignages des avocats et des experts. [3]

Jugement de Sir W. Wynne, 1802.

Jugement basé sur le témoignage des experts.

Au même propos que Schrimshire *vs.* Schrimshire est le jugement de Sir William Scott dans le cas de Dalrymple *vs.* Dalrymple, décidé en 1811, et qui se rapportait à la validité d'un mariage fait en Écosse sans cérémonie religieuse. La loi écossaise a été traitée comme elle l'est toujours, comme la loi d'un pays étranger.

Jugement de Sir William Scott, 1811

Mariage fait en Écosse sans cérémonie religieuse, établi d'après le témoignage des experts écossais.

[1] HAGGARD'S *Consistory Reports*, vol. II, p. 407, Schrimshire *vs.* Schrimshire.

[2] *Ibid.*, vol. II, p. 430, Harford *vs.* Morris.

[3] *Ibid.*, vol. II, p 437, Middleton *vs.* Janverin.

Le cas a été instruit, dit le juge, par des témoins de l'érudition légale la plus compléte. La cour en est redevable surtout aux experts dont l'examen a été fait en Écosse. Le cas étant porté devant un tribunal anglais, il doit être jugé d'après les principes de la loi anglaise qui s'appliquent à la matière.

D'après la loi d'Angleterre les droits établis par la loi d'Écosse.

Mais le seul principe qui s'applique à un cas semblable d'après la loi d'Angleterre, c'est que la validité des droits matrimoniaux de *Miss Gordon* doit être jugée par la loi du pays où, si elle en possédait, ils avaient leur origine. La loi d'Angleterre ayant fourni ce principe se retire tout-à-fait et laisse la question légale au jugement exclusif de la loi d'Écosse.[1]

Principe de l'application d'une loi étrangère.

Dans un cas récent, le vice-chancelier Turner, a dit: « Un juge applique la loi étrangère, non parce qu'elle est établie par une législation étrangère, mais parce que sa propre loi exige que la matière en question soit déterminée par la loi étrangère. »[2]

Opinion de Lord Brougham sur la doctrine de la *comitas*.

Nous avons, dans un cas relatif à un testament et porté devant la Chambre des Lords, l'opinion de Lord Brougham sur la doctrine de la *comitas*, à propos de la manière suivant laquelle la loi étrangère est accueillie par les tribunaux d'un pays. «La cour écossaise, dit-il, doit s'informer d'une loi étrangère comme d'une matière de fait, et se servir de témoignages pour savoir comment on agirait pour l'interprétation d'un tel acte en Angleterre. C'est mon avis d'après ce principe (car je ne sais pas que cette question ait été décidée dans l'un ou l'autre pays), qu'une cour prend acte d'une loi étrangère; mais ici, quant à moi, l'importation d'un code étranger, appelée quelquefois à tort *comitas*, doit cesser.»[3]

Une loi étrangère doit être prouvée en France.

En France une loi étrangère doit être également prouvée. La cour ne la reconnaît pas autrement. Fœlix, tout avocat qu'il soit de la théorie de la *comitas*, dit: « L'Art. I du code civil français oblige les juges seulement à connaître la loi française. Nous nous bornerons à établir qu'il y a des cas où ils sont tenus de prononcer suivant les lois étrangères, et nous

[1] HAGGARD'S *Consistory Reports*, vol. II, p. 59, Dalrymple *vs.* Dalrymple.
[2] HARÉ'S *Reports*, vol. IX, p. 425, Caldwell *vs.* Vanvlissigen.
[3] CLARK et FINELLY'S *Reports*, vol. III, p. 544, Yates *vs.* Thomson.

disons que cela peut d'autant moins paraître extraordinaire qu'en réalité, dans ces cas, les tribunaux décident plutôt une question de fait qu'une question de droit. En effet, les lois étrangères sont des faits par rapport aux juges français; c'est à celle des parties qui les invoque à en justifier. C'est pourquoi aussi la fausse application ou même la violation d'une loi étrangère par les tribunaux français ne constitue qu'un mal jugé et n'autorise point un pourvoi en cassation. Cette règle n'admet une exception qu'autant que les lois étrangères auraient été rendues obligatoires en France par des conventions diplomatiques officiellement promulguées, ou par des lois de l'État. »[1]

En décidant d'après une loi étrangère on décide une question de fait.

Les lois étrangères sont des faits pour les juges, à moins qu'elles ne soient établies par des conventions.

De fait il n'y a jamais eu une décision rendue par un tribunal par courtoisie. Certainement il n'y en a pas eu en Angleterre ou aux États-Unis. Dans le cas[2] devant la Cour Suprême où l'on a donné une sanction formelle à la doctrine de Story, la question en litige était de savoir si une corporation établie par les lois d'un État pouvait intenter un procès devant les tribunaux d'un autre État. Le *Chief Justice* en donnant son opinion s'appuya sur un cas décidé dans la Cour du banc du Roi en 1729 par Lord Mansfield.[3]

Jugements ne sont jamais rendus par courtoisie. Cas devant la Cour Suprême des États-Unis expliqué.

Dans le cas même de deux jurisprudences en vigueur dans différentes parties de la même souveraineté, une cour suprême commune ne s'arroge pas le droit de les concilier. Des actes du parlement ont été passés, de temps en temps, pour régler les désaccords entre les lois d'Écosse et les lois anglaises; mais, comme on l'a vu, la Chambre des Lords, quoique cour d'appel pour toutes les deux parties du royaume, ne se permet jamais de trancher par son autorité une collision entre les deux jurisprudences. Ceci est à notre avis la preuve la plus concluante de la répudiation par un des tribunaux les plus élevés du monde de toute idée qu'une cour de justice soit compétente à se substituer au pouvoir législatif.

Désaccords entre les lois d'Écosse et d'Angleterre ne peuvent être tranchés que par acte du parlement.

La *Chambre des Lords* ne les règle pas par la *comitas*.

Le tribunal commun d'appel (House of Lords) reconnaît toujours les règles de loi, telles qu'elles sont déclarées par les tribunaux des pays où le cas a son origine. La Chambre des

[1] Fœlix, *Droit international privé*, tom. I, p. 34, 4e éd.

[2] Peter's *Reports*, vol. XIII, p. 513, Bank of Augusta *vs.* Earle.

[3] Lord Raymond's *Reports*, vol. II, p. 1532, Herrinquez *vs.* Dutch West-India Company.

Lords ne permet pas même qu'on se rapporte dans un cas écossais à la loi anglaise, ou dans un cas anglais à la loi écossaise, à moins que la loi en question n'ait été établie comme matière de fait, d'après le même principe qui exige qu'une loi étrangère soit prouvée par des experts.[1]

Principes reconnus du droit international privé obligatoires pour les tribunaux. Droit des gens rentre dans la loi commune du pays.

Mais il ne faut pas s'imaginer qu'en rejetant la doctrine de la *comitas* on ne reconnaît aucun droit international privé. Comme il existe au-dessus des traités formulés un droit international public pour les rapports d'État à État, des principes reconnus comme loi suprême, de même tous les États principaux de la chrétienté ne sont pas seulement liés réciproquement par des conventions expresses qui règlent, comme l'a expliqué Savigny, plusieurs matières se rapportant aux droits et aux devoirs de leurs nationaux dans leurs affaires particulières. Ils sont de plus tous d'accord pour reconnaître, au moins en théorie, un corps de principes qu'on trouve dans les jugements des tribunaux et dans les traités des publicistes. Ces principes sont valables partout et constituent un véritable droit des gens généralement accepté.

Dans le cas du droit international privé, de même que dans celui du droit international public, les cours de justice sont tenues d'observer le droit des gens comme rentrant dans le droit commun du pays.

Distinction entre les lois internes et le *jus gentium privatum.*

Nous trouvons dans la jurisprudence des États-Unis une application justificative de la distinction entre les lois strictement intimes d'un pays, qui sont du ressort de sa propre législation, et celles qui, comme le *jus gentium privatum* des Romains, font partie du droit universel du monde civilisé.

Système judiciaire des États-Unis.

Non-seulement la Cour Suprême des États-Unis prononce-t-elle par appel sur la validité d'un jugement rendu par un tribunal du dernier ressort d'un État en violation de la constitution des États-Unis, mais dans plusieurs cas qui se trouvent mentionnés dans les « Éléments de Wheaton, »[2] les tribunaux fédéraux possèdent une juridiction en première instance, entre autres dans les controverses entre les citoyens de différents États.

[1] STEPHEN, *Blackstone's Commentaries*, vol. I, p. 94 note. ADOLPHUS' et ELLIS' *Reports*, vol. V, p. 771, Woodham *vs.* Edwardes.

[2] WHEATON, *Éléments*, tom. I, p. 70.

L'acte judiciaire de 1789, celui qui règle les attribution des tribunaux fédéraux, rend l'interprétation donnée à une loi d'un État par le plus haut tribunal local, tout aussi obligatoire pour les cours des États-Unis, que l'est le texte de la loi elle-même. Si la cour de l'État du dernier ressort adopte une nouvelle interprétation d'une loi, en répudiant ses décisions antérieures, la Cour Suprême doit aussi suivre ces derniers jugements. [1]

Acte de 1789 — interprétation des lois d'États par les tribunaux d'États suivie par les tribunaux fédéraux.

Cette règle ne s'applique cependant qu'aux statuts positifs de l'État, et aux droits et aux titres de biens-fonds et à d'autres matières immobilières et dans le territoire. Elle ne gouverne pas les questions d'une nature générale qui ne dépendent pas de *statuts* ou d'usages locaux, et jamais les questions de loi commerciale générale. Ce tribunal suprême a déclaré dans le langage de Cicéron adopté par Lord Mansfield [2] en l'appliquant aux billets de change: «*Non erit alia lex Romæ, alia Athenis, alia nunc, alia posthac, sed et apud omnes gentes et omni tempore, una eadem lex obtinet.*» [3]

La règle ne s'applique qu'aux cas qui dépendent des statuts et des usages locaux.

Elle ne s'applique pas au droit commun des gens.

Le droit international privé n'en existe pas moins, quoique sur quelques points on ne rencontre pas une conformité de vues parfaites. Il en est de même dans le droit international public. La France ne diffère pas plus de l'Angleterre sur la question de savoir jusqu'à quel point un citoyen est lié par les lois de son pays quand il est en pays étranger, qu'elle n'en différait avant la guerre de la Crimée quant à l'immunité due au drapeau neutre sur mer. Mais parce qu'il n'y a pas un accord sur tous les points, il ne s'ensuit pas que la conformité générale ne soit établie.

Le droit international privé existe quoiqu'il n'y ait pas une conformité parfaite entre les nations.

Voici, par exemple, une question où le principe de la territorialité est directement en contradiction avec le principe du status personnel. Faut-il qu'un pays étranger ait égard à l'état et à la capacité d'après la loi du pays des étrangers qui contractent mariage dans leur territoire?

La territorialité en contradiction avec le status personnel.

«L'essence de la souveraineté politique, comme l'a définie

Souveraineté politique d'après Lewis.

[1] BLACK's *Reports*, vol. II, p. 603 (1862), Leffingwall *vs.* Warren.

[2] BURROW's *Reports*, vol. II, p. 882, Luke *vs.* Lyde.

[3] PETERS' *Reports*, vol. XVI, p. 1, Swift *vs.* Tyson. Voir HOWARD's *Reports*, vol. VIII, p. 495, Williamson *vs.* Berry.

un publiciste anglais, est qu'elle est légalement toute puissante en dedans de son propre territoire, mais qu'elle est légalement totalement impuissante au dedans du territoire d'un autre État.»[1] Cette définition est la territorialité dans son sens le plus complet.

Code Napoléon.

De l'autre côté le code Napoléon déclare que «les lois concernant l'état et la capacité des personnes régissent les Français, même résidant en pays étranger» (Art. 3). Et l'Art. 170 requiert, en cas de mariage contracté en pays étranger entre Français ou entre Français et étrangers, non-seulement qu'il soit «célébré dans les formes usitées dans le pays,» mais qu'il soit «précédé des publications prescrites par l'Art. 63, au titre *des Actes de l'état civil*, et que le Français n'ait point contrevenu aux dispositions contenues au chapitre précédent.

Laurent sur la contradiction entre la loi française et la loi anglaise.

Laurent traite cette question (sans être au courant des jugements rendus que nous allons citer). «En quel sens les lois personnelles suivent-elles la personne à l'étranger? Portalis suppose qu'un Français contracte mariage en pays étranger; les lois qui régissent le mariage sont des lois personnelles; donc le Français y reste soumis, n'importe où il se marie. Il se marie, âgé de vingt et un ans, en Angleterre; les lois anglaises permettent le mariage à cet âge sans le consentement des parents, tandis que le Code ne le permet qu'à vingt-cinq ans. Le Français ne pourra se marier en Angleterre, avant l'âge de vingt-cinq ans, sans le consentement de ses père et mère. S'il se mariait avant cet âge, sans avoir obtenu le consentement de ses ascendants, son mariage n'aurait aucune valeur en France. Voilà une première conséquence de la personnalité des lois qui est évidente. Mais on demande si les magistrats anglais peuvent célébrer le mariage d'un Français qui est incapable de se marier d'après les lois françaises? Il est certain que le législateur français ne peut pas commander ni défendre aux magistrats étrangers. Les lois personnelles pas plus que les autres lois n'ont de force coactive en dehors du territoire sur lequel s'étend la souveraineté du législateur. A la rigueur donc, les magistrats anglais pourraient ne tenir aucun compte des lois françaises qui règlent l'état et la capa-

Mariage d'un Français en Angleterre.

[1] Sir Cornewall Lewis, *On foreign jurisdiction*, p. 1.

cité des Français. A la rigueur les lois anglaises pourraient permettre le mariage des Français âgés de vingt et un ans sans le consentement de leurs père et mère. Tel est le droit strict qui découle de la souveraineté absolue de chaque nation dans les limites de son territoire.» Il ajoute cependant: «De fait le principe des lois personnelles est admis dans la plupart des Etats.» [1]

Jugement de la Cour de divorce anglaise et du tribunal français.

Nous avons sous les yeux un jugement rendu par la cour de divorce d'Angleterre, de même qu'un jugement d'un tribunal français dans un cas qui se rapporte à l'état et à la capacité d'un citoyen d'un pays dans un autre pays, par exemple à la validité du mariage de deux Français, l'homme âgé de 29 ans, la femme de 22, fait en Angleterre selon la loi anglaise, mais sans égard aux articles du code Napoléon qui demande des publications et des actes respectueux aux parents. Les tribunaux des deux pays ont décidé en sens divers. Le dernier jugement a été rendu en 1866. Nous nous en occuperons en temps et lieu. Il suffit de dire que la Cour Impériale de Paris déclara le mariage nul faute de conformité aux prescriptions du Code s'attachant au *status* personnel d'un Français même en pays étranger, tandis que le juge anglais (Sir Cresswell Cresswell) déclara que «le *status* personnel résultant d'un contrat de mariage doit être établi par la loi du pays où le contrat a été conclu, et non par aucune loi spéciale au pays du domicile des parties.» La loi américaine est la même. Le juge s'appuie sur l'autorité de Story, qui dit, après avoir mentionné que la France a émis la doctrine que les mariages de Français contractés en de telles circonstances ne seraient point considérés comme valides: «On ne saurait guère douter que les pays étrangers où de tels mariages seront célébrés ne se conforment à leurs propres lois, sans considérer celles de la France.» [2]

Opinion de Sir Cresswell Cresswell.

La courtoisie ne suffit pas.

Pour conclure, nous dirons que la courtoisie (*comitas*) ne suffit pas ici. Il s'agit des principes de droit, et le droit n'est pas une affaire de courtoisie. Les lois sont impuissantes à vider le conflit. Le législateur peut bien admettre l'application du statut

[1] Laurent, *Revue de droit international*, 1869, tom. I, p. 245—46.

[2] Story, *Conflict of laws*, Redfield's ed., § 90, p. 101. Swabey et Tristam's *Reports*, vol. II, p. 67, Simonin *vs.* Mallac.

personnel, quand il s'agit de la personne et des biens de l'étranger, mais il ne peut pas donner à ses propres lois une action quelconque hors du territoire sur lequel s'étend son autorité. Il faut pour cela le consentement des divers peuples; il faut donc des arrangements internationaux. Et c'est à la science à préparer les traités qui réaliseront l'empire de la justice universelle entre les peuples, ou au moins dans le domaine des intérêts privés.

Nécessité de conventions internationales.

Code international.

La préparation d'un code international a commencé à occuper l'attention des publicistes. Nous avons déjà fait mention [1] du projet mis en avant à ce propos en 1866 par la Société nationale des Sciences sociales d'Angleterre, et plus récemment la Société de Législation comparée de France s'est occupée du même sujet.

Préliminaires exigés pour la codification.

Vues de Lord Westbury.

Lord (Chancelier) Westbury, d'accord avec Savigny, a bien dit, en parlant d'un code anglais: «La rédaction d'un code est le dernier résultat obtenu par une législation perfectionnée, et qui, pour ainsi dire, est arrivée à sa maturité. Mais si les lois sont encore dans une période transitoire, elles ne sauraient être codifiées.» Dans un rapport fait à la Société francaise au mois d'Avril 1869 sur un projet de code qui avait été soumis à la commission de la société anglaise, on a rappelé heureusement la remarque de Lord Westbury, en ajoutant: «Vous pouvez vérifier cette affirmation par ce qui s'est passé en France. Les qualités qui recommandent notre Code civil sont dues aux légistes coutumiers qui préparaient graduellement les matériaux dont la révolution devait plus tard se servir. Or, ce travail préliminaire a-t-il été fait en matière de droit international privé? Ce droit est-il prêt à subir une codification? A-t-il atteint ce degré de perfectionnement et de maturité dont parle Lord Westbury? C'est une question que vous aurez à résoudre. Au surplus, ce code, si parfait qu'on l'imagine, devrait être soumis à l'approbation diplomatique et législative des diverses puissances de l'Europe et de l'Amérique; ne serait-ce pas se préparer des difficultés sans nombre et sans issue?» [2]

Rapport à la Société de Législation comparée.

[1] *Commentaire,* tom. I, p. 117 note.

[2] *Bulletin de la Société de Législation comparée,* Avril 1869, p. 25.

Mais pour obvier aux inconvénients pratiques qui proviennent des dissidences des lois des différents États, il n'est pas nécessaire d'attendre l'achèvement d'un code entier. En ce qui concerne les principes du droit international public, des tentatives pour établir un accord entre les États ont déjà été faites. L'effort pour concilier les règles contraires des puissances maritimes sur quelques questions importantes, la déclaration par le Congrès de Paris de 1856, faite sans le concours de l'État qui y était plus intéressé que tout autre, n'eut pas un succès complet. Mais il a frayé le chemin pour d'autres réformes.[1]

Il n'est pas nécessaire d'attendre l'achèvement d'un code général.

Déclaration du Congrès de Paris, 1856.

Dans ce moment même le gouvernement des États-Unis a invité une réunion de plénipotentiaires à Washington pour conclure une législation sur les télégrammes maritimes. De telles conventions existent parmi les États de l'Europe qui sont parcourus par des lignes télégraphiques internationales. Voir entre autres la convention télégraphique du 17 Mai 1865, qui est un code complet.[2]

N'est-il pas possible d'étendre le même système conventionnel à un traité pour établir une loi uniforme de mariage et de succession comme corollaire des traités de naturalisation qu'on discute aujourd'hui?

III.

LEX LOCI REI SITÆ.

Éléments, § 3, tom. I, p. 103.

Savigny veut qu'une même règle gouverne le cas des biens mobiliers et celui des biens immobiliers; mais, tandis qu'il soumet toutes les deux espèces de biens à la *lex loci rei sitæ* quand il s'agit de la propriété, pour les successions c'est la loi du domicile qu'il applique. Nous donnons un aperçu des vues de Savigny:

La règle est la même pour les biens mobiliers et pour les biens immobiliers, d'après Savigny.

« L'ancien droit germanique, dit-il, pose en principe une distinction rigoureuse entre la propriété des immeubles et la

[1] Voir Part. IV, chap. II, § 11 de ce *Commentaire*.

[2] *Archives diplomatiques*, 1866, tom. I, p. 17—34; 1869, tom. II, p. 176.

Principe de l'ancien droit allemand.

propriété tant des meubles que de tous les autres biens, notamment les obligations. Si l'on maintient cette distinction, on est conduit à appliquer sous tous les rapports aux biens immobiliers la loi du lieu où ils sont situés, et ainsi dans les cas les plus importants à les traiter autrement que le reste des biens. Si l'on abandonne cette distinction dans de semblables circonstances, toutes les espèces de biens seraient mises sur la même ligne.

Auteurs allemands d'aujourd'hui.

«Dans les temps modernes, les auteurs allemands tendent tous les jours davantage à abandonner la distinction rigoureuse entre les immeubles et les autres biens; sur ce point les romanistes et les germanistes sont entièrement d'accord. Les auteurs anglais, au contraire, y compris les Américains, dont les doctrines ont aussi pour base le *common law*, soutiennent le principe de la distinction rigoureuse, et les auteurs français semblent se ranger à leur avis. Partout la jurisprudence des tribunaux se montre en harmonie avec les opinions des auteurs, et c'est la conséquence d'une influence réciproque.»

Anglais, Américains, Français.

Voici comment s'exprime Savigny, d'après le principe qu'il voudrait établir: «Il en résulte que les lois ayant directement et principalement pour objet le droit à des choses, régissent toutes les choses situées dans le domaine du législateur, sans distinguer si les titulaires de ces droits sont nationaux ou étrangers. Néanmoins, la reconnaissance de cette saine doctrine a été longtemps obscurcie par une distinction arbitraire qui lui ôte son efficacité et sa conséquence. Ainsi, on n'appliquait le principe qu'aux immeubles, et pour les biens mobiliers, on prétendait qu'il fallait suivre, non pas la *lex rei sitæ*, mais la *lex domicilii*, et cela en vertu d'une fiction qui faisait considérer les meubles, quelque fût le lieu où ils se trouvent, comme existant au domicile de la personne.

Droits des choses doivent être réglés par les lois du pays où elles sont situées.

Principe appliqué aux immeubles mais non aux biens mobiliers.

«Cette distinction a pris naissance dans le domaine du droit de succession, où l'on en fait une application très-importante et très-fausse. Ensuite on l'a étendue aux droits sur les choses, et là elle convient si peu, que son application aux droits réels est souvent tout-à-fait inadmissible, et trouverait difficilement des partisans. Dans l'un et l'autre domaine, cette distinction doit être absolument rejetée, et partant un seul et même droit local doit s'appliquer tant aux meubles qu'aux immeubles.

Fiction que les meubles existent au domicile de la personne.

Mais j'observe que sur ces deux applications les opinions sont partagées et en contradiction directe. — En matière de succession, d'après les vrais principes, le droit local du domicile s'applique aux choses de toute espèce. Les adversaires l'admettent pour les meubles, mais ils prétendent que les immeubles sont régis par un autre droit, celui de la situation des biens. — Quand au contraire il s'agit du droit des choses, d'après les vrais principes, la *lex rei sitæ* s'applique aux choses de toute espèce. Les adversaires l'admettent pour les immeubles, mais ils prétendent que les meubles sont régis par le droit local du domicile de la personne.»

Pas de distinction dans le code bavarois.

Savigny cite le code bavarois à l'appui de sa règle. Il y est dit en effet: «On doit *in realibus vel mixtis*, suivre et observer le droit établi, *in loco rei sitæ*, sans distinction entre les choses mobilières et immobilières.» [1]

Recueils modernes favorables à la distinction.

«D'un autre côté, dit-il, les recueils de lois plus modernes se rapprochent de l'opinion dominante à l'époque où ils ont été rédigés, et sont favorables à la distinction; mais ils s'expriment en termes si abstraits et si vagues, qu'ils ne nous fournissent pas de décisions sûres, notamment sur la manière dont ils entendent régler les droits réels. Cela s'applique au code prussien, et plus encore au code autrichien. Le code français n'adopte la distinction que tacitement, car pour les immeubles il ordonne l'application du droit de la situation des biens, et il ne dit rien des choses mobilières. Tous ces codes disent seulement que certaines choses sont jugées d'après telles lois, etc., sont soumises à telles lois, etc.; mais ces expressions générales sont susceptibles des interprétations les plus diverses, quand il s'agit de déterminer dans quelles limites et selon quel mode s'opèrent ce jugement et cette soumission.»

Les auteurs anciens.

Savigny admet de plus que «la plupart des anciens auteurs et les plus recommandables se prononcent pour la distinction entre les choses mobilières et les choses immobilières, et cette opinion a trouvé des partisans jusque dans les temps actuels; néanmoins chez plusieurs d'entre eux l'adhésion à cette doctrine est plus apparente que réelle. Ainsi ils l'expriment sous la même forme générale que leurs prédécesseurs, et semblent se

[1] *Codex civilis Maximilianus*, part. I, chap. II, § 17. EICHHORN, *Deutsches Recht*, § 34, note d.

confondre avec eux; mais quand il s'agit d'en faire l'application réelle pour les droits à des choses déterminées, ils se séparent de leurs prédécesseurs, et se montrent ainsi infidèles à leur propre principe.

Auteurs modernes.

« D'un autre côté la plupart des auteurs modernes, surtout Waechter, rejettent entièrement la distinction, et n'admettent qu'une seule et même règle pour les choses mobilières et immobilières, le droit du lieu où elles sont situées; j'ai dit plus haut que je me rangeais à cette opinion. »[1]

Code prussien.

Le Code prussien porte : « Les biens mobiliers d'un individu sont régis d'après les lois de sa juridiction ordinaire, c'est-à-dire d'après le domicile. » § 23—32 : « Pour les biens immobiliers *on applique*, quelle que soit la personne du propriétaire, *les lois* du lieu où les biens sont situés. »[2]

D'après le code d'Autriche; « Les biens immeubles *sont soumis* aux lois du lieu où ils sont situés; tous les autres biens sont régis par *les mêmes lois que la personne du propriétaire.* »[3]

Biens immeubles d'après le code italien. Biens immeubles soumis à la loi de la situation.

D'après le nouveau code italien, les biens meubles sont soumis à la loi de la nation du propriétaire, sauf disposition contraire de la loi du pays où ils se trouvent (Art. 7); les biens immeubles sont soumis à la loi en vigueur au lieu de leur situation.[4]

Loi des immeubles en France.

Quoique le code Napoléon, qui déclare que les lois concernant l'état et la capacité des personnes régissent même les Français résidant en pays étrangers, reconnaisse par principe de réciprocité le statut personnel des étrangers dans son territoire, néanmoins non-seulement il soumet ces derniers aux lois de police et de sûreté, mais, d'après les termes exprès du Code, « les immeubles, même ceux possédés par des étrangers, sont régis par la loi française. » Code Napoléon, Art. III.

Biens situés dans un pays régis par les lois du pays, d'après Fœlix.

« Les lois de chaque pays, dit Fœlix, régissent les biens situés dans le même pays, sans distinguer si les individus qui ont des droits à exercer sur ces biens sont nationaux ou étran-

[1] SAVIGNY, *Traité de droit romain*, par Guenoux, tom. VIII, p. 115, 117, 170, 171, 112, 174.

[2] *Allgemeines Landrecht*, Einleitung, § 28.

[3] *Oesterreichische Gesetze*, § 300.

[4] HUC et ORSIER, *Code civil italien*, tom. II, p. 3.

gers. L'individu gouverné par la loi de son domicile peut, par des actes entre-vifs ou de dernière volonté, ou par le seul effet de la loi (la succession *ab intestat*), acquérir des biens immobiliers situés dans un pays étranger régi par une autre loi: à l'occasion de cette acquisition, ou lorsque plus tard le propriétaire dispose des mêmes biens, il peut se présenter un conflit des deux lois, c'est-à-dire la question de savoir laquelle de ces deux lois doit recevoir son application.

Acquisition entre-vifs ou par succession de biens dans un pays étranger.

«Cette loi réelle régit les biens situés dans l'étendue du territoire pour lequel elle a été rendue, en excluant l'application et de la loi personnelle du propriétaire et de la loi du lieu où l'acte a été passé; mais aussi les effets de cette loi ne s'étendent jamais au-delà des limites du territoire. Telle est la règle reconnue par toutes les nations et professée par les auteurs.

La loi réelle et la loi personnelle dans leur application aux biens dans un pays. La loi réelle ne s'étend pas au-delà du territoire.

«Dans les pays où le droit civil a conservé jusqu'à ce jour les traces du régime féodal (en Angleterre et aux États-Unis), l'application du statut réel a également conservé son ancienne étendue. D'après le *common law* et d'après le droit écossais, les droits sur les immeubles sont réglés exclusivement par la loi de leur situation: la législation n'admet aucune influence du droit étranger sur les immeubles situés dans l'État. Ainsi la capacité d'acquérir et d'aliéner des immeubles situés en Angleterre ou aux États-Unis est déterminée exclusivement par les dispositions du *common law*. Il en est de même des formes des actes d'acquisition et d'aliénation, des prohibitions d'aliéner, de la question de savoir si certains objets sont meubles ou immeubles, et des acquisitions de droits sur les immeubles par la seule force de la loi (*by operation of law*), par exemple le douaire.» [1]

Régime féodal.

Droits sur les immeubles d'après la loi commune anglaise et la loi écossaise.

La capacité d'acheter et d'aliéner, de même que les formes en Angleterre et aux États-Unis, sont réglées exclusivement par la loi commune.

La règle que les immeubles sont exclusivement régis par les lois de l'État où ils sont situés quant à la succession où l'aliénation de ces biens est appliquée par la jurisprudence internationale des États-Unis et de la Grande-Bretagne aux actes relatifs à l'aliénation des immeubles, non-seulement entre des États indépendants les uns des autres, mais aussi entre les diverses parties de la même confédération ou Empire, comme

Le même principe applicable aux États de l'Union fédérale américaine et entre l'Angleterre et l'Écosse.

[1] Fœlix, *Traité de droit international privé*, p. 116 sq.

entre l'Angleterre et l'Écosse, et entre les différents États de l'Union américaine.

Tous les contrats pour l'achat ou la vente de terres en Angleterre ou aux États-Unis doivent être formés par écrit même à l'étranger.

Dans les contrats pour l'achat ou la vente de terres soit en Angleterre soit en Amérique, le *statute of frauds* exige que tous contrats concernant des biens immeubles, ou des intérêts dans de tels biens, soient faits par écrit, faute de quoi ils sont nuls. Si un tel contrat est fait en France, sur parole, ou de toute autre manière non conforme à la loi *rei sitæ*, pour l'achat ou la vente de terres situées en Angleterre ou en Amérique, et que ce contrat soit conforme à la loi française sur ce point, il serait entièrement nul dans le cas d'une action intentée pour le faire exécuter, soit en Angleterre, soit en Amérique, parce que tout contrat réel doit être régi par la *lex loci rei sitæ*. Lord Mansfield dit: «Il existe une distinction entre les statuts locaux et les statuts personnels. Les statuts locaux s'appliquent aux choses qui se trouvent réellement sur les lieux en Angleterre; tel est le *statute of frauds*, qui s'applique aux terres situées dans ce royaume. Ainsi les contrats d'agiotage et les statuts qui les concernent, se rapportent à nos valeurs locales. Les statuts personnels concernent les contrats transitoires, tels que les emprunts ordinaires et les assurances.» Et dans un autre rapport, dans la même cause, après un second argument, il dit: «Dans toute disposition ou tout contrat, lorsque la matière sujet du contrat se rapporte localement à l'Angleterre, la loi anglaise doit régir; et il doit avoir été voulu qu'elle régît. Ainsi un acte de cession ou un testament concédant des terres, une hypothèque, un contrat concernant des fonds, doivent tous être jugés en Angleterre; et la nature locale de ces choses exige qu'elles soient exécutées selon la loi de ce pays-ci.» [1]

Statutes of frauds s'applique aux termes et aux contrats qui concernent les valeurs locales.

Jugements de la Cour Suprême des États-Unis. Titre aux *biens-fonds* acquis d'après la *lex loci*.

La Cour Suprême des États-Unis a décidé dans des cas nombreux, que le titre aux biens-fonds ne peut être acquis ou perdu que de la manière prescrite par la loi du lieu où de tels biens-fonds sont situés. [2]

[1] STORY, *On Conflicts of Laws*, § 363—64, Redfield's ed., p. 487; BURROW's *Reports*, vol. II, p. 1097, Robinson *vs.* Bland.

[2] *United States vs.* Crosby, CRANCH's *Reports*, vol. VII, p. 115; Clark *vs.* Graham; WHEATON's *Reports*, vol. VI, p. 577, Kerr *vs.*

Bien qu'une personne ayant le titre légal à des biens-fonds dans un État, puisse être condamnée par décret d'une cour d'*equity* d'un autre État, à transférer ces biens-fonds, néanmoins, ni ce décret ni aucun transfert basé sur ce décret par une personne qui ne possède pas le titre, ne saurait avoir d'effet au-delà de la juridiction de la cour qui rend le décret.[1]

Décret d'une cour d'*equity*.

Ainsi, un jugement de faillite n'investit pas les syndics des biens-fonds situés dans un pays étranger.[2]

Un jugement rendu en matière de faillite n'affecte pas les terres dans un autre pays.

Un titre à des terres ne peut être acquis que par un testament homologué d'après les lois de l'État où les terres sont situées. L'homologation dans un État ne peut affecter le titre à des terres dans un autre État.[3]

Effet de l'homologation d'un testament dans un État sur les terres dans un autre État.

Mais dans l'État d'Indiana, un testament fait et homologué dans un autre État d'après les lois de ce dernier État, transmettra des terres dans l'Indiana.[4]

Wheaton n'est pas exact[5] quand il dit que l'application de la règle qu'un contrat de vente ou testament concernant des immeubles, fait dans un pays étranger, doit être soumis aux formalités requises par les lois de l'État où les immeubles sont situés, est limitée à la jurisprudence suivie par l'Angleterre et l'Amérique.

Wheaton sur les formules de l'aliénation de biens immobiliers.

Un état de choses analogue à celui qui est en vigueur en Angleterre et aux États-Unis existe dans quelques parties de l'Allemagne, où le statut réel continue à être appliqué à tous les étrangers possédant des biens dans le territoire (*Landassiat*); les étrangers sont regardés comme sujets, et soumis même dans leurs personnes, aux lois et aux tribunaux du pays. Toutefois, en Allemagne, la règle générale est que les étrangers ne sont soumis aux lois et aux tribunaux du pays qu'à l'égard de leurs biens situés dans le territoire, et on les appelle forains (*forenses*).

Moon; *Ibid.*, vol. IX, p. 565, M'Cormick *vs.* Sullivant; *Ibid.*, vol. X, p. 192, Watts *vs.* Waddle; PETER's *Reports*, vol. VI, p. 389, Perry Manufacturing Co. *vs.* Brown; WOODBURY & MINOT's *Reports*, vol. II, p. 450, Root *vs.* Brotherson; M'LEAN's *Reports*, vol. IV, p. 230.

[1] Watkins *vs.* Hollmann, PETERS' *Reports*, vol. XVI, p. 26.

[2] Oakey *vs.* Bennet, HOWARD's *Reports*, vol. XI, p. 33.

[3] M Cormick *vs.* Sullivant, WHEATON's *Reports*, vol. X, p. 192. Darby *vs.* Meyer, *ibid.*, p. 465.

[4] O'Brien *vs.* Woody, *ibid.*, vol. XII, p. 169.

[5] WHEATON, *Éléments*, tom. I, p. 107.

La loi du territoire régit les droits, obligations et charges attachés à la possession de l'immeuble, la capacité exigée du côté de l'acquéreur d'un immeuble, les formes et conditions de cette acquisition, les taxes (telles que droits de mutation) et contributions qui y sont imposées, le mode de constituer les hypothèques et leurs effets, et le possesseur est obligé de se faire juger à cet égard par les tribunaux du pays.

C'est dans ce dernier sens que le principe de l'application du statut réel a passé du régime féodal dans les nouveaux codes de Bavière, de Prusse, d'Autriche, de France, de Sardaigne et des Pays-Bas.

«Dans chacun des traités conclus, à ce sujet, entre la Prusse et divers États allemands (1824—1841), se trouve (Art. IV) la disposition suivante: «Les contrats qui ont pour objet l'acquisition d'un droit réel sur des immeubles sont exclusivement régis par la loi du lieu de la situation.» [1]

Formalités des actes.

«Les formalités des actes en quelque lieu qu'ils soient passés, peuvent être considérées relativement à la capacité des contractants, relativement à la nature ou à l'objet du contrat, et enfin relativement aux solennités et aux conditions qui tiennent moins à son essence qu'à sa forme. De là trois sortes de formalités: les formalités *habilitantes*, *intrinsèques* et *extrinsèques*. M. Merlin en admet une quatrième espèce, les formalités d'exécution, telles que l'enregistrement, la mise en grosse, etc., mais on peut les considérer jusqu'à un certain point comme formalités extrinsèques.

Formalités intrinsèques.

Formalités qui tiennent à la nature du contrat.

«Quant aux formalités intrinsèques d'un acte, il faut distinguer celles qui tiennent à la nature même du contrat, de celles qui tiennent à son objet. Les formalités ou conditions sans l'accomplissement desquelles il n'y aurait pas de contrat, ne peuvent dépendre d'une législation plutôt que d'une autre, parce que, dans quelque lieu qu'on contracte, ces formalités sont nécessairement les mêmes.

Celles qui tiennent à l'objet du contrat.

«Les formalités qui tiennent à l'objet du contrat, ne sont pas non plus régies par la loi du lieu où le contrat est passé, alors du moins qu'elles se rapportent au contrat réel. C'est ainsi qu'une constitution d'hypothèque consentie en pays étran-

[1] Fœlix, tom. I, p. 120 et note.

ger sur des biens situés en France, ne sera valable que si elle est faite par acte authentique; c'est ainsi encore que la loi de la situation régit la disponibilité des biens, la forme des actes translatifs de propriété, soit à titre onéreux, soit à titre gratuit: règle générale à laquelle l'article 999 du code Napoléon a fait une exception nécessaire en matière de testament, en permettant au Français qui se trouve en pays étranger de faire ses dispositions testamentaires par acte authentique, avec les formes usitées dans le lieu où l'acte est passé.»[1]

Hypothèque consentie en pays étrangers sur des biens situés en France.

Testaments.

La loi du 23—26 Mars 1855 exige, entre autres, que «tout acte entre-vifs translatif de propriété immobilière ou de droits réels susceptibles d'hypothèques», soit transcrit au bureau des hypothèques de la situation des biens.[2]

Transcription en matière hypothécaire d'après la loi française.

Il s'ensuit que les transferts des biens immobiliers en France ne sont plus valables lorsqu'ils sont faits seulement avec les formalités requises par les lois du pays où l'acte est passé.

Transfert des biens immobiliers en France.

D'après le code civil de France, tous les biens sont meubles ou immeubles (Art. 516). Sont immeubles non-seulement les biens qui ne peuvent naturellement être transportés d'un lieu dans un autre, mais encore ceux qui sont réputés tels par leur destination ou par l'objet auquel ils s'appliquent (Art. 517—526).

Biens meubles et immeubles.

L'hypothèque est un droit réel sur les immeubles affectés à l'acquittement d'une obligation (Art. 2114). Sont seuls susceptibles d'hypothèques, 1° les biens immobiliers qui sont dans le commerce, et leurs accessoires réputés immeubles; 2° l'usufruit des mêmes biens et accessoires, pendant le temps de sa durée (Art. 2118). Les accessoires sont, par exemple, les animaux attachés à la culture, les ustensiles aratoires etc. (Art. 524); mais ces objets ne peuvent être hypothéqués qu'avec l'immeuble auquel ils sont attachés; car c'est comme accessoire seulement qu'ils sont susceptibles d'hypothèques; une fois détachés des fonds, le créancier hypothécaire ne pourrait les suivre dans les mains des tiers; car ils deviennent meubles, et les meubles n'ont pas de suite par hypothèque (Art. 2119).[3]

Hypothèques.

Biens susceptibles d'hypothèques.

Les immeubles hypothéqués comme accessoires.

[1] MASSÉ, *Droit commercial*, lib. II, tit. II, chap. 1. Sect. II, § 11, art. 1. Tom. I, p. 466.

[2] TRIPIER, *Codes français*, p. 1618. — ROGER et SOREL, *Codes et lois usuelles. Lois*, p. 524.

[3] ROGRON, *Code civil expliqué*, p. 922.

Il est à propos de remarquer ici, que les réglements français à l'égard des meubles, ont une origine antérieure aux Codes. «Dans le droit romain, dit Domat, l'hypothèque avait le même effet sur les meubles que sur les immeubles, avec le droit de suivre partout l'objet hypothéqué. C'est notre règle que l'hypothèque sur le meuble ne dure que tandis qu'il demeure en la puissance de celui qui est obligé ou que celui qui l'a pour sûreté s'en trouve saisi. Mais si le débiteur le fait passer en d'autres mains, ou par une aliénation ou en le donnant en gage, on ne peut plus le suivre.» [1]

Distinction entre la loi romaine et la loi française dans le cas d'hypothèques.

«Nous savons, dit Savigny, qu'il existe des règles de droit sur les formes d'aliénation qu'il faut appliquer dans le lieu où la chose est située, sans aucun égard au domicile de l'acquéreur ou du vendeur, et sans égard au lieu où le contrat est passé. Ainsi en droit romain l'aliénation résulte de la tradition de la chose; il en est de même en droit prussien. D'après le code français, l'obligation de livrer la chose est parfaite par le seul consentement des parties contractantes. C'est aussi le droit en vigueur dans les provinces rhénanes de Prusse.

Formes d'aliénation appliquées où la chose est située.

«Les exemples suivants mettront cette règle dans tout son jour. Quand un Parisien vend à un de ses compatriotes son mobilier qui se trouve à Berlin, la propriété n'est transmise que par la tradition. Quand, au contraire, un Berlinois vend à un de ses compatriotes son mobilier qui se trouve à Paris, la propriété est transmise par le seul consentement des parties. Il en serait absolument de même si dans ces exemples on substituait la ville de Cologne à Paris.» [2]

Différence entre la loi prussienne et romaine, et celle de France quant à l'aliénation des biens mobiliers.

Une question semblable s'est élevée dans l'État de la Louisiane. Elle résultait d'une différence supposée entre la règle du droit commun et celle du droit civil en cette matière. D'après le droit commun la vente de biens est, ou peut être complète sans que la chose soit livrée. Mais d'après la loi de la Louisiane, la livraison est nécessaire pour que le transfert soit considéré comme complet, selon la maxime bien connue du droit civil: *Traditionibus et usucapionibus dominia rerum, non nudis pactis, transferuntur.* Après l'examen le plus minutieux, et

Transfert de biens mobiliers dans la Louisiane.

[1] DOMAT, *Les lois civiles.* Paris 1723, tom. I, p. 191, liv. III, sect. 1, § 1.

[2] SAVIGNY, *Droit romain,* par Guenoux, tom. VIII, p. 182.

après de nombreuses discussions, la cour suprême de la Louisiane a maintenu la doctrine que le transfert de biens mobiliers, dans cet État, n'est pas complet, de manière à en changer la propriété vis-à-vis de créanciers, tant qu'il n'y a pas eu livraison conformément aux lois de cet État, lors même que le transfert serait fait par le propriétaire en son domicile étranger et valide sans la livraison d'après les lois de ce domicile. Ce point a été décidé ainsi dans plusieurs cas par la Cour de la Louisiane, lesquels sont cités par Story dans son ouvrage.[1]

Différence des lois des États allemands sur les hypothèques.

Il semble que la loi prussienne sur les hypothèques des immeubles soit basée sur les mêmes principes que celle de France. «Une différence beaucoup plus grande existe entre les États allemands qui admettent en général le droit de gage des Romains et ceux qui ont donné à ce droit une base toute nouvelle. Je prendrai comme type de ces derniers la Prusse, dont la législation nous offre en cette matière les développements les plus complets. Plusieurs dispositions de la législation prussienne se retrouvent dans d'autres pays, et il ne sera pas difficile de leur appliquer la règle que je vais établir. Le droit prussien n'admet pas qu'un simple contrat puisse constituer un droit de gage comme droit réel. Ensuite, il établit une distinction entre les immeubles et les meubles. Pour les immeubles, le droit réel ne résulte que d'une inscription sur les régistres des hypothèques. Un contrat sur l'inscription d'un immeuble déterminé est un titre pour requérir cette inscription. Un contrat qui constitue en général un droit de gage sur l'ensemble d'un patrimoine ne confère pas le droit de prendre cette inscription sur des biens individuels qui le composent. Pour les meubles, le droit réel de gage ne résulte que de leur tradition; un contrat qui constitue comme gages des meubles déterminés est un titre pour en obtenir la tradition.

Loi prussienne. Simple contrat ne fait pas droit de gage.

Inscription sur les régistres des hypothèques pour les immeubles.

Différence entre un contrat de gage en Prusse et dans les pays gouvernés par la loi romaine.

«Ainsi, lorsque dans un pays régi par le droit romain il intervient un contrat de gage exprès ou tacite, les biens du débiteur situés en Prusse ne font pas partie du gage. Ce contrat peut tout au plus servir de titre pour obtenir l'engagement de ces biens au moyen de l'inscription sur les registres des hypothèques ou de la tradition, et cela sous les conditions

[1] Story, *Conflict of Laws*, chap. IX, § 386, p. 525—26. Ed. Redfield.

spéciales dont j'ai parlé tout à l'heure. Si, au contraire, il intervient en Prusse un contrat de gage relatif à des choses déterminées ou à l'ensemble d'un patrimoine, et que le débiteur ait des biens dans un pays régi par le droit romain, rien ne s'oppose à ce que ces biens soient considérés comme engagés valablement, puisque le droit romain ne subordonne la validité du gage ni au lieu où le contrat intervient ni au domicile du débiteur. Ainsi donc la *lex rei sitæ* peut et doit recevoir son application. » [1]

Droit exceptionnel d'héritage de terres en Angleterre, en matière de légitimité.

On applique des règles exceptionnelles aux cas de succession à des biens-fonds en Angleterre. Quoique la légitimation par le mariage subséquent des père et mère dans un pays qui reconnaît ce principe, comme en Écosse, soit efficace pour d'autres objets, une personne ainsi légitimée ne peut hériter des terres de son père en Angleterre.

Légitimation en Écosse par le mariage subséquent des père et mère ne suffit pas pour un héritage anglais.

Dans le cas de Birthwhistle *vs.* Yardell, il fut soutenu en 1839 dans la Chambre des Lords (*House of Lords*), comme cour d'appel, qu'un enfant né en Écosse en 1799, de parents résidant dans ce pays-là, qui n'étaient pas mariés à l'époque de sa naissance, mais qui se marièrent plus tard — en 1805 — en Écosse (bien que, ni à l'époque de la naissance ni plus tard, il n'y eût d'empêchement légal à leur mariage), ne saurait, quoique légitimé par la loi d'Écosse, prendre possession, comme héritier, de biens-fonds appartenant à son père en Angleterre. Le père était mort en 1810.

Naissance après le mariage des père et mère nécessaire à la transmission de terres en Angleterre.

Le *Lord Chief Baron* dit: la question est de savoir laquelle l'emporte, la *lex domicilii, lex contractus et nativitatis*, ou la *lex loci rei sitæ*. L'opinion des juges, formulée à la requête de la Chambre des Lords (*House of Lords*) est que « Nous considérons comme une règle ou un principe de la loi anglaise, en ce qui concerne la transmission de biens-fonds en Angleterre de père en fils, que le fils doit être né après le mariage effectif de ses père et mère; que cette règle est *positivi juris* comme le sont toutes les lois qui régissent la transmission des biens-fonds, cette règle particulière ayant été établie dans le but exprès d'exclure de la succession des biens-fonds l'application de la règle de droit civil et de droit canon en vertu de laquelle

[1] SAVIGNY, *Droit romain*, par Guenoux, vol. VIII, p. 192—94.

le mariage subséquent du père et de la mère est considéré comme légitimant le fils né antérieurement au mariage; et que cette règle de descendance étant une règle de droit positif attachée au sol lui-même, on ne saurait permettre qu'elle fût attaquée ou détournée par la loi du pays de naissance du plaignant, laquelle peut être admise à régler son statut personnel, quant à sa légitimité, sur la base d'une *comitas* supposée des nations. L'opinion de Lord Brougham fut favorable au plaignant, tandis que Lord Lyndhurst et Lord-Chancelier Cottenham conclurent comme les juges. [1]

Règle de descendance; droit positif attaché au sol lui-même.

IV.

DROIT D'AUBAINE.

ÉLÉMENTS, §. 4, tom. I, p. 107.

HISTOIRE, Introduction, tom. 1, p. 89.

On entendait sous le nom de droit d'aubaine, dans le sens le plus étendu, le droit particulier des étrangers, des *aubains*, et dans une acception moins large, l'ensemble des restrictions légales auxquelles les étrangers étaient soumis relativement au droit de succéder et relativement au droit de disposer ou de recevoir à titre gratuit. [2]

Ce qu'on entendait sous le nom de droit d'aubaine.

En Angleterre, sauf quelques cas exceptionnels, un étranger ne pouvait, avant l'acte de 1870, hériter des biens fonciers. Même, s'il achetait des terres, elles devaient appartenir au roi; mais un étranger ami (*alien friend*) pouvait toujours y faire un testament et léguer ses biens mobiliers. [3]

La loi anglaise.

Le privilége que diverses ordonnances françaises conféraient aux marchands étrangers avant la révolution, d'être exemptés du droit d'aubaine, n'était textuellement applicable qu'à ceux qui fréquentaient les foires de Lyon. Mais, au moment de la révolution, seize États avaient stipulé avec la France l'abolition

Priviléges conférés en France aux marchands étrangers.

[1] CLARK et FINNELLY's *Reports*, vol. II, p. 571; *ibid.*, vol. VII, p. 20; Birthwhistle *vs.* Yardell.

[2] ZACHARIÆ, *Droit civil français*, éd. Massé et Vergé, tom. I, p. 78.

[3] STEPHEN's, *Commentaries on the English Law*, vol. II, p. 418.

du droit d'aubaine; chez d'autres, tels que la Prusse, les États romains, la Turquie, Gênes, la Suède et quelques États d'Allemagne, le droit d'aubaine n'avait lieu que pour les successions immobilières. Enfin un grand nombre d'États (quatre-vingts d'après le rapport de Roederer au conseil d'État) avaient substitué au droit d'aubaine des droits de détraction ou de retenue sur la valeur totale des successions qui, presque partout, s'élevaient jusqu'à 10 pour cent de cette valeur.

Abolition des droits d'aubaine et de détraction, 6 Août 1790.

Le 6 Août 1790 un décret de l'Assemblée constituante prononça l'abolition à jamais des droits d'aubaine et de détraction sans condition de réciprocité, et un second décret du 13 Avril 1791 admit tout étranger, même non résidant en France, à y recueillir la succession d'un Français. Quant au droit de succéder en France et de pouvoir y profiter des dispositions entre-vifs et testamentaires faites en sa faveur, soit par un Français, soit par un étranger, l'étranger n'y fut admis par les articles 726 et 912 du code Napoléon que dans les cas et de la manière dont un Français y était admis dans le pays de cet étranger. Ainsi se trouva rétabli le droit d'aubaine dont on évita de prononcer le nom, mais la chose n'y fut pas moins, et avec plus de rigueur encore, selon Massé, car dans la nouvelle loi il ne fut plus question des priviléges si modestes dont les marchands avaient joui sous l'ancienne législation.[1]

Le droit d'aubaine rétabli de fait.

Le code civil, d'après Zachariæ, rétablit le droit d'aubaine, mais non dans toute l'étendue qu'il avait auparavant: car nulle part il ne prive les étrangers du droit de faire un testament. D'un autre côté, il y ajouta, en déclarant l'étranger incapable de recevoir par donation entre-vifs.[2]

Loi du 14 Juillet 1819 relative aux étrangers.

La loi du 14 Juillet 1819 a abrogé les articles 726 et 912 du code et accordé aux étrangers le droit de succéder, de disposer et de recevoir de la même manière que les Français, dans toute l'étendue du royaume, sans aucune disposition de réciprocité, sauf toutefois le cas de partage d'une même succession entre des cohéritiers français et étrangers: alors les cohéritiers français doivent prélever sur les biens situés en France une portion égale à la valeur des biens situés en pays étranger dont

[1] MASSÉ, *Droit commercial*, 2e éd., tom. I, p. 387.

[2] ZACHARIÆ, *Droit civil français*, tom. I, p. 79.

ils seraient exclus, à quelque titre que se soit, en vertu des lois ou des coutumes locales. [1]

Droit d'aubaine en Angleterre.

Le droit d'aubaine pur et simple existait à peine aujourd'hui en Europe, excepté en Angleterre, où l'on vient de l'abroger, et dans les villes anséatiques de Lubeck et de Hambourg. Dans ces villes il est sujet aux traités que pourrait faire la Confédération. Quelques pays ont adopté cependant la règle de l'Art. 726 du code Napoléon, qui appliquait le principe de réciprocité au droit d'aubaine.

Loi ottomane de 1867.

Une loi ottomane du 18 Juin 1867, dont nous parlerons dans un autre endroit (voir § 11 infra), accorde aux étrangers dans les termes prescrits le droit d'acquérir des biens immobiliers en Turquie.

Constitution de l'Allemagne du Nord.

La constitution de l'Allemagne du Nord déclare qu'il existe, pour tout le territoire fédéral, un indigénat commun s'appliquant, entre autres, à l'acquisition de la propriété foncière. [2]

La Belgique.

Le droit d'aubaine a été aboli en Belgique par la loi du 27 Avril 1865, loi qui consacre, dit Laurent, le principe proclamé par l'Assemblée constituante. [3] Par cette loi tous les étrangers sont mis, quant au droit d'hériter et de posséder les biens-fonds, sur le même pied que les Belges.

La Prusse. Étrangers peuvent acquérir des biens-fonds.

Il est permis aux étrangers en Prusse d'acquérir des biens mobiliers et immobiliers. Ils ont les mêmes droits que les nationaux de partager un héritage dans le pays. Il n'y a pas de détraction des héritages tombant à des étrangers, à moins que le gouvernement de ces derniers ne lève une taxe pareille sur les héritages tombant aux étrangers dans son territoire.

Le Grand-Duché de Bade.

Dans le Grand-Duché de Bade, les étrangers sont sur le pied d'égalité avec les nationaux quant au droit d'acquérir et de posséder la propriété de toute espèce, les biens-fonds inclus. Il en est de même dans le Wurtemberg. Le droit des étrangers de posséder des biens-fonds est reconnu en Saxe.

[1] Roger et Sorel, *Codes et lois usuelles. Lois*, édit. 1869, p. 81. — Tripier, *Codes français*, p. 107 note. — Massé, *Droit commercial*, tom. I, pp. 385, 389. Voir pour l'abolition du droit d'aubaine entre les États de l'Allemagne: Martens, *Précis etc.*, liv. III, chap. 3, § 90. — *Nouveau Recueil*, tom. III, p. 130, tom. IV, p. 39 et suiv.

[2] *Archives diplomatiques*, 1868, tom. I, p. 16.

[3] Laurent, *Histoire du droit des gens*, tom. XV, p. 60.

La Grèce. En Grèce, les étrangers peuvent devenir propriétaires, même sans y résider; mais ils ne peuvent acquérir des biens-fonds ou en disposer que conformément aux lois helléniques.

La Russie. En Russie les étrangers peuvent (depuis 1860) posséder des biens-fonds, et comme propriétaires ils sont aptes à être élus membres des assemblées provinciales.

La Suisse. En Suisse, s'il n'existe pas des traités, les étrangers ne peuvent dans différents cantons acquérir des propriétés foncières sans la permission du gouvernement cantonal ou même du Grand Conseil.

La Bavière. En Bavière le principe est que l'étranger jouit des mêmes droits que le régnicole, les seules exceptions étant celles édictées par les lois, ou lorsqu'une ordonnance royale applique le principe des représailles pour des inconvénients auxquels des sujets bavarois peuvent être soumis à l'étranger, en ce qui concerne les personnes appartenant au pays qui les soumet à ces inconvénients.

Les Pays-Bas. Dans les Pays-Bas un étranger n'est admis à succéder, soit par testament, soit *ab intestat*, ni à acquérir par voie de donation, que pour autant que les mêmes avantages sont assurés aux Néerlandais par la législation du pays de cet étranger.

La Suède. En Suède, les étrangers originaires des pays dans lesquels les sujets Suédois ont le droit d'hériter de propriétés, jouissent du même droit (voir chap. 15, § 2 du Statut des héritages, «Arfda Balken»), de sorte qu'ils peuvent ainsi devenir propriétaires de biens mobiliers et immobiliers dans le royaume.

Autrement, les étrangers ne pourraient posséder des biens mobiliers ou immobiliers en Suède sans une permission spéciale du roi (voir la proclamation royale du 3 Octobre 1829); mais il ne paraît point y avoir d'entraves légales à ce que des étrangers possèdent l'usufruit de propriétés mobilières ou immobilières, soit sur contrat de louage soit autrement.

D'après le code civil du royaume d'Italie, «l'étranger est admis à jouir des droits civils attribués aux citoyens.»

Les enfants d'une femme anglaise mariée à un étranger. Lord Bloomfield, à Berlin, reçut en 1855, de Lord Clarendon, des instructions conçues dans le sens que les enfants d'une femme anglaise et d'un mari étranger, s'ils étaient nés à l'étranger, suivraient la nationalité du père. Ce n'est qu'en vertu de l'acte 7 et 8 Vict., c. 66 qu'ils sont rendus capables d'acquérir et de posséder des biens, mobiliers ou immobiliers, par testament, acquisition ou héritage. La mère, durant le mariage, suit la condition du mari, et est étrangère; mais les enfants, tant durant qu'après le mariage, ont droit aux priviléges conférés par la 3e section de l'acte 7 et 8 Vict., c. 66.[1]

Par l'acte de naturalisation (Naturalization Act of 1870) toutes les restrictions sur l'acquisition, la possession et la succession des biens-fonds, à l'égard des étrangers, sont abrogées.[2] Par conséquent tous les priviléges exceptionnels sont devenus insignifiants.

Effet de la guerre sur le droit d'aubaine.

Le traité d'abolition du droit d'aubaine entre deux puissances n'est pas anéanti par l'événement de la guerre. Dans l'état de guerre comme dans l'état de paix, il produit toujours son effet jusqu'à révocation positive.[3]

Instructions à M Wheaton lors de sa mission en Allemagne.

Les instructions adressés en premier lieu à M. Wheaton lors de son entrée en fonctions comme ministre en Allemagne, avaient en vue, outre les améliorations à apporter à nos relations de commerce en général, l'abolition du *droit d'aubaine* et du *droit de détraction,* tous deux affectant l'émigration aux États-Unis.

Traité de 1828 avec la Prusse.

Le traité de 1828, conclu avec la Prusse, renouvela un arrangement fait à cet égard par les deux traités précédents de 1785 et 1799.[4] Les pleins pouvoirs qui avaient été accordés en 1836 pour conclure des conventions séparées avec les différents États de l'Allemagne, furent toutefois rétirés peu de temps après avoir été conférés, par suite du refus du sénat de ratifier une convention de même nature avec la Suisse. Ces pouvoirs ne furent renouvelés que par des instructions du 18 Novembre 1843, de M. Upshur, devenu secrétaire d'État.

Traités avec d'autres États de l'Allemagne.

Des traités furent conclus, conformément à ces instructions, avec le Wurtemberg, Hesse-Cassel, la Saxe, Nassau et la Bavière. Bade se refusa à conclure

[1] *Report of Royal Commission on Naturalization and Allegiance,* p. VII, 105, 117, 130.

[2] Voir § 6 *infra.*

[3] Devilleneuve et Gilbert, *Jurisprudence du XIXe siècle,* tom. I, p. 216, art. Aubaine (droit d').

[4] Martens, *Recueil de traités,* tom. II, p. 566. *Ibid.,* tom. IV, p. 668. *Ibid., Nouveau recueil,* tom. VII, p. 615.

aucun traité, quelques-uns de ses sujets ayant un intérêt dans ces droits.

Le *droit de détraction* se trouva aboli par ces diverses conventions.

Loi locale dans certains États de l'Union américaine, celle de France plus favorable aux étrangers.

La loi locale de la plupart des États de l'Union américaine, étant basée sur les principes féodaux du droit commun anglais, est moins favorable aux étrangers qui deviennent propriétaires fonciers, que ne l'est celle de France et de quelques autres pays de l'Europe, où les étrangers ont la faculté de posséder des biens-fonds, ou d'en recueillir *ab intestato* et par testament, comme des régnicoles. Les traités mentionnés ci-dessus stipulent seulement que lorsque des immeubles situés dans le territoire de l'une des parties descendraient, d'après les lois du pays, à un citoyen ou sujet de l'autre, s'il n'était pas frappé d'incapacité à cause de sa qualité d'étranger, il aurait deux ans au moins pour pouvoir en disposer. Cette durée était substituée au terme indéfini «*un temps raisonnable*» (*reasonable time*) contenu dans le traité avec la Prusse, et on trouve une disposition semblable dans les traités avec le Brésil et les États de l'Amérique espagnole. Il y a aussi des Conventions basées sur le même principe avec l'Autriche, la Sardaigne (l'Italie), la Confédération Suisse, la Russie et le Portugal. La disposition dans le traité avec l'Espagne, du 27 Octobre 1795, renouvelé par celui du 22 Février 1819, est la même que celle du traité prussien (*reasonable time*). Dans le traité avec la Saxe, cette stipulation s'applique également à ceux qui acquièrent des propriétés par testament, de même que par succession. Ordinairement, cependant, la faculté de disposer de propriétés par testament, donation ou autrement, par des citoyens d'un des pays en faveur de ceux de l'autre, est restreinte à la propriété personnelle, et lorsque, dans le traité avec la Bavière, en 1845, on essaya d'étendre cette faculté aux «biens-fonds», le sénat refusa sa ratification, à moins que cette dernière clause ne fût rayée.[1] Lors de la

Temps accordé pour disposer d'une propriété.

[1] *U. S. Statutes at large*, vol. IX, p. 819, 827. Voir aussi les traités avec la Suède, du 3 Avril 1783, du 4 Septembre 1816 et du 4 Juillet 1827, *ibid.*, vol. VIII, p. 64, 240, 354; le traité avec l'Espagne du 27 Octobre 1795, *ibid.*, p. 144; la convention des États-Unis avec les républiques anséatiques, de 1827, art. 7, *ibid.*, p. 370; celle avec

conclusion du traité entre les États-Unis et la Confédération de l'Allemagne du Nord du 22 Février 1868, la Hesse-Cassel et le Nassau avaient déjà été incorporés à la Prusse, et la Saxe était même de la Confédération sous la présidence de la Prusse. Le traité d'extradition qui existait entre les États-Unis et la Prusse et d'autres États allemands fut étendu à tous les États de l'Union allemande [1], mais on ne fait aucune mention des traités concernant le droit d'aubaine.

l'Autriche de 1829, art. 11, *ibid.*, p. 401; également la convention avec l'Autriche, de 1848, art. 11, *ibid.*, vol. IX, p. 945; celle avec le Brésil de 1828, art. 11, *ibid.*, vol. VIII, p. 392; avec le Mexique de 1831, art. 13, *ibid.*, p. 414; avec la Russie de 1832, art. 10, *ibid.*, p. 448; avec les Deux-Siciles de 1845, art. 6, *ibid.*, vol. IX, p. 836; avec le Chili de 1832, art. 9, *ibid.*, vol. VIII. p. 435; avec le Vénézuela de 1836, art. 12, *ibid.*, p. 470; avec le Pérou-Bolivie de 1836, art. 8, *ibid.*, p. 489; avec la Sardaigne de 1838, art. 18, *ibid.*, p. 520; avec le Hanovre (conclue par M. Wheaton), art. 7, *ibid.*, p. 556; et la convention de Hanovre de 1846 (conclue par M. Mann), art. 10, *ibid.*, vol. IX, p. 865. Cette dernière convention contient un article portant que d'autres États de la Confédération germanique pourront jouir des avantages de la convention, aux mêmes conditions que le Hanovre. Oldenbourg accéda à cette convention le 10 Mars 1847, *ibid.*, p. 868; et le Mecklenbourg-Schwerin, le 9 Décembre 1847; *ibid.*, p. 910. Voir aussi le traité avec l'Equateur de 1830, art. XII, *ibid.*, vol. VIII, p. 538; les conventions avec le Wurtemberg de 1844, *ibid.*, p. 588; avec Hesse-Cassel de 1844, *ibid.*, vol. IX, p. 818; avec la Saxe de 1845, *ibid.*, p. 830; avec Nassau de 1846, *ibid.*, p. 849; avec la Bavière de 1845, *ibid.*, p. 826. Les cinq dernières conventions sont celles conclues à Berlin par M. Wheaton, chacune d'elles étant désignée: «*A Convention for the mutual abolition of the Droit d'Aubaine and taxes on Emigration*» (Convention pour l'abolition mutuelle du droit d'aubaine et des taxes sur l'émigration), matières dont elles traitent exclusivement. Voir en outre les conventions avec la Confédération suisse, 18 Mai 1847, *ibid.*, p. 902; Novembre 25, 1850, *ibid.*, vol. XI, p. 590; avec les Iles Sandwich, 20 Décembre 1849, *ibid.*, vol. IX, p. 979; avec la Nouvelle Grenade, 12 Décembre 1846, *ibid.*, p. 886; avec le Guatemala, 3 Mars 1849, *ibid.*, vol. X, p. 878; avec San Salvador, 2 Janvier 1850, *ibid.*, p. 897, avec le Pérou, 26 Juillet 1851, *ibid.*, vol. X, p. 933; avec Brunswick-Lunebourg, *ibid.*, vol. XI, p. 601; avec les Deux-Siciles, *ibid.*, p. 644; le traité du 13 Mai 1858 avec la Bolivie, le traité du 27 Avril 1860 avec le Vénézuela, *ibid.*, 1861 et 1862, p. 216; le traité du 21 Juin 1867 avec le Nicaragua, *ibid.*, 1867—68. p. 64.

[1] *Archives diplomatiques*, 1869, tom. III, p. 190.

Le traité du 6 Février 1778 avec la France, ainsi que celui du 19 Novembre 1794 avec la Grande-Bretagne, et celui du 30 Septembre 1800 avec la France s'appliquaient également aux immeubles, de même qu'aux biens personnels; [1] mais tous ces deux traités avec la France et le traité avec l'Angleterre ont expiré. L'attorney-général Wirt, nia, dans une opinion officielle, du 30 Juillet 1819, le pouvoir du gouvernement fédéral pour faire un traité à ce propos. [2]

Cependant les traités avec la Nouvelle Granada et San Salvador donnent pouvoir aux citoyens des deux pays réciproquement, d'acheter et de posséder des terres et des biens-fonds en tous genres, et aussi de recueillir toute propriété personnelle ou foncière, laissée par testament ou *ab intestato*.

Le traité ci-dessus mentionné avec la Nouvelle Granada est du 12 Décembre 1846 et celui avec San Salvador est à la date du 2 Janvier 1850, et, par conséquent tous les deux sont subséquents à l'opinion de M. Wirt; mais le principe de cette opinion semble être reconnu dans une convention encore en vigueur entre les États-Unis et la France.

Traité de 1853 entre les États-Unis et la France.

Le traité de 1853 avec la France contient une stipulation en vertu de laquelle, dans tous les États de l'Union où les lois existantes le permettent, les Français jouiront du droit de posséder des biens meubles et immeubles, au même titre et de la même manière que les citoyens des États-Unis; ils pourront en disposer librement et sans réserve, à titre gratuit ou onéreux, par donation, testament ou autrement, comme les habitants eux-mêmes, et ils ne seront dans aucun cas soumis à des droits de mutation, de succession ou autres, différents de ceux payés par ces derniers, ni à des taxes qui ne leur seront pas également imposées. Quant aux États de l'Union dont la législation ne permet pas aux étrangers d'y posséder des immeubles, le Président s'engage à leur recommander de passer les lois nécessaires pour conférer ce même droit aux Français. De son côté, la France reconnaît aux citoyens des États-Unis le droit de jouir en France, en matière de propriété mobilière,

[1] Martens, *Recueil de traités*, tom. II, p. 592, tom. V, p. 663, tom. VII, p. 99.

[2] *Opinions of Attorneys-Generals*, vol. I, p. 275.

immobilière et de succession, d'un traitement identique à celui dont jouissent en France en pareille matière les citoyens français; mais c'est toujours avec réserve de la faculté d'appliquer ultérieurement la réciprocité en matière de possession et de succession.[1]

La succession aux biens rentre dans la législation des États.

Le règlement de succession aux biens, surtout aux biens immobiliers, aux États-Unis, rentre dans la législation domestique de chaque État, et non pas dans celle du congrès de l'Union. C'est pourquoi on a mis en question le pouvoir du président et du sénat, de faire des conventions à ce sujet; et c'est ce qui explique la stipulation inégale contenue dans le traité de 1853 avec la France, de même que les réserves dans les traités précédents avec les États allemands. Dans quelques-uns des États-Unis, les étrangers jouissent du droit, sans condition, d'acquérir, de posséder et de transmettre des immeubles; mais dans d'autres États, ce droit est limité aux étrangers qui prêtent un serment déclarant leur intention de devenir citoyens et qui résident dans l'État où les immeubles sont situés, ou qui résident au moins dans les États-Unis. Il en reste encore quelques-uns qui se tiennent à la loi commune anglaise.

La règle de la loi commune abrogée dans le Maine, Massachusetts, New-Jersey, Ohio, Minnesota, Indiana, Wisconsin, Kansas, Michigan, Illinois, Orégon, Georgie et Floride.

Dans les États du Maine, du Massachusetts, du Rhode-Island, du New-Jersey, de l'Ohio, du Minnesota, du Nebraska, du Wisconsin, du Kansas, du Michigan, de l'Illinois, de l'Orégon, de la Georgie et de la Floride, la *common law* a été abrogée en ce qui regarde l'incapacité des étrangers d'acquérir, de posséder et de transmettre des biens-fonds. Cette incapacité n'existe ni dans le territoire du Colorado, ni dans le district de la Colombie.

Constitution du Kansas.

Dans le Kansas, la Constitution déclare qu'aucune distinction ne sera jamais faite par la loi entre les étrangers et les citoyens, quant à la possession, jouissance et succession des biens.

Constitution du Wisconsin.

Dans le Wisconsin la même disposition constitutionnelle existe, restreinte aux étrangers résidant, mais la faculté est rendue d'une application générale par la loi.

La Pensylvanie.

Dans la Pensylvanie, tout individu qui est citoyen ou sujet

[1] *U. S. Statutes at large*, vol. X, p. 992. MARTENS et DE CUSSY, *Recueil de traités*, tom. VII, p. 173.

d'un État étranger sera également compétent et capable d'acquérir et de posséder par testament ou par succession des terres ou autres biens-fonds, et d'en jouir et disposer de même que les citoyens; et de telles terres ou biens-fonds ne tomberont point en deshérence en conséquence de ce que la personne les reclamant, soit par testament, soit comme héritier, selon les lois de cet État, serait étrangère. Mais en cas d'acquisition, l'étranger doit avant l'achat déclarer son intention de devenir citoyen, et nul étranger ne sera capable d'acheter et de posséder plus de 500 acres de terres avant d'être devenu citoyen des États-Unis. Mais par l'acte du 1er Mai 1861, les étrangers (*aliens*) peuvent acheter et posséder des biens-fonds qui ne surpasseront pas 500 arpents et qui ne seront pas d'une valeur au-delà de 20,000 dollars; des achats tenus par des fidéicommissaires pour les étrangers (*aliens*), leur seront cédés et ces étrangers pourront les posséder et les transmettre aussi pleinement que tout citoyen des États-Unis. [1]

La Louisiane.

Dans la Louisiane la *common law* ne règne pas, et il ne semble point que les étrangers y soient soumis à une incapacité quelconque pour l'acquisition des biens-fonds. Dans l'affaire Phillips *vs.* Rogger, [2] la Cour Suprême de la Louisiane donna jugement pour le plaignant, un étranger résidant en Irlande, lui accordant tous les biens, mobiliers et immobiliers, de son frère décédé résidant de cet État.

Le New-Hempshire, le Connecticut, le Kentucky, l'Iowa, le Névada, la Virginie, la Virginie occidentale.

Dans les États du New-Hempshire, du Connecticut, du Kentucky, de l'Iowa, le Nevada, la Virginie et la Virginie occidentale, bien qu'il ne soit pas interdit aux étrangers d'acquérir et de posséder des biens-fonds, leur capacité est soumise à la condition d'une résidence dans l'État ou au moins dans les États-Unis. Dans le Connecticut cependant, un étranger non-résidant est admis à acquérir des biens-fonds en vue de l'exploitation des mines ou des carrières.

La Californie.

En Californie il y a un droit constitutionnel en faveur des étrangers résidants, mais les étrangers non-résidants, à moins qu'il n'existe une stipulation par traité, ne peuvent acquérir

[1] Brightly's *Digest*, 1700—1861, Suppl., 1383, § 7.

[2] Martin's *Reports*, vol. V, p. 732.

des biens-fonds que par voie de succession, et il leur est accordé dans de tels cas une période de cinq années avant que la règle concernant la résidence soit appliquée. Si à l'expiration de ces cinq ans la personne n'y a pas établi sa résidence, l'immeuble est vendu par l'État pour le compte de l'étranger ou de son représentant légal. Il y a des dispositions semblables dans les lois de l'Indiana, du Texas et du Tennessee. Ces deux derniers États reconnaissent les obligations résultant des traités.

Indiana, Texas, Tennessee.

Les États de l'Arkansas, du Delaware, du Maryland, le Missouri, le New-York, la Caroline du Sud, n'accordent ce droit qu'aux étrangers qui ont déclaré leur intention de devenir citoyens des États-Unis dans la forme requise pour la naturalisation.

L'Arkansas, le Delaware, le Maryland, le Missouri, le New-York, la Caroline du Sud,

Semblable à la loi anglaise de 1844, que nous avons citée, d'après les statuts révisés du Rhode Island, «toute propriété immobilière dans cet État, maintenant appartenant où qui viendra à appartenir plus tard ou à descendre à une femme née aux États-Unis, ou qui en a autrement été citoyenne, devra à sa mort, malgré son mariage avec un étranger et sa résidence en pays étranger, descendre aux enfants légitimes d'un tel mariage s'il y en a, et à leurs descendants, de la même manière et avec les mêmes effets que si ces enfants ou leurs descendants étaient des citoyens natifs ou naturalisés des États-Unis.» [1]

Le Rhode Island.

Mais un acte passé le 7 Février 1868 a rendu inutile toute législation exceptionnelle dans le Rhode Island à ce propos. D'après cet acte «toutes incapacités antérieurement existantes des étrangers de posséder, transférer et transmettre des titres à des biens-fonds situés dans cet État sont abrogées; et les étrangers peuvent poursuivre et recouvrer possession de biens-fonds de la même manière et avec le même effet que les citoyens nés aux États-Unis.» [2]

Dans quelques-uns des États même où les étrangers peuvent acquérir des biens-fonds et les transmettre à leurs héritiers étrangers, les héritiers étrangers d'un citoyen ne peuvent hériter de lui. Il peut bien arriver que les biens qu'aurait hérités

Les terres achetées par des étrangers passent à des héritiers étrangers, mais les héritiers étrangers ne peuvent hériter des citoyens.

[1] *Revised Statutes of Rhode Island*, p. 318.

[2] *Public Laws of Rhode Island*, 1867—69, p. 472.

de ses parents, si elle leur avait survécu, même une Américaine mariée à un étranger, au lieu de descendre à ses enfants, passent à des parents éloignés. « Lorsqu'un individu meurt, laissant des descendants qui sont étrangers, ces derniers ne sont pas considérés comme ses héritiers légaux, mais les biens descendent aux plus proches parents capables d'hériter (*who have inheritable blood*). [1]

Mais une cession par testament de terres à des fidéicommissaires devant les vendre et en payer le produit à un étranger, est, *in equity*, un legs de biens personnels, et l'étranger peut contraindre à l'exécution du fidéicommis. [2]

Le Missouri.

Le Missouri permet aux étrangers qui acquièrent des biens-fonds par héritage ou par testament, et qui, comme étrangers, seraient incapables d'en rester en possession, d'en disposer par vente ou transport dans les trois années qui suivent la clôture des affaires de la succession. Il paraît qu'une législation encore plus libérale pour les étrangers y vient d'être établie, [3] mais qu'il n'y a aucune modification dans le Vermont, l'Alabama et la Caroline du Nord.

Vermont, Alabama, Carolina du Nord.

Le Missisippi.

Dans le Mississippi un étranger peut acquérir des biens, mais il ne peut les transmettre sans être naturalisé. S'il meurt avant d'avoir obtenu la naturalisation, ses terres passent à l'État, mais les produits en seront payés aux héritiers si la réclamation est faite à temps.

Loi du Maryland.

Dans le Maryland, le Statut 11 et 12, Wm. III, ch. 6 abolit l'incapacité selon la *common law* de réclamer du chef d'un ancêtre étranger; mais ne s'applique pas à un ascendant étranger vivant, de manière à créer un titre par la descendance de son chef, s'il n'en existait point selon la *common law* en supposant que l'ascendant fût un citoyen naturel.

Ainsi, dans le cas de A mourant saisi de biens-fonds (*died seized*), laissant comme son seul héritier B, étranger non-naturalisé, il fut maintenu que les enfants de B qui étaient citoyens de naissance, n'avaient pas droit à la succession du

[1] Orr *vs.* Hodgson, WHEATON'S *Reports*, vol. IV, p. 453.
[2] Craig *vs.* Leslie, WHEATON'S *Reports*, vol. III, p. 563.
[3] WAGNER'S *Missouri Statutes*, vol. I, p. 132.

chef de leur père qui était encore vivant.[1] Il en est de même dans l'État de New-York.[2]

Par acte du Maryland, de 1791, qui régit aussi dans le district de Colombie, un étranger pouvait acquérir des biens-fonds et les transmettre à ses héritiers étrangers; et ce droit d'héritage n'était point affecté par sa naturalisation subséquente, quant aux biens-fonds acquis antérieurement. La Colombie.

Mais si un étranger achetait des biens-fonds et mourait avant l'exécution de l'acte de transfert ou avant de devenir citoyen par la naturalisation, ces biens-fonds ne descendaient point à ses héritiers étrangers.[3]

Une décision ayant été rendue dans l'État d'Iowa opposée à l'autorité du gouvernement fédéral, de pourvoir par traité au transfert de biens-fonds à des étrangers, par testament ou par succession, contrairement à la politique intérieure des lois d'un État, l'opinion de l'attorney-général fut demandée sur cette question, à la suggestion du baron de Gérolt, ministre de Prusse. Cette opinion fut ainsi exprimée: «Le pouvoir que la constitution accorde au président, de faire des traités avec

Autorité du gouvernement fédéral de pourvoir par traité au transfert de biens immobiliers.

Opinion de l'attorney-général.

[1] M'Creery *vs.* Somerville, WHEATON'S *Reports*, vol. IX, p. 454.

[2] M'Lean and wife *vs.* Swanton, *New-York Reports*, vol. XIII, p. 535.

[3] Spratt *vs.* Spratt, PETERS' *Reports*, vol. I, p. 343. La commission anglaise donne (Appendix p. 132, 136) un résumé des lois à l'égard des priviléges des étrangers d'acquérir, posséder et transmettre les biens immobiliers dans les divers États de l'Union. Ce résumé est précédé d'une notice, telle qu'elle se trouve dans nos annotations (LAWRENCE'S *Wheaton*, 2nd ed. 1863, p. 168, note), sur l'autorité du gouvernement fédéral d'affecter par traité les lois d'un État. Nous avons constaté dans tous les cas où nous avons pu consulter les éditions officielles, les *statuts* locaux, et fait les corrections convenables. On verra que notre examen diffère considérablement de celui du *Lord Chief Justice* (Cockburn) *Nationality, or the law relating to subjects and aliens*, p. 174), lequel de plus ne mentionne pas le fait auquel nous avons fait allusion, que dans quelques États les étrangers peuvent recevoir à titre d'héritier des étrangers, tandis qu'ils ne le pourraient pas si ces parents étaient devenus citoyens, — c'est-à-dire un étranger, dans de tels cas, peut hériter d'un étranger, mais non d'un citoyen américain. Voir notre traité *Foreign treaties of the United States, in conflict with State laws relative to the transmission of real estate to Aliens*, New-York 1871.

l'avis et le consentement du sénat, est non-seulement général et sans aucune limite définie, mais c'est aussi un pouvoir accompagné d'une prohibition absolue aux États isolés d'exercer le pouvoir de faire des traités. C'est-à-dire, qu'en ce qui touche aux négociations étrangères, les États ont conféré aux États-Unis tous leurs pouvoirs, autrement dit, tous les pouvoirs pour faire des traités qui appartiennent à la souveraineté.»

Stipulations du traité de 1794 entre les États-Unis et la Grande-Bretagne.

Tout ce qui a rapport à la question générale en cette matière a été dûment considéré par les cours des États-Unis, lors de la construction du 9me article du traité du 19 novembre 1794 entre les États-Unis et la Grande-Bretagne. Ce traité stipulait en substance «que les sujets britanniques qui étaient possesseurs de terres sises sur le territoire des États-Unis, pourraient continuer à les posséder; ils pourraient les donner, les vendre et en disposer par testament, de même que s'ils étaient natifs du pays; et ni eux, ni leurs héritiers ou ayants-cause, ne seraient considérés comme étrangers, relativement à ces immeubles.» Des engagements de même teneur étaient pris par l'Angleterre. Toute inhabilité provenant du fait d'être étranger disparaissait absolument par ce traité, quelles que fussent les lois des différents États. [1] C'est la question constitutionnelle directe avec toutes les conditions voulues. La cour suprême déclara néanmoins que la stipulation rentrait dans les pouvoirs constitutionnels de l'Union. [2]

Décision judiciaire en Californie en faveur du traité.

Dans une décision judiciaire, en l'État de la Californie, ce pouvoir a été confirmé, et appliqué à l'article pareil du traité avec la Prusse. [4] «Je considère, dit M. Cushing, les conclusions de la cour dans ce dernier cas comme justes et valables et d'accord avec la constitution.» [5] Il faut mentionner ici, que la décision de la Cour de la Californie n'a pas été sanctionnée dans un jugement subséquent prononcé par le même tribunal. [3]

[1] Voir MARTENS, *Recueil de traités*, tom. V, p. 663.

[2] Fairfax's Lessee *vs.* Hunter's Lessee, CRANCH's *Reports*, vol. II, p. 627. Voir aussi Ware *vs.* Hylton, DALLAS's *Reports*, vol. III, p. 190.

[3] Siamessan *vs.* Bofer, *California Reports*, vol. VI, p. 250.

[4] The People *vs.* Gerke, *California Reports*, vol. V, p. 381.

[5] *Opinions of Attorneys-Generals*, vol. VIII, p. 415. M. Cushing, 26 Février 1857.

La cour suprême des États-Unis n'a pas voulu dans des cas subséquents, se prononcer définitivement sur cette question.

Décision de la cour suprême des États-Unis dans un cas provenant de la Louisiane.

La cour suprême de la Louisiane décida, en 1856, que le traité français de 1853 n'avait aucun effet sur la succession d'une personne morte avant la conclusion du dit traité, la loi de cet État, en vigueur à sa mort, imposant une taxe de 10 pour cent sur toute propriété située dans son territoire et appartenant à une personne qui n'y serait pas domiciliée ou qui ne serait pas citoyen de l'un des États ou territoires de l'Union. La cour suprême des États-Unis déclara, en confirmant ce jugement, « que l'opération de ce traité après sa conclusion, dans la Louisiane, dépend des lois de cet État; que le traité ne réclame pas pour les États-Unis le droit de contrôler la succession de propriété réelle ou personnelle dans un État quelconque, son effet étant expressément limité à tous les États de l'Union où les lois le permettent, aussi longtemps que les dites lois resteront en vigueur et avec leur même portée.

« Comme aucun acte de la législature de la Louisiane ne révoque cette loi et n'accepte les stipulations du traité de manière à assurer à ses citoyens des priviléges semblables en France, la cour suprême pourrait se trouver embarrassée pour décider que le traité avait abrogé cette loi, si la cour de l'État n'avait pas elle-même expliqué sa propre loi dans ce sens, et si elle n'avait pas décidé que la Louisiane était au nombre des États dans lesquels les arrangements proposés du traité recevraient leur exécution. » [1]

La cour suprême au sujet du traité avec Wurtemberg.

La cour suprême des États-Unis décida, en 1859, que le traité avec le Wurtemberg n'embrassait pas le cas d'un citoyen des États-Unis qui mourrait dans son pays, et qui disposerait des biens situés dans l'État dont il était citoyen et dans lequel il serait mort. «Nous nous rangeons, dit ce tribunal, à l'opinion émise par la cour de la Louisiane, d'après laquelle le traité ne régit pas les dispositions testamentaires prises par les citoyens ou sujets des puissances contractantes, relativement aux biens situés dans le pays dont ils sont originaires ou citoyens. Ce qui avait amené la conclusion du traité, c'était

[1] Howard's *Reports*, vol. XIX, p. 7, Prevost *vs.* Greneaux.

que les citoyens et sujets de l'une et de l'autre des puissances contractantes, étaient, ou pourraient être soumis à des impôts onéreux, prélevés en raison de leur qualité d'étrangers, sur les biens possédés par eux dans le territoire de l'autre État, et on avait voulu mettre ces personnes à même de disposer de leur propriété, en payant les mêmes droits que les habitants du pays dans lequel elle est située paient dans les mêmes conditions. Les puissances contractantes n'avaient pas considéré le cas d'un citoyen ou sujet des pays respectifs résidant dans sa patrie et disposant des biens qu'il y possédait, en faveur d'un citoyen ou sujet de l'autre pays, comme entrant dans l'esprit du traité; ce cas ne s'y trouve pas compris en effet. Dans l'argument présenté en cette occasion, il a été suggéré que le gouvernement des États-Unis n'était pas compétent pour régler les dispositions ou les lois testamentaires concernant les étrangers, en ce qui touche aux biens situés dans un État. C'est là une question de grande importance, mais elle n'influe que faiblement sur le jugement de cette cause-ci, et nous nous abstiendrons par conséquent de la prendre en considération.»[1]

Compétence des États-Unis pour régler les dispositions testamentaires.

Parmi les récents traités qui accordent un plein droit, une partie à l'autre, d'acquérir, de posséder et de transmettre les biens-fonds, se trouvent les suivants: traité entre l'Italie et San Salvador, du 29 Octobre 1860, *Archives diplomatiques*, 1863, tom. I, p. 5; l'Espagne et la France, du 7 Janvier 1862, *ib.* 1863, tom. I, p. 30; la France et le Pérou, du 9 Mars 1861, *ib.* 1863, tom. I, p. 347; la Belgique et l'Italie, du 9 Avril 1863, *ib.* 1863, tom. III, p. 326; la Belgique et le Mexique, du 21 Juillet 1861, *ib.* 1863, tom. IV, p. 362; la Suisse et la Belgique, du 11 Décembre 1862, *ib.* 1864, tom. III, p. 327; l'Espagne et la République Argentine, du 21 Septembre 1863, *ib.* 1864, tom. III, p. 367; la Russie et l'Italie, du 16/28 Septembre 1863, *ib.* 1864, tom. IV, p. 11; le Danemark et l'Italie, du 1 Mai 1864, *ib.* 1865, tom. III, p. 275. Il résulte de l'échange d'une déclaration du 10 Septembre 1862 entre le roi d'Italie et la confédération suisse, que les traités internationaux conclus antérieurement entre le royaume de Sardaigne et la Confédération doivent recevoir leur pleine application dans toutes les

Traités pour l'abrogation du droit d'aubaine.

[1] HOWARD's *Reports*, vol. XXIII, p. 447, Frederikson *vs.* The State of Louisiana.

provinces qui forment aujourd'hui le royaume d'Italie. Au nombre des traités cités se trouve celui du 16 Mars 1816 «concernant l'établissement et portant abolition des droits d'aubaine.» Une déclaration du 11 Août 1862 porte: «Le conseil fédéral suisse étant convenu avec le Gouvernement de Sa Majesté le roi d'Italie des dispositions suivantes rendues obligatoires par des déclarations réciproques à échanger à ce sujet; en vertu de l'adhésion prononcée par tous les cantons de la Confédération suisse, déclare: que les citoyens du royaume d'Italie peuvent prendre possession et disposer d'un héritage qui leur est échu en vertu de la loi ou d'un testament dans un canton quelconque de la Confédération suisse, à l'égal des citoyens du canton même, sans être soumis à d'autres conditions ou à des conditions plus onéreuses que ceux-ci.» [1]

Déclaration suisse étendant au royaume d'Italie les traités faits avec la Sardaigne.

V.

LEX DOMICILII.

Éléments, § 5, tom. I, p. 109.

«Du temps de l'Empire romain, dit Savigny, chaque citoyen romain s'attachait à sa commune, d'abord par le droit de cité (*origo, nativitas*), et ensuite par sa résidence (*domicilium*).

Origo et domicilium.

La signification pratique du *domicilium* romain se rapportait toujours à la commune urbaine et à son territoire, puisque le domicile, comme le droit de cité, plaçait un individu sous la dépendance de la commune urbaine (§ 351—353). Cette signification pratique exclusive n'existe plus aujourd'hui, ou plutôt elle a revêtu une autre forme.

Signification pratique du domicile romain.

D'un autre côté le domicile s'acquiert et se perd aujourd'hui de la même manière que d'après le droit romain (§ 353—354), et sur ce point les prescriptions du droit romain sont tout à fait applicables.» [2]

Prescriptions du droit romain applicables.

[1] *Archives diplomatiques*, 1864, tom. III, p. 326.

[2] Savigny, *Traité de droit romain*, vol. VIII, p. 94.

On considère comme le domicile d'un individu le lieu où il réside constamment, et qu'il a librement choisi comme centre de ses affaires et de ses rapports de droit. La résidence constante n'exclut pas une absence momentanée, ni un changement ultérieur; la réserve de cette faculté s'implique de soi-même; par là on entend seulement que l'intention de changer de résidence n'existe pas encore.

Domicile n'exclut pas un changement momentané.

D'après la définition donnée du domicile, on voit qu'il diffère essentiellement de la simple résidence et de la possession foncière. La résidence qui n'est pas accompagnée de l'intention actuelle de fixité et de perpétuité ne constitue pas le domicile, lors même que par des circonstances accidentelles elle ne serait pas momentanée et se prolongerait pendant un long temps. Tel est, par exemple, le séjour des étudiants dans la ville où ils font leurs études; d'après une loi d'Hadrien, ce séjour, pour être regardé comme constant, et par conséquent comme constituant un domicile, devait être au moins de dix ans.[1]

La résidence qui n'est pas accompagnée de fixité et de perpétuité ne constitue pas le domicile. Séjour des étudiants.

Il y a une distinction entre le domicile et la résidence. «Le changement de la résidence au domicile dépend à la fois des circonstances et de l'intention[2]; et quelque longtemps qu'ait duré la résidence dans un endroit, la présomption ainsi établie d'une intention d'en faire le domicile, serait détruite par la preuve d'une intention contraire.[3]

Distinction entre le domicile et la résidence.

«La continuation prolongée de la résidence à un endroit est un élément matériel dont on peut déduire une intention; mais une personne peut demeurer cinquante ans au même endroit sans y acquérir de domicile, car elle peut avoir tout le temps l'intention de retourner dans son propre pays.»[4]

La continuation prolongée d'une résidence n'est pas décisive quant à la question de domicile.

Dans le droit international privé, le domicile doit être distingué de la résidence à laquelle les lois internes assignent certains effets dans divers buts, tels que le paiement des contributions, l'exercice des droits politiques, les secours selon

Distinction entre le domicile et la résidence, dans le droit international privé.

[1] SAVIGNY, *Traité de droit romain*, tom. VIII, p. 61.

[2] Dr. Lushington, dans Maltass *vs.* Maltass; ROBERTSON's *Ecclesiastical Reports*, vol. I, p. 75.

[3] Voir Hodgson *vs.* De Beauchesne, MOORE's *Privy Council Reports*, vol. VII, p. 283, 328.

[4] Sir J. Dodson, dans Bremer *vs.* Freeman; DEANE's *Reports*, vol. I, p. 192, 219. Voir aussi MOORE's *Privy Council Reports*, vol. X, p. 312, 357; COLE, *On domicil of Englishmen in France*, p. 106, 111.

les lois d'assistance publique, etc. Ainsi Inglis, J. C., établit une distinction entre le domicile et le *settlement* sous les *Scotch Poor Law Acts:* la loi de *settlement* est la création du statut, et est entièrement réglée par le statut; la loi du domicile dépend des principes généraux de la jurisprudence. Le lieu qui doit être considéré comme le *settlement* d'un individu dépend d'un fait, et ne dépend que de cela, et la loi d'assistance publique (*poor law*) ne s'occupe point de l'intention de l'indigent (*pauper*), ni de son intérêt. La question de domicile dépend de considérations entièrement différentes. Il est essentiel de considérer l'intention et le but de l'individu, et le fait matériel seul n'y a aucun rapport. Il est nécessaire de déterminer le domicile d'une personne pour régler sa succession et pour d'autres buts semblables, et en ce cas la question principale dans cette enquête est de savoir à quelle loi la personne désirait être soumise pour le règlement de sa succession, ou pour des motifs pareils.[1]

Settlement d'après les Poor Laws distingué du domicile.

La constitution du domicile avec ses conséquences juridiques résulte de la volonté libre et non d'une simple déclaration de volonté sans le fait de l'habitation. La liberté est regardée comme tellement essentielle en cette matière, qu'elle ne peut être restreinte par une disposition de droit privé. Ainsi, par exemple, si un legs était fait sous la condition d'un domicile déterminé, cette condition serait réputée non écrite.

Legs sous la condition d'un domicile déterminé — condition réputée non écrite.

Voici les cas où, par suite des rapports existant entre deux personnes, le domicile de l'une détermine celui de l'autre, ce que l'on pourrait appeler un domicile relatif.

Domicile provenant des rapports existant entre deux personnes.

Femmes mariées.

1) Les femmes mariées ont en général et nécessairement le même domicile que leurs maris. Ce domicile s'appelle *domicilium matrimonii.* Il ne résulte pas d'un mariage nul, ni des simples fiançailles. L. 37, § 2; L. 32, ad mun. (L. 1). La veuve conserve ce domicile tant qu'elle ne contracte pas un second mariage, ou qu'elle ne se constitue pas autrement un domicile nouveau.

Enfants légitimes.

2) Les enfants légitimes, du moment de leur naissance, ont indubitablement le domicile de leur père. Mais plus tard ils

[1] Crawford *vs.* Petrie, 1862. Dow's *Reports*, vol. XXIV, p. 357. Guthrie's *Savigny*, p. 59. Erskine, *Principles of Law of Scotland*, p. 111 note, ed. Guthrie.

peuvent abandonner ce domicile d'origine, et en choisir librement un autre. De même il est reconnu que les enfants naturels ont le domicile de leur mère.

Affranchis.

3) La même règle s'applique aux affranchis. Ils avaient primitivement le domicile de leur patron, mais plus tard ils furent libres d'en choisir un autre.

Serviteurs à gages.

4) Aujourd'hui le même principe s'applique aux serviteurs à gages, aux journaliers constamment occupés dans un domaine rural, et aux ouvriers qui exercent leur métier chez un maître.

Abandon d'un domicile.

L'abandon du domicile, de même que sa constitution, s'opère par un acte de volonté libre. Ordinairement, bien que cela ne soit ni général ni nécessaire, cet abandon coïncide avec l'établissement d'un domicile nouveau, et voilà pourquoi cet abandon est appelé translation dans les sources du droit. [1]

Règles de domicile d'après Story. Domicile d'origine déterminé par le domicile des parents.

Story donne, entre autres, les règles suivantes: D'abord, le lieu de naissance d'une personne est considéré comme son domicile, s'il est, à l'époque de sa naissance, le domicile de ses parents. *Patris originem unusquisque sequatur.* Ceci est habituellement nommé le domicile natal ou de naissance, *domicilium originis.* Mais si les parents se trouvaient à cette époque visiter ou voyager (*in itinere*), le domicile des parents (au moins s'il est situé dans le même pays) sera considéré comme étant le domicile natal ou de naissance.

Enfants illégitimes.

Si l'enfant est illégitime, il suit le domicile de sa mère. *Ejus, qui justum patrem non habet, prima origo a matre.*

Domicile de mineurs.

Secondement, les mineurs retiennent le domicile de naissance jusqu'à ce qu'ils aient acquis un nouveau domicile.

Le domicile des mineurs suit le domicile des parents.

Troisièmement, les mineurs sont généralement considérés comme incapables, *proprio marte*, de changer leur domicile durant leur minorité; conséquemment ils gardent le domicile de leurs parents; si les parents changent de domicile, le domicile des enfants mineurs suit le leur; et si le père meurt, son dernier domicile reste celui des enfants mineurs. *Placet etiam filium-familias domicilium habere posse; non utique ibi, ubi pater habuit, sed ubicunque ipse constituit.*

Domicile d'une femme mariée.

Quatrièmement, le domicile d'une femme mariée suit celui du mari. Ceci résulte du principe général qu'une personne qui est sous le pouvoir et l'autorité d'une autre personne ne possède pas le droit d'élire un domi-

[1] Savigny, *Traité de droit romain*, tom. VIII, p. 60—66.

cile. *Mulierem, quamdiu nupta est, incolam ejusdem civitatis videri, cujus maritus ejus est.* Cinquièmement, une veuve garde le domicile de son mari jusqu'à ce qu'elle ait acquis un autre domicile. *Vidua mulier amissi mariti domicilium retinet.* Sixièmement, *prima facie*, le lieu où une personne demeure est considéré comme étant son domicile, à moins que d'autres faits n'établissent le contraire. Septièmement, toute personne pleinement majeure ayant le droit de changer de domicile, il s'ensuit que si elle va en un autre lieu avec l'intention d'en faire sa résidence permanente (*animo manendi*), ce lieu devient immédiatement son domicile. Huitièmement, si une personne est réellement allée dans un autre lieu avec l'intention d'y rester un temps indéfini et comme en un lieu de domicile fixe, actuel, ce lieu doit être considéré comme son domicile, bien qu'elle puisse avoir une vague intention d'en revenir à quelque époque future. [On verra que cette doctrine de Story a été révoquée en doute par les tribunaux anglais.] Neuvièmement, le lieu où réside la famille d'un homme marié est généralement considéré comme son domicile. Mais la présomption établie par cette circonstance peut être contrôlée par d'autres; car si ce n'est qu'un lieu de résidence temporaire pour sa famille, ou dans un but transitoire, on ne le considère pas comme son domicile. Dixièmement, si un homme marié a sa famille établie dans un endroit et fait ses affaires dans un autre, c'est le premier endroit qui est considéré comme son domicile.[1]

Domicile d'une veuve.

Domicile, endroit où une personne demeure.

Allant à un autre lieu *animo manendi.*

Allée réellement dans un autre lieu avec l'intention de rester un temps indéfini, mais avec une intention vague d'en revenir.

Lieu de la résidence de la famille d'un homme marié.

Famille établie dans un endroit et les affaires faites dans un autre.

Quant aux changements d'un pays à un autre, Story ajoute: «Il y a certains principes généralement reconnus par les tribunaux qui administrent la loi publique ou la loi des nations, comme étant d'une autorité incontestable. 1° Que les personnes nées dans un pays sont généralement considérées comme citoyens et sujets de ce pays. Ce semblerait être une modification raisonnable de cette règle de ne pas la faire s'appliquer aux enfants de parents *in itinere* dans le pays, ou qui y séjournaient dans un but temporaire, comme pour cause de santé, de curiosité ou d'affaires accidentelles. Il serait difficile d'affirmer cependant qu'une semblable modification soit universellement établie dans l'état actuel du droit public. 2° Que les

Changements d'un pays à un autre.

Personnes nées dans un pays.

Si l'on doit excepter les enfants de parents *in itinere.*

[1] STORY, *Conflict of Laws*, chap. III, § 46, p. 43—45, ed. Redfield.

Étrangers résidants dans un pays d'une manière permanente.

Changement du caractère de nationalité acquis par le fait de résidence en pays étranger.

Domicile de naissance facilement rétabli.

étrangers qui résident dans un pays dans un but permanent ou indéfini, *animo manendi*, sont universellement traités comme des habitants de ce pays. 3⁰ Qu'un caractère de nationalité acquis dans un autre pays par le fait de résidence, change quand la personne a quitté le pays *animo non revertendi*, et est sur son retour vers le pays de son domicile antérieur. Et particulièrement lorsque cette personne est *in itinere* vers son pays natal avec cette intention, le domicile de naissance est reconstitué pendant qu'elle est encore *in transitu*; car le domicile de naissance est facilement rétabli. Du moment où un domicile étranger est abandonné, le domicile de naissance est acquis de nouveau. Mais un simple retour au pays natal, sans l'intention d'abandonner le domicile étranger, n'effectue point un changement de domicile. 4⁰ Les ambassadeurs et autres ministres étrangers conservent leur domicile dans le pays qu'ils représentent et auquel ils appartiennent. Mais une règle différente est généralement appliquée aux consuls et aux autres agents commerciaux, qui sont présumés devoir rester dans un pays dans un but de négoce, et qui en conséquence acquièrent un domicile là où ils résident.[1] 5⁰ Les enfants nés sur mer sont considérés comme appartenant au même pays que leurs parents et comme y étant domiciliés.»[2]

Les ambassadeurs conservent leur domicile dans leur pays.

Exemption non accordée ordinairement aux consuls.

La tendance des tribunaux anglais, dit l'auteur de la traduction anglaise de Savigny, dans les cas récents, a été de donner moins de poids aux circonstances autrefois considérées comme importantes en tant qu'elles indiquent l'intention d'un changement de domicile. «L'*animus* d'abandonner un domicile pour un autre implique une intention non-seulement de renoncer aux droits particuliers, aux privilèges et aux immunités que la loi et la constitution du domicile accordent, pour les relations domestiques, les achats et ventes et les autres transactions, le *status* politique ou municipal, et pour les affaires journalières de la vie ordinaire — mais aussi aux lois qui régissent la succession

Circonstances impliquant l'intention de changer le domicile.

[1] Il faut distinguer entre les consuls qui sont négociants, et ceux qui ne sont dans un pays étranger que comme fonctionnaires de leurs propres gouvernements — quoique les consuls, ni dans l'un ni dans l'autre cas, ne jouissent des privilèges diplomatiques.

[2] Story, *Conflict of Laws*, § 48, p. 46—47, ed. Redfield.

des biens après la mort. L'abandon ou le changement d'un domicile est en conséquence une affaire très-sérieuse, et l'intention de faire un tel changement a besoin d'être établie par des preuves très-évidentes.»[1] Il en est particulièrement ainsi lorsqu'il s'agit de transférer le domicile à un pays étranger. Les circonstances peuvent être assez fortes pour conduire irrésistiblement à la conclusion qu'une personne veut *quatenus in illa exuere patriam*. Lord Cranworth[2] dit: «Pour acquérir un nouveau domicile, il faut qu'un homme ait l'intention de *quatenus in illo exuere patriam*. Vous ne perdez pas votre domicile d'origine ou votre domicile acquis simplement parce que vous vous rendez en quelque autre lieu qui convient mieux à votre santé, à moins que certainement vous n'ayez l'intention, soit pour cause de santé ou pour quelque autre motif, de cesser d'être Écossais et de devenir Anglais, ou Français, ou Allemand.»[3]

L'intention doit être établie par des preuves évidentes.

Transfert de domicile à un pays étranger.

On ne perd pas son domicile en se rendant seulement dans un autre pays pour sa santé ou pour autre cause.

C'est devenu une question, dit encore le commentateur de Savigny, si la doctrine récemment établie par la *House of Lords* ne contredit pas celle de Story (§ 46) souvent admise par les tribunaux, à savoir que «si une personne est allée dans un autre lieu avec l'intention d'y rester un temps indéfini et comme lieu de domicile fixe actuel, ce lieu doit être considéré comme son lieu de domicile, *bien qu'elle puisse conserver une vague intention de revenir à quelque époque future*», ou même «bien qu'elle ait une idée constante de revenir, à quelque époque distante et indéfinie, dans son pays natal.»[4]

Doctrine de Story contestée par la *House of Lords*.

La véritable doctrine, dit Guthrie, semble être celle présentée dans le texte de Savigny, qui concorde avec la règle établie

[1] Lord Curriehill dans l'affaire Donaldson *vs.* M'Clure, Dow's *Reports*, 1857, vol. XX, p. 307, 321; confirmé MACQUEEN's *Reports*, vol. III, p. 852; Lord Fullerton dans l'affaire Arnott *vs.* Groom, 1846, Dow's *Reports*, vol. IX, p. 146, 148.

[2] Dans le cas de Whicker *vs.* Hume, *House of Lords Reports*, vol. VII, p. 124, 139.

[3] Moorhouse *vs.* Lord, *ibid.*, vol. X, p. 272, 283.

[4] Lord Glenlèe, Moncreiff, etc., dans le cas de Munro *vs.* Munro, ROBINSON's *Reports*, vol. I, p. 606. In re CAPDEVILLE, *H. and C.*, vol. II, p. 982, 33 *L. J. Ex.*, vol. XXXIII, p. 212. Lord Cottenham, dans Munro *vs.* Munro, CLARK *and* FINNELLY's *Reports, Cases House of Lords*, vol. VII, p. 876.

Doctrine de Lord Alvanley d'accord avec celle de Savigny.

par Lord Alvanley, M. R., [1] à savoir que «le domicile d'origine doit prévaloir jusqu'à ce que l'individu en ait non-seulement acquis un autre, mais qu'il ait manifesté et mis à exécution l'intention d'abandonner son premier domicile et d'en prendre un autre comme son unique domicile»; et l'on soutient maintenant que l'intention doit être non-seulement de changer de résidence, mais d'adopter pour sien un nouveau pays. [2]

Domicile en différentes villes.

D'après Savigny: «Une personne peut avoir en même temps un domicile dans différentes villes, lorsqu'elle partage l'ensemble de ses rapports et de ses affaires entre ces différentes villes, et qu'elle les habite alternativement selon ses besoins. Plus d'un jurisconsulte romain avait mis en doute la possibilité de cette pluralité de domiciles, mais on finit par l'admettre, tout en reconnaissant que c'était là un cas rare et que l'on ne devait admettre qu'avec réserve.

Individu sans aucun domicile.

«Réciproquement, il se peut qu'un individu n'ait aucun domicile dans le sens technique du mot, bien que ce cas soit également rare.»

Il se présente cependant

Le temps entre l'abandon d'un domicile et l'acquisition d'un autre.

«Quand on abandonne un domicile acquis et que l'on en cherche un nouveau, pendant tout le temps que ce nouveau domicile n'est pas encore choisi et réellement constitué.

«Lorsque pendant un long espace de temps on consacre sa vie à des voyages, sans avoir aucun endroit pour centre permanent de ses affaires et où l'on revienne régulièrement.

«Ceux qui, n'ayant ni profession ni résidence fixe, se livrent au vagabondage, et soutiennent leur existence par des moyens nuisibles à l'intérêt général et dangereux pour la sûreté publique.» [3]

Question de domicile discutée dans le Massachusetts.

Mais de l'autre côté le commentateur de Story dit: «La question de domicile, et la possibilité d'en avoir deux, ont été très discutées dans un cas au Massachusetts. Le *Chief Justice* Shaw dit alors, qu'en déterminant une telle question il fallait garder soigneusement en vue deux considérations importantes:

[1] Dans le cas de Somerville *vs.* Somerville, Vesey's *Reports*, vol. V, p. 750—786.

[2] Guthrie's *Savigny*, p. 62—63.

[3] Savigny, *Traité de droit romain, traduction de Guenoux*, tom. VIII, p. 67, 68.

premièrement, que toute personne doit avoir un domicile quelque part; et secondement qu'une personne ne saurait à la fois et en même temps avoir qu'un seul domicile dans un même but.»

Tout individu doit avoir un domicile. Si on peut en avoir deux.

La cour dit alors: «Toute personne a un domicile d'origine, qu'elle garde jusqu'à ce qu'elle en acquière un autre; et le domicile ainsi acquis est de même conservé. La supposition qu'une personne pût avoir deux domiciles conduirait aux conséquences les plus absurdes. Si elle avait deux domiciles dans les limites de deux États souverains distincts, en cas de guerre, ce qui serait un devoir impérieux envers l'un la rendrait traître envers l'autre. Comme la guerre constitue un état d'hostilité, non-seulement entre les souverains mais aussi entre leurs sujets, collectivement et individuellement, cette personne deviendrait son propre ennemi et serait tenue, à la fois, d'un côté d'attaquer et de l'autre de défendre les mêmes personnes et les mêmes propriétés. Mais sans faire une supposition aussi extravagante, supposons qu'elle soit domiciliée dans deux districts militaires du même état, elle pourra se trouver obligée à des services personnels dans deux endroits en même temps; ou bien dans deux comtés, elle pourrait se trouver obligée, sous peine de contrainte, de servir à la fois dans les jurys de deux villes de comté éloignées; ou dans deux villes, de monter la garde en deux endroits différents.

Conséquences absurdes de deux domiciles situés dans deux pays souverains.

L'état d'hostilité constitue la guerre entre les individus de même qu'entre les États.

Domicile dans deux districts militaires du même État, ou dans deux comtés.

«Le lieu où est la maison d'habitation d'une personne doit être considéré d'abord en opposition au lieu de ses affaires, de son métier, ou de ses occupations. Si elle a plus d'une maison d'habitation, celle dans laquelle elle couche ou passe les nuits l'emporte lorsqu'elle peut être déterminée. Et nous pensons que les autorités ont décidé que lorsque la résidence est en partie dans un endroit et en partie dans un autre, la personne doit être considérée comme demeurant dans la ville où elle couche habituellement, si l'on peut s'en assurer.» [1]

Lieu de la maison d'habitation en opposition au lieu des affaires.

Par l'article 102: «Le domicile de tout Français, quant à l'exercice de ses droits civils, est au lieu où il a son principal établissement,» et 103, «le changement de domicile s'opérera

Domicile d'un Français.

[1] Pickering, *Reports*, vol. XXIII, p. 170—170. Abington *vs.* North Bridgewater. Story, *Conflict of laws*, § 45, p. 42, note, ed. Redfield.

par le fait d'une habitation réelle dans un autre lieu, joint à l'intention d'y fixer son principal établissement.» Par les articles 104 et 105: «La preuve de l'intention résultera d'une déclaration expresse, faite tant à la municipalité du lieu qu'on quittera, qu'à celle du lieu où on aura transféré son domicile. — A défaut de déclaration expresse, la preuve de l'intention dépendra des circonstances.» Mais l'article 17 qui mentionne les cas où on perd la qualité de Français, déclare que «les établissements de commerce ne pourront jamais être considérés comme ayant été faits sans esprit de retour.»

Établissement de commerce à l'étranger.

On entend par *domicile* le lieu où une personne est, sous le rapport de ses droits et de ses obligations, réputée toujours présente, quoique de fait elle puisse n'y pas résider. La résidence peut donc être distincte du domicile; et il y a dès lors, entre l'une et l'autre, cette différence que le domicile est de droit, tandis que la résidence est de fait.

Domicile de droit, résidence de fait.

On distingue ordinairement le domicile *politique*, qui est celui où un citoyen exerce ses droits politiques, du domicile *civil* où il exerce ses droits civils.

Domicile politique distingué du domicile civil.

Le domicile réel de tout Français est au lieu où il a son principal établissement. Ce que le code dit de tout Français en général, est également vrai du commerçant en particulier. Il suit de cette disposition que la résidence est nécessaire pour établir le domicile, puisqu'on ne concevrait pas un principal établissement sans une résidence au moins momentanée; mais qu'elle n'est pas nécessaire pour le conserver, en ce sens qu'on peut ne pas résider toujours au lieu où se trouve le principal établissement qui détermine le domicile.

Domicile réel du Français.

«C'est une question que de savoir si on peut avoir plusieurs domiciles. En droit romain, l'affirmative n'est pas douteuse.

Si l'on peut avoir plusieurs domiciles.

«Aujourd'hui, dit Massé, le Code Napoléon, en disposant d'une manière générale que le domicile de tout Français est au lieu où il a son principal établissement, semble avoir condamné cette opinion, et n'admettre qu'un seul domicile. Néanmoins, je crois qu'il faut distinguer entre le cas où il s'agit du domicile général, c'est-à-dire de celui qui s'applique à la généralité des droits et des devoirs civils, et le cas où il s'agit du domicile spécial, c'est-à-dire de celui qui concerne certaines relations particulières, telles que les relations juridiques. On ne peut

Domicile de tout Français d'après le Code Napoléon.

avoir qu'un seul domicile général, mais on peut avoir plusieurs domiciles spéciaux.

«Ainsi, lorsque l'article 165 du Code Napoléon porte que mariage doit être célébré devant l'officier de l'État civil du domicile de l'une des parties, il entend parler du domicile général, et sous ce rapport il ne peut y avoir qu'un seul domicile.

«Mais quand un commerçant a plusieurs établissements de commerce, chacun de ces établissements de commerce peut être considéré comme un domicile spécial, relativement aux affaires qui y sont faites; et c'est devant les juges de ce domicile qu'il peut être attaqué et poursuivi.

Domicile spécial pour le commerce.

«Le domicile élu est celui dont il est fait choix pour l'exécution d'un acte ou d'une convention. L'élection de domicile est expresse ou tacite. Elle est expresse lorsqu'elle forme une clause de la convention pour l'exécution de laquelle le domicile est élu, ou bien encore lorsqu'elle a été faite dans un acte postérieur. L'élection tacite résulte de la nature ou des circonstances de l'affaire pour laquelle elle est faite, ou des stipulations qui la supposent.» [1]

Domicile élu pour l'exécution d'un acte ou d'une convention.

Massé a omis de noter qu'il peut exister un domicile spécial pour le mariage, sans déroger au domicile général. L'article 74 dit: «Le mariage sera célébré dans la commune où l'un des deux époux aura son domicile. Ce domicile, quant au mariage, s'établira par six mois d'habitation continue dans la même commune.»

Domicile de mariage.

En général les anciens auteurs ne parlent que du changement de *domicile*, en gardant le silence sur le changement de *nationalité*; c'est qu'alors les différentes provinces du même État étaient régies par des lois ou coutumes non uniformes, de manière que le simple changement de domicile plaçait l'individu sous l'empire d'une autre loi. [2]

Silence des anciens auteurs sur le changement de nationalité.

La loi française a des règles spéciales sur le domicile des étrangers. L'article 7 du Code distingue entre l'exercice des droits civils et la qualité de citoyen. L'article 11 dit que: «L'étranger jouira en France des mêmes droits civils que ceux

Règle de la loi française sur le domicile. Distinction entre les droits civils et la qualité de citoyen.

[1] Massé, *Droit commercial*, lib. III, tit. II, chap. II, tom. II, p. 196—202, 2e éd.

[2] Fœlix, *Traité du droit international privé*, tom. I, p. 57, note 1.

qui sont ou seront accordés aux Français par les traités de la nation à laquelle cet étranger appartiendra,» et l'article 13, se rapportant à l'autorisation spéciale accordée par l'Empereur à un étranger d'établir son domicile, déclare que: «L'étranger qui aura été admis par l'autorisation de l'Empereur à établir son domicile en France, y jouira de tous les droits civils, tant qu'il continuera d'y résider.» *Code Napoléon.*

Autorisation d'établir un domicile.

Fœlix confond le changement du domicile et le changement de la nationalité.

Il est impossible de s'imaginer ce qu'a voulu dire Fœlix là où, parlant du changement de la nationalité, il énonce que les expressions: «Le lieu du domicile de l'individu» et «le territoire de sa nation ou patrie» peuvent être employées indifféremment.

Bluntschli, dans le code international qu'il a projeté, a comme article 367: «Il est possible qu'une personne ait un domicile fixe dans un État et y soit établie, sans y acquérir pour cela l'indigénat, ou qu'une personne ait ou administre des propriétés foncières dans un État, sans en devenir citoyen.» [1] Il critique Heffter qui déclare: «Sont considérés comme membres ou sujets de l'État, d'après le droit international, les régnicoles, c'est-à-dire tous ceux qui sont établis dans le territoire d'un État à demeure perpétuelle.» [2] Bluntschli dit à ce propos: «Il y a dans bon nombre de pays civilisés une grande quantité d'étrangers *établis* comme fabricants, négociants, etc., et qui ne sont pas citoyens de l'État où ils ont leur domicile, mais ont conservé l'indigénat qu'ils possédaient avant de venir s'établir en pays étranger. Le fait de s'établir à l'étranger et d'y exercer une profession repose sur des motifs entièrement privés, et l'intention de changer de nationalité n'en découle en aucune façon. L'art. 17 du code civil français déclare expressément qu'on ne perd la qualité de Français, en s'établissant en pays étranger, que si cet acte a lieu 'sans esprit de retour'.»

Commentaire de Demangeat sur Fœlix.

Demangeat dit à ce propos: «Ainsi, d'après Fœlix, un homme ne peut avoir son domicile que dans le territoire de la nation dont il est membre. C'est là une idée qui nous paraît complètement inadmissible. En effet, même sans entrer dès à présent

[1] BLUNTSCHLI, *Le droit international codifié*, p. 206.

[2] HEFFTER, *Droit international privé*, p. 118.

dans l'examen de la question si un étranger peut acquérir en France un véritable domicile sans la permission du gouvernement français, l'individu dont parle l'art. 13 du Code Napoléon n'offre-t-il pas incontestablement ce caractère d'un homme qui n'est pas Français, et qui pourtant a son domicile en France? Alors s'élève une autre question, celle de savoir quelle sera, en cas pareil, la loi personnelle: sera-ce la loi de la nation à laquelle l'homme n'a point cessé d'appartenir, ou sera-ce celle du lieu où il a désormais son domicile? Nous croyons que le domicile doit l'emporter sur la nationalité.» [1]

Dans un autre endroit Fœlix a dit que «la jurisprudence a admis que l'étranger peut acquérir un domicile en France, non pas seulement *de droit*, en vertu de l'autorisation du roi (art. 13 du Code civil), mais encore *de fait*, par l'établissement du siége de ses affaires en France.» [2] Demangeat commente ainsi ce passage: «Sur ce point, les travaux préparatoires du Code Napoléon nous fournissent des documens contradictoires. D'une part, M. Portalis semble bien admettre la possibilité pour les étrangers d'avoir en France un domicile sans autorisation du Gouvernement. En effet, nous voyons que, dans la séance du Conseil d'État du 16 fructidor an IX, comme on proposait de décider que le domicile ou le principal établissement d'une personne est là où elle exerce ses droits politiques», M. Portalis dit que «la règle proposée ne préviendrait les procès ni à l'égard des veuves, ni à l'égard des filles, ni *à l'égard des étrangers*, ni à l'égard des individus non inscrits sur le régistre civique.» Mais, d'autre part, voici ce qu'on peut lire dans le discours prononcé par M. Gary devant le corps législatif et au nom du tribunat: «J'observe sur l'art. 13 qu'il n'y a aucune objection contre la disposition qui veut que l'étranger ne puisse établir son domicile en France s'il n'y est admis par le Gouvernement.»

Domicile de droit et domicile de fait en France.

Travaux préparatoires du Code contradictoires.

Portalis.

M. Gary.

Après avoir écarté un avis du Conseil d'État comme ne se rapportant qu'à la naturalisation, Demangeat résume: «En définitive, nous ne voyons pas de bien bonnes raisons pour repousser le système indiqué par M. Fœlix, système dont l'uti-

Cas de naturalisation exceptionnel.

[1] Fœlix, *Traité du droit international privé*, tom. I, p. 58, note.
[2] *Ibid.* I, p. 317.

Domicile pour un étranger en dehors de l'article 13 du Code.

lité pratique est incontestable. On peut, sans violer la loi, admettre l'existence d'un véritable domicile pour l'étranger, en dehors du cas de l'art. 13, soit quand il s'agira de donner compétence aux tribunaux français, en appliquant la règle *actor sequitur forum rei*, soit quand il s'agira de rechercher l'intention de l'étranger, par exemple, en matière de régime matrimonial.

Étranger non autorisé ne peut poursuivre un autre étranger devant les tribunaux.

«Ce qui ne nous paraît pas possible, c'est d'admettre que l'étranger ainsi domicilié en France n'aura désormais d'autre loi personnelle que la loi francaise, en sorte que cette loi réglerait même son État et sa capacité. — Nous n'admettons pas non plus, et en ceci nous nous séparons de M. Fœlix, qu'un étranger qui n'a en France qu'un domicile non autorisé par le Gouvernement puisse se prévaloir de l'art. 14 et poursuivre devant un tribunal français un autre étranger non domicilié.

Contrariété d'opinion en France quant au domicile d'un étranger sans autorisation du gouvernement.

«Du reste, la doctrine qui vient d'être exposée est loin d'être universellement admise. Suivant MM. Aubry et Rau et suivant M. Demolombe, la règle est que l'étranger ne peut pas se créer en France un véritable domicile. L'auteur d'un récent traité *De la compétence des tribunaux français à l'égard des étrangers*, M. Bonfils, aujourd'hui professeur agrégé à la faculté de droit de Douai, admet, au contraire, avec nous, que les conditions constitutives du domicile peuvent être réalisées en la personne d'un étranger.» [1]

D'après Massé un étranger peut avoir une résidence de fait équivalente à un domicile pour quelques actes.

Massé dit à ce propos: «Si l'autorisation du Gouvernement est nécessaire à l'étranger en ce sens que le Gouvernement peut toujours expulser celui qui n'est pas autorisé, et si une résidence non autorisée ne peut conférer aucun droit civil, ni être comptée dans le temps de stage nécessaire à l'étranger qui veut se faire naturaliser Français, il n'en est pas moins vrai que l'étranger peut avoir en France une résidence de fait et d'intention qui équivaudra au domicile de droit pour tous les actes qui doivent être faits au domicile, ou dans lesquels il doit être fait mention de ce domicile.» [2]

[1] Fœlix, *Traité du droit international privé*, tom. I, p. 318—319, note.

[2] Massé, *Droit commercial*, lib. II, tit. II, chap. I, sect. I, § 1, tom. I, p. 392.

Mais toute cette question a reçu depuis la publication de l'ouvrage de M. Massé, et par le haut tribunal dont l'auteur est un membre éminent, une décision définitive. Il a été arrêté par la Cour de Cassation que la succession des étrangers résidant en France, mais sans avoir obtenu l'autorisation d'y établir leur domicile, ne saurait être régie par la loi française (Code Napoléon 13 et 110); et dès lors les fonds publics étrangers dépendant de ces successions ne sont point soumis au droit de mutation par décès établi par l'art. 7 de la loi du 18 Mai 1850.

Succession des étrangers sans autorisation n'est pas régie par la loi française. Leurs fonds publics étrangers ne sont pas soumis au droit de mutation.

Un jugement du tribunal de Marseille du 28 Mai 1867 avait décidé le contraire en ces termes: — «Attendu que les successions se règlent par le lieu du domicile où la personne est décédée; qu'en effet, l'art. 110, Code Nap., dispose que le lieu où la succession s'ouvrira sera déterminé par le domicile; — Attendu que, d'après l'art. 7 de la loi du 18 mai 1850, les mutations par décès et les transmissions entre-vifs à titre gratuit d'inscriptions sur le grand-livre de la dette publique, sont soumises aux droits établis pour les successions ou donations; qu'il en est de même des mutations par décès, des fonds publics étrangers et d'actions de compagnies ou sociétés d'industrie et de finance étrangères dépendant d'une succession régie par la loi française, et des transmissions à titre gratuit de ces mêmes valeurs au profit d'un Français; — Attendu que si l'article 13, code Napoléon, dispose que l'étranger qui aura été admis par l'autorisation de l'Empereur à établir son domicile en France y jouira de tous les droits civils tant qu'il continuera d'y résider, il ne s'ensuit pas qu'à défaut de cette autorisation l'étranger ne puisse avoir un domicile réel et légal en France; — Attendu qu'en effet le domicile est l'établissement d'une personne dans le lieu où elle entend fixer sa résidence; qu'il consiste donc dans le fait d'une habitation reélle jointe à l'intention d'un établissement permanent; — Attendu, en fait, que le sieur Louis Godofredo Mélizet a quitté dès sa jeunesse la ville de la Nouvelle-Orléans, où il est né; que c'est à la Havane qu'il a passé une grande partie de sa vie; que, sans doute, il est demeuré citoyen des États-Unis, puisque ce titre était attaché à sa naissance, mais qu'il n'en est pas de même du domicile, qui consiste plus encore dans le fait de la résidence que dans

Jugement du tribunal de Marseille du 28 Mai 1867.

Lieu de l'ouverture de la succession déterminé par le domicile.

Mélizet, né citoyen des États-Unis.

Titre de citoyen attaché à la naissance.

Il n'en est pas de même du domicile.

Établi à la Havane.

Parti définitivement de la Havane.

Il se déclare dans son testament domicilié à Marseille.

Le tribunal déboute le demandeur de la restitution des droits perçus par la régie.

Pourvoi en cassation.

la qualité de la personne; qu'on ne saurait prétendre que pendant qu'il exerçait le commerce à la Havane, il fallût aller chercher son domicile aux États-Unis, qu'il avait depuis longtemps quittés; qu'après la réalisation de sa fortune, il est définitivement parti de la Havane; que, dès lors, là encore il a cessé d'avoir son domicile; que c'est à Marseille, auprès de sa sœur, qu'il affectionnait et à laquelle, par son testament, il a hautement manifesté son attachement, qu'il est venu s'établir; que, s'il a fait des voyages fréquents, le lieu de son établissement durable et fixe n'en était pas moins cette demeure auprès de sa sœur; — Attendu qu'il en est tellement ainsi, que c'est lui-même qui l'a déclaré dans l'acte le plus authentique qui puisse exister, puisque c'est dans son propre testament qu'il s'est qualifié domicilié et demeurant actuellement à Marseille, rue des Minimes, n. 32; qu'il s'est même, dans un codicille à la date du 30 Janvier 1863, aux écritures du même notaire, qualifié de nouveau domicilié et demeurant à Marseille, rue des Minimes, n. 32, et a ainsi confirmé que c'était là que son domicile était établi; — Attendu que l'existence de ce domicile a été proclamée encore par la désignation provenant de l'exécuteur testamentaire dans l'acte d'inventaire; — Attendu qu'enfin ce fait a été reconnu par l'héritier lui-même, aujourd'hui demandeur, qui, dans la déclaration de succession, a désigné le sieur Mélizet, son oncle et son tuteur, comme domicilié et demeurant à Marseille; — En conséquence, déboute le sieur François Mélizet de sa demande en restitution des droits perçus par la régie.»

«Pourvoi en cassation par le sieur Mélizet, pour violation de l'art. 13, Code Nap., et par suite, fausse application de l'art. 27 de la loi du 22 Fevrier an VII, de l'art. 7 de la loi du 18 Mai 1850 et des art. 3, 102, 105 et 110, Code Nap., en ce que le jugement attaqué a refusé d'ordonner la restitution de droits proportionnels de mutation perçus pour la transmission, par décès, de valeurs étrangères trouvées dans la succession d'un étranger résidant, il est vrai, en France, mais sans y avoir un domicile légal autorisé par le Gouvernement.

«Arrêt, le 12 Janvier 1869, après délibération en chambre du conseil.

«La cour; — Vu l'art. 13, Code Nap., et l'art. 7 de la loi

du 18 Mai 1850; — Attendu que les fonds publics étrangers n'ont été soumis aux droits de mutation par décès par l'art. 7 de la loi du 18 Mai 1850 qu'à la condition que ces valeurs dépendent d'une succession régie par la loi française; — Attendu que, si la transmission des biens par voie de succession dérive du droit naturel, les dispositions législatives qui régissent les successions et qui règlent la capacité de disposer ou de recevoir, ainsi que la dévolution et le partage des biens, appartiennent au droit civil de chaque nation; — Attendu qu'il en est de même des lois qui fixent les conditions et les effets juridiques du domicile, qui n'est autre que le lieu que la loi civile assigne à chacun pour l'exercice de ses droits civils; — Attendu que la succession, considérée dans son universalité et comme étant la continuation de la personne du défunt, ne peut être régie que par la loi qui régissait le défunt lui-même; — Attendu qu'abstraction faite de quelques lois spéciales qui confèrent certains droits civils aux étrangers et dont il ne peut s'agir en l'espèce, les étrangers, aux termes de l'art. 13, Code Napoléon, ne sont, en thèse générale, admis à l'exercice de tous les droits civils et ne peuvent par conséquent acquérir un domicile en France, avec tous les effets légaux, qu'autant qu'ils ont obtenu l'autorisation de l'Empereur d'y établir leur domicile et qu'ils continuent d'y résider; — Attendu, sans examiner la question de savoir si la succession d'un étranger décédé en France, après avoir été autorisé à s'y établir, est régie par la loi française ou par la loi de son pays, qu'il n'est pas contesté, en fait, par le jugement attaqué et qu'il est admis par toutes les parties, que Louis Godofredo Mélizet, citoyen des États-Unis d'Amérique, décédé à Cannes, le 4 Déc. 1864, n'avait point obtenu du Gouvernement l'autorisation d'établir son domicile en France; que, dès lors, il n'avait pu acquérir la jouissance des droits civils et un domicile en France, et que, par suite, la transmission de sa succession n'a pu être régie par la loi française, ni donner lieu à un droit de mutation par décès sur les fonds publics étrangers qui en dépendent; — Attendu qu'en décidant le contraire, sur le fondement que Mélizet avait acquis un domicile de fait en France, le jugement attaqué a violé

Fonds publics étrangers ne sont pas soumis au droit de mutation à moins que la succession soit régie par la loi française.

La transmission des biens par succession et les conditions juridiques du domicile appartenant au droit civil de chaque pays.

La succession régie par la loi qui régissait le défunt.

Les étrangers ne peuvent acquérir un domicile en France avec tous les effets légaux sans l'autorisation de l'Empereur.

Il est admis par toutes les parties que Mélizet n'avait pas obtenu l'autorisation de fixer son domicile en France.

l'art. 13, Code Nap., et faussement appliqué l'art. 7 de la loi du 10 Mai 1810; — Casse, etc. Du 12 Janvier 1869. [1]

Importance du domicile quant au régime matrimonial et aux successions.

On peut bien concevoir l'importance de la question du domicile quand on se rappelle que c'est par la loi du domicile matrimonial, soit lors du mariage, soit lors de l'ouverture de la succession, selon que l'une ou l'autre époque régit, que se détermine la loi d'après laquelle, en l'absence de tout contrat, les biens des époux seront répartis. De plus, s'il est constaté d'après la loi générale que la loi du domicile à la mort d'une personne décidera de l'étendue de son pouvoir de tester et des formalités du testament, on verra que le fait du domicile est décisif quant à la disposition de toute fortune.

Espagnol marié à Madrid à une Américaine prête serment préalable pour être naturalisé aux États-Unis quitte avant de compléter la naturalisation.

Pour nous faire mieux comprendre, nous citerons un cas qui a été soumis à notre appréciation. Un Espagnol né, domicilié à Madrid, se maria dans ce pays avec une dame américaine. Il n'y eut pas de contrat de mariage. Quelque temps après son mariage il se rendit en Amérique et prêta le serment préalable requis de tout étranger qui veut être naturalisé aux États-Unis. Pour être à même selon la loi de l'État de New-York d'acquérir et de posséder des biens-fonds, il fit d'après cette loi une déclaration qu'il résidait dans l'État, qu'il se proposait de résider aux États-Unis, d'en devenir citoyen aussitôt qu'il pourrait être naturalisé, et qu'il avait pris les mesures préliminaires à cet effet.[2] D'après la loi sur la naturalisation,[3] il lui a fallu prêter serment devant un tribunal des États-Unis ou de l'État qu'il avait l'intention *bona fide* de devenir citoyen des États-Unis et de renoncer à toute allégiance à toute autre puissance ou État et particulièrement à l'Espagne. La santé de sa famille l'obligea de quitter les États-Unis et de se rendre à Paris (où il est depuis quelques

Demeure subséquente à Paris sans l'autorisation de l'Empereur.

années) avant de compléter le stage nécessaire à sa naturalisation. Il tient maison à Paris comme il le faisait à New-York pendant sa résidence aux États-Unis. Il n'a jamais reçu

[1] *Le Droit*, 28 Mars 1869; SIREY, *Recueil général des lois et des arrêts*, 1869, Part. I, p. 138.

[2] *New-York Revised Statutes*, vol. I, p. 668, ed. 1863.

[3] Voir § 6 *infra*.

l'autorisation de l'Empereur. Quel sera son domicile à l'ouverture de la succession?

Domicile à l'ouverture de la succession.

D'après les lois de France et, nous croyons, d'Espagne, malgré ce qu'a dit la Cour Suprême de la Louisiane,[1] dans l'absence de tout contrat exprès, la loi du domicile matrimonial lors du mariage gouverne la répartition des biens à sa dissolution. Quant à la loi de New-York, la question, comme nous verrons par la suite,[2] n'est pas sans présenter quelque doute. Mais le régime de la communauté tel qu'il constitue la loi commune de France n'est pas le même que celui d'Espagne. En France la communauté s'étend à tout le mobilier possédé par les époux le jour du mariage ou leur échéant pendant le mariage à titre de succession, ou de donation si le donateur n'a exprimé le contraire, et à tous les fruits échus ou perçus pendant le mariage et aux immeubles acquis pendant le mariage.

Domicile matrimonial lors du mariage ou de la dissolution.

Loi de France et d'Espagne. Loi de l'État de New-York.

Régime légal de communauté en France.

En Espagne la communauté est bornée aux acquêts et gains pendant le mariage. A New-York, à l'exception de l'usufruit d'un tiers des biens-fonds dont le mari était en possession pendant le mariage, tous ses biens mobiliers et immobiliers sont à sa disposition à sa mort. Nous parlerons dans un autre endroit de ses droits sur les biens de sa femme qui ont été profondément modifiés depuis quelques années.

Régime de communauté en Espagne.

La loi à New-York permet aux parents de disposer à leur gré de leur fortune, et cette liberté ne reconnaît aucune limite, tandis que par le Code Napoléon, art. 913: «Les libéralités, soit par actes entre-vifs, soit par testament, ne pourront excéder la moitié des biens du disposant, s'il ne laisse à son décès qu'un enfant légitime; le tiers s'il laisse deux enfants; le quart s'il en laisse trois ou un plus grand nombre.» D'après la loi d'Espagne, sujette à certains règlements, la légitime est de quatre cinquièmes quand il y a des enfants; s'il n'y en a qu'un, elle est de deux tiers. Art. 642.

Libre disposition des biens des parents à New-York.

Code Napoléon.

Code espagnol.

Et, ce qui fait une distinction importante entre les jurisprudences de France et d'Espagne, tandis qu'en France les droits de l'enfant sont absolus, en Espagne il peut être des-

[1] Voir § 1—2, *supra*, p. 14.
[2] Voir § 7, *infra*.

hérité pour des raisons semblables à celles présentées dans les *Novelles* de Justinien.[1]

Testament d'après la loi française.

D'après la loi française, un testament pourra être olographe, ou fait par acte public, ou dans la forme mystique.[2]

La loi espagnole.

D'après la loi espagnole le testament olographe, pour être valide, devra être sur papier timbré au millésime de l'année où il a été fait, et être écrit tout entier et clairement de la main du testateur, en mentionnant le lieu, l'an, le mois et le jour où il est fait.

Le testament public devra être fait par-devant un notaire public et trois témoins domiciliés dans le lieu où il est fait et dont l'un au moins sache écrire.

Le testament devra être dicté par le testateur en présence des témoins, et écrit par le notaire qui le lira devant le testateur en présence des mêmes témoins et fera mention expresse de tous ces faits.

Les témoins devront voir le testateur et entendre celui qui dispose.

Pour tester en langue étrangère, la présence de deux interprètes jurés qui feront la traduction en espagnol, est requise: dans ce cas le testament devra être écrit dans les deux langues.

Le testateur devra signer le testament; s'il déclare qu'il ne sait ou ne peut signer, l'un des témoins le fera pour lui, et le notaire témoignera de tous ces faits dans ce même document.

Les témoins signeront également le testament; s'ils ne savent ou ne peuvent signer, le notaire en témoignera, mais en tous cas il faut que l'un d'eux, au moins, signe.[3]

Testament aux États-Unis.

Dans les États-Unis, chaque État a sa propre loi sur les testaments. Comme règle générale, il doit être signé en présence de deux ou trois témoins. Voici la formule d'exécu-

[1] Il en est de même partout excepté en France et dans les pays qui ont adopté le Code Napoléon. Mais, sauf en Angleterre et dans les États-Unis, les motifs d'exhérédation doivent être énoncés par le testateur et prouvés par l'héritier.

[2] Voir *Code Napoléon*, art. 967—990.

[3] *Codigo civil*, art. 564—568. — D. FRANCISCO DE CARDENAS, *El Derecho moderno, revista de jurisprudencia y administracion*, 1851, p. 98.

tion exigée par la loi de New-York et qu'il est essentiel d'observer.

«Tout acte de dernière volonté et testament disposant de biens immobiliers ou mobiliers, ou des deux espèces, sera exécuté et attesté de la manière suivante: Formalités requises à New-York.

«1° Il sera signé par le testateur à la fin du testament.

«2° Cette signature sera faite par le testateur en présence de chacun des témoins certifiants, ou sera déclarée par lui avoir été ainsi faite, à chacun des témoins certifiants.

«3° Le testateur, au moment d'affixer cette signature, ou au moment où il la reconnaîtra, déclarera que le document ainsi signé est son dernier *Will* et *testament*.

«4° Il y aura au moins deux témoins attestants, chacun desquels signera son nom comme témoin, à la fin du testament, sur la demande du testateur.» [1]

Il va sans dire qu'on ne peut prétendre aux droits de citoyen sans compléter sa naturalisation, et la loi défend d'accorder un passe-port à un étranger qui n'a prêté que le serment préliminaire; mais quoique la nationalité espagnole n'ait pas été perdue ni la naturalisation américaine acquise par ces actes préliminaires, l'individu ne doit-il pas être considéré comme ayant acquis, d'après la loi américaine,[2] un domicile américain qu'il ne saurait changer par une résidence en France sans l'autorisation de l'Empereur?

Le titre 2 du 1er livre du Code italien concerne le domicile civil et la résidence. On y trouve la définition de résidence, qui manque au code français, distinguée de celle de domicile: Le domicile et la résidence d'après le Code italien.

«Le domicile civil d'une personne est au lieu où elle a le siége principal de ses affaires et de ses intérêts. La résidence est au lieu où la personne a sa demeure habituelle. Le transférement de la résidence dans un autre lieu avec l'intention d'y fixer son principal établissement, produit changement de domicile. Cette intention se prouve par la double déclaration faite au bureau de l'État civil de la commune qu'on abandonne,

[1] *New-York Statutes at large*, 1863, *Wills and Testaments*, tit. 1, chapt. VI, art. 3, § 40, vol. II, p. 63.

[2] Voir le cas de Kosta, p. 6 *infra*.

et à celui de la commune où l'on fixe le domicile nouveau, ou par d'autres faits qui puissent la démontrer.»[1]

D'après les «Élements»[2] la loi du pays où un acte quelconque relatif aux biens mobiliers est passé par un individu domicilié dans ce lieu, régit, quant à la forme extérieure, l'interprétation et l'effet de l'acte: *Locus regit actum.* De cette manière un testament relatif à des biens mobiliers, s'il est fait dans les formes exigées par la loi du pays où il est passé, et où le testateur était domicilié lors de l'acte, est valide partout, et il doit être interprété et recevoir son effet selon la loi de ce pays.

Si un sujet britannique peut choisir un autre domicile, de telle sorte que ses biens puissent être partagés d'après une loi étrangère.

Dans un cas[3] qui fut présenté à la *Prerogative Court* de Canterbury en 1823, Sir John Nicholl émit un doute sur la question de savoir si un sujet britannique avait le droit d'*exuere patriam*, jusqu'au point de choisir un domicile étranger au préjudice total de son domicile britannique, ainsi qu'il serait nécessaire pour que ses biens fussent sujets à être partagés selon une loi étrangère quelconque; il considérait cette proposition comme n'étant basée sur aucune autorité et douteuse même quant au principe. Dans un cas postérieur le même juge soutint qu'il n'y a aucun précédent pour déclarer que la propriété d'un sujet britannique mourant *intestat* dans un pays étranger où il était domicilié, fût distribuable selon les lois dudit pays étranger, ou pour soutenir que si un sujet britannique est domicilié dans un pays étranger, il n'a pas le droit de faire son testament selon la loi de son pays d'*allegiance*, et non selon celle de son pays de domicile.

D'après Sir John Nicholl, biens partagés d'après la loi anglaise et non d'après la loi du pays.

Cas de Stanley *vs.* Bernes établit qu'un sujet natif d'Angleterre peut acquérir un domicile et qu'il faut que ses dispositions testamentaires s'y conforment.

Un sujet natif d'Angleterre peut acquérir un domicile étranger, et ni l'*animus revertendi*, ni la prétention d'être considéré et traité comme sujet anglais, ne peuvent lui préserver son

[1] Huc et Orsier, *Code civil italien*, tom. II, p. 9. — On voit que les preuves pour établir le transfert de domicile ne diffèrent guères de celles du droit français en pareil cas. Il est convenable de noter une méprise à ce propos du commentateur du code italien. M. Huc dit (tom. I, p. 31): «La preuve du changement de domicile ne peut résulter que de la double déclaration faite aux municipalités, et non pas, en outre, des circonstances comme l'admet notre code.»

[2] Voir tom. I, p. 110.

[3] Addam's *Reports* p. 19, Curling *vs.* Thornton.

domicile originel; et s'il est domicilié à l'étranger, il doit se conformer dans ses dispositions testamentaires aux formalités requises par la *lex domicilii.*

Le testament et les deux premiers codiciles d'un sujet natif d'Angleterre, résidant et naturalisé dans les possessions portugaises (le testament disposant de biens situés en partie en Portugal et en partie en Angleterre), exécutés et professant être exécutés selon les lois du Portugal, mais donnant à entendre qu'il se considérait comme sujet anglais, furent admis à l'homologation; mais deux codiciles postérieurs pleinement établis quant à la capacité et à l'intention, disposant exclusivement de fonds publics anglais, et attestés par trois témoins, mais non exécutés et ne prétendant point être exécutés selon la loi portugaise, furent rejetés de l'homologation par les *Judges delegate*, annulant un jugement de la *Prerogative court.*[1]

Par le Statut Georges III, chap. III, § 2, un droit est prélevé «sur tout legs, spécifique ou pécunaire, fait dans un testament de biens personnels ou mobiliers d'aucune personne, soit qu'ils proviennent des immeubles ou biens héritables ou qu'ils leur soient imputés.» Plusieurs décisions d'une haute importance ont été rendues en vertu de cet acte: I. In re Erwin, *Crompton and Jervis' Exchequer Reports*, vol. I, p. 151 (1830), il fut décidé que des effets publics américains, autrichiens, français et russes, la propriété d'un testateur *domicilié* en Angleterre, étaient sujets au droit fiscal comme legs. II. Thompson *vs.* The Advocate General, *Clark and Finnelly's (House of Lords) Reports*, vol. XII, p. 1 (1845), il fut décidé, renversant le jugement de la *Court of Exchequer* d'Écosse, que le droit fiscal sur les legs n'*est pas* dû par les légataires nommés dans le testament d'un sujet natif d'Angleterre mort *domicilié* dans une colonie anglaise, bien que la propriété personnelle soit située en Écosse, auquel pays s'étend le statut. Lord Campbell dit en ce cas, p. 28: «Je crois que si l'on avait demandé son opinion au chancelier de l'Échiquier qui a présenté ce *bill* au Parlement, il eût été fort surpris d'apprendre qu'il ne pourrait pas toucher le droit fiscal de legs sur des fonds comme ceux-ci,

Discussions d'après le Statut personnel des droits sur les legs.

Lord Campbell sur la doctrine du domicile.

[1] HAGGARD'S *Ecclesiastical Reports*, vol. III, p. 374, Stanley *vs.* Bernes.

quand le testateur était né sujet anglais, avait été domicilié dans la Grande Bretagne, et avait seulement acquis un domicile étranger, et lorsqu'il a laissé des biens réellement situés en Angleterre ou en Écosse au moment de sa mort. Le fait est que la doctrine du *domicile* est apparue dans ce pays très-récemment, et que ni la législature ni les juges n'y ont beaucoup pensé; mais c'est une doctrine très-commode: elle est maintenant bien comprise, et je crois qu'elle résout les difficultés qui entouraient le présent cas.»

Biens mobiliers déposés en divers pays.

Une distinction encore, prise dans le cas du testament de Lord Hertfort, que la loi du domicile ne s'applique pas à des propriétés mobilières déposées dans *divers* pays, fut rejetée par la *Prerogative Court*, ainsi que par le comité judiciaire du Conseil Privé. [1]

Ce n'a jamais été l'usage que les *Judges delegate* donnassent en séance publique de la cour des raisons pour leurs décisions; mais dans le cas de Lord Hertford, M. Baron Parke déclara qu'ils avaient eu l'intention d'établir clairement la règle dans le cas de Stanley *vs.* Bernes. [2]

Résidence pour les objets testamentaires.

Les *Lords of appeal* décidèrent à l'égard d'un testament fait d'après la forme anglaise, par une Anglaise qui avait résidé sans interruption pendant quinze ans à Paris sans avoir toutefois été naturalisée Française ni avoir obtenu l'autorisation d'y résider d'après l'article 13 du code civil, que ce testament, n'ayant pas été fait d'après la loi française, était nul. L'autorisation de résidence n'est pas requise par le *jus gentium*. [3]

Opinion d'avocats français.

Phillimore cite, à propos de ce cas, l'opinion de plusieurs des avocats les plus distingués du barreau de Paris qui, après avoir constaté les faits, déclarent qu' «ils sont positivement d'avis que, d'après la loi française, la défunte n'a jamais acquis en France un domicile de nature à faire régir par la loi de ce pays son testament ou la forme de son testament; que, conséquemment, si ce testament est fait en conformité de la loi anglaise, la défunte ne serait pas jugée être morte

[1] Voir les remarques du Lord Chancelier à ce sujet dans le cas de Bempde *vs.* Johnstone, VESEY's *Reports*, vol. III, p. 198.

[2] PHILLIMORE, *Commentaries on international law*, vol. IV, p. 49.

[3] MOORE's *Privy Council cases*, vol. X, p. 306. Bremer *vs.* Freeman. — PHILLIMORE, *International law*, vol. IV, p. 50, 207. COLE, *On the domicil of Englishmen in France*, p. 182.

intestat.»[1] Nous avons vu que l'avis des avocats français a été soutenu par la Cour de Cassation.[2] Cour de Cassation.

A., un Anglais domicilié en Angleterre, y épousa B., une Anglaise. Des difficultés s'étant élevées entre eux amenèrent une séparation du consentement mutuel des deux parties. Après leur séparation, A. étant allé en Écosse, mais sans aucune intention apparente d'établir dans ce pays sa résidence permanente, y commit adultère. Lorsqu'il eut résidé près de six mois en Écosse, les lords de la «*Court of Council and Session*», à la demande de B. sa femme, rendirent un décret dissolvant le mariage pour cause d'adultère. B. plus tard se maria à un Français domicilié en France, et mourut résidante dans ce dernier pays. Peu de temps avant sa mort elle fit, à Paris, un testament olographe, valide selon la loi française, et par lequel elle révoquait tous ses testaments antérieurs. Mariage d'un Anglais et d'une Anglaise, divorce en Écosse.

Arrêté que A., par sa résidence en Écosse, n'a pas acquis un domicile écossais de manière à ce que son cas pût différer de ceux de Lolly[3] et de Conway *vs.* Beazley,[4] et que le mariage anglais de A. avec B. n'était pas dissous par le décret de divorce du tribunal écossais. Qu'un décret de divorce rendu en Écosse, prétendant dissoudre un mariage, s'il n'est pas valable pour le but dans lequel il a été rendu, ne saurait avoir l'effet d'un divorce *à mensâ et thoro*, de manière à permettre à B. d'acquérir un domicile indépendant de celui de A., son mari. Que le domicile de B. étant en Angleterre au moment de sa mort, le testament fait par elle à Paris n'ayant pas été fait selon la loi du pays de son domicile (l'Angleterre), était sans effet pour révoquer un testament et un codicile faits antérieurement par elle en vertu d'une autorisation et en se conformant à l'acte de 7 Guil. IV, et 1 Vict. c. 26.[5] Mariage non dissous par le divorce. Un domicile indépendant de son premier mari n'est pas acquis par son second mariage en France. Testament en France ne révoque pas un testament antérieur fait en Angleterre d'après la loi d'Angleterre.

Un acte du Parlement anglais 1861—62 (24 et 25 Vict. c. 114) déclare quant aux biens mobiliers (*personal estate*) que tout testament fait dans le Royaume-Uni par un sujet britannique qui mourra après le 6 Août 1861 sera valide et capable d'être Acte du Parlement réglant les testaments pour les biens mobiliers faits à l'étranger.

[1] Phillimore, *Commentaries on international law*, vol. IV, p. 228.
[2] Voir p. 113 *supra*.
[3] Russell et Ryan's, *Cases* 237.
[4] Haggard's *Ecclesiastical Reports*, vol. III, p. 639).
[5] Swabey et Tristam's *Reports*, vol. I, p. 37, Robins *vs.* Dolphin.

homologué, quel que soit le domicile du testateur au temps où il a fait le testament ou au temps de sa mort, pourvu qu'il soit fait d'après les formules prescrites par les lois en vigueur dans la partie du Royaume-Uni où ce testament sera fait, et que tout testament fait en dehors du Royaume-Uni par un sujet britannique sera (quant aux biens personnels) valide et capable d'être homologué, quel que soit le domicile du testateur au temps où il a fait le testament ou au temps de sa mort, pourvu qu'il soit fait d'après les formules prescrites par la loi du lieu où il a été fait ou du lieu où le testateur a été domicilié au temps où il a été fait, ou par les lois en vigueur dans la partie des possessions de Sa Majesté où il avait son domicile d'origine. Il a été aussi établi par le même acte qu'aucun testament d'une personne qui mourra après le 6 Août 1861 ne sera tenu d'être révoqué ou rendu invalide à cause d'un changement subséquent de domicile du testateur. Un changement de domicile n'influera pas sur l'interprétation du testament.

La loi anglaise à l'égard du domicile des sujets anglais mourant à l'étranger.

Un autre acte de la même année (24 et 25 Vict. c. 121) autorise à déclarer par un ordre en Conseil qu'aucun sujet britannique résidant à l'époque de sa mort dans un pays étranger, nommé dans l'ordre (lequel pays a consenti à faire des règles pareilles relatives à ses sujets résidant dans le Royaume-Uni), ne sera regardé comme ayant acquis un domicile dans un tel pays étranger, à moins qu'il n'y ait résidé l'année précédant sa mort, et qu'il n'y ait fait la déclaration de vouloir être domicilié dans ce pays étranger.[1]

Testaments faits par les Français en pays étranger.

Le Code Napoléon dit, Art. 999: «Un Français qui se trouvera en pays étranger, pourra faire ses dispositions testamentaires par acte sous signature privée, ainsi qu'il est prescrit en l'art. 970, ou par acte authentique, avec les formes usitées dans le lieu où cet acte sera passé.» Et Art. 1000: «Les testaments faits en pays étranger ne pourront être exécutés sur les biens situés en France qu'après avoir été enrégistrés au bureau du domicile du testateur, s'il en a conservé un, sinon au bureau de son dernier domicile connu en France; et dans le cas où le testament contiendrait des dispositions d'immeubles qui y seraient situés, il devra être, en outre, en-

[1] STEPHEN'S *Commentaries of the laws of England*, ed. 1868, vol. II, p. 208. MACKENSIE, *Roman Law*, p. 253—254.

régistré au bureau de la situation de ces immeubles sans qu'il puisse être exigé un double droit.»

Il a été jugé par la cour en dernier ressort de l'État de New-York, qu'un testament relatif à des biens mobiliers doit être fait dans les formes exigées par la loi du pays où le testateur était domicilié lors de sa mort.

Loi américaine.

Le même tribunal a arrêté de plus que, si le testateur, après avoir fait son testament, change de domicile, et est domicilié sous une autre juridiction lors de sa mort, le testament n'est pas valide, a moins qu'il ne soit fait dans les formes exigées par la loi du nouveau domicile. Il paraîtrait, dit la cour de New-York, que cette dernière question n'a jamais été résolue en Angleterre.[1]

Opinion de Fœlix.

Fœlix dit, au même propos, qu'en cas de changement de domicile du testateur, la validité intrinsèque du testament doit être appréciée d'après la loi du domicile qu'il avait au moment du décès. Avant la mort du testateur, le testament ne confère pas un droit acquis à l'héritier ou au légataire; c'est donc à ce moment seulement que la loi peut agir sur les dispositions de dernière volonté et exercer ses effets sur la substance de ces dispositions. Le testateur doit être regardé comme s'étant rapporté à la loi de ce nouveau domicile, parce qu'on suppose qu'il ne s'y est fixé qu'après avoir pris connaissance des lois qui le régissent. Du reste, le testament conserve sa validité quant à la forme, nonobstant le changement de domicile du testateur, parce que cette forme dépend de la loi du lieu de la confection de l'acte.[2]

Forme requise pour un testament fait à l'étranger.

La jurisprudence du continent de l'Europe laisse à l'option du testateur d'adopter, soit la forme requise par la *lex loci actus*, soit celle requise par la *lex domicilii*. L'adoption de l'une ou de l'autre de ces formes est, comme disent les juristes, *facultative*, non pas *impérative*, quoique la maxime générale soit *locus regit actum.*[3]

Loi américaine et anglaise.

D'après la loi américaine et anglaise, la forme d'un testa-

[1] *New-York (Appeal) Reports*, vol. XXIII, p. 394. Moultrie *vs.* Hunt. Voir aussi *Missouri Reports*, vol. X, p. 543. Nat *vs.* Coon.

[2] Fœlix, *Droit international privé*, tom. I, p. 245.

[3] Phillimore, *International law*, vol. IV, p. 628.

ment pour des biens fonciers est régie par la *lex loci rei sitæ*, et pour des biens personnels par la *lex domicilii*.

Succession *ab intestat.*

En Angleterre, on n'a jamais mis en question que, dans le cas d'une succession *ab intestat*, la loi du domicile doit régir les meubles, tandis que les immeubles suivent la *lex loci rei sitæ*. Sur le continent, il paraît, au contraire, que le matière reste indécise. A ce sujet, d'après Savigny, trois opinions distinctes peuvent être soutenues et l'ont été en effet. Dans une première opinion, la succession est soumise à la loi du domicile du défunt. Dans une seconde, on pose en principe qu'il faut suivre la loi de la situation pour chacun des biens héréditaires, tant pour les meubles que pour les immeubles. Enfin la troisième applique aux immeubles la loi de la situation, aux meubles la loi du domicile du défunt. M. Fœlix s'en tient à cette dernière opinion, et c'est aussi celle qui paraît prévaloir dans la pratique française. [1]

Opinion de Fœlix.

Opinions de Laurent et de Savigny.

Nous avons déja vu [2] que ce n'est pas l'opinion de Savigny, et ce n'est pas non plus celle de Laurent. Ils voudraient appliquer à toutes les successions la loi du domicile, même dans le cas où cette loi s'oppose aux principes de la loi qui régit dans les pays où les biens-fonds sont situés.

D'après l'usage actuel, si un Anglais mourait domicilié en Angleterre, possédant des biens-fonds en Angleterre et en France (où le droit d'aubaine n'existe plus), ses terres en Angleterre, faute de toutes dispositions testamentaires, descendraient à son fils aîné, tandis que ses terres en France seraient partagées également entre ses enfants, et il ne pourrait, pour la réserve, affecter cette succession par un testament.

Laurent et Savigny voudraient qu'en un tel cas le droit d'aînesse s'appliquât aux biens-fonds en France, comme en Angleterre.

Voici le raisonnement, peu concluant quant à nous, de ces légistes pour obvier à l'objection que l'application d'une loi étrangère dans l'un ou l'autre cas aux biens-fonds, soit en Angleterre soit en France, serait en contradiction avec les principes de la législation interne respective de ces États, si-

[1] Fœlix, *Droit international privé*, éd. 1866, tom. I, p. 144, note par Demangeat.

[2] Voir § 3, p. 69 *supra*.

non une atteinte à leur souveraineté. Les exceptions mêmes à sa règle, semblent établir le principe auquel Savigny s'oppose.

S'adressant au code français, Laurent dit: «Quand le législateur établit l'égalité comme base de l'ordre politique et civil, il a en vue les citoyens français, il n'entend certes pas imposer ses principes aux étrangers qui se trouvent sur son territoire. Sans doute il ne leur permettrait pas des actes qui blesseraient ouvertement l'égalité, et troubleraient l'ordre social; il ne souffrirait pas qu'un étranger eût des esclaves en France, parce qu'un principe essentiel de la société française serait blessé. Mais peut-on dire que l'égalité serait compromise, si un étranger recueillait en France une valeur mobilière ou immobilière à titre de droit d'aînesse ou de substitution? Il ne s'agit en définitive que d'intérêts privés et d'intérêts exceptionnels, qui resteraient sans influence sur la société française, et n'y auraient même aucun retentissement.»

Laurent veut que la loi de succession du pays du défunt gouverne pour les immeubles.

On pourrait croire que l'on porte atteinte aux intérêts des nationaux, si dans certains cas une loi étrangère sur les successions attribuait à un étranger, de préférence à un national, un immeuble du pays. Mais d'abord la loi étrangère pourrait quelquefois amener un résultat inverse; et ensuite, dès qu'il y a réciprocité, ce danger, si on peut l'appeler un danger, se trouve complétement écarté. On pourrait croire que la dignité et l'indépendance de l'État seraient compromises, si on appliquait une règle de droit étranger à la succession d'un immeuble du pays. Mais cette objection tombe également devant le principe de la réciprocité, principe qui nous montre la communauté de droit entre tous les peuples comme la base et le but définitif de nos théories.

Savigny se rapportant au principe de réciprocité.

Savigny se rapporte ainsi aux cas exceptionnels du droit d'aînesse et des substitutions. En parlant des trois opinions que nous avons citées de lui, il dit:

Exceptions admises par Savigny.

«Voici un argument souvent invoqué à l'appui de l'opinion intermédiaire. Il y a, dit-on, certaines espèces d'immeubles dont la succession, de l'aveu de tout le monde, doit se régler d'après la *lex rei sitæ:* tels sont notamment les fiefs et les biens grevés de substitutions. Or ce que l'on admet généralement pour cette espèce de biens doit, par voie de conséquence, s'appliquer à toutes les autres.»

Fiefs et biens grevés par droit de substitution.

Fiefs et substitutions regardés comme le droit de l'usufruit romain.

«Il en est des fiefs et des substitutions comme de l'usufruit romain, qui ne fait pas partie des biens, et dès lors ne tombe pas dans la succession. L'usufruitier a pendant sa vie le droit de jouir des fruits, cette faculté est son seul bien; mais elle disparaît à sa mort, et il n'en reste pas la moindre trace dans la succession. Il en est de même absolument pour les substitutions et les fiefs. Celui qui possède un bien grevé de substitution jouit des fruits sa vie durant; mais ce droit finit à sa mort, et le bien retourne au propriétaire, à la famille au profit de laquelle la substitution est établie; seulement ce n'est pas une propriété libre qu'elle puisse vendre ou partager, comme cela a lieu après l'extinction d'un usufruit; mais le membre de la famille désigné par l'acte constitutif de la substitution est investi, pour sa vie, de la jouissance devenue libre par la mort du titulaire. Ainsi donc les fiefs et les substitutions ne pouvant, de leur nature, dépendre d'une succession, les lois sur les successions soit du pays où était domicilié le possesseur défunt, soit du pays où sont situés les biens, ne peuvent atteindre ni les fiefs ni les substitutions. Ce sont des institutions de droit spéciales à certains immeubles déterminés, et ces institutions dépendent exclusivement de la *lex rei sitæ*.»

Les lois de succession qui ont un but politique.

«En ce qui touche plusieurs autres classes d'immeubles, le rapport est un peu différent, mais le résultat reste toujours le même. — Lorsque la loi d'un pays, dans le but de favoriser le maintien d'une classe de paysans riches, ordonne (sans porter atteinte à la propriété et notamment au droit d'aliéner), relativement à la succession des biens de paysans, que l'aîné ou le plus jeune des fils sera seul héritier, voici quelle est la nature de cette loi. Elle exclut la succession testamentaire, le partage des biens, le droit des filles de succéder, tant qu'il existe des fils. C'est bien là une loi sur les successions; mais elle a, en dehors du domaine du droit pur, un but politique, et dès lors elle revêt le caractère d'une loi positive rigoureusement obligatoire.»

«De semblables dispositions avec des conséquences absolument semblables existent pour les biens de la noblesse, dans le but de conserver la richesse des familles nobles. Telle était la loi de 1590, rendue dans le duché de Westphalie, qui excluait les filles du possesseur de la succession aux biens nobles. En 1838, l'application de cette loi donna lieu à un procès célèbre. Les tribunaux supérieurs de Munster et de Berlin décidèrent, avec raison, que cette loi est un statut réel applicable à tous les biens nobles situés dans le duché, quel que soit le domicile des personnes appelées à la succession.»

Les lois qui se rapportent aux biens des nobles.

D'après le code italien, les successions légitimes et les testamentaires, en ce qui concerne soit l'ordre successoral, soit la question des droits successoraux et la validité intrinsèque des dispositions, sont réglées par la loi de la nation de celui dont l'hérédité est ouverte, quels que soient la nature des biens et le pays où ils se trouvent.[1]

Étrangers domiciliés sujets du pays en ce qui regarde d'autres pays.

Les étrangers qui, ayant acquis un domicile dans un pays sans être naturalisés, partagent les priviléges commerciaux avec les citoyens ou les sujets de ce pays, doivent également être sujets aux désagréments qui atteignent ces derniers.

Commission de 1853 pour les réclamations des citoyens anglais et américains.

Il a été jugé par la commission nommée, d'après la convention du 8 Février 1853 entre les États-Unis et la Grande-Bretagne, pour liquider toutes les réclamations des citoyens de l'un de ces pays contre l'autre, que des personnes nées sujets anglais qui s'étaient établies comme négociants en 1829 au Mexique, où elles résidaient encore, ne pourraient faire des réclamations comme sujets anglais contre les États-Unis, pour de l'argent confisqué comme propriété mexicaine, par le général commandant les armées américaines, lors de la prise de la ville de Mexico en 1847.[2]

Commission anglaise sous le traité de Paris de 1814.

La commission anglaise, sous le traité de Paris de 1814, a décidé, d'un autre côté, qu'un étranger domicilié en Angleterre, lors de la confiscation de ses biens par le gouvernement de France, aurait droit à réclamer une indemnité pour ses pertes, d'après un traité accordant des indemnités aux sujets britanniques. Le réclamant, dans le cas dont il s'agissait, avait émigré de la France et s'était domicilié en Angleterre.[3]

[1] Huc et Orsier, *Code civil italien,* tom. II, p. 3. *Dispositions générales,* Art. VIII. Voir notre livre *Disabilities of American women married abroad and Conflict of foreign treaties of the United States with State laws, New-York* 1871, p. 144.

[2] *Report of Commission under Convention of* 1853, p. 120, 158. Voir aussi Haggard's *Admiralty Reports,* vol. I, p. 103. *The Matchless.*

[3] Knapp's *Privy Council Reports,* vol. II, p. 364. *Conway's case.*

Traité de 1831 avec la France.

La commission américaine nommée pour distribuer l'indemnité accordée par le traité de 1831 avec la France, ne s'est pas tenue, semblerait-il, à une règle très-stricte, quant aux droits de réclamation des citoyens américains résidant à l'étranger. Cette commission décida, en effet, que, dans le cas où la nation étrangère chez laquelle le citoyen a été domicilié, aurait été en guerre avec la France, et où la propriété aurait été prise *jure belli*, la réclamation ne pourrait être reçue. Mais, dans le cas où le citoyen américain, quoique résidant à l'étranger, ne se serait pas allié à un belligérant et n'aurait rien fait pour se soustraire à son allégeance aux États-Unis, la commission décida qu'il n'avait rien perdu de ses droits de citoyen d'origine.

Les réclamations ont été, par conséquent, admises de la part des citoyens américains résidant en 1807 à Livourne et ayant été soumis par le général Miollis à des contributions forcées pour l'entretien de l'armée française. La Toscane (Étrurie) a été regardée par la commission comme étant alors pays neutre.[1]

Dommages à des étrangers en réprimant une insurrection.

Naples et la Toscane en 1849—50.

Un gouvernement est-il responsable des dommages causés aux étrangers domiciliés ou résidants, dans ses efforts pour réprimer une insurrection? Cette question s'éleva, lorsque les tentatives de révolution en 1849 et 1850 à Naples et en Toscane eurent échoué par l'entremise de l'Autriche. En 1850, une escadre anglaise se rendit à Naples pour appuyer, auprès du roi des Deux-Siciles, une demande d'indemnités présentée par le ministre anglais en faveur des sujets britanniques qui avaient souffert des dommages par le bombardement de Messine. Presque en même temps, le ministre anglais à Florence présentait au grand-duc de Toscane une réclamation analogue motivée sur les dégâts que la prise de Livourne avait causés chez des commerçants anglais. Le grand duc invoqua l'appui de la cour de Vienne et réclama l'arbitrage de la Russie. Cette dernière refusa de servir d'arbitre, parce qu'elle n'admettait pas le principe des réclamations de la Grande-Bretagne. Mais le cabinet de St. Pétersbourg fit adresser une note à celui de Londres. «D'après les règles du droit public, disait la dépêche du comte de Nesselrode du 2 Mai 1850, telles qu'elles sont entendues par la po-

Messine.

Livourne.

Note du comte de Nesselrode du 2 Mai 1850.

[1] Kane, *Notes on questions decided by the Commission under the Convention of July 4th, 1831, with France*, p. 15.

litique russe, on ne saurait admettre qu'un souverain forcé à se remettre en possession d'une ville occupée par les insurgés, soit tenu d'indemniser les sujets étrangers qui ont pu souffrir quelque dommage de l'assaut donné à cette ville. Quand on s'établit dans un autre pays que le sien, on accepte les chances de tous les périls auxquels ce pays pourrait être exposé.» «Si le droit que le gouvernement anglais revendique en Toscane et à Naples venait à prévaloir, disait encore le comte de Nesselrode, il en résulterait au dehors pour les sujets britanniques une position exceptionelle, fort au-dessus des avantages dont jouissent les habitants mêmes des autres pays, et pour les gouvernements qui les accueillent, une situation intolérable. Leur présence serait, pour les fauteurs de troubles, un encouragement à la révolte: car si, derrière les barricades révolutionnaires, devait se dresser continuellement l'éventualité menaçante de réclamations futures en faveur de sujets anglais lésés dans leurs biens par la répression, tout souverain que sa position ou sa faiblesse relative expose aux mesures coërcitives d'une flotte anglaise, se trouverait frappé d'impuissance en face de l'insurrection. Si des réclamations du genre de celles qui sont faites en Sicile et en Toscane venaient jamais à être appuyées par des moyens autres que ceux de la conciliation, Sa Majesté se verrait inévitablement conduite à examiner et à préciser d'une manière plus formelle les conditions auxquelles dorénavant elle consentira à accorder dans ses États aux sujets britanniques le droit de résidence et de propriété.» Vues de la Russie.

Le prince de Schwartzenberg s'était, de son côté, expliqué comme il suit le 14 Avril 1850: «Quelque disposés que soient les peuples d'Europe à étendre les limites du droit d'hospitalité, ils ne le seront jamais jusqu'au point d'accorder aux étrangers un traitement plus favorable que celui que les lois du pays assurent aux nationaux. Le premier droit de tout État indépendant est d'assurer sa propre conservation par tous les moyens en son pouvoir. Dès qu'un souverain usant de ce droit se voit obligé d'avoir recours aux armes pour étouffer une révolte ouverte, si, dans la guerre civile qui en résulte, la propriété des étrangers établis dans le pays est lésée, c'est un malheur public que les étrangers doivent partager aussi bien que les nationaux, et qui ne leur donne pas plus de droit Vues de l'Autriche, le prince de Schwartzenberg, le 14 Avril 1850.

à une indemnité exceptionnelle que si leur réclamation se fondait sur toute autre calamité provenant de la volonté des hommes.» [1]

Lord Stanley.

Vers la même époque, Lord Stanley s'exprimait ainsi dans la chambre des Communes: «Je ne crois pas qu'un gouvernement soit obligé, dans toute la rigueur du mot, d'indemniser les étrangers qui ont souffert par *force majeure*. Tout ce qu'un gouvernement doit faire dans de pareilles circonstances, c'est de *protéger*, *autant qu'il le peut*, contre les pertes et les violences, *ses nationaux et les étrangers résidant sur son territoire.*» [2]

Voici ce que dit Rutherford au sujet de la responsabilité d'une nation pour les actes des rebelles: «La négligence d'une nation qui n'empêcherait pas ses sujets d'offenser les étrangers rendrait cette nation responsable de l'offense, parce que les nationaux étant placés sous son autorité, elle se trouve obligée à veiller à ce qu'ils ne fassent pas de tort au reste du genre humain; mais une semblable négligence ne rend pas une nation responsable des actes de ses sujets en état de rébellion, et qui ont violé la fidélité, ou qui ne se trouvent pas dans son territoire. Dans ces circonstances, les sujets, quels qu'ils soient en droit, ne sont pas de fait sous sa juridiction.» [3]

Affaire de Greytown.

Réponse de M. Marcy au comte de Sartiges, le 26 Février 1857.

Le comte de Sartiges, ministre de France, ayant adressé des réclamations pour obtenir une indemnité en faveur de quelques négociants français, résidant à Greytown, pour les pertes qu'ils avaient éprouvées par suite du bombardement de la ville le 13 Mai 1854, par un vaisseau de guerre américain, M. Marcy, secrétaire d'État, fit la réponse suivante le 26 Février 1857: «Si, pendant le bombardement de Greytown, il s'est trouvé dans cette ville des personnes n'appartenant point à l'organisation politique qui y était établie, et si elles ont éprouvé des pertes par suite du bombardement, ces personnes, si elles ont droit à une indemnité, ne peuvent la réclamer que de cette communauté. C'est à celle-ci qu'ils ont confié leurs

[1] LESUR, *Annuaire*, 1850, p. 506. — *Annuaire des deux mondes*, 1850, p. 152.

[2] HANSARD'S *Parliamentary Debates*, 3[d] *series*, vol. CXI, p. 1393.

[3] RUTHERFORD, *Institutes of natural law*, B. 2, chap. IX, § 12.

personnes et leurs biens, et, en les admettant sous sa juridiction, elle a pris sur elle l'obligation de les protéger. Aucun principe ne peut être plus clairement établi que celui d'après lequel tout étranger domicilié dans un pays doit chercher auprès de ce pays la protection à laquelle il a droit, tant qu'il réside dans son territoire. S'il vient à souffrir par défaut de cette protection, le pays où il est domicilié est tenu de l'indemniser.»

M. Marcy rappelait, à l'appui de sa déclaration, ce qui était arrivé à Anvers. Des marchandises ayant été déposées avant la révolution de 1830 dans des entrepôts appartenant au gouvernement hollandais, elles avaient été détruites par des troupes hollandaises pendant la guerre. Anvers étant échu à la Belgique, des légistes anglais avaient été d'avis, et toutes les autres puissances s'étaient rangées à cette opinion, qu'il n'y avait pas de réclamations à faire contre les Pays-Bas, que les réclamations adressées à la Belgique par les ministres de France, de la Grande-Bretagne, de Prusse et des États-Unis, ne regardaient le gouvernement belge que tout autant que l'obligation d'indemniser ceux qui avaient subi des pertes revenait au pays dans les limites duquel le dommage avait été infligé. Aucune puissance n'avait adressé des réclamations à la Grande-Bretagne pour pertes subies par suite du bombardement de Copenhague en 1807.

Affaire d'Anvers.

Réclamations adressées à la Belgique.

Aucune réclamation pour le bombardement de Copenhague, en 1807.

M. Marcy ajoutait qu'il n'avait pas connaissance que le principe d'après lequel les étrangers domiciliés dans un pays en état de guerre sont tenus de courir les chances de la guerre en commun avec les citoyens de ce pays, eût été l'objet d'une controverse sérieuse. Aucune puissance attaquant le pays d'un ennemi n'est tenue d'établir une distinction entre les sujets mêmes du pays et les étrangers qui y sont domiciliés, et ces derniers, pas plus que les premiers, ne peuvent réclamer une indemnité, excepté du pays sous la juridiction duquel ils se sont placés.

Étrangers domiciliés encourent les chances de guerre.

«Les réclamants, continuait le secrétaire d'État, soutiennent que Greytown était un État souverain à l'époque de son bombardement, et qu'ils s'y trouvaient en qualité de négociants occupés de leur trafic. Il n'est pas à présumer qu'ils renoncent à leur manière de voir pour adopter celle que

Caractère de la communauté de Greytown.

les États-Unis avaient auparavant, et qu'ils continuent à avoir relativement au caractère de la communauté de Greytown. Quoique la forme et les arrangements d'une organisation politique y eussent été adoptés, le caractère et la conduite du peuple n'étaient pas de nature, selon le gouvernement américain, à ce qu'il pût se poser aux yeux du monde en société politique organisée. Pendant la durée de leur association, les habitants de Greytown n'avaient pu se faire passer pour autre chose que pour un établissement de maraudeurs, trop dangereux pour demeurer inaperçu et trop coupable pour rester impuni. Si des sujets ou des citoyens appartenant à des États étrangers avaient trouvé bon de s'établir au sein d'une réunion semblable, et avaient confié leurs propriétés à de tels gardiens, ils n'avaient pas de justes motifs de plainte pour dommages résultants du châtiment infligé à la communauté coupable. Envisagée sous ce point de vue, la position de ces étrangers ressemblerait en quelque sorte à celle d'une personne qui confierait inconsidérément ses biens à un navire pirate. Ce navire venant à être pris et ces biens détruits ou perdus, le propriétaire ne pourrait élever l'ombre d'une réclamation contre ceux qui auraient fait la prise. Il ne pourrait s'en prendre qu'à lui-même d'avoir exposé légèrement ce qu'il possédait, à une telle éventualité.»[1]

Il n'y avait pas de société politique organisée à Greytown.

Discours de Lord Palmerston dans le parlement anglais, au sujet de Greytown.

Ce même sujet que l'on croyait devoir affecter les réclamations des négociants anglais, ayant été discuté devant le parlement, Lord Palmerston s'exprima de la manière suivante: «On doit considérer sans contredit comme un principe de droit international que, lorsqu'un gouvernement juge à propos d'exercer des actes d'hostilité contre le territoire d'une autre puissance, les sujets et les citoyens appartenant à d'autres puissances, qui se trouveraient résider dans le lieu attaqué, ne peuvent adresser aucune réclamation quelconque au gouvernement qui, en exerçant ses droits nationaux, commet des actes d'hostilité. Ainsi, il a été jugé nécessaire par nous de détruire Sébastopol. Il pouvait se trouver dans cette

Sébastopol.

[1] 35e *Cong.*, 1re *sess.*, *Senate*, *Doc.*, No. 9, p. 4—7. Nous sommes à même d'apprécier le principe qui domine dans cette note, M. Marcy l'ayant mise entre nos mains, tandis qu'elle n'existait qu'en brouillon.

ville des Allemands, des Italiens, des Portugais et des Américains; mais ni les uns ni les autres n'auraient pu élever des réclamations contre les gouvernements anglais et français pour obtenir une indemnité des pertes essuyées par suite des hostilités. Ceux qui vont s'établir dans un pays étranger doivent courir les chances du pays, et s'ils ont des réclamations à mettre en avant, il faut que celles-ci soient adressées au gouvernement du pays dans lequel ils résident; ils ne peuvent, à coup sûr, rien demander au gouvernement qui croit de son droit de commettre des actes d'hostilité contre cet État. C'est pourquoi, après avoir consulté les légistes de la couronne, l'on nous a fait savoir et avec raison, je pense, que les sujets anglais qui se trouvaient à Greytown n'avaient aucun droit de se tourner vers le gouvernement de ce pays-ci, pour qu'il réclamât du gouvernement des États-Unis une indemnité pour les dommages qu'ils ont soufferts dans l'attaque dirigée contre cette ville. Il nous est permis de penser que cette attaque n'était pas justifiée par les raisons qui sont données pour l'avoir faite. Mais, comme État indépendant, nous n'avons pas le droit de juger des motifs qui ont déterminé un autre État à soutenir les droits de ses sujets ou citoyens et à venger les torts qu'il supposait leur avoir été faits. Le gouvernement américain est décidé à ne donner d'indemnité à qui que ce soit. Il a refusé, je crois, d'indemniser ses propres citoyens qui ont souffert du bombardement. Je sais qu'il ne compte pas indemniser les Allemands, Français, Espagnols, ni les sujets d'autres gouvernements, établis à cette époque à Greytown. Le gouvernement de Sa Majesté, agissant donc d'après l'avis de ceux qui sont le plus compétents en pareille matière, et considérant que cet avis s'accorde avec la pratique internationale, a conclu à ne pas demander de compensations pour ceux des sujets de Sa Majesté qui ont été assez malheureux pour souffrir des pertes par le bombardement de Greytown.»

Discours de l'attorney général.

L'attorney général dit de son côté: «Si les conseillers légaux de la couronne avaient jugé que, conformément au droit international de l'Europe, on pouvait demander satisfaction à l'Amérique pour les pertes éprouvées à Greytown, ils n'auraient pas manqué d'aviser le gouvernement à cet effet. La France se trouvait également intéressée dans cette question, mais elle s'est abstenue, de même que l'Angleterre, de poursuivre une satisfaction qu'elle ne pouvait obtenir légalement. Il n'y a pas de juriste qui n'ait admis qu'il n'y avait pas de compensation à exiger pour des pertes essuyées dans des cas comme celui du bombardement de Greytown. Le principe qui domine en pareil cas est que les citoyens appartenant à des États étrangers, mais qui résident dans le rayon des hostilités, n'ont aucun droit de demander satisfaction à l'un ou à l'autre des belligérants pour pertes ou dommages encourus par eux.» L'attorney général se référait, pour plus ample preuve, au bombardement de Copenhague. [1]

Dans une occasion subséquente, M. Adams s'enquit encore, dans la chambre des Communes, «si l'intention du gouvernement de Sa Majesté était de prendre les mesures nécessaires pour que l'on pût accorder une indemnité aux négociants anglais d'Uléaborg, port situé dans le golfe de Bothnie, dont les propriétés avaient été détruites le 2 Juin 1854 par les embarcations d'une escadre sous les ordres de l'amiral Plumridge.»

Uléaborg.

Lord Palmerston répondit que «l'action du gouvernement en cette circonstance devait se régler d'après le principe qu'il avait déclaré être un principe de droit international, lorsque, à propos du bombardement de Greytown, on avait soulevé la question des pertes éprouvées par des sujets anglais résidant en cet endroit. D'après ce principe de droit international, déclarait-il, les personnes domiciliées dans un pays étranger, sont sujettes aux risques de ce pays, qu'il soit en paix ou en guerre, et par conséquent aucune demande d'indemnité n'avait pu être adressée avec droit au gouvernement américain pour dommages infligés aux sujets anglais à Greytown, et résultant des hostilités entre cette localité et les États-Unis. Le même principe devait s'appliquer au cas dont l'honorable membre avait fait mention. Des sujets anglais, et probablement aussi des sujets d'autres États, étaient domiciliés ou possédaient des propriétés dans le territoire russe. Les uns et les autres devaient courir les risques de la protection de l'empire russe, et si, par une circonstance quelconque, la localité dans laquelle

[1] HANSARD's *Parl. Debates*, 3^d^ *series*, vol. CXLVI, p. 37—49. *Debate in the House of Commons*, *June* 19, 1857.

était située leur propriété, devenait le centre d'opérations hostiles, ils ne pourraient raisonnablement élever des réclamations, à quelque nation qu'ils appartinssent, contre le gouvernement dont les forces ont commis les hostilités dont ils ont eu à souffrir.» [1]

Distinction entre les personnes domiciliées et les voyageurs.

Phillimore dit: «Il ne faut jamais perdre de vue qu'il existe une distinction entre les personnes domiciliées dans un pays étranger et celles qui n'y sont que comme voyageurs ou qui ne font que le traverser; cette distinction affecte en effet l'application de la règle qui autorise un État à appuyer les réclamations de ses sujets dans un État étranger.» Le domicile étranger n'enlève pas, selon lui, cette faculté, mais elle en rend l'invocation moins raisonnable et l'exécution plus difficile. Un sujet qui, de son propre gré, s'est domicilié dans un autre État, ne peut avoir aucun motif de plainte, s'il est soumis à beaucoup de taxes et d'impôts dont celui qui est purement et simplement étranger serait exempté, d'après l'usage observé par les nations. Il ne peut surtout, si, avec l'autorisation de la loi du lieu de son domicile, il a acheté des terres et s'est pour ainsi dire incorporé au territoire d'un pays étranger, demander au gouvernement sous lequel il est né, d'intervenir dans l'opération des lois intérieures, ou dans la décision des tribunaux municipaux relativement à ses droits de propriété inamovible dans ce pays étranger. Il faudrait qu'il s'agît d'un acte d'injustice flagrante pour que, dans un cas pareil, on pût en faire le sujet d'une remontrance internationale, à moins cependant que les stipulations de quelque traité particulier, ou quelque proclamation publique du gouvernement étranger n'eût mis le cas en question en dehors de l'application de la loi générale. [2]

Le principe de la protection due aux citoyens américains à l'étranger, d'après la position qu'ils y occupent, a été assez clairement expliqué dans un jugement du Chief-Justice Marshall, rendu par la cour suprême en 1804.

Citoyen américain en pays étranger.

«Un citoyen américain qui va dans un pays étranger, quoiqu'il doive une allégeance locale et temporaire à ce pays, a

[1] HANSARD's *Parl. Debates*, *ut supra*, p. 1045. *House of Commons*, *July* 17, 1857.

[2] PHILLIMORE, *International law*, vol. II, p. 6.

droit néanmoins, s'il n'a pas fait autre chose pour changer sa condition, à la protection de son propre gouvernement, et si, sans violer les droits du pays où il se trouve, il y est injustement opprimé, il aura droit de réclamer cette protection et l'intervention du gouvernement américain en sa faveur. Cette intervention sera, dans un tel cas, considérée comme justifiable, mais il en sera autrement si, par son propre acte, il s'est fait sujet d'une puissance étrangère. Quoiqu'il puisse se faire que cet acte ne suffise pas pour le soustraire à une peine encourue pour un crime contre les États-Unis (ce que nous ne voulons pas décider), cependant il le met assurément hors de la protection des États-Unis, tant qu'il restera dans le territoire du souverain auquel il aura prêté le serment d'allégeance.» [1]

Cas de M. Bowring.

En 1825, on porta à la connaissance de la chambre des Communes le cas de M. Bowring, depuis Sir John Bowring, et plénipotentiaire anglais en Chine. Il voyageait comme simple particulier en France, lorsqu'il fut arrêté par le gouvernement, mis en prison et enfin remis en liberté, sans qu'on lui eût fait aucun procès. Il avait été arrêté sous prétexte d'avoir introduit illégalement des lettres en France; mais la véritable cause de sa détention devait être attribuée au fait qu'il entretenait, disait-on, des sentiments hostiles au gouvernement des Bourbons. M. Canning chargea le ministre anglais à Paris de veiller attentivement à cette affaire, afin que M. Bowring fût traité avec la justice la plus exacte, d'après le système français. M. Canning ne pouvant faire davantage, ainsi qu'il en convenait lui-même, se basait sur le principe que tout individu qui entre volontairement dans un pays étranger, s'oblige à une soumission, quoique temporaire et qualifiée, aux lois de ce pays, et que, quelque peu sages que soient ces lois, quelque sévères, quelque opposées qu'elles soient à ses idées de liberté civile ou à la jurisprudence de son propre pays, il n'a point de raison de se plaindre de l'application de ces lois dans son propre cas, pourvu que cette application ne soit pas exceptionnelle et atteigne au même degré un sujet-né de cet État. Tout ce que devait faire le gouvernement britannique pour M. Bowring,

Instruction de M. Canning.

[1] CRANCH'S *Reports*, vol. II, p. 64. Murray *vs.* The Charming Betsy.

c'était de demander que les lois, non pas celles d'Angleterre, mais celles de France, lui fussent appliquées avec la plus parfaite impartialité.[1]

Le consulat d'Espagne saccagé à la Nouvelle-Orléans.

En 1851, une émeute ayant eu lieu à la Nouvelle-Orléans, pendant laquelle le consulat d'Espagne fut saccagé et d'autres dommages furent infligés aux sujets espagnols domiciliés dans cette ville, le ministre d'Espagne à Washington demanda le 14 Octobre, au nom de son gouvernement, une pleine satisfaction pour les violences exercées contre le drapeau espagnol et contre le consul de Sa Majesté. Il demanda, de plus, que les sujets espagnols résidant dans cette ville fussent indemnisés des pertes que les actes de la populace leur avaient fait subir.

Réclamations du ministre d'Espagne.

Réponse de M. Webster.

M. Webster, secrétaire d'État, répondit le 13 Novembre suivant à cette réclamation. Tout en reconnaissant les titres du consul à une réparation et à une indemnité, il n'admettait pas cependant le droit des autres nationaux de l'Espagne à se faire indemniser autrement que par la voie des tribunaux ordinaires. M. Webster était d'avis que les droits du consul espagnol, officier public, résidant dans le pays sous la protection du gouvernement des États-Unis, différaient essentiellement de ceux des sujets espagnols qui étaient venus dans ce pays pour se mêler avec nos citoyens, et pour des affaires et des objets particuliers. Le premier pouvait bien réclamer une indemnité spéciale, tandis que les derniers n'avaient droit qu'à la même protection que nos propres citoyens. Ils n'avaient donc pas raison de se plaindre, puisqu'ils étaient protégés par les mêmes lois et les mêmes tribunaux que les citoyens-nés des États-Unis.

La note de M. Webster paraît avoir satisfait le gouvernement espagnol, et ce qui porte à le croire, c'est qu'en accusant réception de celle-ci, on annonçait que la reine faisait grâce à tous les prisonniers faits dans la dernière expédition contre l'île de Cuba, qui étaient citoyens des États-Unis.[2]

Rapport entre le principe du domicile et la protection à accorder.

Le rapport entre le principe du domicile et la protection à

[1] Stapleton, *Political life of Canning*, vol. I, p. 364.

[2] Lesur, *Annuaire* 1851, appendice 210. — *Annuaire des deux mondes*, 1851—52, p. 324. — *President's Message*, 1851—52, p. 64.

accorder a été élucidé dans deux cas qui se sont présentés devant le gouvernement américain. Dans l'un de ces cas, le gouvernement s'est reconnu tenu à admettre les obligations d'une nationalité étrangère volontairement adoptée par un de ses citoyens-nés, et à ne pas mettre en avant les titres de nationalité américaine pour le protéger contre les conséquences d'actes commis contre le pays de son adoption. Dans le second cas, le même gouvernement a protégé un étranger arrêté dans un pays (qui n'était pas son domicile d'origine), par les fonctionnaires du souverain qui l'avait expatrié, alors que cet étranger avait cessé, par diverses circonstances, d'être soumis à aucun autre pays, et avait obtenu un domicile dans les États-Unis en se conformant à tout ce qui lui était permis par la loi pour acquérir les droits de citoyen américain.

Vues de M. Webster.

M. Webster refusa de considérer comme ayant droit à la protection des États-Unis, un de leurs citoyens-nés, qui, après avoir pris des lettres de domicile pour pouvoir trafiquer à Cuba comme sujet espagnol ou comme étranger domicilié, était accusé d'avoir favorisé l'expédition de Lopez en 1850. En réponse à une résolution de la chambre des représentants, il dit, en Décembre 1850: «Personne ne peut se placer dans un pays étranger sous l'égide de sa liberté nationale américaine, et s'attendre à ce qu'elle l'exempte de la domination et de l'autorité des lois et du pouvoir souverain de ce pays, à moins qu'il ne soit autorisé à agir de la sorte en vertu de stipulations de traités.» [1]

M. Marcy sur le cas de Koszta.

Dans le cas de Koszta, M. Marcy déclara que «le droit de protéger les personnes ayant un droit de domicile dans un pays (quoique celles-ci ne fussent ni citoyens-nés, ni citoyens naturalisés), reposait sur la ferme base de la justice, et que le titre à la protection est acquis par des considérations qu'il n'est pas permis au pouvoir protégeant de méconnaître.» [2]

[1] *Cong. Doc.*, 32e *Cong.*, 1re *sess.*, *H. R. Ex. Doc.* No. 10. *Thrasher's case.*

[2] Le Secrétaire d'État à M. Hulsemann, 29 Août 1853; *Cong. Doc.*, 33e *Cong.*, 1re *sess.*, *H. R. Ex. Doc.*, No. 91. Il y avait cependant d'autres considérations provenant du système qui prédomine en Turquie, et qui auraient pu contrôler le cas dont il s'agit ici, ainsi que nous le verrons par la suite. Voir *infra* § 11.

Les États de l'Amérique espagnole, exposés comme ils l'ont été dès les premiers temps de leur existence, à des mouvements révolutionnaires constants, paraîtraient, dans cette question, devoir occuper une place intermédiaire entre les États chrétiens dans lesquels la vie et la propriété sont considérées comme étant en sûreté, et la Turquie, la Chine et d'autres pays où le principe d'exterritorialité est maintenu. Dans certains cas, le droit d'intervenir en faveur de nos citoyens domiciliés dans d'autres pays a été justifié par la violation des stipulations expresses des traités. Dans les traités qui ont été conclus avec les républiques hispano-américaines par les États-Unis, en commençant par celui du 3 Octobre 1824 avec la Colombie, il y a un article qui porte que «les deux parties contractantes promettent leur *protection spéciale*, et s'engagent formellement à l'accorder réciproquement aux personnes et aux propriétés des citoyens de l'autre partie, *passagers* ou *habitants* de toutes occupations qui se trouveront sous la juridiction de l'un des deux pays.» Mais cette stipulation semble bornée par la clause suivante: «leur laissant le libre accès des tribunaux de justice pour leurs affaires judiciaires, sur le même pied qu'aux naturels ou citoyens du pays où ils se trouvent.» [1]

Cas exceptionnel des États de l'Amérique espagnole.

Traités avec ces pays.

Dans plusieurs des traités entre les États-Unis et les États de l'Amérique du Sud, il se trouve également un article spécial qui assure la liberté de conscience la plus parfaite et la plus entière à tous les citoyens ou sujets de l'une ou de l'autre des parties contractantes, dans le territoire de l'autre, et qui pourvoit à l'enterrement, dans les lieux ordinaires de sépulture ou dans d'autres endroits décents et convenables, de ceux qui meurent, de même qu'à la protection de leurs dépouilles mortelles contre toute violation ou dérangement. [2] Dans d'autres traités, il est stipulé que les citoyens des États-Unis ne seront pas troublés dans la libre pratique de leur religion, dans les maisons particulières ou dans les chapelles affectées à cet effet. [3]

Article sur la liberté de conscience.

[1] MARTENS, *Nouveau supplément par Murhard*, tom. II, p. 415.

[2] Voir inter al. Traité avec le Brésil, 12 Décembre 1828, *U. S. Statutes at large*, vol. VIII, p. 393; celui avec l'Amérique centrale, 15 Décembre 1825, *ibid.*, p. 328.

[3] Voir traité avec Vénézuéla, 20 Janvier 1836, *ibid.*, p. 472.

Déclaration du protocole du traité de 1843 entre la France et le Vénézuéla.

M. Pradier-Fodéré cite la déclaration suivante qui se trouve dans un protocole du traité conclu en 1843, entre la France et Vénézuéla: «Il est bien entendu que tous les crimes, délits, vols etc., commis par les particuliers au préjudice des citoyens d'un autre pays, seront jugés par les tribunaux respectifs et punis conformément aux lois. Le gouvernement ne peut, ni en France ni au Vénézuéla, être responsable de semblables attentats quand ils sont entièrement indépendants de sa volonté, et que, loin de les tolérer, il travaille activement à leur répression.» Ce même commentateur dit que, «par une convention formée à Madrid en 1861, le gouvernement vénézuélien a accepté la responsabilité des dommages causés aux nationaux espagnols toutes les fois qu'il serait *prouvé* qu'il aurait pu protéger ces résidants étrangers, et qu'il ne l'aurait pas fait.» [1]

La déclaration du protocole n'est pas incorporée textuellement dans le traité du 15 Mars 1843; mais un des articles établit que les sujets et citoyens respectifs jouiront, dans l'un et l'autre État, d'une constante et complète protection pour leurs personnes et leurs propriétés, et il contient la clause suivante: «enfin ils jouiront, sous ce rapport, des mêmes droits et priviléges que ceux qui seront accordés aux nationaux, et seront soumis aux mêmes conditions imposées à ces derniers.» [2]

Objet déclaré du traité tripartite de 1861, entre l'Espagne, la France et la Grande-Bretagne.

On se souviendra que l'objet déclaré du traité tripartite de 1861, entre l'Espagne, la France et la Grande-Bretagne, relatif au Mexique, n'a pas été seulement d'amener «l'exécution des obligations contractées envers elles par la république du Mexique», mais d'exiger «une protection plus efficace pour les personnes et les propriétés de leurs sujets.» [3]

Intervention d'une nation étrangère dans les causes devant les tribunaux.

L'intervention d'une nation étrangère, sous quelque prétexte que ce soit, dans des causes devant les tribunaux, fait tort à l'indépendance nationale. «En général, écrivait en 1848 le ministre français en Grèce, il est admis en principe, et ce principe est conforme à l'équité, qu'il ne peut y avoir d'inter-

[1] VATTEL, tom. II, p. 51, note par Pradier-Fodéré.
[2] MARTENS, *Nouveau Recueil général*, tom. V, p. 166.
[3] Vide *supra*, Part. II, chap. I, § 7, tom. II, p. 339 et suiv.

vention diplomatique dans les différends où l'autorité locale ne se trouve pas engagée. C'est aux tribunaux et conformément aux lois du pays, que la partie lésée, quelle que soit sa nationalité, doit recourir et demander justice.» [1]

Service militaire d'étrangers.

Traité de l'Angleterre avec le Portugal, du 3 Juillet 1842.

Le traité du 3 Juillet 1842 entre la Grande-Bretagne et le Portugal déclare que «les sujets respectifs de chacune des parties seront exempts de tous emprunts forcés et de toute autre contribution extraordinaire non générale ou non établie par la loi, ainsi que de tout service militaire sur terre comme sur mer.» Des stipulations analogues sont contenues dans les traités de l'Angleterre avec la Russie, l'Italie et d'autres États européens; mais il n'y a pas de traité pour cet objet entre l'Angleterre et la France. Dans le traité avec la Colombie, du 16 Février 1866, l'article 16 est ainsi conçu: «Les sujets et citoyens de chacune des parties contractantes seront, dans les territoires et possessions de l'autre, exemptés de tout service militaire forcé, soit dans l'armée, soit dans la marine, soit dans la garde nationale ou la milice.» [2]

Traité avec la Colombie, du 16 Février 1866.

Traité du 14 Novembre 1788, entre la France et les États-Unis.

L'article 14 du traité du 14 Novembre 1788, entre les États-Unis et la France, déclare que «les sujets du roi très-chrétien et les citoyens des États-Unis qui justifieront authentiquement de leur qualité de membres de la nation respective jouiront, en conséquence, de l'exemption de tout service personnel dans le lieu de leur établissement.» [3]

Traités des États-Unis avec le Mexique et le Nicaragua.

La même stipulation qui est contenue dans le traité de 1866 entre la Grande-Bretagne et la Colombie, relativement à l'exemption du service obligatoire, est également insérée dans le traité des États-Unis avec le Mexique du 5 Avril 1831 [4] et dans autres traités des États-Unis avec les États hispano-américains, y compris le traité du 21 Juin 1867 avec le Nicaragua. [5] Ce dernier traité stipule en faveur des résidants l'exemption du service militaire forcé, des contributions de guerre, des réquisitions militaires en temps de guerre, et il

[1] Vattel, note par Pradier-Fodéré in *loc. cit.*

[2] *Report of the Royal Commissioners for inquiring into the laws of naturalisation and allegiance*, 1869, p. 67.

[3] *U. S. Statutes at large*, vol. VIII, p. 115.

[4] *Ibid.*, p. 414.

[5] *Treaties of the United States*, 1868, p. 64.

ajoute: «Mais ils doivent être obligés, de la même manière que les citoyens de chaque nation, à payer les taxes légitimes, les taxes municipales et autres impositions et charges ordinaires, emprunts et contributions en temps de paix (comme les habitants du pays y sont tenus), dans la juste proportion de leurs biens.»

Service militaire des étrangers domiciliés dans l'Amérique espagnole.

Dans notre aperçu des relations des puissances européennes avec les États de l'Amérique espagnole, nous avons eu occasion de rapporter un cas où la France a regardé comme un *casus belli*, même dans l'absence de toute stipulation conventionnelle, la demande faite à ses nationaux de concourir de leurs personnes à la défense du pays où ils étaient domiciliés et dont ils étaient devenus, d'après les lois municipales ou intérieures, citoyens naturalisés. [1]

Service militaire d'étrangers en Europe.

Il est vrai qu'on n'exige pas ordinairement, dans les États du continent de l'Europe, le service militaire des étrangers domiciliés; mais cela provient de leur politique interne et du système de recrutement qu'ils ont adopté. Que ces gouvernements ne tiennent pas à l'exemption, de droit, de leurs sujets établis d'une manière permanente à l'étranger, c'est ce qui est bien constaté, non-seulement par les traités qu'on a conclus exprès à ce propos, mais par le fait qu'on trouve insérée dans plusieurs autres traités une clause en faveur de leurs consuls qui n'ayant pas de privilèges diplomatiques, seraient autrement exposés aux mêmes obligations que les autres étrangers résidant dans le pays. D'après le rapport des commissaires sur la naturalisation, que nous venons de citer, l'objet de l'Angleterre, en faisant les traités européens qui y sont mentionnés, était de protéger ses sujets contre la conscription. D'après une déclaration du 24 Février 1868, échangée entre la France et l'Italie, leurs sujets respectifs sont déclarés «exempts de tout service dans l'armée, dans la marine, dans la garde nationale ou dans la milice, de toute fonction judiciaire ou municipale, de tout emprunt forcé, de toute prestation ou réquisition militaire, comme aussi de toute espèce de contribution du même genre, en numéraire ou en nature, imposée en échange d'un service personnel.» [2] Dans une autre partie de notre ouvrage, nous don-

Traités consulaires.

[1] Voir Part. II, chap. I, § 7, tom. II, p. 330 *supra*.

[2] *Archives diplomatiques*, 1868, tom. III, p. 1035.

nons renvoi aux traités où sont rapportées les exemptions consulaires, en comprenant celles contenues dans la convention de 1853 entre les États-Unis et la France.[1]

Service militaire au Canada en 1812.

L'Angleterre a exigé, pendant la guerre de 1812 avec l'Amérique, le service militaire des citoyens natifs des États-Unis domiciliés au Canada, au moment même qu'elle appliquait aux Irlandais faits prisonniers de guerre le principe de l'allégeance perpétuelle. Nous reviendrons sur ce sujet dans la suite de cet article.

Les Français dans la Guyane anglaise.

Lorsque la France demandait, en 1856, pour ses nationaux résidant dans la Guyane anglaise, l'exemption du service militaire, en se basant sur l'exemption dont y jouissaient les Portugais, on lui répondit que ce privilége venait d'un traité, et que le gouvernement britannique trouvait ce privilége si préjudiciable qu'il faisait des tentatives pour l'abroger.

Instructions au ministre anglais à Buenos-Ayres 1862.

Les instructions envoyées, le 28 Mai 1862, à M. Thornton, ministre anglais à Buenos-Ayres, l'informent que, d'après le droit international, en l'absence de toute stipulation de traité, les étrangers (*aliens*) pourront être soumis au service militaire dans le pays de leur domicile.[2]

Étrangers aux États-Unis pendant la guerre civile 1861—65.

Pendant la guerre civile aux États-Unis (1861—65), le congrès fédéral établit que plusieurs classes d'étrangers domiciliés, quoiqu'ils ne fussent pas encore devenus citoyens, seraient enrôlés dans les forces militaires de l'Union. Le ministre actuel des États-Unis à Copenhague avait assisté, comme membre d'un comité du congrès, à la rédaction de ces lois. Il nous fait savoir que leur application était limitée à des classes spéciales, par des considérations qui ne dérogeaient nullement au principe du droit qu'avaient les États-Unis d'exiger le service militaire de tout étranger domicilié dans leurs limites. Il demande pourquoi tout pays ne pourrait exiger de tout homme établi dans sa juridiction, et qui jouit de sa protection, de l'aider de sa personne, de même qu'il l'oblige de payer les taxes imposées pour le maintien du gouvernement.[3]

Instructions diplomatiques et consulaires de la Grande-Bretagne.

Les instructions adressées, pendant cette guerre, par le

[1] Voir Part. III, chap. I, § 22 *infra*.

[2] *Reports*, p. 62, 67.

[3] YEAMAN, *Allegiance and Citizenship*, Copenhague, 1867, p. 47.

gouvernement anglais à ses agents diplomatiques et consulaires confirment pleinement cette manière d'envisager le sujet.

Lord John Russell écrivait à Lord Lyons, le 4 Avril 1861: «Il n'y a aucune règle ni aucun principe de droit international qui défende au gouvernement d'un pays d'exiger des étrangers domiciliés sur son territoire le service dans la milice ou dans la police du pays, ou de les faire contribuer au soutien de tels établissements. Il semble que, dans ce pays (l'Angleterre), la question de savoir si l'on pourrait obliger un étranger à servir dans la milice n'a jamais été décidée avec autorité.»

Service dans la milice ou dans la police.

«Si cependant, ajoutait-il, la milice était enrôlée pour le service actif, et si les remplacements n'étaient pas permis, la condition des sujets britanniques paraîtrait mériter une considération toute particulière et demander en leur faveur l'emploi de tous les efforts du gouvernement de Sa Majesté.»

Dans une autre instruction, du 7 Octobre 1861, également adressée à Lord Lyons, on admet, parmi les obligations qui incombent à un étranger volontairement domicilié dans un pays, non-seulement le service dans la milice ou dans la garde nationale ou dans la police locale pour le maintien de la paix et de l'ordre, mais aussi dans certaines limites (*to a limited extent*) le service militaire pour la défense du pays contre l'invasion étrangère. On croit cependant que les étrangers ne devraient pas être obligés à servir dans les armées dans une guerre civile où, indépendamment des dangers ordinaires des combats, ils pourraient se trouver exposés à être traités comme rebelles et comme traîtres, pour avoir pris parti dans une querelle qui, étant *aliens*, ne les regardait pas.

Service militaire d'étrangers dans une guerre civile.

On ajoute que, si les parties belligérantes persistaient à faire de tels enrôlements forcés, le gouvernement de Sa Majesté serait obligé de se concerter avec d'autres puissances neutres pour aviser en commun aux moyens de protéger leurs sujets respectifs.

Circulaire de Lord Russell du 11 Octobre 1862, aux consuls dans les États du Sud.

Lord Russell, dans une circulaire du 11 Octobre 1862, adressée aux consuls britanniques dans les États du Sud, ne nie pas le droit du gouvernement confédéré de faire enrôler les Anglais domiciliés, mais il insiste sur ce point que les sujets britanniques, qui ne sont domiciliés que par leur résidence, ne doivent pas être enrôlés forcément pour le service militaire par une loi *ex post facto*, attendu qu'il n'existait, à l'époque de l'établissement de leur domicile, aucune loi du pays qui les assujettît à un tel service. Il se peut qu'un État ait le droit de faire une telle loi, mais à la condition d'offrir en même temps aux étrangers domiciliés le choix de quitter le territoire dans un temps raisonnable. Sans la possibilité d'un tel choix, la loi violerait le droit international.

Acte du 3 Mars 1863.

Un acte, du 3 Mars 1863, ayant compris dans les forces nationales toutes les personnes nées à l'étranger, de l'âge indiqué dans l'acte, qui avaient déclaré, conformément aux lois, leur intention de devenir citoyens, une proclamation du président Lincoln, du 8 Mai 1863, fit savoir qu'il ne serait admis aucune exception à l'obligation du service militaire en faveur de toute personne née à l'étranger, qui avait prêté serment en déclarant son intention de devenir citoyen des États-Unis, et qui se trouverait dans le territoire de l'Union soixante-cinq jours après la date de la proclamation. Elle déclare en outre qu'aucune exception ne serait admise en faveur de quiconque, ayant fait la déclaration ci-dessus, aurait exercé, dans quelque occasion que ce fût, le droit de suffrage politique sous les lois des États-Unis ou d'un de ces États.

Proclamation du Président Lincoln du 8 Mai 1863.

Avis du gouvernement anglais.

Le gouvernement anglais était d'avis que cette proclamation accordait un temps suffisant pour le départ de ceux qui s'étaient proposé de devenir citoyens (*intended citizens*), et il refusa d'intervenir en faveur de ceux qui n'avaient pas profité de la faculté accordée par la proclamation.[1]

Sujets britanniques dans les armées confédérées faits prissoniers de guerre.

Le même gouvernement donna des instructions le 29 Janvier 1864 à Lord Lyons, relativement à des sujets britanniques qui, servant par contrainte dans les armées confédérées, avaient été faits prisonniers de guerre par les forces militaires des États-Unis. Il y était dit qu'on ne pouvait baser sur le principe du droit strict la demande tendant à obtenir leur mise en liberté, et que le gouvernement de la Grande-Bretagne ne

[1] Il y avait eu plusieurs remontrances, de la part des consuls dans les États du Sud, contre les enrôlements de sujets britanniques faits d'après l'acte du congrès confédéré du mois d'Avril 1862, qui assujettissait au service militaire *tout homme blanc*, depuis l'âge de 18 ans jusqu'à celui de 35. La correspondance fut terminée, en Octobre 1863, par le renvoi des consuls.

pouvait non plus donner son consentement à la mise en liberté de ces personnes, à la condition qu'elles prêteraient serment d'allégeance aux États-Unis.

Acte du congrès du 24 Février 1864.

Lorsque le congrès des États-Unis statua, le 24 Février 1864, qu'aucune personne née à l'étranger ne serait exempte, à raison de sa qualité d'étranger (*alien*), de l'enrôlement et du tirage, si elle avait concouru, dans une occasion quelconque, à une élection faite sous l'autorité des lois d'un État ou d'un territoire ou des États-Unis, ou si elle avait rempli un office, le gouvernement anglais ne jugea pas à propos de donner des instructions par rapport à cet acte du congrès.

Instructions du 5 Août 1864.

Les instructions envoyées à Lord Lyons le 5 Août 1864 portaient que le gouvernement britannique ne pouvait se mêler, en faveur des sujets anglais résidant à l'étranger, de l'application qui leur était faite de la loi martiale.

Loi martiale.

Lors de la suspension de l'acte d'*Habeas corpus* en Irlande, M. Seward écrivit à M. Adams, le 10 Mars 1866: «Les Américains, qu'ils soient nés Américains ou qu'ils soient citoyens naturalisés, peu importe, doivent, dans la Grande-Bretagne, être soumis aux mêmes lois que les sujets britanniques, aussi longtemps qu'ils y résident et qu'ils y jouissent de la protection du gouvernement de ce pays. Nous appliquions, dit-il, dans la dernière rébellion, la même règle aux sujets britanniques qui voyageaient ou séjournaient dans les États-Unis.» [1]

[1] *Report of the Royal Commissioners for inquiring into the laws of naturalisation and allegiance*, 1869, p. 43, 67. — La Commission nommée, sous l'article XII du traité de Washington de 1871, pour liquider les réclamations des citoyens de l'un de ces pays contre l'autre s'élevant entre le 13 Avril 1861 et le 9 Avril 1865 (temps de la guerre civile), vient de décider que les Anglais, qui avaient fait la déclaration préalable de leur intention de devenir citoyens américains et de renoncer à leur allégeance à Sa Majesté britannique, n'avaient pas cessé d'être sujets britanniques, et qu'ils auraient droit de réclamer des indemnités d'après le traité. *New-York World*, 1er Février 1871.

VI.

ÉTAT DES PERSONNES.

Éléments, § 6, tom. I, p. 111

La question de savoir si le statut personnel suit la personne en pays étranger, est celle que nous avons jusqu'ici signalée comme séparant la jurisprudence internationale du continent de l'Europe de celle de l'Angleterre et des États-Unis. Distinction entre la jurisprudence internationale du continent et celle de l'Angleterre.

En dehors des différences dans l'application du statut personnel aux cas de mariages et au règlement des divorces dans un pays lorsqu'ils ont été accordés dans un autre, les différences quant à l'âge de la majorité dans les différents pays présentent d'importantes questions pratiques. Comme l'âge de la majorité varie dans les différents pays, il est important de savoir laquelle l'emporte de la loi du pays auquel l'individu appartient ou de celle du pays où il se trouve temporairement. C'est aussi une question de savoir jusqu'où le caractère représentatif doit être reconnu, particulièrement dans les cas de banqueroute, ou concernant les biens de personnes mortes soit avec testament, soit *ab intestat*. Étendue de l'action du statut personnel, en matière de majorité.

La règle admise par Wheaton qui reconnaît l'exterritorialité du status personnel se trouve dans l'alinéa 3 de l'article III du code Napoléon; mais elle est qualifiée par notre auteur par les termes soulignés qui la précèdent. «*En général*, dit-il, 'les lois de l'État concernant la condition civile et la capacité personnelle des citoyens leur sont applicables, même quand ils résident en pays étrangers.'» Règle de Wheaton concernant l'exterritorialité du status personnel.

Cette règle est ainsi développée dans les «Éléments:» «Telles sont les qualités personnelles universelles qui commencent dès la naissance même, telle que la qualité de citoyen, la légitimité et la non légitimité; à une époque déterminée après la naissance, telle que la minorité et la majorité; ou à une époque indéterminée après la naissance, telle que l'imbécilité ou la démence, la banqueroute, le mariage et le divorce constatés par la sentence d'un tribunal compétent. Les lois de l'État concernant toutes les qualités personnelles universelles de ces citoyens les suivent partout et s'attachent à eux, n'importe dans quel pays ils résident.» Qualités personnelles qui suivent une personne à l'étranger.

Cette exposition diffère peu de celle de Fœlix, quoique ce

Loi d'Angleterre et des États-Unis.

dernier dise qu'en Angleterre et aux États-Unis il n'existe pas de texte de loi correspondant à l'article du code français. [1]

Qualités déterminées d'après Fœlix par le *statut personnel.*

D'après Fœlix, est *statut personnel* la loi qui détermine si l'individu est citoyen ou étranger, la loi qui établit la légitimité, qui fixe l'époque de la majorité, et les formalités relatives à la célébration du mariage; celle qui distingue les personnes qui peuvent contracter un mariage valable et les causes de sa dissolution; celle qui soumet la femme à la puissance du mari, le mineur à celle du tuteur; celle qui établit la capacité de s'obliger ou de tester. [2]

Commentaire de Demangeat sur les définitions de Fœlix.

Demangeat, se rapportant à ce passage, fait la remarque suivante: «Nous devons dès ce moment prémunir le lecteur contre une méprise que pourraient faire naître les expressions employées par M. Fœlix. Lorsque deux personnes se marient en pays étranger, il est généralement admis qu'il y a lieu d'appliquer la règle *Locus regit actum*, c'est-à-dire qu'en ce qui concerne les *formalités relatives à la célébration*, les conditions de formes nécessaires pour la validité du mariage, on peut toujours s'en tenir à ce qui est permis par la loi du lieu où le mariage est célébré. Du reste, la loi personnelle peut indiquer, et c'est là la pensée de notre auteur, d'autres formes dont l'observation suffira (Code Napol. Art. 48).»

Phillimore d'accord avec les jurisconsultes du continent.

Phillimore se rallie, de même que Wheaton, aux jurisconsultes du continent. Voici comment il s'exprime: «La proposition déjà formulée, à savoir, que la loi du domicile règle le *status*, et conséquemment suit la personne en y attachant toutes ses capacités et ses incapacités où qu'elle aille, est basée, comme proposition abstraite, sur l'autorité prépondérante d'une grande majorité des juristes, sur ce qu'elle est reconnue par les tribunaux, et qu'elle a de plus été incorporée expressément dans la législation positive des principaux États du continent européen.

La jurisprudence des États-Unis et celle de l'Angleterre diffèrent des doctrines du continent européen.

«La jurisprudence des États-Unis d'Amérique et, sous quelques rapports, celle de l'Angleterre aussi, diffèrent matériellement des doctrines des codes et des juristes du continent européen.

[1] Fœlix, *Droit international privé,* tom. I, p. 77.

[2] *Ibid.*, p. 44.

«Il est certes vrai que le *status* des individus, en ce qui regarde les actes faits et les droits acquis *au lieu de leur domicile*, et les contrats passés *concernant des propriétés qui y sont situées*, seront régis par la loi de ce domicile; et l'Angleterre et les États-Unis considéreront *de tels actes*, droits ou contrats comme valides ou invalides, selon qu'ils seront tenus pour valides ou invalides par la loi du domicile. Mais cette proposition est très loin d'être équivalente à celle du code français, à savoir, que les lois concernant l'État et la capacité des personnes régissent les Français, même résidant en pays étranger.

Actes faits et droits acquis au lieu du domicile concernant les propriétés y situées.

«L'État de la jurisprudence tel qu'il nous est présenté dans la pratique des tribunaux anglais et américains dans les questions se rapportant au *status personnel* des étrangers, sera trouvé, dit-il, fort peu satisfaisant, soit qu'on le considère par rapport à la *comitas*, on le trouvera en désaccord avec la loi du reste du monde chrétien, soit qu'on l'envisage au point de vue de notre propre jurisprudence domestique avec laquelle il présente de pénibles et de grossières contradictions.

La jurisprudence des tribunaux anglais et américains est peu satisfaisante.

«On a supposé que les tribunaux anglais maintiennent que certaines incapacités attachées par la loi de leur domicile aux mineurs, ne les suivent pas nécessairement dans d'autres pays; on leur a imputé d'avoir déclaré des contrats de mariage ainsi que des contrats d'emprunt d'argent faits par des Anglais d'une manière valide selon la *lex loci contractus*, mais invalide selon la loi du domicile anglais, être des contrats valides en Angleterre. Tandis que, d'un autre côté, ils ont maintenu que certaines incapacités résultant de la *lex domicilii* accompagnent l'individu, et ils ont refusé de reconnaître la validité d'un second mariage contracté par des Anglais durant la vie de la première femme, après un divorce du mariage anglais accordé par un pays étranger; ils ont aussi refusé de reconnaître la validité d'un mariage d'Anglais à l'étranger dans les degrés prohibés d'affinité.

D'après la loi anglaise quelques incapacités des mineurs ne les suivent pas dans d'autres pays.

Contrat invalide d'après la loi anglaise, valide dans le lieu du contrat, reconnu valide en Angleterre.

D'autres actes valides d'après le pays du contrat, mais contraires à la loi anglaise, non reconnus.

«Ainsi ils ont refusé de reconnaître des mariages contractés à l'étranger en violation du *statut* anglais concernant la famille royale.[1]

Acte relatif aux mariages de la famille royale.

[1] Voir § 7 *infra*.

Décisions des tribunaux anglais sur la légitimité.

«Les tribunaux anglais ont aussi rendu les décisions suivantes que l'on ne saurait concilier: ils ont maintenu que la légitimité d'une personne est réglée par la loi de son origine ou du lieu de sa naissance; et cependant, une personne considérée comme légitime selon cette loi peut être incapable d'hériter des *biens-fonds* en Angleterre, comme n'étant pas légitime à cette fin. [1]

Les tribunaux anglais quant à la *patria potestas*.

«La loi anglaise respecterait probablement la *patria potestas* d'un père étranger — au moins dans les limites raisonnables — tandis qu'elle paraît avoir refusé de reconnaître l'autorité du tuteur étranger d'un mineur, ou celle du curateur d'un aliéné.

L'Angleterre et les États-Unis refusent de reconnaître le statut personnel imposé par le domicile étranger.

«Le résultat de cet examen de la loi d'Angleterre et de celles des États-Unis d'Amérique qui ont adopté cette loi, est que ces pays, à présent, refusent en principe de reconnaitre universellement le *statut personnel*, ou loi du *status*, imposée par le domicile étranger, et diffèrent sur ce point des usages des autres États de la chrétienté.» [2]

Le statut personnel du pays d'allégeance ou celui du domicile doit-il gouverner?

Si le status personnel d'un individu doit l'accompagner partout, il est essentiel de s'informer si c'est le status personnel d'après la loi de son pays d'allégeance ou celui d'après la loi de son domicile qui le gouvernera.

Nous avons déjà eu occasion de nous rapporter à l'exposé que Demangeat donne de l'erreur dans laquelle est tombé Fœlix lorsqu'il dit que les expressions «*lieu du domicile de l'individu*» et de «territoire de sa nation» ou «patrie» peuvent être employées indifféremment.

Sous ce même rapport se trouve l'examen de la question de savoir jusqu'à quel point il est possible d'acquérir un domicile en France indépendemment de l'autorisation du gouvernement. [3]

Le droit du domicile gouverne d'après Savigny.

«Aujourd'hui, dit Savigny, [4] le domicile détermine régulièrement le droit spécial auquel chacun est soumis comme à son droit personnel, et ce principe est depuis longtemps généralement admis.»

Nous devons ajouter, par rapport à l'article III déjà cité

[1] Voir § 3 *supra*, p. 80.

[2] Phillimore, *International law*, pp. 246—255.

[3] Voir § 5 *supra*, p. 111.

[4] Savigny, *Traité de droit romain*, par Guenoux, tom. VIII, § 359, p. 102.

du Code, que «l'État et la capacité de l'étranger sont régis en France par la loi de son pays sans aucune condition de réciprocité; peu importe que dans son pays on n'applique pas la loi française en ce qui concerne l'État et la capacité des Français.» [1] Statut personnel des étrangers reconnu en France sans égard à la réciprocité.

L'article 6 des dispositions générales du nouveau code italien, qui correspond au 3e alinéa de l'article III du code civil français, déclare «que l'État et la capacité des personnes, comme les rapports de famille, sont régis par les lois de la nation à laquelle elles appartiennent.» Code italien.

Le code civil d'Autriche contient une disposition correspondante à l'article du code civil français. Il dit dans la 4me section: «Les lois civiles sont obligatoires pour tous les citoyens appartenant au pays pour lequel ces lois ont été promulguées. Les citoyens demeurent soumis aux lois civiles pour les affaires et actes conclus hors du territoire de l'État, en tant que la capacité d'y concourir est modifiée par ces lois, et en tant que les actes et affaires dont il s'agit sont destinés à produire des effets légaux dans le territoire de l'Empire. Code autrichien.

«La capacité personnelle des étrangers relativement aux actes de la vie civile doit, en général, être jugée d'après les lois auxquelles l'étranger est soumis, soit comme étant celles du lieu de son domicile, soit lorsqu'il n'a pas de domicile, parce qu'il se trouve, en raison de sa naissance, sujet du pays régi par les mêmes lois; à moins que les lois n'en aient ordonné autrement dans des cas particuliers.» Capacité personnelle des étrangers.

La règle française a été également reconnue par le code général de Prusse. Le § 23 de l'*Introduction* déclare que «la qualité et la capacité personnelles d'un individu seront jugées d'après les lois de la juridiction dans le ressort de laquelle il a son domicile réel.» Puis on ajoute, § 34: «Les sujets d'États étrangers, qui vivent dans les États prussiens, ou qui y font des affaires, seront également jugés d'après les dispositions ci-dessus.» Code général prussien.

L'application aux étrangers, comme aux nationaux, du principe consacré par le code français, admet en Autriche et en Prusse des exceptions, qui ont été établies dans l'intérêt des nationaux, et afin de prévenir les lésions qu'ils pourraient Exceptions en Autriche et en Prusse aux principes du Code français.

[1] Fœlix, tom. I, p. 67, note.

éprouver par suite de contrats passés par eux, soit dans leur patrie, soit à l'étranger, avec des étrangers.

Code civil d'Autriche.

Le § 35 du code civil d'Autriche dit: «Un engagement pris dans cet État par un étranger, et en vertu duquel il confère des droits à des tiers, sans les obliger réciproquement envers lui, sera jugé, soit d'après le présent code, soit d'après la loi à laquelle l'étranger est soumis en sa qualité de sujet, suivant que l'une ou l'autre législation favorise le plus la validité de cet engagement.

§ 36. «La convention synallagmatique passée dans cet État entre un étranger et un citoyen sera jugée, sans exception, d'après les dispositions du présent code; mais, lorsque les deux contractants seront étrangers, la convention synallagmatique ne sera jugée d'après ce code qu'autant qu'il ne sera pas prouvé que les parties en contractant avaient entendu se régler d'après une autre législation.

§ 37. «Les conventions passées en pays étranger, soit entre des étrangers, soit entre des étrangers et des sujets de cet État, seront jugées d'après les lois du lieu du contrat, à moins qu'il ne soit manifeste qu'une autre législation a servi de base à ce contrat[1], et à moins que la disposition du § ci-dessus ne s'y oppose.»

Introduction au Code prussien.

§ 37 de l'Introduction du Code prussien: «Cependant un étranger qui contracte dans ces États sur des objets qui s'y trouvent, doit être jugé, relativement à sa capacité de contracter, suivant les lois qui favorisent le plus la validité de la convention.»

Code de procédure civile de Prusse, part. I, tit. I, § 5: «Quant à l'étranger qui se présente devant nos tribunaux, soit comme demandeur soit comme défendeur, sa capacité, en ce qui concerne l'âge, sera jugée d'après les lois de son domicile. — § 6. Toutefois, lorsque cet étranger a atteint l'âge de 25 ans révolus, les procédures faites par lui devant les tribunaux du royaume ne pourront être attaquées sous le prétexte que la majorité est fixée à un âge plus avancé par les lois de son domicile ou de la situation de l'immeuble, ou par des dispositions de dernière volonté qui n'ont pas été produites devant les juges.»

Règle quant à la majorité d'un étranger d'après le code civil prussien.

Code belge.

Le code français n'a subi aucune modification en Belgique.

Fœlix dit: «Dans les Pays-Bas, l'art. 6 du nouveau Code civil étend le 3e alinéa de l'art. III du Code français à *tous les droits* quelconques. Cette disposition est ainsi concue: 'Les lois concernant les droits, l'État et la capacité des personnes obligent les Néerlandais, même lorsqu'ils se trouvent en pays étranger.' Mais, loin d'appliquer le même principe aux étrangers qui se trouvent dans les Pays-Bas, l'art. 9 les soumet entièrement aux lois néerlandaises. Voici cet art. 9: 'Le droit civil du royaume est le même pour les étrangers que pour les Néerlandais, tant que la loi n'a pas expressément établi le contraire.' Cette disposition, plus générale que celle du Code de Bade, embrasse même les cas où il n'est pas question d'un contrat.[1]

Pays-Bas.

«La loi russe suit le sujet russe, sans distinction d'État, de rang et de sexe, partout où il réside. L'étranger, pendant tout le temps de son séjour en Russie, est soumis, quant à sa personne et à ses biens, aux dispositions des lois russes, et a droit à leur protection (*Lois personnelles*, IX, 902; *lois fondamentales*, 63). Il peut passer toute espèce de contrats, engagements et conventions, soit avec un étranger, soit avec un Russe, pourvu que l'engagement, s'il doit sortir ses effets dans l'Empire, soit, dans sa substance et dans sa forme, d'accord avec la législation de l'Empire (*Lois civiles*, X, 912).»[2]

Code russe.

Aux exemples de nullité des actes pour inobservation des

Nullité des actes pour inobservation des formes.

[1] Fœlix, *Traité de droit international privé*, tom. I, p. 73—75. D'après un éminent jurisconsulte hollandais, le législateur, en insérant dans l'art. 6 du code de ce pays-là le mot «droits» dans l'alinéa 3 du code français devant les mots «l'État et la capacité», a seulement voulu indiquer plus clairement que toutes les lois concernant le statut personnel, sans aucune exception, suivent les Néerlandais résidant en pays étranger; et contrairement à l'avis de Fœlix, il montre d'après les jugements des tribunaux que cette loi, après avoir déclaré dans l'art. 6 que le statut personnel suit le Néerlandais partout où il se trouve, statue ensuite dans l'art. 9 que le droit civil est le même pour Néerlandais et étrangers: elle reconnaît donc aussi le statut personnel des étrangers, le principe de l'art. 6 faisant nécessairement partie du *droit civil*.» Voir *Revue de droit international*, 1869, p. 113. Asser, *Observations sur un passage de M. Fœlix concernant le droit néerlandais*.

[2] Fœlix, *Traité de droit international privé*, tom. I, p. 76—77.

formalités intrinsèques ou viscérales, Fœlix ajoute d'autres qui se rapportent aux formalités habilitantes.

Autorisation de la femme mariée dépendant du statut personnel.

«L'autorisation de la femme mariée exigée par le Code français, ou l'assistance d'un curateur des femmes, mariées ou non, requise dans divers pays allemands, en Danemark et en Norwége, appartient également à la matière de l'acte et à sa valeur intrinsèque, et la nécessité de cette autorisation ou assistance dépend du statut personnel de la femme.

Pouvoirs du tuteur.

«Il en est de même des pouvoirs du tuteur, selon la variété du statut personnel: les actes faits par le tuteur, au nom du mineur, produisent leurs effets, tantôt par suite du simple consentement du tuteur, tantôt seulement après l'approbation du conseil de famille ou des tribunaux agissant comme tutelle suprême.

Individu interdit — failli.

«L'individu interdit dans son pays, et par là rendu incapable, l'est aussi en pays étranger. Il en est de même du failli déclaré tel dans sa patrie, ainsi que de l'absent.

Obligation entachée de nullité dans le pays du contract.

«Il suit des mêmes principes qu'un individu ne peut valablement ratifier en pays étranger une obligation par lui contractée dans sa patrie, et qui est viciée de nullité d'après les lois de celle-ci, qu'autant que ces mêmes lois autorisent cette ratification.» [1]

Actes faits, contrats passés au lieu du domicile concernant les biens qui s'y trouvent situés.

Selon Story, dont les vues sont rendues d'une manière inexacte par Fœlix, [2] la capacité, l'état et la condition des personnes, tels qu'ils sont établis par la loi de leur domicile, doivent généralement être pris en considération en ce qui concerne les actes faits, les droits acquis et les contrats passés au lieu de leur domicile touchant des biens qui y sont situés. Si de tels actes, droits ou contrats sont valables là, ils seront également tenus comme valables partout. [3]

Actes, droits et contrats passés dans d'autres pays concernant les biens situés dans ces pays.

§ 102 (2). Quant aux actes faits, aux droits acquis et aux contrats passés dans d'autres pays et concernant les biens situés dans ces pays, la loi du pays où les actes sont faits, les droits acquis ou les contrats passés, gouvernera généralement

[1] Fœlix, *Traité de droit international privé*, tom. I, p. 205—207.

[2] *Ibid.*, tom. I, p. 77.

[3] Male *vs.* Roberts, Espinasse's *Reports*, vol. III, p. 163; Thompson *vs.* Ketcham, Johnsohn's *Reports*, vol. VIII, p. 189.

en ce qui regarde la capacité, l'état et la condition des contractants.

§ 103 (3). En ce qui concerne les questions de majorité ou de minorité, de capacité, ou d'incapacité de se marier, les incapacités résultant de l'état de femme mariée, d'une tutelle, ou de l'émancipation et d'autres capacités ou incapacités personnelles, la loi du domicile de naissance ou celle de quelque autre domicile acquis ou permanent ne doit pas régir généralement, mais bien la *lex loci contractus aut actus*, la loi du lieu où le contrat est passé ou l'acte fait. Ainsi un individu qui serait mineur jusqu'à vingt-cinq ans selon la loi de son domicile, et incapable à ce titre d'y passer un contrat valide, pourrait néanmoins dans un autre pays, où il serait majeur à vingt et un ans, passer à cet âge un contrat valide, et même un contrat de mariage.[1]

Questions concernant la majorité ou la minorité.

Story, après un résumé des opinions des publicistes au sujet de la majorité, résumé qui, il faut l'avouer, ne présente point de règle de conduite bien claire, dit: «Probablement trouvera-t-on que dans la plupart des cas la loi du domicile actuel (*domicilium habitationis*) fournira la règle la plus sûre, la plus commode et la moins préjudiciable, du moins en ce qui regarde les transactions et la propriété en dehors du pays de naissance de la partie (*domicilium originis*). Quant aux transactions et à la propriété située dans le pays de sa naissance, la politique de la plupart des nations les inclinera naturellement à considérer leurs propres lois comme conclusives en ce qui regarde leurs propres sujets, où qu'ils soient domiciliés pour ce qui a rapport à leur minorité et à leur majorité, ou à leurs autres capacités ou incapacités de contracter.»[2]

Opinion peu claire de Story.

§ 104 (4). Les incapacités personnelles ne résultant pas de la loi naturelle, mais bien de principes de droit usuel ou de lois positives d'un pays étranger, et en particulier celles qui ont un caractère pénal, ne sont généralement pas reconnues dans d'autres pays où de semblables incapacités n'existent pas. Ainsi l'incapacité résultant de l'hérésie, de l'excom-

Incapacités personnelles ne résultant pas de la loi naturelle.

[1] Story, *Conflict of laws*, ed. Redfield, § 102, 103, p. 159. — Humphrey's *Reports*, vol. IX, p. 426. Pearl *vs.* Hansborough.

[2] Story, *ut supra*, § 73, p. 79.

munication, de la non conformité, l'infamie résultant d'un jugement, et les autres incapacités pénales ne sont appliquées dans aucun autre pays que dans celui où elles ont été infligées. Elles sont strictement territoriales. Ainsi la qualité d'esclave ne sera reconnue dans aucun pays dont les institutions et la politique prohibent l'esclavage.

Légitimité et illégitimité, décidées par la loi du lieu du mariage.

§ 105 (5). Dans les questions de légitimité ou d'illégitimité, la loi du lieu où le mariage a été célébré est appliquée généralement en ce qui concerne les enfants nés ultérieurement. Si le mariage est valide d'après la loi du pays où il a été contracté, il sera généralement considéré comme valide dans tout autre pays dans le but d'établir la légitimité et l'hérédité. Si le mariage était invalide là où il a été contracté, il sera généralement (sinon universellement) considéré comme invalide en tout autre pays.

Enfants nés avant le mariage.

§ 105 (6). Quant aux enfants nés avant le mariage, si selon la loi du pays où ils sont nés, ils se trouvaient légitimés par le mariage subséquent de leur parents, un tel mariage subséquent les légitimera (peut-être en tout pays, et au moins dans ce pays-là) de manière à ce que ce caractère de légitimité soit reconnu dans tous les autres pays. S'ils sont illégitimes là, le même caractère d'illégitimité s'attache à eux dans tous les autres pays.

Des sujets ne peuvent se dérober à l'action des lois de leur propre pays ou commettre des fraudes au moyen d'actes passés à l'étranger.

Cas de mineurs, interdits, femmes mariées, qui se rendent à l'étranger.

Une personne illégitime d'après les lois de son pays n'est pas rendue légitime par le mariage de ses parents dans un pays où un tel mariage légitime les enfants nés dans le pays.

§ 106 (7). Aucune nation n'étant obligée de soumettre ses propres lois en ce qui regarde ses propres sujets, aux lois des autres nations, elle ne saurait souffrir que ses propres sujets se dérobent à l'action de ses propres principes fondamentaux ou de ses propres lois, ou commettent des fraudes en les violant, au moyen d'actes ou de contrats passés à cet effet en pays étrangers. Une nation jugera pour elle-même jusqu'où elle voudra admettre ou rejeter de tels actes ou de tels contrats. En conséquence, les actes des personnes interdites, des mineurs, des imbéciles, des fous, et des femmes mariées qui se rendent en pays étranger, ne doivent pas être nécessairement considérés comme absolument obligatoires, lors même qu'ils seraient sanctionnés par la loi étrangère, a moins que la loi de leur propre pays n'accepte ces lois étrangères comme la règle qui régit de tels cas. Conséquemment, aussi, une personne née hors mariage qui serait considérée comme illégitime dans son pays natal, ne cesserait pas d'y être illégitime par le fait du mariage subséquent de ses parents dans un pays où un tel mariage l'eût rendue légitime si elle y fût née. Quand donc un mariage est considéré par les lois d'un pays comme indissoluble, lorsqu'il est une fois contracté entre ses propres sujets, ceux-ci ne sauraient, en passant simplement dans un autre pays, au moins sans un changement de domicile, être considérés comme capables de contracter un nouveau mariage à la suite d'un divorce légal selon la loi du pays où ils se sont retirés.[1]

Un mariage indissoluble par les lois du pays ne peut être dissous par une simple résidence dans un autre pays de manière à autoriser un autre mariage.

Sous la république et au commencement de l'Empire, il n'y avait pas, pour les citoyens romains, un moyen général de légitimer les enfants nés hors mariage, et, par conséquent, de les faire entrer dans la famille et sous la puissance de leur père. Mais Gaius cite plusieurs cas particuliers où des enfants qui n'étaient pas sous la puissance de leur père, y entraient en vertu de dispositions législatives spéciales.

Légitimation d'après la loi romaine.

D'après la loi romaine sous les empereurs chrétiens, le privilége de la légitimation *per subsequens matrimonium* était strictement restreint aux enfants issus du concubinat, et ne s'étendait à aucune autre catégorie de bâtards. Les *spurii*, nés d'un commerce adultérin ou incestueux, ou d'une union passagère, ne pouvaient être légitimés.

Per subsequens matrimonium.

Un autre genre de légitimation, *per oblationem curiæ*, fut introduit par Théodose II, ap. J. C. 443. Comme les devoirs de *decurio* étaient très-onéreux et accompagnés de dangers, le fils naturel qui en entreprenait les charges était par ce fait légitimé. La fille naturelle qui épousait un *decurio* jouissait du même privilége. Enfin Justinien institua une troisième espèce de légitimation, *per rescriptum principis*, quand l'empereur déclarait légitimes, dans des circonstances spéciales et à la demande du père, des enfants naturels, comme, par exemple, lorsque le mariage avec la concubine était devenu

Per oblationem curiæ.

Per rescriptum principis.

[1] Rex *vs.* Lolley, Russel and Ryan's *Cases*, vol. I, p. 237; Tovey *vs.* Lindsay, Dow's *Reports*, vol. I, p. 124; Beazley *vs.* Beazley, Haggard's *Ecclesiastical Reports*, vol. III, p. 639; Mc Carthy *vs.* De Caix, 1831, Russel and Mylne's *Reports*, vol. II, p. 620. Mais voir Warrender *vs.* Warrender, Bligh's *Reports*, vol. IX, p. 89. Story, *Conflict of laws*, ed. Redfield, § 104—106, p. 161.

impossible, et lorsqu'il n'y avait pas d'enfants légitimes, — ou lorsque le père, empêché par quelque circonstance fortuite de légitimer ses enfants naturels durant sa vie, déclarait par testament qu'ils devaient lui succéder comme des enfants légitimes et ses héritiers *ab intestat.* [1]

Légitimation d'après la loi canonique.

La doctrine de la légitimation par le mariage subséquent est dite avoir été introduite dans le droit canon par deux constitutions du Pape Alexandre II, conservées dans les décrétales de Grégoire. Le droit canon était plus indulgent que la loi romaine, en ce qu'il accordait le privilége de la légitimation non-seulement aux enfants nés du concubinage, mais aux enfants issus de toute liaison illicite, pourvu que les père et mère, à l'époque de leurs rapports, eussent été capables de contracter mariage.

Légitimation des bâtards.

La légitimation par le mariage subséquent jamais admise en Angleterre.

La légitimation par le mariage subséquent n'a jamais été admise par la loi anglaise. Lorsque le clergé insista pour l'introduire dans le droit canonique, elle fut rejetée avec indignation par le fameux *statute* de Merton; les barons anglais déclarant à l'unanimité, «*quod nolunt leges Angliæ mutare quæ huc usque usitatæ sunt et approbatæ.*» Dès les premiers temps la loi anglaise a considéré l'enfant né avant le mariage (*antenatus*) comme illégitime. Et il a été décidé que lors même que l'enfant est né et que les parents se sont ensuite mariés dans un pays étranger dont la loi reconnaît la légitimation par mariage subséquent, cet enfant est néanmoins incapable d'hériter des biens-fonds en Angleterre. [2]

Les enfants nés hors mariage illégitimes en Russie.

Nous devons faire observer ici que la loi russe, en ce qui concerne la légitimation, ressemble à la loi anglaise. L'ukase russe du 6 Février 1850 déclare illégitimes les enfants qui seront nés hors mariage, lors même que leurs père et mère se seraient ensuite mariés ensemble. [3]

Loi canonique.

D'un autre côté, la règle du droit canonique qui permettait la légitimation de tous les bâtards, pourvu qu'ils ne fussent pas le fruit de rapports adultères ou incestueux, a été suivie à

[1] Ortolan, *Institutes de Justinien*, tom. I, p. 102. Demangeat, *Droit romain*, tom. I, p. 271.

[2] Doe dem Birthwhistle *vs.* Vardill, Barnwell et Cresswell, vol. V, p. 438; Mackenzie, *Roman law*, p. 108.

[3] Saint Joseph, *Concordance des codes civils*, tom. III, p. 290.

la fois en France et en Écosse, non sur l'autorité des décrétales, mais en conséquence de l'équité et de l'utilité de cette règle en elle même.[1] Les articles 331—333 du Code civil français déclarent: 1°. Les enfants nés hors mariage, autres que ceux nés d'un commerce incestueux ou adultérin, pourront être légitimés par le mariage subséquent de leurs père et mère, lorsque ceux-ci les auront légalement reconnus avant leur mariage, ou qu'ils les reconnaîtront dans l'acte même de célébration. 2°. La légitimation peut avoir lieu, même en faveur des enfants décédés qui ont laissé des descendants; et, dans ce cas, elle profite à ces descendants. 3°. Les enfants légitimés par le mariage subséquent, auront les mêmes droits que s'ils étaient nés de ce mariage.

Loi française.

D'après la loi française le mariage rend légitimes les enfants nés d'un commerce illicite, lors même qu'un des époux aurait après cette liaison et la naissance de ces enfants, contracté un mariage avec une autre personne, et que les parents de ces enfants ne se seraient mariés qu'après la dissolution de ce mariage.

Loi écossaise.

Dans l'affaire Kerr *vs.* Martin, qui a été discutée très à fond devant la *Court of session* en Écosse, la question fut soulevée de savoir si le mariage de l'un ou de l'autre des parents, après la naissance de l'enfant naturel, avec une troisième personne, faisait obstacle à la légitimation par le mariage subséquent des parents. Bien que les juges fussent divisés d'opinions, le tribunal décida, à la majorité, que l'enfant était légitimé, et que le mariage intermédiaire ne constituait pas un obstacle. La légitimation par le mariage subséquent, en Écosse, confère à un bâtard les droits d'un enfant légitime. En dehors de sa portion légitime, il hérite aussi des biens destinés aux enfants légitimes (*lawful children*).[2]

Légitimation d'après le code prussien.

D'après le code prussien, «l'enfant peut être légitimé: 1° par jugement, quand il y a eu promesse de mariage; 2° par mariage subséquent des père et mère; 3° par déclaration du père devant le juge lorsqu'il y a promesse de mariage, quand même elle n'a pas été suivie de la célébration

[1] Burge's *Commentaries on foreign and colonial law*, vol. I, p. 92.
[2] Mackenzie, *Roman law*, p. 117, 119.

postérieure; 4° par ordonnance royale rendue sur la demande du père. Mais pour que cette légitimation produise les effets civils, il faut l'assentiment de la famille paternelle; 5° par les cours supérieures quand il s'agit de la légitimation *ad delendum.* La recherche de la paternité et de la maternité est permise.» [1]

On se rappelle que, par le Code Napoléon, art. 340, «la recherche de la paternité est interdite,» et il en est de même dans le Code italien, § 189, sauf dans des cas exceptionnels qui sont les mêmes dans les deux codes.

Voici quelles sont les dispositions de la loi espagnole:

§ 118. Les enfants naturels ne peuvent être légitimés que par le mariage subséquent de leurs père et mère.

On ne comprend parmi les enfants naturels que ceux qui sont nés hors du mariage de père et mère qui, à l'époque de la conception de ces enfants, étaient capables de contracter mariage sans dispenses; les dispositions de l'art. 122 devront aussi être observées.

§ 119. Pour que la légitimation soit effective, les parents de l'enfant naturel devront nécessairement le reconnaître antérieurement à la célébration du mariage, ou par l'acte même de célébration.

§ 120. Les enfants légitimés par le mariage subséquent sont égaux aux enfants légitimes pour tous les effets civils.

§ 121. La légitimation peut aussi s'appliquer aux enfants déjà morts à l'époque de la célébration du mariage, laissant des descendants; en ce cas elle profite à ces derniers.

§ 121. Les parents d'un enfant naturel pourront le reconnaître d'un commun accord.

Ne pourra être reconnu l'enfant qu'un oncle aurait eu de sa nièce naturelle. [2]

Légitimation par le mariage subséquent d'après Savigny.

«La légitimation par mariage subséquent, dit Savigny, se règle d'après le domicile du père à l'époque de la célébration

[1] Saint Joseph, *Concordance des codes civils*, tom. III, p. 204; *Allgemeines Landrecht*, part. II, tit. II, sect. IX.

[2] Francisco de Cardenas, *El derecho moderno, revista de jurisprudecia y administracion*, 1851, p. 24.

du mariage, et l'époque de la naissance de l'enfant est tout à fait indifférente.»

Loi anglaise sur l'héritage des biens-fonds.

Il ajoute: «Partout où s'étend l'empire du droit anglais, il est reconnu que l'influence de la puissance paternelle et de la légitimation sur des immeubles situés en d'autres pays, se juge, non d'après la *lex domicilii*, mais d'après la *lex rei sitæ*.» [1]

Légitimité pour la descendance des biens-fonds en Angleterre.

Nous avons vu que, quels que soient les effets de la légitimation par mariage subséquent pour d'autres objets, elle est inefficace en ce qui concerne la descendance des biens-fonds en Angleterre. [2] Mais un enfant né dans un pays étranger, de parents anglais domiciliés à l'étranger, avant le mariage de ses parents, qui, selon la loi de ce pays-là, a été légitimé par le mariage subséquent des parents, est considéré jusqu'à ce point légitime en Angleterre qu'il y a droit à une portion dans des fonds mobiliers légués aux enfants de son père.

Légitimité dans d'autres cas.

La question Goodman *vs.* Goodman s'éleva à l'occasion de la distribution entre les enfants d'un anglais nommé Goodman d'un fonds déposé à la cour de la Chancellerie (*Court of Chancery*). Goodman laissa à sa mort cinq enfants, dont trois étaient nés en Angleterre avant le mariage de leurs père et mère, l'un était né à Amsterdam, également avant le mariage, et le cinquième était né à Amsterdam après le mariage. Goodman quitta l'Angleterre en 1820, avec l'intention de rester d'une manière permanente à l'étranger et fut bientôt suivi par les trois enfants qui existaient alors et par leur mère. Il demeura à Amsterdam jusqu'en 1826, époque à laquelle il vint se fixer à Bruxelles, où il demeura jusqu'à sa mort, qui eut lieu en 1832. Depuis son départ de l'Angleterre, en 1820, Goodman n'y était jamais retourné. A son mariage avec la mère de ses enfants, en 1822, il fit légitimer, d'après les lois de la Hollande, les quatre enfants qui étaient nés alors. Le mariage ne profitait pas aux enfants nés en Angleterre, mais le vice-chancelier, se basant sur le fait que le père était domicilié en Hollande lors de la naissance de Madame P., décida que Madame P. et Madame D. (née après le mariage) avaient également droit au fonds déposé à la cour. [3]

Enfants nés des mêmes père et mère en Angleterre avant le mariage dans un pays étranger, non légitimés en Angleterre par le mariage.

Enfants nés avant le mariage dans un pays où le mariage subséquent les rend légitimes, reconnus légitimes en Angleterre.

[1] SAVIGNY, *Droit international*, tom. VIII, p. 334 sq.

[2] Voir p. 80 *supra*.

[3] GIFFORD'S *Reports*, vol. III, p. 643. Goodman *vs.* Goodman. Voir STORY, *Conflict of laws*, ed. Redfield, p. 125.

Adoption d'après la jurisprudence romaine.

Une question qui se trouve intimement liée à celle de la légitimation, est la question de l'adoption, qui occupe une place très-importante dans la jurisprudence romaine.

Adoptio et *adrogatio*.

«Il y avait deux sortes d'adoption: l'adoption proprement dite ou *adoptio*, et l'*adrogatio*. La première était une cérémonie par laquelle une personne qui était sous la puissance paternelle, soit comme fils soit comme petit-fils, était mise en la puissance de la personne qui l'adoptait: Dans les anciens temps la personne qui devait être adoptée était 'mancipée' *per æs et libram*, et remise au père adoptif dans la forme légale nommée *in jure cessio*. Plus tard l'adoption fut effectuée sous l'autorité d'un magistrat ayant qualité à cet effet, tel, par exemple, que le prætor à Rome, ou un gouverneur dans les provinces.

Adoption applicable à une personne sous la tutelle paternelle.

Adrogatio, adoption d'une personne qui était *sui juris*.

«Lorsque la personne qui devait être adoptée était *sui juris*, et non sous l'autorité paternelle, la cérémonie de l'adoption se nommait *adrogatio*. Elle ne pouvait à l'origine avoir lieu que par un vote populaire dans les Comices par curies; mais sous l'empire l'autorisation par rescrit impérial devint nécessaire.» [1]

Les lois de la plupart des États du continent européen admettent l'adoption, de même que la légitimation par le mariage subséquent.

L'*adoption* et l'*émancipation* inconnues de la loi anglaise.

«L'*adoption* et l'*émancipation*, dit Phillimore, sont des relations légales fondées sur la loi romaine et inconnues à la loi anglaise, mais, quelles que soient les conséquences qui en découlent concernant le *status* selon le statut personnel, ou selon la loi du domicile, elles doivent être reconnues dans les autres pays.» [2]

Adoption en Prusse.

En Prusse l'adoption doit être confirmée par le souverain lorsqu'elle confère un nom et des armes de noblesse. A moins d'une dispense d'âge, il faut avoir 50 ans pour pouvoir

[1] Mackenzie, *Roman law*, p. 120.

[2] Phillimore, *International law*, vol. IV, p. 356. Il faut toutefois mentionner comme servant au même but que l'adoption le fait qu'en Angleterre on permet les donations ou les legs faits sous la condition que le donataire ou le légataire prendra le nom et les armes du donateur ou du testateur. Saint Joseph, *Concordance des codes civils*, tom. I, p. 28.

adopter. Le père peut adopter son enfant naturel. Entre l'adopté et l'adoptant, l'adoption engendre les mêmes droits qu'entre le père et les enfants légitimes. L'adoption ne crée aucune relation ni aucun droit en faveur de l'adopté sur les biens des parents de l'adoptant. Il en était de même dans le droit romain.[1] Les enfants naturels, si le père laisse des enfants légitimes, n'ont droit qu'aux frais de nourriture et d'éducation, jusqu'à leur quatorzième année accomplie. S'il n'existe pas de descendants légitimes, ils ont droit à un sixième de la succession de leur père, à moins qu'il n'en ait disposé autrement.[2]

Adoption en Espagne.

En Espagne: Les personnes des deux sexes âgées de 45 ans accomplis, sont capables d'adopter.

L'adoptant doit avoir 15 ans de plus que l'adopté.

L'adoption est interdite aux ecclésiastiques et aux personnes qui ont des descendants légitimes.

Le tuteur ne peut adopter son pupille mineur avant l'approbation définitive des comptes de tutelle.

Un époux ne peut adopter sans le consentement de l'autre.

Les conjoints peuvent adopter conjointement; mais hors ce cas, nul ne peut être adopté par plus d'une personne.

Pour l'adoption d'une personne majeure, le consentement formel de celle-ci est nécessaire; pour l'adoption d'un mineur, celui de ceux dont le consentement serait nécessaire pour son mariage; et pour les aliénés, celui du curateur.

L'adoptant, l'adopté, et les personnes dont le consentement est nécessaire selon l'article précédent, devront, pour l'adoption, se présenter devant l'officier civil (*alcade*) et le fait devra être consigné dans les actes publics.

L'adopté pourra jouir, avec le consentement de sa famille et de l'adoptant, de tout ce que lui assure l'acte d'adoption.

L'adoptant et l'adopté se doivent réciproquement des aliments; mais ils n'ont aucun droit d'hériter l'un de l'autre sans testament: l'adopté conserve les droits qu'il possédait dans sa famille propre.[3]

[1] Saint Joseph, *Concordance des codes civils*, tom. III, p. 207; *Allgemeines Landrecht*, part. II, tit. II, sect. 10, art. 666—708.

[2] Saint Joseph, tom. III, p. 223.

[3] Francisco de Cardenas, *El derecho moderno*, *revista de jurisprudencia y administracion*, 1851, p. 24—25.

Adoption de nobles en Russie.

En Russie: «Les nobles qui n'auront ni descendants ni parents de leur nom, peuvent adopter leurs plus proches parents légitimes, soit en leur transmettant de leur vivant leurs noms et leurs armes, soit en les autorisant à les porter.

«Il faut l'autorisation du souverain pour que cette adoption ait lieu.» [1]

Autres adoptions.

Il y a aussi des règles très-minutieuses concernant l'adoption par des personnes des autres classes. [2]

Loi d'adoption en France.

Le principe des adoptions, en France, ne date que de 1792. Depuis 60 ans, dit Valette, qu'elles sont permises, c'est en grande partie au profit des enfants naturels des adoptants. L'adoption ne peut être conférée que par celui qui n'a ni enfants ni descendants légitimes; et même en règle générale il faut que l'adoptant ait plus de 50 ans, § 343, 344, 345. D'après § 350 l'adopté aura sur la succession de l'adoptant les mêmes droits que ceux qu'y aurait l'enfant né en mariage, quand même il y aurait d'autres enfants de cette qualité nés depuis l'adoption. Au contraire, l'enfant naturel reconnu, si le père ou la mère a laissé des descendants légitimes, n'a sur leurs biens que le tiers de la portion héréditaire qu'il aurait eue s'il eût été légitime, et la moitié lorsqu'il n'y a pas de tels descendants, et les trois quarts lorsqu'ils n'ont laissé ni descendants, ni ascendants, ni frères, ni sœurs, § 757; et la loi n'accorde que des aliments aux enfants adultérins ou incestueux, § 762. A Paris dans quatre années (1837—40) sur 70 adoptions 37 ont eu lieu au profit de l'enfant naturel. [3] Les enfants adultérins et incestueux ne peuvent être reconnus; mais comme il n'existe pas de recherche de la paternité, il n'y a pas de raison pour qu'un tel enfant ne soit pas adopté même par son propre père.

Distinction entre les droits des adoptés et des enfants naturels reconnus.

Adoption d'après le code italien.

Parmi les distinctions, la plus importante que nous ayons appréciée dans le code italien se trouve dans les articles qui se rapportent aux adoptants et aux adoptés, les adoptants étant mis dans le code italien, quant au consentement au mariage, sur le même pied que les pères et mères. Il semble aussi que la défense de mariage entre adoptants et adoptés entre eux

[1] Saint Joseph, *Concordance des codes civils,* tom. III, p. 290—292.

[2] Voir *Ibid.*, tom. III, p. 292.

[3] Valette, p. 188—204.

et leurs parents respectifs, qui n'est que prohibitive dans le code français, est une cause de nullité absolue dans le code italien. Un article (205) déclare, contrairement à l'appréciation aujourd'hui admise de la loi française, «que les enfants nés hors mariage ne peuvent être adoptés par leurs auteurs.» [1]

Cependant la légitimation confère à celui qui est né hors mariage la qualité légitime et elle opère non-seulement par le mariage subséquent contracté entre les père et mère de l'enfant naturel, mais par décret royal; mais les enfants qui ne peuvent être légalement reconnus, c'est-à-dire les enfants incestueux, ou adultérins, ne peuvent être légitimés ni d'une manière ni de l'autre. [2]

Légitimation d'après le code italien.

Outre l'État de la Louisiane, où les articles 217, 218, 219 du code sont les mêmes que les articles 331, 332, 333 du code Napoléon, la légitimation par un mariage subséquent a été adoptée comme règle dans le Vermont, le Maryland, la Virginie, la Georgie, l'Alabama, le Mississippi, le Kentucki, le Missouri, l'Indiana, l'Illinois et l'Ohio. [3] Il y a déjà longtemps que la règle existe dans la Virginie. L'acte de 1785 pourvoit à ce que: «Quand un homme, qui a d'une femme un enfant, se mariera avec cette femme, cet enfant, s'il est reconnu par lui, sera tenu légitime.» [4] A New-York, les biens d'un enfant illégitime mort *ab intestat*, sans veuve ou enfants, passent en totalité à sa mère ou, à son défaut, aux parents de cette mère, mais sans réciprocité.

Lois aux États-Unis à l'égard de la légitimation par le mariage subséquent.

Acte de la Virginie.

Dans le Maine [5] l'enfant illégitime hérite non-seulement de la mère, mais aussi du père qui l'a reconnu, ou qui a été reconnu tel. Au Massachusetts, il hérite de sa mère, mais non des parents de cette dernière, de même que la mère devient son héritière, s'il meurt sans enfants; il y hérite également du père en concurrence avec les enfants légitimes et comme s'il était légitime lui-même; mais il n'hérite pas d'eux ni d'aucun des autres parents du père. [6]

Acte du Maine.

Le Massachusetts.

[1] Huc et Orsier, tom. II, p. 49.

[2] *Ibid.*, p. 47.

[3] Kent's *Commentaries on American law*, vol. II, p. 213.

[4] Tuckers, *Blackstone's Commentaries*, vol. II, app. 13.

[5] *Statutes*, 1838.

[6] *Statutes*, 1835; Saint Joseph, *Concordance des codes civils*, tom. II, p. 196.

L'adoption interdite dans la Louisiane.

Le code de la Louisiane déclare expressément, art. 232: «L'adoption qui était autorisée par les lois du pays est et demeure abolie.» [1]

Adoption dans les autres États.

L'adoption telle qu'elle existait à Rome, et telle qu'elle existe aujourd'hui dans les pays du continent européen ou même en France, fut inconnue jusqu'à des temps récents au droit commun anglais.

Le Rhode Island.

Cependant on a eu depuis longtemps l'habitude de passer dans l'État de Rhode Island des lois spéciales pour autoriser l'adoption par une persônne et souvent par un mari et sa femme d'un enfant mineur, soit enfant naturel de l'adoptant, soit enfant d'un étranger, et il est sous-entendu que cette adoption par acte législatif entraîne avec elle pour les adoptés le droit d'hériter des adoptants.

Adoption dans le Rhode Island par autorisation de la cour municipale ou de la *probate court.*

Mais par un acte du 26 Mai 1866 tout habitant peut adresser à la cour municipale ou à la *probate court* de la commune où il réside une pétition pour être autorisé à adopter comme sien un enfant, et, s'il le veut, pour changer le nom de l'enfant. Un enfant adopté ainsi sera considéré, pour tout ce qui a trait à la succession et aux autres conséquences légales et aux conditions des rapports naturels de parent et d'enfant, être l'enfant de ses parents adoptifs absolument comme s'il leur était né en légitime mariage, excepté qu'il ne sera point capable de prendre les biens expressément réservés aux héritiers naturels immédiats (*heirs of the body or bodies*) des parents adoptifs, ni les biens des parents en ligne directe ou en ligne collatérale des adoptants, par droit de représentation.

Effets de l'adoption d'après acte.

Les parents naturels d'un tel enfant seront par l'effet du décret privés de tous droits légaux sur l'enfant, et l'enfant sera libéré de toute obligation de fournir des aliments et d'obéissance envers ses parents naturels.[2] Outre le Rhode Island, aujourd'hui plusieurs États, entre autres le New-Hempshire, le Massachusetts, le Connecticut, la Pensylvanie, le Wisconsin, le Texas et le Kansas ont des lois générales autorisant l'adoption d'enfants mineurs. Ces adoptions devront être constatées d'après certaines règles par les tribunaux. Les adoptés ont

[1] Saint Joseph, *Concordance des codes civils*, tom. II, p. 470.
[2] *Rhode Island Statutes*, 1857—68, p. 384.

tous les droits d'enfants nés en mariage par rapport aux adoptants, mais ordinairement ils n'héritent pas des parents des adoptants.[1]

En termes généraux, la tutelle est le droit de gouverner la personne et d'administrer les biens d'un pupille. La curatelle est le droit de régir les biens d'un mineur arrivé à l'âge de puberté, avec son assentiment, ou ceux d'une personne majeure qui, par suite d'aliénation mentale ou de manque de jugement, est incapable d'agir pour elle-même. La majorité était fixée, dans la loi romaine, à 25 ans accomplis.

Tutelle et curatelle parmi les Romains.

La condition de l'impuberté parmi les Romains durait jusqu'à 14 ans pour les hommes, jusqu'à 12 ans pour les femmes, pendant lesquels on était en tutelle; celle de la simple minorité, depuis la puberté jusqu'à 25 ans, pendant laquelle on était en curatelle.

Tutelle de droit civil ou de droit naturel.

«Il est embarrassant, dit Demangeat, au premier abord de décider si les Romains considéraient la tutelle comme étant de droit civil ou comme étant de droit naturel. Du temps des jurisconsultes nous trouvons deux sortes de tutelles. L'une, la tutelle des femmes, est de droit civil à tous les points de vue, soit quant à son principe même, soit quant aux règles de détail qui s'y appliquent; l'autre, la tutelle des impubères, est bien de droit naturel dans son principe, mais le droit civil romain l'avait organisée en marquant de son empreinte particulière la plupart des règles de détail. Du temps de Justinien, lorsque la tutelle des impubères subsiste seule, cette dernière observation peut encore servir à expliquer des textes qui paraissent se contredire.

Impubères et pupilles.

«Au lieu du mot *impubère*, il y a un autre mot qu'on emploie bien souvent en cette matière; c'est le mot *pupille*. Etymologiquement, il est parfaitement synonyme d'*impubes* et peut être employé pour désigner l'impubère en puissance aussi bien que l'impubère en tutelle. Toutefois, dans l'usage, le mot *pupillus* parait avoir été appliqué exclusivement à l'impubère

[1] Voir *Revised Laws of New-Hempshire*, p. 348; *General Statutes of Massachusetts*, 1860, p. 547; HASKELL'S *Digest Laws of Texas*, p. 102; BRIGHTLY'S *Purdon's Digest*, 1700—1861, p. 44; *Revised Laws of Missouri*, p. 478; *Revised Laws of Wisconsin*, p. 488; *Revised Laws of Kansas*, p. 581.

qui est *sui juris*, et, par conséquent, en tutelle: *Pupillus est*, dit Pomponius, *qui, cum impubes est, desiit in patris potestate esse, aut morte aut emancipatione.*

Tuteur et curateur.

«Nous savons que le tuteur est essentiellement donné *personæ*, ce qui veut dire qu'il a pouvoir d'autoriser la personne en tutelle. Au contraire le curateur ne peut pas *auctoritatem interponere.* La plupart du temps celui qui a un curateur, en droit civil, est parfaitement capable (par exemple le pubère mineur de vingt-cinq ans), ou au contraire absolument incapable (par exemple l'homme en démence ou le prodigue interdit): dans aucun de ces deux cas il ne peut être question de compléter la capacité, c'est-à-dire d'autoriser la personne. Tantôt le curateur administrera les biens; tantôt il approuvera un acte fait par la personne dont il est curateur, son approbation étant une garantie que l'acte est convenable et qu'il n'y a pas lieu de le rescinder par une voie extraordinaire telle que l'*in integrum restitutio.*

Tutor datur personæ, curator datur rei vel causæ.

«Voilà la différence capitale entre la tutelle et la curatelle: *tutor datur personæ, curator datur rei vel causæ.* On peut signaler une deuxième différence, qui, du reste, jusqu'à un certain point, se rattache à la première. Le tuteur est tenu envers son pupille à une fidélité particulière: il n'est point de devoir plus sacré que celui qui résulte de la qualité de tuteur. Il en résulte notamment que, si le tuteur est condamné pour avoir manqué à ses devoirs envers son pupille, la condamnation emporte contre lui l'infamie. Nous ne voyons rien de semblable en ce qui concerne le curateur.

Distinction des fonctions.

«En général, les textes de droit romain distinguent très-exactement la fonction du tuteur de celle du curateur. Cependant il faut reconnaître que quelquefois les expressions sont employées abusivement l'une pour l'autre, ce qui tient à ce que, dans la pratique habituelle, à l'époque des jurisconsultes, le curateur ressemble beaucoup à un tuteur.»

Différentes classes de curateurs.

Demangeat parle en détail des curateurs donnés 1° aux *prodigi*, aux *furiosi*, etc.; 2° aux pubères mineurs de 25 ans; 3° aux pupilles. Il cite Ulpien qui dit: «*Curatores aut legitimi sunt, id est qui ex lege XII Tabularum dantur*, *aut honorarii, id est qui a Prætore constituuntur.*»[1]

[1] DEMANGEAT, *Droit romain*, tom. I, p. 321—382.

Le code prussien fait la distinction entre les tuteurs et les curateurs; et ces derniers sont également nommés pour les personnes qui ne peuvent agir soit en justice, soit par contrat, sans assistants ou sans des conseils choisis d'office ou par les intéressés eux-mêmes.[1]

Distinction entre les tuteurs et les curateurs d'après le code prussien.

Savigny dit de la constitution de la tutelle: «L'on admet avec raison, comme principe, que le droit local du domicile de l'impubère, lequel coïncide ordinairement avec le dernier domicile du père décédé, détermine la constitution de la tutelle, et que cette tutelle embrasse également les biens du pupille situés dans d'autres lieux. Néanmoins ce principe n'est pas absolu.

Constitution de la tutelle, d'après Savigny, déterminée par le dernier domicile du père décédé.

«D'abord, quand les immeubles du pupille sont situés dans une autre juridiction ou même en pays étranger, il peut arriver que l'on constitue une tutelle spéciale pour cette partie des biens, de sorte que le même pupille peut avoir plusieurs tuteurs dans des localités différentes. — Déjà en droit romain nous trouvons quelque chose de semblable. A la vérité, la tutelle testamentaire et la tutelle légale n'étaient pas soumises à ces différences locales; mais quand le magistrat devait donner un tuteur à un pupille dont les biens étaient dispersés dans des lieux différents, il nommait des tuteurs spéciaux pour chacune des juridictions souveraines, pour les *res italicæ* et pour les *res provinciales*. — D'après la législation prussienne, il n'y a régulièrement qu'une seule tutelle pour l'ensemble des biens, constituée selon le droit local du domicile du père; les changements ultérieurs de domicile n'ont ici d'influence que par exception. Pour les biens situés au dehors on peut établir des curatelles spéciales, qui doivent se mettre en relation avec la tutelle proprement dite. Les traités faits par la Prusse avec les États voisins portent que la tutelle sera constituée d'après le domicile du pupille; si celui-ci possède des immeubles dans l'autre État, les tribunaux de ces États ont la faculté ou de soumettre ces immeubles à la tutelle générale, ou d'établir pour eux une tutelle spéciale. — Dans les pays

Tutelle spéciale. Plusieurs tuteurs dans des localités différentes.

Droit romain.

Législation prussienne.

Traités de la Prusse avec les États voisins.

Pays gouvernés par la loi anglaise.

[1] Voir *De la tutelle et de la curatelle;* Saint Joseph, *Concordance des codes civils,* tom. III, p. 208—209; *Allgemeines Landrecht,* part. II, tit. xviii, Art. 1—62.

régis par le droit anglais, la jurisprudence est très-incertaine; car ce droit admet des tutelles partielles et spéciales, non-seulement pour les immeubles, mais aussi pour les meubles situés au dehors.» [1]

Tuteur d'après la loi française.

En France le tuteur prend soin de la personne du mineur et le représente dans tous les actes de la vie civile. Il administre aussi les biens de son pupille; mais il n'a pas le pouvoir d'aliéner ou d'hypothéquer les immeubles sans l'autorisation expresse du conseil de famille, et alors seulement pour cause de nécessité absolue ou d'avantage évident, et après avoir obtenu la sanction des tribunaux.[2]

Un tuteur qui a des motifs graves d'être mécontent de la conduite du mineur, peut présenter ses plaintes à un conseil de famille, et en être autorisé à le faire enfermer dans une maison de correction. La tutelle prend fin à la majorité du mineur, et même avant cet âge au cas où il contracte un mariage régulier, ce qui équivaut à l'émancipation, et met fin à l'autorité tant des parents que des tuteurs.[3]

Tuteur (*guardian*) dans la loi anglaise.

En Angleterre, le tuteur (*guardian*) remplit les fonctions à la fois du tuteur et du curateur de la loi romaine.

La tutelle d'après le principe des lois du continent européen.

Les juristes du continent européen maintiennent que les lois

[1] SAVIGNY, *Traité de droit romain*, par Guenoux, tom. VIII, p. 337—338.

[2] Le conseil de famille est une institution qui doit son origine au Code Napoléon. Il doit être ainsi constitué: «Le conseil de famille sera composé, non compris le juge de paix, de six parents ou alliés, pris tant dans la commune où la tutelle sera ouverte que dans la distance de deux myriamètres, moitié du côté paternel, moitié du côté maternel, et en suivant l'ordre de proximité dans chaque ligne.» *Code Napoléon*, liv. I, tit. X, sect. IV, art. 407.

Le conseil de famille a été conservé dans le nouveau Code italien, mais il n'est pas constitué précisément de la même manière. «Le conseil de famille se compose du préteur, qui le convoque et le préside, et de quatre membres. Le tuteur, le protuteur, et, pour le mineur émancipé, le curateur font aussi partie du conseil. Le mineur, dès l'âge de 16 ans accomplis, a le droit d'assister, mais sans voix délibérative, au conseil de famille, dont la réunion lui sera pour cela notifiée.» HUC et ORSIER, *Code civil italien*, tom. II, p. 59, art. 251.

[3] MACKENZIE, *Roman law*, part. I, chapt. x, § 2, p. 142. *Code civil*, art. 450—468.

qui régissent la tutelle sont personnelles, et s'attachent au pupille en pays étranger aussi bien que dans son propre pays, et ont la même validité et la même autorité qui leur appartient par la loi du domicile, dans tous les autres pays. Boullenois cite comme exemples des statuts personnels ceux qui mettent les enfants sous la puissance de leur père ou de leur tuteur.[1]

D'après Boullenois.

Vattel dit: «Les dispositions faites par le juge du domicile dans l'étendue de son pouvoir, doivent être respectées et obtenir leur effet même chez l'étranger. C'est, par exemple, au juge du domicile de nommer les tuteurs et les curateurs des mineurs et des imbéciles. Le droit des gens qui veille au commun avantage et à la bonne harmonie des nations, veut donc que cette nomination d'un tuteur ou d'un curateur soit valable et reconnue dans tous les pays où le pupille peut avoir affaire.»[2]

Vattel.

Nomination d'un tuteur par le juge du domicile valable partout.

«Il semblerait, dit Story, d'après l'affaire Morrison, que la Chambre des Lords ait considéré l'autorité d'un tuteur anglais suffisante pour intenter une action en revendication de la propriété personnelle de son pupille en Écosse, en se basant sur ce que l'administration de ses biens personnels accordée par l'autorité compétente du lieu où il résidait, doit être partout considérée comme ayant la même efficacité qu'une cession volontaire faite par lui-même. Les tribunaux écossais avaient clairement décidé dans le sens contraire. Cette doctrine n'a certainement reçu aucune sanction en Amérique, dans les États dont la jurisprudence est régie par la *common law*. Les droits et le pouvoir des tuteurs y sont considérés comme strictement locaux, et comme ne les autorisant à exercer aucune autorité sur la personne ou la propriété personnelle de leurs pupilles dans d'autres États, pour les mêmes raisons générales et d'après la même politique, qui ont fait circonscrire les droits et le pouvoir des exécuteurs et administrateurs.»[3]

Pouvoir accordé a un tuteur anglais d'intenter une action en Écosse en revendication de la propriété personnelle.

Décision des tribunaux écossais.

Droits et pouvoir des tuteurs en Amérique.

Dans un cas, en 1843, la Chambre des Lords maintint que la cour anglaise de *Chancery* était compétente pour nommer un tuteur à un mineur qui se trouvait dans ce pays, tandis

La cour de *Chancery* anglaise compétente pour nommer un tuteur domicilié en Écosse.

[1] Boullenois, *Traité de la personnalité*, tom. I, p. 51, éd. 1766.
[2] Vattel, *Droit des gens*, tom. II, p. 64, ed. Pradier-Fodéré.
[3] Story, *Conflict of laws*, § 499, p. 671—672, ed. Redfield.

que ses biens et son domicile étaient en Écosse. Lord Brougham et Lord Campbell étaient contre cette opinion.[1]

Critique de Westlake sur ce jugement.

Westlake remarque au sujet de ce cas: «Tant que la loi anglaise restera telle qu'elle est, elle doit être considérée en principe comme excluant, dans le cas de transactions ayant leur siége ici, non-seulement tout âge de majorité étranger, mais aussi toute détermination étrangère du *status* et de la capacité, qu'elle résulte des lois ou d'actes judiciaires, puisqu'aucune différence ne peut être établie entre ces cas, et qu'il n'en existe point non plus sur le continent.

«Ces doctrines, ajoute-t-il, peuvent avoir des conséquences sérieuses pour la sécurité personnelle des aliénés et des mineurs en Angleterre; car, bien qu'un père étranger ait certainement de l'autorité ici sur la personne de son enfant d'après la loi anglaise, cependant il est extrêmement improbable qu'un testateur étranger ait la précaution de pourvoir à une visite accidentelle de son enfant en Angleterre en lui nommant des tuteurs à cet effet selon la loi anglaise. Et en

Conséquence de la décision dans Johnstone *vs.* Beattie.

conséquence, dans le cas dominant de Johnstone *vs.* Beattie, on essaya sans succès d'établir que le tuteur étranger avait, comme tel, des droits sur la personne de son pupille ici. Les faits étaient que la cour de chancery dans l'absence de toute circonstance spéciale, ordonna le renvoi au *master* pour faire nommer des tuteurs à un mineur écossais, ayant des tuteurs écossais, et n'ayant aucuns biens en Angleterre: ceci fut soutenu par Lord Lyndhurst, Lord Cottenham, et Lord Langdale (Lord Brougham et Lord Campbell s'y opposaient), comme un mode de procédure qui va de soi, se basant sur ce que l'enfant n'avait point de tuteurs possédant une autorité légale en Angleterre, où il se trouvait lorsque l'action fut commencée.»[2]

D'après la *common law*, droits de tuteurs étrangers non admis pour les biens immobiliers.

Il n'y a aucun doute que, d'après la doctrine de la *common law*, les droits de tuteurs étrangers ne sont pas admis en ce qui concerne les propriétés immobilières situées dans d'autres pays. Ces droits sont considérés comme strictement terri-

[1] CLARK and FINNELLY'S *Reports*, vol. X, p. 43, Johnstone *vs.* Beattie.

[2] WESTLAKE, *Private international law*, § 402, p. 384—385.

toriaux, et on ne leur reconnaît aucune influence sur de tels biens dans d'autres pays dont les systèmes de jurisprudence présentent d'autres réglements et comportent d'autres droits et d'autres dispositions. Personne n'a jamais supposé qu'un tuteur nommé dans l'un quelconque des États de l'Union américaine, ait aucun droit de recevoir les profits ou de prendre possession d'un immeuble de son pupille situé dans un autre État, sans avoir été dûment nommé à cet effet par le tribunal compétent de l'État où l'immeuble est situé. Ce cas tombe sous l'application du principe bien connu que les droits sur les immeubles ne sont acquis, transférés et perdus que selon la loi *rei sitæ*.

La même règle appliquée aux biens mobiliers en Angleterre et en Amérique.

«La même règle s'applique selon la *common law* à la propriété mobilière, ainsi qu'il a été pleinement reconnu tant en Angleterre qu'en Amérique. Aucun tuteur étranger ne saurait, *virtute officii*, exercer aucun droit, pouvoir ou fonction sur les biens mobiliers de son pupille qui se trouvent dans un autre État ou dans un autre pays que celui dans lequel il a été autorisé comme tuteur. Mais il lui faut obtenir de nouveaux pouvoirs de tutelle des tribunaux locaux compétents à cet effet, avant qu'il puisse exercer des droits, des pouvoirs ou des fonctions en ce qui regarde ces biens.» [1]

Règle des traités de la Prusse, avec des États voisins.

D'après Savigny: «Les traités faits par la Prusse avec des États voisins, donnent au tuteur qui administre des biens situés en pays étrangers, les instructions suivantes: «Pour toutes les affaires relatives à ces immeubles, il doit suivre les prescriptions législatives en vigueur dans le lieu où ces biens sont situés.» [2]

Trustees d'après un contrat de mariage anglais ne sont pas reconnus en France.

Les cours françaises ne reconnaissent pas les *trustees* nommés d'après un contrat de mariage fait dans la forme et sous le régime de la loi anglaise. C'est ce qui ressort d'un jugement rendu le 27 Décembre 1868 par le tribunal de commerce de la Seine dans un procès intenté, le mari ayant fait faillite, par les *trustees* et par la femme contre le syndic. Le mari était anglais et la femme, originaire de Puebla, au Mexique, fut considérée comme étant devenue anglaise par son mariage.

[1] Story, *Conflict of laws*, chap. XIII, § 504, p. 676, ed. Redfield.
[2] Savigny, *Traité de droit romain*, par Guenoux, tom. VIII, p. 342.

La dame par contrat du 1er Septembre 1856 le jour avant son mariage déposé pour minute chez un notaire à Paris, avait transporté à trois *trustees* ou fidéicommissaires l'entière propriété de tous ses immeubles, à charge de lui en remettre les revenus et de ne pouvoir les aliéner que du consentement des époux et à la condition expresse d'en faire immédiatement remploi.

Pouvoir donné par les *trustees* à un tiers.

L'arrêt déclare que: «Attendu que dès le 9 Décembre suivant, les *trustees*, suivant acte reçu par le même notaire, ont donné pouvoir d'exercer tous les droits et mandats, de remplir toutes leurs obligations, à un tiers qui, dès le lendemain, 10 Décembre, suivant acte reçu par le même notaire, a remis tous ces pouvoirs à Ferguson lui même; — que par suite les époux Ferguson ont pu réaliser en toute liberté et sans faire de remploi une partie des immeubles compris dans le fidéicommis; — attendu qu'aujourd'hui les *trustees*, d'une part, et d'autre part la dame Ferguson, autorisée par son mari, réclament une somme totale de 386,235 fr. 76 cent., provenant de ces réalisations, et qui auraient été versés indûment, soit dans la société Ferguson aîné et fils, soit aux mains de Ferguson fils; — qu'il y a lieu d'examiner si ses demandes sont recevables en la forme.

Partie des immeubles compris dans le fidéicommis réalisée par les époux et versée dans la Société du failli.

«En ce qui touche les *trustees:*

Trustee ne peut être assimilé à un mandataire.

«Attendu que la qualité de *trustee* ne saurait être assimilée à celle de mandataire; que les demandeurs n'ont reçu aucun mandat de la dame Ferguson; qu'ils agissent donc en leur nom personnel; qu'ils n'ont jamais traité, soit en leur nom personnel, soit en qualité de *trustees*, avec la société Ferguson aîné et fils, ou même avec Ferguson fils; qu'aucun lien de droit n'existe donc entre eux et les défendeurs, et qu'il y a lieu de les déclarer non recevables.

D'après le régime de la loi anglaise toute individualité civile est refusée à la femme. La femme Ferguson est incapable d'intenter une action à son mari ou au syndic.

«En ce qui touche la dame Ferguson:

«Attendu qu'il résulte de ce qui a été dit précédemment, qu'elle est soumise, quant à ses biens, au régime de la loi anglaise, aux termes de laquelle toute individualité civile lui est refusée, — qu'elle ne pouvait donc avoir aucune action contre son mari ni contre le syndic substitué aux droits de ce dernier; — attendu, d'ailleurs, à l'égard de Ferguson père, qu'il n'existe aucun lien de droit entre elle et ce dernier; que si des sommes provenant de la réalisation de ses immeubles ont été versées dans la caisse de la société, elles ne l'ont pas été par elle, qui avait fait antérieurement abandon de tous ses biens aux *trustees* par des dispositions ignorées des tiers; — qu'il y a donc lieu également de déclarer la dame Ferguson non recevable à l'égard des deux défendeurs; — par ces motifs, le tribunal, jugeant en premier ressort, ouï M. le juge-commissaire en son rapport oral, fait à l'audience, le 13 Décembre courant, déclare les trois demandeurs et la dame Ferguson, chacun en ce qui le concerne, non recevables en toutes leurs demandes, fins et conclusions, les en déboute et les condamne aux dépens.» [1]

Succession romaine.

Dans la loi romaine, ainsi que nous l'avons vu, il n'y avait pas de distinction dans la succession entre les immeubles et les biens mobiliers, et l'héritier soit naturel, soit institué, par testament ou *ab intestat*, recevait l'universalité de la succession, et à ce titre était originellement passible de toutes les dettes et engagements.

L'exécuteur ou les exécuteurs testamentaires, comme tels, ou les administrateurs, n'ont d'après la loi telle qu'elle est conçue en Angleterre et aux États-Unis, aucun droit si ce n'est aux biens mobiliers.

Les biens-fonds passent directement du défunt, sans aucun intermédiaire, à l'héritier, c'est-à-dire, en Angleterre, au fils aîné, et aux États-Unis à tous les enfants également. Le terme héritier (*heir*) n'a aucun rapport aux biens mobiliers dans la jurisprudence anglaise et américaine.

Aucune distinction entre les biens mobiliers d'après la loi romaine.

En ce qui regarde les exécuteurs et les administrateurs, Story dit: «Selon la loi romaine, qui ne fait point de distinction sous ce rapport entre les meubles et les immeubles, le titre héritier (*hæres*), était indistinctement appliqué à toute personne appelée à la succession, qu'elle fût ainsi appelée par la volonté de la personne, ou par l'effet de la loi. Ainsi la personne appelée par testament à la succession universelle, était nommée héritier testamentaire (*hæres factus*), et le plus proche parent par le sang, en cas de succession *ab intestat*, était

Hæres factus.

[1] J. C. Colfavru, *Du mariage et du contrat de mariage en Angleterre et aux États-Unis,* p. 137.

Hæres natus. Succession de l'héritier à tous les biens.

appelé héritier légal (*hæres natus*) ou héritier *ab intestat*. L'héritier — c'est-à-dire le ou les ayants-droit à la succession — soit par testament soit *ab intestat*, succédait de droit à tous les biens du défunt, tant immobiliers que mobiliers, et devenait responsable de toutes ses dettes et engagements.

Distinction entre l'héritier du droit romain et les exécuteurs et administrateurs du droit anglais.

«Dans la *common law* l'exécuteur ressemble sous plusieurs rapports à l'héritier testamentaire selon la loi civile, tandis que l'administrateur correspond à l'héritier *ab intestat*. La principale distinction entre eux qu'il soit important de noter ici, c'est que les exécuteurs et administrateurs n'ont de droits que sur les biens mobiliers du défunt, tandis que l'héritier romain avait droit d'administrer les immeubles aussi bien que les meubles, et tous les biens étaient traités comme de la même nature, sans aucune distinction de *equitable assets* ou *legal assets*.

Droits de l'héritier d'immeubles gouvernés par la *lex loci rei sitæ*.

«L'héritier d'immeubles, soit par testament soit *ab intestat*, ne peut les prendre que selon la *lex loci rei*; en d'autres termes, il ne saurait être admis comme héritier de manière à pouvoir administrer ces biens situés en un pays étranger, à moins d'être qualifié d'après les principes, les règles et les formalités de la loi locale. Sous ce rapport il ne diffère ni quant aux droits ni quant aux obligations, d'un héritier naturel (*heir*) ou d'un héritier institué (*devisee*) responsable d'après la *common law* ou d'après un *statute*, des dettes obligatoires de son ancêtre ou du testateur. Pour la même raison le pouvoir d'aliéner un immeuble, donné à un exécuteur, ne saurait être mis en pratique qu'après due homologation du testament au lieu où est situé l'immeuble, et quand il est démontré pouvoir le faire légalement selon la *lex loci rei sitæ*. Et si la personne prétendait, non en vertu d'une procuration, mais comme héritier institué (*devisee*) vendre l'immeuble comme fidéicommissaire pour le paiement de dettes, il serait nécessaire que le testament fût de même homologué. Mais dans ce dernier cas il n'est pas nécessaire de se procurer des '*letters of administration*,' lors même que la disposition testamentaire serait un fidéicommis confié à la personne sous le titre d'exécuteur; car dans ce cas elle prend possession comme héritier institué (*devisee*) et non comme exécuteur, et son droit est dérivé du testament, non des '*letters testamentary*.'

Homologation du testament nécessaire pour l'exécution du pouvoir accordé à un exécuteur d'aliéner les biens-fonds.

Des *letters testamentary* ne sont pas nécessaires.

L'exécuteur prend possession comme héritier institué et non comme exécuteur.

«En ce qui regarde le droit des exécuteurs et des administrateurs, dérivé d'une autorisation dans le pays du domicile du défunt, il faut considérer que ce droit ne saurait, *de jure*, s'étendre, comme matière de droit, au-delà du territoire du gouvernement qui l'a accordé, et des biens mobiliers qui y sont situés. Quant aux biens mobiliers qui se trouvent dans d'autres pays, leur droit est sujet au contrôle et aux modifications que chaque nation peut juger convenables eu égard à ses propres institutions et à sa propre politique, et aux droits de ses propres sujets.

Le droit d'exécution ne s'étend pas au-delà du territoire du gouvernement qui accorde le droit d'administration.

«C'est en conséquence devenu une doctrine générale de la *common law*, reconnue tant en Angleterre qu'en Amérique, qu'aucun procès ne peut être intenté ou soutenu par un exécuteur ou administrateur dans sa capacité officielle, devant les tribunaux d'un pays autre que celui dont il a reçu l'autorisation d'agir comme tel en vertu de l'homologation du testament et des '*letters of administration*' qui lui ont été accordées par ce pays. Mais s'il désire soutenir une action dans un pays étranger, il lui faut obtenir de nouvelles '*letters of administration*' et fournir caution de nouveau selon les prescriptions générales de la loi qui régit le pays où le procès est intenté. De même, si d'un autre côté, un créancier désire instituer une action dans un pays étranger, pour atteindre les biens mobiliers d'un débiteur défunt mort après testament ou *ab intestat*, situés dans ce pays, il est nécessaire que des '*letters of administration*' en due forme y aient été prises selon la loi locale avant que l'action puisse être soutenue; car l'exécuteur nommé dans un autre pays ne peut pas être poursuivi en justice là, et n'a aucun droit positif ni aucune autorité sur ces biens, et en conséquence aucune responsabilité à leur endroit. Le droit d'un exécuteur ou d'un administrateur étranger d'obtenir ces nouveaux droits d'administration est généralement admis comme allant de soi, à moins de quelque raison spéciale qui intervienne et s'y oppose; et la nouvelle administration est traitée comme simplement complémentaire ou auxiliaire à l'administration originelle étrangère en ce qui concerne le recouvrement des biens et leur répartition régulière. La nouvelle administration est cependant sujette aux droits des créanciers, légataires et autres ayants-

Aucun procès ne peut être intenté par un exécuteur etc., sauf devant les tribunaux du pays dont il a reçu l'autorisation d'agir.

Aucune action ne peut être introduite par un créancier contre un défunt testateur etc., avant que des lettres d'administration aient été prises selon la loi locale.

Nouvelle administration complémentaire ou auxiliaire à l'administration originelle étrangère.

droit résidant dans le pays où elle est accordée; et le reliquat n'est transmissible au pays étranger que lorsque l'arrêté des comptes a été terminé devant le tribunal compétent où la nouvelle administration a été accordée, d'après les principes d'équité de ses propres lois en ce qui concerne l'emploi et la répartition des biens qui s'y trouvent.»[1]

Faculté qu'ont, aux États-Unis, les exécuteurs ou administrateurs d'aliéner les immeubles pour le paiement des dettes.

Dans la plupart sinon dans tous les États de l'Union américaine, cependant, même lorsque les immeubles ne sont pas spécialement assignés au paiement des dettes, des *statutes* font un devoir aux exécuteurs ou administrateurs, au cas où les biens mobiliers seraient insuffisants pour couvrir ces dettes, de s'adresser au tribunal compétent dans les questions de testaments et de substitutions, pour en obtenir l'autorisation d'aliéner les immeubles pour y satisfaire.

Exécuteurs testamentaires d'après le code français.

D'après le code français, art. 1025: «Le testateur pourra nommer un ou plusieurs exécuteurs testamentaires.» 1026: «Il pourra leur donner la saisine du tout, ou seulement d'une partie de son mobilier; mais elle ne pourra durer au-delà de l'an et jour à compter de son décès. S'il ne la leur a pas donnée, ils ne pourront l'exiger.» 1027: «L'héritier pourra faire cesser la saisine, en offrant de remettre aux exécuteurs testamentaires somme suffisante pour le paiement des legs mobiliers, ou en justifiant de ce paiement.»

Les cas suivants, quoiqu'ils se rattachent aussi à la question de domicile, sont cités ici comme se rapportant au *status*, dans les tribunaux d'un pays, des personnes nommées à l'étranger pour administrer les effets d'un défunt.

Il a été reconnu par la «*Probate Court*» anglaise que, d'après la loi française, le testament d'un Français exécuté dans un pays étranger, selon les lois de ce pays étranger où il est domicilié, est valide.

La nomination d'un exécuteur testamentaire par un français, soumise aux règles du droit français même pour les biens hors de France.

La nomination par un Français ainsi domicilié, dans un testament olographe, d'un exécuteur testamentaire, est soumise aux règles de la loi française, même pour ce qui regarde les

[1] Story, *Conflict of Laws*, § 507—512, p. 684—689. — Voir la loi du 14 Juillet 1819 qui autorisait, en cas de partage entre des cohéritiers étrangers et français, un prélèvement sur les biens situés en France, en certains cas. Roger et Sorrel, *Lois usuelles*, p. 81; Dalloz, *Répertoire de législation etc.*, tom. XII, p. 291.

biens mobiliers qui se trouvent hors de France. «Et dans les cas où les tribunaux français ont décrété que le temps prescrit par la loi pour l'accomplissement de telles fonctions d'exécution était écoulé, que l'exécuteur n'avait plus le droit d'intervenir dans la gestion des biens du testateur, et que les parties intéressées avaient seules le droit d'y intervenir, le tribunal anglais s'est considéré obligé par ces décrets, et a refusé d'accorder à un tel exécuteur les *letters of administration* en ce qui regardait des biens mobiliers en Angleterre. On a reconnu par ce jugement que la loi du pays du domicile à l'époque de la mort, quant à ce qui décide ce qui constitue le dernier testament du défunt, est obligatoire pour tous les autres pays.[1]

La loi du domicile quant au dernier testament obligatoire partout.

En Juin 1856, la «*Prerogative Court*» permit l'administration *de bonis non* avec le testament attaché, d'un défunt domicilié en Portugal, à un exécuteur substitué à l'exécuteur nommé dans le testament. Cet exécuteur étant, conjointement avec la veuve, le représentant légal selon la loi du Portugal. Celui-ci avait depuis, en se conformant à la loi du Portugal, renoncé à ses fonctions d'exécuteur, et un autre avait été nommé exécuteur pour tous les effets légaux, par l'administrateur du district.

Un exécuteur étranger qui reçoit une autorisation comme tel d'un tribunal anglais ne peut y renoncer.

La cour refusa d'accorder l'administration *de bonis non* à ce nouvel exécuteur, en se basant sur ce qu'il n'y avait point d'autorité permettant à un exécuteur qui obtient une telle autorisation d'un tribunal anglais, d'y renoncer de manière à ce qu'il y eût encore un représentant légal du défunt en Angleterre.[2]

Refus du tribunal d'accorder des lettres au nouvel exécuteur nommé à l'étranger.

Le cas de Luis Bianchi, qui était représenté comme ayant été en dernier lieu de la ville de Bahia, au Brésil, donna lieu à des discussions suivies entre les gouvernements du Brésil et de l'Italie. Il paraît qu'il mourut intestat, à Ténériffe, en 1856, étant alors en route pour faire, à ce qu'on disait d'abord, une visite temporaire en Europe. Il laissait une veuve et sept enfants, ces derniers tous mineurs.

Cas de domicile contesté.

[1] Swabey and Tristams' *Reports*, vol. II, p. 24, Lanenville *vs.* Anderson.

[2] Swabey and Tristams' *Reports*, vol. III, p. 13. *In the goods of Jose Ferreira.*

Sarde de naissance, ayant acquis un domicile, au Brésil, est mort à Ténériffe en route pour l'Europe.

Succession ouverte au Brésil et veuve nommée tutrice des enfants.

On alléguait que le défunt, qui était sarde de naissance, avait abandonné, à un âge peu avancé, son domicile et acquis un domicile à Bahia, au Brésil, où il amassa une fortune considérable. Après sa mort, sa veuve retourna à Bahia, et la succession de ses biens, qui par la loi du Brésil devait échoir à ses enfants par parties égales, fut ouverte devant le Juge des Orphelins, l'autorité légalement constituée pour les cas de mineurs.

Au mariage de la veuve un autre tuteur est nommé.

Fonds dans une maison de banque à Londres.

La veuve qui, en premier lieu, avait été nommée tutrice des enfants mineurs par le Juge des Orphelins, fut, par suite de son mariage subséquent avec un second époux — aussi brésilien — *ipso facto* par la loi du Brésil privée de la tutelle des enfants; et le Juge des Orphelins, comme il est requis par la loi du Brésil, nomma un autre tuteur à sa place. Le défunt, à l'époque de sa mort, avait une somme considérable placée entre les mains d'une maison de banque à Londres.

Lettre de requête du Juge des Orphelins de Bahia aux autorités judiciaires anglaises, pour transmettre les effets au Brésil.

Ministre de Brésil à Turin fondé de pouvoirs, avec pouvoir de substitution.

Substitut à Londres pour recevoir les biens mobiliers.

Le 12 Juillet 1858 le Juge des Orphelins de Bahia qui, dans le cas où des biens sont situés en dehors de sa juridiction, doit, selon la loi du Brésil, s'adresser aux autorités compétentes du lieu où ils se trouvent pour les recouvrer en vue de les administrer, expédia des lettres de requête au «*Judge of Orphans*» ou aux autres autorités judiciaires en Angleterre, les priant de recueillir et de remettre les biens du défunt au ministre du Brésil à Turin, «l'attorney,» avec pouvoir de substitution, de Lorenzo de Tonza Marques, afin qu'ils pussent être transmis à Bahia et entrer dans la répartition future des biens du défunt. En vertu de cette procuration, le commandeur C.-S. Vianna de Lima exécuta une autre procuration nommant M. W.-H. Clark son substitut comme fondé de pouvoirs à Londres, pour qu'il pût recevoir les biens mobiliers du défunt, et l'autorisant expressément à obtenir des lettres d'administration des biens personnels du défunt en Angleterre.

Jugement à Bahia quant au domicile.

Une procédure avait aussi été instituée devant le Juge des Orphelins à Bahia, relativement au domicile du défunt, et le 2 Avril 1859 un jugement fut rendu à ce sujet dans le sens suivant: «Ayant vu les dépositions des témoins, je décide que le défunt Bianchi a constamment déclaré avoir abandonné son premier domicile à Gênes, l'établissant définitivement dans la ville de Bahia.»

Entre autres pièces, un *affidavit* par un docteur en droit et avocat près la cour de justice de la ville de Pinedo, au Brésil, relatif à la loi du Brésil touchant les matières ci-dessus, fut aussi produit. Par conséquent un jugement fut rendu par le juge (Sir Cresswell-Cresswell) accordant les lettres d'administration à M. Clark, fondé de pouvoirs du ministre brésilien à Turin.[1]

Certificat d'un docteur en droit relatif à la loi du Brésil.

Lettres d'administration au fondé de pouvoirs du ministre du Brésil.

Mais en Novembre 1862 cette cause fut de nouveau appelée devant la cour sur une proposition pour la révocation de cette autorisation. On constata alors que Bianchi, en 1856, après avoir liquidé ses affaires à Bahia, s'embarqua de cette ville avec sa femme et ses quatre enfants dans l'intention de retourner à Gênes et d'y résider d'une manière permanente; qu'il mourut en route, comme on l'a déjà dit, à Ténériffe, sans avoir fait de testament. Les parents de Gênes apprenant sa mort et ne sachant pas ce qu'étaient devenus sa femme et ses quatre enfants, tinrent un conseil de famille et nommèrent Francesco Cavagnaro tuteur des trois enfants, qui étaient en Italie. Nous avons mentionné le mariage de la veuve et la nomination de Marques comme tuteur des enfants au Brésil, et que des lettres d'administration furent accordées en 1859 au substitut du fondé de pouvoirs de Marques.

Révocation de l'autorisation.

Nouveau résumé des faits.

Conseil de famille à Gênes, et un tuteur des enfants nommé par lui.

Des discussions s'élevèrent entre les gouvernements de Sardaigne et de Brésil relativement au domicile du défunt à l'époque de sa mort, qui se terminèrent par une convention entre les deux gouvernements à l'effet que l'administration des biens au Brésil et la tutelle des enfants qui s'y trouvaient seraient remises entre les mains du consul italien à Bahia.

Discussion entre les gouvernements de Sardaigne et du Brésil relativement au domicile du défunt.

Il fut proposé de révoquer la cession faite au fondé de pouvoirs de Marques et de la transporter à Cavagnaro.

Proposition de révoquer la cession antérieurement faite et de la transporter au tuteur sarde.

Sir Cresswell-Cresswell demanda: Quel est l'arrangement intervenu entre les cours de Turin et du Brésil? Si le défunt était domicilié au Brésil à l'époque de sa mort, comment un tel arrangement peut-il influer sur la cession que je dois faire?

Décision de Sir Cresswell-Cresswell.

Il fut répondu: Le gouvernement brésilien a remis tous ses droits dans cette affaire au gouvernement italien. L'arrangement est constaté dans les dépêches du chargé d'affaires du

Tous droits remis par le gouvernement brésilien au gouvernement italien.

[1] Swabey and Tristams' *Reports*, vol. I, p. 511.

Arrangement constaté par des dépêches diplomatiques.

roi d'Italie à Rio Janeiro et du chargé d'affaires de l'empereur du Brésil à Turin. Le chargé d'affaires brésilien déclare qu'en conséquence de la convention entre les deux gouvernements, les biens du défunt au Brésil, et les enfants mineurs qui se trouvent dans ce pays doivent être remis à la charge du Consul italien à Bahia. Un décret de la cour à Turin, du mois de mars 1862, déclare que le domicile des mineurs est italien et non brésilien, et que Cavagnaro est leur tuteur.

Domicile des mineurs déclaré italien et non brésilien.

Jugement de Sir Cresswell Cresswell.

Sir Cresswell-Cresswell: Le défunt était originairement domicilié à Gênes; depuis, il devint domicilié au Brésil; et il n'y a aucun doute quant au fait qu'il mourut *in itinere*, lorsqu'il retournait à Gênes pour y établir sa résidence permanente. Alors on peut dire que sitôt qu'il abandonnait définitivement le domicile qu'il avait acquis, en se mettant en voyage pour retourner à son domicile d'origine, ce dernier redevenait son domicile légal.

Réponse: Il en serait ainsi dans ce pays-ci.

Cession accordée au tuteur italien.

Sir Cresswell-Cresswell: Il me semble que dans ces circonstances vous avez droit à la cession.[1]

«L'*attorney general*» des États-Unis en 1855 a été d'avis que des lettres d'administration accordées par le «*Surrogate*» de New-York à un résidant de cette ville, agissant comme fondé de pouvoirs du comte Rossi, mari de Henriette Rossi (Mme Sontag), désigné dans l'acte comme ancien résidant de Vienne (Autriche), n'étaient pas suffisantes pour autoriser le paiement à un tel administrateur des intérêts provenant de placements faits aux États-Unis au nom de cette dame. «Que le comte Rossi ait ou non le droit d'administrer les biens de sa femme décédée, en raison de droits prétendus sur les intérêts pécuniaires de cette propriété, en dehors du simple *jus mariti*, c'est ce qu'il appartient de décider, non-seulement selon la loi générale d'Autriche à cet égard, mais aussi selon divers faits qui ne peuvent être légalement connus, ou tout au moins dûment examinés que par les tribunaux d'Autriche, comme, par exemple, si, par contrat anténuptial entre le comte et la comtesse Rossi, il y avait entre eux communauté ou séparation de biens, ou s'il y avait ou non un testament légal fait par la comtesse Rossi.»

Cas de Mme Sontag-Rossi.

[1] SWABEY and TRISTAMS' *Reports*, vol. III, p. 116.

La remise de lettres d'administration à New-York est réglée en outre par statut, et ces lettres ne peuvent être accordées à une personne n'étant pas citoyen des États-Unis, à moins qu'elle n'y réside. Le comte Rossi ne se trouvant lui-même ni dans l'un ni dans l'autre de ces cas, ne pouvait déléguer des pouvoirs pour se faire représenter par une autre personne. Il fut démontré, dans la suite, que le comte Rossi avait une double résidence, en Sardaigne par sa naissance, ses emplois publics et ses droits politiques; en Autriche par sa résidence actuelle à l'époque. Le domicile de sa femme était lié au sien, et il en était de même de celui de ses enfants. S'il existait donc un conflit de lois dans le cas en question, ce serait probablement aux lois de Sardaigne à déterminer ce droit, ce pays étant le domicile politique du comte Rossi, de ses enfants et de la comtesse elle-même. En conformité de ces vues le département du Trésor ordonna le paiement des sommes dues sur les fonds de Mme Sontag, non d'après des lettres d'administration, mais d'après un certificat des actes judiciaires en Europe, indiquant les lois du lieu de domicile et les droits de succession aux biens de Mme Sontag-Rossi.[1]

NATURALISATION ET EXPATRIATION.

Citoyen d'après Aristote.

D'après Aristote, est citoyen tout individu qui participe au pouvoir législatif et judiciaire, et qui partage les honneurs de l'État, tandis que celui qui est exclu de tous ces priviléges n'est qu'un étranger passager: λέγεται μάλιστα πολίτης ὁ μετέχων τῶν τιμῶν... ὥσπερ μέτοικος γαρ εστίν ὁ τῶν τιμῶν μὴ μετέχων.[2]

Droits des étrangers en Grèce.

Dans quelques-uns des États de la Grèce, des priviléges spéciaux étaient accordés aux étrangers, tels que le droit de mariage, celui d'acquérir des propriétés foncières, et l'exemption de la taxe dont étaient frappés les étrangers domiciliés. La classe qui jouissait de tous ces priviléges réunis était désignée sous le nom de ἰσοτελεῖς. Ils supportaient les mêmes charges que les citoyens, et pouvaient plaider dans les tribunaux, et conclure des affaires sans l'entremise d'un προστά-

[1] M. Cushing, 28 Mars 1855, 31 Mai 1855. *Opinions of Attorneys General*, vol. VII, p. 68. 240.

[2] Aristotle, *de Repub.*, lib. III, cap. v, D.

της. Selon Niebuhr, les droits dont il s'agit ici, et qui étaient généralement définis par le mot ισοπολιτεία, découlaient des rapports créés par traités entre deux cités entièrement égales et indépendantes, et assuraient mutuellement à leurs citoyens tous les priviléges qu'un autre étranger domicilié ne pouvait nullement exercer, sinon par l'entremise d'un curateur. Les priviléges dont jouissait celui qui avait le droit de cité en outre de son isopolité étaient accordés aussi aux individus d'autres États par les rapports de la προξενια. Ces individus jouissaient des mêmes droits et des mêmes priviléges que les isopolites, mais ces droits et priviléges ne s'étendaient pas à l'assemblée du peuple.[1] Ils n'étaient pas citoyens non plus, d'après la définition d'Aristote qui fait consister «les conditions essentielles du droit de cité à Athènes dans la part possédée par chaque citoyen dans la législature, dans l'élection des magistrats, dans la δοκιμασια et dans les tribunaux de justice.»[2]

Civitas romana.

Parmi les droits particuliers compris dans la *civitas romana*, les uns étaient d'une nature politique, appartenant au *jus publicum*, attendu que la participation au gouvernement de l'État en dépendait; tels étaient le *jus suffragii* et le *jus honorum*. D'autres, plutôt d'une nature privée, notamment le *jus commercii* et le *jus connubii* appartenant au *jus privatum*, étaient également essentiels pour le droit de cité.

Comment le droit de cité était acquis à Rome.

Le droit de cité romaine était acquis, 1° par la naissance, quand les parents ou du moins celui dont l'enfant suivait la condition étaient citoyens romains; 2° par l'affranchissement sous certaines conditions; 3° par une concession spéciale accordée originairement par le peuple et le sénat, plus tard par les empereurs, tantôt en faveur de populations ou de villes entières, tantôt en faveur de particuliers.

Comment il était perdu.

Il se perdait, pour des populations entières, par le retrait prononcé comme punition, et, pour les particuliers, soit par la perte de la liberté, base première du droit de cité, soit, sans *maxima capitis diminutio*, par la renonciation volontaire, ce qui comprenait aussi l'acceptation du droit de cité dans un État étranger, attendu que celui-ci était incompatible avec la conservation du

[1] NIEBUHR, *Histoire de Rome*, tom. II, p. 38.
[2] SMITH, *Dictionary of Greek and Roman antiquities*, p. 289.

droit de cité romaine, soit enfin par suite de quelque peine, savoir de l'*aquæ et ignis interdictio* dans les anciens temps, et de la déportation sous les empereurs.

Cives et peregrini.

Dans l'origine, il n'y avait, à proprement parler, aucun degré intermédiaire entre les *cives romani*, et ceux qui n'avaient pas le droit de cité, les *peregrini:* car les plébéiens, bien qu'occupant vis-à-vis des patriciens une position politique subordonnée à beaucoup d'égards, faisaient cependant partie du *populus* proprement dit, et, d'après Savigny, la définition de *civis* et de *civitas* résultait de leur union. Plus tard, il se forma certains degrés entre les *peregrini:* on distingua de ceux qui ne participaient point au droit de citoyen et au *jus civile* qui en dépendait, mais seulement au *jus gentium*, d'autres auxquels on concédait une participation limitée plus ou moins grande au *jus civile*, surtout aux avantages privés qu'il conférait. Aux *latini colonarii* on conférait le *commercium* et non le *connubium*; mais, lorsque la république passa de la *libera respublica* à la monarchie pure, le droit de cité perdit de son importance politique pour les particuliers. Le *jus civile* et le *jus gentium* se rapprochèrent et se fondirent presque l'un dans l'autre; on accorda de plus en plus libéralement le droit de cité romaine, jusqu'à ce que, sous Caracalla, et plus généralement encore sous Justinien, tous les sujets libres de l'empire romain obtinrent la plénitude de ce droit. [1]

Jus civile et jus gentium.

Citoyens distingués des habitants.

Pour en venir aux temps modernes, voici ce que dit Wolff: «Les membres de la société civile ou chacun de ceux qui la forment s'appellent *citoyens*; celui qui n'est pas membre de notre société civile s'appelle *étranger*, et un étranger, à qui l'on permet d'habiter dans un autre pays que le sien et d'y faire des affaires, s'appelle *habitant.*» [2]

D'après Vattel, les citoyens sont les membres de la société civile: liés à cette société par certains devoirs et soumis à son

[1] Marezoll, *Lehrbuch der Institutionen des römischen Rechts*, §§ 74, 75, Traduction de Pellat. Voir aussi Fœlix, *Traité de droit international*, tom. I, p. 9 et note (*a*). Mackenzie, *Studies in Roman law*, p. 73. — Savigny, *Traité de droit romain*, par Guenoux, tom. VIII, p. 48.

[2] Wolff, *Institutions de droit etc.*, 3e part., sect. 2, chap. I, § 674, tom. II, p. 140.

autorité, ils participent avec égalité à ses avantages. Les *habitants*, par distinction des *citoyens*, sont des étrangers auxquels on permet de s'établir à demeure dans le pays. Liés par leur habitation à la société, ils sont soumis aux lois de l'État tant qu'ils y restent, et ils doivent le défendre puisqu'ils en sont protégés, quoiqu'ils ne participent pas à tous les droits de citoyen. Une nation, ou le souverain qui la représente, peut accorder à un étranger la qualité de citoyen, en l'agrégeant au corps de la société politique. Cet acte s'appelle *naturalisation.* [1]

Le terme de citoyen dans la jurisprudence anglaise.

Le terme de « citoyen » (*citizen*), dans le sens qui lui est donné en d'autres pays, est inconnu dans la jurisprudence anglaise. [2]

En quoi consiste le droit de citoyen.

D'après les juristes constitutionnels, autres que ceux de l'Angleterre et des États-Unis, le droit de voter, ou du moins d'être éligible, atteste le droit de cité. Thorbecke, publiciste hollandais, dans un discours prononcé à la Haye, publié sous le titre: « Des droits du citoyen d'aujourd'hui », et traduit en français en 1848, pour la Revue de M. Fœlix, s'exprimait ainsi: « Ce qui constitue le caractère distinctif de notre époque, c'est le développement du droit de cité. Dans l'acception la plus large comme dans le sens le plus restreint, ce droit comprend un grand nombre de facultés. Le droit de cité est le droit de voter dans le gouvernement de la commune locale, provinciale ou nationale dont on est membre. Dans ce dernier sens, le droit de cité signifie participation au droit de voter dans le gouvernement général, comme membre de l'État. » [3]

Distinction entre le droit du continent et celui de l'Angleterre quant à l'expatriation.

Les restrictions apportées, dans les États du continent de l'Europe, à l'émigration, ont principalement pour objet reconnu d'empêcher leurs citoyens de quitter le pays avant qu'ils n'aient rempli leurs obligations envers leur pays de naissance.

D'un autre côté, l'*allégeance* féodale réclamée par les in-

[1] VATTEL, *Droit des gens*, éd. Pradier-Fodéré, tom. I, p. 499, chap. XIX, §§ 212—14.

[2] Voici comment les lexicographes anglais définissent *citizen:* 1°, un homme libre d'une cité, et non un étranger ni un esclave; 2°, un homme exerçant un état, non un rentier; 3°, un habitant, un résidant de n'importe quel endroit. JOHNSON'S *Dictionary*.

[3] *Revue française et étrangère*, tom. V, p. 383.

stitutions de l'Angleterre, s'attache pour la vie à tout individu né sur le sol anglais, ou plutôt, d'après lord Coke, sous l'allégeance du roi. Et, indépendamment des *statuts*, elle ne s'attache que de cette manière. Il fallait non-seulement un acte du parlement, pour donner en Angleterre les droits de sujets aux enfants nés à l'étranger de parents anglais, mais aussi une déclaration sous forme de statut (25 *Edward* III, S. 2), pour décider que le fils du roi, né sur un territoire étranger, pouvait hériter de la couronne. [1]

Naturalisation par annexion.

La naturalisation peut s'effectuer, soit par l'annexion d'un territoire, soit par conquête et cession, soit par la fusion volontaire d'un État dans un autre. Ce principe peut aussi s'appliquer, selon le système féodal, au cas d'allégeance commune, lorsque le même souverain possède la couronne de deux pays, lors même que ceux-ci ne constituent pas un seul et même royaume.

Naturalisation par conquête.

La naturalisation par la conquête découle de cette modification de la loi de la guerre, d'après laquelle le conquérant, au lieu d'acquérir des captifs et des esclaves, de même que des droits absolus de propriété, acquérait des domaines et des sujets. Ce fut cette loi qui fut appliquée peu après l'arrivée des Normands en Angleterre, et c'était certainement cette même loi qui était censée régir, déjà sous le règne de Henri II, lorsque les Irlandais devinrent sujets du roi d'Angleterre par la conquête de l'Irlande.

Lord Coke.

En rapportant le cas de Calvin, Lord Coke compte la conquête au nombre des moyens qui peuvent effectuer la *dénization* d'un étranger. « Si le roi et ses sujets, dit-il, venaient à conquérir un autre royaume ou domaine, les *ante nati*, aussi bien que les *post nati*, ceux qui auraient pris part aux combats aussi bien que ceux qui seraient restés pour la défense du pays, ou qui auraient été employés autrement, sont tous *denizens* (sujets naturalisés) du royaume ou du domaine conquis. » [2]

Lord Mansfield.

Dans un cas cité dans *Cowper's Reports*, [3] Lord Mansfield, pour

[1] WESTLAKE, *Private international law*, § 13, p. 11.
[2] COKE'S *Reports*, part VII, fol. 6.
[3] COWPER'S *Reports*, p. 203, Campbell *vs.* Hall.

valider et expliquer ses doctrines judiciaires, passe en revue les conquêtes faites par la couronne d'Angleterre, et il commence par celle de l'Irlande, s'arrêtant à celle de New-York. Dans tous ces cas, les habitants du pays devinrent des sujets de la couronne par suite de la conquête, et ils furent virtuellement naturalisés par l'action et en vertu de la loi.

«Par un pareil effet de la loi, disait Chalmers en 1814, on peut affirmer, sans exagération, que, depuis le commencement du présent règne, l'empire britannique a acquis quarante millions de sujets.» [1]

Les Écossais en Angleterre après l'avénement de Jacques Ier.

Le point qui fut décidé, dans le cas de Calvin, était qu'un Écossais, né après l'avénement de Jacques Ier au trône d'Angleterre, était sujet, et pouvait prétendre à la possession de biens-fonds en Angleterre, ce que ne pouvait faire un étranger. [2]

Ceci se passait avant que l'union de l'Angleterre et de l'Écosse n'eût eu lieu, et ne reposait que sur le fait qu'elles avaient un même roi. [3]

L'allégeance locale de parents étrangers constitue un sujet naturel.

Les enfants nés dans une armée ennemie ne sont pas sujets.

Coke dit, dans ce cas, que «même l'allégeance locale et temporaire de parents étrangers constitue un sujet naturel: car, s'il a une lignée ici, cette lignée est de sujets naturels de naissance. Mais si des ennemis pénétraient dans le royaume et y prenaient possession d'une ville ou d'un fort, la lignée qu'ils pourraient y avoir, ne compterait pas parmi les sujets du roi d'Angleterre, lors même qu'elle serait née sur son territoire.»

Enfants d'ambassadeurs.

De même aussi, les enfants d'un ambassadeur qui naîtraient dans un pays étranger dans lequel il serait en mission, ne sont pas sujets du souverain auprès duquel leur père serait accrédité.

Effet de la réunion de deux couronnes sur la nationalité.

On prétendait qu'en cas d'un mariage avec l'Espagne, et dans le cas où les possessions de l'Espagne seraient réunies à la couronne d'Angleterre, toutes les *Indes Occidentales*, dont le peuple est, non-seulement d'*alterius soli*, mais aussi d'*alterius cœli*, seraient naturalisées anglaises. Cependant Lord Bacon, qui était alors procureur général (*solicitor general*), dit, à l'encontre de cette théorie, que le parlement pouvait passer un acte de séparation, si une association avec elles n'agréait pas à l'Angle-

[1] CHALMER'S *Colonial Opinions*, p. 663.

[2] COKE'S *Reports*, part VII, fol. 2.

[3] Voir HALLAM'S *Constitutional History of England*, vol. I, chap. I, p. 418, note.

terre. [1] Un acte de cette nature fut en effet passé lors de l'avénement de la maison de Hanovre. [2]

Acte passé à l'avénement de la maison de Hanovre.

Depuis l'avénement de Georges Ier jusqu'à la mort de Guillaume IV, période pendant laquelle les possessions allemandes des rois d'Angleterre se trouvèrent aux mains du même souverain, il n'exista aucune communauté de droits entre les sujets britanniques et les sujets allemands.

Sujets britanniques et sujets allemands.

Lors de la séparation des colonies américaines, les tribunaux des États-Unis et ceux de l'Angleterre furent d'accord pour repousser l'idée d'une double *allegiance*. La seule différence d'opinion qui existât entre eux avait rapport à l'époque dont devait dater l'indépendance des États-Unis. Tandis que ces derniers la considéraient comme établie dès la déclaration d'Indépendance du 4 Juillet 1776, l'Angleterre ne la reconnaissait qu'à partir du 3 Septembre 1783, date du traité définitif de paix. La doctrine reconnue est que, par la séparation de la Grande-Bretagne et des États-Unis, les deux pays eurent respectivement droit, l'un vis-à-vis de l'autre, à l'allégeance des personnes qui adhéraient, à cette époque, à leurs gouvernements respectifs, et que ces personnes étaient devenues des étrangers pour le gouvernement auquel elles n'avaient pas adhéré. [3]

Séparation des États-Unis, de la Grande-Bretagne.

Une autorité que nous avons déjà citée, tout en adhérant à la doctrine d'allégeance inattaquable, aussi longtemps que le souverain demeure en possession du territoire sur lequel l'allégeance est basée, dit à propos de la renonciation à la souveraineté d'un pays: «Le roi ne peut à coup sûr, par aucun acte spécial, enlever les droits civiques à un sujet particulier; cependant le roi, en vertu du mandat suprême qui lui est conféré par la constitution de faire la guerre et la paix, peut par traité abandonner l'allégeance d'un certain nombre de ses sujets. S'il en était autrement, des traités ne pourraient jamais être conclus d'après le droit des gens, entre des puissances belligérantes. La souveraineté et la dépendance sont de véritables

Effet d'un traité de cession sur l'allégeance.

[1] Bacon's *Works*, vol. XV, p. 218.

[2] Hallam's *Constitutional History of England*, chap. xv, vol. III, p. 182. — Blackstone's *Commentaries*, vol. I, p. 110.

[3] Voir Kent's *Commentaries*, vol. II, p. 60, et les cas qui y sont rapportés.

corrélatifs: si l'on retire la dépendance et que le fait soit admis, il n'existe plus de souveraineté; si l'on retire la souveraineté, il n'existera plus de dépendance.» [1]

Naturalisation collective aux États-Unis.

Il y a eu, dans les États-Unis, plusieurs cas de naturalisation collective, par annexion de territoire. L'article III de la première convention du 30 Avril 1803 conclue avec la France, à l'occasion de la cession de la Louisiane, stipulait que les habitants du territoire cédé seraient incorporés dans l'Union des États-Unis, et qu'ils seraient admis aussitôt que cela serait possible, d'après les principes de la constitution fédérale, à la jouissance de tous les droits, avantages et immunités des citoyens des États-Unis. [2] On trouve une stipulation du même genre dans l'article VI du traité de 1819, conclu avec l'Espagne pour l'achat de la Floride. [3]

L'article VIII du traité de 1848 avec le Mexique portait que les Mexicains qui étaient restés dans les territoires cédés et qui n'auraient pas déclaré, pendant une année entière, leur intention de rester citoyens mexicains, seraient considérés comme citoyens des États-Unis. [4]

Par l'annexion du Texas effectuée par une résolution du congrès, du 1er Mars 1845, et par son admission dans l'Union, le 29 Décembre 1845, sur le même pied que les autres États, tous les citoyens de cette république devinrent, sans autre déclaration expresse, citoyens des États-Unis. [5]

Acquisition par la France avant la révolution.

Au sujet des acquisitions de territoires faites par la France avant la révolution française, Pothier pose le principe suivant: «Lorsqu'une province est réunie à la couronne, ses habitants doivent être regardés comme Français naturels, soit qu'ils y soient nés avant ou après la réunion. Il y a même lieu de penser que les étrangers qui seraient établis dans ces provinces, et y auraient obtenu, suivant les lois qui y sont établies, les droits

[1] CHALMER'S *Colonial opinions*, p. 667. — Voir aussi MARTENS, *Précis du droit des gens*, éd. de Vergé 1858, liv. III, chap. III, § 91, tom. I, p. 359.

[2] MARTENS, *Recueil de traités*, tom. VII, p. 256. — *U. S. Statutes at large*, vol. VIII, p. 202.

[3] *Ibid.*, p. 256.

[4] *Ibid.*, vol. IX, p. 930.

[5] *Ibid.*, vol. V, p. 798; vol. IX, p. 108.

de citoyens, devraient après leur réunion, être considérés comme citoyens, ainsi que les habitants originaires de ces provinces, ou du moins comme des étrangers naturalisés en France.» Appliquant le même principe au cas de perte de territoire, il dit: «Lorsqu'une province est demembrée de la couronne, lorsqu'un pays conquis est rendu par le traité de paix, les habitants changent de domination. De citoyens qu'ils étaient au moment de la conquête, ou depuis la conquête s'ils sont nés avant la réunion, de citoyens qu'ils étaient par leur naissance, jusqu'au temps du démembrement de la province, ils deviennent étrangers.» [1]

Annexions à la France depuis 1789 jusqu'à 1814.

Le traité du 26 Avril 1798, qui incorporait la république de Genève à la république française, portait que les Génevois, tant ceux qui habitaient la ville et le territoire de Genève, que ceux qui étaient en France ou ailleurs, étaient déclarés Français-nés. [2] Par un traité d'annexion de la même année, les habitants de la république de Mulhouse furent déclarés citoyens français-nés. [3]

Effets d'après le droit des gens.

Il ne faut pas conclure toutefois de ces déclarations spéciales qu'elles faisaient aux habitants de ces petites républiques une position à part de celle des nombreux pays et provinces incorporés à la France de 1789 à 1814. Ce qui était déclaré pour Genève et pour Mulhouse était applicable à toutes les réunions de territoires. «C'était là, dit Fœlix, la conséquence immédiate de toute réunion de territoire, d'après le droit des gens actuel en Europe, et depuis qu'il n'est plus d'usage, même après la conquête d'un pays, d'en réduire les habitants à une condition inférieure à celle des habitants du pays conquérant.» [4]

Position politique des habitants lors de la rétrocession.

Les difficultés qui s'élevèrent au sujet de la position politique des habitants de ces provinces n'étaient pas incidentes à leur réunion, mais leur rétrocession, faite par la France en 1814—15

[1] Pothier, *Traité des personnes*, part. 1, tit. 2, sect. 1, tom. IX, p. 17—18. Ed. de Bugnet, Paris 1861.

[2] Martens, *Recueil de traités*, tom. VII, p. 249.

[3] *Ibid.*, p. 237.

[4] Fœlix, *Revue du droit français et étranger*, tom. II, p. 328. Naturalisation collective. Massé, *Droit commercial*, tom. II, p. 183, 2e éd.

à leurs anciens souverains, donna lieu à beaucoup de questions sérieuses. [1]

Par l'article 17 du traité du 30 Mars 1814, et par l'article 7 du traité du 20 Novembre 1815, dont le premier réduisit les limites de la France à celles de 1792, et dont le second les borna à celles de 1790, avec des modifications spécifiées, il est déclaré que « dans tous les pays qui doivent ou devront changer de maîtres, tant en vertu du présent traité, que des arrangements qui doivent être faits en conséquence, il sera accordé aux habitants, naturels et étrangers, de quelque condition et nation qu'ils soient, un espace de six ans, à compter de l'échange des ratifications, pour disposer, s'ils le jugent convenable, de leurs propriétés (acquises soit avant soit depuis la guerre actuelle, dit le traité de 1814) et de se retirer dans tel pays qu'il leur plaira de choisir.» [2]

Différence entre la cession et la rétrocession des pays restaurés en 1814.

Il y a une différence notable entre l'article que nous venons de citer et les stipulations habituelles faites dans les cas de cession de territoire. En principe, quand un territoire est détaché d'un État pour être réuni à un autre, il est convenable de laisser aux habitants de ce territoire le moyen de ne pas perdre leur nationalité: on doit admettre que si, dans un certain délai, ils viennent se fixer dans les provinces conservées par l'État auquel ils appartenaient, ils seront considérés comme n'ayant pas cessé de lui appartenir. En 1814, on n'a pas montré cette bienveillance pour les habitants des provinces qui avaient été réunies à la France depuis 1791: on paraît avoir eu simplement l'idée de tenir pour non avenu le fait de cette réunion, de manière à en effacer toutes les conséquences, sauf à faciliter un peu les conditions de la naturalisation pour les personnes dont il s'agit qui désireraient devenir françaises. [3]

Nationalité d'un individu ayant droit de quitter un pays cédé.

Fœlix présente une question qui a rapport à la position légale de l'individu qui jouit de la faculté de se libérer de sa sujétion, ou, pour nous servir du terme anglais, de son *allegiance*. Il lui semble que la perte de la nationalité primitive ne peut

[1] Voir Devilleneuve et Gilbert, *Jurisprudence du XIXe siècle*, tom. II, p. 390.

[2] Martens, *Nouveau Recueil*, tom. II, pp. 9, 689.

[3] Fœlix, *Droit international*, 3e éd., tom. I, p. 84, note par Demangeat.

immédiatement avoir lieu, lorsque l'individu n'acquiert pas de suite une autre nationalité : tant qu'il ne possède pas celle-ci, il continue, d'après l'ordre des choses, à être considéré, eu égard aux diverses nations, et du moins vis-à-vis de sa patrie primitive, comme membre de cette nation. [1]

La situation d'un étranger qui a déclaré son intention de devenir citoyen des États-Unis, ressemble, durant son terme d'épreuve, à celle que nous venons de présenter. Autrefois on ne lui accordait pas de passeport, mais, par l'acte de Mars 1863, ch. LXXIX, § 23, on rapporta la prohibition quant aux personnes qui étaient sujettes au service militaire d'après les lois des États-Unis.[2] L'acte du 30 Mai 1866 rapporte ce dernier acte, et déclare qu'à l'avenir les passeports ne seront accordés qu'aux citoyens des États-Unis. [3]

Naturalisation collective d'une classe de personnes.

Une naturalisation collective peut aussi avoir lieu pour une classe de personnes, naturelles d'un pays ou autres, sans aucun acte de la part des individus.

Des Indiens dans les États-Unis.

On aurait tort de supposer qu'aux États-Unis le terme d'étranger (*alien*) opposé à celui de *citoyen*, correspond à *étranger* vis-à-vis du pays. Les Indiens sont *sujets* des États-Unis, et ne sont pas, par conséquent, par le fait de leur naissance dans le pays, citoyens. Ils ne peuvent non plus devenir citoyens, d'après les lois existantes de naturalisation; ils peuvent cependant être faits citoyens par quelque acte compétent du gouvernement général, par traité, ou autrement. «Du moment que l'on établit que les Indiens sont les sujets domestiques du gouvernement des États-Unis, de ce moment-là ils est évident qu'ils non pas en eux les éléments souverains qui constituent le gouvernement. Cette distinction entre les *citoyens* proprement dits, c'est-à-dire entre les membres constituants de la souveraineté politique, et les *sujets* de cette souveraineté qui ne sont point citoyens, est reconnue par les meilleures autorités en droit public.[4] Par la même raison, il est clair qu'un esclave ne peut pas être citoyen.» [5]

[1] Fœlix, *Revue du droit français et étranger, Naturalisation collective, loc. cit.*

[2] *U. S. Statutes at large*, vol. XIII, p. 754.

[3] *Ibid.*, 1865—66, p. 54.

[4] Voir Puffendorf, *De jure naturae*, lib. VII, cap. 23.

[5] *Opinions of Attorneys-General*, vol. VII, p. 749, M. Cushing, July 5, 1856.

Naturalisation des Choctaws par un traité.

Le traité du 27 Septembre 1830 contient une disposition relative aux chefs de familles Choctaws qui désirent rester et devenir citoyens des États-Unis. [1] Il y a également, dans le traité du 29 Décembre 1835 avec les Cherokees, une disposition relative à ceux des Indiens qui, avec leurs familles, ne seraient pas disposés à aller s'établir sur la rive occidentale du Mississipi, et désireraient devenir citoyens des États dans lesquels ils résidaient. [2]

L'acte du 30 Mars 1843 établit que, lorsque les arrangements auront été complétés pour la répartition des terres entre les membres de la tribu des Indiens Stockbridge, «tous et chacun d'entre eux seraient considérés, et, à compter de ce moment, seraient déclarés citoyens des États-Unis, en tout et partout, et qu'ils pourraient réclamer tous les droits, priviléges et immunités des citoyens américains.» [3]

Le décret du 9 Décembre 1790 qui déclare les descendants des religionnaires fugitifs, *naturels français*, décret qui est encore en vigueur, peut entrer dans cette même catégorie. Ces descendants, quelle que soit l'époque de l'émigration de leurs ancêtres, sont déclarés Français, et placés, sous tous les rapports, sur le même pied que les citoyens naturels. C'est cette décision qui guida la chambre des députés en 1824 et 1828, lors de la vérification des pouvoirs des députés Benjamin Constant, de Roman et Odier. [4]

Naturalisation accordée dans tous les pays de l'Europe.

En dehors du caractère national résultant du domicile établi, lequel peut exister dans un but de commerce, sans qu'une personne cesse d'être tenue à la sujétion envers son pays de naissance ou d'adoption, tous les pays de la chrétienté accordent, avec plus ou moins de restrictions, les droits de naturalisation aux étrangers, en exigeant d'eux qu'ils remplissent certaines conditions.

Changement de nationalité et de domicile.

Il est établi cependant par la doctrine des publicistes qu'aussitôt que, conformément à la loi du domicile d'origine, un enfant a atteint l'âge de la majorité, il devient libre de changer de nationalité et de choisir un autre domicile. Dans

[1] *U. S. Statutes at large*, vol. VII, p. 335.
[2] *Ibid.*, p. 483.
[3] *Ibid.*, vol. V, p. 647.
[4] Beudant, *De la naturalisation*, p. 5.

les pays dont la législation ne permet pas à leurs citoyens de s'expatrier, en Angleterre par exemple, le lien originaire se conserve seulement dans l'intérêt de la nation à laquelle l'individu a appartenu dans le principe, sans empêcher, par rapport à sa patrie adoptive, la validité de la naturalisation qu'il y aura acquise. [1]

Un Français âgé de 21 ans est majeur, excepté dans le cas où il voudrait contracter mariage sans le consentement de ses parents. En Prusse, la majorité n'arrive qu'à 24 ans, et, dans les États régis par le droit romain, elle n'arrive qu'à 25 ans.

L'âge de la majorité aux États-Unis.

Il n'existe pas aux États-Unis d'acte législatif général quant à l'âge requis pour la majorité. Pour ce qui est des hommes, la règle est uniforme dans tous les États de l'Union, sans en excepter la Louisiane, l'âge de la majorité étant fixé à vingt et un ans. Quoique, dans quelques-uns des États, les femmes aient une capacité plus étendue dès l'âge de dix-huit ans, la règle générale de la capacité complète est la même pour les deux sexes, et dans les questions de règle fédérale, elle peut être considérée comme la loi commune des États-Unis. [2]

Droit exclusif de naturalisation dans le Congrès.

Avant l'adoption de la constitution fédérale, les étrangers (*aliens*) étaient naturalisés par chacun des États. En vertu de la constitution des États-Unis, le congrès a le pouvoir d'établir une loi uniforme de naturalisation : ce pouvoir est reconnu par la cour suprême comme excluant celui des États isolés, [3] et, lors du traité du 30 Mars 1867 pour l'achat d'Alaska, on a prétendu que la constitution excluait aussi la naturalisation provenant de l'annexion d'un pays étranger, par traité ou autrement, et que, dans un tel cas, l'action du congrès était nécessaire pour l'effectuer. [4]

Distinction entre un citoyen de naissance et un citoyen naturalisé.

La seule distinction que la constitution établisse entre un

[1] Fœlix, *Droit international privé*, 3e éd., § 28, note, tom. I, p. 55.

[2] *Opinions of Attorneys-General*, vol. VIII, p. 65, M. Cushing, 29 August 1856.

[3] Kent's *Commentaries*, vol. I, p. 424. — Wheaton's *Reports*, vol. II. p. 269. Chirac *vs.* Chirac. *Ibid.*, vol. V, p. 49. Houston *vs.* Moore.

[4] Voir tom. II, p. 498, *supra*.

citoyen naturel et un citoyen naturalisé, est qu'aucune personne, autre qu'un citoyen né aux États-Unis, ou un citoyen des États-Unis à l'époque de l'adoption de la constitution, ne peut être élu au poste de président ou de vice-président des États-Unis, art. 2, § 1, et que personne ne pourra être élu à la chambre des répresentants s'il n'a été citoyen pendant sept ans. Pour être sénateur, il faudra avoir été citoyen pendant neuf ans, art. 1, §§ 2. 3. Par l'article 4, § 2, les citoyens de chaque État auront droit aux priviléges et aux immunités des citoyens des différents États.

Voici la substance des lois passées par le congrès, en conformité de cette disposition de la constitution.

Lois américaines de naturalisation.

Par l'acte du 26 Mars 1790, il est déclaré que tout étranger blanc et libre, qui aura résidé pendant deux ans dans les États-Unis, pourra devenir citoyen en prêtant le serment ou l'affirmation prescrits par la loi, de soutenir la constitution. Les enfants mineurs de personnes ainsi naturalisées, et les enfants de citoyens qui pourront naître hors des États-Unis, devront être considérés comme citoyens. Cet acte n'exige aucune renonciation à la sujétion première. [1]

Acte du 29 Janvier 1795.

L'acte du 29 Janvier 1795 exige une déclaration préliminaire faisant connaître, trois ans avant l'admission, l'intention de devenir citoyen et de renoncer à toute sujétion étrangère, surtout envers le prince ou État dont le pétitionnaire était le sujet ou le citoyen à l'époque de l'admission ; une résidence de cinq ans aux États-Unis et d'un an dans l'État dans lequel la demande est faite est également exigée. Le même acte exige encore que l'étranger renonce à tout titre de noblesse. Les étrangers résidant alors dans les États-Unis, pouvaient devenir citoyens après un séjour de deux ans et en se conformant aux conditions du nouvel acte. Les mêmes stipulations existent dans celui-ci pour les enfants mineurs des citoyens naturalisés et pour les enfants des citoyens nés à l'étranger. [2]

Acte du 18 Juin 1798.

Par l'acte du 18 Juin 1798, aucun étranger, à l'exception de ceux qui étaient devenus résidants pendant que les lois précedentes étaient en vigueur, ne pouvait devenir citoyen, à moins qu'il

[1] *U. S. Statutes at large*, vol. I, p. 103.

[2] *Ibid.*, vol. I, p. 414.

n'eût déclaré son intention à cet égard cinq ans avant son admission, et qu'il n'eût prouvé une résidence de quatorze ans dans les États-Unis, dont cinq ans dans l'État où la demande était faite.

Par l'acte du 14 Avril 1802, qui est la loi que l'on applique aujourd'hui dans les cas ordinaires, une personne blanche et libre peut acquérir le titre de citoyen, en déclarant son intention trois ans au moins avant son admission, la cour ayant les preuves qu'elle a séjourné, à l'époque de son admission, pendant cinq ans aux États-Unis, et pendant un an dans l'État où la cour est en session. Il faut aussi qu'elle ait rempli les conditions de renonciation voulues. Les enfants mineurs dont les pères et les mères (*parents*) avaient été naturalisés citoyens, et les enfants des citoyens nés hors des États-Unis, ne devaient pas être regardés comme étrangers.[1] Il a été souvent décidé par les cours dans les États-Unis que la naturalisation du père seul suffisait, dans de tels cas, pour naturaliser les enfants mineurs.[2] Acte du 14 Avril 1802.

D'après l'acte du 26 Mai 1824, les mineurs qui auront résidé aux États-Unis trois ans avant d'atteindre l'âge de vingt et un ans, pourront être admis, après une résidence de cinq ans, comprenant les trois années de minorité, sans avoir fait la déclaration préalable, en prêtant le serment de renonciation comme dans les autres cas.[3] Acte du 26 Mai 1824.

L'acte du 10 Février 1855 déclarait que les personnes nées jusqu'à cette époque, ou qui naîtraient hors des États-Unis, et dont les pères étaient ou seraient, à l'époque de leur naissance, citoyens des États-Unis, seraient regardées comme citoyens, mais que les droits de citoyens ne descendraient pas aux personnes dont les pères n'auraient jamais résidé aux États-Unis; également, qu'une femme qui pourrait être légalement naturalisée selon les lois existantes, et qui aurait épousé ou épouserait un citoyen, serait elle-même considérée comme citoyenne.[4] Acte du 10 Février 1855.

[1] *U. S. Statutes at large*, vol. II, p. 153.
[2] DALY, *History of naturalization*, p. 233.
[3] *U. S. Statutes at large*, vol. IV, p. 69.
[4] *Ibid.*, vol. X, p. 604.

La Cour Suprême des États-Unis a décidé que cet acte du 10 Février 1855 confère les priviléges de citoyen aux femmes mariées à des citoyens des États-Unis, si elles appartiennent à la classe de personnes à la naturalisation desquelles les actes antérieurs du congrès s'appliquent. L'expression «*qui peuvent être légalement naturalisées sous les lois existantes*» ne limite l'application de la loi qu'aux femmes libres de race blanche. La loi de naturalisation d'alors exigeait seulement que la personne demandant à en profiter fût «*une personne libre de race blanche.*» La loi n'est pas limitée aux femmes de ceux qui étaient citoyens à l'époque de leur mariage.[1]

Le mariage d'une femme avec un étranger ne dissout pas son allégeance naturelle, même quand elle demeure avec lui dans un pays étranger.[2]

Acte du 17 Juillet 1862.

Par un acte du 17 Juillet 1862, tout étranger âgé de 21 ans, qui se sera engagé ou qui s'engagera dans l'armée régulière ou volontaire des États-Unis, et qui aura été ou sera honorablement congédié, pourra être admis citoyen, sur sa demande, et il lui suffira de prouver une année de résidence dans les États-Unis avant sa demande d'admission.[3]

Serment de renonciation.

On s'apercevra, en comparant les dispositions de ces lois de naturalisation avec celles des principaux États de l'Europe, que les conditions ordinairement requises par nous sont plus sévères que les leurs ; chez nous, non-seulement on exige un serment de fidélité envers les États-Unis, mais il faut encore — et c'est ce qui n'existe pas dans la loi de naturalisation de l'Angleterre et de quelques autres pays — renoncer à toute sujétion aux autres princes et États, et surtout au prince ou à l'État dont le pétitionnaire est sujet ou citoyen.

Décisions des tribunaux sur les lois de naturalisation.

Des décisions ont été rendues, d'après les statuts qui précèdent, par la cour suprême des États-Unis. Les divers actes passés au sujet de la naturalisation renvoient la décision sur

[1] WALLACE's *Reports*, vol. VII, p. 496, Kelly *vs.* Owen.

[2] PETERS' *Reports*, vol. III, p. 92—242, Inglis *vs.* Trustees of Sailor's Snug Karbor; BARBOUR's *Reports*, vol. V, p. 256, Back *vs.* Gillis; mais il se peut qu'il en soit autrement, depuis les conventions de naturalisation qui viennent d'être conclues avec l'Allemagne, la Grande-Bretagne et d'autres puissances. Voir LAWRENCE, *Disabilities of American women married abroad*, p. 8, 43.

[3] *U. S. Statutes at large*, 1861—62, p. 297.

les droits des étrangers aux cours de *record.* [1] Ces cours reçoivent les dépositions, et, après les avoir comparées avec la loi, elles doivent prononcer leur jugement d'après celle-ci et d'après le fait. Si leur jugement est enregistré d'après les formes légales, il décide la question et fait, de même que d'autres jugements, complétement foi de sa propre validité. L'acte du 22 Mars 1816, [2] qui exige qu'un certificat d'enregistrement et de déclaration d'intention soit contenu dans le jugement, ne s'applique pas aux étrangers arrivés aux États-Unis antérieurement au 18 Juin 1812. [3] Il n'est pas indispensable que l'acte public de naturalisation porte que toutes les conditions exigées par la loi pour l'admission des étrangers aux droits de citoyens ont été remplies. [4]

Un certificat donné par une cour compétente, et portant que l'étranger a prêté le serment prescrit par l'acte sur la naturalisation, laisse présumer que cette cour s'est convaincue des bonnes mœurs de l'étranger et de son attachement aux principes de la constitution etc. Le serment prêté confère les droits de citoyen. Il n'est pas nécessaire que le pétitionnaire soit admis à être citoyen par un ordre du tribunal. [5]

Dans une note du 6 Mars 1854, M. Marcy, secrétaire d'État, dit : « Quoiqu'il n'entre pas d'habitude dans les attributions du secrétaire d'État de donner une opinion sur des questions de loi, et que l'exception que je fais en répondant à vos demandes, puisse ne pas être admise, je suis cependant porté à croire que toute personne née dans les États-Unis, doit être regardée comme citoyen de ce pays, même si l'un de ses parents ou tous les deux étaient étrangers à l'époque de sa naissance. Cela s'accorde avec le droit coutumier anglais (*common law*), qui est généralement reconnu dans ce pays-ci. Il est à présumer qu'une personne née de parents

Tout individu né aux États-Unis est citoyen.

[1] Une cour de record (*court of record*) est une cour où sont enregistrés les actes et les procédures judiciaires pour servir de mémorial et de témoignage perpétuels. STEPHEN, *Blackstone's Commentaries*, vol. III, p. 364. Voir aussi acte du 14 Avril 1802, § 3.

[2] *U. S. Statutes at large*, vol. III, p. 259.

[3] PETERS' *Reports*, vol. IX, p. 393. Spratt *vs.* Spratt.

[4] CRANCH'S *Reports*, vol. VII, p. 420. Starke *vs.* The Chesapeake Insurance Company.

[5] *Ibid.*, vol. VI, p. 176. Campbell *vs.* Gordon.

étrangers serait regardée comme citoyen naturel des États-Unis, selon les termes de la constitution, et pourrait être élue président.»

Droit de posséder des biens-fonds.

Le droit de posséder des biens-fonds n'exige pas nécessairement qu'on ait le droit de citoyen, comme nous l'avons déjà expliqué dans notre article sur le droit d'aubaine.[1]

Articles de la confédération de 1778.

Dans les articles de la confédération de 1778, qui ont été remplacés par la constitution actuelle, le terme de *citoyen* était employé comme synonyme d'habitant libre (*free inhabitant*), et il était stipulé que les habitants libres (*free inhabitants*) de chacun de ces États, auraient droit à tous les priviléges et à toutes les immunités des citoyens libres (*free citizens*) dans les divers États. (Art. IV.)

Les termes citoyens et électeurs ne sont pas des termes convertibles.

Le savant ex-attorney-général des États-Unis (M. Cushing) que nous citons si fréquemment, n'admet pas que, dans les États-Unis, les termes de *citoyen* et d'*electeur* soient équivalents («*convertible*») et il nie que, d'après l'usage de notre pays, il y ait une liaison inséparable entre le fait de l'exercice du suffrage, et le fait de la possession du droit de citoyen. Il dit en outre: «Un passage de la constitution des États-Unis porte que 'les citoyens de chaque État auront droit à tous les priviléges et immunités des citoyens des divers États.' Il est difficile d'expliquer ce que veut dire ce passage, si toutefois il signifie quelque chose. A coup sûr, il ne peut signifier qu'un citoyen de l'État de l'Ohio peut voter ou recevoir des votes dans l'État du Kentucky.»[2]

L'efficacité des actes de naturalisation modifiée par les lois locales.

Quoique le pouvoir exclusif de conférer la naturalisation appartienne, d'après la constitution, au gouvernement fédéral, l'efficacité en est cependant modifiée, pour les cas les plus importants, et surtout pour le droit de suffrage, par les constitutions et par les lois locales.

Les conditions requises pour voter ne sont pas prescrites dans la constitution des États-Unis, même pour les élections qui doivent être faites d'après les dipositions qu'elle établit. Elle règle que les électeurs de la chambre des représentants auront les capacités requises dans chaque État pour être

[1] Voir § 4, p. 81 *supra*.

[2] *Opinions of Attorneys-General*, vol. VIII, p. 302. M. Cushing, 7 Janvier 1857.

électeurs de la branche la plus nombreuse de la législature de l'État (article I, § 2); que le sénat sera composé de deux sénateurs de chaque État choisis par la législature de celui-ci (§ 3), et que chaque État désignera, de la manière que cela sera déterminé par sa législature, les électeurs du président des États-Unis. Le nombre de ces électeurs sera égal à celui de tous les sénateurs et représentants auquel l'État aura droit dans le congrès (art. II, § 2).

La situation dans laquelle se sont trouvés les gens de couleur libres avant les changements qui ont été effectués à la suite de la tentative de sécession des États à esclaves, semblerait s'accorder avec la dénomination d'*habitants perpétuels* que nous trouvons dans Vattel.

Situation des gens de couleur libres avant la guerre civile.

«Ce sont ceux, dit-il, qui ont reçu le droit d'habitation perpétuelle. C'est une espèce de *citoyens* d'un ordre inférieur; ils sont liés à la société, sans participer à tous ses avantages.» [1]

Dans un cas qui se présenta en Pensylvanie, et où il s'agissait de prononcer sur les droits politiques, il fut décidé qu'un nègre ou un mulâtre n'était pas qualifié, d'après le terme *homme libre* contenu dans la constitution de l'État, de 1790, pour exercer le droit de suffrage. [2]

Cependant, dans l'État de Rhode-Island où les lois locales leur dénient, même aujourd'hui (1872), le droit de *connubium*, [3] les personnes de cette classe ont eu, depuis l'adoption de la constitution actuelle de l'État, en 1842, la faculté de voter, en vertu de la clause de cette constitution qui confère le droit de suffrage «à tout citoyen mâle naturel des États-Unis.»

Les personnes libres de sang africain, de même que toutes celles qui ne sont pas «blanches», étaient exclues de la loi générale de naturalisation jusqu'à 1870, quand cette loi a été étendue aux étrangers de naissance africaine et aux personnes de descendance africaine. [4] Dans le cas de Dred Scott [5] qui fut jugé en Décembre 1856, la cour suprême décida

Les gens de couleur exclus des lois de naturalisation.

[1] VATTEL, *Droit des gens*, liv. I, chap. XIX, § 213.

[2] WATTS, *Pensylvania Reports*, vol. VI, p. 533. Hobbs *vs.* Fogg.

[3] *Rhode-Island Rev. St.*, p. 312.

[4] *U. S. Statutes at large*, 1870, p. 256.

[5] HOWARD's *Reports*, vol. XIX, p. 406. Dred Scott *vs.* Sandford.

que les nègres libres appartenant à la race africaine, et dont les ancêtres avaient été amenés aux États-Unis et y avaient été vendus comme esclaves, n'étaient pas citoyens, selon le sens de la constitution des États-Unis, et que, par conséquent, les droits spéciaux et les immunités garanties aux citoyens ne s'appliquaient pas à eux; que, n'étant pas «citoyens» selon le sens de la constitution, ils n'étaient pas en droit de poursuivre en justice, en cette qualité, dans un tribunal des États-Unis.[1]

Changements opérés par la guerre civile.

La guerre civile a opéré, depuis, de grands changements dans l'état des individus appartenant à cette race. Nous avons indiqué ces changements dans notre article sur les États-Unis.[2] Il faut répéter ici que, par un amendement (XIII) de la constitution fédérale, l'esclavage a été prohibé partout dans la juridiction des États-Unis, et que les anciens esclaves, aujourd'hui affranchis, étaient compris dans la loi de 1866 qui déclare citoyens tous les individus nés aux États-Unis, à l'exception des Indiens non imposés et des sujets d'une puissance étrangère.[3]

Le congrès a statué en outre que la reconstruction des États *rebelles* s'effectuerait par l'intermédiaire d'une convention dans chacun de ces États, composée de délégués élus par tous les citoyens mâles de l'État, sans distinction de couleur ou de condition primitive, en excluant ceux qui ne prêtaient pas serment qu'ils n'avaient pas participé à la rébellion. On a exigé de plus comme condition préalable de l'admission des sénateurs et des représentants de ces États au congrès, l'adoption de l'amendement (XIV) à la constitution fédérale, ayant pour objet de faire accorder aux noirs le droit de suffrage aux mêmes termes qu'aux blancs[4], en diminuant le nombre des représentans de chaque État d'après la proportion des citoyens mâles qui seraient exclus du droit de voter.[5]

La race indienne et la race noire ne sont pas du reste les

[1] HOWARD'S *Reports*, vol. XIX, p. 573.

[2] Part. 1, chap. II, § 24, tom. II, p. 167 *supra*.

[3] *U. S. Statutes at large*, vol. XIV, p. 27.

[4] *Ibid.*, vol. XIV, p. 358, 429.

[5] En 1870, un homme de couleur nommé par l'État du Mississippi a occupé au sénat des États-Unis le siége autrefois rempli par Jefferson Davis, depuis Président de la Confédération du Sud, durant la guerre civile.

seules races qui aient donné lieu à des difficultés dans les États-Unis. Depuis que la Californie forme partie de notre territoire, une immigration considérable a eu lieu dans cet État, venant de la Chine. Ceux qui sont venus ainsi s'établir dans cette partie de l'Union, appartiennent à une classe qu'il ne faut pas confondre avec les *coolies*, par lesquels l'Angleterre et la France ont remplacé les Africains dans leurs possessions sous le tropique, et dont nos lois défendent l'importation.[1]

Les Chinois dans la Californie.

Les Chinois établis aux États-Unis ont été exclus de la loi générale de naturalisation encore en vigueur qui limite la naturalisation aux personnes blanches et libres, et aucun acte spécial de législation n'a été passé pour leur accorder les droits de citoyens. Il paraîtrait cependant que leurs descendants sont compris dans l'amendement XIV de la constitution qui dit que tous les individus nés ou naturalisés aux États-Unis, et qui sont sujets à leur juridiction, sont citoyens des États-Unis, et de l'État où ils résident.

Il est à propos de faire remarquer ici que, par le même jugement de la cour suprême par lequel on déniait (cas de Dred Scott) à l'une des parties le privilége de recourir à la justice dans les cours fédérales, en qualité de citoyen du Missouri ayant tous les droits d'un citoyen des États-Unis, parce que ses ancêtres avaient été amenés d'Afrique et vendus comme esclaves, il fut déclaré qu'un État pouvait placer un étranger ou toute autre classe de personnes, sur le même pied que ses propres citoyens, en tout ce qui se rapporte aux droits et priviléges dont ils jouissent dans les limites de son territoire et de ses lois.[2]

Droit d'un État de mettre des étrangers sur le même pied que ses propres citoyens.

La constitution de l'État de l'Illinois porte (art. 2, § 27) que, «dans toutes les élections, tous les habitants blancs mâles au-dessus de vingt et un ans, qui auront résidé dans l'État pendant les six mois précédant l'élection, jouiront des droits d'électeur.» La même disposition se trouve dans la constitution du Michigan et dans celle d'autres États du Nord-Ouest.

Droit de suffrage dans l'Illinois.

D'un autre côté, la constitution de Rhode-Island établit (art. 11, § 2) une distinction entre un citoyen de naissance

Citoyens de naissance et citoyens naturalisés dans le Rhode-Island.

[1] Voir § 15 *infra*.

[2] HOWARD's *Reports*, vol. XIX, p. 573. Dred Scott *vs.* Sandford.

et un citoyen naturalisé, le dernier étant tenu de prouver la possession d'un bien-fonds pour pouvoir exercer le droit électoral. Cette distinction y existait malgré le XIVme amendement de la constitution fédérale adopté en 1867, qui déclare toutes les personnes nées ou naturalisées aux États-Unis et sujettes à leur juridiction, citoyens des États-Unis et de l'État où elles résident.

Distinction de races relativement au suffrage.

Il existe aussi jusqu'ici dans les constitutions de quelques-uns des États qui n'étaient pas États à esclaves à l'époque de la sécession du Sud, des restrictions qui interdisent aux noirs le suffrage, ou qui, comme dans l'État de New-York, ne l'accordent qu'à ceux qui sont possesseurs de biens-fonds. Le congrès a proposé cependant, en Mars 1869, aux législatures des États l'amendement XV à la constitution fédérale: «Le droit de suffrage (*right to vote*) de citoyens des États-Unis ne sera nié ni restreint par les États-Unis ni par aucun État, à cause de la race, de la couleur ou de la servitude antérieure. Le congrès aura le pouvoir de donner effet à cet article par une législation convenable.» [1]

Cet article a été proclamé en Mars 1870 comme amendement (XV) à la constitution, quoique en vue des circonstances dans lesquelles ils fut adopté on pourrait bien à l'avenir mettre en doute sa validité. Il en est de même des XIIIe et XIVe amendements. Dans les États auxquels on a donné le nom d'États rebelles, on a substitué au libre vote des chambres des législatures un consentement forcé comme préliminaire à la réadmission au Congrès de leurs sénateurs et de leurs représentants. Nous avons expliqué jusqu'à quel point toute la législation qui se rapporte à la réorganisation des États du Sud est révolutionnaire et en contradiction avec les principes du système fédéral sur lequel notre gouvernement avait été basé jusqu'à la guerre civile. [2]

L'autorité exécutive dans chaque ou dans presque chaque État de l'Europe, possède dans ses attributions le droit de conférer la naturalisation.

Naturalisation dans les États de l'Europe.

Avant l'acte du parlement de 1844, 7 et 8 Vict. c. 66, il

[1] *U. S. Statutes at large*, vol. XV, p. 346.

[2] Voir notre *Commentaire*, tom. II, p. 161.

fallait ordinairement en Angleterre, non-seulement des actes spéciaux du parlement pour chaque cas de naturalisation, mais, d'après une disposition résultant de *l'act of settlement*, du 12 Guillaume III, c. 3, et passée de nouveau, 1 George I c. 4, et 4 Geo. III, c. 84, mais abrogée par l'acte de 1844, aucun *bill* de naturalisation ne pouvait être présenté à l'une ou l'autre des chambres du parlement, à moins qu'il n'y eût une clause déclarant que le pétitionnaire ne pourrait remplir aucun emploi public, ni s'asseoir au parlement ou au conseil privé. Il suffisait cependant, pour répondre aux conditions du *statut*, que la clause eût été originellement insérée, et elle aurait pu être supprimée dans la suite. Cependant, en cas de naturalisation de princes et de princesses étrangers, on passait auparavant une loi qui suspendait spécialement l'action de la clause. Lors de la naturalisation du prince consort Albert, époux de la reine Victoria, en 1840, on passa d'abord une loi, abrogeant, quant à lui, la clause en question; et puis on lui accorda tous les droits dont il aurait pu jouir s'il était né anglais.

Loi anglaise. *Act of settlement.*

D'après l'acte 7 d'Anne, c. 5, tous les protestants étrangers auraient pu être naturalisés, mais cet acte fut rapporté par l'acte 10 d'Anne, c. 5, excepté en ce qui concernait les enfants nés à l'étranger de parents anglais. Ce statut exigeait néanmoins, de même que l'ancien statut 25 d'Édouard III, que le père et la mère fussent tous les deux sujets anglais. Il est vrai que cette obligation fut abolie pour la mère, par un *dictum* des juges.[1]

La naturalisation était accordée *ipso facto*, avec les restrictions concernant les emplois à remplir contenues dans les cas sur lesquels le parlement statuait, pour ceux qui avaient servi en temps de guerre, pendant deux ans, sur un vaisseau du roi, et, d'après certaines stipulations, pour ceux qui étaient engagés dans la pêche à la baleine.

Acte de 1844.

L'acte 7 et 8 Vict., c. 66, porte que tout individu né d'une mère anglaise pourra hériter de biens-fonds et de biens mobiliers (*real or personal property*) ou les posséder; mais

[1] Croke Charles, p. 102, *Bacon's case*. D'après l'acte de Geo. II, chap. xxi, c'est la nationalité du père seul qui décide de celle des enfants. Westlake, *Private international law*, §. 13, p. 11.

Étrangers résidant en Angleterre.

cet acte ne le rend pas sujet anglais sous d'autres rapports.[1] L'acte porte encore que toute femme mariée à un individu né sujet ou à un individu naturalisé, sera reconnue être naturalisée elle-même, et aura tous les droits et tous les priviléges d'un sujet né. Que les étrangers amis (*alien friends*) pourront posséder toute espèce de biens mobiliers (*personal property*), excepté des *chattels real*; que les sujets d'un État ami pourront posséder des terres etc. dans le but d'y résider, pour un terme de vingt et un ans; que des étrangers (*aliens*) pourront se faire naturaliser et jouir de tous les droits d'un sujet-né, à l'exception de celui d'être membres du conseil privé ou du parlement, en obtenant un certificat du secrétaire de l'intérieur, et en prêtant le serment prescrit. Ce serment ne contient néanmoins aucune renonciation, par les nouveaux sujets, à leur premier souverain ou à leur pays d'origine. Il paraîtrait, en effet, qu'en acceptant un étranger comme sujet britannique, l'Angleterre, selon la pratique du temps de la féodalité, n'a considéré que l'allégeance que le nouveau sujet lui doit pendant qu'il est dans le royaume. En agissant ainsi, l'Angleterre a montré son respect pour la règle de sa propre jurisprudence qui déclarait que «le sujet naturel d'un prince ne peut, par aucun acte émanant de lui-même, et en jurant allégiance à un autre prince, se soustraire à l'allégeance naturelle qu'il doit au premier.»[2]

Aucun serment de renonciation n'est exigé en Angleterre.

D'après le «*Chief Justice*» d'Angleterre, «dans ces cas l'allégeance absolue originelle est seulement suspendue, et peut, en ce qui concerne ce pays, être reprise, tandis que celle qui est due à la Couronne d'Angleterre cesse si la personne vient à quitter les possessions de la Couronne. Depuis 1858 les droits et les capacités de sujet anglais sont accordés à la condition expresse que l'individu naturalisé continuera à résider d'une manière permanente dans le Royaume-Uni; et que si à aucune époque il s'absente volontairement pour une période de six mois, sans une permission par écrit de l'un des secrétaires d'État, son certificat deviendra nul, et tous les droits et capacités qu'il conférait cesseront entièrement et définitivement.

[1] STEPHEN, *Blackstone's Commentaries*, vol. II, p. 435.

[2] *Ibid.*, p. 428.

«On doit observer que, tandis que dans le système anglais, la résidence réelle est nécessaire après que la naturalisation a été accordée, aucune résidence antérieure n'est requise maintenant pour l'obtenir. On verra combien la coutume anglaise diffère essentiellement sous ce rapport de celle des autres pays.» [1]

Siége au parlement ou dans le conseil privé.

Pour prendre séance au parlement ou dans le conseil privé, l'assentiment de la reine et des deux chambres du parlement est nécessaire; mais Lord Brougham fit observer, lors de la discussion de cet acte, que ce consentement ne serait jamais refusé, excepté pour des raisons valables et suffisantes. [2] Un *bill* de ce genre fut introduit et adopté comme loi dans le cas récent de M. Louis Bischoffsheim. [3]

Naturalisation dans les colonies.

Dans les colonies anglaises, des facilités plus ou moins grandes ont toujours été accordées, même du temps de la restriction sur la naturalisation en Angleterre. Avant la révolution américaine, tous les protestants et juifs étrangers ayant résidé pendant sept années dans les colonies américaines, étaient naturalisés et avaient les mêmes droits que ceux nés dans le Royaume-Uni, excepté qu'ils ne pouvaient occuper des emplois publics. Une des raisons données dans la déclaration d'indépendance américaine pour justifier la séparation, était que des ordonnances encore plus libérales n'avaient pas été passées. Il y est déclaré, comme sujet de plainte contre le roi, «qu'il s'est opposé à l'accroissement de la population, mettant, en cette vue, des obstacles à l'exécution des lois pour la naturalisation des étrangers.»

L'acte du 27 Juillet 1847 (10 et 11 Vict., c. 83) donne autorité aux actes précédents des législatures coloniales qui conféraient la naturalisation dans leurs limites respectives [4], mais la naturalisation dans une colonie britannique ne donne à la personne naturalisée aucun droit à la protection britannique au-delà des limites de cette colonie. [5]

Naturalisation bornée aux limites des colonies.

[1] Cockburn, *Nationality, or the law relating to subjects and aliens*, p. 31—33.

[2] Stephen, *Blackstone's Commentaries*, vol. II, p. 418—21. Voir *infra* les changements faits, par l'acte du 12 Mai 1870, dans la loi anglaise.

[3] Cockburn, *Nationality, or the law relating to subjects and aliens*, p. 34.

[4] Westlake, *Private international law*, § 25, p. 25.

[5] *Lettre de Lord Lyons, ministre à Washington*, le 18 Août 1864.

Une question s'est souvent élevée, à l'égard de l'exemption de sujets britanniques nés en pays étranger, de la juridiction du pays où ils sont nés et où ils résident.

Enfants d'anglais nés en pays étrangers.

Sir Robert Peel, alors membre du gouvernement britannique, déclara, le 4 Avril 1845, que les autorités de Buenos-Ayres n'auraient pas le droit de faire sujets de Buenos-Ayres les enfants d'Anglais y résidant, qui étaient nés hors de cet État; mais que les enfants de sujets britanniques, nés à Buenos-Ayres et qui continuaient à y résider obtiendraient les droits de citoyen et seraient soumis à toutes les obligations attachées à ce caractère.

Lord Palmerston écrivit, le 1er Janvier 1858, à M. Christie à Buenos-Ayres, en réponse à un mémoire adressé au gouvernement britannique relatif à l'enrôlement par contrainte des fils d'étrangers dans la milice locale, que le gouvernement de Sa Majesté ne pouvait réclamer de telles personnes comme sujets britanniques [1].

Il semble donc que le droit accordé par les lois anglaises aux enfants nés en pays étranger de parents anglais d'être reconnus sujets anglais ne peut nullement affecter leurs obligations envers les pays où ils sont nés et où ils résident. Il en est de même, quant à nous, des enfants de citoyens des États-Unis nés en pays étranger et qui sont déclarés citoyens américains par les actes du congrès.

Heffter sur la double naturalisation.

«A la question d'émigration, dit Heffter, vient se rattacher naturellement une autre. Le sujet d'un État peut-il être à la fois sujet d'un autre ou sujet mixte? Cette double nationalité, bien que tolérée dans une grande partie de l'Europe, a été proscrite expressément par plusieurs législations, qui, dans ces cas, exigent que la personne choisisse entre son domicile actuel et celui de son origine. Zouch, qui nie la possibilité d'être sujet de plusieurs États [2], va trop loin, car tout dépend des dispositions des lois des divers pays. Déjà les lois de

[1] *Report of the Royal Commissioners on Naturalisation and Allegiance* 1869, p. 9, 60, 61.

[2] ZOUCH, *De jur. fec.*, II, 2, 13.

l'ancien monde variaient sur ce point.[1] Les lois françaises n'admettent pas la double nationalité d'un individu.»[2]

Demande de Lord Brougham d'être reçu citoyen français.

La correspondance échangée en 1848 entre M. Crémieux, ministre de la justice de la république française, et Lord Brougham, lors de la demande de naturalisation par ce dernier, montre la différence qui existe sur ce point entre la jurisprudence française et la jurisprudence anglaise. M. Crémieux répondit comme il suit à cette demande, le 8 Avril 1848: «Je dois vous avertir des conséquences qu'entraînera, si vous l'obtenez, la naturalisation que vous demandez. Si la France vous adopte pour l'un de ses fils, vous cesserez d'être Anglais, vous n'êtes plus Lord Brougham, vous devenez le citoyen Brougham. Vous perdez à l'instant tous privilèges, tous avantages, de quelque nature qu'ils soient, que vous tenez soit de votre qualité d'Anglais, soit des droits que vous confèrent jusqu'à ce jour les lois ou les coutumes anglaises et qui ne peuvent se concilier avec notre loi d'égalité entre tous les citoyens.»

Différence entre les jurisprudences anglaise et française.

Lord Brougham répondit à son tour le 10 Avril: «Je n'ai jamais pu douter qu'en me faisant naturaliser citoyen français, je devais perdre tous mes droits de pair anglais et de sujet anglais en France; je ne garderais mes privilèges d'Anglais qu'en Angleterre, et en France je dois être tout ce que les lois de France accordent aux citoyens de la république.» La correspondance conclut par une lettre du ministre de la justice, du 12 Avril, dans laquelle il est dit: «La France n'admet pas de partage; elle n'admet pas qu'un citoyen français soit en même temps citoyen d'un autre pays. Pour devenir Français, il faut que vous cessiez d'être Anglais.

[1] Voir Cicéron, pro Balbo, chap. 12: «Sed nos (Romani) non possumus et hujus esse civitatis et cujusvis praeterea; ceteris omnibus concessum est.» V. Moser, Vers. VI, 52. Günther II, 326. Gaschon (*Disc. prél.*), p. 73.

[2] Heffter, *Droit international public de l'Europe*, éd. 1866, p. 120. — Voir aussi Laurent, *Études sur l'histoire de l'humanité*, — *Histoire du droit des gens*, tom. VII, p. 349. Massé, *Droit commercial*, tom. II, p. 187, 2e éd. Voir l'acte du Parlement anglais, du 12 Mai 1870, et les traités de naturalisation conclus (1868—1871) entre les États-Unis et plusieurs États étrangers. Ces traités, en accordant des facilités réciproques pour l'expatriation, ne permettent pas qu'on ait à la fois, deux nationalités. Lawrence, *Conflict of foreign treaties of the United States with State Laws*, appendix, p. 64—98.

Vous ne pouvez être Anglais en Angleterre et Français en France; nos lois s'y opposent absolument, il faut nécessairement opter.» [1]

Naturalisation en France.

Depuis que la naturalisation est devenue en France une matière de législation, une distinction a toujours été établie entre le caractère du Français jouissant simplement des droits civils, et celui de citoyen dont les attributs consistent dans la possession des droits politiques. Le code civil dit, article 7: «L'exercice des droits civils est indépendant de la qualité de *citoyen*, laquelle ne s'acquiert et ne se conserve que conformément à la loi constitutionnelle.

Distinction entre les droits civils et les droits politiques.

«Art. 8. Tout Français jouira des droits civils.

«Art. 9. Tout individu né en France d'un étranger, pourra, dans l'année qui suivra l'époque de sa majorité, réclamer la qualité de *Français*, pourvu qu'il déclare que son intention est d'y fixer son domicile.

«Art. 10. Tout enfant né d'un Français en pays étranger, est Français.

«Art. 12. L'étrangère qui aura épousé un Français, suivra la condition de son mari.»

D'après un arrêt du tribunal de la Seine, du 13 Avril 1869, une femme née d'un père russe mariée à un Français est investie de la qualité de femme française non-seulement du jour de cette union, mais rétroactivement du jour de sa naissance[2].

Par la'rt. 19: «Une femme française qui épousera un étranger, suivra la condition de son mari. Si elle devient veuve, elle recouvrera la qualité de Française, pourvu qu'elle réside en France, ou qu'elle y rentre avec l'autorisation de l'Empereur, et en déclarant qu'elle veut s'y fixer.»

Mais une telle femme qui a été séparée de corps par un jugement rendu à l'étranger, tandis que son mari était, d'après le même jugement, divorcé d'avec elle, n'est pas redevenue Française et ne peut invoquer les dispositions de l'art. 19 du code Napoléon. [3]

Il se peut qu'une Française en se mariant avec un étranger perde sa nationalité française sans acquérir celle de son mari;

[1] MARTENS, *Nouveau Recueil général par Murhardt*, tom. XI, 436.

[2] *Gazette des tribunaux*, 18 Avril 1869.

[3] Cour Impériale de Paris, 29 Mars 1870. *Le Droit*, 5 Avril 1870.

mais, en général, sinon universellement, les lois de tous les pays s'accordent pour attribuer à la femme étrangère qui épouse un de leurs nationaux le caractère national du mari.

«Art. 13. L'étranger qui aura été admis par l'autorisation de l'Empereur à établir son domicile en France, y jouira de tous les droits civils, tant qu'il continuera d'y résider.» [1]

Enfants des enfants de français nés en pays étranger.

Le gouvernement français agissant d'après son système du statut personnel, n'a pas adopté la même règle que celui d'Angleterre, à l'égard de la nationalité de l'enfant d'un citoyen ou sujet né en pays étranger. En Novembre 1857, le comte Walewski informait lord Cowley qu'on avait donné des instructions aux consuls français, leur enjoignant d'insister sur ce point que de telles personnes avaient droit à la protection française, mais que, quant à lui, il regardait de telles prétentions comme insoutenables, même d'après la loi française. La demande avait été mise en avant, dit-il, sous l'article 10 du code Napoléon, mais l'article 17 du même code déclare que «la qualité de Francais se perdra par tout établissement fait en pays étranger sans esprit de retour.» [2] La loi française n'a jamais été changée, et il faut admettre que la portée de la clause citée par le comte Walewski est limitée, dans la plus grande partie des cas, par la clause suivante, qui excepte de son action les établissements de commerce.

Droits de citoyen du temps de la Charte de Louis XVIII.

Paillet, écrivant sous la charte de Louis XVIII, dit: «Les droits de citoyen, ou autrement les droits politiques ou de cité, consistent dans l'action que la charte accorde aux Français qui ont la qualité de citoyen, pour concourir, par leurs votes, à la formation de la chambre des députés, et y être éligibles. Tout Français ne jouit pas des droits politiques ou de cité; pour en jouir, il ne suffit pas d'être Français, il faut encore être citoyen.» [3]

Origine du système français.

Le système de naturalisation, tel qu'il existait en France en 1848, empruntait ses principes à une série de lois, décrets ou ordonnances qui, en se confirmant et en se modifiant peu à peu, avaient fini par former une théorie complète, en donnant

[1] ROGER et SOREL, *Codes et lois usuelles*, p. 2.

[2] *Lord Cowley to the Secretary for foreign Affairs*, 28 Novembre 1867.

[3] PAILLET, *Manuel de droit français*, p. 9.

à cette institution une législation à sources multiples. D'après les principes de l'ancien droit public, le droit de naturaliser appartenait au roi et au roi seul. La déclaration du 6 Août 1790 invitait tous les peuples de la terre à jouir, sous un gouvernement libre, des droits sacrés de l'humanité. C'est en ce sens que furent conçues toutes les lois de la révolution relatives à la naturalisation.[1]

Loi de 1790.

Loi de 1799.

L'article 3 de la constitution du 22 frimaire an VIII (13 Décembre 1799) est le point de départ du droit français actuel. Cet article porte qu'un étranger devient citoyen français, lorsqu'après avoir atteint l'âge de vingt et un ans accomplis, et avoir déclaré l'intention de se fixer en France, il y a résidé pendant dix années consécutives.[2]

Code Napoléon.

Par l'article 13 du code Napoléon, tel du moins qu'il fut interprété d'après l'avis du conseil d'État, le 20 prairial an XI, l'étranger ne peut désormais avoir en France un domicile capable d'entraîner des droits pour lui, qu'à partir du moment où l'autorisation du séjour lui a été accordée, et le décret du 27 Mars 1809 rendit nécessaire l'intervention de l'autorité, en exigeant, dans le cas prévu par l'article 3 de la constitution de l'an VIII, que la naturalisation fût prononcée par le chef du pouvoir exécutif. Antérieurement déjà, l'action du gouvernement avait été étendue par le sénatus-consulte organique du 19 Février 1808, qui conférait au chef du pouvoir exécutif le droit de naturaliser directement ceux qui, ne réunissant pas les conditions fixées par la constitution, avaient néanmoins des titres particuliers pour obtenir l'assimilation, et établissait une naturalisation extraordinaire quant à ses conditions, si on l'oppose à celle conférée en vertu de la constitution de l'an VIII et du décret de 1809.

Naturalisation par le pouvoir exécutif.

Ordonnance du 4 Juin 1814.

Par l'ordonnance du 4 Juin 1814, conformément, était-il dit, aux anciennes constitutions françaises, aucun étranger ne pouvait siéger dans la chambre des pairs ni dans celle des députés, à moins qu'il n'eût obtenu, en conséquence de services importants rendus à l'État, des lettres de naturalisation vérifiées par les deux chambres. C'est ce que l'on appelait la *grande naturalisation.*

Grande naturalisation.

[1] BEUDANT, *De la naturalisation*, p. 2.

[2] TRIPIER, *Code politique*, p. 167.

En 1848, il y avait deux naturalisations en France, l'une de droit commun ordinaire, ou extraordinaire, l'autre exceptionnelle, et, au dessus de toutes, une habilitation spéciale, la grande naturalisation, nécessaire à tous ceux qui n'étaient pas Français d'origine ou réputés tels, pour obtenir le droit d'éligibilité. [1]

Deux espèces de naturalisation en 1848.

Le décret du 28 (31) Mars 1848 autorisait provisoirement le ministre de la justice à accorder la naturalisation à tous les étrangers qui la demanderaient et qui justifieraient par actes officiels ou authentiques qu'ils résidaient en France depuis cinq ans au moins, et qui, en outre, produiraient, à l'appui de leur demande, l'attestation par le maire de Paris ou par le préfet de police pour le département de la Seine, et par les commissaires du gouvernement pour les autres départments, qu'ils étaient dignes, sous tous les rapports, d'être admis à jouir des droits de citoyen français. Le préambule faisait mention de la part prise par un grand nombre d'étrangers aux glorieux événements de Février. En vertu de ce décret, qui fut abrogé par le décret ministériel du 29 Juin 1848, 2500 naturalisations furent accordées. [2]

Décret du 28/31 Mars 1848. Naturalisation accordée à tous les étrangers.

La loi du 3 (11) Décembre 1849 rétablit le principe du décret du 17 Mars 1809, plaçant la naturalisation sous la direction du gouvernement, et prescrivant une période de dix années, depuis l'autorisation d'établir son domicile en France, mais laissant au gouvernement, comme dans le cas du sénatus-consulte de 1808, le pouvoir de réduire ce terme à une année. Le principe de l'ordonnance de 1814 était également adopté dans la loi de 1849, et il était déclaré qu'aucun étranger naturalisé ne jouirait du droit d'éligibilité à l'assemblée nationale, sinon en vertu d'une loi. Les dispositions de la loi du 14 Octobre 1814 concernant les habitants des départements réunis à la France, ne pourraient plus être appliquées à l'avenir. Ces dispositions ne porteraient toutefois aucune atteinte aux droits d'éligibilité acquis aux étrangers naturalisés. [3]

Loi du 3/11 Décembre 1849, le principe du décret du 17 Mars 1809 rétabli.

Terme de résidence.

Éligibilité à l'assemblée nationale.

Par la loi du 22—25 Mars 1849, l'individu né en France d'un étranger sera admis, même après l'année qui suivra

Loi du 22/25 Mars 1849. Individu né en France d'un étranger.

[1] Beudant, *De la naturalisation*, p. 2, 3, 4.

[2] Tripier, *Codes français*, p. 1412.

[3] *Ibid.*, p. 15, 16.

l'époque de sa majorité, à faire la déclaration prescrite par l'article 9 du code civil et en remplissant les conditions exigées.[1] Par la loi du 7—12 Février 1851, est déclaré Français tout individu né en France d'un étranger qui lui-même y est né, à moins que, dans l'année qui suivra l'époque de sa majorité, telle qu'elle est fixée par la loi française, il ne réclame la qualité d'étranger par une déclaration faite, soit devant l'autorité municipale du lieu de sa résidence, soit devant les agents diplomatiques ou consulaires accrédités en France par le gouvernement étranger. L'article 9 du code civil est applicable aux enfants de l'étranger naturalisé, quoique nés en pays étrangers, s'ils étaient mineurs lors de la naturalisation.[2]

Enfants d'un étranger naturalisé.

Naturalisation du 24 Février 1848 au 3 Décembre 1849.

Du 24 Février 1848 au 3 Décembre 1849, il n'y eut qu'une sorte de naturalisation, dont la concession conférait, sans distinction, tous les droits civils et politiques, et il était admis que ces droits devenaient le partage de ceux qui avaient été naturalisés depuis 1814, de même que de ceux qui avaient été naturalisés en vertu du décret du 28 Mars. Le décret organique du 2 Février 1852, déclare, titre II, article 12, que, sont électeurs, sans condition de cens, tous les Français, âgés de vingt et un ans accomplis, jouissant de leurs droits civils et politiques, et déclare (titre III, article 26), éligibles, sans condition de domicile, tous les électeurs âgés de vingt-cinq ans.[3] Un décret de simple naturalisation a suffi au prince Poniatowski pour être élevé à la dignité de sénateur, le 4 Septembre 1854, l'article 1er de la loi du 3 Décembre 1849, qui exigeait de l'étranger une loi de grande naturalisation pour pouvoir siéger dans les chambres, ayant été abrogé, ou n'étant pas jugé applicable aux corps législatifs.[4]

Décret organique du 2 Février 1852.

Électeurs et éligibles.

Naturalisation pour le Sénat.

Le prince Poniatowski.

Corps législatif.

Le comte Welles de Lavalette.

Cette question s'est présentée devant le corps législatif, le 19 Novembre 1863, à propos d'une protestation contre l'élection de M. Welles de Lavalette. M. Welles est né à Boston, le 22 Mai 1834. Chevalier de la légion d'honneur et secrétaire d'ambassade, il fut d'abord autorisé à établir son domi-

[1] TRIPIER, *Codes français*, p. 1439.
[2] *Ibid.*, p. 1496.
[3] TRIPIER, *Code politique*, p. 427, 432.
[4] BEUDANT, *De la naturalisation*, p. 1, 20.

cile en France avec jouissance de tous les droits civils qui y sont attachés. Il est devenu fils adoptif de M. le sénateur Marquis de Lavalette par un acte du 9 Mai 1857, et un décret du 16 Mai 1863 lui a conféré la naturalisation. Le bureau de la chambre a pensé que M. le comte de Lavalette avait acquis les droits de citoyen français par l'effet de ce dernier décret, et les conclusions du rapport ont été adoptées. L'admission de M. Welles a été prononcée. [1]

Loi du 29 Juin 1867.

D'après la loi du 29 Juin 1867, « l'étranger qui, après l'âge de vingt et un ans accomplis, a, conformément à l'art. 13 du code Napoléon, obtenu l'autorisation d'établir son domicile en France et y a résidé pendant trois années, peut être admis à jouir de tous les droits de citoyen français. » Le gouvernement retient, comme dans la loi précédente, le pouvoir de réduire le terme à une seule année, dans des cas exceptionnels. Cette loi abroge l'article 5 de la loi du 3 Décembre 1849, laquelle déclare que l'étranger naturalisé ne jouira du droit d'éligibilité à l'assemblée nationale qu'en vertu d'une loi. [2]

Constitution belge. Naturalisation ordinaire et grande naturalisation.

Par l'article 5 de la constitution belge, la naturalisation est accordée par le pouvoir législatif. La grande naturalisation seule assimile l'étranger au Belge, pour l'exercice des droits politiques. La naturalisation ordinaire, d'après la loi du 27 Septembre 1855, confère à l'étranger les droits civils et politiques attachés à la qualité de Belge, à l'exception des droits politiques pour l'exercice desquels la constitution ou les lois exigent la grande naturalisation. Celle-ci ne peut être accordée que pour services éminents rendus à l'État, et devra toujours être l'objet d'une disposition spéciale. La naturalisation ordinaire, hors dans le cas de naturalisation du père, n'est accordée qu'à ceux qui ont accompli leur vingt et unième année et qui ont résidé pendant cinq ans en Belgique. [3] «Tout individu né en Belgique d'un étranger pourra, dans l'année qui suivra l'époque de sa majorité, réclamer la qualité de Belge, pourvu que dans le cas où il résiderait en Belgique il déclare que son intention est d'y fixer son domicile, et que, dans le cas où il

[1] *Le Nord*, 21 Novembre 1863.

[2] Roger et Sorel, *Codes et lois usuelles. Lois*, p. 372.

[3] *Code civil belge*, p. 1, 314.

résiderait en pays étranger, il fasse sa soumission de fixer en Belgique son domicile et qu'il l'y établisse dans l'année à compter de l'acte de soumission» (art. 9, *Code Civil*).

«L'individu né en Belgique de parents étrangers y domiciliés, qui aurait négligé de faire la déclaration prescrite par l'article 9 du *Code Civil*, est recevable, s'il est habitant du royaume, à demander la grande naturalisation, sans qu'il soit besoin de justifier qu'il ait rendu des services éminents à l'État» (loi du 27 Septembre 1835, art. 2).[1]

Naturalisation dans les Pays-Bas.

Dans le royaume des Pays-Bas, le pouvoir de conférer la naturalisation appartient à la couronne, par les articles 9 et 10 de la loi fondamentale de 1815. La nationalité complète est acquise aux enfants nés de parents étrangers (art. I de la loi du 28 Juillet 1850, F. O. No. 44):

1° Lorsqu'ils sont nés, soit dans le royaume, soit à l'étranger, de parents établis dans le royaume en Europe (art. I, no. 1).

L'article 3 détermine les conditions de l'établissement.

2° Lorsqu'ils sont nés dans le royaume en Europe, de parents qui n'y sont pas établis, et déclarent dans l'année après avoir accompli l'âge de 23 ans, à l'autorité du lieu de leur domicile, leur intention de continuer à y résider (art. I, no. 2).[2]

Naturalisation en Russie.

Un ukase du 6/18 Mars 1864 remplace l'ancienne législation russe relative à la naturalisation.

L'étranger qui désire s'établir sur le territoire de l'empire russe en fait la déclaration au chef de la province dans laquelle il a l'intention de se faire inscrire ou de fixer son domicile, et lui fait en même temps connaître la nature des occupations auxquelles il se livrait dans son pays et de celles auxquelles il se propose de se vouer en Russie. L'étranger est alors réputé établi en Russie, sans toutefois cesser d'être soumis à toutes les lois en vigueur concernant les étrangers. Après cinq ans d'établissement en Russie, un étranger peut solliciter la naturalisation russe, mais la durée de l'établissement préalable peut, avec l'autorisation du ministre de l'intérieur, être abrégée en faveur d'étrangers qui auront rendu des services importants

[1] *Report of Royal Commission*, p. 142.
[2] *Ibid.*, p. 145.

à la Russie ou se seront signalés par des talents remarquables, par leur érudition etc., ou bien enfin auront placé des capitaux considérables dans des entreprises d'utilité publique russe.

Les étrangères mariées ne peuvent être admises à la naturalisation russe séparément de leurs maris.

La naturalisation russe est toujours personnelle, limitée à celui qui l'a obtenue, sauf les étrangères qui épousent des sujets russes, ainsi que les femmes des étrangers qui se font naturaliser en Russie. Elles deviennent par ce fait sujettes russes, sans prêter elles-mêmes un serment particulier. Les veuves et les femmes divorcées conservent la nationalité de leurs maris. La naturalisation ne s'étend pas aux enfants, qu'ils soient majeurs ou mineurs, nés antérieurement. Les enfants nés postérieurement à la naturalisation sont considérés comme sujets russes. La naturalisation s'accomplit par la prestation du serment de sujétion.[1]

Confédération suisse. Tout citoyen d'un canton citoyen suisse.

Par la constitution de 1848 de la Confédération suisse, tout citoyen d'un canton est citoyen suisse. Il peut, à ce titre, exercer les droits politiques pour les affaires fédérales et cantonales dans chaque canton où il est établi. Nul ne peut exercer des droits politiques dans plus d'un canton. Les étrangers ne peuvent être naturalisés dans un canton qu'autant qu'ils seront affranchis de tout lien envers l'État auquel ils appartenaient.[2]

Affranchissement préalable de l'État d'origine.

Italie.

En Italie, est réputé citoyen l'enfant né dans le royaume d'un étranger qui y a fixé son domicile depuis dix ans sans interruption: la résidence pour fait de commerce ne suffit pas pour déterminer le domicile.

La femme étrangère qui se marie à un citoyen acquiert par là même cette qualité, et la conserve même dans son veuvage. Le droit de cité est aussi acquis à un étranger au moyen de la naturalisation conférée soit par une loi, soit par décret royal. La femme et les enfants mineurs de l'étranger qui a obtenu le droit de cité, deviennent citoyens, pourvu qu'ils aient eux-mêmes fixé leur résidence dans le royaume, mais les

[1] *Archives diplomatiques*, 1865, tom. III, p. 321.

[2] *Texte officiel de la constitution fédérale suisse*, p. 13.

enfants peuvent préférer la qualité d'étrangers, en remplissant la formalité prescrite.[1]

Espagne. La constitution d'Espagne, qui fut adoptée en 1857, comprend comme Espagnols, art. I: 1° toutes les personnes nées dans les domaines de l'Espagne; 2° les enfants d'un père espagnol ou d'une mère espagnole, lors même qu'ils seraient nés hors d'Espagne; 3° les étrangers qui auront obtenu des lettres de naturalisation; 4° ceux qui, sans avoir obtenu des lettres de naturalisation, auront acquis le droit de bourgeoisie dans quelque commune de la monarchie (*hayan ganado vecindad en cualquier pueblo de la monarquia*). La constitution de 1869 répète les mêmes termes.[2]

L'étranger qui obtient la naturalisation en Espagne, sans avoir obtenu la permission de son propre pays, n'est pas exempt des obligations et des devoirs de son ancienne nationalité.[3]

Sont Portugais ceux qui sont nés en Portugal d'un père naturel du royaume, quoique la mère soit étrangère (§ 23, 2).

Ne sont pas naturels ceux qui naissent en Portugal d'un père étranger, quoique la mère soit Portugaise, excepté lorsque le père a son domicile et ses biens dans le royaume, et qu'il y vit depuis au moins dix ans consécutifs (§ 3, 19).

Ne sont pas naturels ceux qui sont nés en pays étranger et y ont leur domicile et leurs biens, excepté s'ils ont été conçus dans le royaume ou que leur père fût alors en voyage au service de l'État.[4]

La loi déclare que les enfants nés dans le royaume d'un père étranger, sont citoyens portugais, à moins que le père n'habite ce pays pour le service de sa propre nation, et à moins que les enfants ne déclarent à leur majorité, ou lors de leur émancipation, ou s'ils sont mineurs, par l'intermédiaire de leurs parents ou tuteurs, qu'ils ne veulent point être citoyens portugais.[5]

[1] *Code italien*, § 8, 9, 10.

[2] Cos Gayon, *Diccionario de derecho administrativo*, p. 262—69. *Archives diplomatiques*, 1869, tom. III, p. 1030.

[3] Calvo, *Derecho internacional*, tom. I, p. 290. Cockburn, *On Nationality*, p. 57.

[4] Saint Joseph, *Concordance des codes civils*, tom. III, p. 139.

[5] *Code civil*, tit. II, art. 18, no. 2.

Les individus nés dans le royaume, la mère seule étant Portugaise, sont Portugais, s'ils sont illégitimes (no. 1).[1]

En Autriche, un étranger acquiert le droit de citoyen par sa nomination à des fonctions publiques, et aussi lorsque les autorités administratives supérieures lui confèrent ce même droit. Cette collation n'est accordée qu'après que l'individu a déjà obtenu l'autorisation d'exercer une profession et qu'il justifie de dix années de résidence dans un lieu quelconque de l'empire. Aucune profession ne peut être exercée en Autriche sans permission préalable des autorités. L'admission au service militaire n'emporte point la naturalisation. La femme étrangère devient sujet autrichien par son mariage avec un Autrichien. Autriche.

D'après la loi de 1863, en Autriche, le droit d'indigénat est acquis par l'admission dans la commune qui prononce sur les prétentions de l'aspirant à la naturalisation, sans que celui-ci puisse en appeler à un autre tribunal. Dans les deux parties de l'Empire Austro-Hongrois, les enfants nés de parents étrangers sont reconnus étrangers[2]. Il en est de même en Prusse. Loi de 1863. Droit d'indigénat.

En Prusse, l'étranger acquiert le droit de citoyen par sa nomination à une fonction publique. Aussi la loi du 31 Décembre 1842 donne aux autorités administratives supérieures (régences) le pouvoir d'accorder la naturalisation à l'étranger qui justifie d'une bonne conduite et de moyens d'existence. La femme étrangère devient de droit sujet prussien par son mariage avec un Prussien. Loi de Prusse.

D'après la constitution de l'Allemagne du Nord, «il existe, pour tout le territoire fédéral, un indigénat commun, ayant pour effet que la personne appartenant à un territoire fédéral quelconque (sujet citoyen) devra être traitée, dans tout autre État fédéral, comme indigène.» Ce même article se trouve dans la constitution de 1871, de l'Empire d'Allemagne. Indigénat commun de la Confédération de l'Allemagne du Nord.

Parmi les objets soumis à la surveillance de la diète et à sa législation, se trouvent les dispositions relatives au droit de changer de résidence, au domicile, au droit d'établissement et au droit de citoyen.[3] Dispositions soumises à la diète.

[1] *Report of Royal Commission,* 1869, p. 145.

[2] *Mémorial diplomatique,* 1863, p. 361. *British Report on Naturalization and Allegiance,* p. 241.

[3] *Almanach de Gotha,* 1868, p. 1008 et 1009. — *Archives diplo-*

Bavière. En Bavière, l'édit du 26 Mai 1818, qui forme une annexe à la charte constitutionnelle du même jour, contient, § 1, la disposition suivante: «Le droit d'indigène s'acquiert par naturalisation, dans les trois cas suivants: 1° par le mariage d'une étrangère avec un Bavarois; 2° lorsqu'un étranger fixe son domicile dans le royaume et justifie en même temps de sa libération du lien de sujétion personnelle qui l'attachait à un État étranger; 3° par décret royal, le conseil d'État préalablement entendu.» Les enfants de personnes n'appartenant pas à l'État de Bavière, bien que conçus et nés en Bavière, n'acquièrent pas la nationalité bavaroise, mais sont traités et considérés comme étrangers jusqu'à ce qu'ils aient été naturalisés de la même manière que tous les immigrants. De l'autre côté, les enfants d'immigrants, nés après la naturalisation de leurs parents, sont considérés comme sujets bavarois.[1]

Wurtemberg. Dans le royaume de Wurtemberg, un étranger n'est reçu citoyen qu'autant qu'il fait déjà partie d'une commune. Toutefois, ce droit est acquis à l'étranger par sa nomination à une fonction publique.[2] Tous les enfants nés dans le Wurtemberg, de parents étrangers, sont considérés comme héritant de la nationalité de leurs parents. Et le fait qu'un enfant de parents étrangers est né sur le territoire wurtembergeois n'exerce, selon les lois qui y régissent, aucune influence sur la question de sa nationalité.[3]

Bade. Dans le grand duché de Bade, on suit la même règle, mais comme dans le Code français, tout individu né dans le pays, de parents étrangers, peut, dans l'année qui suit sa majorité, réclamer sous certaines conditions les droits d'un sujet natif.[4]

Saxe. En Saxe, par la loi du 2 Juillet 1852, sont citoyens saxons par droit de naissance tous les enfants dont le père, ou s'ils sont illégitimes la mère, était sujet saxon à l'époque de leur

matiques, 1868, tom. I, p. 15. Voir pour les constitutions particulières des États de l'Allemagne, ZACHARIÆ, *Die deutschen Verfassungsgesetze der Gegenwart.* Rapport du Baron von Schrenk à la diète germanique, 1 Juillet 1858, concernant le droit d'émigration.

[1] *Report of Royal Commission*, 1869, p. 142.

[2] FŒLIX, *Droit international privé*, tom. I, p. 98.

[3] *Report of Royal Commission*, p. 142.

[4] *Ibid.*, p. 142.

naissance, qu'ils soient nés en Saxe ou à l'étranger. De même que dans presque tous les autres États de l'Allemagne, les enfants nés en Saxe de parents étrangers, n'acquièrent pas la nationalité saxonne par ce seul fait, les droits de nationalité saxonne de naissance n'étant obtenus que dans l'hypothèse que le père ou la mère (mariés ou non) étaient, à l'époque de la naissance (soit dans le pays soit à l'étranger), sujets saxons.[1]

L'enfant né de parents étrangers en Danemark, est considéré comme Danois, s'il reste dans le pays.[2] Danemark.

En Suède, il n'y a ni dans les lois fondamentales, ni dans le Code civil, ni même dans une ordonnance spéciale, de stipulation relative à la nationalité des enfants nés en Suède de parents étrangers. Cependant on a toujours été d'avis que la nationalité ne dépend aucunement du lieu de naissance, mais bien de la nationalité des parents, notamment de celle du père. Ainsi les enfants de sujets étrangers ne jouissent pas, par le fait qu'ils sont nés en Suède, de droits meilleurs ou autres que ceux accordés à tout sujet étranger.[3] Suède.

«Pour devenir citoyen suisse, il est nécessaire que quelqu'un acquière le droit de bourgeoisie d'un canton et d'une commune. Il n'existe pas de droit de bourgeoisie suisse particulier. Le droit de bourgeoisie communale existe en première ligne et s'acquiert par descendance, donation, ou par le paiement d'une somme d'achat déterminée, dont le chiffre varie suivant l'état des biens communaux et chaque fois suivant le point de vue de la législation cantonale. Après l'acquisition d'un droit de bourgeoisie communal, la naturalisation a lieu dans le canton respectif, soit par le Gouvernement ou par l'autorité législative, naturalisation pour laquelle il faut de nouveau payer une somme d'achat particulière. En ce qui concerne la naturalisation d'étrangers, le droit fédéral ne contient que la seule prescription de l'article 43 de la constitution fédérale, à teneur de laquelle les étrangers ne peuvent être naturalisés dans un canton qu'autant qu'ils seront affranchis de tout lien envers l'État auquel ils appartiennent. Le détail des législations Suisse.

[1] *Report of Royal Commission*, p. 147.
[2] *Ibid.*, p. 142.
[3] *Ibid.*, p. 148.

cantonales ressort d'un recueil de dispositions y relatives de chaque canton, publié en 1862 par la Chancellerie générale.»[1]

Turquie. Voici la loi de la Turquie promulguée en 1869:

Art. 1. Toute personne née de parents ottomans, ou dont le père seul est ottoman, est sujet ottoman.

Art. 2. Toute personne née dans le territoire ottoman de parents étrangers peut réclamer la nationalité ottomane dans l'espace de trois ans après qu'elle aura atteint sa majorité.

Art. 3. Tout étranger majeur qui a habité l'empire ottoman pendant cinq années consécutives pourra se faire naturaliser Ottoman en s'adressant soit directement, soit par un intermédiaire, au ministre des affaires étrangères.

Art. 4. Le gouvernement impérial donnera des lettres de naturalisation extraordinaires à un étranger qui, quoiqu'il n'ait pas rempli les conditions de l'article précédent, sera jugé digne de cette faveur exceptionnelle.

Art. 5. Un sujet ottoman qui acquiert une nationalité étrangère avec l'autorisation du gouvernement impérial sera regardé et traité comme sujet étranger. Si au contraire il s'est fait naturaliser à l'étranger sans l'autorisation préalable du gouvernement impérial, une telle naturalisation sera regardée comme nulle et sans effet, et il sera regardé et traité sous tous les rapports comme sujet ottoman. Nul sujet ottoman ne pourra en aucun cas se faire naturaliser en pays étranger sans obtenir un acte d'autorisation en vertu d'un *irade* impérial.

Art. 6. Néanmoins le gouvernement impérial pourra déclarer tout sujet ottoman qui aura obtenu sa naturalisation en pays étranger, ou qui entrera au service militaire d'un gouvernement étranger sans l'autorisation de son souverain, déchu de son caractère de sujet ottoman, et à toute personne qui perd ainsi sa nationalité ottomane, il sera tout à fait interdit de retourner dans l'empire ottoman.

Art. 7. Une femme ottomane épousant un étranger pourra, si elle devient veuve, recouvrer sa nationalité ottomane en faisant une déclaration de son désir de le faire dans les trois années qui suivent le décès de son mari. Ce règlement

[1] *Report of Royal Commission*, 1869, p. 148.

s'applique à sa personne seulement; ses biens resteront sujets aux mêmes lois et règlements qu'auparavant.

Art. 8. Les enfants, quoique mineurs, d'un sujet ottoman qui s'est fait naturaliser à l'étranger ou qui aura perdu sa nationalité ne suivront pas la condition du père, mais resteront sujets ottomans. Les enfants, quoique mineurs, d'un étranger qui se sera fait naturaliser sujet ottoman ne suivront pas la condition du père, mais resteront étrangers.

Art. 9. Tout individu qui habite le territoire ottoman est censé être sujet ottoman, et sera traité comme tel jusqu'à ce que sa qualité d'étranger soit vérifiée d'une manière régulière.[1]

Loi du Brésil.

La constitution de l'empire du Brésil, sanctionnée le 25 Mars 1824, remet à des lois spéciales le soin de fixer les conditions pour la naturalisation des étrangers. Ces lois, promulguées par la suite, exigeaient de l'étranger qui sollicitait les droits de cité, la condition de quatre années de résidence dans le pays et plus de 21 ans d'âge: il fallait en outre que cet étranger fût en jouissance des droits civils dans son pays; quil fît, devant l'autorité locale, une déclaration préalable de son intention de se faire naturaliser, qu'il fît une autre déclaration relativement à ses principes religieux, et qu'il fît preuve de la possession de biens-fonds, ou de l'exercice de quelque profession ou d'un intérêt dans quelque établissement industriel. On a réduit à deux années la condition nécessaire de la résidence, et on a établi que les hommes distingués par leur talent ou qui ont bien mérité de l'État, ceux qui ont inventé quelque industrie ou ont pris part au service du Brésil, ou qui se sont mariés avec une Brésilienne ou qui ont adopté un Brésilien, ainsi que les enfants des étrangers naturalisés, n'ont, pour acquérir les droits de cité, d'autres conditions à remplir que de faire une déclaration devant l'autorité municipale de l'endroit où ils résident. Les émigrants et colons naturalisés sont exempts du service militaire, mais ils sont tenus de faire celui de la garde nationale en dedans de leur municipalité. Une fois naturalisé au Brésil, un étranger est con-

[1] *Archives diplomatiques*, 1869, vol. IV, p. 1440.

sidéré comme citoyen de l'empire. Cependant, quoiqu'il jouisse des droits civils et politiques, il ne peut exercer les fonctions de régent de l'empire, de ministre ni de député de l'assemblée générale.[1]

Le droit qui règle au Brésil l'État civil des étrangers qui y résident est appliqué aux fils de ces mêmes étrangers pendant leur minorité. Lorsque ces enfants atteignent leur majorité, ils entrent dans l'exercice des droits de citoyens brésiliens.[2]

Confédération argentine.

D'après l'article XX de la constitution de la Confédération argentine, les étrangers jouissent, dans le territoire de la Confédération, de tous les droits civils de citoyens; ils peuvent exercer leur industrie, commerce et profession; posséder des biens-fonds, les acheter et les aliéner, naviguer sur les fleuves et sur les côtes; exercer librement leur culte; faire des testaments et se marier conformément aux lois. Ils ne sont point tenus d'accepter le droit de cité ni de payer des contributions forcées extraordinaires. Ils obtiennent la naturalisation par une résidence de deux années continues dans la Confédération; mais l'autorité a la faculté d'abréger ce terme en faveur de celui qui le demande en fournissant la preuve de services rendus à la république.

Uruguay.

La constitution de la république d'Uruguay divise les citoyens en naturels et légaux, et établit ce qui suit à l'égard de ces derniers: «Les citoyens légaux sont: les étrangers pères de citoyens naturels, domiciliés dans le pays antérieurement à l'établissement de la présente constitution; les enfants de père ou de mère indigène, nés hors de l'État, à partir de l'acte de s'y domicilier; les étrangers qui, en qualité d'officiers, ont combattu ou combattraient dans les armées de mer ou de terre de la nation; les étrangers, quoique sans enfants ou avec des enfants étrangers, mais mariés avec des femmes du pays, qui, professant quelque science, art ou industrie, ou possédant quelque capital en circulation, ou quelque propriété immobilière, étaient résidants dans l'État à l'époque où la

[1] Calvo, *Derecho internacional*, tom. I, p. 290.

[2] Décret du 10 Septembre 1860. Du Graty, *République du Paraguay*, p. 169, appendix.

constitution a été jurée; les étrangers mariés avec des étrangères qui jouiraient des qualités ci-dessus énoncées et qui auraient trois années de résidence dans l'État; les étrangers non mariés qui seraient également en possession des susdites qualités et auraient quatre années de résidence; ceux qui auraient obtenu une grâce spéciale de l'assemblée, pour des services remarquables ou des talents distingués.»

La constitution chilienne, jurée et promulguée le 25 Mai 1833, contient le paragraphe suivant, déclarant pouvoir acquérir la naturalisation: Chili.

«3° Les étrangers qui, exerçant quelque science, art ou industrie, ou possédant quelque propriété foncière ou quelque capital en circulation, déclareraient, devant la municipalité de l'endroit où ils résident, leur intention d'établir leur domicile dans le Chili, et qui auraient accompli dix années de résidence dans le territoire de la république. — Six années de résidence suffiront s'ils sont mariés et s'ils ont de la famille au Chili; et trois années s'ils sont mariés avec une Chilienne.»

Le paragraphe 4 de ce même article reconnaît également comme moyen de naturalisation la faveur spéciale accordée à cet effet par le congrès de la république.

En vertu de la constitution de Bolivie, on considère comme citoyens de la république les étrangers qui auraient obtenu des lettres de naturalisation; ceux qui, étant mariés avec une Bolivienne, savent lire et écrire, ou exercent quelque emploi ou industrie, ou professent quelque science et ne sont pas soumis à qui que ce soit en qualité de domestique; les étrangers célibataires ayant une année de domicile dans la république qui réunissent les mêmes conditions; et les citoyens des nations de l'Amérique antérieurement espagnole, selon ce qui est déterminé par les traités.[1] Il paraît d'après un message du Président au congrès des États-Unis que la Bolivie admet comme citoyen tout citoyen des États-Unis, de même que de toute autre république américaine, sous la simple condition d'un enregistrement volontaire.[2] Bolivie.

[1] Calvo, *in loco cit.*

[2] *Message du Président des États-Unis au 40e Congrès.*

Pérou. Dans la république du Pérou, sont considérés comme citoyens par la naturalisation, les étrangers majeurs de 21 ans, résidant au Pérou, qui y exercent quelque emploi, industrie ou profession et qui sont inscrits sur le registre de l'état civil dans la forme déterminée par la loi. Ces dispositions sont celles de la constitution promulguée en 1860 (art. 35).

Équateur. La constitution de l'Équateur, sanctionnée en 1856, porte: «Sont considérés comme Équatoriens par naturalisation: 1° les indigènes d'autres États qui jouissent actuellement de ce droit; 2° les étrangers qui, professant quelque science, art ou industrie utile, ou possédant des immeubles et ayant un an de résidence, déclarent devant l'autorité designée par la loi leur intention de se fixer dans la république; 3° ceux qui obtiennent du congrès des lettres de naturalisation pour services rendus au pays.»

Etats-Unis de Vénézuéla. Celle des États-Unis de Vénézuéla relative à cet objet, contient des dispositions plus larges encore.

La constitution de la Colombie établit la même division que celle de l'Équateur:

Colombie. Sont considérés comme Colombiens par naturalisation: 1° tous les hommes libres nés en dehors du territoire des États-Unis de la Colombie, qui y sont domiciliés depuis le moment où le lieu de leur domicile s'est déclaré indépendant de l'Espagne, et qui plus tard se sont soumis à la constitution colombienne de 1821; 2° les hommes nés libres sur le territoire de la république, de père étranger qui ne s'y trouvait pas au service d'une autre nation ou gouvernement; 3° les enfants d'esclaves nés libres sur le territoire de la nation en vertu de la loi; 4° les libérés nés sur le territoire de la république; 5° les étrangers qui résident depuis un an dans le pays et témoignent de leur intention de s'y fixer.

En vertu d'une loi spéciale qui s'accorde avec l'esprit de ces dispositions, il est établi qu'afin que les étrangers puissent obtenir des lettres de cité, il suffit qu'ils les demandent à la première autorité de l'État de leur domicile.[1]

Paraguay. Sauf des cas exceptionnels, on exige une résidence préalable de dix ans dans le Paraguay, mais les étrangers mariés avec

[1] CALVO, *Derecho internacional*, tom. I, p. 290—94.

des Paraguayennes pourront demander la naturalisation par la simple présentation d'une requête. Avant de demander la naturalisation, il faut signer une déclaration par laquelle on s'oblige à résider dans la république et à ne pas en sortir sans le consentement du gouvernement suprême.[1]

Droit d'expatriation en Grèce,

En Grèce, à l'exception de Sparte et de la Locride, tout citoyen était libre de renoncer à son pays.[2]

à Rome.

Cicéron dit qu'à partir du moment où l'État romain fut constitué, personne n'était forcé de le quitter ni d'y séjourner contre son gré. «C'est là, ajoute-t-il, le fondement immuable de notre liberté, que tout individu est le maître de ses droits de cité, et qu'il peut y renoncer ou les conserver à son gré.» «*Ne quis invitus civitate mutetur, neve in civitate maneat invitus. Hæc sunt enim fundamenta firmissima nostræ libertatis, sui quemque juris et retinendi et dimittendi esse dominum.*»[3]

Territorialité et nationalité.

Nous avons déjà dit que la distinction notable qui existe entre les États qui reconnaissent le droit d'expatriation et ceux qui ne le reconnaissent pas, provient du fait que l'obligation du sujet est basée, dans un cas, sur la territorialité, tandis que, dans l'autre cas, c'est l'origine ou la nationalité, ayant un caractère personnel et indivisible, qui constitue la communauté du droit positif.

Allégeance perpétuelle anglaise.

«L'Anglais qui se rendrait en France ou en Chine, dit un des commentateurs les plus récents de la loi anglaise, doit, dans ce pays, la même allégeance au roi d'Angleterre, que s'il était resté dans son pays, et dans vingt ans d'ici, tout autant qu'aujourd'hui. Dans certains cas il peut perdre ses droits de sujet anglais, en s'attachant à un pouvoir étranger, mais il sera toujours sujet aux obligations qu'il doit à son pays d'origine. Si, pendant qu'il est ainsi engagé, il viole les lois de sa nationalité, il s'exposera à être puni lorsqu'il viendra se mettre à la portée de ses tribunaux.»[4]

«Il est évident, dit le lord chancelier d'Angleterre, que du conflit des lois qui est ainsi démontré exister en ce qui re-

[1] Du Graty, *République de Paraguay.* Appendice p. 166.
[2] Wachsmuth, *Hellenische Alterthümer*, tom. I, p. 400.
[3] Cicero pro Balbo, c. 13.
[4] Stephen, *Blackstone's Commentaries*, vol. II, p. 410.

garde la nationalité d'origine, il peut résulter de très-graves difficultés, d'un côté quant à l'allégeance et de l'autre quant au droit de protection. Le cas suivant peut servir d'exemple de l'état actuel des choses. Un homme né de parents français, sur le territoire anglais, est Français d'après la loi française: d'après la loi de ce pays-ci il est sujet anglais, et doit allégeance comme tel au souverain de ce royaume. Supposons le cas d'un enfant né de parents français durant une résidence temporaire dans ce pays-ci. Lorsque les parents retournent en France, l'enfant les accompagne, et est élevé comme Français. Étant soumis à la conscription il devient soldat; supposons que la guerre ayant éclaté entre l'Angleterre et la France, il soit fait prisonnier. Il est sujet à être condamné et exécuté comme traître. Supposons au contraire que ses parents étant restés dans ce pays-ci, il ait été élevé comme sujet anglais, et qu'il entre dans l'armée ou la marine anglaise: il serait sujet, par la loi française, à être mis à mort pour avoir, étant Français, porté les armes contre la France. Le même État de choses se présenterait si un enfant né en France de parents anglais demandait, selon l'art. 9 du Code Civil, à être reconnu comme Français. Il n'en serait pas moins sujet de la Reine, et si, servant dans l'armée par suite de la conscription, il était pris les armes à la main contre ce pays-ci, il pourrait se trouver exposé aux inconvénients déjà décrits comme pouvant résulter d'une double allégeance.»[1]

Cockburn sur le conflit de la nationalité

Anglais naturalisé en France condamné pour haute trahison.

Les annales anglaises rapportent un cas qui se présenta en 1746, et où il s'agissait d'un individu né dans la Grande-Bretagne, mais élevé en France, qui avait, dans son âge mûr, occupé un emploi lucratif dans ce royaume, et avait accepté un grade dans l'armée du roi de France. Ayant été pris portant les armes contre le roi d'Angleterre, il fut mis en jugement et convaincu de haute trahison. Il ne fut cependant pas exécuté, mais gracié, à condition qu'il quitterait le royaume et séjournerait à l'étranger pendant tout le reste de sa vie.[2]

[1] Cockburn, *On Nationality*, p. 68.

[2] Cristian, *Blackstone's Commentaries*, vol. I, p. 370; Forster's *Crown law*, p. 184; Cockburn, *On Nationality*, p. 64.

Menaces de l'Angleterre dans la guerre de 1812. Représailles des États-Unis.

Durant la guerre de 1812 entre les États-Unis et la Grande-Bretagne, l'esprit du peuple américain fut vivement excité par la menace de l'ennemi, de faire exécuter tous les citoyens naturalisés d'origine anglaise qui lui tomberaient entre les mains. Le gouvernement des États-Unis répondit à cette menace par des mesures de représailles, en faisant en chaque cas choix d'un nombre double de soldats et de matelots anglais prisonniers de guerre comme otages. L'Angleterre fit alors subir un étroit emprisonnement à un nombre double d'officiers américains qui devaient répondre pour les soldats anglais retenus en otage et déclara que si le gouvernement américain continuait à suivre la politique de représailles, la guerre serait d'une sévérité implacable contre les villes, bourgs et villages appartenant aux États-Unis. L'affaire fut cependant arrangée sans effusion de sang, toutes les parties étant comprises dans les cartels d'échange mutuel.[1]

Changement de la politique anglaise.

Un changement tout radical est survenu dans la politique anglaise à l'égard de la question de l'allégeance perpétuelle. Le protocole suivant a été signé, le 9 Octobre 1868, entre Lord Stanley, alors ministre des affaires étrangères, et M. Johnson, ministre des États-Unis à Londres.

Protocole, signé le 9 Octobre1818, entre la Grande-Bretagne et les États-Unis.

«I. Les sujets britanniques qui sont devenus, deviendront, ou sont naturalisés selon les lois des États-Unis d'Amérique, citoyens de ce pays-là, seront, sous les stipulations des articles II et IV, considérés par la Grande-Bretagne comme étant sous tous les rapports et à tous effets citoyens américains, et seront traités comme tels par la Grande-Bretagne.

Reconnaissance réciproque de la naturalisation d'un sujet ou citoyen de l'un pays dans l'autre pays.

«Réciproquement, tous les citoyens des États-Unis qui sont devenus, deviendront ou sont naturalisés sujets britanniques selon les lois des États britanniques, seront, sous les stipulations des articles II et IV, considérés par les États-Unis comme étant sous tous les rapports et à tous effets sujets britanniques, et seront traités comme tels par les États-Unis.

«II. Les sujets britanniques susmentionnés qui sont devenus et qui sont naturalisés citoyens aux États-Unis, et les citoyens des États-Unis susmentionnés qui sont devenus et sont naturalisés sujets britanniques dans les possessions britanniques,

[1] *Annual Register* 1813, p. 190. *Ibid.*, 1814, p. 182.

seront libres de renoncer à leur naturalisation, et de reprendre leur nationalité respective, pourvu que cette renonciation soit publiquement déclarée dans les deux années qui suivront la mise à exécution de ce protocole, ainsi qu'il est stipulé par l'Article IV.

«La manière dont cette renonciation devra être faite et publiquement déclarée sera plus tard déterminée par les gouvernements respectifs.

Sujet britannique naturalisé aux États-Unis ou citoyen américain naturalisé en Angleterre, rétabli dans son ancien caractère.

«III. Si un sujet britannique naturalisé comme il est dit ci-dessus citoyen des États-Unis, venait à établir de nouveau sa résidence dans les possessions britanniques, le gouvernement britannique pourrait, sur sa demande et aux conditions que ce gouvernement jugerait à propos d'imposer, le rétablir dans le caractère et les priviléges d'un sujet britannique, et les États-Unis en ce cas ne le réclameront pas comme citoyen américain pour le fait de sa naturalisation antérieure.

«De même, si un citoyen américain naturalisé comme il est dit ci-dessus, dans les possessions britanniques, venait à établir de nouveau sa résidence dans les États-Unis, le gouvernement des États-Unis pourrait, sur sa demande et aux conditions que ce gouvernement jugerait à propos d'imposer, le rétablir dans le caractère et les priviléges d'un citoyen des États-Unis, et la Grande-Bretagne en ce cas ne le réclamera pas comme sujet britannique pour le fait de sa naturalisation antérieure.

Protocole sans effet jusqu'à la législation du parlement anglais.

«IV. Comme il ne serait pas praticable pour l'Angleterre de donner effet aux principes posés dans ce protocole avant que le parlement impérial ait pourvu à une révision des lois existantes qui seront affectées par l'adoption de ces principes, il est entendu que ce protocole sera sans effet tant que cette législation n'aura pas lieu. Le gouvernement britannique introduira des mesures à ce propos dans le parlement, aussitôt que possible, ayant égard à la diversité des intérêts nombreux, publics et privés, qui peuvent être affectés par un changement dans les lois de la naturalisation et de l'allégeance qui sont maintenant discutées par la commission royale dont on attend prochainement le rapport.» Le protocole se termine en déclarant que, comme les mêmes mesures préliminaires ne sont pas nécessaires d'après la constitution et les lois des États-Unis, cet article n'est pas déclaré réciproque.[1]

Commission royale 1869.

La commission, nommée pour faire examiner les lois de la naturalisation, a proposé l'abolition de toute incapacité, de la part d'étrangers (*aliens*), de posséder et de transmettre les propriétés immobilières. Elle propose également que le certificat d'un secrétaire d'État ne sera pas accordé sans une résidence préalable définie, à moins que le pétitionnaire n'ait rendu des services méritoires à la couronne. Une personne munie d'un tel certificat jouira de tous les droits et priviléges d'un sujet et conséquemment de celui d'être éligible au parlement et au conseil privé.

Sujets naturalisés devraient jouir de tous les priviléges de sujets-nés.

Mais voici les dispositions principales de la loi de naturalisation présentée au Parlement anglais en Mars 1870.

Biens mobiliers et immobiliers de toute nature acquis, possédés et transmis par un étranger.

Les biens mobiliers et immobiliers de toute nature peuvent être pris, acquis, possédés et transmis par un étranger de la même manière, à tous égards, que par un sujet naturel britannique; et le titre à des biens mobiliers ou immobiliers de toute espèce peut être acquis, par, de ou en succession d'un étranger, à tous égards comme par, de ou en succession d'un sujet naturel britannique, pourvu, entre autres :

L'acte ne s'applique pas aux biens-fonds en dehors du Royaume-Uni.

Que cette section ne confère aucun droit à un étranger de tenir des biens-fonds situés en dehors du Royaume-Uni, ni ne qualifie un étranger pour un emploi public, ou pour des franchises municipales, parlementaires ou autres quelconques;

Droits des étrangers limités aux biens.

Que cette section ne donne à l'étranger aucun des droits et priviléges d'un sujet britannique, autre que les droits et priviléges concernant la propriété qui lui sont expressément accordés par cet acte;

Qu'il soit légal pour Sa Majesté en Conseil de suspendre les effets de cet acte quant à la jouissance de biens par les sujets étrangers de tout État en guerre avec Sa Majesté, pendant toute la durée des hostilités.[2]

Conventions relatives aux Anglais naturalisés à l'étranger qui voudraient redevenir Anglais.

Dans le cas où Sa Majesté a fait une convention avec un État étranger quelconque à l'effet que les sujets ou citoyens de cet État qui ont été naturalisés sujets britanniques puissent

[1] *Correspondence respecting the negotiations with the United States Government on the questions of the Alabama and British claims,* 1869, p. 7.

[2] Cette section-ci ne se trouve pas dans l'acte, tel qu'il est passé, le 12 Mai 1870.

se défaire du *status* qu'ils ont acquis comme tels, il sera légal pour Sa Majesté de déclarer, par un «*Order in Council*», qu'elle a conclu une telle convention; et depuis et à partir de la date d'un tel «*Order in Council*», toute personne qui était originellement sujet ou citoyen de l'État nommé dans cet «*Order*» et qui a été naturalisé sujet britannique, pourra, dans la limite de temps prescrite par la convention, faire une déclaration (d'*alienage*) de sa volonté de redevenir étranger, et depuis et à partir de la date de cette déclaration cette personne sera regardée comme étranger et sujet de l'État auquel elle appartenait originellement.

Personnes sujets anglais par le fait de naissance, qui étaient lors de leur naissance sujets d'un autre État.

Tout individu qui, par le fait de sa naissance dans les possessions de Sa Majesté est un sujet naturel de naissance, mais qui en même temps à l'époque de sa naissance se trouvait, par l'action de la loi d'un État étranger quelconque, sujet de cet État, et en est encore ainsi sujet, peut, s'il est majeur et exempt de toute incapacité, faire une déclaration (d'*alienage*) de sa volonté d'être étranger de la manière prescrite ci-dessus et après et depuis qu'une telle déclaration aura été faite, cet individu cessera d'être sujet britannique. Et tout individu qui est né en dehors des possessions de Sa Majesté et dont le père est sujet britannique peut, s'il est majeur et exempt de toute incapacité, faire une déclaration (d'*alienage*) d'intention d'être étranger, et après qu'une telle déclaration est faite, cet individu cessera d'être sujet britannique.

Sujet britannique naturalisé à l'étranger, cesse d'être sujet britannique.

Tout sujet britannique qui, à une époque antérieure ou à une époque quelconque postérieure à la date du présent acte, et étant dans un État étranger quelconque, et exempt de toute incapacité (*disability*) [1], aura été ou sera volontairement naturalisé dans cet État, sera considéré comme ayant depuis et après l'époque où il aura été ainsi naturalisé dans un tel État étranger, cessé d'être sujet britannique, et sera regardé comme étranger.

Sujet britannique naturalisé à l'étranger redevenu, avec le consentement de l'État où il est naturalisé, sujet britannique.

Il est accordé deux ans après la date de cet acte à tout sujet britannique antérieurement naturalisé à l'étranger pour déclarer s'il désire redevenir sujet britannique, et après avoir prêté le serment d'allégeance, il sera considéré être et

[1] «*Disability*» est, d'après l'acte, l'état de minorité, de folie, d'imbécilité, ou pour la femme, de mariage.

avoir continuellement été sujet britannique, avec cette restriction, que dans l'État étranger où il a été naturalisé il ne sera pas considéré comme sujet britannique, à moins qu'il n'ait cessé d'être un sujet de cet État conformément aux lois de cet État ou par suite d'un traité à cet effet.

Comment un étranger peut devenir sujet anglais.

Tout étranger qui, dans la limite de temps antérieure à la demande ci-après mentionnée qui sera fixée par un des principaux Secrétaires d'État de Sa Majesté, soit par un ordre général ou pour les occasions spéciales, aura résidé dans le Royaume-Uni pendant au moins cinq ans, ou aura été au service de la Couronne pendant au moins cinq ans, et qui aurait l'intention, après sa naturalisation, soit de résider dans le Royaume-Uni, soit de servir la Couronne, pourra s'adresser à l'un des principaux Secrétaires d'État de Sa Majesté pour en obtenir un certificat de naturalisation.

Certificat accordé par le Secrétaire d'État.

Le dit Secrétaire d'État, s'il trouve les preuves qui lui sont soumises satisfaisantes, prendra la demande en considération, et pourra, en en donnant ou sans en donner les raisons, accorder ou refuser un certificat, selon ce qu'il jugera le mieux pour l'avantage public, et sa décision sera sans appel; mais un tel certificat ne prendra effet qu'après que le demandeur aura prêté le serment d'allégeance.

Étranger ayant certificat jouit de tous les droits d'un sujet naturel.

Tout étranger auquel un certificat de naturalisation sera accordé, jouira, dans le Royaume-Uni, de tous les droits politiques et autres, de tous les pouvoirs et priviléges, et sera soumis à toutes les obligations, dont un sujet naturel britannique jouit et auxquelles il est sujet dans le Royaume-Uni; avec cette restriction, que lorsqu'il se trouvera dans les limites de l'État étranger dont il était sujet avant d'obtenir le certificat de naturalisation, il ne sera considéré comme sujet britannique qu'autant qu'il aura cessé d'être sujet de cet État conformément aux lois de cet État, ou par suite d'un traité à cet effet.

Sujet britannique devenu étranger (*statutory alien*).

Tout sujet naturel britannique qui serait devenu étranger selon cet acte, et qui est désigné dans cet acte comme étranger par *statute* (*statutory alien*), pourra en remplissant les mêmes conditions et en présentant les mêmes preuves qui sont requises dans le cas d'un étranger demandant un certificat de nationalité, demander à l'un des principaux Secrétaires d'État de Sa Majesté un certificat de réintégration dans la nationalité britannique, qui le réintégrera dans le *status* de sujet britannique. Ledit Secrétaire d'État aura le même pouvoir discrétionnaire d'accorder ou de refuser ce certificat que dans le cas d'un certificat de naturalisation, et le serment d'allégeance devra de même être prêté avant d'accorder le certificat.

Réintégration d'un *statutory alien.*

Tout étranger par *statute* (*statutory alien*) auquel un certificat de réintégration dans la nationalité britannique aura été accordé, reprendra la position de sujet britannique à partir de la date du certificat de réintégration, mais pas par rapport à des transactions antérieures quelconques; avec cette restriction qu'il ne sera pas considéré comme sujet britannique dans les limites de l'État étranger dont il était devenu sujet, à moins qu'il n'ait cessé d'être sujet de cet État étranger conformément aux lois de cet État, ou par suite d'un traité à cet effet.

Juridiction des gouverneurs quant aux *statutory aliens.*

La juridiction accordée par cet acte au Secrétaire d'État peut être exercée par le gouverneur dans les possessions britanniques, en ce qui concerne les étrangers selon les *statuts.*

Le serment qu'on est obligé de prêter n'a pas de clause de renonciation à la sujétion première. Il est compris dans les termes suivants:

«Je — jure que je serai fidèle et rendrai une allégeance vraie à Sa Majesté la Reine Victoria, à ses héritiers et successeurs, selon la loi. Qu'ainsi Dieu me soit en aide.»

Voici les stipulations de l'acte en ce qui concerne le *status* national des femmes et des enfants:

Status national des femmes.

1. La femme mariée sera considérée comme sujet de l'État dont son mari est sujet à l'époque.

2. Une veuve née sujet anglais, qui est devenue étrangère (*alien*) par, ou en conséquence de son mariage, sera considérée comme étrangère selon les *statutes* (*statutory alien*), et pourra comme telle, à toute époque de son veuvage, obtenir un certificat de réintégration dans la nationalité britannique de la manière déterminée par cet acte.

Status national des enfants de *statutory aliens.*

3. Lorsque le père, étant sujet anglais, ou la mère veuve et sujette anglaise, devient étranger (*alien*) aux termes de cet acte, tout enfant de ce père ou de cette mère qui dans son enfance sera devenu résidant du pays où le père ou la mère aura été naturalisé et qui y a par là été naturalisé selon la loi du

pays, sera considéré comme sujet de l'État dont le père ou la mère est devenu sujet, et non comme sujet britannique.

4. Lorsque le père, ou la mère veuve, a obtenu un certificat de réintégration dans la nationalité britannique, tout enfant de ce père ou de cette mère qui pendant son enfance sera devenu résidant des possessions britanniques avec son père ou sa mère, sera considéré à tous égards comme ayant repris la qualité de sujet britannique.

Dans le cas de la réintégration du père ou de la mère.

5. Lorsque le père, ou la mère veuve, aura obtenu un certificat de naturalisation dans le Royaume-Uni, tout enfant de ce père ou de cette mère qui pendant son enfance sera devenu résidant avec le père ou la mère dans une partie quelconque du Royaume-Uni, sera considéré comme sujet britannique naturalisé.

Cet acte contient aussi les stipulations suivantes:

Droit d'accorder les lettres de «*denization*»

Rien de ce qui est contenu dans cet acte n'affectera l'émission par Sa Majesté de lettres de domicile («*denization*»).

Étranger ne peut être propriétaire d'un navire anglais.

Rien dans cet acte ne donnera qualité à un étranger de devenir propriétaire d'un navire anglais.

Obligations d'un sujet anglais devenu étranger.

Lorsqu'un sujet britannique sera devenu étranger (*alien*) aux termes de cet acte, il ne sera point pour cela libéré de sa responsabilité pour tous actes faits par lui antérieurement à l'époque où il est devenu étranger.

Lois sur la naturalisation faites dans les colonies.

Toutes les lois, «*statutes*» et ordonnances qui seront régulièrement faites par la législature d'une quelconque des possessions britanniques pour conférer à une personne quelconque les priviléges, ou une partie des priviléges, de la naturalisation, afin que cette personne en jouisse dans les limites de cette possession, aura force de loi dans ces limites, mais sera sujette à être confirmée ou rejetée par Sa Majesté de la même manière et selon les mêmes règles suivant lesquelles Sa Majesté peut confirmer ou rejeter toute autre loi, «*statute*» ou ordonnance de cette possession.

Actes abrogés.

Les actes existant antérieurement au sujet de la naturalisation sont généralement abrogés, en y comprenant ceux que nous avons précédemment cités dans le cours de cet article.[1]

Expatriation aux États-Unis.

Tandis qu'aux États-Unis, le congrès a toujours offert aux

[1] *Parliamentary Papers.* Un acte du Parlement d'accord avec le projet des commissaires fut passé le 12 Mai 1870; et une convention conforme au protocole fut signée, le 13 Mai 1870. Une convention supplémentaire a été signée le 23 Février 1871.

étrangers de toutes les nationalités, du moins à ceux de la race blanche, une participation aux droits politiques, et que le pouvoir exécutif a constamment soutenu les réclamations de nos citoyens naturalisés, même dans leur pays d'origine, et cela d'une façon que l'on ne saurait toujours approuver, et qu'il a refusé de même d'intervenir en faveur d'un citoyen américain qui s'était revêtu d'une nationalité étrangère, la judicature, arbitre légitime de la question, n'a jamais sanctionné l'expatriation dépendant de la volonté des parties.

Principe de la loi américaine.

La loi de naturalisation des États-Unis part de ce principe, que tout individu a le droit de transférer son obéissance; c'est là le langage de nos communications diplomatiques. «La doctrine de l'obéissance perpétuelle, disait le secrétaire d'État, M. Cass, écrivant, le 8 Juillet 1859, au ministre américain à Berlin, est encore un reste des temps de barbarie, et disparaît graduellement de la chrétienté depuis le dernier siècle. Le droit d'expatriation ne peut être mis en question ni nié aux États-Unis.»

Droit d'expatriation d'après le gouvernement exécutif.

Le chancelier Kent dit: «Si l'on fait une revue historique des principales discussions qui ont eu lieu dans les cours fédérales, on trouvera que l'opinion prévalante semble avoir été qu'un citoyen ne peut renoncer à son obéissance envers les États-Unis, sans une permission du gouvernement érigée en loi, et, comme il n'existe pas de règlement législatif sur ce cas, la règle du droit commun anglais demeure sans altération.» Il ajoute: «Les lois de naturalisation des États-Unis sont contraires à cette doctrine: car elles exigent que l'étranger qui doit être naturalisé, abjure son obéissance première, sans s'occuper de la question de savoir si le souverain du pays dans lequel il est né, a fait abandon de l'obéissance qui lui est due.» [1]

En 1798, le juge en chef (*chief-justice*) Ellsworth refusa, dans une affaire criminelle, de recevoir la preuve de la naturalisation, dans un autre pays, d'un citoyen américain, et il «maintint que le droit commun de ce pays-ci demeurait tel qu'il était avant la révolution, et qu'il considérait l'obéissance comme étant immuable.» [2]

[1] KENT'S *Commentaries*, vol. II, p. 10. — Voir STORY, *Commentaries on the constitution*, vol. III, p. 3, note 1.

[2] WHARTON'S *State Trials*, p. 655.

M. Cushing (*attorney général*), tout en soutenant que «la doctrine d'obéissance absolue et perpétuelle — principe de la dénégation de tout droit d'émigration — est inadmissible aux États-Unis», dit néanmoins, en citant les conclusions du chancelier Kent: «En tout cas, c'est un fait significatif, que, dans tant d'occasions où la question s'est présentée, pas un des juges de la Cour suprême n'a soutenu le droit illimité de s'expatrier des États-Unis, tandis que d'autres l'ont combattu énergiquement.[1] Il faut ajouter ici que les tribunaux des *États* (*State Courts*) ont manifesté plus de dispositions à concéder le droit d'expatriation, que les tribunaux fédéraux ne l'ont fait.»[2]

L'attorney général Cushing.

Droit d'expatriation.

M. Black, qui succéda à M. Cushing comme attorney général, s'exprima ainsi le 4 Juillet 1859: «Le droit général d'expatriation est incontestable. Je sais que le droit commun de l'Angleterre le nie, que les décisions judiciaires de ce dernier pays y sont opposées, et que quelques-unes de nos cours même, induites en erreur par des autorités anglaises, ont exprimé la même opinion, quoique d'une façon peu décisive. Mais tout ceci est loin de décider la question. Le code intérieur de l'Angleterre n'est pas au nombre des sources dont nous dérivons notre connaissance du droit international. Nous avons puisé cette connaissance dans la raison naturelle et dans la justice, dans les écrivains d'une sagesse reconnue, et dans la pratique des nations civilisées. Ces différentes sources sont opposées à la doctrine d'allégeance perpétuelle. Celle-ci est trop nuisible aux intérêts généraux de l'humanité pour que l'on puisse la tolérer; la justice se refuse à admettre que des hommes soient retenus à leur sol natal ou qu'ils en soient expulsés contre leur gré.» L'attorney général s'appuie de l'autorité de Cicéron et de Bynkershock, et il ajoute: «Aucun

Attorney général Black le 4 Juillet 1859.

[1] Voici quels sont les cas qui ont été examinés par M. Cushing; DALLAS's *Reports*, vol. III, p. 383, Talbot *vs.* Jansen; CRANCH's *Reports*, vol. III, p. 82, note, United States *vs.* Williams; *Ibid.* pp. 64, 119, Murray *vs.* Schooner Charming Betsey; PETERS, C. C., *Reports*, vol. I, pp. 159, 161, United States *vs.* Gillies; WHEATON's *Reports*, vol. II, pp. 283, 347, *The Santissima Trinidad;* PETERS' *Reports*, vol. III, pp 99, 125, Inglis *vs.* Sailor's Snug Harbour; *Ibid.* p. 242, 247, Shanks *vs.* Dupont.

[2] *Opinions of Attorneys-General*, vol. VIII, p. 157. M. Cushing, 31 Octobre 1856.

gouvernement en Europe ni en Amérique ne nie pratiquement ce droit. Ici, aux États-Unis, l'idée de renoncer à ce droit ne saurait être conçue un seul instant. C'est d'après ce principe que ce pays-ci a été peuplé. Nous lui devons notre existence comme nation.» [1]

Expatriation d'un citoyen naturalisé.

La question de savoir si un citoyen naturalisé aux États-Unis a le droit de s'expatrier et de renoncer à son obéissance envers son pays d'adoption a également été discutée. « On a été d'avis, dit le juge Daly, qu'il a ce droit s'il change son lieu de domicile, mais qu'il ne peut s'expatrier s'il continue à résider dans ce pays-ci. C'est là l'avis qui a été émis dans le cas d'un Anglais naturalisé Américain, qui, ayant été nommé consul espagnol à New-York, prêta le serment de sujétion au roi d'Espagne, et prétendit être sujet espagnol. Il fut jugé qu'il demeurerait sujet aux devoirs et obligations d'un citoyen des États-Unis.» [2]

Recouvrement par un citoyen naturalisé de son status d'origine.

Il est peut-être à propos de rapporter, en même temps que le cas dont il vient d'être question, l'opinion de l'attorney général Black dans celui d'un Bavarois, qui, après avoir été naturalisé aux États-Unis, désirait recouvrer son *status* comme Bavarois. «Il n'existe, dit il, aucun *statut* ni loi aux États-Unis, qui empêche un citoyen naturel ou naturalisé de défaire le lien politique qui l'attache à ce gouvernement, s'il juge à propos de le faire, en temps de paix, et s'il n'a aucun but qui puisse nuire directement aux intérêts du pays. Il n'y a aucun mode prescrit pour la renonciation. Selon moi, s'il émigre, emmenant avec lui sa famille et ses effets; s'il manifeste l'intention bien arrêtée de ne pas revenir; s'il établit d'une manière permanente sa résidence à l'étranger et se soumet aux obligations d'un sujet envers un gouvernement étranger, tous ces actes établiraient la dissolution des liens qui le rattachaient antérieurement aux États-Unis. En tout cas, le fait de la renonciation doit être établi, comme tous les faits pour lesquels il n'y a pas de formes prescrites pour attester les preuves, par quelque évidence qui puisse déterminer la conviction. C'est aux autorités bavaroises à décider d'abord si elles veulent

[1] *Opinions of Attorneys-General*, vol. IX, p. 358—59.
[2] DALY, *On naturalisation*, p. 26.

admettre M. Amthor à jouir des priviléges appartenant aux sujets naturels de leur roi, sans une renonciation expresse faite par lui à son titre de citoyen américain. Tout ce qui pourra les satisfaire, devra nous satisfaire nous-mêmes, puisque, dans tous les cas de même nature, nous prescrivons nos propres règlements pour l'admission des sujets bavarois comme citoyens des États-Unis.» «Je n'ai parlé, ajoute M. Black, que des lois des États-Unis. La Virginie et le Kentucky ont des lois qui prescrivent une formule établie pour les cas de renonciation des droits de citoyen. Mais ces lois ne s'appliquent pas au cas actuel.» [1]

Bill de protection de citoyens naturalisés à l'étranger.

Il faut mentionner ici le *bill* de protection des citoyens naturalisés à l'étranger, qui a passé au congrès en 1868, et dont voici la teneur:

«Attendu que le droit d'expatriation est un droit naturel et inné de tous les hommes, qui peut seul leur permettre de jouir de leur droit à la vie, à la liberté et à la recherche du bonheur, et

«Attendu que, reconnaissant ce principe, ce gouvernement a librement reçu des émigrants de toutes les nations et leur a donné les droits de citoyens; et

«Attendu qu'on prétend que ces citoyens américains, avec leurs descendants, sont sujets d'États étrangers et doivent allégeance à leurs gouvernements; et

«Attendu qu'il est nécessaire au maintien de la paix publique que cette prétention sur l'allégeance étrangère soit promptement et définitivement désavouée:

Nier le droit d'expatriation — contraire aux principes du gouvernement.

«Section 1. Il est décrété par le sénat et la chambre des représentants des États-Unis assemblés en congrès, que toute déclaration, instruction, opinion, ordre ou décision d'un fonctionnaire quelconque de ce gouvernement tendant à nier, à restreindre, à affaiblir ou à mettre en question le droit d'expatriation, est déclarée, par la présente loi, contraire aux principes fondamentaux du gouvernement.

La même protection à l'étranger, aux citoyens naturalisés qu'aux citoyens de naissance.

«Section 2. Tous les citoyens naturalisés des États-Unis devront recevoir, lorsqu'ils se trouveront en pays étranger, la même protection dans leur personne et leurs biens que celle

[1] *Opinions of Attorneys-General*, vol. IX, p. 62. M. Black au Secrétaire d'État, 17 Août 1857.

qu'on accorde à des citoyens de naissance placés dans les mêmes circonstances.

Devoir du président en cas d'emprisonnement d'un citoyen américain.

«Section 3. Toutes les fois qu'il sera dûment porté à la connaissance du président qu'un citoyen quelconque des États-Unis a été injustement privé de sa liberté par un gouvernement étranger, il sera du devoir du président de demander à ce gouvernement les raisons qui ont motivé l'emprisonnement et, si ces raisons lui paraissent injustes et en violation des droits de citoyen américain, il devra immédiatement demander la mise en liberté du citoyen emprisonné. En cas de refus ou de délai injustifiable, le président devra user de tous les moyens, hormis le recours à la guerre, qu'il croira nécessaires ou convenables pour obtenir ou effectuer cette mise en liberté, et il devra donner avis, dans le plus bref délai possible, au congrès de tous les faits relatifs à cette affaire.» [1]

Dispositions de la loi française quant à l'expatriation.

Le code français prescrit liv. 1, t. 1, c. 2, art. 17, que la qualité de Français se perdra: 1°, par la naturalisation acquise en pays étranger, 2°, par l'acceptation, non autorisée de l'empereur, de fonctions publiques conférées par un gouvernement étranger, 3° enfin, par tout établissement fait en pays étranger, sans esprit de retour. Les établissements de commerce ne pourront jamais être considérés comme ayant été faits sans esprit de retour. La section 18 porte, cependant, que «le Français qui aura perdu sa qualité de Français, pourra toujours la recouvrer en rentrant en France avec l'autorisation du gouvernement, et en déclarant qu'il veut s'y fixer, et qu'il renonce à toute distinction contraire à la loi française; son enfant pourra aussi obtenir ce droit, en remplissant les formalités prescrites en d'autres cas. [2] La loi est la même en Belgique.

Décrets impériaux du 6 Avril 1809 et du 26 Août 1811.

Le décret impérial du 26 Août 1811 se rapporte à un décret du 6 Avril 1809, lequel statue à l'égard des Français qui ont porté les armes contre leur patrie, et de ceux qui, se trouvant chez une puissance avec laquelle l'empereur entre en guerre, ne quittent point son territoire, ou qui, étant appelés par l'empereur, n'obtempèrent pas à cet ordre. Les Français dans

[1] *U. S. Statutes at large*, 1867—68, p. 224.

[2] Tripier, *Code français*, p. 17.

l'un et l'autre de ces cas encourent la peine de mort. Il seront justiciables des cours spéciales, ou pourront être traduits devant des commissions militaires. Le décret du 26 Août porte qu'aucun Français ne peut être naturalisé dans un pays étranger sans l'autorisation de l'empereur, et accorde un délai aux personnes alors naturalisées en pays étranger pour obtenir cette autorisation. Toutefois, les Français naturalisés, même avec l'autorisation de l'empereur, ne pourront jamais porter les armes contre la France, sous peine d'être traduits devant les cours et condamnés aux peines prescrites par le code pénal, liv. 3, art. 75 et suivants (à la peine de mort).

Tout Français naturalisé en pays étranger, sans autorisation de l'empereur, encourra, d'après ce décret, la perte de ses biens et sera sujet à d'autres peines et déchéances.[1] Ces décrets sont publiés dans les suppléments des codes.[2]

Ce décret du 26 Août 1811 n'ayant point été attaqué par le sénat pour cause d'inconstitutionnalité, continue d'avoir force de loi et de régler la condition des Français ainsi naturalisés. L'article de ce décret qui privait le Français naturalisé en pays étranger, sans autorisation, de la jouissance de ses droits civils et de la propriété de ses biens, a été abrogé par la loi du 14 Juillet 1819, qui accorde à l'étranger la faculté de disposer et de recevoir en France. En conséquence, le Français naturalisé en pays étranger, sans autorisation, a pu, depuis la promulgation de la loi de 1819, comme l'étranger d'origine lui-même, disposer par testament de ses biens situés en France.[3]

Zachariæ sur les décrets de 1809 et 1811.

«Les dispositions du code, dit Zachariæ, sur la perte de la qualité de Français et sur la manière de la recouvrer, ont été modifiées par un décret du 6 Avril 1809, et surtout par un décret du 26 Août 1811, qui sont l'un et l'autre d'une rigueur excessive. Il est regrettable que ces décrets, aussi contraires au véritable intérêt de l'État qu'aux usages et aux

[1] MARTENS, *Nouveau recueil*, tom. I, p. 409.

[2] TRIPIER, *Codes français*, éd. 1860, p. 1262. *Avis du Conseil*, p. 1320. — ROGER et SOREL, *Codes et lois usuelles*. — *Lois*, p. 307—309.

[3] DEVILLENEUVE et GILBERT, *Jurisprudence du XIXe siècle*, tom. II, p. 390—91 et les autorités citées.

mœurs, n'aient pas été abrogés. On s'accorde généralement à les considérer en vigueur, sauf celles de leurs dispositions qui sont contraires à des dispositions législatives postérieures.» Zachariæ cite à l'appui de ses vues plusieurs publicistes français. [1]

Effet de la naturalisation à l'étranger sur la qualité de Français.

D'un autre côté, nous trouvons dans le Guide des consulats, par de Clercq et de Vallat, ouvrage publié sous les auspices du ministère des affaires étrangères, le passage suivant: «La naturalisation en pays étranger, même du consentement et avec l'autorisation de l'empereur, fait-elle perdre la qualité de Français? Cette question, importante par l'application qui peut en être faite dans les discussions qui se rattachent au statut personnel des Français à l'étranger, a été depuis longtemps résolue dans un sens affirmatif. Personne, en effet, ne peut avoir deux patries, et les décrets des 6 Avril 1809 et 26 Août 1811, concernant les Français naturalisés en pays étranger, n'ont modifié en rien les dispositions du code Napoléon: le dernier de ces décrets statue que le Français naturalisé en pays étranger avec l'autorisation de l'empereur conserve le droit de posséder et de succéder en France. Mais ces prescriptions sont sans application aujourd'hui: car le droit de propriété n'est dénié à personne, et la loi du 14 Juillet 1819, en abolissant les droits d'aubaine et de détraction, a étendu à tous les étrangers la faculté de transmettre leurs biens et de succéder. Ce même décret prononce la confiscation des biens du Français qui se naturalise en pays étranger sans l'autorisation préalable du gouvernement; mais on sait que la confiscation des biens a été abolie par la charte de 1814. Il n'y a donc pas lieu de s'attacher aux conditions dans lesquelles s'est opérée la naturalisation à l'étranger: elle ôte, dans tous les cas, à celui qui l'a obtenue, le droit d'invoquer sa qualité de Français.» [2]

Français naturalisé à l'étranger, en armes contre la France.

Mais, quoiqu'un Français naturalisé à l'étranger ne puisse invoquer sa qualité de Français, est-il, d'un autre côté, libéré de ses obligations envers la France, ou bien reste-t-il exposé aux pénalités du décret du 26 Août 1811, s'il prend les armes

[1] ZACHARIÆ, *Droit civil français*, tom. I, p. 97.

[2] DE CLERCQ et DE VALLAT, *Guide des Consulats*, tom. I, p. 325.

contre la France, même pour la défense de son pays d'adoption? Si les dispositions de ce décret l'atteignent, ainsi que le supposent Martens et Bello, ce ne sera que d'après le principe d'une allégeance perpétuelle, principe que l'on a contesté aux Anglais.

Martens se rapporte au principe d'après lequel, si l'État a consenti à l'émigration perpétuelle de ses sujets, l'ancien lien entre ces individus et leur patrie est totalement rompu et l'on ne saurait plus invoquer contre eux la prétendue *indélébilité* du caractère de sujet-né de l'État. Martens déclare que, sous ces points de vue, il serait impossible d'allier avec les principes du droit des gens nombre de dispositions du décret de l'Empereur Napoléon, du 26 Août 1811, sur la condition des Français à l'étranger. [1]

Décret du 26 Août 1811 incompatible avec le droit des gens, d'après Martens.

Avis contraire de Bello.

Bello est d'avis que la loi française est parfaitement conforme à ce que dicte la raison. Le Français peut abdiquer son pays, mais il ne peut nullement prendre service sous un souverain étranger contre la France. Bello déclare également, à propos de la guerre de 1812 entre les États-Unis et la Grande-Bretagne, que l'on n'avait pas le droit de considérer comme contraire au droit des gens (puisqu'il ne l'était même pas à leurs propres lois) que les Anglais qui servaient dans les armées de l'Union, et qui étaient faits prisonniers, pussent être jugés et punis comme traîtres à l'Angleterre. [2] Il est dit dans une lettre de l'avocat de l'Ambassade anglaise à Paris à Lord Lyons: «Le décret du 26 Août 1811 (qu'il soit encore en vigueur ou qu'il soit tombé en désuétude) n'annule pas les naturalisations à l'étranger sans autorisation; il les punit, mais il les laisse subsister. Le Français a donc une nouvelle patrie, à laquelle il a été obligé de prêter serment. Personne ne peut avoir deux patries. L'intérêt général des nations exige qu'on n'ait pas deux patries.» [3]

D'après le code italien, «l'état de citoyen se perd: 1° Pour celui qui y renonce par une déclaration devant l'officier de l'état civil de son domicile propre, et transfère sa résidence

[1] Martens, G. F., *Précis du droit des gens*, liv. III, chap. III, § 91, éd. de Vergé 1858, tom. I, p. 259.

[2] Bello, *Principios de derecho internacional*, p. 72.

[3] *Report of Royal Commission*, 1869, p. 22.

dans un pays étranger; 2° pour celui qui est devenu citoyen dans un pays étranger; 3° pour celui qui, sans autorisation du gouvernement, a accepté un emploi d'un gouvernement étranger, ou est entré au service militaire d'une puissance étrangère.»[1]

Émigration d'un sujet autrichien.

D'après le décret de 1832 encore en vigueur, la qualité de citoyen autrichien se perd par l'émigration, c'est-à-dire, lorsqu'un sujet abandonne le territoire de l'empire avec l'intention de ne plus y retourner. Toutefois, cette émigration n'est permise qu'autant que l'individu a obtenu l'autorisation des autorités administratives auxquelles il est subordonné. Ils doivent prouver, entre autres, qu'ils ont satisfait à toutes les obligations militaires. Ceux qui émigrent avec permission perdent leur caractère de sujets autrichiens et sont regardés comme étrangers. Ceux qui émigrent sans permission perdent leurs droits de citoyens et sont sujets à toutes les conséquences légales de cette perte; ils perdent le rang et les avantages qu'ils possédaient en Autriche et sont effacés des registres; ils ne peuvent ni acquérir ni transmettre des biens là où cette loi s'applique, toute disposition testamentaire antérieure en ce qui regarde ces biens devient nulle, leur part de succession passe au plus proche héritier après eux. Leurs biens sont séquestrés, sans préjudice des droits contre ceux-ci. Leurs enfants ou leurs descendants résidant dans l'Empire sont entretenus d'une manière convenable avec le produit des biens séquestrés. Le surplus est ajouté à la propriété, le tout revenant aux héritiers lors de la mort des propriétaires expatriés. Dans des cas spéciaux le souverain peut autoriser les enfants à jouir des biens séquestrés.[2]

Loi bavaroise.

Le droit de citoyen bavarois se perd, aux termes de la section 6 de la loi: 1° par l'acquisition ou la conservation du droit de citoyen (indigénat) dans un État étranger, à moins que l'individu n'ait obtenu une autorisation spéciale du roi; 2° par l'émigration; 3° par le mariage d'une Bavaroise avec un étranger.

Loi du Wurtemberg.

Le droit de citoyen wurtembergeois se perd par l'émigration, lorsqu'elle a été autorisée par le gouvernement et par

[1] *Code civil italien*, par Huc et Orsier, tit. I, § 11, tom. I, p. 7.

[2] *Report of Royal Commission*, 1869, p. 92. 93.

l'acceptation de fonctions conférées par un gouvernement étranger.

L'émigration est permise en Prusse avec l'assentiment exprès du gouvernement. La permission d'émigrer ne sera pas accordée aux mâles, depuis l'âge de 17 jusqu'à 25 ans, à moins qu'ils ne soient munis d'un certificat de la commission du recrutement de l'armée, établissant qu'ils ne se proposent pas de s'expatrier pour la seule raison de se soustraire à leurs devoirs militaires. Ce certificat sert aussi de guide pour déterminer s'il y a lieu d'accorder aux mineurs l'autorisation d'émigrer.[1]

Émigration en Prusse.

Le 6 Janvier 1859, le ministre des affaires étrangères de Prusse écrivit au ministre américain: « Dans votre lettre du 31 du mois dernier, vous avez exprimé le désir d'obtenir des renseignements relatifs au service militaire en Prusse. Après les avoir fait recueillir, j'en ai fait composer un résumé que j'ai l'honneur de vous transmettre. »

Service militaire en Prusse.

Voici ces règlements:

« Les termes de la loi du 3 Septembre 1814 prescrivent que tout sujet prussien, qui a atteint l'âge de vingt ans, est obligé de servir dans l'armée. En conséquence, chaque année, tous les jeunes gens de cet âge doivent se présenter, à une certaine époque, devant la commission militaire du district dans lequel ils sont domiciliés, pour faire examiner s'ils sont en état de servir, et, le cas échéant, pour se faire désigner le détachement dans lequel ils doivent être incorporés. Cette obligation dans laquelle ils sont de se présenter pour le service ne cesse pas par l'effet du temps. Celui qui ne se présente pas à l'endroit désigné est tenu de servir à un âge plus avancé, et, si l'on s'empare de lui, on l'enrôle avant tout autre sous les drapeaux. Le service actif dans l'armée est de trois années. Pendant les deux années qui suivent, le soldat est renvoyé chez lui en congé et fait partie de la réserve; à partir de cette époque, il n'est plus appelé au service, à moins d'une guerre ou d'une augmentation de la force active requise. A l'expiration de ces deux années, le soldat passe sept années dans la première levée de la *landwehr*, qui, en temps de paix,

Service actif.

Réserve.

[1] Voir *Rapport du Baron von Schrenk à la Diète germanique, 1er Juillet 1858, concernant le droit d'émigration.*

n'est appelée tous les ans que pendant quelques semaines pour faire l'exercice militaire. Après ces sept années, le soldat appartient pendant sept autres années à la seconde levée de la *landwehr*, qui n'est appelée sous les drapeaux qu'en temps de guerre. Quiconque élude les obligations de la *landwehr* est obligé de les acquitter à une époque postérieure, et son âge avancé ne lui procure pas l'exemption de ces devoirs.

Landwehr.

«Les soldats qui sont engagés dans le service actif, ou qui appartiennent à la réserve, n'obtiennent pas la permission de s'expatrier, avant d'avoir été congédiés du service. D'un autre côté, le service dans la première ou dans la seconde levée de la *landwehr* n'empêche pas l'individu qui est encore soumis à un tel service, de se dégager des liens qui l'attachent à son pays natal; la seule exception que l'on fasse est lorsque la *landwehr* est appelée en service actif. Quiconque quitte la Prusse sans permission et élude par là le service, soit dans l'armée en service actif, soit dans la *landwehr*, encourt une pénalité de 50 à 1000 couronnes, ou un emprisonnement d'un mois à un an (§ 10 du code pénal du 14 Avril 1851). Mais le paiement de l'amende ou l'infliction de la punition d'emprisonnement ne dispense pas de l'obligation du service militaire. Cette obligation continue jusqu'à ce que celui qui aura négligé son devoir l'ait complétement acquittée.

«On procède contre de telles personnes, du moment où l'on découvre qu'elles sont absentes, et sans égard à l'âge qu'elles ont atteint. La permission d'émigrer met fin à la qualité de sujet prussien (loi du 31 Décembre 1842, § 20) et toute personne qui l'a reçue est dispensée de servir dans l'armée. A moins d'une exception formelle, cette permission comprend aussi la femme et les enfants mineurs qui sont encore soumis à l'autorité paternelle. Le permis d'émigration (dont une copie était annexée au memorandum) déclare qu'il ne cause la perte de la qualité de sujet prussien, à partir de la date à laquelle il est accordé, que pour les personnes qui y sont expressément nommées.» [1]

Service militaire dans la confédération de l'Allemagne du Nord.

Une loi a été faite, le 9 Novembre 1867, basée sur les mêmes principes que la loi prussienne, pour toute la confédéra-

[1] *Cong. Doc.*, 36e *Cong.*, 1re *sess.*, *Senate Ex. Doc.*, No. 38, p. 127. *Memorandum*, Baron Schleinitz, 6 Janvier 1859.

tion de l'Allemagne du Nord. D'après cette loi, le service dans la *landwehr* est réduit à cinq ans, mais le service dans la réserve est de quatre ans au lieu de deux. Il y a une disposition en faveur des jeunes gens qui peuvent s'habiller et s'armer à leurs frais. Après une année de service ils peuvent être congédiés sur leur demande à l'effet de continuer leurs études. [1]

Espagne.

En Espagne, on perd la qualité d'Espagnol, en se faisant naturaliser dans un pays étranger, ou en entrant au service d'un autre gouvernement, sans le consentement du roi. [2]

Dans le Portugal, «la qualité de naturel se perd: 1° par la naturalisation en pays étranger; 2° par l'acceptation, sans permission du roi, d'une pension et d'une décoration d'un gouvernement étranger; 3° par le bannissement prononcé par jugement.» [3]

Protection d'un citoyen naturalisé se trouvant en pays étranger.

Les formes prescrites pour la naturalisation étant une fois remplies, il devient intéressant de savoir jusqu'à quel point il est de l'obligation du gouvernement du citoyen adoptif, de protéger celui-ci au-delà de ses propres limites territoriales. Là où le lien qui unit le nouveau citoyen au pays de son origine a été dissous d'un commun consentement, il ne peut y avoir de réclamations contradictoires. Mais il s'est présenté des cas où l'intervention du gouvernement américain a été invoquée dans des circonstances où les obligations de sujétion (allégeance) ont été considérées par le pays d'origine comme permanentes, et dans d'autres où le citoyen naturalisé n'a pas rempli les conditions requises pour l'émigration dans les pays où l'expatriation est reconnue comme droit. Dans les discussions qui ont eu lieu entre le gouvernement anglais et le gouvernement américain, subséquemment à la guerre de 1812, l'application pratique de la doctrine de sujétion permanente semblerait se borner aux cas de retour dans la Grande-Bre-

Discussions entre l'Angleterre et les États-Unis depuis la guerre de 1812.

[1] *Armeeverordnungs-Blatt*, den 11 November 1867. Voir pour les projets de loi pour le service militaire et l'organisation de la *Landwehr*, de 1814—1865, *Archives diplomatiques*, 1867, tom. II, p. 472—499.

[2] Cas-Gayon, *Diccionario de derecho administrativo español*, p. 360. *Constitucion de la Monarquia española*, art. I, § 4.

[3] Saint Joseph, *Concordance des codes civils*, tom. III, p. 139.

tagne, et ne pas se rapporter aux obligations contractées envers le pays adoptif. Dans une note de Lord Palmerston du 16 Août 1849, à M. Bancroft, ministre à Londres, il est dit: «Il est bien connu que, par les lois de la Grande-Bretagne, aucune entrave, excepté dans des cas tout particuliers, ne peut être mise à la parfaite liberté qu'a tout sujet anglais de quitter le royaume, lorsque cela lui plaît et pour le temps qu'il lui convient. Tant que l'émigrant reste aux États-Unis, ou dans tout autre pays, il est soumis aux lois du pays dans lequel il réside.»

Retour d'un individu naturalisé dans son pays d'origine.

Lord Palmerston ajoute, cependant, que «les sujets naturels de la Grande-Bretagne, qui peuvent avoir été naturalisés dans un pays étranger, mais qui retournent dans le Royaume-Uni, sont soumis, autant que les autres sujets de Sa Majesté, à toutes les lois en vigueur, qu'elles soient d'une nature permanente ou temporaire; et que la maxime *ignorantia legis non excusat*, doit s'appliquer à eux tout aussi bien qu'à ceux qui ont résidé d'une manière permanente dans le Royaume-Uni.» [1]

Prussien naturalisé aux États-Unis et retourné en Prusse.

En faisant parvenir de Berlin, le 29 Juillet 1840, au secrétaire d'État, une correspondance avec un citoyen naturalisé des États-Unis, Prussien d'origine, lequel prétendait être exempt du service militaire à son retour dans son pays natal, M. Wheaton dit: «Il ne m'a pas semblé que cette prétention pût être soutenue; je n'ai donc éprouvé aucune hésitation à refuser d'intervenir de la manière demandée.»

Wheaton.

Le ministre américain écrivait d'un autre côté à la partie citée: «En réponse à votre lettre, je dois vous informer qu'il n'est pas en mon pouvoir d'intervenir de la manière que vous désirez. Si vous étiez resté aux États-Unis, ou si vous aviez visité tout autre pays étranger (excepté la Prusse) pour vos affaires légitimes, vous auriez été protégé par les autorités américaines, au dedans aussi bien qu'au dehors, et vous auriez pu jouir de tous vos droits et priviléges, en votre qualité de citoyen naturalisé des États-Unis. Mais, étant retourné dans le pays de votre naissance, votre domicile d'origine et votre caractère national sont rétablis (aussi longtemps que vous

[1] *Cong. Doc.*, 36e *Cong.*, 1re *sess.*, *Senate Ex. Doc.*, No. 38, p. 167.

resterez dans les possessions prussiennes) et vous êtes tenu, sous tous les rapports, d'obéir aux lois, tout comme si vous n'aviez jamais émigré. »[1]

Ces vues ont reçu leur sanction dans les instructions adressées le 14 Janvier 1853 par M. Everett, secrétaire d'État, à M. Barnard, dans lesquelles il est dit: « Si un sujet prussien prend sur lui d'émigrer dans un pays étranger, sans avoir obtenu préalablement le certificat qui, seul, le dispense du service militaire, il le fait à ses propres risques. Il consent à se rendre en pays étranger sans avoir rempli les obligations qu'il doit à son gouvernement. Par son départ, il se dérobe aux lois de celui-ci, et si, à une époque subséquente, il est assez imprudent pour retourner dans son pays de naissance, il n'a pas lieu de se plaindre si ces lois sont mises à exécution à son désavantage. Le cas dans lequel il se trouve ressemble à celui du soldat ou du matelot, enrôlé dans l'armée ou dans la marine par la conscription ou par d'autres moyens coërcitifs. S'il vient à déserter le service de son pays, se rendant par là passible de la loi militaire, on ne peut raisonnablement s'attendre à ce qu'il puisse retourner dans son pays de naissance, et y braver les lois, par cette seule raison que, dans l'intervalle, il sera devenu citoyen naturalisé d'un État étranger. »[2]

Avis de M. Everett.

La note de M. Everett était accompagnée d'une autre, du 1er Juin 1852, de M. Webster, alors qu'il était secrétaire d'État, dans laquelle il est dit que, si un gouvernement ne reconnaît pas à ses sujets le droit de renoncer à leur allégeance envers lui, il pourra en toute justice réclamer leurs services toutes les fois qu'il les rencontre sous sa juridiction.

M. Webster.

Le ministre des affaires étrangères de Sardaigne écrivit le 24 Septembre 1855, à M. Daniel, ministre américain: « Il paraît prouvé que Zanoni n'a ni demandé ni obtenu l'autorisation du gouvernement sarde pour se faire naturaliser aux États-Unis. A défaut de cette autorisation, les lois de Sardaigne considèrent que l'acte de sa naturalisation lui enlève tous les droits appartenant aux sujets sardes, sans pour cela le soustraire aux obligations qu'il doit à son pays de naissance.

Le comte Cavour.

Naturalisation d'un Sarde sans autorisation.

[1] *Cong. Doc.*, 36e *Cong.*, 1re *sess.*, *Senate Ex. Doc.*, No. 38, p. 7.
[2] *Ibid.*, p. 54.

«Au nombre de ces devoirs, dit le Comte Cavour, se trouve l'obligation pour lui de se soumettre au recrutement militaire. Il ne sera donc pas permis au dit Zanoni, malgré sa naturalisation américaine, de se soustraire à ses obligations antérieures comme sujet sarde. Le gouvernement du roi ne prétend pas par là que les États-Unis ne puissent naturaliser les individus nés en pays étrangers. Mais, pour ce qui est des effets de cette naturalisation, en dehors des limites des États-Unis, le gouvernement sarde est d'avis qu'en l'absence de toute stipulation internationale, l'individu qui a été naturalisé à l'étranger sans avoir été dégagé des liens naturels et légitimes qui l'attachent comme sujet à son pays de naissance, ne peut être exempt des lois de ce pays, sans s'être mis en règle avec elles, attendu qu'elles ne sont en rien affaiblies envers lui.»

M. Marcy.

M. Marcy répondit au ministre américain, le 30 Octobre 1855, se reférant aux instructions de M. Everett à M. Barnard, du 14 Juillet 1853, et à ses propres instructions à M. Jackson, du 10 Janvier 1854. Il ajoute: «Le principe généralement admis est que la naturalisation de l'étranger ne le dispense pas des obligations qu'il a envers son pays de naissance, et ne le met pas à l'abri des pénalités qu'il peut y avoir encourues avant sa naturalisation, toutes les fois que de son propre gré il voudra se rendre dans ce pays. Quoique vos notes au ministre des affaires étrangères de Sardaigne ne soient pas précisément d'accord avec les instructions citées, il n'est pas jugé nécessaire que vous lui adressiez d'autres communications à ce sujet.»[1]

Responsabilité contingente et enrôlement actuel.

Sous le président Buchanan, le secrétaire d'État, M. Cass, a voulu établir une distinction entre la responsabilité contingente des citoyens naturalisés qui avaient quitté leur pays sans le consentement exigé par la loi et avant d'avoir atteint l'âge requis pour le service militaire, et celle de ceux qui en étaient partis après avoir été enrôlés de fait. Il prétendait que les premiers, sans égard à la responsabilité contingente qui pouvait dans l'intervalle être devenue complète, avaient droit, même dans leur pays de naissance, à la pleine et entière protection due aux citoyens américains.

Limitation suggérée par M. Cass.

«Je limite, dit M. Cass, dans sa dépêche du 8 Juillet 1859,

[1] *M. S. Dépêches au Département d'État.*

à M. Wright, à Berlin, la juridiction étrangère, à l'égard de nos citoyens naturalisés, à ceux qui étaient dans l'armée ou qui y étaient réellement appelés, à l'époque où ils ont quitté la Prusse, c'est-à-dire, aux cas de désertion réelle ou de refus d'entrer dans l'armée, de la part de ceux qui étaient appelés régulièrement par le gouvernement auquel ils étaient soumis à cette époque.»[1]

Ces instructions paraissent avoir été basées sur l'opinion déjà citée de l'attorney-général Black, du 4 Juillet 1859, où il est dit: «Il y a eu et il y a encore aujourd'hui des personnes de très-haute réputation qui maintiennent qu'un citoyen naturalisé devrait être protégé par le gouvernement de son pays d'adoption, partout, excepté dans le pays de sa naissance; que, s'il se rend dans ce dernier et s'il est saisi dans les limites du pouvoir de son souverain de naissance, son acte de naturalisation peut être considéré tout simplement comme une nullité et il cessera immédiatement de posséder les droits d'un citoyen américain. Ce principe ne saurait être un principe vrai. Il ne peut s'appuyer sur aucun fondement, excepté sur le dogme qui nie entièrement le droit d'expatriation sans le consentement du pays de naissance, et c'est là ce qui ne saurait se soutenir. Le fait le plus décisif que l'histoire enregistre, est la conduite tenue par les gouvernements anglais et américain durant la guerre de 1812.»[2] M. Black se réfère au cas des individus nés sujets anglais servant dans les armées américaines, dont nous avons déjà parlé.

Opinion de l'attorney-général Black, le 4 Juillet 1859, au même propos.

Dans une autre occasion, le gouvernement prussien dit au ministre américain: «Si votre gouvernement désire éviter à l'avenir les contestations de la nature de celle qui a été occasionnée par la conduite du jeune Meyer, il peut y arriver en adoptant un moyen fort simple: il n'a qu'à ne pas accorder la naturalisation à un Prussien d'origine, si celui-ci ne peut produire un permis d'émigration. Lorsqu'un individu obtient la naturalisation dans un pays étranger, le gouvernement de son pays de naissance ne peut jamais reconnaître que, par le fait de cet acte, il soit libéré des obligations auxquelles il était tenu avant sa naturalisation. J'ajouterai que, dans

La Prusse nie le nouveau principe américain.

Le Baron Manteuffel à M. Fay, le 22 Octobre 1852.

[1] *Cong. Doc.*, 36e *Cong.*, 1re *sess.*, No. 38.

[2] *Opinions of Attorneys-General*, vol. IX, p. 360—62.

les cas pareils à celui dans lequel Meyer se trouve, il s'agit bien moins, pour le gouvernement prussien, de ressaisir un individu pour l'incorporer dans l'armée, que de maintenir le respect dû à la loi et d'en assurer l'exécution. Et si le gouvernement de Sa Majesté se propose de faire exécuter la loi contre un sujet prussien dans le territoire prussien, je désire me persuader que le gouvernement des États-Unis a trop le respect de sa dignité pour vouloir s'y opposer.» [1]

Le retour des émigrés est contraire à la politique prussienne.

On peut ajouter, à ce propos, qu'il n'entre pas dans la politique de la Prusse, ni dans celle des autres États allemands, que ceux de leurs sujets qui ont émigré de leur consentement reviennent séjourner, même temporairement, dans leur pays.

Le Baron Manteuffel à M. Wright, le 9 Novembre 1857.

Le baron de Manteuffel écrivait à M. Wright, le 9 Novembre 1857: «En général, le gouvernement prussien est opposé à ce que ses anciens sujets fassent un long séjour dans leur pays de naissance, après s'être soustraits aux obligations qui les y attachaient. Ces individus retournent souvent dans leur ancien pays, ayant éludé les obligations qui leur incombaient comme sujets prussiens, pour jouir des droits qui ne leur appartiennent pas avec justice. C'est pourquoi on n'accorde ordinairement à de tels individus la permission de séjourner en Prusse, qu'à des conditions plus restreintes que celles accordées aux autres étrangers qui n'ont jamais appartenu à la Prusse. Le gouvernement du roi a incontestablement le droit de décider par lui-même, s'il lui convient ou non, de permettre à un étranger de résider en Prusse, et il ne peut reconnaître qu'il soit dans l'obligation de faire une enquête judiciaire en forme, ou de prendre des dépositions sous serment pour justifier le renvoi d'un étranger.» [2]

Les discussions prolongées qui avaient eu lieu avec la Prusse et les autres puissances allemandes, lorsque le service militaire obligatoire n'existait pas chez nous, étaient à peine compatibles avec notre politique interne, à une époque où nos lois faisaient enrôler dans les forces nationales tous les hommes en âge de porter les armes domiciliés aux États-Unis,

[1] *Cong. Doc.*, 36e *Cong.*, No. 38, p. 49. Le Baron Manteuffel à M. Fay, 22 Octobre 1852.

[2] *M. S. Dépêches au Département d'État.* — Voir BLUNTSCHLI, *Das moderne Völkerrecht*, 1868, § 372, p. 215.

ceux nés à l'étranger de même que ceux qui étaient citoyens naturels du pays. Conséquemment, pendant la guerre de la sécession, le gouvernement de Washington n'avait pas jugé à propos d'insister pour obtenir de la Prusse l'exemption du service militaire de ses citoyens naturalisés. «Les citoyens des États-Unis, avait dit en effet M. Seward, écrivant le 6 Juin 1863, à M. Judd à Berlin, devraient rester chez eux dans la présente crise, pour soutenir le gouvernement contre l'insurrection, plutôt que d'aller encore ajouter à nos difficultés en invoquant l'exercice de l'autorité de ce gouvernement pour leur commodité spéciale dans les pays étrangers. Dorénavant vous ne ferez aucune demande dans des cas de cette nature sans avoir reçu des instructions spéciales.» [1]

Les États-Unis pendant la guerre de la sécession.

Dans son message de Décembre 1863, à l'ouverture de la session du congrès, le président Lincoln s'exprimait ainsi: «Des incidents qui se sont produits dans notre guerre civile ont forcément attiré mon attention sur l'état incertain des questions internationales touchant les droits des étrangers dans ce pays et ceux des citoyens des États-Unis au dehors.

Message du président Lincoln, de Décembre 1863.

«En ce qui concerne certains gouvernements, ces droits sont, partiellement au moins, définis par les traités. Nulle part, cependant, il n'est stipulé qu'en cas de guerre civile, un étranger, résidant dans ce pays, dans les rangs des insurgés, doive être exempt de la règle qui le classe comme belligérant, et le gouvernement de son pays ne peut pas réclamer pour lui d'autres immunités et priviléges que ceux dont jouissent les belligérants. Je regrette d'avoir à dire, cependant, que de telles réclamations ont été faites, et dans quelques circonstances, en faveur d'étrangers qui ont passé presque toute leur vie aux États-Unis.

Étrangers aux États-Unis et citoyens américains à l'étranger.

«Il y a lieu de croire que beaucoup de personnes nées dans des contrées étrangères, qui ont déclaré leur intention de devenir citoyens des États-Unis ou qui ont été naturalisées, ont éludé le service militaire en niant ce fait et en laissant au gouvernement la charge de la preuve contraire. Il a été jugé très-difficile ou impossible d'obtenir cette preuve, faute de jalons pour trouver des renseignements.

[1] *Cong. Doc.*, 40e *Cong.*, 1re *session*, *Ex. Doc.*, No. 4.

«Il y a lieu de croire aussi que les étrangers deviennent fréquemment citoyens des États-Unis, dans le seul but d'échapper aux devoirs que leur imposent les lois de leur pays natal, dans lequel ils rentrent après avoir été naturalisés, et là, bien que ne retournant jamais aux États-Unis, ils réclament la protection du gouvernement des États-Unis. Il résulte de cet abus de grands préjudices et de sérieuses altercations. Aussi est-il soumis à votre sérieuse considération. Il peut être convenable de fixer une limite au-delà de laquelle nul citoyen des États-Unis, résidant à l'étranger, ne pourra réclamer l'interposition de son gouvernement.» [1]

Obligations militaires des étrangers venus aux États-Unis.

M. Wright à M. Seward, le 15 Novembre 1865.

Dans une dépêche du 15 Novembre 1865, M. Wright dit que le comte de Bismarck lui avait déclaré qu'il n'entrait pas dans les vues du gouvernement prussien de poursuivre ses nationaux qui reviendraient en Prusse pour affaires, mais que, si un cas de ce genre était présenté au gouvernement par l'initiative de la police, la loi était impérative et le gouvernement serait forcé d'agir. Il n'y avait qu'un arrangement de traité avec les États-Unis qui pût ajuster cette question si vexatoire. Voici ce que proposait M. de Bismark: «Exemption de tous les sujets prussiens retournant dans leur pays de naissance, lorsqu'ils auraient quitté celui-ci avant leur dix-septième année, et exemption aussi de tous les individus qui n'appartenaient pas à l'armée ou qui n'avaient pas reçu l'ordre d'y entrer à l'époque de leur départ, et qui auraient été hors du pays pendant dix ans.» Le ministre prussien désirait par la même occasion faire introduire quelques modifications dans le traité d'extradition, comme un équivalent de la concession faite par la Prusse sur la loi militaire.

Retour en Prusse de Prussiens naturalisés.

Proposition prussienne à l'égard de l'émigration.

M. Seward à M. Wright, 2 Décembre 1865.

M. Seward, écrivant le 2 Décembre 1865 à M. Wright, disait: «Nous sommes devenus moins chatouilleux sur ce sujet depuis que nous avons vu d'indignes citoyens naturalisés fuir pour échapper aux obligations militaires de leur gouvernement d'adoption, et, après s'être mis à l'abri de ces obligations dans leur pays de naissance, demander avec importunité au gouvernement des États-Unis de les faire exempter du service militaire qui y est exigé d'eux.»

[1] *Cong. Globe*, 1863—64.

Le mémorandum prussien relatif aux modifications à apporter au traité d'extradition, lequel mémorandum fut soumis le 16 Décembre 1865 au ministre américain, fait savoir les avantages concernant la législation sur la nationalité des sujets prussiens qui pourraient être éventuellement concédés aux sujets prussiens, qui sont, ou qui désirent devenir citoyens américains.

Mémorandum prussien du 16 Décembre 1865.

«1°. Il serait convenu qu'après une absence de Prusse de dix années, les droits, et en même temps les devoirs et les obligations d'un sujet prussien envers son pays de naissance, cesseraient de prévaloir. C'est là un principe d'après lequel les autorités prussiennes se sont guidées dans quelques cas isolés, mais qui n'a été généralement adopté et n'est pas une loi du pays.

Législation sur la nationalité.

«2°. L'article 110 du code criminel prussien dit: 'Quiconque quitte la Prusse en vue d'échapper à l'enrôlement dans l'armée royale, sera puni, soit par une amende de 50 à 1000 thalers, soit par un emprisonnement d'un mois à un an.'

«Une exemption de cette règle générale pourrait être introduite en faveur de ceux qui auraient quitté la Prusse avant l'âge de 17 ans.»

Dans une entrevue que M. Wright eut, en Mars 1866, avec le comte de Bismarck, le ministre américain déclara que, d'après lui, le gouvernement des États-Unis ne ferait aucunes stipulations de traité qui tendraient à modifier le droit des citoyens américains à la reconnaissance de leur nationalité par les gouvernements étrangers.

Entrevue entre M. Wright et le Comte de Bismarck, Mars 1866.

M. de Bismarck fit observer combien il serait impossible à la Prusse de changer ses lois au sujet de l'obligation militaire. L'abolition de ces lois, disait-il, serait simplement impraticable pour un pays situé comme l'était la Prusse, tandis que, d'un autre côté, un relâchement dans leur application en faveur des émigrés américains, au-delà des concessions (c'est ainsi qu'il désignait les propositions de son protocole) équivaudrait non-seulement à l'abrogation pratique des dits statuts dans le cas de tous ceux qui avaient émigré aux États-Unis ou qui avaient l'intention d'y émigrer à l'avenir, mais offrirait en réalité une prime d'émigration à tous les hommes valides qui auraient atteint l'âge auquel ils pourraient être appelés au service actif

La Prusse ne peut changer ses lois militaires.

La Prusse désire ajuster la question de nationalité.

dans l'armée. Le ministre prussien manifestait, comme d'habitude, un grand désir d'ajuster la question, et il suggérait le terme de sept années d'absence de Prusse, comme devant relever de toute obligation militaire les individus qui auraient quitté la Prusse après leur dix-septième année.

M. Wright à M. Seward, le 17 Décembre 1866.

Le 17 Décembre 1866, M. Wright, en remettant à M. Seward une copie de la correspondance échangée entre lui et le ministre des affaires étrangères de Prusse, annonçait que le gouvernement royal venait de publier un décret d'après lequel tout sujet prussien émigrant, avec ou sans permission, et étant accompagné par ses fils âgés de moins de dix-sept ans, perdrait, en même temps que ses enfants, sa nationalité prussienne, après une absence de plus de dix années.

Décret prussien à l'égard des émigrés.

Convention du 22 Février 1868.

On a voulu régler définitivement la question concernant les émigrants allemands par un traité conclu le 22 Février 1868 entre les États-Unis et la Confédération de l'Allemagne du Nord. En voici les articles principaux.

Citoyens naturalisés.

Art. 1. «Les citoyens de la Confédération de l'Allemagne du Nord qui deviennent[1] citoyens naturalisés des États-Unis d'Amérique, pourvu qu'ils aient résidé sans interruption aux États-Unis pendant cinq ans, seront reconnus par la Confédération du Nord comme citoyens américains et traités comme tels.»

Il y a une stipulation réciproque quant aux citoyens des États-Unis qui deviennent citoyens naturalisés de la Confédération de l'Allemagne du Nord. «La déclaration d'une intention de devenir citoyen de l'un ou de l'autre pays n'a pas l'effet d'une naturalisation.»[2]

[1] D'après le texte anglais, *who becmoe*; d'après le texte allemand, *welche . . . . . geworden sind.* Dans les traités avec les autres États allemands le texte anglais est *who have become or shall become, naturalized citizens, etc.* Il n'y a pas de changement des mots allemands *geworden sind.* Notre traduction est faite sur l'original rédigé en anglais et en allemand. Dans la traduction française publiée dans les *Archives diplomatiques,* 1869, tom. III, p. 1190, ces mots sont rendus par «qui ont acquis le droit de nationalité.» Voir *Treaties of the United States*, 1868, p. 116; *Das Bundes-Gesetzblatt,* No. 15, Mai 27, 1868; *Taschenausgabe der Gesetze des Norddeutschen Bundes*, Jahrg. 1868, p. 35.

[2] On trouve une clause à la fin de cet article dans le corps du

Juridiction des tribunaux.

Art. 2. Un citoyen naturalisé qui retourne dans son pays d'origine reste justiciable des tribunaux de ce pays pour tout fait punissable d'après les lois de ce pays, et commis avant son émigration, sauf toujours la prescription établie par les lois de son pays d'origine.

Retour d'un citoyen naturalisé dans son propre pays.

Art. 4. Si un Allemand naturalisé en Amérique recommence à résider dans l'Allemagne du Nord sans avoir l'intention de retourner en Amérique, il sera regardé comme ayant renoncé à sa naturalisation aux États-Unis.

Il y a une disposition semblable à l'égard de l'Américain naturalisé dans l'Allemagne du Nord.

L'intention de ne pas retourner peut être présumée comme résultant du séjour de plus de deux ans, que la personne naturalisée dans l'un des pays fait dans l'autre pays.[1]

«The World», de New-York, en date du 28 Août 1869 publie une lettre de Brême du 2 Août, qui dit: «Un monsieur hier à la Bourse (à Hambourg) disait qu'il avait résidé plus de quatorze ans aux États-Unis; qu'il y avait emmené deux de ses enfants, et que depuis il lui en était né plusieurs, tant sur le territoire américain, que dans son pays d'origine pendant les visites qu'il y a faites. Or, selon l'interprétation donnée au 'Traité Bancroft' par les comités réunis des affaires militaires et des affaires judiciaires du Reichstag, il se présenterait au moins quatre questions. Les enfants qu'il avait emmenés avec lui et qui furent naturalisés par le fait de la naturalisation de leur père, ont-ils part à ses incapacités, et perdent-ils le caractère d'Américains par deux ans de résidence du père

traité tel qu'il a été promulgué par le président des États-Unis, portant que ce premier article s'appliquera aux personnes déjà naturalisées, dans les deux pays, de même qu'à celles qui seront naturalisées à l'avenir. Mais cette clause n'est pas insérée dans le texte du traité tel qu'il a été présenté au Reichstag, et tel qu'il a été proclamé par le gouvernement de la Confédération. Il ne se trouve non plus dans le traité dans les *Archives diplomatiques*. Voir les renvois dans la note précédente.

[1] Voir le rapport des comités réunis des affaires militaires et des affaires judiciaires du Reichstag, fait le 16 Mars 1868. — Débats du Reichstag du 2 Avril 1868. — Dépêche de M. Bancroft au Secrétaire d'État, le 3 Avril 1868. — Munde, *The Bancroft Naturalisation treaties*, p. 8, 17, 21, 23, 31, 46.

et des enfants ensemble, ou du père ou des enfants, séparément. Le père étant maintenant revenu en Allemagne avec l'intention d'y rester, mais désirant conserver sa nationalité acquise afin que ses enfants soient exempts du service militaire, quel est le *status* des enfants nés en Amérique avant sa naturalisation, et celui de ceux qui y sont nés après sa naturalisation, mais avant son retour définitif.» On verra que le nouvel *acte* anglais de la naturalisation a voulu régler ces questions.

Convention faite pour dix ans.

Art. 5. La convention est conclue pour dix années et, si l'une des parties n'a pas notifié à l'autre, six mois avant l'expiration de ces dix années, son intention d'y mettre fin, elle continuera à demeurer en vigueur jusqu'à l'expiration de douze mois après que l'une des parties contractantes aura notifié à l'autre que telle est son intention. [1]

Circulaires prussiennes du 5 Juillet 1868,

Deux circulaires ont été émises, l'une par le ministre de la justice et l'autre par le ministre de l'intérieur, relatives à la convention. D'après la première, qui date du 5 Juillet 1868, il est déclaré qu'en conformité avec l'article 2 du traité précédent, il est entendu entre les deux parties, que les pénalités encourues par l'émigration punissable ne seront pas mises à exécution dans les cas du retour de l'émigrant dans son pays d'origine, si l'émigrant qui retourne a obtenu la naturalisation dans l'autre pays, conformément au 1er article du traité.

et du 6 Juillet 1868.

L'autre circulaire, en date du 6 Juillet 1868, se rapportant également à l'article 2 du traité, déclare que, d'après l'intention des parties contractantes, l'offense commise par l'émigration non autorisée d'un citoyen de la confédération ne doit donner lieu à aucunes poursuites, si l'émigré est revenu dans son pays après une absence d'au moins cinq ans, et que la peine encourue par ce fait, quoique déjà prononcée légalement, ne doit point être exécutée, si la personne a acquis en Amérique les droits de citoyen, conformément à l'article 1er du dit traité.

Les ordres ont été émis pour donner suite au principe de ces circulaires. [2]

[1] *Treaties of the United States*, 1868, p. 115.

[2] *Conventions regulating nationality agreed upon between the United States and the North German Confederation etc.*, p. 22, 23.

De pareilles conventions ont été signées entre le plénipotentiaire américain et le gouvernement des États de l'Allemagne du Sud, c'est-à-dire, une convention, en date du 26 Mai 1868, avec la Bavière; une autre, en date du 27 Juillet, avec le Wurtemberg; une autre avec le Grand-Duc de Bade, et une autre, en date du 1er Août, avec le Grand-Duc de Hesse. La convention avec la Bavière, qui était accompagnée d'un protocole, de la même date que la convention, ayant pour but d'en donner l'interprétation, a été ratifiée de même que le protocole, qui ainsi en fait partie intégrante, et a été promulguée comme telle.[1]

Conventions entre les États-Unis et la Bavière, le Wurtemberg, Bade et la Hesse.

Un traité dans le même sens a été conclu, le 16 Novembre 1868, entre les États-Unis et la Belgique. Ce traité contient un article qui déclare expressément que les citoyens naturalisés de l'une ou de l'autre partie contractante, qui auront résidé cinq années dans le pays où ils ont été naturalisés, ne peuvent être tenus à l'obligation du service militaire dans leur pays d'origine ou aux obligations incidentes qui en résultent dans la supposition de leur retour, sauf le cas de désertion d'un service militaire ou naval actuellement organisé, ou d'un service qui y pourrait être assimilé d'après les lois de ce pays.

Traité avec la Belgique.

Il y a aussi un autre article qui déclare que les citoyens des États-Unis naturalisés en Belgique seront considérés par la Belgique comme citoyens des États-Unis, quand ils auront recouvré leur caractère de tels citoyens d'après les lois des États-Unis.

Réciproquement, les Belges naturalisés aux États-Unis seront considérés comme Belges, quand ils auront recouvré leur caractère de Belges suivant les lois de la Belgique.

[1] *Taschenausgabe der Gesetze des Norddeutschen Bundes*, Jahrgang 1868, p. 25. — *Treaties of United States*, 1868, p. 147. Les protocoles qui accompagnaient les conventions avec le Wurtemberg, Bade et la Hesse, ne se trouvent pas dans les recueils officiels des traités des États-Unis publiés avec les actes du Congrès. Un protocole ayant pour but d'expliquer un traité est sans effet aux États-Unis, à moins qu'il ne soit ratifié par le Sénat, ainsi que nous l'expliquons ailleurs. Voir notre *Commentaire*, part. II, chap. II, § 5. Voir aussi LAWRENCE'S WHEATON, éd. 1863, p. 455.

Convention avec le Mexique.

Une pareille convention a été conclue le 10 Juillet 1868, entre les États-Unis et le Mexique.[1]

Les lois ordinaires de la naturalisation exigent une résidence préalable de cinq années aux États-Unis. Par conséquent les conventions avec la Prusse et les autres puissances allemandes, en fixant la même période, n'ont pas ajouté de nouvelles conditions à celles déjà imposées sur les étrangers naturalisés d'après ces lois. Mais l'acte du 17 Juillet 1862 accorde le droit de devenir citoyen, après une résidence d'une seule année, à tout étranger qui se sera engagé ou qui s'engagera dans l'armée régulière ou volontaire des États-Unis.

Incompatibilité de l'acte du 17 Juillet 1862 avec les traités.

État des soldats naturalisés d'après cet acte.

Notre gouvernement peut-il refuser sa protection en pays étrangers à ses soldats victorieux, tandis qu'il l'accorde à ceux qui sont devenus citoyens seulement par le laps de temps? On voit par les débats du Reichstag que l'existence de cette classe de citoyens n'était pas inconnue, et que leur exclusion était sciemment insérée dans la convention avec l'Allemagne du Nord pour en faciliter la ratification. M. Schlieden (ancien ministre des villes anséatiques aux États-Unis), a pleinement expliqué dans le parlement allemand la législation américaine au sujet de la naturalisation et a signalé la loi dont nous venons de faire mention.[2]

Que la crainte que des personnes n'éludent intentionnellement les obligations internationales n'est pas seulement théorique, c'est ce qui nous est prouvé non-seulement par le message déjà cité du Président Lincoln, mais aussi par le passage suivant, sous le titre «d'Américains frauduleux», dans le message du Président Grant à l'ouverture de la session de 1869:

Américains frauduleux.

Message du Président Grant, 1869.

«L'État de perturbation d'autres pays moins heureux que le nôtre, dit-il, a quelquefois induit des citoyens de ces pays à venir aux États-Unis dans le seul but d'y être naturalisés. Lorsqu'ils ont atteint ce but, ils retournent dans leur pays natal et y résident sans proclamer ce changement d'allégeance. Ils acceptent des postes d'honneur et de confiance qui ne peu-

[1] Une convention avec l'Autriche-Hongrie a été conclue le 20 Septembre 1870, et proclamée le 1er Août 1871. Il y a aussi une convention, conclue en 1871, avec le royaume de Suède et Norvége, qui n'a été proclamée qu'en Janvier 1872. Voir LAWRENCE, *Conflict of foreign trustees with State laws*, p. 96 et Addenda.

[2] *Reichstag des Norddeutschen Bundes*, Sitzung des 2. April 1868.

vent être remplis que par des citoyens de leur pays natal. Ils voyagent avec des passeports leur reconnaissant cette qualité; et ce n'est que lorsque des discordes civiles, après des années peut-être de quiétude, menacent leurs personnes ou leurs propriétés que le fait de leur changement d'allégeance est divulgué. Ils résident constamment hors des États-Unis; ils ne contribuent en rien au revenu du pays; ils évitent les devoirs des citoyens, et ils ne se font connaître qu'en réclamant protection. J'ai donné ordre aux officiers consulaires et diplomatiques des États-Unis d'examiner soigneusement toutes telles demandes de protection. Un citoyen des États-Unis, naturel ou adoptif, qui remplit ses devoirs envers son pays, a droit à toute sa protection. Tant que j'aurai voix dans la direction des affaires, je ne consentirai point à mettre en péril ce droit sacré en le conférant à des réclamants fictifs ou frauduleux.»[1]

Notre propre expérience nous amena pendant notre résidence officielle à Londres, lorsque nous eûmes à nous prononcer sur des cas de cette nature, à la conclusion que la règle établie depuis par M. Wheaton et généralement reconnue par notre gouvernement jusqu'à l'époque de la résidence de M. Wright à Berlin, était non-seulement la seule qui fût conforme au droit international, mais surtout, à moins que le droit d'aubaine ne fût universellement aboli, celle qui est la plus avantageuse pour les personnes qui changent de nationalité.

Une discussion, de même nature que celle avec la Prusse à l'égard du service d'un citoyen naturalisé américain, avait eu lieu entre le gouvernement français et celui des États-Unis, avant même qu'un cas d'application pratique se fût présenté.

Service militaire des Français devenus citoyens américains.

Dans une note adressée à M. Calhoun, chargé d'affaires, en réponse à celle qui lui avait été adressée le 25 Novembre 1859, d'après les instructions de M. Cass, par M. Mason, ministre américain à Paris, le comte Walewski disait: «Si le Français, avant d'émigrer et de se faire naturaliser dans un pays étranger, n'a pas en effet satisfait à l'obligation du service militaire, il est évident qu'il pourra être poursuivi à ce sujet à son retour en France, lors même que son retour ne serait qu'accidentel. Il aurait pu en outre être condamné en son absence, par contumace, et sa présence en France imposerait

[1] *Public Documents.*

à l'autorité publique, aussi bien qu'à lui-même, le devoir de purger cette contumace.»[1]

M. Faulkner à M. Thouvenel, le 7 Avril 1860. Cas de Zeiter.

M. Faulkner, ministre des États-Unis à Paris, dit, en s'adressant le 7 Avril 1860 à M. Thouvenel, au sujet d'un citoyen naturalisé (Michel Zeiter) qui se trouvait dans le cas mentionné: «Notre doctrine est qu'on ne peut exiger le service militaire de l'émigrant naturalisé, à son retour dans son pays de naissance, alors que cette obligation ne lui a pas été demandée de fait, antérieurement à son émigration. Il ne suffit pas d'être sujet, en perspective, au service dans l'armée. L'obligation de devoirs contingents, dépendant du temps, du tirage au sort et d'événements à venir, n'est pas reconnue. Il faudrait, pour la soumettre à une pareille responsabilité, qu'il y eût le cas de désertion réelle ou de refus d'entrer dans l'armée, après avoir été désigné par le sort à servir le gouvernement auquel il était soumis à l'époque.»

L'obligation de service est de la compétence de la judicature en France.

En France, les cas de cette nature, au lieu d'être, comme en Prusse, du ressort administratif, sont de la compétence de la judicature.

Jugement du tribunal de Wissembourg.

M. Faulkner envoya à M. Cass, le 16 Juin 1860, la copie du jugement du tribunal de 1re instance de Wissembourg, Bas-Rhin, dans l'affaire de l'individu cité. «On verra par ce jugement, dit-il, que le tribunal l'a libéré de toutes obligations ultérieures de service militaire dans l'armée française. En vous référant à ce jugement, vous verrez que cette libération a été basée distinctement sur un des arguments mis en avant dans ma communication à M. Thouvenel, du 2 Avril, savoir qu'étant devenu citoyen naturalisé des États-Unis, *il avait cessé d'être Français*, et n'étant plus par conséquent sujet de la France, il ne pouvait être tenu au service militaire pour son compte. La cour ayant ajourné l'affaire, afin que Zeiter pût se procurer l'attestation du consul des États-Unis à Paris, certifiant qu'il avait acquis le caractère de citoyen américain, décida, le 2 Juin 1860, qu'il avait, en acquérant une nationalité étrangère, perdu la qualité de Français.»[2]

Le marquis de Moustier à M. Bigelow le 19 Décembre 1866.

Dans une note du 19 Décembre 1866, adressée à M. Bigelow,

[1] *Cong. Doc.*, 40e *Cong.*, 1re *sess.*, *Ex. Doc.*, p. 214.

[2] *Department of State*, *M. S.*

à l'égard d'un autre Français naturalisé citoyen américain, le marquis de Moustier dit:

«Le maréchal Randon vient de m'informer que des ordres ont été donnés au général commandant la 6e division militaire, pour que le dit Hirsch soit mis provisoirement en liberté, à condition qu'il se présentera immédiatement devant le tribunal compétent chargé de prononcer sur sa nationalité. Le gouvernement de l'Empereur a déjà eu occasion d'expliquer à la légation des États-Unis que, attendu que la loi a formellement délégué aux tribunaux la décision des questions de nationalité, l'administration ne pouvait intervenir sur ce point.» [1]

Retour en Espagne d'un citoyen naturalisé à l'étranger.

La communication suivante, adressée par le capitaine général de Cuba au consul général des États-Unis, présentera dans son véritable jour l'application de la loi espagnole: «Il résulte de *l'expediente* de l'affaire, d'une manière à ne pas laisser de doutes, que Gavino de Liano est né en Espagne; qu'il s'est rendu de bonne heure aux États-Unis, où il s'est fait naturaliser sans la permission du gouvernement espagnol, et qu'étant venu à une époque postérieure dans l'île de Cuba, il s'est fixé dans la dite ville de Sagua la Grande.

«Vu ces différentes circonstances, et considérant l'article 45 du décret royal du 17 Novembre 1852, dans lequel il est établi positivement que les Espagnols qui auraient obtenu des lettres de naturalisation en pays étranger, sans l'autorisation du gouvernement de Sa Majesté, seraient, à leur retour en Espagne, soumis aux mêmes obligations, tout comme s'ils n'avaient jamais été naturalisés dans un pays étranger, je ne pouvais me dispenser, en suivant strictement la loi, d'appliquer au jeune homme, Gavino de Liano, le règlement souverain qui a prévu le cas dans lequel il se trouve.» [2]

Individu se trouvant à l'étranger et qui aux États-Unis n'a fait que sa déclaration préalable.

Le cas de Koszta, indépendamment du titre de domicile américain, et de l'absence de tous droits territoriaux opposés, était un cas tout spécial, en ce qu'il se rattachait à la protection qui est accordée aux Francs, à quelque nationalité qu'ils appartiennent, par les ministres et les consuls des puissances chrétiennes en Turquie. [3] Ce cas donna cependant lieu à

[1] *Cong. Doc.*, 40e *Cong.*, 1re *sess.*, *Ex. Doc.*, No. 4.

[2] *Cong. Doc. ut supra*, p. 229.

[3] Voir § 11 *infra*.

tant de réclamations insoutenables, de la part de citoyens semi-naturalisés, qu'il fallut que le département d'État s'expliquât pleinement. M. Marcy écrivit le 10 Janvier 1854 à M. Jackson, chargé d'affaires à Vienne : « Tousig avait quitté les États-Unis, muni d'un passe-port délivré par ce département, mais, comme il n'était ni citoyen né ni citoyen naturalisé, il n'y avait aucun droit. Les passe-ports ne doivent être délivrés qu'aux citoyens. Résumant tout ce qui rentre rigoureusement dans le cas de Tousig, savoir : qu'il avait son domicile aux États-Unis, et était en effet revêtu de la nationalité des États-Unis — il y a néanmoins un trait qui distingue ce cas de celui de Koszta. Tousig est retourné volontairement en Autriche, et s'est placé lui-même à la portée de ces lois municipales. Il s'est rendu de son propre acte sous leur juridiction, et s'est soumis par là à ces lois. S'il avait encouru des pénalités, ou s'il avait des devoirs à remplir, pendant qu'il était sous ces lois, il aurait dû s'attendre à ce qu'elles fussent mises en vigueur contre lui, et il aurait dû savoir que le nouveau caractère politique qu'il avait acquis, s'il l'avait en effet acquis, ne saurait le relever de ces pénalités. Ayant été, à une certaine époque, soumis aux lois intérieures de l'Autriche, et les ayant violées pendant qu'il était sous leur juridiction, le fait de s'être soustrait à cette juridiction et d'avoir acquis un caractère national différent, ne l'exempterait pas de leur application, s'il venait de nouveau se replacer sous elles. Toute nation a le droit, lorsque ses lois sont violées par quelqu'un qui leur doit sujétion, qu'il soit citoyen ou étranger, d'infliger au transgresseur les pénalités qu'il a encourues, alors qu'il sera trouvé dans sa juridiction. Le cas n'est pas changé par le caractère des lois, à moins qu'elles ne dérogent au code international fermement établi. Aucune nation n'a le droit de trouver fautif le code intérieur d'une autre nation, ni de prétendre que ses sujets doivent être exemptés des dispositions de ce code, s'ils se sont placés volontairement dans son cercle d'action. Le caractère des lois intérieures d'un pays ne peut fournir aux autres États aucun juste motif d'intervenir dans l'exécution de ces lois, même lorsqu'elles sont appliquées à leurs propres citoyens, si ceux-ci se sont rendus dans ce pays, et se sont soumis à sa juridiction. Si les États-Unis ne peuvent en droit demander de

Cas de Tousig.

Distinction entre le cas de Tousig et celui de Koszta.

Aucune nation ne peut trouver fautif le code intérieur d'une autre nation.

pareilles exemptions en faveur de leurs citoyens nés ou de leurs citoyens naturalisés, ils ne peuvent à coup sûr les réclamer en faveur de ceux qui n'ont tout au plus que des droits imparfaits de citoyens.

« Ce principe n'est nullement en contradiction avec le droit de tout État, de protéger au dehors ses nationaux, ou ceux qui ont droit à sa protection, contre des torts et des dommages, — contre des actes arbitraires d'oppression, ou contre des saisies de propriété — actes qu'il faut se garder de confondre avec les pénalités et les punitions encourues pour avoir enfreint les lois du pays sous la juridiction duquel les plaignants se sont placés. Je ne puis découvrir aucun principe en vertu duquel ce gouvernement-ci puisse réclamer, avec justice, que Tousig soit relâché. Il s'est placé volontairement dans les limites de la juridiction autrichienne, et il se trouve avoir à souffrir, ainsi qu'il ressort du cas, tel que vous le présentez, pour les actes qu'il a commis en violation de ces lois pendant qu'il était sujet autrichien. » [1]

VII.

LEX LOCI CONTRACTUS.

Éléments § 7, tom. I, p. 115.

«Dans tout acte, dit Fœlix, on distingue deux parties, deux éléments, la forme et la substance (*materia*); les commentateurs des lois romaines ont exprimé cette distinction par les mots *solennités externes* et *solennités internes*. La substance et les formes des actes.

«Tout ce qui regarde la capacité des personnes, l'objet de la disposition de l'homme, le consentement des parties, la validité de l'engagement ou de la disposition, et les effets des actes, tout cela appartient à la matière ou aux *solennités internes*; quant aux *solennités externes* ou probantes, elles comprennent tout ce qui concerne le mode de déclarer et de constater la volonté ou le consentement, en d'autres termes, le mode de preuve de la volonté ou du consentement. Ainsi, *Solennités internes. Solennités externes.*

[1] *Cong. Doc.*, 33e *Cong.*, 1re *sess.*, *H. R. Ex. Doc.*, No. 41.

dans les actes de dernière volonté, la capacité du testateur, celle de l'héritier ou du légataire, les dispositions permises ou interdites, la portion indisponible et sa quotité, regardent la matière ou les solennités intérieures; la rédaction du testament, l'assistance d'officiers publics, la déposition du testament entre les mains d'une autorité, appartiennent à la forme ou aux solennités extérieures. Quant aux actes entre-vifs, les lois qui ordonnent la rédaction par écrit des actes à titre gratuit ou à titre onéreux, celles qui imposent des formes spéciales aux actes d'engagement ou de décharge, aux lettres de change, aux endossements, etc., tiennent à la forme; il en est de même des solennités dont les lois entourent l'adoption, l'émancipation et autres actes semblables.

Droit romain.

«Le droit romain ne contient aucune disposition qui consacrât le principe *locus regit actum*.

La forme des actes réglée par la loi du lieu où ils sont faits.

«Un principe aujourd'hui généralement adopté par l'usage des nations, c'est que 'la forme des actes est réglée par la loi du lieu dans lequel ils sont faits ou passés.' C'est-à-dire que, pour la validité de tout acte, il suffit d'observer les formalités prescrites par la loi du lieu où cet acte a été dressé ou rédigé; l'acte ainsi passé exerce ses effets sur les biens meubles et immeubles situés dans un autre territoire, dont les lois établissent des formalités différentes et plus étendues (*locus regit actum*).

Lois qui règlent les formes des actes participent de la nature des lois réelles.

En d'autres termes, les lois qui règlent la forme des actes étendent leur autorité tant sur les nationaux que sur les étrangers qui contractent ou disposent dans le pays, et elles participent en ce dernier sens de la nature des lois réelles.

Étendue du principe.

«Le principe que nous venons d'énoncer s'applique à tous les actes licites de l'homme, conventionnels ou autres: ainsi il régit les actes de l'état civil, les actes de célébration du mariage, les contrats de mariage, les donations, les testaments, toutes les conventions à titre onéreux, etc.

La valeur intrinsèque des conventions dépend de la loi du lieu du contrat.

«Le principe général en cette matière est que les parties contractantes ont eu l'intention de se conformer, dans leurs conventions, à la loi du lieu où celles-ci ont été consenties et sont devenues parfaites, et, par suite, de les soumettre à cette loi; en d'autres termes, que la valeur intrinsèque, la substance, le lien (*vinculum juris*) des conventions, dépend de la loi du lieu ou elles ont reçu leur perfection: l'acte valable ou nul d'après cette loi le sera également partout. — La même loi est encore applicable lorsque, la validité intrinsèque de la convention n'étant pas contestée, il y a simplement lieu de l'interpréter.[1]

Contrat exécutoire dans un autre pays.

«La validité d'une convention doit être décidée, d'après Story, par la loi du lieu où elle a été faite, à moins qu'elle ne soit exécutoire dans un autre pays, auquel cas, c'est la loi du lieu d'accomplissement qui gouverne. Si elle est valide là, la convention est, par la loi générale des nations, *jure gentium*, considérée partout comme valide par le consentement tacite ou impliqué des contractants. Cette règle est basée non-seulement sur la commodité mais aussi sur les besoins des nations; car sans cela il leur deviendrait impossible d'avoir entre elles aucunes transactions ni communications importantes. Le système tout entier des agences de commerce, des achats et des ventes, des crédits mutuels, et du transfert des valeurs négociables est fondé sur cette règle.»[2]

Code italien.

Actes testamentaires réglés par la loi du lieu du contrat ou par celle de la nationalité des parties.

L'Italie est le seul pays où ce principe soit formellement proclamé. Le code italien dit, sous le titre de dispositions générales, art. 9: «Les formes extrinsèques des actes entre-vifs et de ceux de dernière volonté suivent la loi du lieu où ils se font. Les disposants ou les contractants ont la liberté de s'en tenir aux formes fixées par leurs lois nationales, pourvu qu'elles soient communes à toutes les parties.

La substance et les effets des donations et des actes de dernière volonté réglés par la loi des disposants.

«La substance et les effets des donations et des dispositions de dernière volonté sont censés réglés par les lois de la nation des disposants. Le fond et les effets des obligations sont censés réglés par les lois du lieu où les actes se sont faits, et, si les contractants étrangers sont d'une même nation, ce sera par leurs lois nationales, sauf l'expression d'une autre volonté.»

Biens immeubles.

Nous avons déjà montré que les actes relatifs aux biens immeubles d'après les lois de plusieurs pays doivent être rédigés selon la loi du lieu où ces immeubles sont situés. Dans les phrases suivantes Mackenzie se borne à l'application de la *lex loci contractus* aux contrats personnels.

[1] Fœlix, *Droit international privé*, tom. I, p. 161—65, 223—24.
[2] Story, *Conflict of laws*, § 242, p. 305, ed. Redfield.

Interprétation des contrats personnels d'après la loi du lieu du contrat.

Généralement parlant, dit-il, l'interprétation des contrats personnels et leur validité sous le rapport des formules et des formalités, sont régis par la loi du pays où ils sont faits, à moins que l'intention contraire des parties contractantes ne soit clairement établie, *locus contractus regit actum.* Mais si un contrat fait dans un pays est exécutoire dans un autre, les parties contractantes sont présumées avoir eu en vue la loi du lieu de son exécution, et c'est généralement alors cette loi qui régit l'obligation et l'interprétation du contrat. *Contraxisse unusquisque in eo loco intelligitur, in quo ut solveret se obligavit.* Si aucun lieu d'exécution n'est mentionné, ou si le contrat peut être indifféremment exécuté en tout lieu, les parties sont généralement considérées comme ayant eu en vue la *lex loci contractus.*

Contrat fait dans un pays exécutoire dans un autre.

Quand aucun lieu d'exécution n'est mentionné.

Des conséquences très-importantes découlent de l'application de la *lex loci contractus* aux effets et autres valeurs négociables employées dans les transactions commerciales. «On peut établir comme règle générale, dit le Chancelier Kent, que les effets négociables de toute nature doivent être interprétés et régis, en ce qui regarde l'obligation de celui par qui ils sont tirés ou émis, selon la loi du pays où ils ont été tirés ou émis; quant à l'accepteur, par la loi du pays où l'acceptation a eu lieu; et quant aux endosseurs, par celle du pays où l'effet a été endossé.»

Effets négociables interprétés par la loi du pays où ils sont faits.

On peut se rapporter à deux cas jugés qui expliquent cette règle. En Angleterre, l'acceptation d'une lettre de change oblige l'accepteur au paiement en tout cas. Il n'en était pas de même à Livourne; car si l'accepteur n'a pas reçu une provision suffisante de la part du tireur au moment de l'acceptation et que le tireur vienne à faire faillite, l'acceptation devient nulle. Une acceptation faite à Livourne dans de semblables circonstances fut en conséquence déclarée ne point entraîner d'obligation de la part de l'accepteur.[1]

Effet de l'acceptation d'une lettre de change en Angleterre.

Acceptation à Livourne.

De même, bien qu'un simple endossement en blanc d'un billet à ordre soit valide selon la loi anglaise, il n'en est pas de même en France, où certaines formalités sont requises, et par conséquent un pareil endossement en France ne donne pas

Endossement en blanc en Angleterre et en France.

[1] STRANGE'S *Reports,* vol. II, p. 733. Burrows *vs.* Jemino.

de recours au porteur du billet contre celui qui l'a signé, devant un tribunal anglais. Cela pourrait sembler une déviation de la règle que c'est la loi du lieu où le paiement doit se faire qui est applicable. Mais il n'en est rien: car le tireur et les endosseurs d'une lettre de change ne peuvent être tenus au remboursement envers le porteur, à défaut de paiement de la part de celui sur qui elle est tirée, qu'après avoir reçu signification formelle du fait au lieu où ils ont contracté leur engagement.[1]

Une défense valide au lieu du contrat est valide partout.

Il est de règle générale, ajoute Mackenzie, que tout ce qui constitue une défense valable selon la loi du pays où un contrat est passé, ou selon celle du lieu où il doit être exécuté, est également valable en tout lieu où la question puisse être mise en litige. Ceci résulte du principe que la même loi qui a créé l'obligation doit être considérée lorsqu'elle agit en vue de l'accomplissement du contrat.[2]

L'application de la *lex loci* basée sur l'intention présumée des parties.

Exception des contrats se rapportant à des immeubles. Cas où les parties avaient en vue la loi d'un autre pays.

Lex loci injuste ou *contra bonos mores*.

La règle pour la détermination de la *lex loci* applicable est basée sur l'intention présumée des parties contractantes. «L'influence qu'on accorde à la *lex loci contractus* ne prend point sa source dans une déférence aveugle aux lois d'un pays étranger, mais elle est fondée sur la présomption légale que les parties contractantes avaient en vue la loi du pays où le contrat a été fait et avaient en conséquence l'intention de s'y soumettre, excepté lorsqu'il s'agit de 'contrats se rapportant à des immeubles', 'quand les parties contractantes avaient en vue la loi d'un autre pays', 'ou quand la *lex loci* est injuste par elle-même, ou *contra bonos mores*', etc.»[3]

Nous avons un exemple de l'effet donné au choix d'une loi particulière par les parties contractantes dans le cas de

[1] BINGHAM'S *New Cases*, vol. I, p. 151—160. Trimbey *vs.* Vignier. § 136: «La propriété d'une lettre de change se transmet par la voie de l'endossement.» § 137: «L'endossement est daté. Il exprime la valeur fournie. Il énonce le nom de celui à l'ordre de qui il est passé.» § 138: «Si l'endossement n'est pas conforme aux dispositions de l'article précédent, il n'opère pas le transport; il n'est qu'une procuration.» § 139: «Il est défendu d'antidater les ordres, à peine de faux.» *Code de commerce de France*, art. 136—139.

[2] MACKENZIE, *Roman Law*, p. 191.

[3] Lord ROBERTSON in Edmonstone *vs.* Edmonstone, 1st June 1816; FERGUSON'S *Consistory Reports*, p. 397.

Contrat de mariage fait en Angleterre selon la loi écossaise.

Earl of Stair *vs.* Head[1], où un mariage contracté entre époux écossais domiciliés en Angleterre stipule que «le but et l'effet de ce contrat, et toutes les matières et questions se rapportant au mariage projeté, seront interprétées et réglées selon la loi d'Écosse.» La femme venant à mourir la première, étant encore domiciliée en Angleterre, les droits des parties furent en conséquence, d'accord avec le contrat, réglés selon la loi écossaise. Il semblerait aussi que l'emploi dans un contrat des termes légaux techniques d'un pays autre que celui du lieu de domicile ou de celui d'exécution, établit une présomption que l'intention était de faire interpréter ce document selon les lois du pays dont on a employé les termes. Il en est ainsi du moins dans le cas d'actes testamentaires, quand le langage technique employé est celui du *forum* d'administration des biens, ou du *situs* des biens-fonds dont ils disposent[2]. Ainsi les règles établies pour déterminer la *lex contractus* sont fondées sur l'intention présumée des parties.[3]

Emploi des termes techniques d'une loi étrangère.

MARIAGE EN PAYS ÉTRANGERS.

La nature et l'origine du mariage.

Quand on examine la législation comparée et le droit international qui régissent le mariage tel qu'il est maintenant reconnu dans les États civilisés de l'Europe et de l'Amérique, c'est-à-dire «l'union volontaire et pour la vie d'un homme avec une femme,» la première question qui se présente est: d'où vient cette institution? Est-elle un sacrement religieux, ou une institution civile?

La connaissance de ce point est nécessaire pour comprendre la loi commune de l'Europe, avant qu'il existât aucune législation spéciale sur le mariage.

Sans méconnaître le moins du monde les bienfaits innom-

[1] Dow's *Reports*, vol. IV, p. 934.

[2] Rainsford *vs.* Maxwell, 1852, Dow's *Reports*, vol. XIV, p. 450; Ferguson *vs.* Marjoribanks, 1853, Dow's *Reports*, vol. XV, p. 637.

[3] Voir Lord Mansfield, Robinson *vs.* Bland, Burrow's *Reports*, vol. II, p. 1077, 1078; Kent's *Commentaries*, vol. II, p. 595 (460); Story, *Conflict of Laws*, § 489; Lord Brougham en Don v. Lipmann, 1857, S. & McL., vol. II, p. 724; Clark and Finelly, vol. V, p. 20; Guthrie's *Savigny*, p. 90—180, notes.

brables du christianisme, il faut avouer qu'il n'est pas complétement exact d'attribuer à ses doctrines le mariage monogame. Il se peut que les expressions «christianisme» et «civilisation» soient aujourd'hui synonymes, mais nous qui avons tant d'obligations aux Grecs et aux Romains, nous ne pouvons ignorer leurs législations.

Monogamie indice du progrès humanitaire.

La monogamie, en opposition avec la polygamie, est plutôt l'indice d'un progrès humanitaire que l'effet d'un dogme quelconque. C'est ainsi que le vice-roi ou *khédive* d'Égypte rend hommage à la civilisation, quand, émettant comme complément à l'*Irade* du 27 Mai 1866, un décret qui établit la succession au trône de père en fils, il déclare qu'à l'avenir le vice-roi n'aura qu'une épouse légitime, laquelle ne pourrait être répudiée que si elle n'avait pas d'enfant mâle.[1]

Polygamie parmi les juifs.

La polygamie était non-seulement tolérée parmi le peuple choisi de Dieu comme le dépositaire de ses lois et le précurseur de la chrétienté, mais elle était aussi autorisée par l'exemple des patriarches eux-mêmes.

Elle n'existait ni en Grèce, ni à Rome.

D'autre part, la polygamie n'était une institution légale ni en Grèce, ni à Rome. Produisant des conséquences à peu près identiques dans les deux pays, la monogamie existait en principe, et l'union de l'homme et de la femme par le mariage constituait, comme à présent, le plus important contrat de la vie humaine.

Les cas de bigamie étaient tout à fait exceptionnels et complétement en dehors des usages helléniques, même aux temps les plus reculés.

Les femmes grecques.

Quoique les femmes grecques ne fussent pas aussi considérées que les femmes romaines, leur état pourrait avantageusement se comparer à celui des femmes de plusieurs pays chrétiens. Platon, énumérant les devoirs des épouses, met dans leurs attributions les soins du ménage, la surveillance des domestiques, esclaves ou libres, l'éducation physique des enfants.

Puissance maritale et puissance paternelle des Romains.

Quelque opposées à nos idées que soient la puissance maritale appliquée à la *manus* qui met la femme *in loco filiæ*, et la puissance paternelle des Romains, il faut reconnaître dans leur existence le principe de la famille, principe qui remonte

[1] *Annuaire des Deux-Mondes*, 1866—67, p. 565.

jusqu'au temps de Romulus. La lutte qui dura si longtemps entre les patriciens et les plébéiens pour obtenir la loi Canuleia (309 av. J. C.), abrogeant la disposition des Douze Tables qui défendait le mariage entre patriciens et plébéiens, et pour procurer à ces derniers le *jus connubii*, démontre la haute valeur attachée par les Romains à une union régulière et légitime. L'introduction des familles plébéiennes dans les familles patriciennes, fut une des causes qui contribuèrent le plus à effacer la différence qui existait entre les deux castes.[1]

Les femmes parmi les Romains.

Les femmes romaines avaient le gouvernement de la maison conjugale; elles élevaient les enfants, veillaient à l'honneur de la famille et partageaient les distinctions, l'estime et le respect accordés à leurs époux.

Le *connubium* et le *concubinat*.

Il ne faut pas voir une dérogation au caractère de *vir* et d'*uxor* dans l'existence, à côté du *connubium*, du *concubinat*, qui peut être assimilé aux quasi-mariages allemands dont nous parlerons plus loin. C'était une union licite des sexes, qui avait ses conditions légales d'existence et ses effets civils. Le consentement des époux et celui des ascendants sous la puissance desquels ils se trouvaient, étaient indispensables pour sa formation. Les conjoints ne pouvaient, avant la dissolution d'une première union, en contracter une nouvelle. L'inégalité de condition ou de fortune entre eux était presque la seule circonstance qui distinguât le concubinat des justes noces, *justae nuptiae*. Quoique les enfants qui en étaient issus ne fussent pas *justi liberi*, ils n'étaient pas néanmoins bâtards; on les appelait *liberi naturales*, et non pas nothi, spurii, qui étaient les noms de ceux qui étaient nés *ex scorto* et d'unions défendues.[2]

Aucune cérémonie religieuse.

Dans l'un comme dans l'autre cas, aucune cérémonie civile ou religieuse n'était nécessaire pour valider le contrat. Justinien, pour la première fois dans les *Novelles*, 74 (chap. 4 et 5), et 117 (chap. 4), a exigé que la volonté de contracter mariage fût manifestée suivant certaines formes, et encore ne l'a-t-il exigé que relativement aux dignitaires.[3]

[1] ORTOLAN, *Institutes de Justinien*, tom I, p. 144.

[2] POTHIER, *Œuvres*, éd. 1861, tom. VI, p. 4. *Contrat de mariage*, part. I, chap. II, § 1.

[3] DEMANGEAT, *Droit romain*, tom. I, p. 233.

Le christianisme n'a été adopté comme religion officielle de l'empire romain qu'en l'année 313, sous le règne de Constantin; le jurisconsulte Modestin, qui fut consul en 228, avait ainsi défini le mariage: *Nuptiae sunt conjunctio maris et feminae et consortium omnis vitae, divini et humani juris communicatio* (L. 1, *de ritu nuptiarum*, 23, 3). L'association de la femme au culte des dieux domestiques du mari a certainement lieu, lorsque par l'effet de la *manus* la femme entre dans la famille civile du mari. Justinien dans les *Institutes* (*de patria potestate*) s'est borné à reprendre cette définition en supprimant les mots qui se rapportent au culte des dieux domestiques.[1]

Christianisme devient religion officielle de l'Empire en 313.

On dit que le christianisme amena la suppression des différences entre le concubinat et le mariage. Il est difficile de croire que la dignité de ce dernier fut relevée par la manière dont ce changement fut introduit. L'histoire raconte que l'empereur Justinien, époux de Théodora, ancienne actrice du cirque, fit disparaître jusqu'aux derniers vestiges de la différence entre le concubinage et les justes noces en appellant à partager tous les bénéfices du mariage légitime les femmes de théâtre, qui en étaient restées spécialement exclues jusqu'alors.

L'influence du christianisme sur le mariage.

Ce n'est pas parce que la polygamie est une offense contre le christianisme que le Congrès a passé l'acte du 1er Juillet 1862[2]: «pour punir et empêcher la polygamie dans les territoires des États-Unis, et pour désapprouver et annuler certains actes de l'assemblée législative du territoire d'Utah,» pays où sont établis les Mormons. Le Congrès avait certainement le droit de ne pas permettre de telles lois, dans les territoires qui, jusqu'à leur admission dans l'union fédérale comme États, sont soumis au contrôle direct du gouvernement des États-

La polygamie défendue dans les États-Unis.

[1] Demangeat, *Droit romain*, tom. I, p. 232—233. Voici cependant une autre définition du mariage, donnée par Ulpien: «*Justum matrimonium est, si inter eos qui nuptias contrahunt connubium sit, et tam masculus pubes quam femina potens sit, et utrique consentiant, si sui juris sunt aut etiam parentes eorum si in potestate sunt.*» Domitii Ulpiani, *Liber singularis regularum*, tom. V, *de his qui in potestate sunt*, § 2, ed. Gneist, 1838, p. 303. Ulpien, qui est celui de tous les jurisconsultes à qui les *Pandectes* ont le plus emprunté, était, comme on sait, le maître de Modestin, et fut assassiné l'année même où celui-ci devint consul.

[2] *U. S. Statutes at large*, vol. XII, p. 501.

Unis; mais ce droit ne résultait pas de considérations religieuses auxquelles il lui est défendu de toucher. Il les a condamnées comme il aurait dû condamner une loi qui eût autorisé le parricide, ou tout autre acte qui aurait violé la loi universellement reconnue par le monde civilisé comme loi de la nature.

La cour des divorces d'Angleterre sur le mariage mormon.

Que le mariage mormon ne soit pas un mariage aux yeux du monde civilisé, c'est ce qui a été décidé en 1866 par le tribunal ayant juridiction sur les causes matrimoniales en Angleterre.

La Cour dit: «Que le mariage contracté dans un pays où la polygamie est sanctionnée par la loi, entre un homme et une femme qui professent une foi qui l'autorise, n'est pas le mariage tel qu'on le comprend dans un pays chrétien; et cela, quoiqu'il constitue une union valide d'après la *lex loci* et qu'à l'époque où il a été contracté, l'homme et la femme fussent tous deux libres et capables de contracter mariage.»

Il paraît que cette décision a été rendue quoique la Cour fût sous l'impression qu'un tel mariage était valable dans l'Utah.[1]

Le mariage d'après l'Église chrétienne.

L'Église chrétienne, se renfermant dès le commencement dans le principe fondamental du droit romain, déclarait que le mariage résulte du consentement des parties, même sans aucune forme. Dans les constitutions apostoliques, il n'y a pas de bénédictions nuptiales, quoiqu'on y parle de toutes les autres sortes de prières.[2] La loi canonique qui, d'après la tradition ecclésiastique, remonte à St.-Clément, un des successeurs immédiats de St.-Pierre, ne niait pas, avant le Concile de Trente, la validité des mariages qui ne dépendaient que du consentement des parties.

Concile de Trente.

Les actes du Concile de Trente (1545—1563) marquent une nouvelle époque dans l'histoire du mariage. Quoique le Concile ait prononcé l'anathème contre quiconque niait que le mariage soit un des sacrements évangéliques, il n'a pas voulu déclarer invalides les mariages contractés sans la bénédiction ecclésiastique, et il a en même temps frappé d'anathème ceux qui diraient que le mariage des enfants de famille, contracté sans le consentement de leurs parents, est nul.

[1] *Law Reports, Probate and divorce*, vol. I, p. 130. Hyde *vs.* Hyde and Woodmansee.

[2] Friedberg, *Das Recht der Eheschliessung*, p. 6.

Il paraît, d'après les actes du Concile de Trente, qu'on n'avait pas pour objet de substituer la solennité religieuse du mariage au simple consentement des époux; mais d'établir un système qui empêcherait, pour l'avenir, les scandales provenant de la répudiation, par des personnes appartenant à l'Église, de mariages clandestins dont les preuves manquaient. Motif des actes.

Les premières rédactions avaient exigé la présence de trois témoins, mais n'avaient pas parlé d'un prêtre. C'est dans la dernière rédaction, celle du 26 Octobre 1563, que le troisième témoin fut remplacé par le prêtre de la paroisse. En voici les termes: «*Ad efficaciam matrimonii necesse est, ut adsint duo saltem testes et parochus aut alius sacerdos, qui assistat; accepta sive ab illo sive ab ordinario ad id facultate.*» [1] Premières rédactions de l'acte du Concile. Décret du Concile.

Ce décret même était loin d'être unanimement adopté par le concile, où cinquante-six prélats s'y opposèrent en le déclarant au-delà du pouvoir de l'Église, de même qu'il était opposé aux principes de la saine morale. Opposition des évêques.

D'après Pothier «quoique la forme prescrite par le Concile pour les mariages soit très-sage, et qu'elle ait été en conséquence adoptée et confirmée par les ordonnances de nos rois, néanmoins le Concile excédait son pouvoir en déclarant nuls, de sa seule autorité, les contrats de mariage où elle n'aurait pas été observée; car les mariages, en tant que contrats, appartiennent, comme tous les autres contrats, à l'ordre politique, et ils sont par conséquent de la compétence de la puissance séculière et non de celle du Concile, à qui il n'appartenait pas de statuer sur leur validité ou leur invalidité.» [2] Pothier sur l'autorité du décret.

La nature de l'ordonnance du Concile de Trente est expliquée, dans le sens que nous avons indiqué, dans un rapport fait au Sénat italien, lors de l'établissement du mariage civil dans ce pays. «Sans doute, dit le rapport, le mariage chrétien a été élevé à la dignité d'un *sacrement*; mais pour cela il n'a jamais cessé d'être contracté selon les formes prescrites par la loi civile. Il est même à remarquer que les empereurs chrétiens ont continué à faire dépendre la validité du mariage du seul consentement, *ex solo affectu*, abstraction Rapport au Sénat italien.

[1] FRIEDBERG, *Das Recht der Eheschliessung*, p. 107.

[2] POTHIER, éd. 1861, tom. VI, p. 158, *Du contrat de mariage*, part. IV, chap. I, sect. 3.

faite de toute forme extérieure. Cet état de choses amena l'abus des mariages *clandestins*, dont la preuve était presque toujours impossible. C'est uniquement pour réprimer cet abus que le Concile de Trente s'occupa de la réformation du mariage. Ne pouvant méconnaître la validité des mariages *clandestins* déjà contractés, les Pères du concile voulurent du moins les rendre impossibles pour l'avenir; et en conséquence, ils déclarèrent nul tout mariage qui ne serait pas célébré en présence du curé et de deux témoins. Le motif de la nullité n'était pas et ne pouvait pas être le défaut de la bénédiction religieuse, l'absence du sacrement, mais seulement l'absence de tout élément de preuve. L'exactitude de ce point de vue résulte d'abord de cette circonstance que le Concile hésitait sur la question de savoir s'il ne conviendrait pas de déléguer un notaire et non pas le curé pour retenir les actes de mariage, et en second lieu que d'après les termes du décret rendu par le concile, la présence, même purement passive, du prêtre suffit pour la validité du mariage sans que la bénédiction religieuse soit nécessaire. Aussi ce décret fut-il classé, non pas dans la partie dogmatique des actes du concile, mais dans celle relative à la discipline, que les souverains peuvent admettre ou rejeter. Il suit de là qu'il faut distinguer nettement entre le mariage lui-même et le sacrement, et que le concile n'a voulu réglementer que le contrat *civil*.» [1]

Décret obligatoire seulement pour les catholiques.

Que ce décret n'ait jamais été regardé comme obligatoire, excepté pour les catholiques romains, et par eux seulement, comme matière de religion, c'est ce qui apparaît dans un exposé des vues de l'Église, adressé en 1866 par les évêques d'Irlande à la commission royale, instituée pour faire une enquête sur la loi du mariage.

Toujours les mêmes caractères.

«Le mariage, disent-ils, peut être considéré sous deux aspects différents, comme institution de la nature, et comme sacrement chrétien. Un mariage entre deux personnes non-baptisées ne doit pas être considéré seulement comme un contrat social, mais bien comme un contrat qui emprunte sa validité à la loi naturelle et non à la loi civile. Quant à un mariage entre personnes baptisées, ou c'est un sacrement ou

[1] Huc et Orsier, *Le code civil italien*, tom. I, p. 35.

ce n'est pas un mariage. Nous tenons qu'à l'Église appartient exclusivement l'autorité nécessaire pour régler l'union matrimoniale entre chrétiens. Les mariages conclus sans la présence d'un prêtre et de témoins ont toujours été défendus comme étant des péchés; cependant ils n'étaient pas nuls, avant que le Concile de Trente, pour empêcher les graves inconvénients provenant des mariages clandestins, eût ordonné que les mariages conclus sans la présence du prêtre de la paroisse d'une des parties, ou d'un prêtre délégué par lui ou par l'évêque, seraient nuls, non avenus et sans effet. Mais le Concile ordonnait que cette loi ne serait obligatoire que trente jours après sa publication dans chaque paroisse. La loi a été publiée dans toutes les paroisses d'Irlande, mais dans quelques-unes seulement le 2 Décembre 1827. Comme elle n'a été obligatoire d'après le décret interprétatif de Pie VI du 7 Mars 1785, que pour les catholiques seuls, nous tenons pour valable le mariage clandestin d'un protestant avec une catholique, quoique ce soit un péché. Mais quant au mariage contracté en Irlande par deux catholiques devant le *Registrar* du gouvernement, ou devant un prêtre ou évêque quelconque, autre que le prêtre ou l'évêque de l'une des parties ou que le prêtre délégué par lui, nous le considérons comme absolument nul et non avenu, quoique la loi du pays en reconnaisse la validité.»[1]

Exposé des vues de l'Église par les évêques d'Irlande.

La validité d'un mariage sans la bénédiction nuptiale est pleinement reconnue même dans le bref de Pie VIII du 25 Mars 1830 à l'archevêque de Cologne, d'où date la célèbre lutte de 10 ans (1829—1840) entre le roi de Prusse Frédéric-Guillaume III et le Saint-Siége, lutte qui dura jusqu'à la mort du premier. La distinction y est pleinement admise entre le sacrement de mariage et l'institution civile établissant la relation légale de la femme et la légitimité des enfants. Non-seulement les mariages où la forme prescrite par le Concile de Trente n'a pas été observée, sont déclarés valides, mais il est permis aux prêtres catholiques de donner à de tels mariages une *assistentia puramente passiva.* Dans ce bref, après avoir défendu aux

Validité du mariage sans la bénédiction nuptiale.

[1] *Report of the Royal Commission on the Laws of mariage*, App. p. 2 et 32.

Bref de Pie VIII.

évêques d'accorder la bénédiction nuptiale dans les cas de mariages mixtes, il est dit:

«*Nunc autem per nostras has litteras volumus et mandamus ut matrimonia mixta quæ posthac (a die videlicet* 25 *Martii* 1830) *in Vestris diœcesibus contrahi contingat, non servata forma a Tridentino concilio præscripta, si eisdem nullum aliud obstat canonicum dirimens impedimentum, pro ratis ac veris connubiis habeantur, prout nos auctoritate nostra apostolica matrimonia eadem vera et rata fore declaramus atque decernimus, contrariis non obstantibus quibuscumque. Quoad circa catholicæ personæ, quæ in posterum matrimonium hoc modo contraxerint, dum nullum aliud eis obstaret dirimens canonicum impedimentum, a sacris pastoribus edocendi erunt, ipsas verum et ratum conjugium iniisse.*» [1]

L'assistance du prêtre, sans la bénédiction, suffit pour la validité.

On a établi autrefois en Sardaigne, sous l'ancien système, et encore aujourd'hui en Espagne[2] et en Portugal, que la bénédiction nuptiale n'est pas nécessaire pour la validité du mariage devant la loi. Les deux parties déclarent devant leur propre curé, et en présence d'au moins deux témoins, leur intention de se prendre pour mari et femme. La bénédiction n'est pas regardée comme une formalité substantielle, et même le refus du curé de bénir le mariage ne le rend pas nul; il suffit pour sa validité que le curé ait entendu la déclaration des parties.

Dans les pays où le droit canonique a force de loi en matière de mariage, le clergé catholique refuse de donner la bénédiction nuptiale aux mariages mixtes, à moins d'un engagement préalable, pris par les futurs époux, d'élever les enfants dans la religion catholique. Dans ces pays les futurs époux, dont l'un n'est pas catholique, se bornent à faire en présence du curé ordinaire et de deux témoins la déclaration de se prendre pour mari et femme, sans réclamer la bénédiction nuptiale. Tel est l'objet de la bulle rendue le 22 Mai 1841, pour les provinces autrichiennes, faisant partie de l'ancienne confédération germanique. Ce mode de procéder pourrait aussi être employé, dit Fœlix, dans les pays où, comme en France, la loi civile ne

Bulle du 22 Mai 1841 pour les provinces autrichiennes.

[1] Martens, *Nouveau Recueil*, tom. XIV, p. 5; *ibid.*, tom. XV, p. 58—388; *ibid.*, tom. XVI, p. 387; *ibid.*, tom. XVII, p. 94, 382.

[2] Le mariage civil vient d'être établi en Espagne (Décembre 1869).

s'occupe pas de la religion des époux, par la partie catholique qui désirerait conserver ses rapports de culte, lorsque son futur conjoint refuse de prendre l'engagement relatif à la religion des enfants.[1]

Nous avons déjà vu, par l'exposé des évêques irlandais, que c'est le prêtre de la paroisse ou son substitut, tel qu'il est désigné par le décret du Concile de Trente, qui seul peut régulièrement célébrer le mariage. En voici un exemple tiré d'un des épisodes les plus intéressants de l'histoire de France:

Mariage de Napoléon et de Joséphine.

«On touchait, dit Thiers, parlant du couronnement de Napoléon et de Joséphine, à la veille de cette grande solennité, c'est-à-dire au 1er Décembre 1804. Joséphine avait pénétré auprès du Saint-Père. Elle avait déclaré qu'elle n'était mariée que civilement à Napoléon.

«Le Pape, scandalisé d'une situation qui, aux yeux de l'Église, était un concubinage, demanda sur le champ à entretenir Napoléon et déclara dans cet entretien qu'il pouvait bien le sacrer lui, car l'état de conscience des Empereurs n'avait jamais été recherché par l'Église quand il s'agissait de les couronner, mais qu'il ne pouvait, en couronnant Joséphine, donner la consécration divine à un état de concubinage. Napoléon, irrité contre Joséphine de cette indiscrétion intéressée, craignant de violenter le Pape, qu'il savait invincible sur les affaires de foi, ne voulant pas d'ailleurs changer une cérémonie dont le programme était déjà publié, consentit à recevoir la bénédiction nuptiale. Joséphine vivement réprimandée par son époux, mais charmée de ce qu'elle avait obtenu, reçut, la nuit même qui précéda le couronnement, le sacrement de mariage dans la chapelle des Tuileries. Ce fut le Cardinal Fesch, ayant pour témoins M. de Talleyrand et le maréchal Berthier, qui, dans le plus profond secret, maria l'Empereur et l'Impératrice. Ce secret fut fidèlement gardé jusqu'au divorce.»[2]

Le même historien que nous venons de citer raconte les mesures qui se lient à la décision fatale de Napoléon de rompre avec tous ses antécédents et de dissoudre son mariage avec

[1] Fœlix, *Traité de droit international privé*, tom. II, p. 461—505. Voir Pothier, tom. VI, p. 159 note, éd. 1861, par Bugnet.

[2] Thiers, *Histoire du Consulat et de l'Empire*, tom. V, p. 262.

Divorce civil.

Joséphine. Le divorce fut prononcé par un Sénatus-consulte du 15 Décembre 1809.

Divorce par les autorités ecclésiastiques.

«L'archichancelier Cambacérès avait été chargé de poursuivre la dissolution du lien spirituel afin de lever les scrupules des cours de religion catholique, si l'on était ramené à une princesse de cette religion. La résolution de se passer de l'intervention du Pape avait également prévalu.[1] L'archichancelier Cambacérès réunit une commission de sept évêques, 'présidée par le Cardinal Maury', auxquels il soumit le cas dont il s'agissait. Ces savants hommes, après un examen approfondi, reconnurent que si pour dissoudre un mariage régulier dans un grand intérêt d'État, la seule autorité compétente était le Pape, l'autorité diocésaine suffisait pour un mariage irrégulier comme celui dont il s'agissait.

«En conséquence de cet avis une procédure canonique fut instruite sans bruit à la requête de l'archichancelier, représentant de la famille impériale, pour parvenir à l'annulation du mariage religieux. Le Cardinal Fesch déclara s'être fait remettre par le Pape des dispenses pour l'inobservance de certaines formes dans l'accomplissement de ses fonctions de grand-aumônier; ce qui justifiait suivant lui, l'absence de témoins et de curé. Quant au titre, il en affirmait l'existence. MM. de Talleyrand, Berthier et Duroc affirmaient que Napoléon leur avait dit, à plusieurs reprises, n'avoir voulu consentir qu'à une pure cérémonie, pour rassurer la conscience de Joséphine et celle du Pape, mais que son intention formelle, à toutes les époques, avait été de ne point compléter son union avec l'Impératrice, ayant la malheureuse certitude d'être obligé bientôt de renoncer à elle dans l'intérêt de son empire.

«L'autorité ecclésiastique, tout examen fait, reconnut qu'il n'y avait pas consentement suffisant; mais, par respect pour les parties, elle ne voulut point s'appuyer spécialement sur cette nullité. Elle s'attacha à d'autres nullités tout aussi importantes, et qui provenaient de ce qu'il n'y avait point eu de témoins, point de *propre prêtre*, c'est-à-dire pas de curé de la paroisse (seul ministre accrédité par le culte catholique pour donner authenticité au mariage religieux). Elle déclara que

[1] Le Pape était alors prisonnier à Savone, où il avait été conduit, après avoir été enlevé du Quirinal, le 9 Juillet 1809.

les dispenses accordées au Cardinal Fesch d'une manière générale, n'avaient pu lui conférer les fonctions curiales, et que dès lors le mariage était nul pour défaut des formes les plus essentielles.

«En conséquence, le mariage fut cassé devant les deux juridictions diocésaine et métripolitaine, c'est-à-dire en première et seconde instance, avec la décence convenable et la pleine observance du droit canonique.» [1]

Promulgation du décret du Concile de Trente.

Dans la plus grande partie de l'Europe catholique, le décret du Concile de Trente fut promulgué par l'autorité de l'État, et dans ces pays il a cette force de loi interne qui ne lui est pas accordée dans les États de l'Église même, excepté pour les catholiques. Quant à la France, quoique la forme prescrite par lui fût aussi prescrite par les ordonnances du Roi, Pothier dit:

«Le Concile de Trente ne put être reçu en France, malgré les efforts que firent la cour de Rome et le clergé pour l'y faire recevoir. Tous les catholiques reconnaissaient et ont toujours reconnu que les décisions de ce Concile sur le dogme, sont la foi de l'Église; mais l'atteinte qu'il donne dans ses décrets de discipline aux droits de la puissance séculière et à nos maximes sur un très grand nombre de points, fut et sera toujours un obstacle insurmontable à sa réception dans ce royaume.» [2]

Promulgué dans les États européens mais non pas en Amérique.

L'édit de Trente fut promulgué par Philippe II dans ses États européens, mais les lois, connues sous le nom de *Partidas*, qui avaient été faites antérieurement pour l'Amérique espagnole, y restèrent toujours en vigueur, et leurs dispositions sur le mariage étaient d'accord avec la loi commune de l'Europe, telle que nous l'avons expliquée.

L'église protestante à la réformation.

L'église protestante n'arriva pas aisément à une doctrine constante sur le mariage; mais les lois du mariage, telles qu'elles existaient avant le Concile de Trente, furent maintenues à l'époque de la réformation.

Les ordonnances évangéliques du XVIe siècle, tout en ne déniant pas au mariage un caractère religieux, ne le recon-

[1] Thiers, *Histoire du Consulat et de l'Empire*, tom. XI, p. 234.

[2] Pothier, *Œuvres*, tom. VI, p. 158, éd. 1861, *Contrat de mariage*, IVe part., chap. I, sect. 3—5.

naissent pas comme sacrement. Ce n'est qu'à la fin du dernier siècle et au commencement du siècle actuel que le mariage religieux prend en Allemagne le caractère d'une nécessité absolue.

Mariage religieux dans les États protestants du continent.

Aujourd'hui, dans les États évangéliques du continent, le mariage religieux est ordonné par la loi, et les prêtres ou ministres le célèbrent comme délégués ou officiers du pouvoir civil dans les États où ils sont établis. Dans le cas de *sponsalia de præsenti*, même suivi de cohabitation, le mariage n'est pas ordinairement reconnu comme obligatoire, à moins que les époux ne soient unis par le prêtre et la bénédiction prononcée.[1]

La loi commune de l'Europe reconnue en Angleterre jusqu'en 1843.

Jusqu'à ce que la Chambre des Lords eût été appelée, en 1843, à examiner la question, on n'avait pas mis en doute que, d'après la loi commune de l'Europe, aucune cérémonie religieuse ne fût requise pour rendre un mariage valable. Ainsi Grotius considère le mariage comme étant un contrat *jure gentium* qui ne demande pour sa validité, d'après le droit naturel ou le droit public, que le consentement des parties. Selon ce droit, les mariages ne sont pas nuls par le défaut de consentement des père et mère; et Grotius répond à ceux qui demandent un tel consentement que la seule obligation du respect n'a point pour effet de rendre nul l'acte qui lui est contraire.[2] Blackstone, l'illustre commentateur anglais, qui fut en même temps un juge éminent, est d'accord avec tous les juristes qui l'ont précédé ou suivi pour énoncer, comme un fait admis, que la solennisation du mariage par un prêtre est seulement *juris positivi* et non *juris naturalis aut divini*[3].

Mariage en Irlande par un pasteur presbytérien déclaré nul.

En Janvier 1829 un membre de l'Église d'Angleterre avait été marié en Irlande à une presbytérienne par un pasteur presbytérien. Pendant deux ans il vécut publiquement et maritalement avec elle. Plus tard il épousa une autre femme. Accusé de bigamie, il fut absous par les juges irlandais, à cause de l'invalidité du premier mariage; mais la cause fut portée devant la Chambre des Lords, qui demanda l'avis des juges. Neuf d'entre eux se trouvèrent d'accord avec les juges irlandais, et leur avis motivé fut présenté à la chambre le

[1] FRIEDBERG, *Das Recht der Eheschliessung*, p. 302.
[2] GROTIUS, tom. I, p. 508, éd. Pradier-Fodéré.
[3] STEPHEN, *Blackstone's Commentaries*, vol. II, p. 266.

7 Juillet 1843, par le *Lord Chief justice of the Common Pleas* (Tyndall). La conclusion était que, «d'après la *common law* anglaise, les mariages célébrés par un ecclésiastique ordonné par un évêque sont seuls valides.»

Jugement de la Chambre des Lords dans Queen *vs.* Millis.

Dans la Chambre des Lords, lord Brougham, lord Denman et lord Campbell soutenaient la validité du premier mariage. Le lord Chancelier (Lyndhurst) lord Cottenham et lord Abinger se prononcèrent en sens contraire. Comme il y eut parité de votes, le jugement favorable au défendeur fut maintenu.[1]

On aurait pu demander l'opinion du juge de la cour ecclésiastique (titre qu'on appliqua jusqu'en 1857 aux tribunaux qui jugent les mariages et les divorces, de même que les testaments et les successions *ab intestat*). Le juge de cette cour était alors le célèbre docteur Lushington: on aurait pu le consulter, non comme juge, mais comme membre du conseil privé; mais on n'en fit rien.

Opinion de Lushington.

Dans un cas ultérieurement porté devant lui, le docteur Lushington, faisant allusion à l'affaire Queen *vs.* Millis, s'exprima ainsi:

«Je puis dire que rien dans le langage des *law lords* (je ne parle pas ici des opinions exprimées par les juges de la *common law*) ne saurait en aucune manière être entendu comme impliquant qu'un tel mariage ne soit pas suffisant pour mettre la cour à même de prononcer un divorce *a mensa et thoro*. Je ne suis pas disposé à pousser la décision rendue dans ce cas un pas plus loin qu'elle n'est allée; surtout parce que les *law lords* étant divisés d'opinion, ce n'est qu'à cause de la forme dans laquelle la cause leur a été soumise qu'un jugement quelconque a été rendu.»[2]

Que la décision dans le cas de Queen *vs.* Millis, ne soit pas conforme aux vues de l'Église anglicane, c'est ce que démontre la déclaration faite devant la commission royale d'enquête par un évêque de cette église.

Le mariage d'après l'Église d'Angleterre.

«Il n'y a aucun doute, dit l'évêque de Derry et de Raphoe, que le mariage est essentiellement un contrat civil, dont la validité n'est subordonnée à aucune cérémonie religieuse. L'église d'Angleterre et d'Irlande rejette le mariage du nombre des

[1] Clark et Finnely, *Reports*, vol. X, p. 534, Queen *vs.* Millis.

[2] Robertson's *Reports*, vol. I, p. 580, Cottorel *vs.* Cottorel.

sacrements chrétiens et le regarde seulement comme une manière de vivre permise par la Sainte Écriture.»[1]

Friedberg, qui est de tous les auteurs, celui qui donne, à notre connaissance, le meilleur sommaire historique des diverses législations sur le mariage, cite à l'encontre du jugement de la Chambre des Lords un grand nombre d'actes authentiques, établissant que le mariage sans la bénédiction d'un prêtre a toujours été valable en Angleterre, jusqu'à ce que la législation du Parlement en ait ordonné autrement. C'est en vain, dit-il, que le *Lord Chief Justice* Tyndall essaie de prouver par la formule de fiançailles anglo-saxonne et par une constitution de Lanfranc de l'année 1076, relative à la célébration du mariage, que les bénédictions nuptiales, faites à l'Église, étaient absolument nécessaires dans l'Angleterre du moyen âge. Cette tentative a été combattue même par ses compatriotes, et notamment par les savantes dissertations de Stoddard.[2]

Queen *vs.* Millis confirmé par des jugements subséquents.

Il faut mentionner cependant que la décision dans le cas de Queen *vs.* Millis a été suivie par la cour de l'Échiquier dans le cas de Catherwood *vs.* Carlo[3], et a été confirmée par la Chambre des Lords le 21 Février 1861 dans la cause de Beamish *vs.* Beamish, où il s'agissait de la validité du mariage d'un ministre anglais, célébré en Irlande par lui-même.[4].

Empêchements dirimants et prohibitifs.

Avant d'indiquer les empêchements au mariage établis par les diverses législations, il faut mentionner que quelques-uns sont dirimants, c'est-à-dire opérant la nullité, tandis que d'autres sont simplement prohibitifs, c'est-à-dire ne contenant que la défense dont la violation soumet les parties contrevenantes à des amendes ou à d'autres peines.

Bien qu'il soit universellement reconnu que l'inceste comme la polygamie est une offense envers la loi commune de l'hu-

[1] *Report of Commission*, etc., p. 34. *The Bishop of Derry and Raphoe.*

[2] Friedberg, *Das Recht der Eheschliessung*, p. 464. Voir Bishop, *On mariage and divorce*, vol. I, p. 229.

[3] Meeson and Welsby's *Reports*, vol. XIII, p. 261. *Jurist*, New Series, vol. VIII, p. 1076.

[4] *House of Lords Reports*, vol. IX, p. 274.

manité, il n'y a pas conformité absolue quant au degré de parenté ou d'affinité auquel la prohibition doit s'étendre.

«Les mariages entre personnes liées par les liens du sang, dans la ligne ascendante ou descendante, sont universellement considérés par la loi commune, la loi canonique et la loi civile, comme contre nature et illégaux. Il en est de même des mariages entre frère et sœur dans la ligne collatérale, qu'ils soient ou non du même lit; et certes de tels mariages répugnent aux principes les plus élémentaires d'ordre et de moralité sociale.» [1]

Inceste.

Dans la plus grande partie des pays de l'Europe où les lois canoniques ont eu quelque influence, les prohibitions s'étendent beaucoup plus loin, et ni la loi commune, ni la loi canonique ne semblent avoir fait de distinction entre la consanguinité et l'affinité.

L'Angleterre est, à moins qu'il ne faille encore y ajouter l'État de la Virginie, le seul pays où des mariages valides entre beaux-frères et belles-sœurs, et entre l'oncle et la nièce soient impossibles. En France, la loi du 13 Avril 1832 accorde au chef de l'État le pouvoir de lever les prohibitions en pareils cas.

Mariages en Angleterre entre beaux-frères et belles-sœurs.

Quoique de tels mariages soient défendus partout, le Pape dans les pays catholiques, et le gouvernement, dans les pays protestants ou les pays qui ont adopté le mariage civil, exercent dans le plus grand nombre des cas, le droit d'annuler toutes les prohibitions dans la ligne collatérale, à l'exception de celles qui se rapportent aux mariages entre frères et sœurs.

Dispense de parenté.

Il est difficile de trouver une raison qui justifie un système de prohibitions, accompagné du pouvoir de la part des autorités ecclésiastiques ou laïques de les lever. Les prohibitions ne devraient pas exister, à moins qu'elles ne soient exigées par la loi de la nature ou par la saine morale, et de tels cas n'admettent pas d'exceptions.

C'est un fait historique à noter que c'est précisément d'une dispense accordée pour le mariage de Henri VIII avec la veuve de son frère, et du refus subséquent du Pape de consentir au divorce dans ce cas, que date le schisme de l'Église anglicane. [2]

Mariage de Henri VIII.

[1] STORY, *Conflict of Laws*, § 114, p. 169, éd. Redfield.

[2] Voir FROUDE'S *History of England*, vol. I, p. 446.

Motifs des législations spéciales de l'Europe sur le mariage.

Les législations spéciales de l'Europe ne se sont inspirées ni de considérations sur la nature civile ou religieuse de cette union, ni du désir d'interdire l'inceste, mais bien des intérêts de la classe privilégiée qui commandaient d'empêcher les mésalliances. Comme l'a spirituellement exprimé Sir James MacIntosh, «toute la portée des législations européennes en matière de mariage se résume dans la défense du *patrimony* contre le *matrimony* (du patrimoine contre le mariage).» La conséquence naturelle a été de rétablir dans ses attributions les plus vexatoires l'autorité paternelle de la loi romaine, de substituer le mariage d'intérêt au mariage d'inclination, et de subordonner, en un mot, toutes les autres considérations à celle de la position sociale.

Loi de Henri II de France.

En France, une loi de Henri II établit en 1556, avant le Concile de Trente, que: «Les enfants de famille qui se marient sans le consentement de leurs parents seront deshérités, et que les personnes qui assisteront au mariage seront condamnées à des peines à la discrétion des juges.» L'ordonnance de Blois (1579) contient les défenses les plus sévères contre les mariages clandestins, et dit «que les prêtres qui les célébreront seront punis comme fauteurs du crime de rapt.» [1]

En Allemagne il fut établi de bonne heure, non-seulement pour les Électeurs, mais encore pour les autres princes, que les enfants nés d'un mariage entre personnes de condition inégale seraient incapables de toute succession. Le même principe a été étendu aux différentes classes des populations allemandes, et existe encore aujourd'hui, à moins qu'il ne soit aboli par la législation récente de la Confédération du Nord. Dans beaucoup d'États allemands un mariage entre un noble et une paysanne ou une bourgeoise, a été jusqu'à ce jour considéré comme absolument nul.

Lois anglaises sur le mariage.

L'Angleterre ne commença à régler le mariage qu'au milieu du siècle dernier. Pendant le siècle qui précéda le *Lord Hardwicke's act*, 1753,[2] les lords passèrent plusieurs *bills* pour empêcher les mariages clandestins, c'est-à-dire pour protéger l'aristocratie contre les mariages imprévoyants de

[1] Friedberg, *Das Recht der Eheschliessung*, p. 524.
[2] 26 Geo. II, c. 33. *Statutes at large*, vol. VII, p. 528.

leurs héritiers prodigues. Mais ces *bills* échouèrent tous dans la Chambre des communes. L'acte de 1753 déclare que: «Désormais aucune poursuite ne sera plus autorisée devant aucune cour ecclésiastique aux fins de contraindre à la célébration *in facie ecclesiæ* d'un mariage contracté, soit *per verba de præsenti* soit *per verba de futuro*, après le 28 Mars 1754.» Le même acte applique rigoureusement le principe de la loi romaine que nous avons vu requérir le consentement des parents, et que la loi canonique avait aboli. Outre qu'il exige la célébration de l'union par un ministre de l'Église anglicane (sauf pour les Juifs et les Quakers), il établit des règlements très-minutieux, dont l'omission devait entraîner la nullité du mariage. Des mariages dont quelques-uns avaient duré jusqu'à 25, 27 et un même jusqu'à 38 ans, pendant lesquels les parties avaient conservé la possession d'État, ont été annulés, après la naissance de plusieurs enfants, à cause d'omissions dans les formalités prescrites pour obtenir une licence, quoique la licence elle-même eût été parfaitement en règle et qu'il ne fût pas question de clandestinité. Les juges anglais n'ont pas le pouvoir discrétionnaire qui est confié aux juges français, de régler leurs jugements d'après les intentions des parties. Et dans un cas où le mariage fut annullé en 1810 (Hiddal *vs.* Liddiard) parce qu'un seul témoin au lieu de deux avait signé le document nommant le tuteur qui avait donné son consentement au mariage, le juge déclara que le mariage n'était nullement clandestin, qu'il avait été solennisé d'après toutes les conditions exigées par la loi, mais que, vu la loi telle qu'elle existait, il ne lui restait qu'à déclarer le mariage nul.

La loi rendait presque impossibles les mariages des filles naturelles, même de celles qui étaient capables de défrayer les dépenses de l'autorisation de la Cour de la Chancellerie. Dans un cas décidé par Sir William Scott, en 1799, un père avait laissé à sa fille naturelle une fortune considérable et avait nommé la mère de la fille et une autre personne ses tuteurs. A l'âge de vingt ans elle se maria avec le consentement de sa mère; l'autre tuteur était mort. La mère assista au mariage et son consentement fut inséré dans la licence. Deux ans plus tard le mariage fut déclaré nul, à la demande du mari, parce qu'on n'avait pas eu le consentement légal du Chancelier.[1]

Le vice des formes n'était pas même couvert par la mor des parties.

Cela ressort d'un cas porté devant lord Ellenborough en 1809, et propre à montrer en même temps les entraves spéciales auxquelles étaient soumis les mariages des enfants illégitimes. Un homme avait épousé, en 1798, une fille naturelle, en présence de sa mère, d'après une licence qui attestait expressément le consentement de celle-ci. Il mourut au bout d'un an, laissant une fille. Un an plus tard, son père mourut, et la grande fortune de ce dernier dut revenir à sa petite-fille. Mais en 1809 la cour décréta que tout l'héritage devait lui être enlevé, parce que, comme on n'avait pas eu le consentement d'un tuteur nommé par le chancelier conformément à l'acte de 1753, le mariage de ses père et mère était nul. Il fut décidé, par trois juges contre un, que le mariage par *licence* d'un enfant illégitime, avec le consentement de sa mère, est nul, les mots *père et mère* de la section de l'acte en question se rapportant exclusivement à des parents légitimes.[2]

L'acte de 4 Geo. IV, c. 76[3] qui, avec l'acte du 6 et 7, Guill. IV, c. 85 (1836) règle aujourd'hui la loi du mariage en Angleterre, déclare que: «Aucun mariage célébré d'après une licence accordée dans la forme et la manière prescrites par l'un ou l'autre des actes ci-dessus mentionnés, ne sera annulé pour l'absence du consentement d'un parent ou d'un tuteur.» Un mariage n'est pas invalidé parce qu'une licence est émise sous un nom qui n'est pas le nom véritable, mais un changement, quelque léger qu'il soit dans le nom de baptême ou un surnom frappe de nullité un mariage célébré d'après la publication de bans.[4]

[1] HAGGARD'S *Consistory Reports*, vol. I, p. 357. Horner *vs.* Horner. On trouve plusieurs cas pareils recueillis dans FRIEDBERG, p. 374, qui donne renvoi à HANSARD'S *Parliamentary Debates*, N. S., 1337—42, où ils furent cités lors des discussions en 1823—24. Nous en avons vérifié plusieurs qui se trouvent dans HAGGARD'S *Consistory Reports* et dans d'autres Rapports anglais.

[2] EAST'S *Term Reports*, vol. X, p. 1, Priestley *vs.* Hughes.

[3] 18 Juillet 1823, *Statutes at large*, vol. IX, p. 401.

[4] SPINK'S *Reports*, vol. I, p. 371, Tooth *vs.* Barrois.

Depuis 1836 un double système de lois règle les formes du mariage en Angleterre. A côté de la loi existante est venu se placer, sans l'abroger, l'acte 6 et 7 Guill. IV, c. 85, qui autorise le mariage d'après plusieurs modes différents, sans l'intervention du clergé de l'Église anglicane.

Il nous est impossible d'entrer ici dans les détails des lois anglaises en ce qui concerne la résidence requise, la publication des bans, la licence ordinaire de l'autorité ecclésiastique dans l'un des systèmes, et la notice au *Registrar* et son certificat dans l'autre. Dans le cas d'un mariage dans l'Église anglicane, par licence, une résidence préalable de 15 jours est exigée, et pour les mariages d'après les *Registrar acts*, il faut 7 jours de résidence avant de donner la notice chez le *Registrar*, et cette notice doit être affichée pendant 21 jours. Pour un mariage d'après le certificat avec licence du *Registrar*, il faut 15 jours au lieu de 7, mais le certificat peut s'obtenir un jour au lieu de 24 jours après la notice.[1] Mentionnons, comme caractéristique des institutions anglaises, un mode de mariage réservé à l'usage des classes élevées.

On peut se marier par licence spéciale de l'archevêque de Canterbury, ce qui n'exige aucun délai; aucune période définie de résidence n'est requise pour une pareille licence. Elle autorise le mariage à toute heure du jour ou de la nuit, dans tout endroit consacré ou non. On ne l'accorde que pour des raisons spéciales, et pour une somme si considérable qu'elle est prohibitive pour tous ceux qui ne possèdent pas une certaine fortune.[2]

Sir Roundell Palmer. Les lois de la Grande-Bretagne sur le mariage.

Sir Roundell Palmer a fait dans les débats de la Chambre des communes du 6 Août 1869 un examen très-lucide des lois de la Grande-Bretagne sur le mariage. Il constate la diversité, en Angleterre même, des conditions requises pour la publicité des mariages. Dans l'Église établie où le *Registrar* n'existe

[1] Voir Stephen, *Blackstone's Commentaries*, vol. II, p. 276.

[2] *Report of Commission* etc., p. 7. C'était par l'acte de 28 Henri VIII, c. 21, § 3—8, que le pouvoir du Pape d'accorder des licences a été transféré à l'archevêque de Canterbury. D'après un règlement de 1759, de telles licences spéciales peuvent être accordées aux Conseillers privés, aux juges de Westminster-Hall, aux *baronets*, aux chevaliers et aux membres du Parlement; mais ce règlement était sans préjudice du pouvoir d'accorder des faveurs exceptionnelles à d'autres. Swabey's *Law of divorce and matrimony*, p. 3.

pas, la règle est tout autre que pour les catholiques, les non-conformistes, etc. La validité des mariages des Quakers peut même être révoquée en doute pour des motifs théologiques. Dans toutes ces formes de mariage, ajoute Sir R. Palmer, les conditions légales sont prescrites à peine de nullité, bien que la plupart ne semblent pas assez importantes pour que leur omission, dûe peut-être à l'erreur ou au hasard, doive produire une aussi grave conséquence. Ainsi le fait que le mariage serait célébré dans un lieu non dûment consacré, ou enregistré dans une localité autre que celle où les bans ont été publiés, toute erreur enfin, si légère qu'elle soit, commise par les parties quant au temps ou au lieu, rend le mariage entièrement nul, quelque régulier qu'il puisse être sous tous les autres rapports.[1]

Statuts d'Irlande qui règlent le mariage.

Bien que, comme on l'a vu dans l'affaire Queen *vs.* Millis, la *loi commune* d'Irlande soit la même que celle d'Angleterre, il en est tout autrement pour les *statuts* qui règlent le mariage. Le *Lord Hardwicke's act* ne s'étendait pas à l'Irlande. Les mariages devant l'Église anglicane, qui était, jusqu'en 1869, l'Église établie d'Irlande, sont soumis, à peu de choses près, dans ce dernier pays, aux mêmes règles qu'en Angleterre. En outre, on y a reconnu trois autres espèces d'unions conjugales: 1° Le *mariage catholique romain*, laissé à l'action de la loi commune; ce mariage n'a pas été affecté par le jugement déclarant que la loi commune anglaise exigeait la présence d'un prêtre. Cependant, un mariage célébré par un prêtre catholique entre deux protestants, ou entre un papiste et un protestant, est frappé de nullité; 2° les mariages solennisés par des ministres dissidents entre les dissidents protestants, en vertu de l'acte 7 et 8 Vict. c. 84, 1844, passé en conséquence du jugement dans l'affaire Queen *vs.* Millis; 3° tous les autres mariages non-conformistes, y compris les mariages des Quakers et des Juifs. Ce ne sont là que des cérémonies civiles. Toutefois le mariage contracté selon les usages d'une Église, dénomination ou corps de chrétiens protestants quelconque, doit être solennisé par un ministre du culte auquel appartient au moins une des parties. Les détails de la loi ressemblent à ceux des lois anglaises en pareil cas.[2]

Les diverses espèces de mariage en Irlande.

[1] HANSARD's *Parliamentary Debates*, III^d series, vol. CXCVIII, p. 1395.

[2] *Report of Commission*, p. 13. D'après l'acte du 33 et 34 Vict.,

Passons à la loi écossaise. Un écrivain qui la critique dans la Revue d'Édimbourg, déclare cependant que, en établissant le mariage dans des circonstances dont on ne le déduirait pas d'après les lois d'autres pays, cette loi protége le sexe faible contre le sexe fort, et devient l'égide de l'honneur de la femme.[1] Loi écossaise.

D'après un jugement récent du plus haut tribunal écossais, «le principe dominant est que le consentement fait le mariage.» Quant au mariage *de præsenti*, aucune formule ou cérémonie civile ou religieuse, aucune notice, publication, aucune consommation ou cohabitation, aucun écrit, aucun témoin, rien de semblable n'est essentiel; le consentement peut être efficacement échangé verbalement, quoique aucune autre personne ne soit présente; même après plusieurs années il peut être prouvé par des reconnaissances faites par écrit ou par serment, ou de toute autre manière, qu'un tel consentement a été donné sérieusement et avec intention. Consentement fait le mariage.

Dans ce cas, les parties seront regardées comme ayant été mariées à cette époque, qu'elles aient ou non cohabité dans l'intervalle.[2]

Ce consentement mutuel peut être établi *by habit and repute*, par l'opinion des parents, d'amis et de connaissances, fondée sur le fait que deux personnes vivent ensemble comme mari et femme, de même que par les déclarations ou aveux des parties. Pour les personnes ayant l'âge requis (14 et 12 ans), aucun consentement de parents ou de tuteurs n'est exigé. Manière d'établir le consentement mutuel.

Les mariages peuvent aussi être faits par *verba de futuro*; Mariage par *verba de futuro*.

c. 110, les mariages entre les protestants épiscopaux peuvent se solenniser dans toute église où les rites de l'église Unie d'Angleterre et d'Irlande sont célébrés. Les évêques ont le pouvoir de nommer des personnes pour émettre des licences pour contracter le mariage, et les évêques peuvent eux-mêmes accorder des licences spéciales aux protestants épiscopaux pour célébrer le mariage en tout lieu et à toute heure du jour. Les *moderators* des différentes dénominations dissidentes jouissent du même pouvoir, quant aux membres de leurs propres communions. Un ministre protestant épiscopal peut, sous certaines conditions, solenniser mariage entre un protestant épiscopal et une personne qui n'appartient pas à cette communion, et un prêtre catholique peut également le solenniser entre un catholique romain et une personne qui n'est pas catholique romaine.

[1] *Edinburgh Review*, July 1869, p. 274.

[2] *Court of session Reports*, vol. XXII, p. 993.

mais une simple promesse ne constituera jamais un mariage, à moins qu'elle ne soit donnée par écrit et n'ait été suivie de copulation. Une telle promesse jointe à la copulation, constitue un mariage valable, quelque longtemps que le secret en soit gardé.

Mariage *per verba de præsenti.*

Mais quoique un mariage fait *per verba de præsenti*, suivi de cohabitation, ait toujours été regardé comme obligatoire, on appelle de tels mariages irréguliers pour les distinguer des mariages réguliers, célébrés dans les formes légales. [1]

Mariages irréguliers.

Il existe des lois de 1661 et 1698, passées avant l'union de l'Écosse et de l'Angleterre, qui imposent des amendes à ceux qui contracteront ces mariages irréguliers. Mais loin d'invalider ceux-ci, les condamnations prononcées en vertu de ces lois ont été reconnues comme les meilleurs moyens de constater les mariages.

Promesse *subsequenti copula.*

Les jurisconsultes écossais ne sont pas d'accord si la promesse *subsequenti copula* est *ipsum matrimonium*, ou si elle peut être seulement la base d'une action en *declarator of mariage*. Dans ce dernier cas il y aurait seulement là quelque chose d'analogue aux fiançailles ou *Verlöbniss* des Allemands. D'après lord Moncriff, si le fait essentiel est prouvé par des écrits, il y a véritablement mariage sans qu'un jugement soit nécessaire, et les enfants sont légitimes, quoiqu'il n'y ait aucun *declarator of mariage* pendant la vie de leurs père et mère. Mais dans le cas d'une simple promesse *subsequenti copula*, un *declarator* pendant la vie des père et mère est essentiel pour constituer le mariage. [2]

Declarator of mariage.

Mariage régulier.

Pour un mariage régulier il faut une résidence préalable de six semaines et la publication des bans, qui doit avoir lieu dans l'église paroissiale, quelle que soit la religion des parties. L'inobservation de ces conditions légales peut exposer les parties à des pénalités et rendre le mariage irrégulier, mais ne peut affecter la validité du consentement réciproque qui constitue le mariage. Aujourd'hui la plus grande partie des mariages faits par le simple consentement des parties sont régularisés ensuite devant un ministre ou un prêtre.

[1] Notons ici une erreur où est tombé Fœlix en indiquant (tom. II, p. 77) les mariages *per verba de futuro*, comme les seuls mariages irréguliers, et en supposant que les mariages *per verba de præsenti* étaient les mariages réguliers.

[2] *Report of Commission*, p. 69, note par le lord Advocate d'Écosse.

Jusqu'à l'acte 19 et 20 Vict. c. 96 (1856) connu sous le nom de *Lord Brougham's act*, aucune résidence préalable, même de la part des personnes domiciliées en Angleterre, n'était nécessaire pour contracter en Écosse un mariage valide d'après la loi commune. D'après cet acte aucun mariage irrégulier contracté par déclaration, reconnaissance ou cérémonie ne sera valide à moins qu'une des parties n'ait eu à la date de ce mariage son domicile en Écosse, ou n'y ait vécu pendant les 21 jours précédant immédiatement le mariage.

Lord Brougham's act, résidence de 21 jours exigée.

La loi écossaise suit la loi canonique, en reconnaissant les enfants nés hors mariage comme légitimés par l'union subséquente de leurs père et mère. En cela elle diffère de la loi anglaise, mais elle est d'accord avec celle de tous les pays du continent.

Légitimation d'enfants nés hors de mariage.

L'affaire Yelverton peut donner une idée des embarras provenant du conflit des lois dans les différentes parties du Royaume-Uni. En 1857, le major Yelverton épousa à Édimbourg, par *sponsalia de præsenti*, Mlle Longworth. Cette union n'ayant pas paru d'une légalité assez claire aux yeux de la dame, ne fut suivi d'aucune cohabition. En 1858, ils furent mariés par un prêtre catholique en Irlande, quoique Yelverton ait plus tard contesté qu'il fût catholique. Ils cohabitèrent pendant l'année 1858 et jusqu'à ce que Yelverton contractât un autre mariage. Mlle Longworth s'adressa à la *Divorce Court*, en Angleterre, et demanda la restitution de ses droits matrimoniaux. Mais la Cour se déclara incompétente, parce que le mari était domicilié en Écosse. En 1861 Yelverton fut actionné devant la cour des *Common Pleas*, à Dublin, en paiement de dettes contractées par sa femme. Le jury se prononça contre lui, en reconnaissant comme valide le mariage que l'on invoquait. Mais ce jugement n'avait aucune valeur pour l'Écosse: les deux parties recommencèrent donc la controverse, savoir la femme par un *declarator of mariage*, le mari par un *declarator of freedom*.

Cas de Yelverton.

Le *Lord Ordinary* décida contre la femme, mais la première division de la *Court of Sessions*, composée de trois juges, annula sa décision et en rendit une en faveur de la plaignante, contrairement à l'avis du Lord Président. La Chambre des Lords annula le jugement de la première division. Lord Wensleydale, lord Chelmsford et lord Kingsdown opinèrent contre la femme, soit dans l'hypothèse d'engagement pour le présent

Jugement de la Chambre des Lords.

(*sponsalia de præsenti*), soit dans l'hypothèse d'engagement pour l'avenir (*verba de futuro*), suivi de copulation. Le lord Chancelier se prononça en sa faveur. Lord Brougham était absent, mais il exprima également une opinion favorable à la femme. La question du mariage irlandais ne fut pas soumise à la cour, bien que le fait de mariage ayant eu lieu entre l'époque de la promesse et la cohabitation semblât devoir annuler l'effet du mariage écossais. [1]

Loi générale proposée pour le Royaume-Uni.

La «Commission royale» a proposé la substitution aux lois diverses de l'Angleterre, de l'Irlande et de l'Écosse d'une loi générale pour le Royaume-Uni. D'après ce projet aucun mariage légal sous d'autres rapports, célébré en présence d'un ministre de la religion, dûment autorisé, ou d'un officier de l'État civil (*registrar*), ne pourra être déclaré nul pour inobservation des conditions prescrites pour empêcher les mariages clandestins et illégaux. Les conditions préliminaires relatives à la résidence, au consentement des parents, aux déclarations exigées des parties, ne doivent être que directoires. L'infraction de ces dispositions par un ministre de la religion, un officier de l'état civil ou toute autre personne sera un délit (*misdemeanour*), non un crime (*felony*). Cependant le Parlement même, dans la session de 1868—1869, n'a donné aucune suite à ce programme. [2]

Analogie de la loi écossaise avec l'ancienne loi française.

Les liens intimes qui existaient entre les jurisprudences d'Écosse et de France avant l'union du premier de ces pays avec l'Angleterre, font que la loi écossaise actuelle nous donne une idée assez exacte du système français, avant que la législation spéciale eût changé la loi commune.

Ordonnance de Louis XIII

L'ordonnance de Louis XIII, de 1639, déclare que «le curé recevra le consentement des parties et les conjoindra suivant la forme pratiquée en l'Église.» Pothier ajoute à ce propos: «Il ne suffit pas pour la validité du mariage que les parties aillent trouver à l'Église leur curé et qu'ils lui déclarent qu'ils se prennent pour mari et femme, il faut que le curé célèbre le

[1] Yelverton *vs.* Longworth or Yelverton, Mc QUEEN's *House of Lords Reports*, vol. IV, p. 747. — FRIEDBERG, *Das Recht der Eheschliessung*, p. 455. Voir aussi pour le mariage en Écosse, MACKENZIE, *Studies in Roman law*, p. 101.

[2] *Report of the Royal Commission*, p. 13.

mariage.» C'est aller plus loin que le Concile de Trente, lequel, dit Bugnet, «n'attribue point au prêtre un semblable pouvoir; il lui suppose un rôle passif; il suffit qu'il soit présent.»[1]

La France. Édit de Louis XVI; mariage civil facultatif des protestants.

Sans nous arrêter à donner les détails de la législation en France pendant les siècles qui suivirent l'édit de Blois, nous citerons l'édit de Louis XVI du 28 Novembre 1787, qui accorda aux protestants le mariage civil facultatif. Le préambule de cet édit se termine ainsi:

«La religion catholique que nous avons le bonheur de professer, jouira seule, dans notre royaume, des droits et des honneurs du culte public, tandis que nos sujets non catholiques, privés de toute influence sur l'ordre établi dans nos États, déclarés d'avance et à jamais incapables de faire corps dans notre royaume, soumis à la police ordinaire pour l'observation des fêtes, ne tiendront de la loi que ce que le droit naturel ne nous permet pas de refuser, de faire constater leurs naissances, leurs mariages et leurs morts, afin de jouir, comme tous nos autres sujets, des effets civils qui en résultent.»

Décret du 20 Septembre 1792; aucune cérémonie religieuse.

Le décret du 20 Septembre 1792, qui détermine le mode de constater l'état civil des citoyens, est le point de départ de la législation française actuelle sur le mariage. En ne reconnaissant plus que le mariage civil, il inaugure une époque nouvelle. Aucune cérémonie religieuse n'est plus requise. Le mariage sera célébré par un officier public dans la maison commune du lieu du domicile de l'une des parties, devant quatre témoins et sur une déclaration de consentement mutuel, faite par les deux parties.[2]

Concordat de 1801.

C'est le Concordat du 15 juillet 1801 entre le premier Consul et le Pape Pie VII qui a réconcilié la France avec l'Église. Ce Concordat ne parle pas du mariage, mais la loi du 8 Avril 1802 déclare que:

«La Convention passée le 15 juillet 1801 (Concordat) entre le Pape et le gouvernement français et dont les ratifications ont été échangées à Paris le 10 Septembre 1801, ensemble les articles organiques de la dite Convention et les articles organiques des cultes protestants seront promulgués et exécutés comme des lois de la république.»

[1] Pothier, *Œuvres*, éd. 1861, par Bugnet, tom. VI, p. 159.

[2] Friedberg, *Das Recht der Eheschliessung*, p. 559.

L'article 54 des articles organiques déclare:

Aucune bénédiction avant le mariage civil.

«Ils (les curés) ne donneront la bénédiction qu'à ceux qui justifieront en bonne et due forme avoir contracté mariage devant l'officier civil.»

Concordat de 1813.

Un Concordat, arraché par l'Empereur au Pape le 25 Janvier 1813, fut répudié par ce dernier d'après les conseils des cardinaux, et ne fut jamais ratifié par lui.

Convention du 25 Août 1816 entre le Saint-Siége et la France.

Par une convention conclue à Rome le 25 Août 1816 entre le Saint-Siége et la France, les deux gouvernements convinrent de considérer le Concordat de 1801 comme nul et non avenu, et d'en conclure un nouveau reposant sur les mêmes bases. Ce dernier fut signé à Rome le 11 Juin 1817. Il déclare:

«Art. I. Le Concordat passé entre Léon X et François Ier est rétabli (ce Concordat fut conclu en 1516).

«Art. II. En conséquence de l'article précédent, le Concordat du 15 Juillet cesse d'avoir son effet.

«Art. III. Les articles (celui que nous avons cité y est compris) qui furent faits à l'insu de Sa Sainteté et sans son aveu le 8 Avril 1802, en même temps que le Concordat du 15 Juillet 1801, sont abrogés en ce qu'ils ont de contraire à la doctrine et aux lois de l'Église.»

Refus de ratification de la Chambre des députés.

Bien que ratifiée de part et d'autre, cette convention n'est pas entrée en vigueur, la Chambre des députés à qui elle avait été soumise le 22 Novembre 1817, comme annexe à un projet de loi, lui ayant refusé sa sanction. [1]

Défense de procéder aux cérémonies religieuses sans le mariage civil.

Le Code pénal français (art. 199 et 200) punit d'une amende, et même, en cas de première ou de seconde récidive, de l'emprisonnement ou de la déportation, pour *contravention propre à compromettre l'état civil des personnes* «tout ministre d'un culte qui procédera aux cérémonies religieuses d'un mariage, sans qu'il lui ait été justifié d'un acte de mariage prélablement reçu par les officiers de l'état civil.»

Un commentateur du Code Napoléon loue ce Code, parce qu'il ne reconnaît qu'une espèce de mariage.

Nature du mariage d'après le Code.

«Il n'y a plus de prétendus mariages naturels, ni de *concubinatus*, comme à Rome, ni, comme en Allemagne aujourd'hui, de mariages de la main gauche, ni, comme autrefois, sous notre

[1] *Archives diplomatiques*, 1865, tom. II, p. 47 et 48 et 93.

ancienne jurisprudence, de certains mariages qui, quoique valablement contractés, n'avaient pas néanmoins les effets civils.»[1]

Mais, pourrait-on demander, si l'on n'accorde pas d'effets civils au mariage religieux, pourquoi l'État se mêle-t-il de cérémonies qui sont à ses yeux entièrement insignifiantes, tandis qu'elles pourraient bien empêcher des liaisons parfaitement honnêtes de devenir de simples concubinages?

«Le nouveau Code italien n'a pas voulu reproduire les pénalités édictées par les art. 199—200 de notre Code pénal contre le ministre d'un culte qui procéderait aux cérémonies religieuses d'un mariage, sans qu'il ait été justifié d'un acte de mariage préalablement reçu par l'officier de l'état civil. De sorte que, en Italie, les parties auront la faculté de procéder à la célébration religieuse de leur union quand elles le jugeront convenable, soit avant, soit après l'acte civil.»[2]

Nouveau Code italien.

Célébration religieuse sans mariage civil.

Durant l'intervalle qui sépara, en Belgique, la fin de l'occupation française et la réunion de ce pays avec la Hollande (16 Mars 1815), un arrêté du prince souverain (Guillaume d'Orange) du 21 Octobre 1814 ordonna à tout individu catholique, qui voudrait contracter mariage, de se pourvoir d'une déclaration du curé, constatant qu'il n'existait aucun empêchement canonique à l'union projetée. Mais cette disposition fut rapportée par un arrêté du 7 Mars 1815, lequel abroge d'autre part et en même temps les art. 199 et 200 du Code pénal «et toutes autres dispositions qui exigent que le mariage devant l'officier civil soit préalable à la bénédiction nuptiale ou cérémonie religieuse. Néanmoins, est-il ajouté, l'acte de mariage devant l'officier de l'état civil établira seul la légitimité des enfants, les droits entre les contractants comme époux et les autres effets civils.» Plus tard l'un et l'autre arrêté furent complétement révoqués par la loi du 10 Janvier 1817.

Arrêté du 21 Octobre du Prince souverain des Pays-Bas.

Arrêté du 7 Mars 1815.

La constitution belge du 5 Février 1831, art. 16, déclare que le mariage civil devra toujours précéder la bénédiction nuptiale, sauf les exceptions établies par la loi, s'il y en a. Le Code civil des Pays-Bas de 1833 ne reconnaît que le mariage civil obligatoire.[3]

Constitution belge du 5 Février 1831.

Code de Pays-Bas.

[1] Demolombe, tom. I, p. 6.

[2] Huc et Orsier, *Le code civil italien*, tom. II, p. 42.

[3] Friedberg, *Das Recht der Eheschliessung*, p. 492.

Conditions exigées par le Code Napoléon.

Les conditions exigées par le Code Napoléon pour contracter mariage, sont: l'âge de 18 ans révolus pour l'homme, et de 15 ans pour la femme; le consentement des parties contractantes; depuis cet âge jusqu'à celui de vingt-cinq ans révolus pour l'homme et de vingt-un ans pour la femme, le consentement des père et mère, ou, à leur défaut, des ascendants, et en cas de mort de l'un des parents, le consentement du survivant; en cas de dissentiment, le consentement du père; s'il n'y a ni père, ni mère, ni aïeuls, ni aïeules, et qu'il s'agisse d'un mineur ou d'une mineure de 21 ans, le consentement du conseil de famille.

Après l'âge de 25 ans pour le fils, et de 21 pour la fille, les enfants sont tenus, au cas de refus du consentement de la part des parents, de demander par un *acte respectueux* renouvelé trois fois, de mois en mois, le consentement de leurs père et mère, ou celui de leurs aïeuls et aïeules; après l'âge de 30 ans un seul acte respectueux suffit; il peut être passé outre, un mois après, à la célébration du mariage.

Entraves établies par le Code vont au-delà des ordonnances des rois.

Nous avons montré plus haut que les actes des rois de France, de même que toute la législation spéciale des gouvernements européens au sujet du mariage avant 1789, avaient été faits dans l'intérêt des classes privilégiées. C'est la gloire de la révolution française d'avoir bouleversé ce régime, et d'y avoir substitué une égalité parfaite devant la loi. Cependant les articles du Code relatifs au consentement et aux conseils des parents sont expressément basés, d'après l'exposé des motifs au Conseil d'État, sur l'édit de Henri II de 1556 et l'ordonnance de Louis XIII de 1639, et ils vont même au delà. Car les anciens tribunaux français exerçaient le pouvoir de dispenser même des mineurs du consentement de leurs parents, s'ils refusaient par mauvaise humeur, et que l'injustice du refus fût évidente.[1]

Interposition des tribunaux autrefois.

Véto absolu des parents en France et en Belgique.

Il en est de même aujourd'hui partout ailleurs sur le Continent de l'Europe où le consentement des parents est exigé, excepté en Belgique, et c'est seulement en France et en Bel-

[1] Poncelet, *Motifs du code civil*, tom. I, p. 129; Pothier, *Œuvres* tom. VI, p. 129, éd. de Bugnet; Merlin, *Rép. v° Empêchements de mariage*, § 5, art. 2.

gique que l'acte respectueux est exigé. Dans ces deux pays il n'existe aucun moyen de contracter un mariage contre la volonté ou le caprice d'un père pour un homme au-dessous de 25 ans ou une femme au-dessous de 21 ans. Depuis l'abolition de la peine de mort civile en France, ce véto est conservé à un individu condamné aux travaux forcés à perpétuité, quoique ce soit le seul droit civil qui lui reste. [1]

Dans quelques pays où la loi exige qu'une dot, dans les cas ordinaires, soit accordée à la fille lors de son mariage (ce qui n'existe plus en France, non plus que l'exhérédation, ou privation de la réserve légale des enfants, pour quelque cause que ce soit), les parents peuvent la refuser si le mariage a lieu sans leur consentement. Dans d'autres un enfant peut être privé en ce cas de sa légitime, ou réserve à laquelle il a droit d'après la legislation générale de l'Europe continentale. On ferait appel en vain cependant au droit romain pour défendre les abus du système français. On sait qu'il favorisait le mariage de toutes manières. «Les institutions anciennes, dit Montesquieu, mettant tous les citoyens dans la nécessité de se marier, les mariages étant d'ailleurs adoucis par la permission de répudier ou de faire divorce, il n'y avait qu'une très-grande corruption des mœurs qui pût porter au concubinage.» [2]

Loi romaine.

On énumère, *Novelle* 115, cap. 3, parmi les causes qui autorisent l'exhérédation d'un enfant, qu'une fille que ses parents ont voulu marier et doter ait préféré de mener une vie débauchée: *Si volenti suæ filiæ vel nepti maritum dare et dotem, illa non consenserit, sed luxuriosam vitam degere elegerit.* Mais Justinien a voulu que si les parents ont différé de la marier jusqu'à 25 ans, elle ne puisse être exhérédée pour forfait à son honneur, parce que c'est la faute de ses parents de ne l'avoir pas mariée. Pothier nous fait connaître l'état moral des femmes de son époque en commentant ainsi la clause d'exhérédation: «Selon nos mœurs, dit-il, je ne crois pas qu'une fille pût être exhérédée pour s'être laissé séduire une ou deux fois, mais seulement dans le cas auquel elle serait

[1] *Code pénal*, art. 34, No. 4.

[2] MONTESQUIEU, *Esprit des lois*, liv. XXIII, chap. VI, éd. 1867, p. 348.

prostituée publiquement et aurait fait le métier de courtisane, et qu'on ne doit pas distinguer que les parents ont voulu la marier ou non.» [1]

Code italien. Le nouveau code italien omet les articles du code Napoléon qui ont rapport aux actes respectueux et que, seul des codes basés sur le code Napoléon, le code belge a conservés. L'art. 67 est ainsi conçu:

«Le fils majeur (21 à 25 ans) peut recourir à la cour d'appel contre le refus de consentement des ascendants, du conseil de famille ou de tutelle. Ce recours, dans l'intérêt de la fille et du fils mineur, peut être exercé soit par les parents, soit par les alliés, soit par le ministère public. La cause est portée à une audience spéciale, et la cour prononce, après avoir entendu à huis-clos les parties et le ministère public, sans intervention d'avoués ni d'autres défenseurs.—L'arrêt ne sera pas motivé; il pourra seulement faire mention du consentement qui aurait été donné devant la cour même.»

Mariage des enfants naturels. Les dispositions du code français relatives au consentement des père et mère et à l'acte respectueux qui doit leur être fait sont applicables aux enfants naturels légitimement reconnus. Quant aux enfants naturels non-reconnus, ils sont traités comme l'étaient en Angleterre par le *Lord Hardwicke's act* tous les enfants naturels, c'est-à-dire qu'il leur faut la nomination et le consentement d'un tuteur *ad hoc.* Mais comment une fille non-reconnue et délaissée trouvera-t-elle les moyens de supporter cette dépense? Une pareille disposition peut-elle avoir d'autre effet que de condamner les filles non-reconnues à mener une vie d'infamie héréditaire?

Nous avons déjà signalé en termes généraux les empêchements provenant de la consanguinité et de l'affinité.

Formalités à remplir. Les principales formalités à remplir pour la célébration du mariage en France sont la publication, l'intervention et la présence de l'officier de l'état civil, et la présence de quatre témoins.

Après avoir donné lecture aux futurs époux du chapitre du code civil, relatif aux droits et aux devoirs respectifs des

[1] Pothier, *Œuvres*, tom. VIII, p. 26; *Traités de successions*, chap. II, § 2.

époux, l'officier de l'état civil reçoit de chaque partie la déclaration qu'elles veulent se prendre pour mari et femme; il prononce au nom de la loi qu'elles sont unies par le mariage, et en dresse acte sur le champ (code Napoléon, art. 75).

Contrat de mariage.

D'après la loi du 10 Juillet 1860, l'officier de l'état civil doit demander aux futurs époux ainsi qu'aux personnes qui autorisent le mariage s'il a été fait un contrat de mariage, et l'acte de célébration doit énoncer la réponse.

Publications.

Le système des publications est très-compliqué. Elles doivent se faire à la fois:

A la municipalité du lieu où chaque partie contractante a son domicile (art. 166);

A la municipalité du dernier domicile, si le domicile actuel n'est établi que par six mois de résidence (art. 167);

A la municipalité du domicile de ceux sous la puissance desquels les parties se trouvent relativement au mariage (art. 168).

Questions qui se sont élevées sur le domicile matrimonial.

La fixation du domicile matrimonial, c'est-à-dire du lieu où le mariage peut être célébré, est un point sur lequel les Français eux-mêmes ne sont pas d'accord. D'après l'art. 165, «le mariage doit être célébré publiquement devant l'officier civil du domicile de l'une des deux parties;» mais l'art. 74, après avoir dit que le mariage sera célébré dans la commune où l'un des deux époux aura son domicile, ajoute: «ce domicile, quant au mariage, s'établira par six mois d'habitation continue dans la même commune.»

Proudhon varie, mais son commentateur est d'avis «que l'on peut se marier soit au lieu où l'on a son domicile réel, quelle que soit d'ailleurs la durée de la résidence, soit au lieu où l'on a six mois de résidence sans domicile réel.» Il ajoute que «d'après toute autre interprétation les mariages seraient vraiment impossibles.» [1] Demolombe partage cette opinion et il en conclut que l'acte d'opposition au mariage devant, aux termes de l'art. 176, contenir élection de domicile *dans le lieu où le mariage devra être célébré*, cette élection de domicile peut se faire dans deux endroits si chacun des futurs époux est domicilié dans une commune différente; dans trois ou même

[1] PROUDHON, *Traité de l'état des personnes*, commenté par *Valette*, tom. II, p. 386.

quatre si l'une des parties ou toutes les deux avaient, outre leur domicile ordinaire, une résidence de plus de six mois dans un autre lieu.[1]

Valette.

Cependant Valette, dans un ouvrage subséquent, semble revenir sur sa première décision. Il dit:

«La combinaison de l'art. 165 avec d'autres dispositions dont l'une suit presque immédiatement (voir les art. 74 et 167), donne lieu à des difficultés telles qu'aujourd'hui, après plus de 50 années, il a été impossible aux interprètes de s'entendre sur ce qui constitue le domicile matrimonial, en sorte que chacun puisse savoir précisément en quel lieu il lui est loisible de se marier.»[2]

Empêchements prohibitifs ou dirimants de la loi française.

La doctrine française reconnaît la distinction entre les empêchements prohibitifs et dirimants, ces derniers seuls emportant nullité. Il y a, par exemple, simple empêchement prohibitif, lorsqu'une veuve se remarie avant dix mois révolus (art. 228), dans le cas de mariage entre personnes unies par le lien de l'adoption etc. En général on n'admet d'autres nullités que celles qui sont littéralement établies par la loi.

Nullités relatives et absolues.

Les nullités elles-mêmes sont classées en relatives et absolues, suivant que la loi réserve à certaines personnes déterminées le droit de les proposer, ou qu'elle l'accorde indistinctement à toute personne intéressée. C'est ainsi qu'une nullité relative peut-être invoquée: par l'époux dont le consentement a été vicié par la violence ou l'erreur (art. 180); par les personnes dont le consentement était requis ou par l'époux lui-même qui avait besoin de ce consentement (art. 182); mais le défaut d'âge légal, l'engagement dans un lien conjugal antérieur, la parenté ou l'alliance dans les cas déterminés par la loi, constituent des nullités absolues, qui peuvent être invoquées par les époux eux-mêmes, par les ascendants, par tous ceux qui ont un intérêt né et actuel, ou par le ministère public (art. 184). Enfin il peut y avoir des nullités absolues pour vice de forme: incompétence de l'officier de l'état civil ou défaut de publicité dans la célébration (art. 191). Ainsi l'absence ou l'irrégularité de publication (lorsque le mariage se

[1] DEMOLOMBE, *Code Napoleon*, tom. I, p. 218.

[2] VALETTE, *Explication du code Napoléon*, p. 91.

célèbre en France) n'est jamais à elle seule une cause de nullité, elle n'entraîne que la peine d'une amende. On reconnaît du reste aux tribunaux un pouvoir discrétionnaire, pour apprécier si le vice de forme reproché au mariage est ou n'est pas suffisant pour faire annuler celui-ci. [1]

Code italien. Règlement sur le mariage.

Le code civil italien a remplacé, depuis le 1er Janvier 1866, les cinq ou six législations diverses qui se partageaient le pays. Il est calqué sur le code Napoléon, mais il conserve quelques articles du code sarde de 1838. Nous avons déjà indiqué certaines différences avec la législation française en ce qui concerne le mariage. En voici quelques autres:

L'interdit est expressément déclaré incapable de se marier (art. 61). Son mariage est frappé de nullité relative (art. 112).

L'impuissance manifeste et perpétuelle, antérieure au mariage, est également une cause de nullité relative (art. 107).

L'adopté, mineur de 21 ans, doit avoir pour se marier, outre le consentement de ses parents, celui de l'adoptant (art. 63).

Publications.

Les publications doivent se faire dans la commune où chacun des époux a sa résidence. [2] Si la résidence actuelle dure moins d'un an, les publications doivent se faire également dans la commune de la résidence précédente (art. 71).

Mariage civil dans les provinces incorporées aux États prussiens par le Congrès de Vienne.

Le mariage civil introduit par la France dans les provinces germaniques que le Congrès de Vienne incorpora aux États prussiens, a été maintenu malgré les efforts du gouvernement prussien pour lui substituer le mariage religieux, y compris la bénédiction nuptiale. Cette bénédiction, qu'elle soit accordée par un prêtre catholique ou par un ministre protestant, est nécessaire à la validité d'un mariage prussien d'après le «*Allgemeines Landrecht.*» Nous avons déjà mentionné la lutte (1828—1840) à laquelle cette question donna lieu, en appliquant la distinction entre la bénédiction nuptiale et la simple présence passive du prêtre, qui est seule exigée par le Concile de Trente.

Nous ne nous étendrons pas davantage sur le mariage dans

[1] Voir art. 193. VALETTE, *Explication du code Napoléon*, p. 105—112; PROUDHON, *Traité sur l'état des personnes*, tom. I, p. 410.

[2] Le Code civil italien distingue la résidence «*luogo in cui la persona ha la dimora abituale*» du domicile «*sede principale dei propri affari ed interessi.*» Art. 16.

ces provinces, si ce n'est pour mentionner l'ordonnance du 15 Avril 1815 où il est dit: «Afin de supprimer certaines formalités aussi importunes que vaines, dont les lois françaises avaient entouré la conclusion des mariages, et qui répugnaient aux mœurs allemandes, les articles 70—72, 151 et 155 du code civil sont abrogés.» Les articles 70—72 avaient trait à l'acte de notoriété destiné à suppléer au défaut d'acte de naissance, et aux nombreuses formalités qu'il fallait traverser pour se le procurer et le faire homologuer par le tribunal; les articles 151 et 155 aux actes respectueux. Aujourd'hui pour l'acte de notoriété il suffit de trois témoins au lieu de sept, et l'homologation du tribunal est inutile. Quant aux actes respectueux, ils demeurent supprimés. [1]

Mariage religieux d'après la loi commune d'Allemagne.

Comme nous l'avons vu, le droit commun allemand exigeait à la fin du XVIIIe siècle, une cérémonie religieuse pour la solennisation du mariage. La population catholique demeurait soumise aux dispositions du droit canonique, la population protestante était régie par les mêmes dispositions sous les modifications qui y ont été apportées, soit par des lois positives spéciales, soit par les opinions des auteurs et par la jurisprudence des tribunaux. Il s'est formé un corps de doctrine composé des dispositions du droit canonique non modifiées, et des modifications sanctionnées par les auteurs ou par une jurisprudence uniforme: c'est ce corps de doctrine qu'on appelle le droit commun ecclésiastique protestant. Ce droit commun forme la règle dans tous les pays protestants, à quelques légères modifications près, introduites dans chacun d'eux par des dispositions législatives. [2]

Droit commun ecclésiastique protestant.

D'après la loi commune allemande, le défaut de consentement ne rend pas le mariage nul; il donne seulement aux parents et spécialement au père le droit de déshériter l'enfant.

Cérémonie d'après le rituel des différents cultes.

La cérémonie était réglée par les rituels des différents cultes. L'état de choses à l'égard du mariage a été interrompu d'abord par l'introduction du code civil français dans les pays allemands soumis à l'empire français ou incorporés à la France.

[1] FRIEDBERG, *Das Recht der Eheschliessung*, p. 568.

[2] Voir EICHORN, *Grundsätze des Kirchenrechts*, tom. II, p. 301 et 302; FŒLIX, *Droit international privé*, tom. II, p. 401.

Les événements survenus en 1814 ont causé dans quelques-uns de ces pays la restauration de l'ancien système, mais celui-ci fut lui-même, en 1848, l'objet d'une réaction.

Les droits fondamentaux du peuple allemand, adoptés par l'assemblée constituante de l'Empire d'Allemagne, furent promulgués le 27 Décembre 1848. Assemblée constituante.

L'art. III section 14, qui est calqué sur le principe dominant partout aux États-Unis,[1] dit:

«Toute société religieuse ordonne et administre ses propres affaires d'une manière absolue, mais reste, comme toute autre société dans l'État, soumise aux lois de l'État.» Sociétés religieuses.

Voici l'art. sur le mariage:

«La validité du mariage, quant à ses effets civils, ne dépend que de l'acte civil; la bénédiction nuptiale ne peut avoir lieu qu'après l'accomplissement de l'acte civil. La différence de religion n'est pas un obstacle au mariage civil. Les registres de l'état civil sont tenus par les autorités civiles.» Acte civil de mariage.

On sait que les droits fondamentaux allemands disparurent avec la constitution de l'empire allemand sans avoir passé dans la jurisprudence des États, mais il en reste encore quelques traces.[2]

En 1865, les législations allemandes sur le mariage se partageaient entre cinq systèmes différents: Systèmes des législations allemandes sur le mariage.

1⁰ Le mariage civil obligatoire tel qu'il était proclamé par la constitution que nous venons de citer. Il n'a été adopté d'une manière permanente qu'à Francfort, quoiqu'il ait eu une existence passagère dans d'autres États allemands.

2⁰ Le mariage civil facultatif que l'on trouve dans le duché d'Oldenbourg et à Hambourg.

3⁰ Le mariage civil par nécessité (*Nothcivilehe*), subsidiairement permis aux personnes qui ne peuvent obtenir le mariage religieux. Il est en vigueur à Anhalt-Dessau, Anhalt-Coethen, Wurtemberg et Bade.

4⁰ Le mariage civil pour les dissidents qui peuvent néanmoins se marier devant l'église nationale. Il en est ainsi en

[1] Voir notre *Commentaire sur le droit international etc.*, tom. I, p. 250—380.

[2] FRIEDBERG, *Das Recht der Eheschliessung*, p. 656, 657, 659.

Prusse, Anhalt-Bernbourg, Lubeck, Hesse-Cassel, Cobourg-Gotha, Nassau, Saxe-Weimar.

5⁰ Le mariage civil réservé aux unions entre juifs et chrétiens (Brunswick et Hesse-Hombourg).

La Prusse et la Saxe.

Avant de comparer les formalités prescrites pour un mariage complet en Prusse et en Saxe avec celles des autres pays, mentionnons une institution exceptionnelle qui ne se trouve plus de nos jours que dans l'Allemagne protestante et, jusqu'à un certain point, dans les royaumes scandinaves où le culte est réglé d'après les mêmes principes.

Verlöbniss ou *Ehegelöbniss* en Saxe et en Prusse.

Il s'agit du *Verlöbniss* (engagement préliminaire, acte de fiançailles, ou, comme l'appelle le code prussien: *Ehegelöbniss*), qui est devenu, pour une grande partie du peuple allemand, le seul règlement légal des rapports entre les deux sexes. Mais bien que les lois, en déclarant légitimes les enfants issus de ces unions, paraissent en attendre les mêmes suites que des mariages complets, la liaison peut être rompue à volonté.

Le *Verlöbniss* reçoit la même définition dans les codes de Prusse et du royaume de Saxe; les chapitres consacrés à ce titre dans l'*Allgemeines Landrecht* du premier de ces pays, et dans le *Bürgerliches Gesetzbuch* du dernier, débutent également par déclarer, que «c'est un contrat par lequel deux personnes de différents sexes se promettent réciproquement le mariage.» [1]

Qui peut entrer dans un *Verlöbniss* valide.

Un *Verlöbniss* valide, disent les deux codes, ne peut être fait qu'entre personnes capables de contracter un mariage légal. En Saxe cependant, un homme peut entrer dans le *Verlöbniss* à l'âge de 18 ans, quoiqu'il ne puisse être marié avant l'âge de sa majorité (21 ans accomplis); pour les femmes l'âge est le même (16 ans) dans les deux cas. En Prusse, où l'âge de la majorité est 24 ans, il paraît qu'il n'y a aucune différence entre l'âge du *Verlöbniss* et celui du mariage (18 ans pour l'homme et 14 ans pour la femme).

Consentement des parents.

Le consentement des personnes dont l'assentiment est nécessaire pour un mariage, y compris, le cas échéant, celui des parents adoptifs, est également requis pour un *Verlöbniss* en Saxe et en Prusse.

[1] *Allgemeines Landrecht*, Thl. II, Tit. I, § 75, Bd. II, S. 9; *Bürgerliches Gesetzbuch*, § 1568, S. 246.

Pour faire un *Verlöbniss*, le code saxon ne prescrit pas de formalités, si ce n'est lorsqu'il n'existe pas d'ascendants; il faut alors que le *Verlöbniss* soit fait en présence de deux témoins ou devant un tribunal.

Enfants des *Verlobten* légitimes.

Ce même code dit que les enfants nés des *Verlobten* ont la qualité d'enfants légitimes; il en est de même pour les enfants conçus avant le *Verlöbniss*, mais nés après.

Le *Verlöbniss* en Saxe n'autorise pas à porter plainte pour faire conclure un mariage, et est nulle la clause pénale stipulée pour le cas de non-réalisation du mariage.

Comment on peut rompre le *Verlöbniss*.

Si l'une des parties rompt le *Verlöbniss* sans motif, ou si, par sa conduite, elle a donné à l'autre un motif de le rompre, elle doit réparer le dommage que l'autre partie ou ceux dont le consentement était nécessaire ont souffert, en faisant des dépenses dans le but du futur mariage.[1]

Raisons qui autorisent une retraite unilatérale.

Toutes les raisons pour lesquelles un mariage peut être contesté ou un divorce réclamé, autorisent une retraite unilatérale. Il en est de même de tous les changements survenus dans l'état de l'autre partie, et qui auraient fait obstacle à la promesse, si la partie qui se retire les avait connus avant la conclusion du *Verlöbniss*.

La loi pourvoit au retour réciproque de la dot et des présents, dans le cas où le lien est dissous par consentement mutuel; si une partie se retire sans motif, ou si la dissolution est occasionnée par sa faute, elle perd ce qu'elle a donné et rend ce qu'elle a reçu.

Action en Prusse en accomplissement de la promesse.

Le code prussien ne considère pas les fiançailles solennelles comme préliminaire obligé du mariage; mais contrairement au code saxon, il accorde à l'une des parties le droit d'actionner l'autre en accomplissement de sa promesse, pourvu

[1] Le Code civil italien (art. 53, 54) consacre expressément le même droit, au cas où celui qui a fait une promesse de mariage se refuse à la remplir sans motif légal, mais seulement à condition que la promesse soit constatée par un acte public, ou sous seing privé, et que, si le promettant était mineur, il y ait été dûment autorisé par ceux dont le consentement à son mariage serait requis; enfin que le terme où ladite promesse devait être exécutée ne soit pas de plus d'un an antérieur à la demande. Il déclare comme la loi saxonne, que la promesse mutuelle de mariage n'engendre pas l'obligation légale de le contracter.

qu'il y ait eu *Verlöbniss* formellement conclu devant le commissaire de la justice et un notaire, et constaté par eux.

Les paysans peuvent se fiancer devant les maires et les échevins.

Un enfant né d'une fiancée, formellement *verlobt*, obtient les droits d'un enfant né en mariage par la simple déclaration judiciaire du père, quoique le mariage avec la mère n'ait pas encore été accompli.

Formalités requises.

§ 91. Les *Verlöbnisse* (*Ehegelöbnisse*) pour lesquels la forme légale n'a pas été observée, ne doivent être considérés que comme de simples promesses.

§ 92. Lorsque cependant les bans ont été publiés entre deux parties avec leur consentement, les droits et les devoirs des parties sont les mêmes que dans le cas d'un *Ehegelöbniss* formel.

Séduction sous promesse de mariage.

D'après le § 1035, si un séducteur rend une femme enceinte, sous promesse de mariage, et qu'il n'existe aucun empêchement à celui-ci, il doit être invité sérieusement et exhorté par le juge à faire compléter l'union par la bénédiction nuptiale du prêtre.

§ 1036. S'il refuse obstinément, le mariage ne pourra être célébré par l'autorité ecclésiastique.

§ 1037. La femme enceinte pourra prétendre au nom, à la position et au rang de son séducteur, et elle aura en général tous les droits d'une femme mariée innocente qui a été divorcée.

§ 93. Les empêchements à la validité d'un *Verlöbniss* formel ne sont pas couverts par la cohabitation.

En Prusse de même qu'en Saxe, l'une des parties ne peut, sans le consentement de l'autre, se désister sans motif d'un *Verlöbniss* valide. Les motifs considérés comme suffisants sont, outre ceux qui feraient dissoudre un mariage complet, plusieurs circonstances énumérées dans le code.

Différence entre la loi saxonne et la loi prussienne en cas de rupture de *Verlöbniss.*

La restitution des objets reçus ou des dépenses faites pendant les fiançailles est réglée en Prusse comme en Saxe. Mais, à la différence de la loi saxonne, la loi prussienne veut que le montant de la clause pénale stipulée pour le cas de rupture soit payé en outre des autres indemnités. Elle veut de plus que celui qui se retire sans motif soit condamné à une amende ou même à l'emprisonnement, pour le punir de sa conduite légère et de la mortification qu'il cause à sa fiancée.

L'existence d'un *Verlöbniss* valide empêche chacune des parties d'en former un autre. Mais si une personne déjà légalement promise, se fiançait une seconde fois en dissimulant l'existence du premier *Verlöbniss*, la dissolution de celui-ci rendrait la seconde promesse valable.

Consentement des parents. Dispense par les tribunaux.

En Prusse le tribunal chargé de veiller aux intérêts des mineurs peut accorder des dispenses aux futurs époux. L'espace nous manque pour insérer ici les articles du code relatifs à cet objet. Contentons-nous de dire que les enfants de la main gauche et les enfants adoptifs ont besoin du consentement de leurs ascendants, savoir : le fils à tout âge et les filles jusqu'à 24 ans, mais que, si ce consentement est refusé, le tribunal peut y suppléer (§§ 68, 72).

A défaut d'aïeuls ou d'aïeules, le consentement du tuteur suffit, mais au préalable il lui faut l'autorisation du tribunal chargé de veiller aux intérêts du mineur (§§ 53 et 54). Le même tribunal peut suppléer au consentement des père et mère, aïeuls et aïeules, demeurant hors d'Europe (§ 57).

Le consentement peut être refusé pour des motifs graves, tels que, entre autres, le défaut d'un revenu suffisant. Un noble ne peut contracter un mariage de la main droite avec une paysanne ou avec une personne de la petite bourgeoisie. Le consentement peut être refusé lorsqu'un mineur appartenant à la noblesse ou à la haute bourgeoisie, veut contracter mariage avec une personne d'une classe inférieure. Dans tous les cas de refus par les personnes dont la loi requiert le consentement, le tribunal ordinaire statuera et pourra suppléer audit consentement (§§ 68 à 72).

Demande en nullité pour défaut de consentement. Diminution de la légitime.

La demande en nullité d'un mariage, pour défaut de consentement des père et mère, doit être formée dans les six mois du jour où ils auront eu connaissance de la célébration (§ 995). Dans tous les cas où le père n'a pas le droit de former cette demande, il peut réduire l'enfant à la moitié de la légitime (§§ 996—998).

Droits des père et mère des enfants naturels.

Les droits personnels des père et mère sur leurs enfants naturels ne s'étendent pas au-delà de ce qui concerne l'éducation de ceux-ci. Tous les autres droits appartiennent au tuteur (Part. II, tit. II, §§ 639, 644, 645). C'est donc ce dernier qui accorde le consentement au mariage.

Permission exigée pour les militaires et les fonctionnaires publics.

Les officiers, sous-officiers et soldats ne peuvent contracter mariage sans la permission de leurs chefs (§§ 34 – 35). Il en est de même des fonctionnaires publics, salariés, y compris les ministres du culte et les membres du corps enseignant. Nous mentionnerons comme loi exceptionnelle qu'un mariage peut être fait par dispense entre le veuf ou la veuve et l'enfant naturel que le conjoint prédécédé aurait eu avec une autre personne antérieurement au mariage. Cependant, par un ordre du Cabinet en date du 17 Janvier 1839, le roi Frédéric Guillaume III à déclaré qu'il ne ferait pas usage de son pouvoir d'accorder des dispenses dans ce cas.

Il y a prohibition de mariage entre une femme divorcée et son complice d'adultère, ou l'individu qui aura donné lieu aux dissentiments qui ont fait prononcer le divorce (§§ 25—27).

Le mariage est défendu entre un noble et une femme de la classe des paysans ou de la bourgeoisie inférieure, sans dispense préalable (§§ 30—33).

Mais la loi du 22 Février 1869 supprime la défense de mariage pour inégalité de rang et déclare complétement valides les mariages prohibés par le *Landrecht*, sans qu'il soit nécessaire de les faire célébrer de nouveau.

Omission des publications.

De même, d'après le § 36, le mariage est défendu entre chrétiens et non-chrétiens. L'omission des publications n'entraîne pas la nullité du mariage, elle entraîne une amende ou même l'emprisonnement.

Bénédiction ecclésiastique.

Un mariage régulier est complété par la bénédiction ecclésiastique (§ 36); toutefois lorsque les deux époux professent un culte simplement toléré par l'État, la célébration du mariage et sa validité seront jugés uniquement selon les usages de leur culte (§ 137). Le droit de donner la bénédiction nuptiale appartient, en règle générale, au ministre du culte de la paroisse de la future, excepté lorsque le futur est militaire, ou que la future fait partie de la classe des militaires; dans ces deux cas, ce droit appartient au ministre de la paroisse du futur (§ 168; part. II, tit. XI, §§ 435—438). La circonstance que le mariage a été célébré par un ministre du culte autre que celui qui a droit de le célébrer, n'emporte pas la nullité, mais seulement une amende contre le prêtre contrevenant, et le prêtre compétent doit être indemnisé de ses droits par les époux (§ 169 et 434). Le traité de Westphalie avait décidé que le mariage se ferait devant le curé ou devant le pasteur.[1]

Mariage par un ministre qui ne doit pas le célébrer.

[1] Voir *Revue des deux Mondes*, Avril 1869, p. 868.

Les mariages des juifs seront précédés de trois publications dans la synagogue. Le mariage est célébré par la réunion des deux époux sous le poële et par l'échange des anneaux. Mariages des juifs.

Le code prussien, de même que la loi commune allemande, reconnaît encore une espèce de lien conjugal exceptionnel, savoir, les mariages de la main gauche qui se distinguent des autres en ce que la femme n'en obtient ni l'état, ni les droits de famille que les lois attribuent d'ordinaire à une femme vraiment mariée. Le code prussien est peut-être la seule loi moderne qui ait soumis à des règles le mariage dépouillé de ses effets civils que les Romains appelaient *concubinatus*, mot qui n'a pas d'équivalent dans la langue française et dont le dérivé présente l'idée d'une union honteuse.[1] De telles unions ne sont pas régulièrement admises; elles ne peuvent être conclues qu'en vertu d'une permission immédiate de l'autorité souveraine. Cette permission ne peut être obtenue que par un homme de haut rang, dans des circonstances extraordinaires, et pour des motifs importants. On considère comme motifs importants le fait de n'avoir pas assez de revenus pour entretenir une famille et pourvoir à son établissement en même temps qu'à celui d'une femme de haut rang, en outre la crainte d'obérer ou d'amoindrir par un second mariage avec une personne d'un rang élevé le patrimoine des enfants du premier lit. Mariages de la main gauche.

Le souverain est seul juge de l'opportunité des motifs. Consentement du souverain.

Tout ce qui s'oppose à un mariage ordinaire, s'oppose également à un mariage de la main gauche. Seulement, dans ce cas, l'inégalité de condition n'est pas un obstacle.

Comme dans le cas d'un mariage complet, le consentement des parents et des tuteurs est exigé. Ce consentement, s'il est refusé, ne peut être, en aucune manière, accordé par les tribunaux. Consentement des parents. Il ne peut être accordé par les tribunaux.

Tout mariage de la main gauche doit absolument être précédé d'un contrat écrit, passé dans les mêmes formes qu'un acte de fiançailles (*Verlöbniss*) préliminaire à un mariage régulier. Ce contrat doit contenir, entre autres, des articles réglant définitivement l'entretien et les dépenses de ménage pour le cas où le mariage aurait lieu. Il est, après obtention Mariage de la main gauche précédé d'un contrat.

[1] SAINT JOSEPH, *Concordance des codes civils*, tom. III, p. 199. — Voir pour les mariages morganatiques, ou mariages de la main gauche *Œuvres de Pothier*, tom. IV, p. 5, *Contrat de mariage*.

de l'autorisation nécessaire au mariage, soumis à l'homologation du collége de justice de la province.

Publication des bans.

La conclusion d'un mariage de la main gauche doit être précédée de la publication des bans, comme dans le cas d'un mariage valide. Seulement il n'est pas nécessaire que le nom du fiancé soit mentionné dans cette publication.

État de la femme mariée de la main gauche.

La femme mariée de la main gauche ne reçoit ni le nom, ni l'état, ni le rang de son mari, mais elle conserve celui qu'elle avait avant le mariage; si elle devient veuve, elle doit toujours garder le nom de sa famille. Ses enfants ne portent pas le nom de leur père.

Mariage de la main gauche rendu complet et valide.

Le mariage de la main gauche peut être changé en un mariage complétement valide. Pour cela, il faut le consentement des deux parties, et s'il y a une inégalité totale de condition, il faut le consentement des parents.[1]

Loi de la confédération du Nord, du 4 Mai 1868.

Une loi de la confédération de l'Allemagne du Nord du 4 Mai 1868 nous fait connaître dans toute leur étendue, en les supprimant, les entraves jusqu'alors portées au mariage d'après les systèmes en vigueur dans les divers États de l'Allemagne.

Entraves au mariage enlevées.

D'après le § 1 de cet acte, les personnes qui appartiennent à la Confédération n'ont plus besoin pour contracter mariage ou pour s'établir en conséquence, ni de posséder ni d'acquérir le droit de bourgeoisie ou d'incolat, ni de l'autorisation de la commune, du seigneur ou de l'administration des pauvres, ni d'une permission des magistrats. Spécialement ni le fait de ne pas avoir atteint un certain âge, au-dessus de la majorité, ni celui de ne pouvoir justifier d'une habitation, d'une fortune ou de revenus suffisants, ni une peine antérieurement subie, ni la mauvaise réputation, ni la pauvreté actuelle ou à craindre, ni l'obtention de secours ni aucun autre motif de police, ne seront plus considérés comme empêchements au mariage. Il ne sera plus exigé de la future qui est étrangère à la localité ni droit d'entrée ni aucune autre redevance.

§ 2. Les restrictions imposées par les lois de police au mariage des juifs et de ceux qui appartiennent à certaines conditions civiles, sont abrogées.

Les dispositions qui soumettent le mariage des militaires,

[1] *Allgemeines preuss. Landrecht*, Thl. II, §§ 835—864, Thl. II, pp. 72—78.

des fonctionnaires, des ecclésiastiques et des instituteurs à l'autorisation de leurs supérieurs, conservent leur effet.

Dispositions à l'égard des militaires, etc., conservées.

§ 3. Les dispositions qui défendent aux ecclésiastiques et aux officiers de l'état civil de prêter leur concours à la conclusion d'un mariage, sans production préalable d'un certificat de l'autorité, ne demeurent applicables aux sujets de la Confédération que pour autant que le certificat se rapporte aux conditions non supprimées par la présente loi ou aux dispositions mentionnées au § 2, 2e al.

§ 4. Les prescriptions législatives des divers États concernant les conditions auxquelles les étrangers peuvent contracter mariage ne sont pas applicables aux sujets de la Confédération.

§ 5. Les dispositions relatives au droit de mariage civil ne sont pas affectées par la présente loi.

Par résolutions de la Diète fédérale, en date des 21 Octobre 1867 et 16 Avril 1868, le chancelier a été invité à proposer à la session suivante de la Diète un projet de loi générale sur le mariage. Ces résolutions ont été appuyées par le Conseil fédéral. [1]

Proposition du congrès des jurisconsultes en 1869 sur le mariage civil.

Le congrès des jurisconsultes (*Juristentag*) réuni à Heidelberg, en Août 1869, a adopté entre autres, à l'unanimité moins une voix, sur le rapport de M. le professeur Gneist de Berlin, la proposition suivante de M. le docteur Hilse:

«Le mariage civil doit être regardé comme la seule forme de mariage possible dans les rapports actuels de l'Église et de l'État en Allemagne. Tous les obstacles aux mariages résultant des différences de confessions tombent avec l'introduction du mariage civil.» [2]

Circonstances qui avaient fait confier à l'Église la célébration des mariages n'existent plus.

Dans cette occasion, M. Gneist s'exprima ainsi: «Les circonstances qui avaient fait confier à l'Église la célébration des mariages se sont modifiées totalement. L'influence civilisatrice du clergé a assuré autrefois au mariage son indissolubilité et à la femme ses droits. Mais la civilisation actuelle ne repose plus exclusivement sur l'Église qui, au moyen âge, placée en face d'une division territoriale poussée à l'extrême, représentait seule l'unité du droit. Dans notre siècle de liberté reli-

[1] *Taschenausgabe der Gesetze des Norddeutschen Bundes*, 1868, p. 32—34.

[2] *Archivio giuridico*, Oct. et Nov. 1869, p. 216.

gieuse et de tolérance, cette même unité s'oppose aux priviléges de l'Église et ne peut devenir une réalité qu'entre les mains des fonctionnaires publics qui forment un corps plus permanent que le clergé.

L'État seul peut assurer la publicité complète.

«Le mariage demande d'abord publicité complète des formalités qui le précèdent. Cette publicité n'est plus assurée par la lecture en chaire des promesses de mariage. L'État seul peut l'obtenir grâce au concours de la presse.

«L'Église ne saurait de plus examiner les questions de droit qui concernent le mariage. La constatation d'une union, ce fait si important de la vie publique, ne peut être faite que par les fonctionnaires responsables vis-à-vis de l'État et contrôlés par lui. Or, l'Église s'oppose chaque jour davantage à tout contrôle du pouvoir temporel. A la Réformation, l'État avait pris pour lui le droit de célébrer les mariages, tout en conservant les formes de l'Église. Au XVIIIe siècle celle-ci n'était plus que l'humble servante du pouvoir séculier, et le prêtre ne différait guère du fonctionnaire civil. Il est remarquable que c'est précisément à cette époque de médiatisation du clergé que celui-ci introduit un nouvel élément dans le mariage, la bénédiction des époux étrangère aux Églises catholique et protestante. L'identité de l'Église et de l'État est rompue, et c'est la première qui a résilié le traité.

La bénédiction, étrangère aux Églises catholique et protestante introduite au XVIIIe siècle.

Dilemme qu'elle a produit.

«Que faire en face du dilemme actuel? L'État forcera-t-il l'Église à bénir les mariages qu'il reconnaît légitimes? Ce serait méconnaître la liberté de conscience. Cédera-t-il à l'Église? Ce serait renoncer à son autorité.

Mariage civil facultatif.

«Le mariage civil en dernier ressort permet à toutes les parties d'exercer leurs droits, mais ce n'est qu'un palliatif qui compromet la dignité de l'Église et diminue la valeur de l'acte même. Le mariage civil facultatif n'a pu être établi en Prusse par suite de l'opposition de la Chambre des Seigneurs.

Mariage civil obligatoire.

«La seule mesure acceptable, c'est le mariage civil obligatoire. Il est possible, car il existe dans plusieurs pays de l'Europe et même dans certaines parties de la Prusse, et détermine exactement les limites d'action de l'élément moral. Il ne prive point l'Église de son influence légitime, car il est peu de personnes qui se contentent du mariage civil. Les citoyens qui renoncent au concours de l'Église démontrent précisément que l'union civile est aussi nécessaire que la liberté laissée à ceux qui réclament l'assistance de clergé.

«En s'opposant au mariage civil, l'Église prouve quelle tend à ce que l'État sanctionne sa toute-puissance. Cette contradiction a sa cause dans l'esprit policier des organes ecclésiastiques.

Opposition de l'Église au mariage civil.

«L'attitude du clergé catholique et celle d'une partie du clergé protestant démontrent la nécessité d'une séparation de pouvoirs. C'est cette attitude même qui motive l'établissement du mariage civil. Les encycliques de Pie IX ont rendu tout compromis impossible. Les partisans de l'union civile ne touchent point aux croyances et défendront toujours la dignité du mariage aussi bien que son inviolabilité. Rendons à César ce qui est à César.» [1]

Pendant que les Pères étaient encore assemblés à Trente, l'empereur Ferdinand d'Allemagne promulgua, dans ses États autrichiens, un édit défendant les mariages secrets, comme Charles Quint l'avait déjà fait pour les provinces des Pays-Bas.

Édit de Ferdinand d'Allemagne contre les mariages secrets.

Cependant ces mesures restèrent sans effet. L'édit du 7 Septembre 1703 se plaint des infâmes concubinages nuisibles au corps de la nation entière et des séductions de mineurs, tant de haute que de basse condition, qui osent s'unir en mariage à l'insu de leurs pères et mères et de leurs tuteurs.

Marie-Thérèse s'occupa de la question des mariages secrets. Mais son édit du 12 Avril 1753, qui déclarait nulles les fiançailles (*Verlöbnisse*) des mineurs «sans le consentement des pères et mères ou des tuteurs,» était demeuré sans résultat, lorsque son fils, l'empereur Joseph II, vint, par son édit du 30 Août 1788, dénier toute validité juridique aux *Verlöbnisse*.

Edit de Marie-Thérèse du 12 Avril 1735 sur les fiançailles.

Édit de Joseph II, du 30 Août 1788.

Le sacrement appartient à l'Église, le contrat de mariage est de la compétence de l'État; tel est le résumé des doctrines que l'empereur Joseph tenta d'appliquer dans sa patente du 16 Janvier 1783, et qui ne formaient qu'un anneau dans la chaîne du système dont la réalisation fut le but de tous ses efforts: la soumission de l'Église à l'État.

Patente du 16 Janvier 1783.

«Le mariage en lui-même, dit-il, étant considéré comme contrat civil, les droits civils et obligations qui découlent de ce contrat et établissent les rapports juridiques entre époux,

Mariage contrat civil.

[1] Discours du Professeur Gneist au Congrès de Heidelberg, *Le Nord*, 18 Septembre 1869.

empruntent toute leur force uniquement aux seules lois du pays qui en règlent les dispositions. Par conséquent la décision des différends qui naissent à l'occasion de ces contrats, appartient aux tribunaux du pays.»

Différends qui en naissent appartiennent aux tribunaux.

Bénédiction nuptiale conservée.

Comme forme de la célébration solennelle du mariage, Joseph conserva la bénédiction nuptiale du Concile de Trente. Il prescrivit également trois publications de bans, mais en même temps il donna à ces actes une interprétation complétement opposée à celle de l'Église.

La partie du code de 1811 qui avait rapport au mariage, ne fit que répéter presque littéralement les ordonnances de l'empereur Joseph. Il déclare que: «Les fiançailles ne produisent aucune obligation légale soit quant à la conclusion du mariage, soit pour la prestation convenue en cas de dédit.» Seulement la partie qui n'a donné aucun motif réel au dédit, a le droit de demander comme réparation des dommages-intérêts.[1]

François Ier, quoique fortement imbu des idées religieuses, laissa subsister la législation du mariage si vivement attaquée par le clergé et les écrivains catholiques. Il est vrai qu'il fit entamer des négociations avec le nonce apostolique, mais elles restèrent sans résultat et la législation de l'Empereur Joseph continua à subsister.

Cependant les délibérations furent reprises sous Ferdinand Ier. Naturellement on proposa de remonter au Concile de Trente, et déjà les délibérations favorisées tant par Grégoire XVI que par Pie IX touchaient à leur terme, lorsque les événements de Mars 1848 vinrent tout arrêter.

Constitution de 1848.

La Constitution du 25 Avril 1848 accordait à tous les citoyens l'entière liberté en matière de foi et l'entière liberté de conscience; elle assurait à toutes les confessions chrétiennes reconnues le libre exercice de leur culte. Les conséquences de ce principe paraissaient être essentielles pour la législation sur le mariage, et en exiger la réforme.

Concordat du 18 Août 1855.

Le 18 Août 1855 fut publié le *Concordat*, dont l'article 10 traite du mariage, rétablit la juridiction ecclésiastique et adopte comme règle normale les décrets du Concile de Trente.

Des réformes spéciales et la mise en harmonie des nouvelles concessions faites à l'Église catholique avec les principes du

[1] SAINT JOSEPH, *Concordance des codes civils*, tom. I, p. 14.

code civil furent promises dans la patente impériale, qui promulgua le concordat. Le résultat de ces promesses fut la patente du 8 Octobre 1856, et la loi publiée en même temps sur les mariages catholiques dans l'empire d'Autriche. Cet acte sorti des délibérations de l'épiscopat de Vienne, reconnaissait dans toute son étendue le droit canonique en matière matrimoniale, et adoptait *in totidem verbis* les décrets du Concile de Trente, spécialement en ce qui concerne la conclusion du mariage. [1]

Patente du 8 Octobre 1856 et 1er Janvier 1857. La loi sur les mariages catholiques.

Cette loi, qui entra en vigueur le 1er Janvier 1857, s'appliquait à tous les sujets catholiques de la monarchie autrichienne et comprenait 251 articles ordonnant entre autres la célébration du mariage devant le curé de la paroisse, et rendant les tribunaux catholiques seuls compétents pour les mariages mixtes, quand l'un des époux était catholique.

Célébration devant le curé. Tribunaux catholiques pour les mariages mixtes.

Les événements qui ont amené l'abrogation de la loi du mariage, basée sur le Concordat, sont retracés par l'éminent homme d'état qui dirige la politique de l'empire austro-hongrois, depuis sa réorganisation constitutionnelle. Comme l'a expliqué le comte de Beust, dans sa dépêche du 2 Juillet 1869 au comte de Trautmansdorff à Rome, [2] la loi du 25 Mai 1868 organise le principe du mariage civil subsidiaire.

Mariage civil subsidiaire.

Les patentes du 5 Novembre 1855, du 8 Octobre 1856 et du 1er Janvier 1857, avec les suppléments intitulés: «Ordonnances», reconnaissant les tribunaux ecclésiastiques en matière matrimoniale, sont abrogées pour tous les royaumes et pays autrichiens, et les dispositions du Code du 13 Juin 1811 sur la conclusion des mariages, sont remises en vigueur.

Patentes du 5 Novembre 1855 et du 1er Janvier 1857 abrogées.

Si un prêtre refuse de faire la publication des bans, aux termes du Code civil général, les parties sont libres de les faire publier par les autorités civiles et de faire devant ces autorités la déclaration solennelle qu'elles se prennent pour mari et femme. Il faut, toutefois, pour que cela puisse avoir lieu, que le refus du prêtre compétent soit dûment établi.

Loi du 25 Mai 1868.

Toutes les fonctions et tous les pouvoirs qui, d'après les dispositions du second chapitre du Code civil général, appar-

[1] Friedberg, *Das Recht der Eheschliessung*, p. 147.
[2] Voir *Livre Rouge autrichien*, n° 3, p. 42.

tiennent au prêtre, sont dévolues, en cas de mariage civil, à l'autorité politique du district.

Il est permis aux époux qui ont conclu un mariage civil, de demander ensuite la bénédiction nuptiale à un ecclésiastique de la confession à laquelle appartient un des conjoints.

Les tribunaux civils sont exclusivement compétents, dans tous les royaumes et pays de l'empire, pour décider les contestations auxquelles donnent lieu les mariages, quelle que soit la religion des époux.[1]

Une autre loi, du 31 Décembre 1868, a pour but de donner des droits égaux à toutes les confessions chrétiennes en matière de mariages mixtes, et supprime les priviléges que la législation civile reconnaît sous ce rapport à l'Église catholique. Le § 64 du Code civil qui déclare sans valeur les contrats de mariage entre chrétiens et non-chrétiens est resté en vigueur.[2]

D'après la loi du 9 Août 1870: «Toutes les fonctions que la loi attribue, en matière de mariage et de tenue des registres matrimoniaux, aux ministres des cultes, seront remplies, quand il s'agit d'une personne qui n'appartient à aucune Église ou communauté religieuse légalement reconnue, par le chef du district et, dans les localités qui possèdent des statuts communaux propres, par l'autorité communale chargée des fonctions politiques.»[3]

Consentement des parents.

D'après la loi de 1811, encore en vigueur sur ce point, les mineurs, c'est-à-dire les personnes qui n'ont pas 24 ans accomplis, ne peuvent se marier sans le consentement de leur père, légitime ou adoptif. Les enfants naturels ont besoin du consentement de leur tuteur et de la justice. La loi n'exige point le consentement de la mère et des autres ascendants; mais ceux-ci sont autorisés, lorsque leur consentement n'a pas été obtenu, à refuser la dot.[4]

Mais, d'après un décret aulique du 8 Août 1831, le consentement du père n'est plus indispensable pour la validité du mariage. Les tribunaux peuvent apprécier les motifs du refus

[1] *Oesterreichische Gesetzsammlung*, Supplement-Band, 1868, n⁰ 82.

[2] *Revue de droit international*, 1869, p. 386, Dr. Geyer.

[3] *Ibid.*, 1872, p. 65.

[4] Fœlix, *Traité de droit international privé*, tom. II, p. 418.

de consentement et y suppléer si les motifs ne lui paraissent pas fondés.[1]

En Danemark, « la femme qui n'est pas veuve doit avoir le consentement de ses parents ou de son tuteur pour se marier, si son père est dans l'impossibilité de manifester sa volonté. Si le fiancé n'a pas encore atteint l'âge de la majorité, il est tenu de demander le consentement des personnes sus-nommées. En cas de refus, il sera passé outre à la célébration du mariage si les officiers du ministère public jugent l'opposition mal fondée. »[2] Danemark.

L'institution des fiançailles (*Verlöbniss*) est complétement abolie par une loi du 4 Janvier 1799. Tout engagement de contracter mariage y est de nul effet. La seule exception à cette règle est que, lorsqu'une fille innocente a été séduite et rendue enceinte sur une promesse de mariage, le séducteur peut être forcé de l'épouser.

Les tentatives faites pour introduire le mariage civil obligatoire dans le Danemark, ont échoué jusqu'ici. Toutefois la loi du 13 Août 1851 a apporté de profondes modifications à la loi antérieure sur le mariage. Les deux premiers paragraphes de cette loi en expliquent la portée. Ils déclarent, § 1, que « lorsqu'un homme et une femme qui n'appartiennent ni à l'Église nationale ni à quelque autre société religieuse reconnue par l'État et ayant des ministres autorisés à célébrer les mariages, désirent contracter mariage, ce mariage peut être célébré avec pleine validité par-devant l'autorité civile, et sans consécration religieuse ». § 2: « Le mariage peut être conclu de la même manière même entre personnes appartenant à une dénomination religieuse reconnue par l'État. »[3]

En Suède, en cas de contestation sur la question de savoir à qui appartient, après la mort des parents, le pouvoir de donner le consentement, ou en cas de refus de la personne qui jouit de ce pouvoir (et qu'on appelle *giftoman*), le juge peut suppléer au consentement.[4] Consentement des parents.

[1] SAINT-JOSEPH, *Concordance des codes civils*, tom. I, p. 15.

[2] *Ibid.*, tom. II, p. 139.

[3] FRIEDBERG, *Das Recht der Eheschliessung*, p. 647—651.

[4] Code de 1734. *Titre du mariage*, chap. VI, art. 4.

La loi ne prononce pas la nullité de mariage à défaut du consentement du *giftoman*; mais la fille qui s'est mariée sans ce consentement peut être deshéritée par ses père et mère.[1]

Les coupables d'adultère ne peuvent se marier ensemble, même après le décès de l'époux outragé.[2]

Verlöbniss ou fiançailles en Suède.

On trouve dans la loi de Suède quelques dispositions qui ressemblent à celles de la *Verlöbniss* prussienne.

La loi de Suède suppose que le mariage est précédé d'une promesse de mariage faite en présence du *giftoman* et de quatre témoins. Les fiançailles ainsi contractées sont obligatoires; elles ne peuvent être rompues, même du consentement des deux parties, sans l'intervention du chapitre consistorial ou des tribunaux; celle des parties qui viole la promesse est passible de dommages et intérêts. En cas de grossesse de la fiancée des faits du fiancé, et du refus de ce dernier de procéder à la célébration du mariage, la fiancée sera déclarée sa femme légitime, et aura les mêmes droits sur la fortune.[3]

En Suède, par l'«édit de tolérance» du 19 Mai 1860, il est permis aux personnes qui n'appartiennent pas à l'Église nationale de faire célébrer leurs mariages par les ministres de leur propre culte. Les bans toutefois doivent toujours être publiés dans l'Église nationale, et les mariages sont enregistrés par elle. En 1862 les mariages entre juifs et chrétiens ont été autorisés et réglementés.

Norvége.

En Norvége, les dissidents ont été relevés de l'obligation de faire célébrer leurs mariages par l'Église officielle, par une loi du 16 Juillet 1815. Ces unions doivent être contractées par consentement mutuel par-devant notaire, et sans qu'on soit astreint, comme pour le mariage luthérien, à justifier de la publication des bans, du baptême et de la communion. La même loi a été, le 22 Juillet 1863, étendue aux mariages entre juifs et chrétiens, déjà autorisés depuis le 24 Septembre 1851.[4]

Russie; l'union religieuse.

Le digeste (*Svod*) de Russie subordonne tous les effets du mariage à l'union religieuse des époux. Dans trois chapitres

[1] Code de 1734. *Titre du mariage*, chap. VI, art. 3.

[2] *Ibid.*, art. 10.

[3] Chap. 3 et 4. Fœlix, *Traité de droit international privé*, tom. II, p. 404.

[4] Friedberg, *Das Recht der Eheschliessung*, p. 647—651.

différents, il s'occupe: 1° des mariages entre les personnes qui professent la religion gréco-russe; 2° de ceux des personnes appartenant aux autres communions chrétiennes soit entre elles soit avec des personnes de la religion gréco-russe; 3° des mariages des individus non-chrétiens, soit entre eux, soit avec des chrétiens. Les mariages des chrétiens soit de la religion grecque soit d'une autre communion chrétienne sont célébrés par les prêtres ou ministres du culte auquel les parties appartiennent.

Consentement des parents.

Le mariage entre individus de tous les cultes chrétiens ne peut être contracté sans la permission des père et mère, tuteur ou curatuer. Il ne peut l'être que du consentement libre et mutuel des époux. En conséquence, il est défendu aux parents de contraindre leurs enfants, et aux seigneurs de contraindre leurs serfs à contracter mariage. On ne peut se marier quatre fois.

Mariages interdits.

Le mariage des individus professant la religion gréco-russe est défendu entre parents et alliés aux degrés déterminés par les lois de l'Église. Dans toutes les autres communions chrétiennes, le mariage est interdit entre parents et alliés aux degrés prohibés par les lois de l'Église à laquelle appartiennent les contractants. Il est de même défendu aux Gréco-Russes, Grecs unis et catholiques romains avec les non-chrétiens. Mais sont permis les mariages des protestants avec les mahométans et avec les juifs.

A qui avec non-chrétiens.

Le mariage des individus professant la religion gréco-russe avec des dissidents de cette même religion est nul, s'il n'a pas été précédé de la conversion de ces derniers.

Les membres du clergé régulier, les prêtres et les diacres ne peuvent se marier tant qu'ils font partie du clergé.

L'adoption n'est pas une cause de prohibition de mariage.

Lorsqu'un des futurs conjoints appartient à la religion gréco-russe, celui qui professe un autre culte doit signer l'engagement entre autres de faire baptiser les enfants issus de cette union dans la religion gréco-russe.

Mariages mahométans et d'après les règles du Bouddhisme.

Le Code s'occupe des mariages mahométans et des mariages d'après les règles du Bouddhisme. Mais quant aux mariages entre non-chrétiens qui admettent la polygamie, ils n'entrent pas dans le cadre de notre travail, ainsi que nous l'avons expliqué au commencement. Nous insérons toutefois quelques articles essentiels pour l'intelligence des rapports matrimoniaux des chrétiens avec les non-chrétiens en Russie.

« Lorsque les néophytes ont reçu le saint baptême, ils peuvent continuer à cohabiter avec leurs femmes non converties, pourvu qu'ils n'en gardent qu'une. Leur mariage est valable, quoiqu'il n'ait pas été célébré une seconde fois selon les règles de l'Église orthodoxe.

Néophytes et femmes non converties.

« Si le néophyte a eu plusieurs femmes, il doit choisir celle avec laquelle il veut continuer le mariage; il devra garder de préférence celle qui s'est convertie avec lui; s'il la choisit, le mariage est célébré selon les rites de l'Église. Les mêmes règles sont applicables réciproquement aux femmes qui ont eu plusieurs maris.

« Si aucune des femmes du néophyte ne se convertit, et que le mari refuse de vivre avec aucune d'elles, il peut épouser une femme de la religion orthodoxe.

« Le mariage entre convertis reste valable, quoique les conjoints soient parents à un degré prohibé par l'Église orthodoxe.

« Dans chaque tribu et peuplade, même païenne, le mariage peut être célébré d'après le culte et les rites de chacune, sans l'intervention de l'autorité administrative ou ecclésiastique d'un culte chrétien.

« La disposition par laquelle il est défendu aux ministres des cultes de célébrer le mariage lorsque les époux n'ont pas atteint l'âge voulu par la loi, s'étend aussi aux sujets russes qui professent la religion mahométane. Il en est de même pour les juifs. »[1]

Mariage en Suisse.

On vient de discuter dans le Conseil national suisse, un projet d'arrêté destiné à faire disparaître les entraves qui dans certains cantons font obstacle au mariage, et à établir une législation uniforme pour toute la Suisse. Une question préalable relative à la compétence de la législation fédérale pour statuer à ce sujet, a été renvoyée au Conseil fédéral, qui doit

[1] Voir SAINT-JOSEPH, *Concordance entre les codes civils étrangers et le Code Napoléon*, tom. III, p. 280. FŒLIX, *Traité de droit international privé*, tom. II, p. 407. L'édition de 1842 du code russe diffère beaucoup de celle de 1832, d'après laquelle le résumé de Fœlix a été rédigé.

présenter à la prochaine session un rapport sur la loi nouvelle et sur la révision de la constitution.[1]

A la différence de l'Europe, tous les États de l'Union américaine favorisent le mariage, et telle est aussi la tendance invariable des décisions de leurs tribunaux. Mariage aux États-Unis.

Dans le système politique des États-Unis le mariage n'est pas réglé par une loi fédérale, mais chaque État jouit du droit absolu de légiférer en cette manière. Cependant, à l'exception de la partie de l'ancienne province franco-espagnole de la Louisiane, constituant aujourd'hui l'État de ce nom, la jurisprudence de tous les États est basée sur le droit commun anglais. Inutile de dire que le jugement dans le cas de Queen *vs.* Millis,[2] n'a exercé nulle part une influence sur l'interprétation de ce droit tel qu'il existait lors de la colonisation du pays. Mariage n'est pas réglé par une loi fédérale. Jurisprudence des États-Unis basée sur la loi commune.

Quant à la Louisiane, le mariage, pendant son existence coloniale, a toujours été réglé par le droit commun de l'Europe; l'ordonnance de Blois n'y fut jamais introduite par le gouvernement français, non plus que le décret du Concile de Trente par le gouvernement espagnol. La Louisiane.

Il n'y a jamais eu de cours ecclésiastiques dans les colonies d'origine anglaise, mais les matières s'appliquant aux mariages, aux testaments et aux successions, qui étaient en Angleterre du ressort de ces tribunaux, étaient réglées dans quelques colonies par le gouverneur, et dans d'autres par des actes des législatures locales.

L'État de New-York, le plus important sous tous les rapports, a conservé la loi commune pure et simple, et il y suffit du consentement mutuel sans aucune cérémonie religieuse ou civile. Lors de la révision des lois de l'État, en 1829, on prescrivit certaines règles pour l'enregistrement et la vérification des mariages en spécifiant les personnes devant lesquelles ils devraient être solennisés. Mais on fut obligé l'année suivante de déclarer que la validité des mariages n'était nullement subordonnée à l'observation de ces règles. Leur infraction n'entraîne d'ailleurs aucune pénalité. La loi commune pure et simple à New-York.

D'après la loi actuelle § 1: « le mariage, en ce qui concerne Mariage contrat basé sur consentement mutuel.

[1] *Le Nord*, 5 Janvier 1870.

[2] Voir *supra* p. 282.

sa validité légale, continuera d'être, dans cet État, un contrat civil auquel le consentement des parties légalement capables de le contracter, est essentiel.»

Célébration pour l'enregistrement.

Par une autre section § 8: il est déclaré que, «dans le but de les faire enregistrer et authentiquer, les mariages ne seront célébrés que devant les personnes suivantes: les ministres de l'évangile et les prêtres de toutes les dénominations; les maires, *recorders*, et les *aldermen* des villes; les juges des cours du comté et les juges de paix.»

Aucune notification quelconque n'est nécessaire, mais il est pourvu à la mise aux dossiers du certificat délivré par le magistrat ou par le ministre. Le certificat, en original, ou en copie dûment certifiée, est considéré comme preuve présomptive du fait.

Il est déclaré cependant § 19: «que tout mariage légal, contracté suivant le mode usité jusqu'ici dans cet État, sera aussi valide que si cet acte n'avait pas été passé.»

«Les mariages entre parents et enfants, y compris les grands-parents et les petits-enfants à tous degrés, ascendants et descendants, et entre frères et sœurs, qu'il soient ou non du même lit, sont déclarés être incestueux et absolument nuls. Cette section s'étend aux enfants et aux parents illégitimes, aussi bien qu'à ceux qui sont légitimes.» [1]

Le projet de Code de 1866 porte, § 36:

Mariage d'après le code de 1866.

«Le mariage est une relation personnelle provenant d'un contrat civil auquel le consentement des parties est seul nécessaire. Le consentement à un mariage peut être manifesté en toute forme et peut être prouvé comme tout autre fait.»

Voici comment la loi de l'État de New-York est résumée dans un jugement du tribunal le plus élevé de cet État:

Ni cérémonie ni célébration par ministre ou magistrat nécessaire.

«Les principes de la *common law*, qui chez nous régit le mariage, sont peu nombreux et très-simples: pour le rendre légal et valide, il n'est besoin ni de cérémonies, ni de célébration par un ministre, prêtre ou magistrat; le consentement des parties est seul requis, et le contrat de mariage est complet lorsqu'il y a consentement absolu, libre et mutuel des parties

[1] *Revised Statutes*, vol. II, p. 144—147, éd. 1863.

capables de le contracter, lors même que ce consentement ne serait point suivi de cohabitation.»

La cour d'appel (*Court of Appeals*) citant le langage employé dans un jugement antérieur, [1] dit:

«On allégue qu'il n'y a pas de preuve d'un mariage *de fait* subséquent, et qu'il n'est pas démontré qu'il y ait eu aucune célébration. Mais la preuve d'un mariage positif n'était point nécessaire. Une telle preuve stricte n'est nécessaire que dans les cas de poursuites pour bigamie ou de procès en conversation criminelle. Un mariage peut être prouvé dans d'autres cas par la cohabitation, l'aveu des parties, la réception dans la famille, et d'autres circonstances dont on peut déduire qu'il y a eu mariage. Aucune célébration formelle du mariage n'était requise.

Manière de prouver les mariages.

«Une preuve encore moins stricte est requise dans les questions de filiation, et *semper præsumitur pro legitimatione puerorum* paraît être la règle établie. [2] Je n'ai trouvé dans cet État aucune autorité qui exige de l'héritier, enfant reconnu et admis, la production d'un acte de mariage, pour établir sa légimité. Les présomptions et la bienveillance de la loi sont en sa faveur, et ceux qui veulent le faire déclarer illégitime doivent démontrer le fait par des preuves claires et irréfragables.» [3]

Filiation.

Dans un cas où les parties s'étaient réciproquement promis le mariage près d'un an avant la naissance d'un enfant, et comptaient se marier, le père, qui était marin, partit en voyage et fut accidentellement retenu plus longtemps qu'il ne pensait l'être, de sorte que l'enfant naquit quelques jours avant son retour. Ils furent mariés dans la semaine qui suivit par un ministre du culte, et continuèrent de cohabiter comme mari et femme pendant nombre d'années, et jusqu'à leur mort ils traitèrent l'aîné des enfants comme étant légitime. Dans une question de succession entre les enfants, qui dépendait de la

[1] JOHNSON's *Reports*, vol. IV, p. 52, Fenton *vs.* Reed.

[2] *Reports*, vol. V, p. 98[b], *Bury's case.* — VERMONT, *Reports*, vol. XIII, p. 145, Cowles *vs.* Young.

[3] *New-York Reports*, vol. XXIII, p. 90, Caujolle *vs.* Ferrié. — Voir aussi HILL's *Reports*, vol. I, p. 270, Starr *vs.* Peck.

légitimité de l'aîné, comme la légitimation par le mariage subséquent n'existe pas à New-York, il fut laissé au jury de décider s'il y avait eu mariage avant que le père partît en voyage.[1]

Loi de la Pensylvanie.

Dans la Pensylvanie la loi la plus ancienne, celle de 1701, est fondée sur l'usage des Quakers. Elle déclare que «tous les mariages seront solennisés par la déclaration des parties devant douze témoins compétents, qu'elles se prennent réciproquement pour mari et femme.» Un certificat devait être signé par les témoins au nombre desquels devait se trouver un juge de paix. De prêtre ou de ministre il n'est pas question. L'acte de 1729—1730 n'autorise pas les ministres à solenniser les mariages, mais il en reconnaît l'usage. «Ces actes ne rendent pas nuls les mariages qui ne sont pas solennisés d'après leur teneur, mais ils laissent la loi de mariage telle qu'elle était. Le mariage dans la Pensylvanie est un contrat civil, qui peut être conclu entre les parties sans l'intervention ou la présence d'un prêtre ou d'un magistrat, et par lequel elles s'engagent mutuellement à se prendre pour mari et femme.»[2]

Cas de madame Gaines.

Le cas de madame Gaines (femme du général de ce nom), qui n'aboutit qu'en 1867, après 34 ans de plaidoiries, à obtenir gain de cause devant la cour suprême fédérale, est un des plus frappants exemples de la loi sur le mariage telle qu'elle existe aux États-Unis. Le père de madame Gaines était mort en 1813, laissant de grands biens qui comprennent aujourd'hui une bonne partie de la ville de la Nouvelle-Orléans, et sa fille était demeurée dans l'ignorance de sa parenté jusqu'en 1834. A cette époque elle découvrit un testament fait en 1813, et qui fut seulement en 1856 admis à l'homologation par la cour suprême de la Louisiane. Le défunt y déclarait que Madame Gaines était sa fille légitime, et l'instituait sa légataire universelle. Mais le mariage entre le père et la mère de madame Gaines avait été entouré de toutes les incertitudes. La mère avait été mariée antérieurement à un homme encore vivant alors, et il fallut, pour combattre les effets de ce ma-

[1] Hill's *Reports*, vol. I, p. 270, Starr *vs.* Peck.

[2] Dunlop, *Laws of Pennsylvania*, éd. 1846, cite Binney's *Reports*, vol. VII, p. 405; Watt's *Reports*, vol. II, p. 10; Peters' *Reports*, vol. XVII, p. 213.

riage, démontrer que le premier mari, lorsqu'il se maria, avait de son côté une première femme qui vivait encore. Il y avait eu des rapports illicites entre le père et la mère de madame Gaines avant l'époque où l'on alléguait qu'ils avaient contracté ce mariage que ni l'un ni l'autre n'ont jamais avoué publiquement durant leur vie. La mère, de plus, s'était remariée durant la vie du père, ayant été persuadée que son mariage avec le père de madame Gaines était invalide. Le mariage ne pouvait être prouvé que par le témoignage de la sœur de la mère de madame Gaines, qui déposa qu'il avait eu lieu dans une maison particulière à Philadelphie, dans l'État de Pensylvanie, par-devant un prêtre dont elle ne se rappelait pas le nom. Par conséquent, même après l'homologation du testament, il y eut encore une difficulté en ce que madame Gaines, accusée d'être un enfant adultérin, aurait été par là, selon la loi de la Louisiane, incapable de succéder.

Dans un des procès intentés par madame Gaines, et qui fut porté par appel d'une des cours de *circuit* des États-Unis pour l'État de la Louisiane, devant la cour suprême, ce dernier tribunal énonça les principes qui suivent. Il faut remarquer que ce qui est dit de la loi de Pensylvanie s'applique en général à la loi de tous les États sur le mariage:

La Cour suprême des États-Unis sur le mariage.

« Quand un mariage a été célébré en Pensylvanie (l'État où l'on a allégué que ses père et mère avaient été mariés), il doit être prouvé selon les lois de la Pensylvanie. Dans cet État le mariage est un contrat civil qui peut être conclu par toutes paroles se rapportant au temps présent, sans égard à aucune formalité, et toutes les interprétations sont en faveur de la légitimité. Un mariage peut être prouvé par toute personne qui y a assisté et peut identifier les parties. Si la cérémonie a été célébrée par une personne vêtue comme un prêtre, et *per verba de præsenti*, il doit être présumé que la personne qui a célébré le mariage était un prêtre. Si le fait du mariage est prouvé, rien ne peut invalider la légitimité des enfants nés de ce mariage, à moins de faits prouvés démontrant l'impossibilité pour le mari d'être le père. D'après les lois de la Louisiane et de la Pensylvanie, un mariage entre une femme et un homme marié dont la première femme vit encore, était nul, et la femme pouvait se remarier sans attendre qu'un jugement fût prononcé

Les lois de la Louisiane et de la Pensylvanie.

par les tribunaux declarant la nullité de son mariage. Si elle se remariait ainsi et que la validité de son second mariage fût attaquée sous le prétexte qu'elle était incapable de le contracter parce que le premier mariage était légal, il n'est pas nécessaire pour elle de produire l'acte de condamnation de son premier mari comme bigame. La production des preuves incombe à ceux qui attaquent la validité du second mariage, et la déclaration du bigame, qu'il avait une femme vivante lorsqu'il épousa la seconde, est admise comme preuve à cet effet. Quand, dans le cours d'un procès *in equity*, il s'élève une question de filiation, et que, dans l'opinion de la cour, il existe des preuves suffisantes pour établir le mariage des ascendants, la présomption légale est que l'enfant né postérieurement au mariage est légitime, et il incombe à celui qui le nie de prouver le contraire, lors même que pour ce faire il lui faudrait prouver un fait négatif.»[1]

Les tribunaux français sur la loi de la Pensylvanie.

La loi de la Pensylvanie a été interprétée de la même manière par les tribunaux français, et notamment par la cour impériale de Paris, en 1856, à propos de la succession de la duchesse de Plaisance, fille du marquis de Barbé Marboïs et de sa femme née Moore.

Il s'agissait du mariage des père et mère de cette dernière qu'on alléguait avoir eu lieu le 13 Décembre 1757 à Philadelphie. Il a paru dans le procès qu'il n'existait pas de registre de mariages dans cet État lors de ce mariage, et à nulle autre époque, excepté de 1852 à 1855, et la Cour reconnaissait parmi d'autres preuves incontestables une bible de famille dans laquelle étaient insérés, sur la feuille blanche, les naissances et les mariages. L'arrêt entre autres «déclare que le mariage des auteurs communs de la Duchesse de Plaisance et des intimés n'est, en effet, constaté par aucun acte en forme.

[1] HOWARD's *Reports*, vol. VI, p. 551, Patterson *vs.* Gaines. Cette affaire revint sept fois devant la cour suprême. PETERS' *Reports*, vol. XIII, p. 404, ex parte Myra Clar Whitney; *Ibid.*, vol. XV, p. 19, Gaines *vs.* Relf; HOWARD's *Reports*, vol. II, p. 619, Gaines *vs.* Chew; *Ibid.*, vol. VI, p. 550, Patterson *vs.* Gaines; *Ibid.*, vol. XII, p. 472, Gaines *vs.* Relf; *Ibid.*, vol. XXIV, p. 553, Gaines *vs.* Hennen, et pour la dernière fois, WALLACE's *Reports*, vol. VI, p. 642 et 719, Gaines *vs.* New-Orleans, et Gaines *vs.* De la Croix, plaidés simultanément.

« Mais considérant que, dans l'Etat de la Pensylvanie, où était, en 1757, le domicile de W. Moore et de Sarah Loyd, la loi n'exige pas d'acte religieux ou civil, authentique ou privé, pour faire la preuve des mariages;

« Que la possession d'état y supplée, et qu'ainsi lorsqu'il est établi que les père et mère ont vécu comme mari et femme et que ce fait a été notoire, l'union est réputée certaine.» [1]

La Virginie.

Dans la Virginie, où l'Église anglicane était plus influente qu'ailleurs, les mariages n'étaient célébrés dans les premiers temps de la colonie (1731), que par un ministre de l'Église anglicane, ayant licence du gouverneur, et après la publication des bans. Mais le mariage civil facultatif fut établi avant la révolution. Aujourd'hui la loi de l'État prescrit la formalité d'une licence et la solennisation par un prêtre ou ministre ou par un magistrat.

Le Massachusetts.

Dans le Massachusetts les mariages doivent être solennisés par un juge de paix ou par un ministre de l'évangile d'après les usages de son culte, et dans la ville ou commune où réside la personne qui le célèbre. « Mais aucun mariage célébré devant une personne se disant juge de paix ou ministre ne sera point nul non plus et sa validité ne sera en aucune manière entachée par le défaut de compétence ou d'autorité d'une telle personne, ou par l'omission ou vice de formes dans la manière dont l'intention de se marier a été manifestée, si le mariage est légal sous les autres rapports, et s'il a été conclu avec la ferme croyance des parties ou de l'une d'elles qu'elles étaient légalement unies en mariage.» [2]

Effet de l'omission d'enregistrement.

L'omission de faire enregistrer un mariage contracté à l'étranger expose les parties à une amende, mais elle n'invalide pas le mariage. Le § 6 déclare que si des personnes résidant dans l'État, pour se soustraire aux conditions prescrites par la section précédente, vont dans un autre État ou pays et reviennent dans le leur pour y résider, le mariage sera nul. Les conditions dont il est question sont celles qui déclarent le mariage nul pour cause de parenté ou autre *impedimentum*

[1] Voir arrêt du 12 Janvier 1856. *Gazette des Tribunaux*, 26 Février 1856.

[2] *Massachusetts laws*, 1860, § 20.

dirimens, cause qui l'aurait rendu également nul s'il avait eu lieu dans l'État.

Il y a des règlements spéciaux pour les *Quakers*, mais on ne parle pas des mariages des Juifs.[1]

Story sur le mariage d'une personne divorcée.

Story cite des décisions des tribunaux de cet État, qui reconnaissent la légitimité des enfants issus du mariage d'une femme divorcée *a vinculo matrimonii* pour cause d'adultère et déclarée incompétente par la loi locale à se remarier, mais qui est allée dans un autre État où elle a contracté un autre mariage.[2]

Mariage partout valable sans le consentement des parents.

Dans d'autres États, le *statut* défend au magistrat ou au ministre de marier des mineurs sans le consentement des parents, et ordonne la publication préalable de bans et la célébration du mariage devant un officier public ou un ministre du culte, sous certaines peines; mais le mariage pour lequel ces formalités n'ont pas été observées ne passe pas moins pour être valable. Saint-Joseph[3] se trompe en supposant que l'État de la Louisiane fait exception à la règle générale.

La Cour suprême des États-Unis a décidé que le décret du Concile de Trente ne s'appliquait pas à la Louisiane, ni comme province d'Espagne, ni comme province de France.

«Il est historique, dit ce tribunal, que de nombreux mariages ont été célébrés en présence des magistrats civils et sans la sanction d'un prêtre dans les colonies espagnoles qui ont été depuis cédées aux États-Unis.[4] Il n'était pas au pouvoir d'un décret ecclésiastique de modifier *proprio vigore*, le statut ou les relations personnelles des individus. Ceci ne pouvait être effectué que par l'autorité civile supérieure. En France, le décret du Concile de Trente ne fut pas promulgué, mais un règlement plus strict fut établi par l'Édit de Blois. En Espagne, il fut reçu et promulgué par Philippe II dans ses possessions européennes. Mais les lois appliquées aux colonies consistaient en un Code dressé par le Conseil des Indes antérieurement au Concile de Trente, et se trouvent dans le

[1] *Revised Statutes of Massachusetts*, 1860, p. 529.

[2] Story, *Conflict of laws*, § 123, p. 190, éd. Redfield.

[3] Saint-Joseph, *Concordance*, etc., vol. III, p. 187—188.

[4] *Louisiana Annual Reports*, vol. I, p. 98, Patton *vs.* Philadelphia; Watt's *Reports*, vol. X, p. 158, Philips *vs.* Greggs.

code nommé *las siete partidas* et les lois de *Toro*. La loi des *partidas* était la même que la loi générale de l'Europe: «le consentement seul, joint à la volonté de se marier, constitue le mariage.»[1]

Le Code actuel de la Louisiane, bien que calqué sur le Code Napoléon, n'a pas emprunté à celui-ci ses articles sur le mariage. Le § 89 dit que: «la loi ne reconnaît que les mariages qui sont contractés et solennisés conformément aux règles qu'elle prescrit.» Il existe des règlements pour la solennisation par un prêtre ou un ministre, ou par un juge de paix.

Code de la Louisiane.

Voici comment sa loi de mariage est interprétée par la cour suprême de l'État:

«Le Code de la Louisiane ne déclare point nul un mariage qui n'a pas été précédé d'une licence, et qui n'est point établi par un acte signé des parties et d'un certain nombre de témoins; il ne considère pas non plus un tel acte comme la preuve exclusive d'un mariage. Les lois réglant les formalités et les cérémonies ne sont impératives que pour ceux qui sont autorisés à célébrer les mariages.

Lois réglant les formalités obligatoires seulement pour les personnes autorisées à célébrer le mariage.

«Le mariage peut se prouver par tous les moyens de preuve non interdits par la loi, ce qui ne présuppose pas qu'il soit au pouvoir des parties d'avoir un genre de preuve supérieur. La cohabitation comme mari et femme fournit une preuve présomptive de l'existence d'un mariage.»[2]

§ 114. Le mariage des mineurs qui a été contracté sans le consentement de leurs père et mère n'est pas nul pour cela, s'il est d'ailleurs revêtu des autres formalités prescrites par la loi; mais ce défaut de consentement est une juste raison pour le père et la mère de deshériter leurs enfants ainsi mariés s'ils le trouvent convenable.

Les mariages étaient défendus dans tous les États à esclaves entre les nègres et les blancs.

Mariages entre les nègres et les blancs.

Dans quelques États, même parmi ceux où l'esclavage n'existait déjà plus avant la guerre civile, et notamment dans celui de Rhode-Island, la loi locale déclare nul le mariage des blancs avec les Indiens, les nègres et les mulâtres.[3] Il en

[1] Howard's *Reports*, vol. X, p. 174.

[2] *Louisiana Reports*, vol. VI, p. 463, Holmes *vs.* Holmes.

[3] *Revised Statutes of Rhode-Island*, 1857, p. 312.

était de même dans l'État de l'Indiana pour les mariages entre blancs et nègres, en vertu d'une loi de 1829. Un acte de 1705 qui rendait de tels mariages nuls dans le Massachusetts, a été abrogé en 1836.[1]

Les mariages entre les esclaves aux États-Unis.

Bien que dans les États à esclaves il fût impossible à ceux-ci de contracter mariage légalement, cependant les relations de famille existaient parmi eux, à l'imitation de celles qu'ils étaient accoutumés à voir parmi leurs maîtres, si bien que, lorsqu'il furent émancipés, il suffit que des lois générales reconnussent les faits existants. Il ne semble pas en effet, lorsqu'il s'est agi de distribuer l'argent revenant aux soldats nègres morts sur le champ de bataille, que l'on ait eu quelque difficulté à s'assurer des personnes qui y avaient droit. C'est grâce à l'existence de ce système que, avant la guerre civile, la population esclave augmentait plus rapidement que la population blanche, et que les Africains affranchis de ces États sont aujourd'hui dans une position supérieure à celle des noirs émancipés des Antilles.

Mariage dans les États de l'Amérique du Sud. Décret de Trente.

Dans les États de l'Amérique du Sud soumis à l'influence du droit espagnol ou portugais, d'après Friedberg, le *Decretum de reformatione matrimonii* a été, depuis leur indépendance, mis partout en vigueur.

Il en est ainsi au Chili, où le code publié en 1855 dit, à l'article 117:

Mariages des catholiques dans le Chili.

«Le mariage entre les catholiques sera célébré avec les solennités prévues par l'Église; il appartient à l'autorité ecclésiastique de veiller à leur accomplissement.»

Le Code de 1858 contient la même disposition.

Costa-Rica.

A Costa-Rica, l'article 108 du *Codigo generale* de l'année 1841 dit:

«Le mariage ayant été élevé dans l'État à la dignité d'un sacrement, les formalités nécessaires à sa célébration seront celles que le Concile de Trente et l'Église ont indiquées.»

Buenos-Ayres.

Il en est encore de même à Buenos-Ayres et au Pérou.

Mariage des Protestants dans le Costa-Rica et au Chili.

Il n'y a dans les lois de Costa-Rica aucune ordonnance à l'égard des protestants. Quoique la constitution n'impose aucune restriction religieuse aux non-catholiques, ceux-ci

[1] KENT'S *Commentaries*, vol. II, p. 289.

doivent également conclure leur mariage devant le prêtre catholique, et d'après la formule du Concile de Trente.

Au Chili, l'article 118 du Code statue sur ce point. Il soumet les non-catholiques aux empêchements (*impedimenta*) provenant de la loi de l'État ou du droit canonique, et ordonne que leurs mariages seront conclus par simple consentement mutuel des parties en présence de deux témoins et devant le prêtre catholique, mais sans solennité religieuse aucune.

C'est la règle que nous avons eu occasion d'indiquer comme applicable aux mariages protestants en Espagne, jusqu'à l'établissement, en 1869, du mariage civil.

Mariages protestants à Buenos-Ayres.

A Buenos-Ayres les protestants ont été, le 20 Décembre 1833, affranchis de la forme de mariage établie par le Concile de Trente, et de la célébration du mariage devant des prêtres catholiques.

Bien plus, il fut prescrit que tous les non-catholiques, étrangers ou indigènes, qui voudraient se marier, devraient annoncer leur mariage au président de la chambre de justice et déposer les documents nécessaires à la conclusion du mariage. Les bans seront ensuite publiés pendant six jours dans les feuilles publiques, et enfin après six autres jours, sur la permission du juge et l'autorisation du greffier, le mariage pourra être célébré par le prêtre du culte auquel appartiennent les époux, pourvu que celui-ci ait déjà auparavant, d'une manière quelconque, justifié de sa qualité devant le gouverneur.

Les registres pour les non-catholiques, de même que pour les catholiques étrangers, sont tenus par l'autorité civile.

Mariage civil au Mexique.

Enfin le mariage civil a aussi été introduit au Mexique.

En 1853 encore le gouvernement entretenait des négociations avec le Saint-Siége, pour conclure un concordat. Mais la révolution de 1854 anéantit toutes les espérances de l'Église, et la législation mexicaine des années suivantes lui fit de sensibles blessures. Les biens ecclésiastiques furent confisqués, les règles des ordres religieux brisées, et, comme le pape l'annonçait, «pour corrompre encore plus facilement les mœurs et l'esprit du peuple, pour étendre la peste condamnable et impie de l'indifférentissme et achever l'anéantissement de notre sainte religion», le libre exercice de tous les cultes fut permis.

La constitution de 1858 donna à toutes ces décisions une nouvelle sanction légale, et la révolution de Juarez en 1861 les mit en pratique, de même que le mariage civil obligatoire.

Brésil décret du 3 Novembre 1827.

Le gouvernement du Brésil avait, par le décret du 3 Novembre 1827, soumis à l'examen du clergé les dispositions du Concile de Trente. Il s'en était rapporté à la constitution de l'archevêque de Bahia, et, d'accord avec elle, avait posé comme conditions nécessaires à la conclusion du mariage, la publication des bans, la nécessité que les deux futurs époux ou l'un d'eux appartînt à la paroisse et enfin le mariage ecclésiastique.

La loi, du reste assez superficielle, ne mentionnait pas les protestants, mais cela ne paraissait nullement nécessaire, car la constitution du 11 Décembre 1823 était en général marquée d'un grand esprit de tolérance et ne connaissait pas d'autre restriction des droits des non-catholiques que leur incapacité de devenir députés.

Mariages des protestants.

Les mariages des protestants furent donc aussi reconnus comme légalement valides, et il semblait qu'aucun besoin réel ne réclamât le projet de loi concernant les mariages des non-catholiques, que le gouvernement élabora en 1856, et qui du reste ne fut jamais soumis aux chambres.

Mais déjà les événements de l'année suivante montrèrent combien peu les protestants étaient protégés par les statuts constitutionnels.

L'évêque de Rio de Janeiro déclara nul le mariage d'un protestant suisse avec une protestante badoise, mariage solennisé par le pasteur de la paroisse évangélique allemande de Janeiro, quoique ce mariage existât depuis douze ans, parce qu'il était contraire aux règlements du Concile de Trente, et il permit à la femme, qui dans l'intervalle avait embrassé le catholicisme, de contracter un autre mariage. Cette décision imprimait le caractère de concubinage aux mariages de plus de 80,000 protestants et les soumettait, pour le mariage, aux stipulations de l'édit de Trente et au droit canonique.

Projet de loi de 1858.

Le gouvernement se trouva alors obligé de venir en aide aux opprimés, d'autant plus qu'il cherchait à favoriser l'immigration, et qu'il devenait nécessaire dans ce but de concilier les mécontents. Un projet de loi proposant le mariage civil des protestants fut présenté aux Chambres en 1858. Mais il fut rejeté par les Chambres, et le mariage entre non-catholiques continua à être regardé, au point de vue légal, comme un concubinage.

Loi de 1861.

Enfin, en 1861, les Chambres mirent fin à la position difficile dans laquelle se trouvait le gouvernement, et le 11 Septembre fut votée une loi dont voici quelques extraits:

Dans quels cas le mariage civil est permis.

Art. 1. Les effets civils des mariages célébrés dans la forme prescrite par les lois de l'empire seront accordés:

1º Aux mariages de personnes professant une autre religion que celle de l'État, célébrés hors de l'empire selon le rite ou les lois auxquelles les parties contractantes sont soumises.

2º Aux mariages de personnes professant une autre religion que celle de l'État, célébrés dans l'empire, antérieurement à la promulgation de la présente loi, selon les coutumes ou les prescriptions de leurs religions respectives, pourvu qu'il soit prouvé qu'un acte religieux a été célébré.

3º Aux mariages de personnes professant une autre religion que celle de l'État, qui, après la date de la présente loi, seront célébrés dans l'empire selon les coutumes ou les prescriptions de leurs religions respectives, et tant que la célébration d'un acte religieux sera prouvée par l'inscription sur le registre établi à cet effet, et dans la forme qui sera déterminée par les règlements.

4º Ni les mariages dont parle le § 2, ni ceux du précédent § ne pourront jouir du bénéfice de cette loi, si entre les parties contractantes existaient des empêchements qui, selon les lois en vigueur dans l'empire tant qu'elles pourraient être appliquées, empêcheraient un mariage catholique.[1]

Mariage au Paraguay.

Il paraît que le mariage par consentement mutuel et sans formalités religieuses, existe au Paraguay. Dans un procès plaidé devant les tribunaux d'Edimbourg en Décembre 1869, M. McMahon, ministre des États-Unis d'Amérique au Paraguay, a déposé comme suit:

«D'après tout ce que j'ai pu voir, Lopez (le Président) et Mme Lynch vivaient ensemble comme mari et femme. Ils avaient cinq enfants qui étaient reconnus par tous deux comme

[1] Friedberg, *Das Recht der Eheschliessung*, p. 133—137; *ibid.*, p. 652—653.

leurs enfants. Ces enfants habitaient avec leurs parents. Il est habituel au Paraguay de voir des personnes vivre ensemble comme mari et femme sans être formellement mariées. Pendant tout le temps que je suis resté dans le pays, je n'ai entendu parler de la célébration que d'un seul mariage. Quand une femme vit maritalement avec un homme, elle prend généralement le nom de son mari. Mme Lynch occupait une très-haute position au Paraguay, et était, autant que j'ai pu m'en assurer, traitée et considérée par tous comme étant la femme du Président.» [1]

DES EFFETS, DANS LES DIFFÉRENTS PAYS, DES MARIAGES CONTRACTÉS ENTRE ÉTRANGERS OU A L'ÉTRANGER.

Mariage des étrangers en Angleterre.

La loi anglaise ne stipule rien au sujet des mariages d'étrangers en Angleterre, et de tels mariages, s'ils ont lieu, tombent sous l'application de la règle générale concernant le mariage dans ce pays. Il faut donc suivre les règlements prescrits pour les indigènes. Les étrangers ne sont pas dispensés, autrement que les Anglais eux-mêmes, quelque forme qu'ils adoptent, ni du temps de résidence, ni des autres conditions. D'un autre côté les ministres ou officiers autorisés à célébrer le mariage ne se préoccupent d'aucune loi spéciale au pays du domicile des parties, concernant le statut personnel relatif au mariage.

D'après les lois prescrites pour les indigènes.

La loi ne s'occupe pas du *status* personnel des étrangers.

Ce principe est pleinement expliqué dans un cas décidé en 1860 par la Cour anglaise des divorces. Voici les faits:

Mariage de deux Français en Angleterre en 1854.

Deux sujets français alors domiciliés en France, vinrent à Londres en Juin 1854, et y furent mariés par licence, conformément à la loi anglaise, mais sans avoir obtenu ou demandé le consentement de leurs parents, et sans que le mariage fût précédé en France des publications prescrites par l'article 63 du Code Napoléon. Le mari était âgé de 29 ans environ, la femme de 22. Ils ne cohabitèrent pas, et le mariage n'était pas consommé quand ils revinrent en France. Là, le mari refusa de célébrer le mariage conformément à la loi française. La femme intenta devant les tribunaux français

[1] *London Times*, 25 Décembre 1869.

une action en nullité sur laquelle le mari ne défendit pas; en Décembre 1854 elle obtint un jugement qui prononçait la nullité. Elle vint ensuite résider en Angleterre et demanda un jugement de nullité à la cour anglaise: les citations personnelles furent faites au mari, qui était à Naples, et qui ne comparut pas.

Jugement de nullité prononcé par un tribunal français.

On trouve dans le rapport du procès anglais le jugement du tribunal français à ce propos:

«Considérant que par le texte de l'article 170 du Code Napoléon, quand un mariage entre Français a été célébré en pays étrangers, il doit être précédé par les publications en France prescrites par la loi, et qu'il ne doit y avoir aucune violation des dispositions des articles 144 et suivants du Code Napoléon; considérant que la nullité prévue par l'article 170 n'est pas absolue, mais doit être prononcée quand il y a eu omission des formalités avec l'intention formelle d'éluder la loi, et qu'il est de la compétence du tribunal d'apprécier les circonstances; considérant en fait que les parties, tous les deux Français et domiciliés à Paris, ont contracté mariage, le 22 Juin 1854, devant un ministre de l'Église protestante, en présence de témoins; considérant que ce mariage a été célébré sans que les parties aient obtenu ou aient demandé le consentement des parents, et sans qu'il ait été précédé en France des publications prescrites par l'article 63 du Code Napoléon; considérant que le couple marié résidait à Paris et alla seulement momentanément en Angleterre dans le dessein d'y contracter mariage, et revint en France immédiatement après la célébration; considérant qu'il est de là évident qu'ils agirent ainsi dans l'intention formelle d'éluder les prescriptions de la loi française; considérant que la femme déclare distinctement que ce mariage n'a pas été consommé, que les parties n'ont pas cohabité, que l'assertion n'a pas été combattue par le mari qui n'a pas comparu, mais a laissé la demande de nullité par elle présentée se poursuivre par défaut; considérant que dans ces circonstances, le mariage contracté à Londres le 22 Juin 1854 ne peut être reconnu comme valide et régulier; pour ces raisons, le tribunal déclare le prétendu mariage du 22 Juin 1854 nul et non avenu.»

Un notaire de Paris fut appelé comme expert devant le tribunal anglais.

Question de la Cour anglaise.

«La question, a dit en substance la Cour anglaise, est de savoir si un mariage dûment solennisé en Angleterre de la manière prescrite par la loi anglaise entre parties d'un âge convenable et capables de contracter conformément à cette loi, doit être tenu pour nul et sans effet, parce que les parties contractantes, étant étrangères, sont venues le contracter en Angleterre pour éluder les lois du pays auquel elles appartiennent et dans lequel elles étaient domiciliées. On peut à la vérité se demander si les circonstances invoquées par la demanderesse établissent l'intention d'échapper à la loi française, et si ce que le témoin appelle un statut de prescription, savoir l'article 183 du Code Napoléon, enlève, ou non, à la demanderesse le droit d'intenter ce procès quatre ans après que le mariage a été célébré; mais nous passons sur ces points pour aborder la vaste et importante question qui a été soulevée.

Incapacité des parties de contracter en France sans les formalités.

«On a prétendu que, les parties étant françaises, la loi de ce pays les rendait incapables de contracter mariage sans remplir les formalités prescrites, et qu'une telle incapacité était un statut personnel qui les suivait partout et les rendait incapables de faire un contrat valide dans un autre pays. Mais il a été établi que cette incapacité de contracter n'était pas absolue, mais seulement conditionnelle, et que le contrat serait valable, si les parties n'étaient venues ici pour esquiver la loi française; qu'il le serait encore, s'il avait été ratifié subséquemment par l'assentiment des parents; qu'un contrat fait ici serait parfaitement valide, à moins qu'on ne l'attaquât avant un certain laps de temps. Il y a donc une distinction à établir entre le mariage contracté entre un homme et une femme âgés respectivement de vingt-cinq et de vingt-un ans, sans remplir les formalités prescrites par le Code Napoléon, art. 151, 152, 153 et 154, et celui qui est prohibé d'une manière absolue par l'art. 148 entre parties respectivement au-dessous de cet âge, et en admettant comme prouvé que le mariage était nul d'après la loi française, la question de savoir s'il doit être jugé ici par notre loi ou par la loi française demeure entière.

«En général la compétence ou l'incompétence personnelle

d'individus à contracter a été regardée comme dépendant de la loi du pays où le contrat est fait. Mais il a été et il est soutenu qu'une telle règle ne s'étend pas au mariage, et que les parties sont, relativement à ce contrat, régies par la loi de leur domicile. Cette question si importante dans toute société civilisée, a été longuement discutée par les jurisconsultes de toutes les nations; mais tous raisonnent dans l'hypothèse où des difficultés s'élèvent non dans le pays où le mariage a été célébré, mais dans d'autres pays, où les parties ont leur domicile. Qu'un mariage valide suivant la loi du pays où il a été solennisé doive être bon dans tout autre pays, et réciproquement, c'est ce que soutiennent en règle générale presque tous les écrivains sur le droit international. Les mêmes autorités admettent à cette règle un petit nombre d'exceptions — savoir dans le cas de mariages entraînant polygamie ou inceste, et dans ceux où l'union serait positivement prohibée pour des motifs politiques par la loi publique d'un pays, p. ex. par notre *Royal Mariage Act.* Story[1] mentionne une troisième exception, les mariages 'célébrés en pays étrangers par des sujets qui revendiquent pour eux en des circonstances spéciales le bénéfice de la loi de leur propre pays.'

Compétence ou incompétence de contracter dépendant de la loi du pays.

Exceptions.

«En outre des écrits des juristes quant à l'existence d'une telle règle générale établie par la loi de toutes les nations civilisées, elle a été en différents cas adoptée par les tribunaux de ce pays comme base de leurs décisions.»

Mariages nuls en France déclarés nuls en Angleterre.

Le juge refère alors au cas de Scrimshire *vs.* Scrimshire que nous avons eu occasion de mentionner, dans lequel un mariage contracté par deux Anglais en France fut déclaré nul par la *Consistory Court*, parce qu'il avait été contracté en violation de la loi française.

Il s'appuie aussi sur l'affaire Middleton *vs.* Janverin, où la même règle fut reconnue et prise pour base d'un jugement, par Sir W. Wynne.[2] «Les raisons sur lesquelles elle est fondée ne sont pas affaiblies par le fait qu'on a reconnu certaines exceptions à cette règle, à savoir des mariages regardés comme contraires aux lois de la religion et de la morale, ou

[1] Story, *On the Conflict of laws*, § 113.

[2] Voir § 1—2, p. 61 *supra* et les cas qui y sont cités.

contraires à la loi générale d'un pays. Ces mariages contractés à l'étranger, ont été déclarés nuls dans le pays dont les parties étaient sujets domiciliés, où un tel mariage ne serait pas permis.

Mariages célébrés conformément aux lois d'un pays jamais déclarés nuls dans ce pays.

«C'est un fait très-remarquable que ni dans les écrits des juristes, ni dans les arguments des conseils, ni dans les jugements des cours, on ne trouve ni exemple ni argument ayant en vue d'établir qu'un mariage célébré conformément aux lois d'un pays serait tenu pour nul par les tribunaux de ce pays, parce que les parties contractantes étaient les sujets domiciliés d'un autre pays où un tel mariage ne serait pas permis.

«On n'a avancé aucun argument de cette espèce, même dans le cas d'un mariage regardé comme incestueux. Il y a un passage dans Huber [1] qui mérite d'être mentionné.

«Huber discute ces deux exceptions à la règle générale que des mariages valides où ils sont célébrés doivent être, de par la loi des nations, reconnus partout: les mariages incestueux et les mariages entre mineurs sans le consentement *curatorum*, célébrés dans des pays où les parties sont allées dans le but d'éluder la loi du pays où elles sont domiciliées. Il n'élève pas le moindre doute sur la reconnaissance de la validité de ces deux classes de mariages dans le pays où ils ont été célébrés; il se borne quant à ceux de la deuxième catégorie, à justifier le pays du domicile de l'accusation de violer le droit des gens par son refus de les reconnaître. Story est, je crois, le seul écrivain qui ait exprimé une opinion sur ce sujet: après avoir mentionné que la France a avancé la doctrine que les mariages de Français en de telles circonstances ne seront pas regardés comme valides, il ajoute: 'Il n'y a guère lieu de douter que les pays étrangers où de tels mariages ont été célébrés se conformeront à leur propre loi et laisseront de côté la loi française.'

Story.

Motif de la décision du tribunal français.

«Le tribunal français, dans cette cause, semble avoir tenu le mariage pour nul et non avenu, non parce qu'il était prohibé par la loi française, mais parce que les parties le contractèrent en Angleterre avec l'intention formelle d'éluder les prescriptions de la loi française.

[1] Huber, *Prælectiones juris civilis*, lib. I, tit. III, *de conflictu legum*, tom. II, p. 27, éd. 1766.

«Chaque nation a le droit d'imposer à ses propres sujets des restrictions et des prohibitions relatives aux célébrations de mariages, soit au dedans soit au dehors de son propre territoire: et si ses sujets ont à souffrir en conséquence de ces restrictions, leur propre nation seule en doit être blâmée; mais quel droit a une nation indépendante de réclamer d'une nation également indépendante un abandon de ses propres lois dans le but d'appuyer de telles restrictions et prohibitions? S'il existe un tel droit, il doit être basé sur le droit des gens, sur ce droit 'auquel toutes les nations ont consenti, ou auquel elles doivent être présumées consentir dans un but de bénéfice et d'avantage communs.'

Une nation ne peut demander d'une autre l'abandon de ses lois.

«Qu'est ce qui serait pour le bénéfice et l'avantage communs dans des cas comme celui-ci? Serait-ce d'observer la loi du pays où le mariage a été célébré, ou la loi d'un pays étranger? Des personnes faisant des contrats dans un pays quelconque doivent être supposées connaître, ou prennent sur elles la responsabilité de connaître les lois de ce pays. Mais la loi française est également stricte, que les deux parties ou l'une d'elles seulement soient françaises. Si nous supposons donc qu'un sujet français vienne en Angleterre, et là se marie sans consentement à un sujet d'un autre pays étranger, par la loi duquel un tel mariage serait valide, laquelle de ces lois l'emportera? A quel pays le tribunal anglais doit-il faire l'hommage d'adopter ses lois? En ce qui regarde le droit des gens, chaque nation doit avoir un droit égal à demander que ses lois soient respectées. Mais on ne peut les observer toutes deux. Ne serait-il donc pas plus juste, et par conséquent plus dans l'intérêt de tous, de faire prévaloir la loi du pays que les deux parties sont présumées connaître et à laquelle elles sont supposées s'être d'accord soumises? De plus, supposons que l'une des parties soit anglaise: un sujet anglais n'aurait-il pas alors autant de droit aux avantages que lui accorde la loi anglaise qu'un étranger aux avantages de la loi étrangère? Mais on pourrait dire que dans l'affaire en ce moment devant la cour, les deux parties sont françaises, et qu'en conséquence cette difficulté ne se présente pas. Cela est vrai, mais si le principe de subordonner notre propre loi à celle d'un pays étranger, est une fois reconnu, il faudra le suivre dans toutes

Serait-ce d'observer la loi du pays où le mariage a été célébré, ou la loi d'un pays étranger?

ses conséquences; le cas qui se présente est donc une bonne épreuve de la possibilité de maintenir que, par une *comitas* ou *jus gentium* quelconques, cette cour soit obligée d'adopter comme guide la loi française. Huber, il est vrai, dans le passage cité, après avoir justifié le refus de reconnaître la validité d'un mariage solennisé à l'étranger entre des parties qui y étaient allées pour éluder les lois de leur propre pays, dit: '*Multoque magis statuendum est, eos contra jus gentium facere videri, qui civibus alieni imperii sua facilitate, jus patriis legibus contrarium, scientes volentes impertiuntur.*'[1]

«Il est quelque peu difficile de se rendre compte de ce que Huber requiert des étrangers pour se mettre à l'abri de son reproche. Il assume qu'ils sont *scientes.* Est-il compris qu'ils doivent s'enquérir et savoir si les lois d'un pays étranger quelconque seront éludées si le mariage en vue a lieu? Doit-on faire une enquête quant au domicile des parties et à la loi qui y règne? Les parties doivent-elles être requises de justifier de leur âge, du consentement de certains parents, ou de la non-existence de ceux-ci? Ou qu'ils ne sont pas venus dans le pays pour éluder les lois du leur? Les membres du clergé de ce pays doivent-ils être considérés comme *scientes* que la loi d'un autre pays va être éludée, à moins qu'on ne leur fournisse la preuve du contraire? A moins que l'on ne puisse établir cette proposition, l'accusation de violer le droit des gens ne saurait être portée contre ce pays parce que de tels mariages y sont célébrés.

Jugement ne peut être fondé sur aucune règle que la loi d'Angleterre.

«La grande importance d'avoir une règle certaine, applicable à tous les cas; la difficulté, pour ne pas dire l'impossibilité, d'avoir une règle applicable à tous les cas et autre que celle qui décide que la loi du pays où un mariage a été solennisé doit, dans ce pays au moins, décider s'il est valide ou invalide; l'absence de décisions judiciaires, ou même d'opinions opposées d'écrivains faisant autorité touchant le droit des gens, tout nous a conduits à la conclusion que nous ne devrions fonder notre jugement dans ce cas sur aucune règle autre que la loi d'Angleterre qui régit les sujets anglais.

«La France peut faire des lois pour ses propres sujets, et

[1] HUBER, *in loc. cit.*

leur imposer toutes les conséquences bonnes ou mauvaises qui résultent de ces lois; mais l'Angleterre peut, elle aussi, faire des lois pour le règlement de toutes matières au dedans de son propre territoire. Chacune de ces nations peut refuser de faire céder ses propres lois devant celles de l'autre; et si l'une d'elles est coupable d'une violation de la *comitas* ou du *jus gentium*, on doit en faire le reproche à la nation dont les lois sont le moins calculées pour assurer le bénéfice et l'avantage communs de tous. Pour cette raison nous nous trouvons forcés de rejeter la demande.

L'Angleterre fait des lois pour toutes matières au dedans de son territoire.

«Il peut être malheureux pour la demanderesse d'être regardée comme femme mariée en Angleterre, tandis qu'en France elle ne l'est pas. Si elle était restée dans son propre pays, elle pourrait jouir de la liberté qui lui a été rendue par un tribunal français. Comme elle a choisi l'Angleterre pour y établir son domicile, elle doit se contenter de prendre la loi anglaise telle qu'elle est, et d'être regardée comme liée par le contrat qu'elle y a fait.» [1]

Il est certain que même depuis la décision de Lord Stowell dans la cause Dalrymple *vs.* Dalrymple, et de plus, depuis la décision plus récente des juges délégués dans la cause Harford *vs.* Morris, l'opinion générale des jurisconsultes en Angleterre et aux États-Unis, a été que les mariages contractés à l'étranger par des sujets domiciliés Anglais, comme ceux de *Gretna Green* ou mariages écossais, dans le but de se soustraire à la loi anglaise, étaient valides en Angleterre, s'ils l'étaient *lege loci contractus*.

Mais en 1857, cette opinion générale fut grandement ébranlée: M. le Vice-Chancelier Stuart et M. le juge Creswell décidèrent qu'un mariage contracté pendant un séjour temporaire en Danemark, entre un Anglais veuf et la sœur de sa femme décédée étant nul de par le statut 5 & 6 Guillaume IV, n'était pas valide en Angleterre, quoiqu'il le fût d'après la loi de Danemark, à savoir la *lex loci contractus*.

Mariages à l'étranger d'un veuf anglais avec sa belle-sœur nul.

Cette décision n'affectait pas nécessairement la question générale de la validité de mariages dûment contractés à l'étranger,

[1] Swabey and Tristam's *Reports*, vol. II, p. 67, Simonin *vs.* Mallac.

en ce que le cas d'un mariage incestueux rentrait dans la catégorie de cas exceptionnels, dans lesquels *comitas* n'exigeait pas l'adoption de la loi étrangère. Mais incidemment et dans le cours de la procédure, on vint jusqu'à nier que, même dans les cas ne possédant aucun caractère exceptionnel, les cours anglaises eussent jamais établi cette doctrine, à savoir, que des mariages célébrés à l'étranger *in fraudem legis domesticæ*, étaient valides par le fait de leur validité *lege loci contractus*. Cette validité des mariages de Gretna Green ou mariages écossais n'est pas, disait-on, une preuve du contraire, car le statut anglais auquel les fugitifs avaient pour objet de se soustraire, contenait une clause expresse, par laquelle l'Écosse était exceptée de son effet. M. le Justice Creswell dit: « En conséquence, j'arrive à cette conclusion, qu'un mariage contracté par les sujets d'un pays où ils sont domiciliés, dans un autre pays, ne doit pas être regardé comme valide si par le fait de ce contrat, les lois de leur propre pays sont violées. »[1]

Mariages conclus à l'étranger *in fraudem legis domesticæ.*

La décision de l'autre juge, M. le Vice-Chancelier Stuart, se fondait plus entièrement, si ce n'est totalement, sur ce que le mariage en question était positivement prohibé par la loi anglaise comme *contra bonos mores;* mais il était d'accord avec M. Creswell, quant à ses remarques au sujet des mariages écossais.

Mariages écossais.

Les remarques précédentes sur le jugement de M. le juge Creswell avaient été imprimées avant que la cause de Simonin *vs.* Mallac vînt à être soutenue dans la cour de divorce. Dans le cours de la plaidoirie, Phillimore, dit-il, cita le jugement de M. le juge Creswell dans la cause Brook *vs.* Brook, comme autorité, pour prouver que les cours anglaises devaient regarder comme invalide un mariage contracté en Angleterre, conformément à la loi anglaise, mais contrairement à la loi française, par deux sujets français domiciliés en France.

Cas de Brook *vs.* Brook expliqué par Sir Creswell-Creswell.

Cependant le juge ordinaire Sir Creswell-Creswell répudia expressément et distinctement cette portée donnée au langage dont il s'était servi, quand il était M. le Justice Creswell, dans la cause de Brook *vs.* Brook. Ce langage, dit-il, devait s'expliquer *secundum subjectam materiam*, et n'impliquait rien de plus que la proposition, que le tribunal du domicile avait le

[1] Brook *vs.* Brook, Smale and Giffard's *Reports*, vol. III, p. 481.

droit de reconnaître les incapacités attachées par la loi du domicile invalidant un contrat passé dans un autre pays entre parties appartenant à ce domicile. Rien de ce qu'il avait dit n'affectait en aucune manière la proposition en question, à savoir que le tribunal du lieu du contrat de mariage devait reconnaître les incapacités attachées par la loi de domicile aux parties du contrat.[1]

Aucune loi relative aux mariages des étrangers en France.

«Le Code Napoléon ni aucune autre loi ne contiennent de dispositions relatives aux mariages contractés en France entre étrangers ou entre Français et étrangers. La question de la validité de ces mariages est abandonnée aux principes généraux du droit; aussi ils dépendent, quant à la forme, des lois françaises.»[2]

Étrangers résidant en France soumis aux lois françaises.

Lors de la discussion du Code Civil dans le Conseil d'État, le premier consul demanda pourquoi le projet ne s'expliquait pas sur le mariage contracté en France par des étrangers; Réal répondit que c'était parce qu'un article déjà adopté par le conseil décidait en général que les étrangers résidant en France sont soumis aux lois françaises.[3]

Comment remplir les conditions nécessaires à un mariage en France.

Mais comment un étranger peut-il remplir les conditions nécessaires à un mariage en France?

Les officiers civils qui procèdent à la célébration du mariage sans le consentement des parents et sans actes respectueux dans les cas où ils sont prescrits, sont passibles d'une amende et d'un emprisonnement. Il n'y a point de dispenses, mais les peines (art. 193) sont encourues pour toute contravention à l'article 165 (celui qui exige la célébration publique par l'officier civil du domicile), lors même que ces contraventions ne sont pas jugées suffisantes pour faire prononcer la nullité du mariage.

Six mois d'habitation nécessaires.

De plus, le mariage doit être célébré publiquement devant l'officier civil du domicile de l'une des deux parties. Nous avons vu la difficulté pour les Français mêmes, au cas de changement d'une commune à une autre, de décider du domicile légal.[4] Pour les étrangers, il faut dans tous les cas six

[1] PHILLIMORE, *International law*, vol. IV, p. 26?.
[2] FŒLIX, *Droit international privé*, tom. I, p. 180.
[3] *Motifs du code civil*, tom. I, p. 131.
[4] Voir p. 361 *supra*.

mois d'*habitation*, non-seulement dans la France, mais dans la commune où le mariage est célébré. Le code dit: «ce domicile quant au mariage s'établira par six mois d'*habitation continue* dans la même commune», art. 74. Comme c'est le domicile des parties ou de l'une d'elles qui donne juridiction à l'officier civil, toute déviation de cette règle pourra bien invalider le mariage.

Le consentement des parents exigé des étrangers comme des Français.

Le consentement des parents ou les actes respectueux sont exigés des étrangers mariés en France, quoique tous ces règlements soient inconnus aux lois de leurs propres pays. Il en est de même des publications, qui doivent être faites non-seulement à la municipalité du lieu où chacune des parties aura son domicile, mais «si le domicile actuel n'est établi que par six mois de résidence, les publications seront faites, en outre, à la municipalité du dernier domicile.»

Absence des registres de l'état civil dans les États-Unis.

Dans les États de l'Union américaine il n'existe pas — où, s'il en existe, ce n'est qu'exceptionnellement — de registres de l'état civil. Il en est de même dans d'autres pays. Par conséquent les moyens officiels de constater les naissances des époux, ou les mariages de leurs pères et mères, manquent. Pour obvier cependant à de tels embarras, on a substitué l'acte de notoriété, dont les étrangers peuvent se servir:

Acte de notoriété.

«L'acte de notoriété contiendra la déclaration faite par sept témoins, de l'un ou de l'autre sexe, parents ou non parents, des prénoms, nom, profession et domicile du futur époux, et de ceux de ses père et mère, s'ils sont connus; le lieu, et, autant que possible, l'époque de sa naissance et les causes qui empêchent d'en rapporter l'acte. Les témoins signeront l'acte de notoriété avec le juge de paix; et s'il en est qui ne puissent ou ne sachent signer, il en sera fait mention.» Art. 71.

D'après l'article 72 cet acte doit être homologué par le tribunal de première instance.

Code italien.

Voici les dispositions du code italien quant aux mariages des étrangers:

«Art. 102. La capacité de l'étranger de contracter mariage est déterminée par les lois du pays auquel il appartient. Néanmoins, l'étranger est soumis aux empêchements énumérés dans la seconde section du chapitre I de ce titre (Parenté, manque du consentement des père et mère, etc.).

«Art. 103. L'étranger qui veut contracter mariage dans le royaume, doit présenter au bureau de l'état civil une déclaration de l'autorité compétente du pays auquel il appartient, qui prouve que, d'après la loi dont il dépend, rien ne s'oppose au mariage projeté. — Si l'étranger a sa résidence dans le royaume, il doit en outre faire effectuer les publications selon les dispositions du présent code.» [1]

Mariages d'étrangers en Italie.

En Prusse, les étrangers non naturalisés ne sont admis à contracter mariage qu'en justifiant par pièces authentiques que les lois de leur patrie n'apportent aucun empêchement à l'union projetée. L'étranger doit, en outre, faire dans sa patrie les publications prescrites; toutefois, lorsqu'il est fixé en Prusse et qu'il y réside depuis plus d'un an, lors même que son établissement définitif ne compte pas encore la même durée d'existence, la publication des bans dans sa paroisse, en Prusse, suffit, comme à l'égard des régnicoles.

Mariages des étrangers non naturalisés en Prusse.

D'après une loi du 31 Mars 1864, les étrangers qui voudront contracter mariage en Prusse avec des nationaux ou avec des étrangers doivent, outre les autres conditions prescrites, avoir un certificat des autorités locales déclarant qu'ils sont compétents d'après les lois de leur pays à contracter mariage à l'étranger sans déroger à leur droit de citoyens, ou qu'ils ont reçu la permission requise par les lois de leur pays. Les officiers, ecclésiastiques ou civils, qui assistent officiellement à la célébration d'un mariage où il n'y a pas un tel certificat, sont, à moins qu'il n'y ait dispense, sujets à une amende.

Certificats des autorités locales.

Les ministres de la justice, du culte et de l'intérieur peuvent dispenser des certificats dans des cas spéciaux. Une circulaire de ces ministres accorde cette dispense aux sujets britanniques et citoyens américains, parce qu'ils n'ont pas les moyens d'obtenir de pareils certificats. Leur qualité d'Anglais ou d'Américains est établie par un passeport de leur gouvernement ou d'un agent diplomatique.

Dispense en faveur des Anglais, des Américains et des Français.

[1] Huc et Orsier, *Code civil italien*, tom. I, p. 28—29. En Italie, il a été convenu avec le gouvernement anglais qu'aucuns sujets anglais ne seraient mariés là à moins d'avoir obtenu préalablement du consul anglais un certificat déclarant que, selon les lois anglaises, il n'existe point d'obstacle à leur union. *Report of the Royal Commission*, p. 195.

Depuis 1858, les nationaux français n'ont pas davantage besoin d'une autorisation particulière des autorités administratives de leur pays pour contracter mariage en Prusse, attendu qu'en général, d'après les lois françaises, il n'est pas possible de se procurer un certificat de ce genre.[1]

Mariage des étrangers en Russie.

La loi ne défend pas aux étrangers de contracter mariage en Russie, car elle n'établit aucune distinction à cet égard; elle suppose même de semblables mariages. Ainsi l'addition à l'art. I, porte:

« Le mariage d'un étranger professant la religion orthodoxe avec une femme sujet russe professant la même religion, est réglé par la loi commune; mais si le mari n'est ni sujet russe, ni au service de la Russie, les effets de ce mariage, quant à la personne et aux biens de la femme, sont réglés par les art. 7 et 891 des lois sur les conditions. »

Effet sur la nationalité d'une femme russe.

Aux termes de ces dernières dispositions, la femme perd sa qualité de sujet russe; elle suit la condition et le domicile de son mari; elle est tenue d'aliéner ses immeubles dans le délai de six mois, et de payer sur les capitaux exportés un dixième à titre de droit de détraction; s'il y a des enfants issus d'un premier mariage avec un sujet russe, elle a la faculté de les apportionner. (Voir les art. 594 et suivants du code civil).[2]

Statut personnel en cas de mariage d'un étranger en France.

Laurent.

D'après Laurent, qui est partisan très-prononcé de la théorie du statut personnel, l'étranger ne peut se marier en France, s'il ne le peut dans son propre pays. Laurent cite un cas où la cour de Paris a fait application de ce principe au mariage d'un Espagnol, capucin et diacre, avec une Française. L'Espagnol avait obtenu l'autorisation de fixer son domicile en France, mais en ayant soin de cacher son état. La femme demanda la nullité du mariage en vertu de la loi espagnole. Le tribunal de première instance rejeta la demande, mais la cour l'admit. « Admettre la validité du mariage, ce serait, a-t-on dit, reconnaître par un alliage monstrueux, un mariage valable dans un État, nul dans l'autre, bien que l'incapacité inhérente à la personne n'ait pas été effacée. » (Paris, 13 Juin 1814).

[1] Fœlix, *Traité de droit international privé*, tom. II, p. 492, note par Demangeat.

[2] Fœlix, *Droit international privé*, tom. II, p. 503.

Laurent mentionne un arrêt en sens contraire de la cour de Caen (16 Mai 1846). On y avait jugé qu'un étranger peut valablement contracter mariage en France alors même qu'il serait frappé d'incapacité par les lois de son pays, s'il est capable d'après les lois françaises. Mais il ajoute: «Nous ne pouvons tenir aucun compte de cet arrêt, puisqu'il nie le statut personnel de l'étranger. Dès qu'on admet qu'il y a un statut personnel, il est évident qu'il faut y comprendre les lois qui régissent le mariage.» [1]

Règle d'après Fœlix.

Tout contraire au principe du jugement du tribunal anglais dans l'affaire de Simonin *vs.* Mallac, Fœlix dit des mariages célébrés en France, que, tandis qu'ils dépendent quant à la forme, des lois françaises, il faut, quant à leur validité intrinsèque et pour ce qui concerne le futur conjoint étranger, appliquer les lois du pays de son domicile en tout ce qui est relatif à l'état et à la capacité de sa personne.

Mariage en France d'un Wurtembergeois.

Ainsi, lorsque la loi du Wurtemberg déclare les sujets incapables de se marier avant d'avoir atteint l'âge de vingt-cinq ans accomplis, le mariage d'un Wurtembergeois contracté en France sera nul, nonobstant l'article 144 du code civil, qui permet le mariage à partir de dix-huit ans ou quinze ans accomplis. [2]

Inconvénients provenant des mariages en France des habitants des pays limitrophes.

Une circulaire du ministre de la justice du 4 Mars 1831 indique les inconvénients auxquels les Français eux-mêmes sont sujets, à cause de la règle d'après laquelle le statut personnel suit un individu en pays étranger.

«Dans plusieurs États limitrophes ou voisins de la France, la loi défend aux régnicoles de se marier en pays étrangers sans l'autorisation du gouvernement, sous peine de nullité de leur mariage. Il résulte de là que les habitants de ces pays attirés en France, y ont épousé des Françaises sans avoir ob-

[1] Laurent, *Principes de droit civil*, tom. I, p. 131. — Ajoutons à ce propos que la jurisprudence française se montre en général défavorable au mariage des prêtres catholiques, même français (voir Fr. cass. 23 Février 1847). Quant à la doctrine, elle est divisée à cet égard. Voir entre autres pour la validité Demolombe, tom. III, p. 202. — Contra Marcadé, tom. I, p. 411 etc.

[2] Fœlix, *Traité de droit international privé*, tom. I, p. 384.

tenu cette autorisation. S'ils veulent ensuite retourner dans leur patrie, leurs femmes et leurs enfants s'en voient repoussés comme illégitimes. Un tel état de choses impose au gouvernement français le devoir de recourir à quelques précautions propres à assurer la validité de ces mariages contractés de bonne foi par des femmes qui, après l'accomplissement de toutes les formalités requises par les lois françaises, ont dû compter sur la protection de ces lois.» [1]

Remèdes proposés.

L'auteur que nous venons de citer reconnaît l'insuffisance des remèdes proposés par le garde des sceaux. Il maintient que le jugement d'homologation en l'absence des formes exigées dans les pays étranger, serait sans effet dans ces pays. Il ajoute:

«L'étude des législations étrangères, par les jurisconsultes français, sera le meilleur moyen de prévenir les incertitudes et les inconvénients en cette matière, et si l'officier de l'état civil ne se trouve pas suffisamment éclairé par les explications du futur époux étranger, celui-ci devra faire assigner ce fonctionnaire devant le tribunal, qui statuera selon les circonstances de chaque espèce.» [2]

La déclaration suivante a été échangée le 24 Décembre 1868 entre la France et le Grand-Duché de Luxembourg:

Arrangement entre la France et le Luxembourg.

«Les actes à produire pour contracter mariage en France par les sujets luxembourgeois et dans le Grand-Duché par les sujets français, seront admis par les officiers de l'état civil des deux pays respectivement lorsqu'ils auront été légalisés, soit par le président d'un tribunal, soit par un juge de paix ou son suppléant. Aucune autre légalisation ne sera exigée par l'officier de l'état civil, hormis le cas où il y aurait lieu de mettre en doute l'authenticité des pièces produites.» [3]

Le Code Napoléon.

L'article 170 du Code Napoléon porte que «le mariage contracté en pays étranger, entre Français et entre Français et étrangers, sera valable, s'il a été célébré dans les formes usitées dans le pays, pourvu qu'il ait été précédé des publications prescrites par l'article 63, au titre des actes de l'état

[1] Fœlix, *Traité de droit international privé*, tom. II, p. 385 et 386.
[2] *Ibid.*, p. 387.
[3] *Archives diplomatiques*, 1868, vol. II, p. 629.

civil, et que le Français n'ait pas contrevenu aux dispositions contenues au chapitre précédent» (savoir) des qualités et conditions requises pour pouvoir contracter mariage.

Mariages des Français contractés à l'étranger annulables seulement pour les mêmes causes que ceux en France.

La jurisprudence a commencé par se montrer très-rigoureuse sur l'application de cet article: «Mais aujourd'hui, dit Demangeat, elle paraît bien fixée dans le sens de la distinction indiquée par M. Fœlix: que les mariages contractés par des Français en pays étranger ne doivent être annulés que dans les cas où l'on pourrait les arguer d'une nullité prononcée par la loi même, en les supposant contractés en France.» Il en cite plusieurs exemples, entre autres un arrêt de la cour de Bordeaux du 14 Mars 1850, d'après lequel «l'omission des publications n'entraîne la nullité du mariage que lorsqu'elle a eu lieu à dessein et en vue d'éluder les dispositions de la loi française.»[1] Il a été décidé par la Cour de cassation, dans son audience du 29 Décembre 1856, qu'un acte de mariage contracté à l'étranger n'est pas nul par cela seul qu'il s'y serait glissé des erreurs dans les noms et prénoms des parties qui y sont dénommées; ces erreurs ne peuvent donner lieu qu'à une demande en rectification. Il en est de même du défaut de transcription sur les registres de l'état civil en France: il n'est pas une cause de nullité. Lorsqu'il s'est écoulé plus d'une année depuis que ceux dont le consentement était nécessaire ont eu connaissance du mariage, ils ne sont plus recevables à l'attaquer.[2] Le 13 Août 1863 la cour de Caen déclara non recevable une demande en nullité de mariage fondée sur le défaut de publications.

Demolombe.

M. Demolombe résume comme suit la doctrine dont il s'agit:

«Les magistrats appelés à statuer sur le sort d'un mariage célébré en pays étranger et confirmé ensuite par la possession d'état des époux, par le consentement des parents, par la naissance d'enfants, etc., les magistrats useront, même pour ce cas, du pouvoir discrétionnaire que leur confère l'art. 193. Appréciateurs souverains de la situation tout entière, des faits nouveaux comme des faits anciens, ils ne les diviseront pas, et ils déclareront finalement, non pas, si vous voulez, que

[1] Cf. Cass. 28 Mars 1854.

[2] *Gazette des Tribunaux*, 30 Décembre 1856.

le vice de clandestinité a été purgé, mais que ce vice n'existait pas. Et rien ne sera plus logique à la fois et plus légitime. N'est-il pas vrai qu'un fait peut changer de gravité et de caractère, par suite d'autres faits postérieurs qui viennent ensuite s'y ajouter? »

Arrêts de la Cour de Cassation.

Deux récents arrêts de la Cour de Cassation de France du 29 Février et du 20 Novembre 1866, semblent avoir donné à cette interprétation une consécration définitive. [1]

Le titre du mariage au Code italien contient un chapitre spécial, le chapitre V, relatif au mariage des Italiens en pays[2] étranger, et des étrangers en Italie. Nous avons déjà cité les articles se rapportant à ces derniers. Voici les dispositions relatives au mariage des Italiens en pays étranger:

Mariages des Italiens à l'étranger.

« Art. 100. Le mariage contracté en pays étranger entre citoyens, ou entre un citoyen et un étranger, est valable, pourvu qu'il soit célébré suivant les règles établies dans ce pays, et que le citoyen n'ait pas contrevenu aux dispositions contenues dans la deuxième section du chapitre I de ce livre. — Les publications dans ce cas doivent aussi être faites dans le royaume suivant les prescriptions des articles 70 et 71. Si le futur conjoint citoyen n'a pas sa résidence dans le royaume, les publications seront faites dans la commune de son dernier domicile.

Inscription sur les registres.

Art. 101. Le citoyen qui a contracté mariage en pays étranger, doit, dans les trois mois de son retour dans le royaume, le faire inscrire sur les registres de l'état civil de la commune où il aura fixé sa résidence, sous peine d'une amende qui pourra être portée jusqu'à cent francs.» [3]

Mariages des Espagnols à l'étranger.

Le chapitre du projet de Code espagnol qui se rapporte à la célébration du mariage a été adopté en 1862. Il contient entre autres les articles suivants modifiés depuis par le mariage civil adopté en 1869.

§ 50. Le mariage contracté à l'étranger, lorsque les deux parties ou l'une d'elles sera espagnole, sera régi par les lois

[1] Voir aussi Dalloz, *Jurisprudence générale*, 1867, part. IV, p. 88; 1868, part. I, p. 228.

[2] Voir *plus haut* pp. 346 et 347.

[3] Huc et Orsier, *Code civil italien*, tom. II, p. 28.

de l'Espagne en ce qui regarde la capacité ou les empêchements dirimants de la partie espagnole; sauf que, au cas où il n'aurait pas été célébré en présence d'un curé et de deux témoins, et où les parties contractantes viendraient dans le royaume, elles le ratifieront dans les deux mois qui suivront leur arrivée et se feront inscrire dans la période correspondante au registre des mariages.

Les discussions sur ce point seront réglées d'après les stipulations qui se trouvent énoncées dans les traités internationaux.[1] Traités internationaux.

Savigny, qui n'est pas tout-à-fait d'accord avec d'autres publicistes quant au pays dont la loi doit régler les formes de la célébration, dit: Vues de Savigny.

« Il semble que la forme de l'acte juridique doive être réglée par le droit local auquel cet acte est soumis. Ainsi les contrats devraient se faire d'après les formes légales exigées dans le lieu de l'exécution, les testaments, d'après les formes voulues au domicile du testateur, les mariages, d'après les formes prescrites au domicile du mari.

« On admet généralement que notre règle s'applique à la célébration du mariage. Cependant la chose ne me paraît pas sans difficulté. Quand les habitants d'un pays dont la loi ne reconnaît que le mariage civil se marient en pays étranger, il n'y a point de doute possible. Mais il n'en est pas de même pour les habitants d'un pays dont la loi exige la célébration du mariage devant l'Église. Car cette loi se fonde sur la morale religieuse, et revêt par conséquent un caractère rigoureusement obligatoire. D'après ce motif, je pense que les époux doivent renouveler dans leur patrie leur mariage devant l'Église, non que l'on doive supposer qu'ils se sont mariés en pays étranger *in fraudem legis*, intention qu'ils n'avaient peut-être pas, et qui d'ailleurs ne saurait être prouvée. Dans le cas d'une célébration nouvelle, même d'après les principes du droit commun, le mariage est reconnu comme valable et efficace depuis sa première célébration. Cette règle rigoureuse ne peut jamais être applicable aux étrangers mariés qui Renouvellement devant l'Église de mariages civils à l'étranger.

[1] Francisco de Cardenas, *El derecho moderno*, *Revista de jurisprudencia y administracion*, p. 14.

viennent s'établir dans le pays, car une semblable loi, avec son caractère rigoureusement obligatoire, ne s'applique qu'à la célébration des mariages et non à la continuation des mariages déjà contractés.

Si la forme établie dans le lieu de l'acte juridique est nécessaire ou facultative.

«La véritable position de notre règle ajoute Savigny, soulève une question très-importante. L'observation de la forme établie dans le lieu où intervient l'acte juridique est-elle absolument nécessaire ou simplement facultative, de sorte que les parties puissent choisir entre cette forme et celle du lieu auquel appartient en réalité l'acte juridique? Si l'on considère que cette règle spéciale est faite pour favoriser les parties et faciliter les transactions civiles, on ne saurait douter qu'elle ne soit purement facultative, et que l'on ne puisse choisir l'une ou l'autre forme.

Mariage en pays étranger d'après la forme du propre pays des parties.

«Lorsque les habitants d'un pays où le mariage devant l'Église est obligatoire, se trouvant dans un pays où le mariage civil est seul exigé, se marient devant l'Église sans observer les formalités du mariage civil, leur mariage est valable, comme fait suivant la forme établie dans leur patrie, c'est-à-dire dans le lieu où le mariage a son siége propre et permanent.»

Savigny invoque un arrêt du tribunal suprême de Dresde,[1] ainsi rapporté par Bar:

Mariage en Belgique de deux sujets saxons.

«La cour suprême de Saxe, le 21 Juin 1845, a déclaré valable un mariage contracté entre deux sujets saxons en Belgique, bien que les parties n'eussent point observé la loi belge en ce qui concerne la célébration devant l'autorité civile et l'inscription au registre des mariages, parce que, bien que la cour reconnût pratiquement la règle *locus regit actum*, un contrat entre deux sujets saxons qui est reconnu valable selon la loi saxonne doit être jugé par la loi saxonne, lorsqu'il s'agit d'en déterminer les effets légaux.»[2]

La loi de Danemark ne défend pas aux sujets de contracter mariage en pays étranger, pourvu qu'ils ne contreviennent pas aux prohibitions exposées au § VI. En cas de contravention à ces prohibitions, les sujets danois seront, à leur retour,

[1] SEUFFERT, *Archiv*, vol. II, nº 5.

[2] BAR, *Das internationale Privat- und Strafrecht*, §. 91, p. 326. — SAVIGNY, *Traité de droit romain*, trad. de Guenoux, vol. VIII, p. 345—355.

punis d'amende et expulsés du royaume (art. 9, § dernier). Toutefois le mariage est valable, à moins qu'il n'ait été contracté en pays étranger par un sujet dans le but d'éluder une prohibition établie dans sa patrie.

Les décisions anglaises que nous avons déjà citées [1] pour montrer d'après quel principe elles adoptent les lois d'un autre pays, établissent dans quel sens les tribunaux anglais reconnaissent les mariages des Anglais en pays étrangers.

Nous avons cité un cas dominant où Sir William Scott dit: «L'affaire étant portée devant un tribunal anglais, doit être jugée d'après les principes de la loi anglaise en cette matière. Mais le seul principe qu'on pose ici, d'après la loi d'Angleterre, c'est que la validité des droits matrimoniaux de *Miss Gordon* doit être jugée par la loi du pays où, en tant qu'ils existent, ils ont eu leur origine. Une fois ce principe posé, la loi d'Angleterre se retire tout à fait, et abandonne la question de légalité au jugement exclusif de la loi d'Écosse.» [2]

Mariages dans les Indes britanniques.

Les lois régissant les mariages dans les Indes britanniques, quoique le résultat d'une législation très-récente, sont aussi compliquées que celles adoptées dans la Grande-Bretagne elle-même. Les mariages sont sujets aux mêmes difficultés et peuvent être annulés pour vices de forme. Dans les commencements de la colonisation, ils étaient célébrés selon la *common law* d'Angleterre, comme on la comprenait avant la décision de 1843, dans le cas de Queen *vs.* Millis.

Acte impérial de 1851.

En 1851, un acte régissant les mariages dans les Indes, 14 et 15 Vict., c. 40, fut passé. Il ne crée aucune nullité statutaire (*statutory*). Il déclare que tous les mariages célébrés jusqu'à présent dans l'Inde par des personnes qui ne sont pas dans les ordres sacrés, s'ils ne sont pas invalides pour d'autres raisons, seront regardés et tenus comme valides par la loi à tous égards. Par l'acte du gouvernement indien sur le mariage, du 23 Février 1865, maintenant en vigueur, tout mariage célébré dans les Indes avant le 1er Mai 1865 par des personnes qui n'ont pas reçu une autorisation expresse de so-

Acte du gouvernement indien de 1865.

[1] FŒLIX, *Traité de droit international*, tom. II, p. 502.

[2] HAGGARD'S *Consistory Reports*, vol. II, p. 59, Dalrymple *vs.* Dalrymple. Voir § 1—2, p. 62 *supra*.

lenniser de tels mariages en vertu d'actes du gouvernement ou d'actes du Conseil des Indes devront, s'ils ne sont pas invalidés par d'autres raisons, être regardés comme valides à tous égards.

A partir du 1er Mai 1865, tout mariage solennisé dans les Indes, entre personnes dont une au moins professe la religion chrétienne, autrement qu'en conformité avec les dispositions de l'acte relatif aux personnes qui peuvent solenniser un mariage, sera nul et sans effet.

«Le plus important des statuts du royaume concernant les mariages des sujets britanniques européens dans les colonies, dit le Rapport de la Commission anglaise, est l'acte du 28 et

Acte du 29 Juin 1865.

29 Vict. c. 64 (29 Juin 1865), par lequel toute loi faite ou qui sera faite par la législature de l'une quelconque des possessions étrangères de Sa Majesté dans le but d'établir la validité d'un mariage quelconque antérieurement conclu dans une telle possession, aura et sera considérée comme ayant eu, à partir de sa date, la même force et les mêmes effets aux fins susdites, dans toute l'étendue des possessions de Sa Majesté, qu'elle aurait ou pourrait avoir dans la possession pour laquelle elle a été faite, pourvu que rien dans cette loi ne donne effet ou validité à un mariage que les parties, à l'époque où il a été fait, n'auraient pas été capables de contracter selon la loi anglaise.

«Tous les mariages contractés par des sujets anglais en pays étranger selon les formalités requises par la *lex loci contractus* sont reconnus pour valides par les tribunaux anglais, excepté les cas où les parties ne sont pas compétentes d'après la loi d'Angleterre à contracter un mariage valide.»

Cas de Queen *vs.* Millis non reconnu au Canada.

Le principe du cas de Queen *vs.* Millis n'a jamais été reconnu dans la «Dominion du Canada». Deux décisions dans le sens contraire ont été rendues, l'une dans le Bas-Canada;[1] et l'autre dans le Haut-Canada.[2]

Les mariages dont nous avons parlé sont les mariages monogames tels qu'ils existent dans la chrétienté.

[1] L. C. JURIST, vol. II, p. 19, Connolly *vs.* Woolrich.

[2] *U. C. Queen's Bench Reports*, vol. II, p. 349, Brackey *vs.* Brackey. Voir GIROUARD, *Considérations sur les lois civiles du mariage*, Montréal, 1868, p. 10 et 12.

Le principe, que leur validité doit être déterminée par la loi du pays où ils ont été célébrés, n'a jamais été supposé s'appliquer aux pays où le mariage tel que nous l'entendons n'existe pas.

Lex loci ne s'applique pas aux pays où le mariage monogame n'existe pas.

Les mêmes considérations qui ont induit les gouvernements non chrétiens à acquiescer à l'exterritorialité des Francs dans toutes les matières qui se rapportent à la juridiction civile et criminelle, s'appliquent d'une manière spéciale au mariage, et les nations commerciales ont établi des règlements intéressants sur la manière de célébrer les mariages de leurs nationaux dans ces pays.

Exterritorialité des Francs en pays non chrétiens.

DES MARIAGES DANS LES HÔTELS DES AMBASSADEURS OU PAR L'INTERVENTION DES CONSULS.

La complication des règlements concernant le mariage, dont nous avons eu occasion de parler, a aussi fait recourir, soit avec, soit sans l'assentiment des gouvernements respectifs, à une soi-disant exterritorialité attachée aux hôtels des ambassadeurs et d'autres représentants diplomatiques à l'étranger, ou à l'intervention des consuls spécialement autorisés.

Mariages dans les Ambassades et par l'intervention des consuls.

Nous ne trouvons aucun précédent pour l'exercice de la juridiction basée sur une exterritorialité diplomatique, relativement à des personnes ne faisant pas partie de la suite de l'ambassadeur, même dans les annales des temps où le palais d'un ambassadeur était considéré comme un lieu d'asile pour les plus grands criminels. Aucune allusion n'est faite à de semblables prétentions dans Wiquefort, Grotius, Vattel, Martens, Klüber, Wheaton ou Twiss. Westlake, loin de regarder les mariages faits dans les ambassades comme valides partout selon le droit des gens, les considère comme se trouvant dans la même catégorie que ceux qui sont solennisés dans les consulats et qui, s'ils sont invalides selon la *lex loci contractus*, possèdent, devant les tribunaux anglais et pour les biens situés dans le ressort de ces tribunaux, la validité d'un contrat collatéral de mariage,[1] validité qu'ils dérivent

Mariages diplomatiques.

D'après Westlake, contrat collatéral de mariage.

[1] BEAVAN'S *Reports*, vol. XVIII, p. 112, Este *vs.* Smyth.

devant les tribunaux anglais de la sanction que le Parlement leur a donnée.[1]

Un grand publiciste prussien de nos jours, se rapportant aux immunités diplomatiques, dit: «Les actes paroissiaux célébrés régulièrement dans la chapelle de l'ambassade produisent-ils des effets civils? Oui, par rapport aux personnes qui font partie de l'ambassade; quant aux personnes étrangères à la mission ou aux indigènes, la solution de cette question dépend des lois intérieures de chaque État et de la tolérance de son gouvernement.»[2]

Nous croyons qu'il n'y a pas eu de décisions judiciaires affirmant directement la validité des mariages faits aux ambassades.

Sir William Scott sur un mariage dans la chapelle de l'ambassade bavaroise.

Dans une cause portée devant Sir William Scott, en 1790, le principe de l'exterritorialité d'une chapelle d'ambassadeur au point de vue de la célébration des mariages entre étrangers qui n'étaient pas du pays de l'ambassadeur, a été répudié. La pétition déclarait que le mariage avait été célébré dans la chapelle de l'ambassadeur de Bavière, — endroit où les bans de mariage ne sont pas ordinairement publiés, — et cela sans bans et sans licence. On cita le cas de Tierville, décidé en 1783. Dans ce cas, un mariage avait été solennisé dans la chapelle de l'ambassadeur de Venise sans le consentement des parents; une des parties était mineure. La cour déclara le mariage invalide parce qu'il avait été célébré dans un lieu où les bans ne sont pas ordinairement publiés.[3]

Phillimore, parlant de ces cas, dit:

Étendue des priviléges d'un ambassadeur.

«Le privilége de l'ambassadeur s'étend à ceux qui sont domiciliés dans sa famille, et qui résident avec lui, mais il n'y a point d'autorité qui lui permette d'en faire part à d'autres.»[4]

Dans l'affaire de Ruding *vs.* Smith, décidée par Sir William Scott en 1821, et où il s'agissait des mariages dans des pays où ils ne pourraient être célébrés d'après une loi locale, il est dit:

[1] Westlake, *Private international law*, § 345, p. 225.
[2] Heffter, *Droit international*, p. 397, éd. 1868.
[3] Haggard's *Consistory Reports*, vol. I, p. 136, Pertreis *vs.* Tondear.
[4] Phillimore, *Commentaries on international law*, vol. VI, p. 120.

« Quant aux mariages de sujets étrangers dans les hôtels des ambassadeurs du pays étranger auquel ils appartiennent, il n'y a pas, que je sache, de reconnaissance judiciaire sur ce point; mais l'opinion généralement répandue que de tels mariages sont valides, fait que cette reconnaissance serait loin d'être improbable, si la question, ainsi posée, était appelée à être jugée. »

Aucune décision judiciaire sur le mariage diplomatique.

Le *Reporter*, faisant allusion au cas déjà cité de Pertreis *vs.* Tondear, dit: « On ne peut trouver aucun autre cas de cette espèce qui ait été décidé. »[1]

Dans l'argument de Harford *vs.* Morris on rappela l'affaire de Lacy *vs.* Dickinson, portée devant le *Consistory Court* en 1769. Dans ce cas les parties, toutes deux sujets anglais ayant résidé à Amsterdam, vinrent à Paris et y furent, en l'absence de l'ambassadeur d'Angleterre, mariées par un chapelain en l'hôtel de l'ambassadeur de Hollande et avec la permission de celui-ci. Plus tard, elles vinrent en Angleterre, où la femme intenta une action en nullité, à laquelle M. Dickinson répondit en plaidant la validité du mariage dont nous venons de parler. La femme, à son tour, invoquait la loi de Hollande: « Que tout mariage contracté entre les sujets de leurs hautes puissances ou autres, célébré dans l'hôtel d'un ambassadeur des États-Généraux, en pays étranger, entre les sujets des États-Généraux ou autres, à moins que les parties ne l'aient d'abord contracté suivant la loi hollandaise, que le contrat n'ait été dûment enregistré, et à moins que les bans n'aient été dûment publiés en Hollande avant la célébration dudit mariage, est nul et sans effet à tous égards. » Elle se prévalait aussi de ce que, d'après la loi française, un mariage non solennisé *in facie ecclesiæ* et après la publication des bans, par le curé de la paroisse dans laquelle les parties vivaient ou étaient domiciliées, était, à moins d'une dispense et autorisation spéciale, nul et sans effet. Le mari étant venu à mourir, la cause n'eut pas de suite.[2]

Cas de Lacy *vs.* Dickinson en 1769.

Mariage à l'ambassade de Hollande à Paris.

L'objet déclaré de l'acte 4 Geo. IV, c. 91, 1823, est de valider les mariages célébrés dans les hôtels des ambassadeurs,

Acte de 1823 pour valider les mariages dans les ambassades, etc.

[1] HAGGARD'S *Consistory Reports*, vol. II, p. 371, Ruding *vs.* Smith.
[2] *Ibid.*, vol. II, p. 386, Harford *vs.* Morris.

ainsi que ceux qui seraient célébrés dans les factoreries britanniques en pays étranger où il n'aurait pas été possible de conclure un mariage chrétien en se conformant à la loi du lieu.

Aucunes entraves contre les mariages aux ambassades.

Il n'y a pas d'empêchement dans l'acte de 1823 à ce que les deux parties aillent à l'ambassade britannique, et y soient mariées sans qu'on fasse une question, et sans aucune garantie quant à leur droit de contracter mariage. C'est pourquoi depuis l'acte de 1856 pour l'Écosse, qui mit fin aux mariages de Gretna Green, les Anglais qui ne peuvent remplir les conditions du *marriage act* anglais y ont recours. Lorsqu'ils sont célébrés d'après l'acte du parlement, ces mariages peuvent seulement l'être par un ministre de l'Église d'Angleterre. De tels mariages faits par un ministre de l'Église d'Écosse ne sont pas reconnus.

Premières instructions sur le mariage aux ambassades, le 16 Mai 1816.

Il paraît, d'après le témoignage devant la «*marriage commission*», que les premières instructions dans les archives du département des affaires étrangères (*Foreign Office*) qui se rapportent aux mariages dans les hôtels des ambassadeurs, sont du 16 Mai 1816. Une circulaire de cette date, adressée aux ministres britanniques à l'étranger, leur ordonne de tenir aux ambassades et légations des registres pour les mariages de ce genre. M. Hammond (sous-secrétaire d'État) écarte le principe de l'exterritorialité, en émettant l'avis que les mariages diplomatiques célébrés avant l'acte 4 Geo. IV, c. 91, 1823, n'avaient pas d'autre autorité que l'usage.

Mariage à l'ambassade anglaise d'un Suisse naturalisé anglais.

Une question s'éleva en Février 1861, relativement au droit d'un sujet naturalisé anglais, né Suisse, d'être marié à l'ambassade anglaise à Paris. On donna pour instruction à Lord Cowley, d'après l'avis de l'avocat de la reine, de permettre la célébration du mariage à l'ambassade, en faisant savoir à la fiancée que M. Zwinger pourrait aussi bien être regardé comme citoyen suisse que comme sujet anglais naturalisé, et que la validité de son mariage pourrait être mise en doute en Suisse, en France et dans d'autres pays en dehors de l'Angleterre. C'est pourquoi on lui conseilla de se marier préalablement d'après les formes légalement autorisées en France. [1]

[1] *Instructions à Lord Cowley* le 27 Février 1861.

La commission anglaise a eu sous les yeux une circulaire du *Foreign Office*, en date du 28 Février 1867.

«Mon attention, dit le secrétaire d'État, a été appelée dernièrement sur la question de la validité des mariages célébrés dans les hôtels des représentants diplomatiques de Sa Majesté britannique en pays étrangers entre sujets anglais et étrangers. Après avoir consulté les officiers légaux de la couronne, j'ai à vous donner pour instructions de faire connaître au sujets de Sa Majesté, afin qu'ils comprennent bien la situation dans laquelle ils se trouveraient en de telles circonstances, qu'un mariage ainsi contracté n'est pas nécessairement valide en dehors des possessions de Sa Majesté.» [1]

Circulaire du 28 Février 1867.

Nous trouvons dans l'appendice au rapport de la commission, la notice suivante sur les mariages dans les hôtels des ministres étrangers à Londres.

Mariages dans les hôtels des ambassadeurs à Londres.

Un ambassadeur d'un pays étranger a récemment prétendu, dit le *Registrar*, que dans l'hôtel de son ambassade en Angleterre, des mariages peuvent être solennisés par le chapelain de cette ambassade, entre un sujet de la puissance dont il s'agit et un sujet britannique, quoique l'hôtel ne soit ni certifié sous les actes 15 et 16 Vict., c. 36, et 18 et 19 Vict., c. 81, ni enregistré pour les mariages, sous l'acte 6 et 7 Will. IV, c. 85, quoique aucun certificat ni aucune licence ne soient accordés par le *superintendent registrar*, et quoique aucun *Registrar* des mariages ne soit présent. Après avoir ainsi exposé la prétention, on en démontre l'invalidité en citant Haggard's *Consistory Reports*, vol. I, p. 138, et Shelford, *On mariage*, p. 75.[2]

«Je crois, dit M. Hammond, que, quand un Russe et une Russe se marient à Londres, sous quelque forme que le mariage ait lieu, on prend la précaution de s'assurer de la présence du *Registrar*.

«C'est un fait certain qu'aucun mariage n'a jamais été célébré dans la chapelle de l'ambassadeur français ou au bureau du consul français.

Mariages aux hôtels des ambassadeurs inusités sur le continent.

«Le secrétaire de la légation de Prusse m'a dit que ces mariages aux ambassades avaient l'appui de la loi d'Angleterre; mais que l'on ne connaissait sur le continent rien de

[1] *Report of the royal commission*, p. 190.

[2] *Report*, etc., p. 40.

semblable. Les étrangers qui viennent en Angleterre se conforment à la *lex loci.*» [1]

Acte de 1849 pour lever les doutes sur les mariages à l'étranger.

L'acte du 12 et 13 Vict. 1849 fit une disposition pour lever tout doute quant à la validité rétrospective de mariages solennisés dans un pays étranger, à bord d'un vaisseau de guerre anglais en station à l'étranger, par un ministre de l'Église anglaise ou écossaise, un fonctionnaire diplomatique ou consulaire, ou l'officier commandant le navire. Cet acte fut passé principalement pour pourvoir aux mariages entre des sujets britanniques, ou entre parties dont l'une était sujet britannique, dans les pays chrétiens où l'on disait qu'un mariage entre protestants ne pouvait être célébré. Ces mariages doivent être célébrés par le consul comme *Registrar*, ou ils peuvent être solennisés en sa présence par un ministre de l'Église d'Angleterre, ou d'après telle autre forme que les parties veulent adopter. Le secrétaire d'État émet un mandat qui autorise le consul à célébrer le mariage.

Parlant de cet acte, M. Hammond dit:

Mariages consulaires attaqués.

«Il est arrivé des cas où l'on a attaqué des mariages dans lesquels l'une des parties était française, belge ou espagnole et l'autre anglaise. La validité du mariage a été mise en question, les lois du pays où il a été contracté ne reconnaissant pas de tels mariages. Les embarras qu'un tel état de choses est propre à produire décidèrent le secrétaire d'État à envoyer une circulaire à tous nos ministres, circulaire qui sera maintenant étendue à nos consuls. Cette circulaire leur recommande expressément d'avertir les parties dans tous les cas de mariages mixtes célébrés dans une ambassade ou un consulat britannique, que le mariage n'est réellement et nécessairement valide qu'en Angleterre.» [2]

Circulaire aux ministres et consuls.

M. Hammond rappelle, à l'appui de cette opinion, un fait survenu récemment en Espagne, où l'on arrêta une femme espagnole, pour avoir osé se marier et vivre maritalement avec un Anglais, le mariage ayant été célébré au consulat d'Angleterre à Barcelone. Les autorités espagnoles s'emparèrent de la femme à l'instigation de ses amis, et le gouvernement anglais n'eut aucun pouvoir pour s'y opposer.

[1] *Report*, etc., p. 193.
[2] *Ibid.*, p. 190.

Le Lord Chancelier s'exprime dans le même sens:

«Nous ne pouvons faire plus que de reconnaître la validité de ces mariages dans notre propre pays. Il va sans dire que nous ne pouvons avoir aucune influence sur des pouvoirs étrangers relativement à la validité des mariages dans leurs pays.» [1]

Reconnaissance de tels mariages seulement en Angleterre.

En réponse à la question: Est-il jamais arrivé à votre connaissance que cette législation ait donné lieu à des suites fâcheuses? M. Hammond dit:

«Nous avons eu devant nous le cas d'une Anglaise qui se maria avec un Français dans ce pays; mais les autorités françaises ne veulent pas reconnaître ce mariage. J'ai fait allusion à un fait très-remarquable arrivé en Espagne en 1850. L'avocat de la reine à cette époque ne voulait pas prendre sur lui d'affirmer que le mariage d'un sujet espagnol dans un consulat d'Angleterre devrait être regardé comme valide, s'il était contraire à la loi espagnole. La loi espagnole doit prévaloir et régulariser l'état des personnes aussi longtemps qu'elles résident en Espagne sans contracter un mariage reconnu en forme et sanctionné par la loi espagnole. L'avocat de la reine était d'avis que le mariage n'était légalement valide qu'à condition d'avoir été reconnu comme tel par la loi d'Espagne, ce qui était très-improbable.»

Suites fâcheuses de tels mariages.

Peu de temps après la date du *Consular Act*, un de nos consuls en Belgique faisait savoir que: «Nul mariage n'est légalement valide en Belgique en ce qui touche les sujets belges, ou les successions à des biens en Belgique, que si ce mariage a été célébré en tous points en conformité avec les règlements belges, qui sont basés sur le code Napoléon.»

Loi belge.

Le *Consular Act* (de 1849) dit: «les deux contractants ou l'un des deux étant Anglais.» Dans le *Diplomatic Act* (de (1823) on ne dit rien de la nationalité des parties ou de l'une d'elles. Toutes les deux peuvent être étrangères.

Nationalité des parties.

Voici ce que propose la commission pour tous les cas où la *lex loci* ne reconnaît pas comme valide un contrat de mariage fait au consulat britannique:

«Nous pensons qu'il serait désirable, dans le but d'éviter cette difficulté, que les parties fussent mises à même d'avoir

[1] *Report*, etc., p. 190.

leur mariage solennisé, si elles le désiraient, dans un lieu quelconque du culte public, où le mariage peut être solennisé d'après la *lex loci*, et conformément à la *lex loci*, et que le consul fût autorisé à être présent à la solennisation de tout mariage quand une des parties est anglaise, à quelque place de culte que ce fût, dans les limites de son district consulaire, sans une restriction quant aux heures légales, et qu'il eût le pouvoir d'enregistrer le mariage. Mais nous croyons que nul mariage solennisé par le consul lui-même ne devrait être validé par la loi anglaise (s'il est invalide par la *lex loci*), excepté dans le cas où les deux parties sont sujets anglais.» [1]

Mariages célébrés d'après la *lex loci* et certifiés par les consuls.

Inconséquence de l'usage anglais.

Il y a une inconséquence dans l'usage anglais. Les Anglais célèbrent les mariages d'étrangers sans s'inquiéter de leur statut personnel, mais en même temps ils passent des actes du parlement qui sanctionnent la célébration des mariages par les consuls ou dans les maisons des ministres à l'étranger, en dépit de la juridiction du pays étranger, non-seulement entre deux sujets britanniques, mais dans les cas où une des parties est étrangère, même parfois lorsque toutes les deux le sont.

Opinion de M. l'attorney-général Cushing.

Aux termes d'une opinion émise, le 24 Novembre 1854, par M. Cushing, *attorney-général* des États-Unis, «le principe général des États-Unis, en ce qui regarde le mariage, est que, entre personnes *sui juris*, il doit être réglé par la loi du pays où il a été célébré. Si cette loi le déclare valide, lors même que les parties contractantes ne seraient que de passage dans l'endroit, et lors même que, d'après la loi de leur localité, le mariage ne serait valide, ni quant à la forme ni quant à la substance, il n'en a pas moins une pleine valeur, sauf peut-être quelques exceptions, dans les cas d'inceste ou de polygamie, par exemple. Si le mariage n'est pas valide là où il est célébré, il n'est valide nulle part. [2]

Validité d'un mariage d'après la loi du pays où il est célébré.

Exceptions.

«Il n'y a d'exceptions à cette dernière proposition, que 1° en faveur des mariages contractés par des parties résidant dans un pays étranger dont la loi est telle qu'elle les met dans l'impossibilité, si elles s'y conforment, de contracter un mariage

[1] *Report*, etc., p. 53.

[2] STORY, *Conflict of laws*, § 113. BISHOP, *On mariages and divorce*, §§ 125, 355.

légal; 2° en certains cas, et dans quelques pays étrangers, où la loi locale reconnaît comme valide un mariage contracté d'après la loi du domicile; 3° lorsque la loi du pays suit les parties contractantes, c'est-à-dire dans l'éventualité de leur exterritorialité personnelle, comme dans le cas d'une armée et des personnes de la suite qui envahiraient un pays et en prendraient possession[1]; ou bien d'une armée *in transitu* à travers un pays ami, ou d'un vaisseau de guerre étranger dans les ports d'une nation étrangère.[2]

«Il s'ensuit comme conséquence nécessaire que, excepté dans les cas énumérés, le mariage doit être célébré d'après la loi de l'endroit où il a lieu et par une personne légalement qualifiée à cet effet, à moins que la personne qui célèbre le mariage, ou le local dans lequel il est célébré, ne jouisse des priviléges de l'exterritorialité.

Mariage devant un souverain ou son ambassadeur en pays étranger.

«D'après Lord Stowell, il peut arriver que la présence d'un souverain étranger séjournant en pays ami, ou bien celle de son ministre plénipotentiaire, ou encore l'acte d'un membre du clergé dans la chapelle ou dans l'hôtel d'un souverain ou de son ambassadeur, rendent valide un mariage entre ses sujets ou les membres de sa suite.[3]

Ces mariages ne s'étendraient qu'aux sujets ou à la suite.

«Mais lors même qu'un souverain étranger ou son ambassadeur auraient le droit de célébrer un mariage, ce droit ne s'étendrait néanmoins qu'à ses sujets, concitoyens, ou à sa suite. Le mariage qui serait célébré par un souverain ou par son ambassadeur dans un pays étranger, entre des citoyens de ce pays ou même entre des étrangers qui y résideraient ou y seraient de passage, ne lui emprunterait aucune valeur: il serait de nul effet, à moins qu'il ne fût légal d'après la loi de la localité.

Consuls n'ont aucune autorité pour célébrer le mariage.

«Il est encore plus évident que les consuls n'ont pas l'ombre d'autorité pour célébrer un mariage entre des étrangers. Ils ne peuvent même le faire entre leurs compatriotes, à moins d'y être expressément autorisés par la loi de leur propre pays.

[1] Ruding *vs.* Smith, HAGGARD's *Consistory Reports*, vol. II, p. 371;

[2] *The Exchange*, CRANCH's *Reports*, vol. VIII, p. 136.

[3] Ruding *vs.* Smith, HAGGARD's *Consistory Reports*, vol. II, p. 371; Pertreis *vs.* Tondear, *ibid.*, vol. I, p. 136; BURGE, *On colonial and foreign laws*, vol. I, p. 168.

Cas où le consentement suffit pour faire le mariage.

«Dans le pays où le simple consentement des parties, suivi de copulation, constitue le mariage, ainsi que cela a lieu en Écosse,[1] et où la présence et l'attestation d'une personne quelconque suffisent pour établir le consentement, le mariage par-devant un consul étranger peut être valide, non parce qu'il est consul, mais parce que le consentement constitue le mariage.

Juridiction locale quant aux domiciliés.

«Si les parties contractantes se trouvent, lorsque le mariage est célébré, dans le lieu même de leur domicile, comme par exemple des Espagnols domiciliés à Barcelone et qui s'y marient, il est évident que la juridiction locale est absolue et complète, et qu'un consul des États-Unis n'a pas plus le droit d'y célébrer un mariage entre les parties ainsi placées qu'il n'a le droit d'empiéter sur les fonctions du capitaine général.

«Supposons toutefois que les parties soient étrangères quant à la localité, sans être néanmoins citoyens des États-Unis.

Les émigrés soumis à la loi de leur domicile avant d'acquérir un nouveau domicile.

«La règle générale est que toute personne, se rendant en pays étranger, y est astreinte aux obligations civiles de son lieu de naissance, excepté que, dans quelques pays, certaines formes sont prescrites d'après lesquelles un sujet peut se libérer de ses devoirs envers son souverain naturel et des obligations civiles auxquelles il était soumis. Beaucoup de ceux qui émigrent d'Europe aux États-Unis, n'ont pas, croit-on, observé ces formalités préliminaires; c'est pourquoi, tant qu'ils n'auront pas acquis un nouveau domicile aux États-Unis, et tandis qu'ils se trouveront en pays étranger sur leur route, et avant qu'ils ne soient embarqués, ils doivent nécessairement être encore soumis à la loi de leur domicile, autant du moins que cette loi est observée dans le pays où ils sont de passage ou séjournent temporairement. La question de validité de leur mariage, célébré par un consul étranger, doit donc dépendre de la condition légale des parties contractantes dans les pays de l'Europe.

Mariage nul dans les pays où il est célébré, prouvé aux États-Unis par l'opinion commune.

«Il se peut qu'un mariage entre étrangers, célébré en pays étranger par un consul des États-Unis, quoique nul et sans effet dans le pays où il a été célébré, devienne valide dans quelques-uns des États de l'Union, comme mariage prouvé par

[1] Dow's *Reports*, vol. I, p. 148, M^c^Adam *vs.* Walker; HAGGARD's *Consistory Reports*, vol. II, p. 97, Dalrymple *vs.* Dalrymple.

l'opinion commune, ou par cohabitation ayant suivi le consentement, suivant l'ancienne disposition du droit commun. Mais, même dans ce cas, le certificat du consul ne constituerait pas le mariage; il servirait tout au plus comme preuve du consentement des parties, et corroborerait les preuves de cohabitation.

Fraude contre la loi du pays.

«La pratique de célébrer de tels mariages ne serait pas admissible, parce qu'elle serait une fraude contre la loi du pays contraire aux principes reconnus de la courtoisie internationale, sinon à la loi positive.

«Dans ce qui précède, continue M. Cushing, il a été exclusivement question de mariages considérés comme légalisés par des consuls des États-Unis résidant officiellement dans quelque contrée de la chrétienté.

Actes en pays non-chrétiens réglés par la loi du domicile.

«Il me semble que, dans les États non-chrétiens, mahométans ou autres, les actes passés entre des citoyens des États-Unis et surtout les actes de mariage ne rentrent pas sous la *lex loci*, mais doivent être régis par la loi du domicile; dans ces pays, par conséquent, un acte de mariage peut être valablement célébré et certifié non-seulement par un ambassadeur, mais aussi par un consul des États-Unis. Les autorités anglaises adoptent la même règle. D'après elles, dans tous les cas où un mariage selon la *lex loci* est impossible, un mariage légitime peut être contracté en le constatant par les meilleurs moyens praticables.

«Cette doctrine est conforme au droit canon qui donne effet à ce que l'on désigne comme *matrimonia clandestina*, c'est-à-dire à des mariages célébrés sans égard aux formes religieuses et autres prescrites par le Concile,[1] lorsqu'ils sont contractés dans des pays où il ne pourrait y avoir de mariage, si ces dispositions devaient être observées.»[2]

Mariage d'après la loi canonique avant le Concile de Trente.

Nous dirons même plus: dans ces pays en question, et en l'absence de tout prêtre, le mariage pourrait être valide uniquement par consentement, conformément au droit canon, tel qu'il était admis avant le Concile de Trente, soit par *verba de præsenti* soit par *verba de futuro cum copula*, ainsi que cela est arrivé *ex necessitate rei*, sous la loi espagnole, dans des

[1] CAVALARIO, *Derecho canonico*, tom. II, p. 172, Escriche *vs.* Mati.
[2] WALTER, *Derecho ecclesiastico*, § 292, 294.

Mariage célébré par un gouverneur militaire.

contrées de l'Amérique. En pareil cas, un mariage pourrait conséquemment être célébré par un simple gouverneur militaire. [1]

Dans les pays mahométans ou païens les mariages certifiés par les consuls.

Considérant que, par la loi commune qui régit le mariage, telle qu'elle a cours dans tous ou dans presque tous les États de l'Union, le mariage n'est qu'un contrat civil, pour la validité duquel l'intervention religieuse n'est pas nécessaire, [2] il semblerait résulter, du moins en ce qui regarde les pays barbares ou autres, dans lesquels il n'y a, en fait, pas de *lex loci*, ou les pays mahométans ou païens, dans lesquels, quoiqu'il existe une loi locale, les Américains n'y sont pas soumis, que le statut personnel les y suit, et que le contrat de mariage, comme tout autre contrat, peut y être certifié et légalisé par un consul des États-Unis.

Dans les pays de l'Europe le Consul n'a aucune autorité de célébrer le mariage entre les étrangers ou entre les Américains.

Mais cette doctrine ne s'applique pas aux pays de l'Europe et à leurs colonies en Amérique ou dans d'autres parties du monde où il existe une loi reconnue du lieu; la règle *locus regit actum* y est en pleine vigueur. Dans ces lieux, à mon avis, un consul des États-Unis n'a pas la faculté de célébrer un mariage, soit entre des étrangers, soit entre des Américains. [3]

L'acte du Congrès des États-Unis du 22 Juin 1860 porte au § 31:

Acte de mariage américain de 1860.

«Tout mariage célébré par-devant un officier consulaire en pays étranger entre des personnes qui seraient autorisées à se marier, si elles résidaient dans le district de Colombie, aura force et effet, et sera valable à tous égards, comme s'il avait été célébré aux États-Unis. Dans tous les cas où il y aura eu mariage par-devant un officier consulaire, ledit officier devra remettre à chacune des parties un certificat dudit mariage, et devra en envoyer également un au département d'État pour y être conservé; ledit certificat spécifiera le nom des parties, leur âge, le lieu de leur naissance et de leur résidence.» [4]

[1] Patton *vs.* Phil. et New-Orleans, *Louisiana Annual Reports*, vol. I, p. 98. Voir aussi Hallet *vs.* Collins, HOWARD's *Reports*, vol. X, p. 174.

[2] BISHOP, *On mariage and divorce*, § 163.

[3] *Opinions of Attorneys-General*, vol. VIII, p. 22.

[4] *U. S. Statutes at large*, 1859—60, p. 79.

Applicable aux pays non-chrétiens.

La section ci-dessus mentionnée, quoique conçue en termes généraux, fait partie de l'acte intitulé: «Pour mettre à exécution les traités avec la Chine et avec d'autres nations non-chrétiennes.» D'après l'interprétation du département d'État, la disposition s'applique à ces pays seulement.

L'acte n'autorise pas le consul à célébrer le mariage.

«Cet acte n'autorise pas le consul à célébrer le mariage,» à moins que dans des cas exceptionnels. Ses fonctions se bornent ordinairement à donner à chacune des deux parties un certificat des mariages célébrés dans sa présence et à en remettre un autre au département d'État[1].

M. Cass à M. Fay, ministre à Berne, 12 Novembre 1860.

M. Cass, secrétaire d'État, dans une instruction du 12 Novembre 1860 à M. Fay, ministre à Berne, dit qu'il n'existe aux États-Unis, ni loi d'État ni loi fédérale qui confère, soit à des ministres, soit à des consuls, l'autorité de célébrer des mariages. En ce qui concerne les consuls, le § 31 de l'acte du Congrès de 1860 (voir ci-dessus) n'a en vue que d'exiger la présence d'un officier consulaire à la célébration du mariage. «C'est là, sans nul doute, une mesure pleine de sagesse, non-seulement en ce qu'elle est par elle-même une garantie contre la fraude, mais en ce qu'elle rend plus facile la constatation authentique de ce mariage aux États-Unis. Mais cette mesure n'enlève pas aux autorités locales la célébration d'un tel mariage, et elle ne donne aucun pouvoir à l'officier consulaire de faire lui-même la cérémonie.

La présence du consul n'enlève pas aux autorités locales la célébration du mariage.

Effet limité aux localités sous la juridiction exclusive du congrès.

«A mon avis aussi, le passage de la même section qui déclare que de tels mariages auront le même effet que s'ils avaient été célébrés aux États-Unis, doit être limité aux localités et aux districts sur lesquels le congrès possède le pouvoir de juridiction exclusive, et ne peut avoir de force dans les États respectifs.

Principe de l'exemption du ministre de la juridiction du pays, n'entraîne pas après lui la faculté d'exercer une autorité civile ou criminelle.

«Pour ce qui est des ministres à l'étranger, la question est quelque peu différente, attendu qu'en discutant leur pouvoir, l'on a maintenu qu'il est une conséquence du droit d'exterritorialité. Mais quoique le principe d'après lequel un ministre étranger est exempté de la juridiction du pays auprès duquel il est accrédité, protége sa personne et son domicile, je ne

[1] Voir *United States Consular Regulations*, 1870, p. 69, § 275—278.

vois pas en quoi ce principe entraîne après lui la faculté d'exercer une autorité quelconque, civile ou criminelle. Je n'admets pas qu'une obligation contractée dans la résidence du ministre des États-Unis à Paris, contrairement aux lois françaises, puisse devenir valide lorsque les parties se trouvent aux États-Unis. Si loin que l'on porte ce principe d'exterritorialité, il ne peut s'étendre jusqu'à conférer à un ministre à l'étranger une autorité qui ne soit pas nécessairement inhérente à sa position officielle, ou qui ne lui soit pas déléguée par quelque loi de son propre pays.

D'où le ministre dérive-t-il l'autorité de célébrer un mariage valable dans chacun des États?

«On ne peut guère prétendre que les lois de chacun des États et des territoires de l'Union puissent être en vigueur dans les résidences de tous nos ministres au dehors, quelque position que l'on prenne vis-à-vis des lois des États-Unis ou d'une partie d'entre elles. Cela étant, il est difficile d'imaginer d'où un ministre, à l'étranger, peut dériver le pouvoir de célébrer un mariage, qui serait non-seulement valide dans chacun des États, mais qui serait exempt de tous doutes quant aux droits qu'il confère, quelle que soit la législation qui existe à ce sujet dans les États respectifs: pourquoi son intervention se borne-t-elle à la célébration du mariage et ne s'étend-elle pas à la dissolution de ce lien, la législation étant également nécessaire dans les deux cas?» [1]

Nous adoptons les vues suivantes d'un avocat américain dont le séjour à Paris a attiré l'attention sur le danger auquel sont exposés ses compatriotes de voir leurs mariages invalidés pour ne s'être pas conformés aux lois des pays où ils sont célébrés.

«Si le futur marié est un étranger, dit-il, il faudra nécessairement s'enquérir de sa capacité à contracter un mariage valide selon les lois de son propre pays, de même que nous avons vu qu'il est nécessaire de le faire lorsque le mariage doit être célébré aux États-Unis. Et dans tous les cas il faut observer les lois de la localité en ce qui concerne les formalités de la célébration.»

[1] *Department of State, MSS.* LAWRENCE'S WHEATON, 2e éd., 1863, p. 183, 398. Voir aussi pour les priviléges et les fonctions des ministres et des consuls, part. III, chap. I, § 14—22.

«Le mariage, dit Redfield,[1] est sans aucun doute un état ou une relation qui dépend quant à son existence du fait de la compétence des parties à contracter cette relation, et de leur consentement volontaire et légal à le contracter avec les formalités que la loi du lieu requiert pour sa solennisation valide. Et le même auteur[2] cite Lord Campbell comme déclarant que, tandis que le contrat dépend pour le fond de la *lex domicilii*, la loi du pays où les parties sont domiciliées lors du mariage et où est la résidence matrimoniale projetée, la forme du contrat, les rites et cérémonies propres ou indispensables pour le dûment célébrer, doivent être régis par la loi du lieu du contrat ou de sa célébration.

Redfield sur le mariage.

«Il y a sans doute bien des Américains mariés en Europe, soit dans une église dite américaine, soit à la résidence du ministre américain, par un membre du clergé et selon les formes usitées dans leur pays, qui seraient bien étonnés d'apprendre qu'un tel mariage est invalide, non-seulement selon la loi étrangère, mais même peut-être aussi selon la leur.

Mariages invalides des Américains en Europe.

«Les mariages qui nous occupent ne rentrent point dans les catégories exceptionnelles mentionnées par Story, des mariages dans les factoreries étrangères, dans des places conquises, dans les pays déserts ou barbares, ou dans ceux d'une religion contraire, auquel cas il est permis, par nécessité, de contracter mariage selon les lois de son propre pays. Ils tombent donc sous l'application de la seconde section de la règle générale, de sorte que, s'ils sont invalides dans le pays où ils ont été célébrés, ils le sont partout.»

Ces mariages s'ils sont invalides dans le pays où ils sont célébrés, sont invalides partout.

Se référant aux actes du Parlement, concernant les mariages célébrés dans les chapelles ou à la résidence des ambassadeurs, ou devant les consuls résidents ou les chapelains de l'armée, le même jurisconsulte dit que les statuts peuvent faire respecter de tels mariages comme valides en Angleterre: «mais nous ne savons si, en l'absence de stipulations à cet effet dans des traités, ils ne continueraient pas à être jugés nuls par tous les

Mariages célébrés à l'étranger selon les actes du Parlement.

[1] Story, *Conflict of laws*, § 112 *a*, p. 167, éd. Redfield.
[2] *Ibid.*, § 124 *b*, p. 190.

tribunaux étrangers, par le motif qu'on ne saurait tolérer qu'une pareille action exterritoriale d'un statut vienne annuler la souveraineté du lieu où le contrat est fait ou de celui où le mariage est célébré. Si l'on pouvait jamais soutenir une telle prétention, ce serait dans le cas des mariages célébrés aux résidences des ambassadeurs, en se basant sur la théorie de l'exterritorialité de ces résidences. Or, sur ce point il suffira de rappeler le langage de M. Cass.»[1]

Acte de la législature de Massachusetts relatif aux mariages célébrés par les consuls.

Un acte de la législature du Massachusetts, compris dans la révision de 1860, déclare que «les mariages célébrés en pays étrangers par les consuls ou les agents diplomatiques des États-Unis seront valides dans cet État; et une copie du registre ou du certificat du consul ou de l'agent diplomatique sera une preuve présomptive d'un tel mariage.» Les mariages contractés depuis cet acte, peuvent se trouver au Massachusetts sur le même pied qu'en Angleterre les mariages contractés conformément aux actes consulaires et diplomatiques de ce dernier pays. Mais lors d'une affaire jugée dans cet État, en reconnaissant un mariage fait en 1851 à Francfort par le consul américain, on est évidemment parti d'une conception erronée de la loi étrangère, que l'on avait toutefois, ainsi qu'il devait être, fait prouver par des experts.[2]

Cas de nullité de mariage devant les tribunaux français.

Il s'est présenté devant les tribunaux français des cas de nullité de mariage, qui confirment pleinement les principes énoncés dans l'instruction de M. Cass et dont la doctrine de non-exterritorialité s'applique également aux mariages des nationaux de l'ambassade qu'à ceux d'autres citoyens ou des habitants du pays.

Mariage à la légation des États-Unis d'un natif de la Nouvelle-Orléans de père et mère français, avec une Anglaise, annulé.

En 1857, un individu épouse en France une Anglaise; le mariage est célébré à Paris à l'hôtel de la Légation des États-Unis d'Amérique, par un pasteur protestant, devant le ministre américain, et en présence de témoins. Le mari, natif de la Nouvelle-Orléans, se présente comme citoyen des États-Unis, et l'acte de mariage lui attribue cette qualité. Cependant il paraît constant qu'il est né de parents français, n'ayant jamais

[1] *The American Law Review*, Jan. 1858, vol. II, p. 218 sq.; MERRILL, *Marriage as affected by the conflict of laws.*

[2] ALLEN'S *Reports*, vol. V, p. 256, Loring *vs.* Thorndike.

aliéné leur nationalité, et que, par conséquent, il est lui-même, aux yeux de la loi française, Français d'origine, et n'a jamais cessé de l'être. Sa femme, se prévalant de cette circonstance, saisit le tribunal de la Seine d'une action en nullité de mariage. Aucun vice radical touchant au consentement ou à la capacité matrimoniale des époux n'est invoqué, la question de forme seule est en discussion. L'officier qui a présidé au mariage, a-t-on dit, n'avait aucun caractère public en France, au moins comme fonctionnaire chargé de dresser un acte de l'état civil des personnes qui n'appartiennent pas à la nation dont il est le représentant, et l'acte doit être déclaré non avenu. L'exterritorialité, dit le tribunal, est en effet un privilége diplomatique qui a pour objet et aussi pour limite la protection de l'indépendance et de la dignité du ministre étranger; celui-ci n'a aucun intérêt légitime à couvrir de ces immunités une cérémonie semblable, peu importe d'ailleurs qu'elle ait eu lieu dans son hôtel et avec son concours, par ignorance de la nationalité vraie des personnes, ou même en connaissance de cause. Le mandat qu'il remplit n'a rien à démêler avec cette sorte d'immixtion dans les droits souverains de la puissance auprès de laquelle il est accrédité. Le tribunal de la Seine a en conséquence décidé que le mariage ne pouvait être assimilé à un acte qui aurait été régulièrement passé aux États-Unis. [1]

Refus d'inscrire à la mairie le mariage d'un Français avec une américaine à la légation des États-Unis à Paris.

La question de l'exterritorialité diplomatique dans ses rapports avec le mariage revint encore devant les tribunaux français en 1868—1869, sur la demande formée aux fins de faire inscrire au registre de la mairie un mariage contracté entre le comte M...., Français, domicilié à Paris, et Mlle M...., Américaine, à la légation américaine à Paris, alors que le maire avait refusé de le célébrer, faute de documents réguliers.

Les documents ayant été régularisés, les époux revinrent devant le maire pour réclamer, soit la transcription sur les registres de l'état civil de l'acte de célébratien de leur mariage, soit, s'il n'en reconnaissait pas la validité, la célébration d'un nouveau mariage.

[1] *Le Nord*, 20 Janvier 1865.

D'après le tribunal de la Seine le mariage doit être réputé contracté en pays étranger.

Le tribunal de la Seine rendit le 11 Décembre 1868 le jugement suivant:

«Attendu que le mariage a été célébré à la légation des États-Unis d'Amérique et devant le ministre compétent; que ce mariage intervenu dans ces circonstances, entre un Français et une étrangère est réputé avoir été contracté en pays étranger; que, aux termes de l'article 171 du Code Napoléon, l'acte de célébration doit être transcrit sur le registre public des mariages du lieu du domicile du Français, ordonne la transcription.»

Arrêt contraire de la cour impériale.

Sur l'appel de ce jugement, la cour impériale rendit un arrêt ainsi conçu:

«Considérant que M., sujet français, a rempli les formalités de publication de son mariage avec M., étrangère; que le maire du 8me arrondissement de Paris a refusé de procéder à la célébration dudit mariage à cause des énonciations d'un acte de l'état civil de la commune d'Hyères du 23 Octobre 1866, qui désignait la fille M. comme étant dans les liens d'un précédent mariage; que le 8 Juillet 1868 la fille M. a intenté devant le tribunal de la Seine une demande pour faire ordonner qu'il serait passé outre à la célébration; mais que, sans attendre la décision du tribunal, de M. et la fille M. se sont présentés le 29 Juillet à la Légation des États-Unis d'Amérique, où a été dressé, par le chapelain de la légation, un acte qualifié certificat de mariage, dont la transcription est demandée en vertu de l'art. 171 du Code Napoléon; Considérant que l'officier de l'état civil français n'est pas tenu de déférer sans aucun contrôle à toute réquisition de transcription; qu'il est de son devoir d'examiner l'acte qui lui est présenté et d'exiger, en cas de difficulté, que sa responsabilité soit couverte par ordre de justice; Considérant que le mariage contracté en pays étranger, dont s'occupe l'art. 171 du Code Napoléon, est celui qui a été contracté sur le sol étranger, puisque la transcription doit en être opérée dans les trois mois du retour du Français sur le territoire de l'empire. Qu'ainsi le texte même de cette disposition ne permet pas de l'appliquer à un mariage sur le sol français dans l'hôtel d'un agent diplomatique;

«Considérant que de M. ne pouvait contracter mariage que

dans les conditions énoncées en l'art. 165 du Code Napoléon; que l'acte ou certificat du 29 Juillet 1868 dont on s'appuie pour établir un prétendu mariage, ayant été dressé pour échapper aux prescriptions de cet article, n'a aucune valeur, n'établit aucun lien, et ne produit aucun effet entre les personnes qui y ont concouru; que la demande à fin de transcription de cet acte est repoussée par l'esprit comme par les termes de la loi; Considérant d'autre part que la fiction du droit des gens qui répute continuation du territoire étranger la demeure des agents diplomatiques a uniquement par objet d'assurer l'inviolabilité de la personne de ces agents et les immunités résultant de ce principe;

«Considérant qu'il n'existe aucun empêchement légal à la célébration du mariage, ordonne que sur le vu du présent arrêt, il sera par-devant l'officier de l'état civil du 8me arrondissement procédé à la célébration du mariage de de M. et M.»

Le mariage à l'ambassade anglaise à Paris ne constitue pas un mariage.

Dans son plaidoyer le premier avocat général avait cité un jugement inédit du tribunal de la Seine du 12 Septembre 1845 où il a été décidé qu'un mariage à l'ambassade anglaise entre un Français et une Anglaise ne peut être considéré par l'officier de l'état civil comme constituant un précédent mariage; qu'il n'est pas nécessaire d'en faire prononcer préalablement la nullité par une action directe et séparée, ni même succédante, et qu'il serait passé outre au mariage sans se préoccuper d'un acte inefficace.[1]

Dans un autre cas, lors de l'ouverture de la succession d'un Anglais marié à une Française à l'ambassade anglaise à Paris, le tribunal civil de la Seine à décidé, le 16 Avril 1869, que le mariage étant contracté en France, pour être valide aurait dû être célébré publiquement devant l'officier de l'état civil de la femme. Que s'il avait été célébré en pays étranger, il aurait dû l'être dans les formes usitées audit pays. Attendu que l'intérieur de l'ambassade anglaise ne peut être considéré comme terre étrangère, comme état étranger dans le territoire français; Que si, selon le droit des gens, l'ambassade anglaise

[1] *Gaz. des Tribunaux*, 7 Avril 1869.

est dite être la nation elle-même quelle représente, cette fiction d'exterritorialité a été établie pour assurer l'inviolabilité des agents diplomatiques, et ne peut être étendue au-delà des limites déterminées par le droit des gens et les traités internationaux.[1]

Le *Guide pratique des consulats*, annoncé comme publié sous les auspices du ministère des affaires étrangères, réclame pour les fonctionnaires français des droits quant à la célébration des mariages, qu'on peut à peine concilier avec les jugements que nous venons de citer;

Mariages par des agents diplomatiques et consulaires français.

« Ce droit des agents diplomatiques et consulaires de célébrer le mariage des Français établis dans leur résidence, découle de la compétence absolue que leur confère l'art. 48 du Code Napoléon pour la réception de tous les actes de l'état civil.

« L'art. 170 du même Code, disent le Clerq et de Vallat, en déclarant valable le mariage contracté en pays étranger entre Français et entre Français et étrangers, lorsqu'il a été célébré dans les formes usitées dans le pays, précédé des publications légales, et que le Français n'a pas contrevenu aux dispositions générales de la loi, n'a pas établi d'exception au principe posé par l'art. 48; il a seulement voulu donner aux Français une faculté de plus pour la célébration de leur mariage hors du territoire de l'empire.

« Lorsque les contractants sont tous deux Français, il leur est donc loisible de se marier devant l'agent de leur pays ou conformément aux usages locaux. Si, au contraire, l'un d'eux était étranger, l'agent français cessant d'être compétent, le mariage devrait forcément être célébré dans les conditions prévues par l'art. 170 du Code Napoléon. A plus forte raison, un mariage contracté à l'étranger entre deux étrangers devant un agent français serait-il radicalement nul, à raison de l'incompétence absolue de l'officier de l'état civil devant lequel il aurait été célébré.»[2]

[1] *Gaz. des Tribunaux*, 15 Juin 1869.

[2] De Clercq et de Vallat, *Guide pratique des Consulats*, tom. I, p. 397 et 398.

L'art. 48 auquel on se réfère pour les mariages des Français en pays étrangers est ainsi conçu: «Tout acte de l'état civil des Français en pays étrangers sera valable s'il a été reçu, conformément aux lois françaises, par les agents diplomatiques ou par les consuls.» Cet article ne s'étend pas même en termes formels aux mariages, et se borne nécessairement aux actes que les consuls étaient autorisés à faire avec le consentement du gouvernement où ils sont établis, et parmi lesquels le droit de célébrer les mariages n'est nulle part compris. On ne cite aucune loi, ni ordonnance ni arrêté du gouvernement qui les y autorise. Ce n'est que par un argument *à contrario* que l'on induit cette faculté d'un arrêt de cassation du 10 Août 1819, et de deux circulaires du ministre des affaires étrangères du 4 Novembre 1833 et du 23 Juillet 1850, qui sont seulement dirigés contre la célébration des mariages entre un Français et un étranger ou entre deux étrangers. Les auteurs du Code ne reconnaissent pas d'autres mariages des Français à l'étranger que ceux qui sont contractés selon la loi du pays où ils sont conclus. «Nous ne refusons pas, dit Portalis, aux Français le droit de contracter mariage en pays étranger, ni celui de s'unir à une personne étrangère. La forme du contrat est réglée alors par les lois du lieu où il est passé.» [1]

L'art. 48 ne s'étend pas à la célébration des mariages.

Les mariages à l'étranger d'après le code.

Quant aux pays non-chrétiens il en est tout autrement, comme nous l'avons déjà expliqué dans le cas de l'Angleterre et des États-Unis. D'après l'ordonnance de 1781, les Français qui résident dans le Levant ne peuvent contracter mariage qu'après avoir obtenu la permission de l'Empereur. Le Conseil d'État a été d'avis que cette disposition n'appartient pas au droit civil, mais au droit public, et que, se rattachant à des intérêts diplomatiques, elle n'a pas été abrogée par le Code. [2]

Mariage au Levant.

Aucun mariage ne peut être célébré par un agent diplomatique ou consulaire, s'il n'a été précédé des publications prescrites par les lois françaises. [3]

Publications.

Une loi prussienne en date du 3 Avril 1854 pourvoit au

Loi prussienne du 3 Avril 1854.

[1] *Motifs du Code,* tom. I, p. 107.

[2] *Circulaire des Affaires étrangères,* du 19 Juillet 1826.

[3] Ordonn. du 23 Oct. 1833, art. 15; Code Napoléon, art. 192.

mariage des sujets prussiens dans les pays non-européens. En considération de l'impossibilité de faire constater les naissances, les mariages et les décès à l'étranger par des membres du clergé évangélique, les consuls prussiens sont autorisés à cet effet. Il est pourvu, selon la loi du pays de résidence des parties, à la publication des bans, à l'acte de naissance, au consentement des parents ou des tuteurs. Toutefois le consul peut dispenser de ces formalités, s'il est personnellement au courant des faits, ou s'ils sont autrement prouvés de manière à le satisfaire. Les parties déclarant mutuellement leur intention d'être unies par les liens du mariage, le consul les déclare en vertu de la loi légalement mariées. Un mariage pardevant un consul est pleinement valable, mais il doit exiger des parties l'engagement de le faire bénir par l'Église aussitôt que l'occasion s'en présentera.[1] D'après la loi de la Confédération de l'Allemagne du Nord du 8 Novembre 1867, le droit des consuls à conclure des mariages, à les enregistrer, de même que les naissances ou décès des nationaux de l'Union, est déterminé par les lois de chaque État de l'Union jusqu'à la promulgation d'une loi fédérale règlant ces attributions. Lorsque d'après les lois du pays, cette attribution est soumise à une autorisation particulière, c'est le chancelier fédéral qui l'accorde sur la proposition du gouvernement de ce pays.[2]

Mariages à l'étranger constatés par les consuls.

Bénédiction par l'Église.

Acte de la Confédération du 8 Novembre 1867.

Acte du 4 Mai 1870.

Le 4 Mai 1870 une loi, exécutoire dans tous les États de la Confédération, fut passée, concernant la manière de contracter mariage et la constatation de l'état civil des sujets de la Confédération qui se trouvent à l'étranger. Il statue que le Chancelier de la Confédération peut autoriser les envoyés diplomatiques et les consuls fédéraux à dresser les actes de mariage de sujets de la Confédération et à constater les naissances, mariages et décès de ces personnes. Dans ce cas la compétence des agents diplomatiques s'étend à tout le territoire de l'État près du gouvernement duquel ils sont accrédités, et celle des consuls aux limites de leur districts.[3]

[1] Koch, *Allgemeines Landrecht mit Commentar*, vol. III, p. 59.

[2] *Archives diplomatiques*, 1869, tom. IV, p. 1365.

[3] *Revue de droit international*, 1871, tom. III, p. 89.

Il en est de cette loi comme de l'acte du parlement anglais dont nous avons parlé. Les mariages contractés, même entre des citoyens allemands, dans les pays chrétiens, ne sont efficaces que dans l'Empire Germanique, à moins qu'on n'ait suivi les formalités usitées dans les pays où ils sont célébrés.

Nous avons présenté cet aperçu des lois du mariage dans les différents pays, non-seulement comme constituant une branche des plus intéressantes de la législation comparée, mais aussi parce que la validité d'un mariage (quelque autre condition que l'on puisse y ajouter), comme règle générale devant être déterminée par la loi du pays où il est contracté, les lois sur le mariage de chaque pays peuvent être, en un certain sens, considérées comme faisant partie des lois de tous les autres pays.

Nécessité d'une règle commune pour légaliser le mariage entre nationaux de différents pays.

Autrefois les conflits des lois au sujet de mariages conclus avec des étrangers se présentaient rarement. Mais si l'on considère l'extension des rapports intimes entre les peuples de tous les pays civilisés, provenant de l'application de la vapeur à la navigation et aux chemins de fer, et de l'électricité à la télégraphie; si l'on se rappelle que voyager n'est plus seulement l'affaire de ceux qui font le commerce, mais qu'il y a toujours dans des pays autres que leur propre pays plusieurs milliers de familles, comprenant un nombre indéfini de personnes des deux sexes ayant l'âge requis pour contracter mariage, «on conçoit, comme l'a très-bien dit un commentateur américain, jusqu'à quel point est urgente la nécessité d'une règle commune qui soit reconnue dans tous les pays, afin que les tribunaux puissent décider, d'après cette règle, si les parties sont mariées ou non. Une telle règle devrait s'appliquer aux cas où les parties ne sont que de passage dans le pays où le mariage a lieu, aussi bien que pour celles qui y sont domiciliées.»[1]

Il est étonnant que les traités de 1868—1872, conclus par les États-Unis avec les États d'Allemagne et la Belgique, l'Angleterre, et d'autres pays pour faire reconnaître le

[1] Bishop, *On marriage and divorce*, vol. I, § 363, p. 303.

droit de changer de nationalité, n'aient pas pourvu aux moyens de légaliser les mariages entre nationaux de différents pays, mariages dont le nombre ne peut qu'augmenter, à raison même des principes cosmopolites qu'ils établissent, et dont l'abolition du droit d'aubaine semble être une conséquence presque indispensable.

Nous n'ignorons pas la difficulté de faire établir un code uniforme, entièrement basé sur des systèmes aussi divers que ceux auxquel l'ancien droit romain et la loi commune anglaise ont donné naissance; mais ne serait-il pas possible de faire des droits de mariage et de succession l'objet de traités semblables aux traités de naturalisation qu'on discute aujourd'hui? [1]

Contrat de mariage déterminé par le domicile du mari.

D'après Savigny, le véritable siége du lien conjugal ne donne lieu à aucun doute; il est au domicile du mari, qui, d'après le droit de tous les peuples et de tous les temps, est reconnu comme le chef de la famille. C'est donc ce domicile qui détermine le droit local du mariage, et le lieu où le mariage a pu être célébré en dehors du domicile n'a ici aucune influence.

D'après quelques-uns par la *lex loci contractus.*

«Plusieurs auteurs ont mis en doute cette dernière proposition, parce qu'ils regardaient le mariage comme un contrat obligatoire, et qu'ils avaient coutume de déterminer le droit local des contrats de cette espèce d'après le lieu où ils sont conclus. D'abord le premier de ces points de vue est faux; car le mariage n'a rien de commun avec les contrats obligatoires;

Ce que dit Savigny.

et ensuite, continue Savigny, quand même il serait vrai, nous aurions à déterminer le droit local, non d'après le lieu où le mariage a été conclu, mais d'après le lieu de son exécution. Or, le domicile du mari est certainement le lieu où les obligations qui dérivent du mariage reçoivent leur exécution.» [2]

«Une question importante et controversée, dit Savigny,

[1] Voir *Archives diplomatiques*, 1869, tom. III, p. 1189; *Treaties of the United States*, 1868, p. 116.

[2] Savigny, *Traité de droit romain*, par Guenoux, tom. VIII, p. 320—321.

est celle de savoir d'après quelle loi se règle le régime des biens dans le mariage: car précisément en cette matière les lois diffèrent singulièrement les unes des autres.» Se bornant à la loi du continent — car la loi commune d'Angleterre et d'Amérique ne reconnaît ni l'un ni l'autre des deux régimes dont il est question, — il dit: «Dans chaque cas particulier, il s'agit de se prononcer entre le régime dotal (romain) et la communauté de biens (germanique). Mais le régime dotal tantôt est purement romain, tantôt subit des modifications qui sont très-répandues en Allemagne. La communauté de biens existe également avec une grande diversité de degrés.

D'après quelle loi se règle le régime des biens dans le mariage en l'absence d'un contrat exprès.

Régime dotal et communauté de biens.

Modifications de ces systèmes.

«Tout le monde est d'accord sur le principe que le droit des biens dans le mariage se détermine d'après le domicile du mari, et non d'après le lieu où le mariage a été célébré. Il y a néanmoins entre ceux qui admettent le principe de grandes divergences d'opinions.

Savigny favorise la loi du domicile du mari, même pour les biens situés dans d'autres pays.

«D'abord plusieurs prétendent que les biens situés dans d'autres pays ne sont pas régis par ce principe, mais par la *lex rei sitæ*. C'est une erreur, car la *lex domicilii* doit s'appliquer égalcment aux biens situés dans d'autres pays. — La décision étant ici la même que pour le droit de succession, on pourrait être tenté de lui donner le même motif en ramenant la chose à une espèce de succession universelle.

«Voici plutôt le véritable motif de cette décision. Le choix du droit local se ramène de préférence à la soumission volontaire. Or, il n'est nullement vraisemblable que les époux aient voulu subordonner la règle des rapports de leurs biens à une circonstance tout à fait accidentelle, la situation d'une partie de leurs biens dans un autre pays. La diversité du droit, applicable aux différentes parties des biens, pourrait amener des complications et des incertitudes auxquelles il n'est pas présumable que les parties aient voulu s'exposer.»[1]

Motifs de la décision de Savigny.

Westlake, quant aux biens mobiliers, suit Savigny en disant: «Il est universellement admis que lorsqu'un mariage a lieu sans contrat exprès, les droits mutuels de l'homme et de la femme aux biens mobiliers l'un de l'autre, que ceux-ci exis-

Westlake adopte le domicile matrimonial.

[1] Savigny, *Traité de droit romain*, par Guenoux, tom. VIII, p. 324.

tassent à l'époque du mariage ou qu'ils aient été acquis depuis, doivent être réglés par la loi du domicile matrimonial, aussi longtemps que celui-ci demeure le même.»[1]

Phillimore.

Phillimore, après avoir fait la remarque que tous les États chrétiens et païens paraissent avoir basé leurs lois concernant le mariage sur le principe que la demeure du mari est le domicile de la femme, énumère les questions qui ont été soulevées quant aux biens des époux et au domicile des parties — si le mariage a eu lieu sans un contrat exprès, ou avec un tel contrat; si les biens ont été acquis avant ou après le mariage; si le domicile est resté le même qu'à l'époque du mariage, ou s'il a été changé et qu'un autre ait été acquis postérieurement au mariage. Il dit: «Les réponses qui ont été faites à ces questions par les jurisconsultes, les juges et les législateurs des États dont la jurisprudence est basée sur le droit romain, n'ont pas été uniformes.»

Questions soulevées quant aux biens des époux et au domicile des parties.

États dont la législation est basée sur le droit romain.

La loi commune en Angleterre et aux États-Unis.

En Angleterre, en Irlande, et dans les États-Unis de l'Amérique du Nord qui ont adopté la loi anglaise, ces questions n'avaient guère été discutées avant ces derniers temps; et cela principalement en Angleterre. Et il y a eu des différences importantes sur certains points dans les exposés de la loi à ce sujet en Angleterre et aux États-Unis.[2]

L'exposé suivant nous montre que les vues de Story ne concordent pas avec celles que nous avons citées de Savigny et de Westlake.

«Dans les cas où il n'y a pas de changement de domicile, ni de contrat exprès de mariage, Huber établit nettement la doctrine que non-seulement le contrat du mariage lui-même dûment célébré dans un endroit selon les lois de cet endroit est valide en tout autre lieu, mais que les droits et les effets du contrat de mariage selon les lois de l'endroit, sont considérés comme ayant partout la même efficacité. Ainsi, il dit qu'en Hollande tous les biens des époux sont communs à moins de stipulation contraire dans le contrat de mariage; et que ceci aurait son effet en ce qui regarde des biens situés dans la Frise, bien que dans cette province il n'existe que la communauté des

Exposition de Huber.

[1] WESTLAKE, *Private international law*, § 366, p. 352.
[2] PHILLIMORE, *International law*, vol. IV, p. 292.

pertes et des acquêts, et non des biens eux-mêmes. Il ajoute: Par conséquent deux Frisons, l'homme et la femme, restent après leur mariage propriétaires distincts chacun de ses propres biens situés en Hollande. Mais toutefois que deux époux quittent l'une des provinces (la Hollande) pour habiter l'autre (la Frise), les biens que l'un ou l'autre peut alors acquérir ne font pas partie de la communauté et il y a des droits de propriété individuelle. Tandis que leurs anciens biens qu'ils ont possédés en commun restent dans les mêmes conditions de droit dans lesquelles ils les possédaient originellement.»

Effet sur les biens du changement de domicile après le mariage.

Story considère que «le résultat de ce raisonnement serait que dans le cas d'un mariage conclu sans contrat exprès de mariage, la *lex loci contractus* (en admettant qu'elle fournisse une juste base pour déduire un contrat tacite) doit régir tous les biens mobiliers et immobiliers situés dans le pays; quant à ceux qui se trouvent en dehors du pays, elle régit les biens mobiliers, mais non les biens immobiliers, ces derniers étant gouvernés par la *lex rei sitæ.*»

D'après Story, les droits des parties réglés par la loi du lieu de la célébration pour tous les biens mobiliers et pour les biens immobiliers dans le pays.

Il ajoute: «L'exposé le plus simple et le plus satisfaisant de ce sujet, ou du moins celui qui s'accorde le mieux avec les analogies de la «*common law*» est que, dans le cas d'un mariage sans contrat spécial, et quand il n'y a pas eu de changement de domicile, la loi du lieu où le mariage a été célébré doit régler les droits des parties en ce qui regarde tous les biens personnels ou mobiliers, n'importe où ils sont acquis ou situés; mais que les biens réels ou immeubles doivent être laissés à la disposition de la *lex rei sitae*, comme étant hors du ressort de toute loi extra-territoriale. Lorsqu'il y a entre les parties un contrat de mariage exprès, celui-ci fournit la règle qui décide ce cas, et en tant que contrat, il doit recevoir ses effets partout dans les limites générales et sauf les exceptions qui s'appliquent à toutes les autres espèces de contrats.» [1]

Contrat exprès gouverne partout.

Il nous semble, bien que Savigny refuse d'appuyer sa décision sur ce point, que le cas de mariage rentre dans la règle générale des contrats quant au lieu de son exécution, et qu'en l'absence de toute déclaration formelle il doit être considéré

[1] Story, *Conflict of laws*, § 114, p. 224—226.

La loi du domicile matrimonial fait partie du contrat s'il n'y a pas de contrat formel.

comme ayant été conclu en vue des lois du domicile matrimonial, lequel dans tous les cas habituels est le domicile du mari, à moins que le mariage n'ait été conclu en vue d'un établissement immédiat dans un autre lieu. Dans ce cas, la loi de ce lieu interviendrait et formerait partie du contrat.

Décisions des tribunaux français à ce propos.

Notre manière de voir semble s'accorder avec les décisions les plus récentes des tribunaux français: «On décide en principe maintenant que les époux mariés sans contrat sont réputés avoir adopté le régime de droit commun du pays où ils se proposent de fixer leur domicile conjugal, et non celui du lieu de la célébration ou du domicile du mari.» [1]

«Un second objet de discussion, dit Savigny, est le cas où, pendant la durée du mariage, le mari change de domicile.

Changement de domicile pendant le mariage.

«Les uns pensent que le droit local du premier domicile subsiste pour tous les temps, et qu'ainsi il ne peut être changé par le choix d'un domicile nouveau. On en donne ordinairement pour motif que le fait du mariage implique la convention tacite que les biens des époux seront toujours réglés d'après la loi en vigueur au domicile du mari lors de la célébration du mariage. Je regarde cette opinion comme vraie.

Vues diverses.

«D'autres n'admettent pas de convention tacite, et ils prétendent que les biens des époux sont toujours soumis à la loi du domicile; d'où il résulte que, dans le cas d'un changement de domicile, le droit de ce domicile devient applicable, et ainsi tout changement de domicile peut déterminer l'application d'un droit nouveau.

«D'autres enfin adoptent une opinion intermédiaire; ils n'admettent pas non plus la convention tacite, et ils regardent le droit du domicile comme seul décisif, mais sous cette réserve que pour les biens existant au moment du mariage le droit reste immuable (comme *jus quæsitum*), et que les biens acquis postérieurement sont seuls régis par la loi du nouveau domicile.»

«La première de ces opinions se recommande évidemment par un juste sentiment du droit. Avant le mariage, la femme était libre ou de ne pas le contracter, ou de le soumettre à certaines

[1] Arrêt de la Cour de Cassation, 11 Juillet 1855, 4 Mars 1857. *Pal.* 56, 1. 321, 57. 1143. — MICHAUX, *Traité pratique des contrats de mariage*, p. 322.

conditions quant aux biens. Elle ne fait pas de contrat de ce genre, mais elle accepte la loi établie au domicile du mari, et naturellement elle compte sur sa durée. Maintenant le mari par le seul fait de sa volonté change de domicile, comme il le peut incontestablement; et dès lors s'établit pour les biens des époux un droit tout nouveau. Si la femme approuve ce changement, notre question perd de son importance; car le droit des biens aurait pu être modifié par contrat. Mais notre question a une grande importance si le changement est préjudiciable à la femme, et que celle-ci ne l'approuve pas. C'est précisément pour empêcher que la seule volonté du mari ne porte ainsi atteinte aux droits de la femme, que les partisans de la première opinion ont admis l'existence d'un contrat tacite.

Pourquoi le domicile lors du mariage doit régir.

«La seconde se montre particulièrement dure et injuste, et relativement aux biens acquis. Lorsque, dans un pays où la loi admet la communauté de biens dans toute son extension, un homme riche épouse une femme pauvre, le seul fait de la célébration du mariage met en commun tous les biens des époux. Si plus tard le mari transporte son domicile dans un lieu où la loi établit le régime dotal, d'après la seconde opinion la femme perdrait immédiatement, et contre sa volonté, la portion des biens à elle acquise. C'est pour repousser cette conséquence injuste que la troisième a été imaginée. Mais, indépendamment de ce qu'elle est contraire aux principes, cette opinion a en outre le vice de toutes les demi-mesures. Si l'on règle les biens acquis par la loi de l'ancien domicile, et les biens futurs par la loi du domicile nouveau, il en résultera des complications et des contradictions, que l'on ne saurait prévoir, et qui seraient également contraires aux intérêts et aux vœux des parties.» [1]

Objections au principe de régler les droits des époux d'après la loi du nouveau domicile.

Les biens acquis avant le changement réglés par la loi de l'ancien domicile et ceux acquis après par celle du nouveau domicile.

«La loi prussienne reconnaît comme toujours applicable le droit local en vigueur au domicile du mari lors de la célébration du mariage; sauf deux modifications secondaires pour le cas où les époux mariés sous le régime dotal transporteraient leur domicile dans un lieu où la règle est la communauté de biens.» [2]

La loi prussienne

[1] Savigny, *Traité de droit romain*, par Guenoux, tom. VIII, p. 329—330.

[2] *Ibid.*, tom. VIII, p. 330.

Allgemeines Landrecht.

Voici les articles de l'*Allgemeines Landrecht* à ce propos:

§ 350. La communauté des biens n'est consacrée par les lois provinciales et les statuts que lorsqu'elle est la loi du lieu où les époux ont eu leur premier domicile après l'accomplissement du mariage.

§ 351. Le changement de ce premier domicile ne produit généralement aucune modification dans les règles auxquels les époux s'étaient antérieurement soumis.

§ 352. Si cependant les époux ont transporté leur domicile d'un lieu où la communauté des biens n'existait pas dans un autre endroit où elle est habituelle, toutes les transactions faites dans ce dernier lieu se rapportant à un troisième, seront régies par la règle de la communauté.

§ 353. Ce qui est dit ci-dessus concernant le changement de domicile des époux s'applique aussi aux autres changements de juridiction de celle à laquelle ils étaient soumis lors de l'accomplissement du mariage.

§ 354. Dans les endroits où la communauté de biens ne résulte pas des lois de la province ou des statuts, elle peut être stipulée par contrat, mais seulement avant l'accomplissement du mariage.

§ 355. Lorsque cependant les époux changent leur domicile d'un endroit où la communauté de biens n'existe pas, dans un autre où elle existe, ils peuvent, en vue des affaires de succession, se soumettre par contrat à cette dernière règle.[1]

Aucune règle établie en Angleterre en cas de changement de domicile.

Story dit: «Il ne semble pas que la question se soit jamais présentée devant les tribunaux anglais de savoir quelle est la règle qui doit gouverner les cas se rapportant aux biens matrimoniaux lorsqu'il n'y a pas de contrat spécial de mariage et qu'il y a eu changement de domicile. Mais il y a eu un cas que Lord Eldon est rapporté avoir dit être fondé sur un contrat nuptial, et dans lequel s'il n'y avait pas eu un tel contrat, la loi d'Angleterre (bien que le domicile des parties à l'époque du mariage fût en France) aurait réglé les droits du mari et de la femme qui étaient domiciliés en Angleterre lorsque le mariage fut dissous par la mort. De sorte que, selon cette doctrine, la loi du domicile actuel gouvernerait

Vues de Lord Eldon.

[1] *Allgemeines Landrecht*, part. II, tit. I, vol. III, p. 32.

tous les biens sans distinction, que ces biens eussent été acquis antérieurement ou postérieurement au changement de domicile.

La répartition des biens par la Cour de l'Échiquier d'après le domicile actuel.

« Mais dans un cas plus récent où les parties habitaient la Prusse et y étaient domiciliées, une question fut soulevée devant la *Court of Exchequer*, quant à la répartition de biens *ab intestat* qui se trouvaient soumis à l'administration de la cour, à savoir, si la femme qui était un des ayants-droit pouvait prétendre en équité, son mari ayant fait une pétition pour la somme, à ce qu'une partie de celle-ci lui fût attribuée, ou si le tout devait être remis au mari. Il fut montré que, selon les lois prussiennes, tous les biens mobiliers de l'homme et de la femme sont, durant le mariage, à la disposition absolue du mari; mais à la mort de l'un des conjoints ils sont partagés entre le survivant et les héritiers du défunt. La femme ne s'adressa point au tribunal, et le tribunal ordonna que la somme entière fût remise au mari.[1] Ici nous voyons que le tribunal a adopté la loi du domicile actuel comme réglant les droits des parties aux biens mobiliers.»[2]

Vues de Redfield en faveur de la loi du domicile actuel.

Le savant commentateur de Story s'exprime ainsi: «Nous avons eu occasion de donner beaucoup d'attention et d'étude à cette question, et il nous a semblé qu'une juste appréciation des vrais principes qui sont en jeu dans la relation du mariage, et de l'étendue à laquelle les droits et les devoirs qui s'y rattachent influent sur tous les droits et les devoirs sociaux et civils dans l'État, ne saurait manquer de convaincre tout esprit sérieux et impartial de l'importance extrême et presque de la nécessité qu'il y a de considérer la loi du lieu du domicile actuel comme la loi qui doit être appliquée en ce qui concerne tous les droits et les devoirs résultant de cette relation pendant sa durée.

Droits d'un mariage en Angleterre d'après les tribunaux anglais.

Redfield considère le cas de Warrender *vs.* Warrender[3] comme ayant «démoli les anciennes prétentions embarrassantes des tribunaux anglais qui déclaraient qu'un mariage anglais conférait les droits anglais, et que ces droits et les

[1] ANSTRUTHER'S *Reports*, vol. I, p. 63, Sawer *vs.* Shute; voir aussi Mylne et Keen, vol. II, p. 513, Anstruther *vs.* Adair.

[2] STORY, *Conflict of laws*, §§ 170, 171 p. 232, éd. Redfield.

[3] CLARK and FINNELY'S *Reports*, vol. II, p. 488; Bligh, 89, 127.

devoirs en dérivant suivraient les parties comme conséquence inséparable de leur relation, dans quelque pays qu'elles établissent leur domicile. La difficulté évidente que rencontre l'admission de cette doctrine est qu'elle soumet les citoyens ou sujets du même État à autant de lois différentes qu'il se rencontre de nationalités parmi ses habitants.[1]

«Dans la République américaine qui compte près d'une cinquantaine d'États et environ la moitié de ce nombre de nationalités distinctes, le plan absurde de donner à la relation matrimoniale la loi immuable du lieu où le mariage a été célébré, ou du domicile des parties à cette époque, ou du domicile conjugal proposé, donnerait lieu à une telle confusion dans les termes de la loi, qu'elle suffirait à démontrer qu'une telle règle ne saurait être fondée sur aucun principe juste ou pratique.»[2]

D'après la cour d'appel de New-York la loi de domicile lors du mariage régit malgré un changement subséquent de domicile.

Redfield admet cependant que d'après la cour d'appel de New-York[3] il a été décidé, bien que par un tribunal dont les votes étaient également partagés, que comme si les personnes domiciliées en France se marient, et que, tandis qu'elles y résident, les biens-fonds de la femme sont convertis en espèces, et le prix versé dans la communauté et ainsi selon la loi française la femme avait droit de prélèvement pour ces biens-fonds en cas de mort du mari sur les biens de la communauté,[4] la même règle s'applique à la répartition des biens du mari mort domicilié dans l'État de New-York où les parties ont habité pendant nombre d'années après avoir abandonné tout domicile en France. La propriété en question dans cette affaire avait été acquise à New-York.[5]

Ce sujet ne paraît avoir été considéré dans aucun des autres

[1] STORY, *Conflict of laws*, p. 234, éd. Redfield.

[2] *Ibid.*, § 171^{c}, p. 234, éd. Redfield.

[3] *New-York Appeal Reports*, vol. V, p. 157, Bonati *vs.* Welsch.

[4] «S'il est vendu un immeuble appartenant à l'un des époux, de même que si l'on s'est rédimé en argent de services fonciers dus à des héritages propres à l'un d'eux, et que le prix en ait été versé dans la communauté, le tout sans remploi, il y a lieu au prélèvement de ce prix sur la communauté, au profit de l'époux qui était propriétaire, soit de l'immeuble vendu, soit des services rachetés.» *Code Napoléon*, liv. III, tit. v, sect. 2, art. 1433.

[5] STORY, *Conflict of laws*, § 171e, p. 234, éd. Redfield. Voir aussi éd. Bennett, § 182a, p. 218.

États de l'Union américaine qui sont régis par la «*common law*». Nous avons déjà eu lieu, en traitant de la doctrine du statut personnel et du statut réel, de nous reporter à une décision de la Cour Suprême de la Louisiane, qui, se basant sur l'autorité de la loi espagnole telle qu'elle la conçoit, a appliqué sa loi individuelle aux acquêts faits après leur établissement dans cet État par des personnes mariées qui avaient être domiciliées ailleurs à l'époque de leur mariage et étaient depuis venues résider dans l'État. Dans cette affaire les enfants réclamaient, contre les créanciers du père, une moitié des biens, à titre d'acquêts et gains, faits par leurs père et mère dans cet État. Les appelants soutenaient que, le mariage ayant eu lieu dans l'État de Virginie dont les lois n'admettent pas la communauté des acquêts et des gains, l'ensemble des biens acquis là appartenait au mari.[1]

Décision de la Cour Suprême de la Louisiane.

La loi de la communauté appliquée aux acquêts et gains faits après le domicile acquis en Louisiane.

Il y a plusieurs autres décisions dans le même sens rendues dans la Louisiane. Story en les commentant dit: «La doctrine qui, par rapport au droit public, a été ainsi établie dans cet État, se résume en deux propositions fondamentales. Premièrement, lorsqu'il y a un contrat spécial de mariage à l'effet d'établir entre les parties une communauté des acquêts et des gains, lors même qu'elles habiteraient des pays régis par des lois différentes, cette convention sera regardée comme absolument obligatoire, comme matière de contrat au cas où les parties iraient résider dans un autre État; avec cette restriction toutefois, qui est applicable à tous les contrats, de ne causer aucun préjudice aux citoyens du pays qu'ils vont habiter, et que son exécution ne soit pas incompatible avec les lois de ce pays. Secondement, lorsqu'il n'y a pas de contrat spécial de mariage, la loi du domicile matrimonial prévaut en ce qui concerne les biens antérieurs; mais les biens acquis après changement de domicile sont régis par la loi du domicile actuel. Bien que ce fût autrefois une question, dit le tribunal, il paraît maintenant être un principe établi que lorsque des époux émigrent du pays où le mariage a été contracté dans un autre dont la loi est différente, les biens qu'ils acquièrent dans le lieu où ils se sont établis sont régis par la loi de ce lieu.» Le

Principes établis par les décisions des tribunaux de la Louisiane.

[1] Voir § 11 *supra*, p. 13. MARTENS, *Louisiana Reports*, *N. S.*, vol. V, p. 569—608. Saul *vs.* His Creditors.

tribunal a en conséquence décidé d'après ces propositions que, lorsque des époux qui se sont mariés dans la Caroline du Nord où la communauté de biens n'existe pas, viennent habiter la Louisiane où elle existe, les biens acquis après ce changement de domicile sont possédés en commun.» [1]

L'opinion judiciaire en Angleterre n'est pas d'accord avec celle de Savigny.

Le commentateur de Savigny dit à ce propos: «On ne saurait dire qu'il y ait aucune décision positive des tribunaux britanniques soit d'un côté soit de l'autre sur la question discutée dans le texte de notre auteur, bien qu'il y ait au moins une opinion judiciaire à l'effet que lorsque le domicile change, le contrat impliqué change avec lui.» [2] Les cas dans lesquels il a été définitivement établi que, sous l'ancienne loi écossaise (modifiée par 18 et 19 Vict. c. 23) les droits des représentants de la femme prédécédée à sa part des biens de la communauté à l'époque de sa mort dépendent de la loi du domicile à l'époque de la dissolution du mariage et non de celle du domicile où il a été conclu, peuvent être considérés comme impliquant une adhésion à la seconde opinion, rejetée par Savigny. [3]

Il est très-important de ne pas confondre les droits de propriété résultant du mariage avec ceux qui résultent de la succession.

La succession *ab intestat* entre époux se règle, comme celle entre étrangers, d'après le dernier domicile du défunt. Mais souvent il peut s'élever des doutes sur la question de savoir si la réclamation de l'époux survivant se fonde sur la succession *ab intestat* proprement dite, ou n'est qu'une simple continuation de ce qui existait pendant le mariage (la communauté de biens). Dans le premier cas, on suivrait la loi du dernier domicile; dans le second, celle du domicile où a été contracté le mariage.» [4]

MARIAGES DES FAMILLES ROYALES.

Mariage d'un membre d'une famille royale demande le consentement du souverain.

D'après Fœlix, dans presque tous les États de l'Europe, des lois positives ou l'usage constant depuis des siècles ont re-

[1] STORY, *Conflict of laws*, § 178, p. 238, éd. Redfield.

[2] Kennedy *vs.* Bell, 1864, MACPHERSON'S *Reports*, vol. II, p. 587; voir Hall's Trustees *vs.* Hall, 1854, Dow, vol. XVI, p. 1057.

[3] GUTHRIES, *Savigny's Private international law*, p. 246, note.

[4] SAVIGNY, *Traité de droit romain*, par Guenoux, tom. VIII, p. 332. WESTLAKE, *Private international law*, § 373, p. 358.

connu en principe que l'autorité attribuée par le droit romain au père de famille en matière de mariage de ses descendants, appartient aujourd'hui, dans les familles régnantes, au chef de chacune d'elles sur toutes les personnes qui en font partie, qu'elles soient ou non ses descendants; c'est-à-dire que toutes ces personnes ne peuvent contracter mariage sans le consentement du prince régnant.

« On peut dire, dit-il, que ce principe a passé dans le droit public de l'Europe, et qu'il doit être appliqué dans tous les États, même dans ceux où il n'a pas été consacré par des lois positives ou par d'anciens usages. » Il se rapporte surtout à la Prusse et à divers pays d'Allemagne où il a été consacré par des lois expresses, à l'Espagne et à la Russie, de même qu'à l'Angleterre et à la France. « Le mariage, ajoute Fœlix, du prince de Capoue, frère du roi des Deux-Siciles, avec une dame anglaise, est nul à défaut du consentement préalable du roi. La loi du 7 Avril 1829 n'avait pas été promulguée, avant ce mariage, dans les formes voulues par l'article 1er du code civil des Deux-Siciles; mais cette formalité n'était pas nécessaire, parce que la nullité résulte des principes généraux admis par le droit commun de l'Europe. » [1]

Mariage du frère du roi des Deux-Siciles.

Le nouveau code italien déclare que plusieurs articles ne sont applicables ni au roi ni à la famille royale, et que « l'assentiment du roi est requis pour la validité des mariages des princesses et des princes royaux. » Art. § 69.

Nouveau code italien.

Partout en Allemagne, d'après les pactes de famille et les lois organiques de l'État, non-seulement le consentement du souverain était nécessaire aux mariages des membres des familles régnantes, mais ce consentement ne suffisait pas pour donner le droit de succession à la couronne ou aux titres princiers aux enfants issus du mariage, à moins qu'il n'existât une égalité de naissance entre les époux.

Égalité de naissance entre les époux.

On voit la reconnaissance de ce principe qui remonte même à l'époque de l'ancien Empire germanique dans les stipulations de l'acte fédératif de 1815 qui déclare que les maisons des princes et comtes médiatisés n'appartiennent pas moins à la haute noblesse d'Allemagne et conservent les droits d'égalité de naissance (*Ebenbürtigkeit*) avec les maisons souveraines. [2]

Droits d'égalité de naissance des princes médiatisés.

[1] Fœlix, *Droit international privé*, tom. II, p. 432.

[2] *Notre Commentaire*, tom. I, p. 368 *supra*.

Quoiqu'on ne trouve pas des stipulations pareilles dans les actes plus récents, le point fut mis en avant dans la controverse pour la couronne ducale du Schleswig-Holstein en 1864, et il fut alors répondu à l'objection que le Prince d'Augustenbourg était issu d'un mariage inégal, que ni la grand' mère ni l'arrière-grand'-mère du roi actuel du Danemark n'était de sang royal.

A côté des mariages égaux il existe une autre espèce de mariages entre les membres des familles royales, semblable aux mariages de la main gauche dans le code prussien. Ces mariages sont publiquement reconnus et également autorisés par les chefs de famille. Les mariages connus comme morganatiques sont conclus souvent par des souverains et des princes qui passent à de secondes noces ayant des enfants d'un premier lit. Ces mariages, qui reçoivent la sanction religieuse, ne se bornent pas à l'Allemagne, et sont faits par des femmes de sang royal de même que par les rois et les princes.[1]

Mariages morganatiques.

Loi anglaise.

En 1718, au sujet d'une question soumise aux juges anglais par Georges Ier, à savoir si le mariage de ses petits-enfants dépendait du roi bien que leur père fut vivant, il fut déclaré que « par le *statute* 28 Henri VIII, c. 18 (abrogé entre autres *statutes* ayant trait à la trahison, par l'acte 1 Edw. VI, c. 12), était déclaré haute trahison le mariage d'un homme quelconque avec les enfants du roi, ou avec ses enfants putatifs, ses sœurs ou tantes *ex parte paternâ*, ou les enfants de ses frères ou sœurs; ce sont précisément les mêmes degrés auxquels le *statute* 31 Hen. VIII accorde la précédence.» Et maintenant, en conséquence de l'acte 12 Geo. III, c. 11 passé en 1772 par suite des mariages auxquels il fut trouvé à redire des ducs de Gloucester et de Cumberland, frères du roi, aucun descendant quelconque du roi Georges II (autre que les enfants de princesses mariées dans des familles étrangères), n'est apte à contracter mariage sans le consentement préalable du souverain, rendu sous le grand sceau, et proclamé en conseil: et tout mariage contracté sans un tel assentiment est nul; et toutes personnes qui auront célébré, pris part, ou assisté à un

[1] Voir *Almanach de Gotha*, 1869, *Anhalt*, *Bavière*, *Espagne*, *Italie*, *Prusse*, *Russie*, *etc.*

tel mariage prohibé seront passibles des peines édictées par les «*statutes*» de *præmunire*. Il est toutefois stipulé que ceux desdits descendants qui ont dépassé l'âge de vingt-cinq ans, pourront, après avoir avisé le Conseil Privé douze mois à l'avance, contracter et célébrer un mariage sans le consentement de la couronne, à moins que, avant l'expiration de ladite année les deux chambres du Parlement n'aient expressément déclaré leur désapprobation du mariage proposé.[1]

Pairie de Sussex.

Dans un cas en 1844 provenant de la pairie de Sussex, qui fut réclamée par le fils issu du mariage du duc de Sussex fait à Rome avec lady Augusta Murray, sans le consentement du souverain, «tous les juges furent d'accord que l'acte de mariage royal était en vigueur aussi bien à l'étranger qu'en Angleterre, et qu'un mariage contracté à Rome et qui serait valide entre des personnes ne rentrant pas dans la juridiction de l'acte de mariage royal, ne le serait plus, si l'une des parties contractantes était comprise dans les stipulations de cet acte, et s'était mariée sans le consentement du roi.» Dans le même cas, on attesta, sans qu'il y eût d'opinion contraire, qu'un mariage célébré à Rome entre deux protestants, devant un ministre protestant, y serait considéré comme un mariage valide.[2]

Principe de l'acte de mariage royal anglais.

L'acte de mariage royal se propose de rendre certaines personnes incapables de contracter mariage sans le consentement du souverain. Il atteint véritablement son but, qui est d'empêcher de telles personnes de contracter mariage dans le territoire britannique, sans avoir obtenu ce consentement, et d'empêcher les juges britanniques de reconnaître le mariage que de telles personnes pourraient pareillement contracter en dehors du territoire britannique.[3]

«On agita beaucoup, dit Pothier, dans le dernier siècle, si le défaut du consentement du roi au mariage des princes du sang était un empêchement dirimant de mariage. La question fut agitée à l'occasion du mariage de Gaston, duc d'Orléans, que ce prince avait contracté avec la princesse Marguerite de

Gaston, duc d'Orléans.

[1] STEPHEN, *Blackstone's Commentaries*, vol. II, p. 485.

[2] *Annual Register Sussex Peerage Case*, 1844, p. 345. CLARK and FINNELY'S *Reports*, vol. XI, p. 85.

[3] WESTLAKE, *Private international law*, § 348.

Lorraine, sans le consentement du roi: Sur l'appel comme d'abus de ce mariage, interjeté par le procureur général, par arrêt du mois de Septembre 1634, sur les conclusions de M. Jérôme Bignon, ce mariage fut, pour le défaut de ce consentement, déclaré nul. L'assemblée du clergé de 1635 donna aussi une déclaration à ce même propos. Le prince reconnut la nullité de son mariage, mais il obtint la permission du roi de le réhabiliter et il fut de nouveau célébré.» [1]

Sénatus-consulte de 1804.

L'article 12 du sénatus-consulte de l'an XII (18 Mai 1804), qui organisait une maison impériale dans la personne de deux frères de l'Empereur (le prince Joseph et le prince Louis), portait que «le mariage d'un prince français, fait sans l'autorisation de l'empereur, emporte privation de tout droit à l'hérédité, tant pour celui qui l'a contracté que pour ses descendants.»

Statut organique de 1806.

D'après le statut organique du 30 Mars 1806, § 4: «Le mariage des princes et princesses de la maison impériale, à quelque âge qu'ils soient parvenus, sera nul et de nul effet de plein droit et sans qu'il soit besoin de jugement, toutes les fois qu'il aura été contracté sans le consentement formel de l'empereur.» § 5: Tous les enfants nés d'une union qui n'aurait pas été contractée conformément au précédent article sont réputés illégitimes.

D'après Bugnet, les statuts de l'empereur sur le mariage étaient regardés comme applicables aux mariages de la famille royale à la restauration. Dans tous les cas, un mariage contracté en Angleterre par le duc de Berri avec une femme anglaise pendant son exil, ne fut pas regardé comme un obstacle à son mariage en 1816 avec une princesse des Deux-Siciles.

Duc de Berri.

La section 6 du sénatus-consulte du 7 Novembre 1852 est ainsi reproduite dans le projet de constitution soumis au sénat en mars 1870.

Constitution de 1870.

«VI. Les membres de la famille de Napoléon III, appelés éventuellement à l'hérédité, et leur descendance des deux sexes, font partie de la famille impériale.

«Ils ne peuvent se marier sans l'autorisation de l'empereur.

[1] *Œuvres de Pothier*, par Bugnet, tom. VI, p. 151.

Leur mariage, fait sans cette autorisation, emporte privation de tout droit à l'hérédité, tant pour celui qui l'a contracté que pour ses descendants.

« Néanmoins, s'il n'existe pas d'enfant de ce mariage, en cas de dissolution pour cause de décès, le prince qui l'aurait contracté recouvre ses droits à l'hérédité.

« L'empereur fixe les titres et les conditions des autres membres de sa famille.

« Il a pleine autorité sur eux; il règle leurs devoirs et leurs droits par des statuts.»[1]

Nullité du mariage de Jérôme Bonaparte.

La déclaration de la nullité, en 1805, du mariage conclu aux États-Unis le 24 Décembre 1803 par Jérôme Bonaparte, frère du premier consul d'alors, avec une dame américaine, est un cas exceptionnel où un décret souverain a été substitué par l'empereur au jugement d'un tribunal, quoique le mariage et la naissance d'un enfant sur les droits duquel il prononce eussent eu lieu avant la création de l'Empire. Le décret souverain du 30 Ventôse (21 Mai 1805) fut précédé par un décret du 11 Ventôse, qui défendait la transcription du mariage sur les registres français. Il se base sur une protestation de Madame Mère du 22 Février 1805, qui alléguait n'avoir reçu la nouvelle du mariage qu'en Mai 1804. Un décret de l'officialité de Paris, du 6 Octobre 1806, déclara nul et non avenu le mariage religieux, et un autre mariage du prince Jérôme avec la princesse de Wurtemberg fut célébré le 12 Août 1807 par le Prince Primat.

Il paraît que malgré les décrets souverains de l'empereur Napoléon Ier, un décret de Napoléon III, en date du 30 Avril 1854, déclare que « sur la demande de M. Jérôme Bonaparte, né à Londres le 7 Juillet 1805 d'un père français, M. Jérôme Bonaparte est réintégré dans la qualité de Français.» Le droit de porter le nom de Bonaparte fut soumis à un conseil de famille par le prince Napoléon et la princesse Mathilde, enfants du prince Jérôme par la princesse de Wurtemberg.[2] Ce conseil

[1] *Mémorial diplomatique*, 1870, p. 210.

[2] Ce conseil de famille se compose: «D'un prince de la famille impériale désigné par l'Empereur, du ministre d'État, du ministre de la justice, des présidents du Sénat, du corps législatif et du conseil d'État, du premier président de la cour de cassation, d'un ma-

(auquel par délicatesse, aucun prince de la famille impériale n'était présent) décida le 4 Juillet 1856 qu'on ne peut contester l'autorité du décret souverain du 21 Mars 1805 sur la foi duquel un autre mariage a été contracté, mais attendu que le défendeur a constamment depuis sa naissance porté le nom de Bonaparte, le conseil de famille maintient au défendeur le nom de Bonaparte sous lequel il a été connu, sans qu'il en résulte pour lui le droit de se prévaloir du bénéfice des articles 201 et 202 du Code Napoléon.

La question du mariage et des droits du fils de Mme Patterson basés sur ce mariage fut soulevée à l'occasion de l'ouverture de la succession du cardinal Fesch en 1859 et encore lors de la succession du prince Jérôme; le conseil ordonna, en 1860, qu'il «serait procédé à la levée des scellés sans s'arrêter ni avoir égard à l'opposition formée tant par Mme Patterson, qui est déclarée nulle, que par M. Jérôme Patterson.» Mme Patterson s'était représentée comme donatrice dans le contrat de mariage, et son fils ne demandait qu'un tiers de la succession, reconnaissant ainsi les droits du prince Napoléon et de la princesse Mathilde comme enfants légitimes.

Cas de Mme Patterson et de son fils Jérôme Bonaparte.

L'affaire ayant été portée devant le tribunal civil de la Seine en Janvier 1861, dans le cas de Mme Patterson et de son fils Jérôme Bonaparte, à propos de la succession de Son Altesse impériale le prince Jérôme, décédé le 24 Juin 1860, la cour, se référant aux décisions antérieures du conseil de famille, du 4 Juillet 1856 et du 5 Juillet 1860, invoquées comme concluantes, et considérant, entre autres, que, quoique le mariage du 24 Décembre 1803 eût été célébré d'après les formes et avec la publicité requises par les lois locales, Jérôme Bonaparte n'était alors âgé que de dix-neuf ans; que les clauses du code Napoléon relatives au mariage avaient été promulguées au mois de Mars précédent, et que, d'après l'article 3 de ce code, les lois concernant l'état et la capacité des Français régissent les Français même à l'étranger; que, suivant l'article

Code Napoléon.

réchal de France ou d'un général de division désigné par l'Empereur.» *Statut* du 21 Juin 1853. ROGER et SOREL, *Codes et lois usuelles*, p. 290.

170, les publications prescrites par l'article 63 et le consentement des parents en conformité de l'article 148 étaient requis, conditions qui n'avaient pas été remplies, alors que ces dispositions légales avaient été notifiées en Octobre 1803 aux parents de Mme Patterson par le ministre de France; qu'une protestation authentique de Madame Mère contre ledit mariage avait été suivie de deux décrets de l'empereur Napoléon, en date du 11 et du 30 ventôse de l'année XIII, dont l'un défendait à tous officiers de l'état civil de recevoir la transcription de l'acte de célébration du prétendu mariage, et dont l'autre déclarait que le mariage était nul et non avenu, et les enfants nés et à naître de ce mariage illégitimes et incapables de réclamer aucun droit de parenté fondé sur cette union; attendu en outre que, deux ans plus tard en 1807, le mariage de Son Altesse impériale avec la princesse de Wurtemberg avait été célébré en France avec toutes les formalités prescrites par la loi, et que, le 2 Janvier 1813, Mme Patterson avait obtenu de l'assemblée générale du Maryland un acte qui annulait son mariage avec Jérôme Bonaparte, la cour se prononça contre les demandeurs. Le conseil de famille avait décidé également, se basant sur les faits rapportés ci-dessus, que les demandeurs n'avaient pas droit au bénéfice des articles 201 et 202 du code, qui confèrent à la partie contractant un mariage de bonne foi, de même qu'aux enfants, lorsque ce mariage est déclaré nul, les effets civils d'un mariage.

Protestation de Madame Mère.

Décision du Conseil de famille.

Voici ce que dit Thiers au sujet du mariage de Jérôme Bonaparte: « Le prince Jérôme Bonaparte, pendant ses campagnes de mer en Amérique, avait contracté mariage avec une personne fort belle et d'une naissance honnête, mais à un âge qui rendait cette alliance nulle, et avec un défaut de concours de la part de ses parents qui la rendait plus nulle encore. Napoléon, qui voulait, en mariant ce prince avec une princesse allemande, fonder un nouveau royaume de Westphalie, avait refusé de reconnaître un mariage nul devant la loi civile comme devant la loi religieuse, et contraire au plus haut degré à ses desseins politiques. Il avait eu recours au saint siége pour en demander l'annulation, à quoi le pape s'était formellement opposé.» [1]

Thiers sur le mariage du prince Jérôme.

[1] THIERS, *Consulat et Empire*, tom. VIII, p. 28.

M. Jérôme Bonaparte, issu de ce mariage, fit, à la date du 7 Mai 1859, sommation aux éditeurs de M. Thiers d'insérer dans un nouveau volume une note où il insiste sur le fait que la nullité n'a pas été demandée dans le délai légal après que le mariage avait été portée à la connaissance de la mère, et qu'elle n'en avait jamais demandé judiciairement l'annulation; on y trouve le refus du pape ainsi accentué: «Il nous peine, dit le saint-père, de ne trouver aucune raison qui puisse nous autoriser à porter notre jugement pour la nullité de ce mariage.»

On inséra aussi dans le même volume une note de Son Altesse impériale le prince Napoléon, accompagnée de pièces justicatives provenant des actes du conseil de famille de 1856, et d'un autre ayant rapport à l'ouverture de la succession du Cardinal Fesch, en 1859.[1]

Mariages des souverains dans le droit international de l'Europe.

Les mariages royaux sont intervenus assez fréquemment dans le droit international public de l'Europe; et lorsque les Royaumes étaient considérés comme la propriété privée des souverains, des provinces entières étaient souvent données en dot à des princesses.. Pendant plus de deux siècles, depuis le mariage de Louis XIII en 1612 jusqu'à l'union malheureuse d'Isabelle d'Espagne en 1846 avec un prince imbécile de la maison de Bourbon, dont nous avons parlé dans un précédent volume, la succession au trône d'Espagne et les efforts pour empêcher la jonction, sous un même gouvernement, de la France et de l'Espagne, ont, avec quelques rares intervalles, occupé l'attention de la diplomatie de l'Europe[2].

Peu d'influence des alliances de famille.

Le démembrement des états du roi de Danemark, beau-père des héritiers les plus proches de deux grands empires, l'Angleterre et la Russie, nous offre une preuve récente du peu d'in-

[1] THIERS, *Consulat et Empire*, tom. XVII, p. 900. Voir aussi *Mémoires du roi Jérôme*, tom. I, p. 171—307, et Plaidoiries de Me Berryer et de Me Allou.

[2] Voir pour les négociations se rapportant à la succession de Charles II, le grand ouvrage de Mignet *Négociations relatives à la succession d'Espagne sous Louis XIV*. Un essai par M. C. Giraud (*Le traité d'Utrecht*) préparé lors des discussions de 1846, donne un aperçu des droits résultant des mariages de Louis XIII et de Louis XIV, ainsi qu'un savant commentaire sur la portée du traité d'Utrecht quant aux questions alors pendantes.

fluence qu'exercent maintenant les alliances de famille sur les questions d'État.

Il est habituel cependant dans les cas des mariages de souverains avec des princesses royales ou des mariages entre les membres de maisons royales, de rédiger les contrats sous forme de traités publics.

Contrats de mariages royaux en forme de traités publics.

Ainsi nous trouvons, pour ne pas remonter plus loin, un traité conclu entre la Belgique et la France, le 28 Juillet 1832, pour le mariage du roi des Belges avec la princesse Louise d'Orléans,[1] un traité pour le mariage, le 4 Avril 1837, du duc d'Orléans avec la princesse Hélène de Mecklenbourg-Schwerin[2] et le traité pour le mariage du prince de Galles avec la princesse Alexandra de Danemark, du 15 Janvier 1863.[3]

Mariages de Henri VIII, de la reine d'Écosse, de Jacques II.

Dans l'histoire d'Angleterre il y a plusieurs cas de mariages des rois avec des sujets. Il en fut ainsi de Henri VIII dont quatre des six femmes étaient des sujets anglais. Les mères de son fils Édouard VI et de sa fille la reine Élisabeth étaient toutes deux anglaises. Le père de Jacques Ier était sujet de sa mère, la reine d'Écosse. La mère de la reine Marie (femme de Guillaume III) et de sa sœur la reine Anne, filles de Jacques II, était la fille du Lord Chancelier Clarendon.

Mariage de Napoléon III.

L'empereur Napoléon III, en annonçant son mariage, se rapportait au fait que «depuis soixante-dix ans les princesses étrangères n'ont monté les degrés du trône que pour voir leur race dispersée et proscrite par la guerre ou par la révolution. Une seule femme a semblé porter bonheur et vivre plus que les autres dans le souvenir du peuple, et cette épouse modeste et bonne du général Bonaparte n'était pas issue de sang royal.» «Ce n'est pas, dit-il, en vieillissant son blason et en cherchant à s'introduire à tout prix dans la famille des rois qu'on se fait accepter; c'est bien plutôt en se souvenant toujours de son origine, en conservant son caractère propre et en prenant franchement vis-à-vis de l'Europe la position de parvenu, titre glorieux lorsqu'on parvient par le libre suffrage d'un grand peuple. Je viens donc, Messieurs, dire à la France: J'ai préféré une femme que j'aime et que je respecte à une femme in-

[1] De Clercq, *Recueil de traités*, tom. IV, p. 187.
[2] *Ibid.*, p. 365.
[3] *Archives diplomatiques*, 1863, vol. I, p. 374.

connue dont l'alliance eût eu des avantages mêlés de sacrifices. Sans témoigner de dédain pour personne, je cède à mon penchant, mais après avoir consulté ma raison et mes convictions. Enfin, en plaçant l'indépendance, les qualités du cœur, le bonheur de famille au-dessus des préjugés dynastiques et des calculs de l'ambition, je ne serai pas moins fort, puisque je serai plus libre.» [1]

RÈGLEMENTS COMMERCIAUX ET FISCAUX D'UN PAYS ÉTRANGER.

Wheaton dit que «les tribunaux d'un pays ne reconnaissent pas les règlements commerciaux et fiscaux d'un autre pays, et ne leur donnent pas leur effet;» mais ce principe est condamné par les jurisconsultes modernes. Voici ce que dit Story: «Une politique éclairée, basée sur la justice nationale aussi bien que sur l'intérêt national, semblerait devoir venir à l'appui de l'opinion de Pothier, dans tous les cas où une législation positive n'a pas adopté le principe en question comme représaille contre la législation douanière étroite et exclusive d'une autre nation. La doctrine contraire paraît, cependant, fermement établie dans la pratique actuelle des nations modernes sans aucune pareille distinction; elle est peut-être trop fermement établie pour que l'on puisse l'écarter sans quelque acte législatif qui l'abolirait.» [2]

Story.

Westlake.

Westlake est d'avis «que la jurisprudence intérieure de chaque pays doit contenir des détails complets sur la nature et le degré du rapport avec un objet illégal qui invaliderait un contrat n'y ayant pas directement trait; la même protection auxiliaire devrait abriter d'une main impartiale les lois étrangères dont nous admettons l'obligation dans leurs limites voulues. Ainsi, aucun recouvrement ne devrait être toléré en aucun lieu, à propos d'un contrat fait dans un pays, pour assurer un navire en violant les règlements de navigation ou de douane d'un autre pays; une assurance de cette nature favoriserait une infraction à une loi étrangère. D'après le principe indiqué, dit-il, nos cours refusent de reconnaître les réclamations provenant de prêts faits, ou de dépenses encourues pour

[1] *Annuaire des deux mondes,* 1852—1853, p. 86.

[2] Story, *Conflict of laws,* § 257, éd. Redfield, p. 307.

venir en aide à des insurgés révoltés contre des gouvernements en paix avec l'Angleterre, avant que celle-ci n'ait reconnu de tels insurgés, et lors même que tout ce qui touche à la partie pécuniaire de ces transactions aurait été conclu en Angleterre même.»[1]

Heffter.

Voici ce que dit Heffter: «Jusqu'à présent les lois spéciales des États de l'Europe ont gardé un silence à peu près unanime sur la protection qui est due aux droits et aux intérêts particuliers des gouvernements étrangers. La pratique égoïste des États n'a pas hésité à nier la nécessité d'une protection semblable. La contrebande à l'étranger, par exemple, d'après la jurisprudence constante des tribunaux, continue à être considérée comme une chose parfaitement licite dont personne n'a à rougir.»[2]

Arrêt de la cour suprême en Prusse relatif à la contrebande dans un pays ami.

Dans la traduction française de son ouvrage, Heffter cite les termes d'un arrêt rendu par la cour suprême à Berlin dont il était membre, confirmant l'arrêt de la cour d'appel rhénane. Cette cour avait décidé que toute convention ayant pour objet l'introduction de marchandises de contrebande dans un pays ami, était contraire aux bonnes mœurs et aux lois. Il dit que la jurisprudence française professe des principes moins libéraux, et il rapporte les arrêts de la cour de cassation, du 25 Mars et du 25 Août 1835, qui prononcent que la contrebande à l'étranger n'est pas une cause illicite d'obligation; qu'elle peut être notamment l'objet d'une société entre Français, ainsi que d'un contrat d'assurance valable. Il ajoute que la jurisprudence anglaise et américaine n'est guère plus libérale.[3]

Faire le commerce avec un port en état de blocus pas une offense.

Les principes, les autorités, et la pratique, disent les tribunaux anglais, sont d'accord dans le droit des gens à ne pas considérer le fait, de la part d'un citoyen d'un pays neutre, de faire du commerce avec un port en état de blocus, comme

[1] Westlake, *Private international law*, § 199.

[2] Heffter, *Droit international public*, § 32, p. 61, 2me éd.

[3] Heffter cite dans le sens de son opinion Pfeiffer, *Prakt. Ausf.*, III, 83, et l'auteur espagnol Pando, *Elem. del derecho intern.*, p. 144; Moser VII, 756. Il s'en réfère aussi à la loi prussienne du 22 Août 1853 (*Gesetzsammlung*, 926), qui punit même l'introduction de la contrebande dans un pays étranger, à moins qu'il n'y ait réciprocité. Heffter, *Droit international*, pp. 62, 63, éd. 1866.

une offense municipale. Dans une action pour recouvrer des gages, basée sur un contrat fait dans le but de rompre le blocus des États Confédérés de l'Amérique, un article dans le plaidoyer des défendeurs, alléguant qu'un tel contrat est contraire aux lois, fut rejeté par ordre de la cour.[1]

D'après l'article 2 de la loi du 27 Juin 1866, tout Français qui s'est rendu coupable de délits et contraventions en matière forestière, rurale, de pêche, de douanes ou de contributions indirectes sur le territoire de l'un des États limitrophes, peut être poursuivi et jugé en France, d'après la loi française, si cet État autorise la poursuite de ses régnicoles pour les mêmes faits commis en France. — La réciprocité sera légalement constatée par des conventions internationales ou par un décret publié au bulletin des lois.[2]

Jugement déclarant valide un contrat jugé illégal dans la localité où la poursuite a lieu.

Un contrat a été déclaré valable, quoique s'agissant d'une transaction considérée comme illégale dans la localité où la poursuite judiciaire a eu lieu, et dans celle où le contrat peut avoir été fait, alors qu'il a été légal à l'endroit de son exécution, comme cela est arrivé aux États-Unis pour les loteries, autorisées dans l'État de Kentucky et prohibées dans l'État de New-York. Dans le cas dont il s'agissait, il a été néanmoins déclaré par la cour suprême de New-York, que cette règle ne pouvait s'appliquer pour maintenir une obligation contractée afin de donner effet à une loi étrangère sanctionnant ce qui était évidemment contraire à la morale.[3]

La cour de chancellerie d'Angleterre a été saisie d'un autre côté, en 1861, d'une action intentée par l'empereur d'Autriche comme roi de Hongrie, pour empêcher des lithographes de Londres, de rendre à Louis Kossuth des plaques et des billets

[1] *The Law Reports, Admiralty and Ecclesiastical cases*, vol. I, 1855—57, p. 1.

[2] ROGER et SOREL, *Codes et lois usuelles. Code d'instruction criminelle*, p. 1, note.

[3] HILL's (*New-York*) *Reports*, vol. VI, p. 529; Kentucky *vs.* Bassford. — Voir WESTLAKE's *Private international law*, §§ 192, 196. — Voir pour les cas de fraude et de violation des lois municipales étrangères qui ne sont du ressort ni des tribunaux d'Angleterre ni de ceux des États-Unis d'Amérique, PHILLIMORE, *International law*, vol. II, p. 483—90, p. 566—608, 2me éd.

monétaires manufacturés pour lui, et pour les faire détruire. Les billets en question portaient qu'ils étaient émis au nom de la nation — Kossuth, Louis — et qu'ils étaient valables dans tous les États de la Hongrie. Il en avait été manufacturé pour une valeur de 100,000,000 florins.[1]

VIII.

LEX FORI.

ÉLÉMENTS, § 8, tom. I, p. 118.

Formalités de procedure, preuves judiciaires et règles de prescription d'après la *lex fori*.

Wheaton dit d'après Fœlix: « Si un contrat fait dans un pays devient l'objet d'un procès devant les tribunaux d'un autre pays, tout ce qui regarde les formalités de procédure, les preuves judiciaires et les règles de prescription, doit être déterminé par les lois de l'État où le procès est intenté, et non pas par celles du pays où le contrat a été fait.»[2]

Code italien.

Voici la règle qui est incorporée dans le code italien, art. 10: «La compétence et les formes de procédure sont régies par les lois du lieu où est rendu le jugement. Les moyens de preuve des obligations sont déterminés par les lois du lieu où s'est rédigé l'acte.»[3]

Lex loci modifiee par Savigny. *Comitas*.

Savigny reconnaît le principe général que «tout rapport de droit doit se juger d'après le lieu du tribunal, c'est-à-dire d'après la loi du pays auquel appartient le juge appelé à prononcer.»[4] Mais, il voudrait le modifier pour le concilier avec ce principe de la *comitas*, que nous avons déjà pleinement examiné.[5]

Prescription d'après Savigny.

Quant à la prescription, Savigny dit: «Plusieurs auteurs prétendent que les lois sur la prescription sont des lois de procédure, que dès lors elles s'appliquent à toutes les actions exercées dans les pays qu'elles régissent, sans égard au droit local de l'obligation.

[1] The Emperor of Austria *vs.* Day. *Law Journal*, 1861, N. S., vol. XXX, part. 1, Chancery p. 690.

[2] FŒLIX, *Droit international privé*, vol. I, p. 275, 4me éd.

[3] HUC et ORSIER, *Code civil italien*, tom. II, p. 3.

[4] SAVIGNY, *Traité du droit romain*, par Guenoux, vol. VIII, p. 126.

[5] Voir § 11, p. 54 *supra*.

Prescription réglée par le droit local de l'obligation.

«D'après les vrais principes, ce n'est pas le droit du lieu où l'action est intentée, mais bien le droit local de l'obligation, qui détermine le temps de la prescription; et cette règle établie plus haut pour les exceptions en général, s'adapte d'autant mieux à la prescription, que les divers motifs qui en font la base se rattachent à l'essence même de l'obligation. Aussi cette doctrine a-t-elle été de tout temps adoptée par un grand nombre d'auteurs.»

Principe reconnu par la cour de révision de Berlin.

Ce principe, dit-il, a aussi été reconnu en 1843, dans un jugement de la cour de révision de Berlin.[1]

D'après Merlin, prescription déterminée par la loi du domicile du débiteur.

Fœlix remarque: «Comme le dit Merlin, 'la loi qui déclare une dette prescrite, n'anéantit pas le droit du créancier en soi; elle ne fait qu'opposer une barrière à ses poursuites. Or, cette barrière, à qui appartient-il de l'établir? C'est, sans contredit, à la loi qui protége le débiteur, et par conséquent à la loi de son domicile.' Ainsi la prescription extinctive se règle par la loi du domicile qu'a le débiteur au moment de la demande. Telle est aussi l'opinion de Jean Voet, de Dunod, et de Boullenois.

Cette règle s'applique quand il y a un lieu déterminé pour l'exécution du contrat.

«Ce dernier auteur, ainsi que, après lui, M. Pardessus, limitent cette décision au cas où les parties n'ont pas déterminé un lieu pour l'exécution du contrat. Lorsqu'une pareille détermination a été faite, Boullenois et Pardessus veulent que la prescription soit régie par la loi de ce lieu.

«Christin, Burgundus, Mantica, Fabre, et M. Troplong, règlent aussi la prescription par les lois du lieu où l'obligation doit être exécutée.

D'après une règle de la Chambre des Lords, prescription réglée par la *lex fori*.

«Suivant Paul Voet, Huber, Hommel, Weber, Tittmann, Meier, Glück, Mittermaier, Mühlenbruch, de Linde, Kent, Story, Burge, et un arrêt de la Chambre des Lords d'Angleterre, la prescription est régie par la loi du lieu où l'action est formée.»[2] Demangeat ajoute: «En définitive, sur cette question de savoir quelle est la loi qui gouverne la prescription libératoire, cinq opinions distinctes ont été proposées, savoir:

Cinq opinions distinctes d'après Demangeat.

1re *Opinion*: Loi du domicile du créancier;

2e *Opinion*: Loi du domicile du débiteur;

[1] SAVIGNY, *Traité de droit romain*, par Guenoux, vol. VIII, p. 269—270 *et note*.

[2] FŒLIX, *Traité de droit international privé*, tom. I, p. 239—240. éd. 1866.

3e *Opinion*: Loi du lieu où le paiement doit s'effectuer;

4e *Opinion*: Loi du juge saisi de la poursuite;

5e *Opinion*: Loi du lieu où l'obligation a pris naissance.»

Ces cinq opinions sont parfaitement exposées par M. Massé. [1]

C'est la cinquième opinion qui d'après Demangeat paraît prévaloir dans la jurisprudence.[2]

La cour suprême des États-Unis. Le *statut* de prescription applicable au remède et non pas aux mérites.

Il a toujours été de règle dans les cours des États-Unis que le statut de prescription ne s'applique qu'au remède et non au fond même d'un cas. Dans l'affaire de M^c^Elmoyle *vs.* Cohen, il est dit: «La prescription est une matière d'administration intérieure provenant de l'expérience de sa nécessité, et la limite de temps après laquelle les procès ne pourront être intentés a été établie depuis une haute antiquité par toute nation en vertu de cette souveraineté par laquelle elle exerce sa juridiction sur toutes les personnes et toutes les propriétés dans sa juridiction. Il n'y a point de prohibition constitutionnelle, ni aucune clause dans la Constitution dont on puisse plausiblement déduire que les États ne puissent pas légiférer quant aux remèdes poursuivis en vertu de jugements d'autres États, exclusivement à toute immixtion dans les mérites de l'affaire.» [3]

La prescription dépend de la *lex fori*.

Dans un autre cas, la cour suprême, se rapportant à celui de M^c^Elmoyle *vs.* Cohen, dit: «Une action dans un des États-Unis fondée sur un jugement des tribunaux des autres États, doit être intentée dans la limite de temps fixée par la loi locale, la *lex fori*, ou l'action sera arrêtée par la prescription. Le statut de prescription de la Georgie peut être invoqué dans une action basée sur un jugement rendu par un tribunal de l'État de la Caroline du Sud.»

Tous les juges étaient présents et se rallièrent à cette décision. Nous pensions alors, et nous pensons encore que cette décision est devenue un formulaire dans la jurisprudence internationale, que toute action doit être amenée dans le temps prescrit par la loi du pays où l'action est intentée, c'est-à-dire, par la *lex loci*; autrement on sera soumis à une fin de non-recevoir si le défendant oppose cette loi, à moins que le plaignant ne se trouve dans un des cas

[1] Massé, *Droit commercial*, tom. I, no. 558—560, p. 433.

[2] Fœlix, *Droit international privé*, tom. I, p. 241—242, note.

[3] Peters' *Reports*, vol. XIII, p. 312, M^c^Elmoyle *vs.* Cohen.

d'exception prévus par le statut. Cette règle est pleinement admise par les jurisprudences étrangères comme elle l'est par la loi commune (*common law*). Nous citâmes à cette époque-là les précédents dans la loi commune (*common law*) et un sommaire des autorités en jurisprudences étrangères parmi lesquelles se trouvaient Huberus, Voet, Pothier, et lord Kames, pour prouver que, quelles qu'aient été les différences d'opinion parmi les jurisconsultes, l'usage a toujours été que la *lex loci contractus* définît les obligations résultantes des contrats; et que les statuts de prescription qui indiquent une époque après laquelle un plaignant ne saurait soutenir un procès à moins de se trouver dans les cas exceptionnels, s'appliquent *ad tempus et modum actionis instituendæ, et non ad valorem actionis.*

Le Roy *vs.* Crowninshield.

Vues de Story.

Ce point a été examiné par Story, dans Le Roy *vs.* Crowninshield,[1] sans aucun égard pour les autres maximes reconnues, qui puissent se rapporter directement à ce sujet, entre autres: que l'autorité de toute loi est limitée à l'État dans lequel elle est établie; qu'elle ne saurait être appliquée qu'envers ceux qui sont sujets de cet État, ou qui se trouvent sur son territoire; que l'on ne peut poursuivre les débiteurs que devant les tribunaux dans le ressort desquels ils se trouvent; que toutes les cours doivent juger, quant aux remèdes à appliquer, d'après leurs propres lois, à moins que par convention ou sur les décisions de la cour il ait été établi entre les États une *comity* qu'une loi ou un principe particulier serait appliqué par les cours de chacun d'eux.[2]

D'après Westlake la doctrine anglaise est contraire à la grande doctrine de l'Europe.

Bien que d'après Westlake, l'opinion qui rapporte cette question à la *lex fori* comme étant une question de procédure repose sur deux sophismes, cet auteur dit qu'elle a cependant été établie tant en Écosse qu'en Angleterre, contrairement à ce qu'il considère comme la doctrine générale de l'Europe.[3]

Phillimore est d'accord avec Westlake.

Phillimore dit: «La doctrine que la prescription est régie par la *lex fori*, que c'est une question de procédure, qu'elle se

[1] MASON's *Reports*, vol. II, p. 151; STORY, dans Le Roy *vs.* Crowinshield.

[2] HOWARD's *Reports*, vol. IX, p. 419, Townsend *vs.* Jemison.

[3] Voir WESTLAKE, *Private international law*, § 250—252, p. 233—235.

rapporte au remède et non à la nature de l'obligation, qu'elle fait partie de ce que les juristes appellent l'*ordinatoria* et non la *decisoria litis*, toutes ces propositions sont maintenues par les jurisconsultes, et sont aujourd'hui fermement enracinées dans la loi en Angleterre, en Écosse et aux États-Unis de l'Amérique. Mais c'est par un raisonnement que M. Westlake a considéré justement comme confondant l'interprétation du contrat avec l'opération sur celui-ci de la *lex loci contractus*, et qui admet que la dette peut être encore supposée exister et être due, bien qu'on lui oppose l'obstacle prescriptif de la *lex fori*.»[1]

Contrainte par corps.

Règle qui détermine son application dans les tribunaux français.

La question s'est élévée dans les pays où la contrainte par corps existe, si c'est la loi du lieu du contrat ou la *lex fori* qui doit régir. Demangeat dit: «Lorsqu'un tribunal français condamne un étranger envers un autre étranger, pour savoir si cette condamnation peut emporter contrainte par corps, faudra-t-il consulter la loi française ou la loi personnelle des parties? D'abord si nous supposons que dans l'espèce la containte par corps est bien admise par la loi étrangère, mais non par la loi française, il faut dire que le condamné ne pourra pas être emprisonné en France: en effet, l'application du statut personnel aurait ici quelque chose de contraire à l'ordre public tel que nous le comprenons. C. Nap., art. 2063. Mais que décider dans le cas inverse, dans le cas où, en raison de la nature de la condamnation, la contrainte par corps est admise par la loi française, et non par la loi étrangère?

Exécution en France d'un jugement étranger.

«La cour de chancellerie de New-York avait condamné un citoyen des États-Unis à payer une somme de 18,000 dollars, qu'il se trouvait devoir à un autre Américain par suite d'opérations commerciales; l'arrêt ne prononçait pas la contrainte par corps. Le défendeur s'étant réfugié à Paris, le demandeur le poursuit pour obtenir l'exécution en France de la condamnation prononcée à New-York. La cour de Paris, infirmant une décision du tribunal du commerce, arrêta le 2 Décembre 1848: 'Considérant que les tribunaux français n'ont pas à se préoccuper de quelle manière le jugement qui leur est soumis

[1] PHILLIMORE, *Commentaries on international law*, vol. IV, p. 571—572. Voir aussi GUTHRIE's *Savigny's Private international law*, p. 218.

aurait été exécuté en pays étranger, mais de quelle manière leurs décisions doivent l'être en France; que, quand un créancier leur demande, comme dans l'espèce, de déclarer un arrêt, rendu en pays étranger pour dette commerciale, exécutoire par tous les moyens admis par la loi française contre les débiteurs habitant le territoire français, ils ne peuvent se dispenser d'en ordonner l'exécution par la voie de la contrainte par corps, parce que le mode d'exécution d'un acte est régi par la loi du lieu où elle doit se pratiquer.' » [1]

D'après la loi anglaise la contrainte par corps dépend de la *lex fori.*

« La contrainte par corps et le mandat de *ne exeat regno* dépendent, dit Westlake, de la *lex fori*; quoique par suite de confusion de la contrainte par corps avec l'obligation personnelle, on les regardât autrefois comme dépendant de la *lex loci contractus.*» [2]

L'importance de ce point a été beaucoup réduite par la législation récente des principaux États de l'Europe, dans lesquels la contrainte par corps, pour les dettes par contrat dans les cas non entachés de fraude, n'existe plus.

Loi française du 22 Juillet 1867.

La loi du 22 Juillet 1867 a supprimé en France la contrainte par corps en matière commerciale, civile et contre les étrangers. Elle est maintenue en matière pénale pour le recouvrement de l'amende. A l'égard des condamnés insolvables, elle est, sous quelque rapport, dit l'exposé des motifs, la substitution d'une peine à une autre.

Dans quels cas la contrainte par corps est maintenue.

Restitutions ordonnées dommages-intérêts accordés.

La loi de 1867 maintient aussi la contrainte par corps pour les restitutions ordonnées, les dommages-intérêts accordés, par suite d'une condamnation pénale, à l'État ou à des particuliers. Elle considère ces dettes comme n'étant point purement civiles et autorise la contrainte par corps pour leur recouvrement. En cette matière, dit l'exposé des motifs, la contrainte par corps est une sorte de peine éventuelle et complémentaire prononcée par anticipation pour le cas où le condamné ne voudrait pas satisfaire à la peine pécuniaire, qui lui a été infligée au profit de la partie civile.

[1] *Dev.-Car.*, 49, 2, 32. Fœlix, *Traité de droit international*, tom. II, p. 239—240, note par Demangeat.

[2] Westlake, *Private international law*, § 411, p. 391. Voir aussi Phillimore, *International law*, vol. IV, p. 702.

La durée de la contrainte par corps dans de tels cas n'est pas uniforme.[1]

D'après le code italien, § 2093: «La contrainte par corps ne peut être ordonnée qu'à la requête de la partie intéressée, dans les cas et dans les formes établis par la loi. Code italien.

«Toute stipulation contraire est nulle.

«2094. La contrainte par corps sera ordonnée: Cas où on applique la contrainte par corps en Italie.

«1° Contre le débiteur pour l'accomplissement d'obligations dérivant de violence, de dol ou de spoliation, lors même que le fait ne constitue pas un délit;

«2° Contre celui qui a volontairement contrevenu aux inhibitions judiciaires, pour l'exécution des obligations résultant du fait de la transgression;

«3° Contre celui qui par suite de l'exercice de fonctions publiques ou d'une mission judiciaire, a en son pouvoir des titres, papiers, sommes d'argent ou d'autres objets, pour le refus de la représentation, consignation et restitution qui a pu être ordonnée de ces objets.

«2095. La contrainte par corps peut aussi être ordonnée par l'autorité judiciaire, en appréciant les circonstances du cas, contre les comptables envers l'État, les provinces, les communes, les hospices et autres établissements publics, comme aussi contre les agents et préposés, pour l'argent et les objets dont ils seraient déclarés responsables, bien qu'il n'y ait pas dol.»[2]

Dans la confédération de l'Allemagne du Nord, l'emprisonnement pour dettes a été aboli par une loi du 29 Mai 1868. Il y a quelques réserves et quelques exceptions en vertu desquelles les débiteurs sont passibles d'emprisonnement. Les cas suivants peuvent justifier la détention: Confédération de l'Allemagne du Nord.

1° Si des actes doivent être exécutés par le défendeur, la loi s'appliquant seulement à l'argent ou à des dommages énoncés en sommes certaines, ou à des choses fongibles; Cas d'emprisonnement.

2° Pour assurer ce qui, dans le droit allemand, est appelé serment de manifestation;

3° Dans les cas de banqueroute, s'il y a quelque danger à craindre pour les créanciers;

[1] Wælbrœck, *De l'abolition de la contrainte par corps*, p. 103. Voir Roger et Sorrel, *Codes français, Lois*, p. 175.

[2] Huc et Orsier, *Le code civil italien*, tom. II, p. 441—442.

4° Contre les débiteurs, soit fugitifs *de facto*, soit soupçonnés de vouloir fuir en vue de frustrer le droit du créancier;

5° Contre les étrangers, pour les contraindre au paiement, si, dans leur pays, il n'y a pas d'espoir de procédure légale et qu'il existe une probabilité qu'ils ont une fortune à l'étranger.[1]

Contrainte par corps abolie en Angleterre.

La contrainte par corps pour les dettes a été abolie en Angleterre par l'acte 32 et 33 Vict. Ch. 62, du 9 Août 1869, à l'exception des cas qui y sont indiqués, et parmi lesquels figurent entre autres ceux qui sont soumis à la juridiction de la loi de faillite. Il pourvoit aussi à la punition des débiteurs frauduleux.[2] Cet acte ne s'étend ni à l'Écosse ni à l'Irlande.

Loi d'Autriche.

Voici la loi d'Autriche, du 4 Mai 1868. L'article 1 porte: «Du jour de la publication de la présente loi, l'exécution sur la personne du débiteur pour lettres de change et autres créances en argent ne peut être ni consentie, ni commencée ou continuée, si elle avait déjà été consentie antérieurement.» L'article 2 porte: «Les dispositions relatives à l'arrestation provisoire de personnes suspectes de vouloir prendre la fuite, sont maintenues.»[3]

La Belgique.

L'abolition de la contrainte par corps a été discutée dans la session de 1868—1869 en Belgique, mais l'acte a échoué parce que le sénat a voulu insérer l'article suivant auquel la chambre des représentants n'a pas voulu consentir:

«Article 3. Les jugements et arrêts portant condamnation à des restitutions ou dommages-intérêts, en réparation du préjudice causé par des méfaits ou actes illicites, sont exécutoires par la voie de la contrainte par corps, pour les sommes excédant trois cents francs.

«La durée de la contrainte est limitée à deux années. — Pour en fixer le terme, le juge aura égard à la gravité de la faute commise et à l'étendue du dommage à réparer.»

Cet article avait en vue les journaux.[4]

[1] *Gesetze des Norddeutschen Bundes*, Jahrg. 1868, p. 116.

[2] *Public Statutes* «*The Debtors' Act*, 1869.»

[3] Wælbrœck, *De l'abolition de la contrainte par corps*, p. 105—106.

[4] *Sénat de la Belgique*, *Documents*, *Session de* 1868—69, p. 45. — Voir *Revue de droit international*, 1869, p. 33. L'entente entre le Sénat et la Chambre des représentants ne s'est faite qu'avec le temps et des concessions réciproques et enfin une loi, du 27 Juill. 1871, a consacré un nouvel état de choses. La contrainte par corps n'est plus maintenue qu'en matière répressive, contre les témoins défail-

D'après la loi des États-Unis: «Personne ne sera emprisonné pour dettes dans un État quelconque sur une action provenant d'une cour des États-Unis dans un État où, selon les lois de cet État, l'emprisonnement pour dettes a été aboli; et lorsque, par les lois de l'État, l'emprisonnement pour dettes est admis dans de certaines conditions et sous de certaines restrictions, ces mêmes conditions et restrictions seront applicables aux actions émanant des cours des États-Unis, et le même mode de procédure y sera observé que celui adopté dans les tribunaux de cet État.» [1]

Lois des États-Unis.

Dans plusieurs des États de l'Union américaine, les constitutions des États défendent la contrainte par corps pour dettes, excepté en cas de fraude; et dans tous les autres, les lois qui l'autorisaient ont été abrogées, sauf dans des cas exceptionnels.

L'emprisonnement pour dettes aboli par les lois des États.

Nous avons fait en 1851, étant alors au Sénat de l'État du Rhode-Island, un effort pour abolir la contrainte, en présentant, avec le projet d'une loi, un examen que nous avions déjà fait des prisons en qualité de Gouverneur de l'État. Ce rapport établit que ce n'étaient que les plus pauvres débiteurs qui y étaient incarcérés, quelques-uns pour des sommes minimes, et que le droit qu'exerçaient les créanciers envers eux était des plus vexatoires. Nous avons donné à cette occasion un aperçu des lois des différents États dont le résumé se trouve ici.

Rapport au Sénat du Rhode-Island en 1851.

«Notre système d'incarcération, dit le rapport, n'a plus la sanction des autres États de l'Union. Là où les peuples ont été récemment appelés à opérer la révision de leurs lois organiques, ils ont fait de l'abolition de l'emprisonnement pour dettes un article fondamental de leur constitution. La constitution de la Californie déclare que 'personne ne sera emprisonné pour dettes dans un procès civil, soit lors de la sommation de comparaître (*mesne process*), soit lors de l'exécution ou du jugement (*final process*), si ce n'est en cas de fraude.' On retrouve exactement les mêmes mots dans la constitution de

Le système de l'incarcération n'a pas la sanction des États-Unis américains.

La contrainte par corps défendue par les constitutions de plusieurs des États.

lants dans tous les cas, et en toute autre matière pour les restitutions, dommages-intérêts et frais, lorsqu'ils sont le résultat d'un fait prévu par la loi pénale ou d'un acte illicite commis méchamment ou de mauvaise foi.

[1] *U. S. Statutes at large*, vol. V, p. 321. *Ibid.*, p. 410. Voir aussi *Ibid.*, 1866—67, p. 543.

l'Iowa. La constitution du Texas va plus loin, et contient une stipulation qui a été copiée par la constitution du Maryland mise en vigueur le 4 Juillet dernier, à l'effet que 'personne ne soit jamais emprisonné pour dettes.' La constitution du New-Jersey dit que 'personne ne sera mis en prison pour dettes dans aucun procès, ni en vertu d'aucun jugement fondé sur un contrat, excepté en cas de fraude.' Dans l'Illinois 'personne ne sera emprisonné pour dettes, si ce n'est en cas de refus d'abandonner ses biens à ses créanciers de la manière qui sera prescrite par la loi, ou dans les cas où il y a de graves présomptions de fraude.' Les constitutions de la Pensylvanie, de la Georgie, de l'Alabama, du Mississippi, du Tennessee, du Kentucky, de l'Indiana et de l'Ohio, ou bien interdisent expressément la détention d'un débiteur en prison, si ce n'est pour fraude, après qu'il a fait abandon de ses biens, ou bien, comme celle du Rhode-Island, déclarent que ce principe doit prévaloir. Le Missouri ne fait aucune exception, même pour cause de fraude, et une partie ne peut y être ni forcée à donner caution ni emprisonnée pour un contrat ou une dette quelconque. Quelque interprétation que l'on puisse donner aux stipulations de sa constitution, selon la loi, dans l'Alabama, la caution est inadmissible soit pour la sommation de comparaître (*mesne process*) soit pour l'exécution du jugement (*final process*) à moins que le créancier n'établisse dans une déclaration sur serment un cas de fraude *prima facie*. Il en est de même dans le Mississippi, à moins que la fraude ne soit prouvée de manière à convaincre le jury. Dans le Tennessee, le droit d'émettre un *capias ad satisfaciendum* dans une action civile quelconque est aboli, et le premier acte dans toutes les affaires civiles est une sommation, un *capias* n'étant émis, soit au commencement, soit au cours du procès, que sur une déclaration sous serment que la cause du procès est juste et que le défendeur a transporté ses biens hors de la juridiction du tribunal. Dans l'Ohio, l'emprisonnement pour dettes accompagnant la sommation de comparaître (*mesne process*), ou l'exécution du jugement (*final process*) est interdit, excepté dans des cas qui impliquent une fraude. La Pensylvanie ne permet l'emprisonnement que dans certains cas de fraude, dont l'énumeration s'accorde essentiellement avec celle du présent projet de loi.

Dans le Kentucky le *capias ad satisfaciendum* n'existe plus pour les cas de contrats, et l'on ne peut exiger caution pour une sommation à comparaître (*mesne process*) excepté s'il est prouvé que le défendeur a l'intention de transporter ses biens ailleurs, ou de quitter l'État, afin d'empêcher qu'on puisse procéder contre lui après le jugement. Dans l'Indiana, la caution ne peut être exigée qu'en prouvant une fraude que le défendeur a le droit de contester. Même dans la Georgie où, de tous les États dont les constitutions contiennent des stipulations semblables à celles du Rhode-Island, la loi est le plus stricte envers les débiteurs, la caution ne peut pas être exigée, soit lors de l'arrestation soit durant le procès, excepté sur une déposition sous serment du plaignant quant au montant de la somme reclamée par lui, et déclarant qu'il a lieu de craindre la perte de la créance à moins que le défendeur ne donne caution.

Contrainte par corps n'est pas admise dans d'autres États, quoiqu'elle n'y soit pas défendue par leurs constitutions.

«Parmi les États dont les constitutions ne contiennent point d'article à ce sujet, le Vermont, l'Arkansas, le Connecticut, le Delaware, le Michigan, le New-York et le Wisconsin n'admettent l'arrestation ou l'emprisonnement pour l'exécution de jugement, que pour le fait d'actes du défendeur que les lois respectives de ces États regardent comme frauduleux. Dans la Floride, la caution ne peut être exigée dans aucune action civile. Dans la Louisiane, le *capias ad satisfaciendum* est aboli pour tous les cas. Dans le New-Hampshire l'arrestation ne peut avoir lieu pour une dette au-dessous de $ 13,34, ni en aucun cas, si ce n'est en conséquence d'une déposition établissant que le défendeur cache ses biens et est sur le point de quitter l'État pour éviter de payer ses dettes. Aucune arrestation ne peut avoir lieu dans le Maine pour une dette de moins de $ 10, ni pour une plus grande somme si ce n'est par suite d'une déposition établissant des faits semblables à ceux mentionnés au sujet du New-Hampshire. Dans la Caroline du Nord aucun *capias ad satisfaciendum* ne peut être émis si ce n'est sur une déposition que le défendeur n'a point de biens qui puissent être atteints par un *fieri facias* et qu'il en a qui ne sauraient être ainsi atteints, ou qu'il a caché ses biens et est sur le point de quitter l'État. Dans la Caroline du Sud personne ne peut être arrêté en exécution pour une

Fieri facias.

demande de moins de $ 20 en monnaie courante. En Virginie, selon le Code amendé (*Revised Code*) de 1849, l'emprisonnement pour dettes a été aboli pour tous les cas comme étant, selon l'expression des réviseurs 'incompatible avec l'esprit libéral et éclairé du siècle.'

«Les lois du congrès pour le district de Colombie défendent l'emprisonnement de personnes qui n'y résident pas pour des dettes contractées hors du district, et celui d'une personne quelconque pour une dette de moins de cinquante dollars, et dans tous les autres cas, excepté lorsqu'il y a implication de fraude. Dans le Massachusetts une action peut débuter par voie de sommation ou par une saisie opérée sur les biens mobiliers ou immobiliers (*goods or estate*) du défendeur, et, sous la loi telle qu'elle était autrefois, le sheriff avait ordre, en l'absence de ceux-ci, de contraindre le débiteur par corps. Mais maintenant personne ne peut y être arrêté que sur une demande déclarée sous serment s'élever à plus de $ 10, et exposant que le défendeur est sur le point de sortir de la juridiction du tribunal afin d'éviter l'exécution d'un jugement; et il ne peut être pris par l'exécution pour une somme moindre de dix dollars. Et l'on peut observer à ce sujet que le Massachusetts et une forte proportion des autres États ont des lois pour les débiteurs insolvables, lesquelles en l'absence d'un acte du congrès sur les faillites, ils sont constitutionnellement autorisés à passer, qui libèrent à la fois la personne du débiteur et les biens qu'il acquiert après, en ce qui regarde les dettes contractées postérieurement à la date de la loi, envers les citoyens de l'État. Au Massachusetts la loi sur les débiteurs insolvables peut être invoquée aussi bien par les créanciers que par les débiteurs. Nous devons dire aussi que les femmes sont presque universellement exemptes de l'emprisonnement dans tous les cas, tant pour l'exécution du jugement (*final process*) que pour sommation de comparaître (*mesne process*) même dans les cas où les hommes, d'après les lois de quelques États, sont encore sujets à l'arrestation.» [1]

[1] *Rhode Island*, October, Session 1851. *Report of select committee to abolish emprisonment for debt*, p. 15. C'est seulement au mois de Mars 1870 que la loi du Rhode Island autorisant la contrainte par corps a été abrogée. *Public Laws of Rhode-Island*, p. 616. Voir *addenda.*

Règle pour prouver une loi étrangère.

La règle de la cour suprême des États-Unis a toujours été que les lois d'un pays étranger, destinées seulement à régir ses propres affaires, ne doivent pas être prises en considération par d'autres pays, à moins quelles ne soient prouvées comme des faits; leur présentation devra être accompagnée de la sanction du serment, à moins qu'elles ne puissent être vérifiées par quelque autre autorité que la loi respecterait à l'égal du serment d'un particulier. La cour décida que le code civil, contenu dans l'un des volumes du «Bulletin des lois, à Paris, imprimerie royale,» et portant la suscription: «Le garde des sceaux de France à la cour suprême des États-Unis,» envoyé à cette cour dans le cours de nos échanges internationaux de lois avec la France, envoi dont le congrès accusa réception et à propos duquel il vota une subvention pour un échange réciproque, était constaté de telle façon qu'il pouvait être admis par la cour, pour démontrer quelle était la loi française dans les cas en considération devant elle.[1]

Règle de procédure française dans le cas d'un étranger.

Aux termes de l'article 69, § 9, du code de procédure civile français, les étrangers seront assignés devant les tribunaux français par exploit remis au domicile du procureur du roi près le tribunal devant lequel la demande sera portée; ce magistrat visera l'original et enverra la copie au ministre des affaires étrangères. Ce dernier transmettra cette copie à l'agent diplomatique français accrédité dans le pays du domicile de l'étranger, et celui-ci la fera passer au ministre des affaires étrangères du même pays, pour la faire parvenir à la personne désignée. On est dans l'usage, à l'étranger, de demander un reçu qui est transmis à l'agent diplomatique français.[2]

COMMISSIONS ROGATOIRES.

Commissions rogatoires expédiées par les tribunaux étrangers.

Les *commissions rogatoires* par lesquelles les tribunaux d'un pays procèdent à un acte d'instruction avec l'assistance des tribunaux étrangers, sont très-fréquentes entre les tribunaux des divers États de l'Europe. Il n'y avait que les juges anglais et ceux des États-Unis qui n'en adressaient point aux tribunaux étrangers. Si, dans un procès devant une cour anglaise ou américaine, il devenait nécessaire de procéder en pays étranger à un

Système anglais et américain.

[1] Howard's *Reports*, vol. XIV, p. 429. Ennis et al. *vs*. Smith et al.

[2] Fœlix, *Droit international privé*, 192, 3e éd., tom. I, p. 369.

acte d'instruction, les juges chargeaient de cet acte soit un ou plusieurs de leurs compatriotes qui se trouvaient accidentellement dans le pays dont il s'agit, soit même des citoyens du pays qui voulaient bien accepter cette mission, en les autorisant à recevoir le serment des témoins sur des interrogatoires qui leur étaient envoyés à cet effet. On conçoit que cette manière de procéder ne peut avoir lieu qu'autant que les témoins à entendre, ainsi que les personnes nommées pour examiner les témoins, s'y prêtent volontairement. Les magistrats des lieux pourraient même s'opposer à l'exécution de ces actes d'instruction judiciaire, parce que ceux-ci constituent un empiétement sur l'indépendance des États, le pouvoir judiciaire appartenant exclusivement à chaque État dans toute l'étendue de son territoire.[1]

Les commissions rogatoires autorisées par l'acte du Congrès du 2 Mars 1855.

Antérieurement à l'acte du 2 Mars 1855, il n'existait pas de loi pour mettre à exécution aux États-Unis des commissions rogatoires étrangères.[2] Par l'acte passé à cette date, il a été pourvu à ce que, lorsque des lettres rogatoires auront été adressées par une cour dans un pays étranger à une des cours de circuit (*circuit courts*) des États-Unis, et qu'un commissaire (*commissioner*) des États-Unis aura été nommé par ladite cour, pour entendre les témoins désignés dans lesdites lettres, ledit commissaire ait le pouvoir de faire comparaître les témoins pour déposer devant lui, de la même manière qu'ils sont forcés de comparaître et de déposer en cour.[3]

Acte du 3 Mars 1863.

Il fut stipulé, en outre, par l'acte du 3 Mars 1863, ch. 95, que, lorsqu'il s'agirait d'une action judiciaire intentée pour faire établir des réclamations devant un tribunal d'un pays étranger avec lequel les États-Unis seraient en paix, et que le gouvernement de ce pays étranger serait partie dans cette transaction ou y aurait un intérêt, la déposition d'un témoin résidant aux États-Unis pourrait être obtenue à cet effet. Si la cour devant laquelle l'action est pendante a expédié une commission ou des lettres rogatoires à l'effet de recueillir cette déposition, il suffira de produire celles-ci devant le juge du district dans lequel le témoin résidera ou se trouvera, et, s'il est dûment

[1] Voir Fœlix, *Droit international privé*, tit. IV, § 239 et suiv.; 4e édit., tom. I, p. 437.

[2] *Opinions of Attorneys-General*, vol. VII, p. 56.

[3] *U. S. Statutes at large*, vol. X, p. 630.

prouvé au juge que la déposition d'un témoin est importante pour la partie qui la sollicite, le juge fera citer le témoin pour qu'il comparaisse devant l'officier ou le commissaire nommé dans la commission ou les lettres rogatoires, à l'effet de déposer dans l'affaire dont il s'agit; toute personne refusant ou négligeant de comparaître au temps et à l'endroit indiqués dans la citation à elle adressée, ou qui, ayant comparu, refusera de déposer, sera sujette aux mêmes pénalités qu'elle aurait encourues pour des offenses de même nature commises à l'occasion du jugement de quelque cause devant une cour de district des États-Unis; toutes les fois qu'une commission ou des lettres rogatoires auront été délivrées pour recueillir à l'étranger des dépositions pour une cause dans laquelle les États-Unis seraient partie ou se trouveraient intéressés, et que celles-ci auront reçu leur exécution par la cour ou par le commissaire auxquels elles auront été adressées, la commission ou les lettres rogatoires seront rendues par la cour ou le commissaire au ministre ou au consul des États-Unis dont la résidence se trouvera le plus à proximité de l'endroit où lesdites lettres ou ladite commission auront été mises à exécution: elles devront être transmises par lui au greffier de la cour qui les aura expédiées, de la même manière qu'il transmet ses dépêches officielles à son gouvernement. [1]

Les juges anglais autorisés à expédier des commissions.

Aujourd'hui, les juges anglais sont autorisés à expédier des commissions aux juges d'un tribunal étranger, et les tribunaux anglais sont autorisés à émettre des ordres pour faire recueillir les dépositions des témoins se trouvant en Angleterre, dans toute affaire civile ou commerciale pendante devant un tribunal étranger. [2]

Concours des magistrats étrangers réclamé.

«Il arrive fréquemment, disent de Clercq et de Vallat, que les cours et tribunaux d'un pays sont dans la nécessité de réclamer le concours des magistrats d'un pays étranger pour l'exercice de leur juridiction criminelle, correctionnelle, civile ou commerciale; ce concours a ordinairement pour but une enquête à diriger, un interrogatoire à faire subir, un serment

[1] *U. S. Statutes at large*, 1862—63, p. 768.

[2] Phillimore, *Commentaries upon international law*, vol. IV, p. 638. Voir actes 1 Guillaume IV, c. 22; 3 et 4., Victoria, c. 105; 9 et 10, Victoria c. 113.

ou une déclaration à recevoir, une remise de pièces, une assignation à donner, enfin, une décision définitive à exécuter.

Commissions rogatoires adressées directement ou par la voie diplomatique.

«Dans ce cas, ils adressent à ces magistrats des lettres qui ont reçu le nom de *commissions rogatoires*, et qui leur sont transmises non pas directement, mais par *la voie diplomatique*. La qualification de ces lettres implique nécessairement qu'elles doivent être rédigées dans une forme courtoise et non *réquisitoriale*, puisque l'exécution doit en être demandée comme un bon office que, d'après les traités ou les règles du droit des gens, les magistrats de tous les pays civilisés se rendent réciproquement. Par cela même que leur transmission doit avoir lieu par la voie diplomatique, il est évident que les consuls ne sont dans le cas de les recevoir qu'autant qu'ils réunissent à leurs fonctions un titre diplomatique, ou qu'il n'existe, dans le pays de leur résidence, aucun agent politique français: dans cette hypothèse, c'est par le bureau de la chancellerie que l'envoi leur en est fait, et leur devoir est d'en réclamer l'exécution près du gouvernement du pays où ils remplissent leurs fonctions. Les frais qui résultent de l'exécution des commissions rogatoires sont en général à la charge de l'État requis.

Dans quels cas les cours peuvent les recevoir.

«Il peut arriver, cependant, qu'au lieu de s'adresser à des magistrats étrangers, les tribunaux s'adressent directement à un consul, notamment lorsqu'il ne s'agit d'aucun acte de juridiction extérieure; dans ce cas, la transmission de la lettre rogatoire est également faite, par l'entremise du bureau de la chancellerie, au consul, qui doit pourvoir ou procéder d'*office* et *sans frais* à son exécution.

Commissions rogatoires adressées aux consuls par des juges français.

«Lors donc que des commissions rogatoires sont adressées aux consuls par des juges ou d'autres autorités françaises, et que la transmission de ces actes leur a été régulièrement faite par le département des affaires étrangères, ils doivent procéder d'*office* et *sans frais* à leur exécution. A cet effet, ils assignent les Français qui doivent être entendus, et, s'il est nécessaire de faire comparaître des étrangers, ils doivent employer auprès de l'autorité territoriale les moyens qu'ils croient les plus propres à décider ces étrangers à paraître devant eux. Si les personnes qui doivent être entendues n'ont pas comparu, et dans tous les cas où des obstacles de force majeure ont empêché l'exécution d'une commission rogatoire, les consuls en rédigent un procès-verbal qu'ils adressent, avec le texte original de la commission, au ministère des affaires étrangères (Instruction du 29 Novembre 1833).

Commissions adressées aux consuls par des juges étrangers.

«Les consuls sont également autorisés à déférer aux commissions rogatoires qui peuvent leur être adressées par des juges étrangers pour entendre des Français établis dans l'étendue de leur arrondissement. Dans ce cas spécial, toutes les fois qu'une commission rogatoire doit, pour son exécution, être suivie d'un acte du ministère du consul, elle doit être déposée en chancellerie et annexée à cet acte, parce qu'elle constitue le mandat du consul, et que cet agent ne saurait s'en dessaisir.[1]

«D'après les principes que nous avons précédemment exposés, on comprend qu'en pays de chrétienté, l'intervention des consuls pour l'exécution des commissions rogatoires est purement officieuse. En Levant et en Barbarie, au contraire, l'autorité consulaire n'ayant, à cet égard, d'autres limites que celles du pouvoir judiciaire, il est évident que ces commissions, en tant qu'elles n'ont pour objet que de provoquer des actes dans lesquels des Français seuls sont parties intéressées, doivent être complétement exécutées, le consul dût-il pour cela user de son droit de contrainte sur ses nationaux.[2]

«La forme de procéder est régie par la loi du pays où la demande est introduite. Suivant un usage adopté par toutes les nations, les tribunaux de différents pays se prêtent une assistance volontaire et réciproque, lorsque, pendant le cours d'une instance, il devient nécessaire de procéder à un acte quelconque d'instruction dans un lieu situé hors du ressort du juge saisi de la cause, ce qui se fait par des commissions rogatoires. Le juge requis procède conformément aux dispositions des lois de son pays. Il peut observer aussi les formes indiquées dans la commission rogatoire, pourvu qu'elles ne

[1] De Clercq et de Vallat, *Guide pratique des Consulats*, vol. II, p. 238—239, 345. Voir pour les règlements des significations d'actes judiciaires et l'exécution de commissions rogatoires en matière civile entre le Grand-Duché de Bade et l'Italie, *Archives diplomatiques*, 1869, p. 149.

[2] De Clercq et de Vallat, *Guide pratique des Consulats*, vol. II, p. 387.

soient point en contradiction avec les lois prohibitives du territoire.» [1]

IX.

SOUVERAIN ÉTRANGER, SON AMBASSADEUR, SON ARMÉE, OU SA FLOTTE ENTRANT DANS LES LIMITES TERRITORIALES D'UN AUTRE ÉTAT.

ÉLÉMENTS, § 10, tom. I, p. 118.

HISTOIRE, 2e pér., § 16, tom. I, p. 292; 4e pér., §. 39, tom. II, p. 343.

Exemption de la personne d'un souverain étranger de la juridiction du pays.

La personne d'un souverain est non-seulement exempte d'arrestation dans un pays étranger, mais on ne peut intenter aucun procès contre ses biens. Fœlix cite plusieurs cas qui ont été décidés par les tribunaux français et desquels il a été déduit comme conclusion qu'aucune poursuite ne peut être exercée contre les biens de n'importe quelle espèce appartenant à un gouvernement étranger. Il a été jugé qu'une personne privée ne peut former en France une saisie-arrêt sur les fonds d'un gouvernement étranger et que les tribunaux sont incompétents pour statuer sur la validité de cette saisie-arrêt. Cette doctrine a été consacrée, le 22 Janvier 1849, par la cour de cassation, dans un cas où il s'agissait d'un Français créancier du gouvernement espagnol, cette cour cassant un arrêt de la cour de Pau, du 6 Mai 1845, et, plus récemment encore, le 12 Janvier 1856, la cour de Paris s'est prononcée dans le même sens en annulant une saisie-arrêt dans laquelle le bey de Tunis jouait le rôle de saisi. [2]

Décisions des tribunaux français.

Décisions anglaises.

La règle est la même en Angleterre. En 1851, dans un cas de saisie-arrêt sur les fonds de la reine de Portugal, et à la même époque, dans un cas analogue contre la reine d'Espagne, des *writs of prohibition* furent émis par lord Campbell, alors juge en chef du banc de la reine. [3]

[1] HEFFTER, *Droit international public de l'Europe*, p. 77—78.

[2] FŒLIX, *Droit international privé*, §. 212, 4e éd., tom. I, p. 418.

[3] PHILLIMORE, *International law*, vol. II, appendix, pp. 591—604. *Law Journal Reports* (G. B.), vol. XX, p. 488. De Haber *vs.* the Queen of Portugal. *Ibid.*, p. 421, Wadsworth *vs.* the Queen of Spain.

L'exemption de poursuite a uniquement trait à des procédures vraiment hostiles et non pas à celles où, d'après les règles établies pour plaider dans la cour de chancellerie anglaise et d'après celles qui existent dans plusieurs des États américains, une personne doit, dans son propre intérêt, paraître comme défendeur, comme lorsque, par exemple, une cour est appelée à faire la répartition de certains fonds dans laquelle un souverain ou un État étranger peut être intéressé. Il s'est agi de rendre le procès complet en ce qui concerne les parties, mais l'on n'a pas voulu qu'en ce qui concerne un souverain ou un État, devenu défendeur dans des cas de cette nature, ce souverain ou cet État fût forcé de se présenter et de se soumettre au cours ordinaire du jugement; on a eu en vue de donner au souverain ou à l'État la faculté de se présenter pour faire valoir son droit ou d'établir l'intérêt qu'il peut avoir dans le corps de la procédure.

L'exemption a trait seulement à des poursuites hostiles.

«Il y a un cas, dit Westlake, où il existe une complication plus grande encore: c'est celui où le caractère étranger qui donne droit à l'exemption est lié à celui de sujet du pays.» Il a été décidé qu'aucune poursuite ne peut être exercée contre un souverain étranger qui est aussi sujet anglais, pour actes commis en vertu de son autorité comme souverain, lors même que l'action aurait été intentée contre lui pendant qu'il exerçait dans ce pays-ci (l'Angleterre) ses droits comme sujet du pays.

Aucune poursuite contre un souverain étranger qui est aussi sujet anglais.

Mais une personne qui se trouve dans ce cas peut-elle être citée devant les tribunaux du pays pour actes et transactions venant d'elle et dans lesquelles elle aurait été engagée comme sujet britannique? Lord Langdale s'est prononcé pour l'affirmative et nous devons admettre, ainsi que lord Brougham l'explique, «qu'en supposant qu'un souverain étranger, qui serait aussi sujet naturalisé de ce pays, y eût une propriété foncière et entrât, relativement à cette propriété, dans des transactions telles qu'un acte de vente ou d'hypothèque, une cour d'équité dans ce pays pourrait l'obliger spécifiquement à remplir les obligations de ce contrat.»[1] Le droit était donc là pour

Vente ou hypothèque de propriété foncière par un souverain étranger en Angleterre.

[1] BEAVAN'S *Reports*, vol. VI, p. 39. *House of Lords Reports*, vol. II, p. 1. Duke of Brunswick *vs.* King of Hanover.

soutenir la juridiction de la cour, et nous croirions probablement qu'il est autant de notre dignité de la maintenir que le souverain croirait de la sienne de refuser de l'admettre. [1]

Action intentée par un gouvernement étranger comme demandeur.

Dans un cas qui se présenta devant la cour de chancellerie en 1826, le vice-chancelier rendit la décision suivante: «Un État étranger a droit, tout aussi bien qu'un particulier, à l'assistance de la cour pour faire valoir ses droits, mais il faut que son recours en justice ait lieu de façon à ce que la cour puisse rendre justice aux défendeurs. Ce recours doit se faire au nom de quelques officiers publics qui seraient autorisés à représenter les intérêts de l'État en question, auxquels on pourrait signifier un exploit de la part des défendeurs et qui pourraient être appelés à répondre à une contre-action (*cross bill*) de la part des défendeurs. Cette dénomination générale de 'gouvernement colombien' exclut les défendeurs de ces justes droits, et l'on ne peut citer aucun cas dans lequel cette cour-ci ait admis l'action d'un État étranger d'après une telle dénomination. Dans cette affaire il ne s'agissait pas seulement de ce que les défendeurs étaient désignés comme 'le gouvernement colombien' mais de la question de savoir si c'était là un gouvernement qui pût être reconnu.» [2]

Par qui le recours doit être fait.

Un prince étranger est placé sur le même pied qu'un plaideur ordinaire.

Il fut décidé, en 1833, qu'un prince étranger se trouvait placé sur le même pied que les plaideurs ordinaires et était tenu de répondre sous serment et en personne à une contre-action (*cross bill*). Le lord-chancelier dit en cette occasion: « Quoique le roi d'Espagne intente ici une action comme prince souverain et qu'il lui soit en toute justice permis de le faire, il ne lui revient autrement aucun privilége qui puisse modifier la pratique suivie dans nos cours à l'égard des autres plaideurs. La pratique de la cour fait partie des lois de la cour. » [3]

Dans un autre cas, en 1839, où l'on avait opposé une fin de non recevoir (*demurrer*) à un *bill* émis pour obtenir de la reine du Portugal des preuves (*discovery*) relatives aux matières y indiquées, et une *injonction* pour arrêter une action

[1] WESTLAKE, *Private international law*, § 137, p. 118—20.

[2] SIMON'S *Reports*, vol. I, p. 94. The Colombian Government *vs.* Rothschild.

[3] CLARK and FINNELLY'S *Reports of Lords*, vol. I, p. 333. The King of Spain *vs.* Hullet.

(*suit at law*) commencée par la reine contre le demandeur, le baron Alderson s'exprima ainsi: « Je suis d'avis que Sa Majesté Très-Fidèle, étant demandeur volontaire dans une cour anglaise de droit commun, devient sujette, en tout ce qui concerne cette action, à la juridiction de cette cour d'équité; que la *discovery* demandée dans ce bill est importante pour la défense dans l'instance en justice (*suit at law*) des demandeurs, et que cette exception (*demurrer*) est trop étendue et doit être écartée, et cela avec dépens. » [1]

Action intentée par le roi des Deux-Siciles contre les déposants des fonds du gouvernement révolutionnaire.

Pendant une révolution en Sicile, le gouvernement révolutionnaire envoya deux personnes, naturels et habitants de la Sicile, en Angleterre, comme envoyés; plus tard il leur transmit des fonds produits par la cotisation de plusieurs milliers d'habitants de la Sicile, avec l'instruction de les appliquer à l'achat d'un navire à vapeur. L'argent reçut sa destination en conséquence. Le souverain légal de la Sicile, après avoir rétabli son autorité, intenta un procès en 1851, où il réclama le navire qui était encore dans le port de Londres. Les défendeurs, dans leur réponse, reconnurent être en possession de documents se rapportant à la matière de l'action, mais dirent qu'ils les tenaient comme agents et pour le compte des personnes qui leur avaient confié les fonds, et représentèrent que, en l'absence de ces personnes, il ne devait pas leur être commandé de produire ces documents.

La cour cependant, Lord Cranworth V. C., en donna l'ordre, parce que le plaignant représentait ceux qui avaient souscrit l'argent; et le gouvernement révolutionnaire ayant pris fin, les défendeurs, ou bien avaient cessé d'être les agents ou les dépositaires de qui que ce fût, ou étaient devenus les agents ou les dépositaires du plaignant. [2]

Cross suit dans la cour de chancellerie anglaise contre le Président des États-Unis.

Le 5 Juillet 1866, le vice-chancelier Wood, de la cour de la chancellerie anglaise, rendit son jugement dans le cas des États-Unis *vs.* Prioleau et Prioleau *vs.* les États-Unis et Andrew Johnson. Cette action avait été intentée par les États-

[1] Young and Collyer's *Reports*, vol. III, p. 594. Rothschild *vs.* Queen of Portugal.

[2] Simon's *Reports*, N. S., vol. I, p. 301. The King of the two Sicilies *vs.* Wilcox.

Unis en leur qualité de corporation, et vint devant le vice-chancelier Wood en 1865 pour obtenir un commandement empêchant la livraison aux défendeurs, Prioleau et autres, qui en possédaient les connaissements, d'une certaine quantité de coton expédié du Texas. La question était de savoir si le gouvernement des États-Unis, en recouvrant son autorité sur les États confédérés, avait droit aux biens en espèces de ces États n'importe où ces biens se trouvaient, sans égard à aucun engagement contracté entre des sujets de la Grande-Bretagne et le gouvernement *de facto* des États confédérés, ou aux droits acquis par rapport à ces biens. La cour dit que toutes les autorités considèrent comme certain que lorsqu'un gouvernement *de facto* a été remplacé ou renversé, le gouvernement qui l'a dépossédé succède à tous les droits du gouvernement *de facto*. Dans ce cas était comprise la question de savoir si le président des États-Unis pouvait être soumis à une contre-action (*cross suit*), à l'effet de l'interroger relativement à certains faits mis à jour dans une action intentée par le gouvernement des États-Unis contre des personnes résidantes en Angleterre. La première action était intentée par les États-Unis en leur capacité politique, à l'effet d'établir leurs droits à des balles de coton expédiées de Galveston dans le Texas pendant la guerre de la sécession, et consignées en Angleterre aux défendeurs Prioleau et autres, pour être vendues au profit du gouvernement de fait confédéré. Après quelques débats, MM. Prioleau produisirent une contre-action (*cross suit*) contre les États-Unis d'Amérique et contre le président Andrew Johnson, à l'effet de l'interroger relativement à certains faits provenant de l'action intentée, alléguant que les faits et circonstances pour lesquels ils demandaient information « étaient connus du défendeur Andrew Johnson, qui était président des États-Unis, information que les demandeurs ne pouvaient obtenir qu'en le constituant défendeur dans cette action. » Dans un jugement élaboré, le vice-chancelier dit : « Il suffit de dire que je ne crois nullement faillir à la justice en refusant d'émettre l'ordre avant d'avoir reçu la réponse du président. Je ne puis qu'ordonner que toute action soit suspendue jusqu'à ce que les États-Unis aient répondu à la contre-action qui a été produite. »

Lorsqu'un gouvernement est remplacé, le gouvernement qui le dépossédé succède à tous ses droits.

Action suspendue jusqu'à la réponse à la *cross suit*.

Mais il fut décidé que le président des États-Unis avait été indûment appelé comme défendeur à la contre-action (*cross bill*), comme étant la personne qui devait donner les éclaircissements. Il semble qu'une exception (*demurrer*) aurait dû être opposée à la demande des États-Unis où aucun officier public n'avait été constitué comme représentant leurs intérêts et auquel on pût s'adresser pour obtenir une réponse à une contre-action (*cross bill*). [1]

Officier public doit être constitué comme représentant les intérêts des États-Unis.

Dans l'affaire des États-Unis *vs.* Wagner, [2] une exception (*demurrer*) fut admise contre l'action, en se basant sur ce qu'un gouvernement étranger n'avait pas le droit de poursuivre dans les cours d'*equity* à moins de constituer pour représenter ses intérêts quelque officier public qui pût recevoir les sommations et auquel il pût être demandé de fournir caution en cas de demande reconventionnelle.

La même question fut soulevée devant le Lord-chancelier et les Lords-justices dans le cas des «United States of America *vs.* Wagner, le 17 Juin 1867 — par suite d'un appel de la décision du vice-chancelier qui maintenait une exception (*demurrer*) au *bill*. Le Lord-chancelier dit que le vice-chancelier avait jugé que les demandeurs n'avaient pas droit de poursuivre en justice sous la forme qu'ils avaient adoptée, attendu qu'ils n'avaient produit personne qui pût être examiné par les défendeurs, mais que, quant à lui-même (le Lord-chancelier), il n'avait connaissance d'aucune règle qui s'opposât à ce que quelqu'un pût poursuivre en justice, simplement parce que l'on ne pourrait obtenir une *discovery* de lui. S'il existait une telle règle, la conséquence serait qu'un gouvernement républicain qui poursuivrait en justice se verrait obligé de s'adjoindre une autre personne comme co-demandeur, alors que cette personne n'aurait pas le moindre intérêt dans la question. Ce ne serait pas commettre une injustice envers les défendeurs, que de permettre aux États-Unis de poursuivre en leur propre nom, at-

Ordre du vice-chancelier cassé.

[1] *Diplomatic Correspondence of United States*, 1844—65, p. 447. — *Law Reports*, *Equity*, 1866, vol. II, p. 659. Prioleau *vs.* United States and Andrew Johnsohn. Le même cas, *Law Journal*, vol. XXXVI, part. I, p. 36.

[2] *Law Reports, Equity cases*, 1866—67, vol. III, p. 724, Février 27, Mars 6.

Une république peut poursuivre en justice sans s'adjoindre un individu comme demandeur.

tendu que, si les défendeurs désiraient obtenir *discovery*, ils pouvaient s'adresser aux États-Unis et s'enquérir de quelque personne capable de leur donner information, et, en cas de refus, ils pouvaient s'adresser à la cour pour obtenir que toute action fût suspendue jusqu'à ce que l'on eût obtempéré à la requête. L'ordre du vice-chancelier devait être par conséquent cassé.»

Les Lords justices se rangèrent à cette opinion.[1]

Les États-Unis succédant aux droits des États Confédérés.

Dans l'affaire des États-Unis *vs.* Tait, dans la cour du Banc de la Reine, en Mai 1869, l'action était fondée sur ce que les États-Unis succédaient aux biens du gouvernement *de facto* des États Confédérés, et que les biens en question dans l'affaire appartenaient au gouvernement confédéré. Dans le but de prouver ce fait, les États-Unis se rapportaient à une lettre de Lord Russell aux Lords de l'Amirauté, de Janvier 1862, à l'effet qu'il existait une guerre ou état d'hostilité (*belligerency*) entre les États-Unis et les États confédérés.

En conséquence d'une demande des défendeurs de procéder à un interrogatoire, le Lord *Chief Justice* dit: «Ce tribunal reconnaîtra la proclamation de la Reine, et admettra le fait tel qu'il y est énoncé. La cessation de la guerre civile était un point, celle du gouvernement *de facto*, un tout autre point. L'insurrection pourrait continuer après que le gouvernement *de facto* eut cessé d'exister.» Le *Chief Justice* ajouta: «Nous pensons tous qu'il vous sera permis de procéder à un interrogatoire sur ces trois points, à savoir: 1° quand le gouvernement *de facto* des États Confédérés a pris fin; 2° combien de temps les États-Unis ont traité ce gouvernement *de facto* comme existant; 3° quant à l'autorité que possédait l'agent. La forme des interrogations devra être décidée en consultation (*at chambers*).»

Une nouvelle discussion fut alors entamée quant à l'officier qui devrait répondre à ces interrogations, et il fut répondu qu'il se présentait cette difficulté, qu'il y avait eu un changement dans le gouvernement des États-Unis, et que les mi-

[1] *Law Reports*, *Equity*, vol. III, p. 724. Vice-chancelier Wood, même cas. *Law Reports*, *Chevery Appeals*, vol. III, p. 582. Lord-chancelier Chelmsford et les lords justices, Turner et Cairns.

nistres actuels pourraient dire qu'ils ne possédaient point de connaissance officielle sur ce sujet. Le juge Lush suggéra toutefois que les interrogations devaient être adressées au consul qui, disait-il, avait conservé son poste; et l'affaire fut réglée sur cette base et remise à la consultation (*Judge's chambers*) afin d'être finalement conclue.[1]

Interrogations adressées au consul.

Dans les cas des procès intentés par le gouvernement des États-Unis devant les tribunaux de la Grande-Bretagne et de la France, pour se mettre en possession des biens appartenant à la soi-disant Confédération des États du Sud, qui venait de s'éteindre, on a toujours exigé du gouvernement fédéral caution pour les frais et dépens.

Caution exigée du gouvernement américain.

Le droit des États-Unis d'intenter en pareil cas des actions dans les cours françaises est pleinement admis dans un jugement rendu, le 29 Juillet 1868, par le tribunal civil de la Seine, dans l'affaire des États-Unis d'Amérique contre MM. Arman et autres. Les États-Unis avaient réclamé en leur nom personnel la restitution des deniers payés en exécution des contrats passés en Avril et Juillet 1863 pour la construction de navires qu'on alléguait avoir été construits pour le gouvernement de la confédération:

Procès des États-Unis devant les cours françaises.

«Attendu, dit le tribunal, que les États-Unis se prétendent personnellement propriétaires des sommes dont ils demandent la restitution; que, sans rien préjuger sur le fond de leur demande, cette prétention leur donne qualité suffisante pour agir; que le président Johnson, comme chef du pouvoir exécutif de l'Union américaine, a aussi qualité pour les représenter;»

Le tribunal déclare les États-Unis et le Président Johnson mal fondés en leur demande et les en déboute et condamne les États-Unis et le président Johnson ès noms aux dépens.[2]

Il est universellement admis qu'un ambassadeur nommé d'entre les sujets de l'État auprès duquel il est accrédité, reste soumis à la juridiction de cet État pour les affaires privées, et s'il résulte quelque inconvénient de cet état de choses, le gouvernement qui a fait un pareil choix ne peut s'en prendre

Exemption des ministres publics de la juridiction du pays.

[1] *Times*, 10 Mai 1869.

[2] *Le Droit*, 13, 21, 27, 28 Juin, 12, 19, 20, 21 30 Juillet 1868. Voir aussi *Gazette des Tribunaux*, 21 Juin 1868.

qu'à lui-même. Mais la même distinction qui existe dans le cas d'un souverain-sujet, existe également ici. L'ambassadeur en question est exempt de la juridiction du pays en tout ce qui appartient directement à son ministère. Un souverain étranger venant en Angleterre ne peut pas y être rendu responsable devant les tribunaux pour des actes faits par lui en sa qualité de souverain dans son propre pays. Il fut en conséquence soutenu que le roi de Hanovre, qui était en même temps sujet anglais, et était en Angleterre où il exerçait ses droits de sujet, ne pouvait pas être tenu pour justiciable de la cour de *Chancery* pour des actes de gouvernement faits en Hanovre ou ailleurs à l'étranger en vertu de son autorité souveraine, et non comme sujet britannique.[1] Lord Campbell a déclaré qu'un sujet anglais, sans être souverain ni ambassadeur, est néanmoins exempt de la juridiction anglaise pour ce qu'il peut avoir fait, étant revêtu de l'autorité d'agent d'un gouvernement étranger et agissant avec la sanction du souverain de ce royaume.[2]

Cas d'un sujet de l'État nommé ministre étranger.

Procès contre la reine d'Espagne et son mari en 1870.

Un procès fut intenté dans le tribunal de la Seine le 9 Février 1870 par les époux Casalini contre la reine d'Espagne et son mari, Don François d'Assise, qui avaient demeuré à Paris depuis la révolution d'Espagne de Septembre 1868.[3] Cette demande a été ainsi formulée: «Attendu que du 1er Janvier au 15 Février 1869 M. et Mme Casalini ont été chargés par la reine d'Espagne d'une mission en Espagne; qu'à raison de cette mission il est dû aux demandeurs pour déboursés et indemnités une somme de 25,000 Francs.» L'arrêt suivant fut rendu le 16 Février: «Attendu que si, d'après les principes généraux du droit, les tribunaux français n'ont pas à intervenir pour le jugement des contestations entre étrangers, aucun texte ne leur défend de connaître des procès qui s'agitent entre eux pour l'exécution de contrats passés en France et lorsque les défendeurs résident en France et ne peuvent justifier d'un

[1] VATTEL, liv. I. chap. IV, § 112. Voir part. III, chap. I, § 20, *infra*. Le duc de Brunswick *vs.* le roi de Hanovre, *House of Lords, Cases*, vol. II, p. 26.

[2] WESTLAKE, *Private international law*, § 138, p. 120. Voir PHILLIMORE, *International law*, vol. II, p. 117, 133. Appendix, p. 542—621.

[3] Voir notre *Commentaire*, tom. II, p. 498

autre domicile dans le lieu et dans le ressort duquel ils auraient à exercer;

«Attendu, en fait, que les époux Casalini réclament le paiement d'honoraires résultants d'un mandat qui leur aurait été donné par S. M. la reine Isabelle et Don François d'Assise;

«Que d'un autre côté ces derniers ne justifient ni ne peuvent justifier d'autre domicile ni résidence hors du territoire français depuis leur éloignement de Madrid, par un fait de force majeure, mettant obstacle à ce qu'ils puissent y rentrer; qu'ils ont constamment depuis cette époque résidé en France; que dès lors pour l'accomplissement des obligations qu'ils ont contractées, ils sont soumis à la juridiction française, et qu'à défaut de domicile ils ont pu être cités devant le Tribunal de la Seine, lieu de leur résidence aux termes de l'article 59 du code de procédure civile; pour ces motifs, sans avoir égard à l'exception proposée, se déclare compétent, retient la cause, et renvoie à quinzaine pour être plaidé au fond. Condamne S.M. la reine Isabelle et Don François d'Assise aux dépens.»[1]

Fonctionnaire étranger agissant d'après les ordres de son gouvernement.

Ce principe ainsi établi peut être invoqué dans une action intentée contre un fonctionnaire étranger, pour avoir en cette qualité saisi un navire en vertu des pouvoirs qui lui ont été conférés par son gouvernement. Cette opinion se rapporte au cas d'un gouverneur français de la Guadeloupe qui avait touché aux États-Unis, en route pour l'Europe comme prisonnier de guerre sur parole. Il était déclaré que le défendeur ne jouissait pas du privilége accordé aux ambassadeurs, celui de ne pas être arrêté, et qu'il était justiciable des tribunaux, comme tout autre individu. Mais, d'après l'attorney général, la saisie du vaisseau, en vertu des pouvoirs du gouverneur, devait être regardée par la cour comme réponse pleinement satisfaisante à l'action.[2]

Dans un cas subséquent, l'attorney général émit l'opinion qu'il était établi aux États-Unis, aussi bien qu'en Angleterre, qu'une personne agissant en vertu d'une commission du souverain d'une nation étrangère, n'est justiciable pour ce qu'elle

[1] *Gazette des Tribunaux*, le 17 Février 1870.

[2] *Opinions of Attorneys-General*, June 1794, vol. I, p. 46. *Collot's case.*

aura fait d'après cette commission, d'aucun tribunal judiciaire des États-Unis. C'était pourtant, comme dans le premier cas, aux tribunaux qu'il appartenait de prononcer là-dessus; et le président ne pouvait s'en mêler. [1]

Cas de Mc Leod pour l'incendie de la Caroline, d'après les ordres du gouvernement anglais.

Un cas se présenta en 1840 provenant de la poursuite criminelle dirigée devant les cours de justice de l'État de New-York contre un Anglais accusé de complicité dans la prise et l'incendie d'un bateau à vapeur (la *Caroline*) et dans le meurtre (*murder and arson*) de certains citoyens américains qui en composaient l'équipage, crimes commis dans un port des États-Unis. Les Anglais étaient entrés sur le territoire américain et s'étaient emparés de vive force d'un bâtiment appartenant à des citoyens des États-Unis, sous prétexte que ce bâtiment avait été employé à transporter des munitions de guerre à l'usage des insurgés. Le gouvernement britannique ayant pris sur lui la responsabilité d'un acte commis dans les eaux américaines, ce fait mettait-il les individus employés dans cette entreprise à l'abri de toute responsabilité personnelle? M. Forsyth et M. Webster, successivement secrétaires d'État, différaient d'opinion à cet égard.

Vues différents de M. Forsyth et de M. Webster.

Note de M. Forsyth, du 26 Décembre 1840. Résumé des faits.

Dans une note adressée le 26 Décembre 1840 au ministre anglais, M. Forsyth, après avoir déclaré que la mise hors de cause de McLeod ne rentrait pas dans la compétence du gouvernement fédéral, ajoutait: «L'exercice d'un tel pouvoir, en admettant qu'il existe, ne saurait se justifier par les circonstances auxquelles vous vous rapportez, ni par les raisons que vous mettez en avant. La question qui donne lieu à cette controverse offre un cas des plus injustifiables de l'invasion, en temps de paix, du territoire des États-Unis, par une bande d'hommes armés, organisée dans le territoire adjacent du Canada, invasion ayant pour résultat la saisie dans nos propres eaux et la destruction d'un bateau à vapeur, propriété d'un citoyen des États-Unis, acte accompagné du meurtre d'un ou de plusieurs citoyens américains. Si les agresseurs avaient été arrêtés lors de la perpétration de ces actes, il n'est pas douteux qu'ils eussent pu être cités devant les autorités judiciaires de l'État dans le territoire reconnu

[1] *Opinions of Attorneys-General,* Décembre 1797, vol. I, p. 81.

duquel ils auraient commis ces crimes: leur entrée volontaire, à une époque postérieure, dans ce territoire les place dans une position identique. Le président n'a connaissance d'aucun principe du droit des gens, ni même de raison ou de justice, qui assure aux offenseurs l'impunité devant les tribunaux légaux de l'État dont ils violent le territoire, lorsqu'ils viennent volontairement se placer sous sa juridiction indépendante et indiscutable, et lors même qu'ils prétendent avoir agi d'après une autorité supérieure, ou que leurs actes sont devenus le sujet de discussions diplomatiques entre les deux gouvernements. L'admission ou la justification d'un tel outrage par les autorités britanniques pourrait donner lieu à des réclamations de la part du gouvernement des États-Unis, en dehors de la violation du territoire et des lois de l'État de New-York. Une pareille réclamation adressée par le gouvernement de l'Union à celui de l'Angleterre, à l'effet d'obtenir réparation pour une atteinte non autorisée à la paix, à la dignité et aux droits des États-Unis, n'enlèverait pas à l'État de New-York son droit incontestable de défendre, par l'exercice de son pouvoir judiciaire, la propriété et la vie de ses citoyens.» [1]

De son côté, M. Webster, dans les instructions qu'il adressait le 15 Mars 1841 à M. Crittenden, attorney général, s'exprimait ainsi: «C'est un principe de droit public, sanctionné par les usages de toutes les nations civilisées, qu'un individu faisant partie d'une force publique, et agissant d'après l'autorité de son gouvernement, ne peut être rendu responsable comme un particulier qui empiète sur les terres d'autrui, ni comme un malfaiteur agissant isolément. Le gouvernement des États-Unis n'entend pas discuter ce principe. Si l'attaque contre la «*Caroline*» a été injustifiable, ainsi que l'a déclaré ce gouvernement-ci, c'est le droit des gens qui a été violé, et la réparation qu'il faut chercher, est celle qui est autorisée, dans des cas de cette nature, par les dispositions de ce code. Mais, que le procès soit criminel soit civil, il faut admettre pour justification valide, qu'il a été commis en vertu d'une autorité publique et d'après les ordres de supérieurs autorisés; s'il en était autrement, des particuliers pourraient être rendus res-

M. Webster à M. Crittenden, attorney général, le 15 Mars 1841.

[1] M. Forsyth à M. Fox.

ponsables pour les dommages résultant des actes du gouvernement, ou même pour les opérations d'une guerre publique. [1]

Quoique le gouvernement britannique eût pris sur lui la responsabilité de ces actes, et déclaré que leurs auteurs et complices avaient agi en vertu de ses instructions, la cour suprême de l'État de New-York refusa de faire droit à ces conclusions lorsque Mc Leod s'adressa à elle, invoquant le privilége du *writ* d'*habeas corpus.* Le gouverneur de l'État de New-York 1861—66, M. Seward (depuis secrétaire d'État), se conformant à l'avis des juges, refusa de mettre l'accusé hors de cause, sans l'avoir préalablement fait passer en jugement. Le jury n'ayant pu toutefois s'accorder sur un verdict de culpabilité, la controverse se trouva par là arrêtée de fait. [2]

Les autorités de New-York refusent de libérer Mc Leod.

Pour empêcher le retour de différends de cette nature, qui, jugeait-on, pourraient, par l'action indépendante d'un État de l'Union, compromettre les relations étrangères du gouvernement fédéral, l'acte du congrès du 27 Août 1842 [3] fut passé. Cet acte autorise les juges des cours fédérales à émettre des *writs* d'*habeas corpus* dans tous les cas où des sujets ou des citoyens d'un État étranger seront emprisonnés ou détenus, en vertu d'une autorité ou d'une loi quelconque, ou d'un procès basé sur une loi des États-Unis ou de l'un des États individuels; et cela, lorsqu'il s'agira d'actes que l'on alléguera avoir été exécutés ou commis par droit, titre, autorité, privilége, protection ou exemption, mis en avant ou invoqués en vertu d'une commission, d'un ordre ou d'une sanction d'un État souverain étranger dont il appartiendra au droit des gens de reconnaître la validité.

Transfert de pareilles causes aux cours fédérales.

Quoique la question de juridiction eût été résolue pratiquement par le verdict de non-culpabilité de l'accusé, M. Wheaton la présenta aux publicistes de l'Europe, expliquant en même temps notre système complexe, qui avait empêché le gouvernement fédéral, qui seul dirige nos relations étrangères,

Examen de la question par M. Wheaton.

[1] WEBSTER'S *Works*, vol. VI, p. 264.

[2] WENDELL'S *Reports*, vol. XXV, p. 596. The People *vs.* Mc Leod. Voir, pour l'examen du jugement du juge Cowen par le juge Tallmadge, WENDELL'S *Reports*, vol. XXVI, p. 663, append.

[3] *U. S. Statutes at large*, vol. V, p. 539.

d'intervenir avec effet et promptitude dans les actes du pouvoir judiciaire d'un État. Dans le cas dont il s'agissait cependant, la difficulté n'était pas provenue d'un vice dans la loi organique, qui étend le pouvoir fédéral judiciaire à des cas analogues, mais d'une lacune dans l'acte judiciaire de 1789 qui a été comblée dans la suite, ainsi que nous l'avons indiqué [1].

La question du droit des autorités britanniques d'entrer dans les eaux américaines et d'y prendre par force possession de la *Caroline*, appartient, à proprement parler, à un autre chapitre de notre sujet. [2]

Effet d'une commission sur la responsabilité individuelle.

La question liée au cas de la «*Caroline*», celle de prononcer à quel point une commission émanant d'un gouvernement régulier, exonérait un individu de toute responsabilité privée pour des actes qui autrement auraient été criminels, se présenta à différentes reprises dans le cours de la dernière guerre civile américaine. Toutes les puissances étrangères avaient reconnu les droits belligérants de la Confédération du Sud, tant que celle-ci avait su se maintenir, et les États-Unis eux-mêmes avaient pratiquement accédé à cette reconnaissance. Il s'ensuivait donc que la protection accordée en vertu d'une commission émanant du gouvernement fédéral pour des actes commis sous son autorité, devait également s'étendre à un officier confédéré placé dans les mêmes circonstances. La question s'était présentée à propos des demandes adressées à la Grande-Bretagne, en vertu du traité d'extradition, comme nous le verrons par la suite. [3]

Exemption des troupes étrangères traversant un territoire.

Les annales des États-Unis ne présentent aucun cas où des troupes étrangères aient traversé leur territoire en temps de paix, et, par conséquent, aucune question de conflit de juridiction provenant de cette cause ne s'est élevée chez nous. Mais, en Janvier 1862, le secrétaire d'État des États-Unis transmit au marshal et à d'autres officiers du gouvernement fédéral a Portland un ordre qui leur enjoignait d'accorder aux agents du gouvernement anglais toutes les facilités vou-

[1] *De la question de juridiction qui s'est présentée devant les cours des Etats-Unis dans l'affaire de McLeod*, par M. WHEATON, ministre des États-Unis à Berlin, *Revue étr. et franç.*, tom. IX, p. 81.

[2] Voir part. IV, chap. III.

[3] Voir § 13 *infra*.

lues, pour débarquer et expédier au Canada ou ailleurs des troupes et des munitions de guerre de toute nature, sans exception aucune. Le départ d'un bateau à vapeur, envoyé d'Angleterre avec des troupes à destination de Québec et de Montréal, et qui était attendu à Portland, avait donné lieu à cet ordre.

Offre en 1862 aux troupes anglaises d'un passage à travers l'État du Maine.

Les raisons immédiates assignées à cet ordre en réponse à la protestation des autorités du Maine, étaient que le passage des troupes et des munitions mentionnées, à travers le territoire des États-Unis, et par le «*Great Trunk Railway*» pourraient diminuer les risques et souffrances des soldats, risques et souffrances que l'on pourrait avoir à craindre dans un voyage entrepris par une saison rigoureuse à travers les glaces et les neiges de la partie septentrionale du Canada.

«Cette concession était faite à la Grande-Bretagne, dit le secrétaire, d'après le principeque, lors que des motifs d'humanité ou même de *comitas* font désirer à une nation d'obtenir le passage de ses troupes et de ses munitions à travers le territoire d'une autre nation, l'on accorde cette permission, comme un acte habituel de *comitas inter gentes*, toutes les fois que ce passage sera compatible avec la sûreté et le bien-être de la nation qui l'accorde. C'est en vertu de ce principe que les États-Unis n'ont cessé de jouir du privilége de faire passer leurs troupes par le chemin de fer de Panama, à travers le territoire de la république de la Nouvelle-Grenade.

Passage des troupes américaines à travers l'isthme de Panama.

«Par une concession de toutes les nations amies, les États-Unis jouissent du privilége d'entrer dans les ports de ces nations avec leurs navires et leurs munitions de guerre, et ils ont accordé un *comitas* réciproque à la marine militaire de la Grande-Bretagne, de la France, et de toutes les autres nations amies.

«En agissant, dans le cas actuel, envers la Grande-Bretagne contrairement aux convenances ordinaires, il aurait fallu nécessairement, ou que ce gouvernement admît que le passage des troupes et des munitions par notre territoire est préjudiciable ou dangereux à la sûreté et au bien-être publics, ou qu'il refusât capricieusement aujourd'hui à cette puissance, ce qu'en tout autre temps et dans des circonstances différentes il lui aurait concédé sans difficulté. Aucune nation étrangère, hostile à l'Angleterre, ne pourra raisonnablement se plaindre de ce que les États-Unis concèdent cette faveur à cette puissance. Si l'on doit par conséquent en appréhender quelque danger, il faudra que ce danger se présente sous la forme d'une hostilité directe de la part du gouvernement britannique contre les États-Unis. Ceux-ci ont non-seulement soigneusement pratiqué la plus parfaite justice dans leurs rapports avec l'Angleterre, mais ils ont encore entretenu envers elle un esprit d'amitié, comme envers une nation de la même famille unie par les liens particuliers du commerce. Le *Great Trunk Railway*, route anglaise qui s'étend à travers le territoire des États-Unis jusqu'au plus beau port de mer peut-être de notre pays, est un monument de leurs dispositions amicales. Le traité de réciprocité qui favorise les productions de l'Amérique septentrionale, est un monument analogue de la même politique sage et bienveillante.» [1]

L'exemption des bâtiments de guerre s'applique aux vaisseaux armés en course.

Quant à l'exemption des navires armés en guerre de la juridiction locale, la cour suprême a décidé en 1816, qu'il n'y a aucune distinction à faire entre les vaisseaux publics de guerre et les vaisseaux armés en course appartenant à des individus. La commission sous laquelle ils agissent protége également tous les deux. [2]

Bâtiments marchands.

Ortolan trouve trop absolue la règle suivante de Wheaton: «Les bâtiments marchands d'un État quelconque entrés dans le port d'un autre État, ne sont pas exempts de la juridiction locale, à moins d'une convention expresse, et ils le sont seulement pour ce qui a été prévu par une telle convention.» [3]

Dans une note sur l'ouvrage d'Ortolan, Wheaton reconnaît la justesse de la critique du savant auteur, et il admet que la proposition formulée suivant l'autorité de ses devanciers est trop absolue et qu'elle est susceptible de quelques exceptions. «Nous croyons, dit-il, qu'à cet égard, la législation et la jurisprudence françaises ont établi les vraies distinctions qui doivent être reconnues par toutes les nations, comme étant les plus conformes au principe du droit universel des gens.» [4]

[1] M. Seward au gouverneur du Maine, 17 Janvier 1862.
[2] WHEATON'S *Reports*, vol. I, p. 252. L'Invincible.
[3] ORTOLAN, *Diplomatie de la mer*, liv. II, chap. XIII, p. 302, éd. 1853.
[4] *Revue du droit français et étr.*, tom. II, p. 206.

Ces règles sont citées dans les « Éléments », en rapportant la loi de France pour l'exemption des navires particuliers de la juridiction locale. Elles déclarent que les autorités locales ne doivent pas s'ingérer, dans les actes de pure discipline intérieure du navire ni même dans la connaissance des crimes ou délits commis par un homme de l'équipage contre un autre homme du même équipage, lorsque la tranquillité du port n'en est pas compromise. Il en est tout autrement des crimes ou délits commis, même à bord, contre des personnes étrangères à l'équipage ou par tout autre que par un homme de l'équipage, ou même de ceux commis par les gens de l'équipage entre eux, si la tranquillité du port en est compromise.

Navire saisi par des esclaves et amené dans un port anglais.

Il s'est élevé une question au sujet du droit des autorités locales d'un port étranger, d'intervenir dans l'état des personnes ou des choses qui se trouvent à bord d'un navire marchand en conformité des lois du pays auquel ce navire appartient, surtout si celui-ci a été amené dans le port par une force illégale. Les diverses questions de juridiction auxquelles a donné lieu le droit en question, ont été examinées en détail dans «l'Histoire,» à propos du navire la *Créole*, qui, se rendant en 1841 d'un port des États-Unis dans un autre, avait été saisi par les esclaves qui étaient à son bord après l'assassinat de leur maître, et amené dans le port de Nassau. Ceux des esclaves qui avaient été arrêtés d'abord par les autorités locales comme étant compromis dans la révolte et l'assassinat, avaient été ensuite relâchés par un ordre exprès transmis de Londres au gouverneur de Nassau.

Cette affaire s'était passée avant le traité d'extradition avec l'Angleterre, mais postérieurement à l'abolition de l'esclavage dans les Antilles anglaises.

Instruction de M. Webster à M. Everett, le 29 Janvier 1842.

M. Webster, secrétaire d'État, envoya le 29 Janvier 1842 à M. Everett, une instruction dans laquelle il disait: «Il est impossible que le gouvernement britannique ne comprenne pas que l'affaire de la *Créole* exige hautement une réparation. Le 7 Janvier dernier, lord Palmerston écrivait à M. Stevenson qu'à son avis, il y avait lieu d'indemniser les propriétaires des nègres à bord de la *Créole*, et que leur droit de propriété avait été méconnu par des fonctionnaires anglais. Cet aveu est suffisant pour constater le principe de l'indemnité. Mais nous ne saurions acquiescer au principe posé par lord Palmerston, car nous soutenons, non-seulement que les fonctionnaires anglais de Nassau ne devaient pas intervenir dans cette affaire, mais qu'ils devaient de plus prêter main-forte au consul américain, ainsi que l'exigeaient les règles du droit des gens. Nous ne comprenons pas comment on peut soutenir que les nègres de la *Créole* ayant mis le pied sur le territoire britannique, se trouvaient par cela même sous la protection de la loi anglaise: car les nègres n'y étaient point arrivés volontairement; il n'était nullement question de les importer dans Nassau. Or, quel droit avaient les autorités de Nassau d'examiner quelles étaient les personnes à bord de la *Créole*?

Aucun droit d'examiner le *status* des personnes à bord de la *Créole*.

«On ne prétend pas attaquer le droit de la nation anglaise de déterminer comme elle l'entend la position sociale des habitants de son territoire, à moins qu'il n'existe pour tel et tel cas spécial, des traités particuliers; mais les nègres de la *Créole* n'étaient point arrivés sur le territoire anglais. Ils étaient à bord d'un vaisseau américain, détourné par force du voyage que le maître voulait continuer; il avait fait appel à cet effet aux autorités britanniques. Ainsi donc, les nègres de la *Créole* ne peuvent être considérés comme s'étant mêlés aux habitants de Nassau, et comme participant aux priviléges des sujets anglais; il fallait considérer la *Créole* comme étant encore en voyage, et lui fournir les moyens de continuer sa route.

Les nègres à bord de la Créole n'étaient point arrivés sur le territoire anglais.

«Dans sa note à M. Stevenson, lord Palmerston prétend que l'esclavage étant aboli dans tout l'empire britannique, les sujets qui arrivent dans les colonies britanniques doivent être considérés comme libres, de même que ceux qui arriveraient dans le Royaume-Uni, et que conséquemment il ne saurait y avoir lieu à indemnité pour les nègres de la *Créole*. La question n'est pas là; il ne s'agit pas de savoir quelles sont les dispositions de la loi anglaise sur l'esclavage, mais bien si, en cas de détresse, les États-Unis ont le droit d'exiger le secours et l'assistance d'une nation amie. Si un croiseur anglais capturait, en temps de guerre, un navire américain ayant des nègres à bord, comme appartenant à l'une des puissances belligérantes, et qu'il le conduisît dans un port anglais, et si ultérieurement le navire était déclaré neutre, ne faudrait-il pas rendre les

Il n'y a pas de question de l'esclavage.

nègres tels qu'ils étaient lors de la capture? Et pourrait-on dire qu'ils sont devenus libres, par cela seul qu'ils sont entrés dans un port anglais? Si, aux termes de la législation anglaise, tous les noirs étaient esclaves, tandis qu'ils seraient libres d'après la législation des États-Unis, croit-on que, dans le cas où des noirs appartenant à l'Union américaine se trouveraient jetés par la tempête dans un port britannique, ils deviendraient esclaves par ce seul fait?» [1]

Opinion de Cussy.

De Cussy dit: «Nous partageons complétement l'opinion de M. Wheaton. Si la révolte eût éclaté à bord de la *Créole* parmi les gens de l'équipage, et que le navire, poussé par la tempête, eût abordé dans le port de Nassau, l'autorité anglaise, après avoir délivré le capitaine prisonnier, eût fait mettre aux fers et eût livré au capitaine de la *Créole*, pour les reconduire aux États-Unis et les traduire devant les tribunaux, *ceux de ses matelots qui auraient été reconnus coupables d'assassinat*. Nous ne comprenons pas comment leur qualité d'esclaves a pu devenir pour des nègres assasins un titre d'impunité.» [2]

Indemnité accordée par la commission sous la convention de 1853.

Aucun accommodement n'ayant été conclu pendant les négociations de 1842, relativement aux cas qui s'étaient présentés à la suite de la mise en liberté, par les autorités respectives des îles Bahama et Bermudes, d'esclaves américains se trouvant sur des navires forcés de chercher refuge dans ces îles pour échapper au naufrage, ces cas furent portés devant la commission jointe siégeant à Londres sous la convention du 8 Février 1853. [3]

Les commissaires anglais et américains n'ayant pu s'accorder au sujet de ces réclamations, celles-ci furent référées à un arbitre, suivant les stipulations du traité. Par la décision de cet arbitre, décision finale et sans appel, une indemnité complète fut allouée pour la valeur des esclaves se trouvant à bord de la *Créole*. Les principes soutenus par le gouvernement américain et discutés dans l'argument de M. Wheaton,

[1] Lesur, *Annuaire*, 1842, app., p. 192. — Voir l'article de Wheaton sur la Créole, *Revue étrangère et française*, tom. IX, p. 345. — Phillimore, *Commentaries on international law*, vol. I, p. 342.

[2] De Cussy, *Droit maritime*, tom. II, p. 441.

[3] *U. S. Statutes at large*, vol. X, p. 988.

se trouvèrent par là reconnus et maintenus. Des décisions analogues furent prononcées dans plusieurs autres cas. [1]

Droits des maîtres sur leurs esclaves dans les pays libres.

L'abolition de l'esclavage aux États-Unis, et le décret de l'empereur du Brésil qui doit également mettre un terme à cette institution dans ses États, dans un avenir peu lointain, laissant les possessions espagnoles de Cuba et de Porto-Rico les seuls pays où l'esclavage africain se trouve encore sous la sanction des lois, enlèvent en grande partie l'importance pratique de la question discutée par M. Wheaton dans la Revue de Fœlix, relativement au droit d'un maître de conserver la possession de son esclave, en passant par un pays ou en y résidant temporairement.

Ce qui a été dit relativement aux esclaves des voyageurs en Prusse («Histoire,» tom. II, p. 358) et que nous avons reproduit dans notre édition de 1863 (p. 205) de *Lawrence's Wheaton*, savoir «que les étrangers qui arrivent en Prusse avec leurs esclaves pour y séjourner pendant un temps limité, conservent leurs droits sur lesdits esclaves», n'est plus vrai aujourd'hui. Il paraîtrait que, par un acte du 9 Mars 1857, § 1, tout esclave touchant le sol prussien devient libre à partir de ce moment. La § 2 porte que toutes les dispositions de la loi qui sont contraires à cet acte, et surtout les § 198 et 208 de la 2e part., tit. 5, de l'*Allgemeines Landrecht*, sont et demeurent abrogées. [2]

Convention du 23 Février 1853.

La convention du 23 Février 1853 (art. 8), entre la France et les États-Unis, adopte pour les actes de discipline intérieure le principe de la jurisprudence française, et soumet tous les cas de cette nature aux consuls, à l'exclusion des autorités locales. [3]

Matelots pris à bord d'un bâtiment américain par les autorités françaises.

En 1856, il se présenta un cas concernant des matelots qui, s'étant révoltés en mer à bord du navire américain «*Atalanta*,» avaient été amenés dans ce même navire à Marseille. Sur la demande du consul des États-Unis,. ils avaient été reçus et emprisonnés à terre par les autorités locales. Six d'entre eux avaient été, sur ses instances, retirés de prison et placés à

[1] *Report of decisions of the commissioners under Convention of* 1853, p. 242.

[2] HURD's *Law of freedom and bondage*, vol. II, p. 771.

[3] Voir § 11 de ce chapitre *infra*.

bord de l'*Atalanta* pour être conduits aux États-Unis sous la prévention de crime; puis, sans aucun avis du consul et malgré ses remontrances, les autorités locales s'étant rendues à bord de l'*Atalanta*, avaient repris, de force, possession des prisonniers et les avaient incarcérés de nouveau à terre. Dans une note du 27 Juin 1856, M. Mason, ministré à Paris, dit: «C'est le premier exemple qui se soit présenté, depuis la date du traité, de la visite, par des officiers de police et sans l'autorité du consul, d'un navire portant le pavillon des États-Unis et se trouvant dans un port français, ou d'un navire français dans un port des États-Unis.» [1]

La correspondance entre les deux gouvernements ayant été soumise à l'attorney général des États-Unis, il partagea l'opinion du ministre américain à Paris, d'après laquelle l'autorité locale de Marseille avait excédé ses pouvoirs légaux, en la substance aussi bien qu'en la forme, aucun conflit ne pouvant exister entre la France et d'autres puissances, au sujet de la nationalité des prisonniers, attendu qu'ils étaient toujours sous la garde des États-Unis, sinon de fait, du moins de droit.

La convention n'accorde ni juridiction criminelle aux consuls ni exterritorialité aux navires.

M. Cushing est d'accord avec M. Baroche, ministre de la justice, sur ce point, que le but de la convention consulaire n'était pas de conférer au consul de l'une ou de l'autre nation la juridiction relativement aux crimes commis dans les ports de l'autre. Dans son argument, il ne demande ni n'accorde l'exterritorialité pour les navires marchands dans les eaux territoriales. La vraie question était d'établir si, lorsqu'un crime a été commis en pleine mer, à bord d'un navire américain (ce crime rentrant sous la compétence unique des États-Unis), et que ce navire est forcé par le contrat de destination, par l'inclémence du temps ou par le crime lui-même, de toucher à un port français, le criminel peut être, dans ce cas, retiré forcément du navire, par les autorités locales ou par l'ordre du gouvernement. Il n'avait pas été prouvé distinctement à quelle nationalité ces hommes appartenaient, mais les discussions qui avaient eu lieu de part et d'autre, avaient démontré qu'ils n'étaient citoyens ni des États-Unis ni de la France. [2]

Un matelot arrêté en mer pour crime ne peut être retiré du navire.

[1] *MS. Department of State.*

[2] *Opinions of Attorneys-General*, vol. VIII, p. 73.

X.

JURIDICTION DE L'ÉTAT SUR DES BÂTIMENTS DE GUERRE ET MARCHANDS EN PLEINE MER.

ÉLÉMENTS, § 10, tom. I, p. 134.

Droit d'un État de rappeler ses sujets.

«L'État peut rappeler ses sujets établis à l'étranger, dès qu'il le juge convenable (*jus avocandi*). Néanmoins, pour obtenir leur retour (car il ne possède d'ailleurs aucun moyen de coërcition), il ne peut réclamer l'assistance des autorités étrangères. C'est une conséquence du droit de cité universel. Aussi un gouvernement n'est pas même tenu d'autoriser sur son territoire la publication des lettres de rappel envoyées par un gouvernement étranger.»[1] «Les anciens auteurs, ajoute Heffter, dans une note, admettaient cette espèce de revendication d'un gouvernement étranger.»

Base du système anglais pour la presse.

C'est cette revendication, de la part de l'Angleterre, des services de ses sujets en temps de guerre, partout où ils se trouvent, qui a été le fondement de son système pour la presse des matelots en mer à bord des bâtiments marchands étrangers.

Négociation de 1806 sur la presse.

Le président Jefferson refusa de soumettre à la sanction du sénat un traité conclu, *sub spe rati*, en 1806, entre les ministres américains, MM. Pinckney et Monroe, et lords Holland et Auckland, par suite de l'omission de toute disposition relative à la presse des matelots. La presse a été, on le sait, l'un des motifs principaux de la guerre de 1812. C'est ce que nous avons déjà indiqué ailleurs.[2]

Négociations de Gand.

Lors des négociations de Gand, de 1814, les ministres américains furent autorisés, en cas que la Grande-Bretagne consentît à abolir la presse des matelots, à stipuler l'exclusion de tous les sujets nés du parti belligérant, non naturalisés avant

[1] HEFFTER, *Droit international*, § 59 et note. Les mots qui se trouvent dans la parenthèse ont été omis dans l'édition française de 1866.

[2] Voir tom. I, p. 10 *supra*. *Notice sur la carrière diplomatique de M. Wheaton.*

le commencement d'une guerre, du service naval et privé du parti neutre, et même à étendre cette exclusion à tous ceux qui seraient naturalisés après l'échange des ratifications du traité. Pour faire expressément face à ce cas, la section 12 de l'acte du 3 Mars 1813, [1] « pour le règlement des matelots à bord des navires publics et privés des États-Unis », avait déclaré qu'aucune personne arrivant dans la suite aux États-Unis ne serait admise à devenir citoyen, à moins d'y avoir résidé pendant cinq années consécutives précédant son admission, et de n'avoir quitté à aucune période pendant les cinq dites années, le territoire des États-Unis. Considérant la vie habituelle des marins, cette disposition pouvait être regardée comme équivalente à une entière prohibition pour eux, d'obtenir la naturalisation; elle avait pour objet de répondre aux suggestions faites dans le cours des négociations de 1806, entre lords Holland et Auckland, et MM. Monroe et Pinkney. Il avait été proposé alors de rendre punissable la saisie, par des commandants anglais, de citoyens américains à bord de navires américains, en pleine mer, de même que l'émission de certificats de cité à des sujets anglais, par des officiers des États-Unis. [2]

Un arrangement de même nature avait été suggéré également, lors de l'armistice proposé, au commencement de la guerre de 1812, par M. Russell, dans une conférence avec lord Castlereagh; nous avions alors offert l'entière exclusion des citoyens naturalisés subséquemment, en échange de l'abandon, par l'Angleterre, de la pratique de la presse. [3]

Arrangement projété en 1818.

Les négociations de 1818 furent conduites par M. Gallatin et M. Rush, pour les États-Unis, et par M. Robinson (depuis lord Goderich) et M. Goulburn, pour la Grande-Bretagne. Un arrangement basé sur l'exclusion de tous les citoyens ou sujets nés de l'une des puissances, naturalisés dans la suite, du service dans la marine publique ou privée de l'autre puissance, fut discuté, de même qu'il l'avait été dans les négociations précédentes, et qu'il le fut dans celles qui eurent lieu

[1] *U. S. Statutes at large*, vol. II, p. 811.
[2] *American State Papers*, vol. VI, p. 323.
[3] *Ibid.*, vol. IX, p. 147.

plus tard. Il paraîtrait, d'après nos informations, qu'un arrangement satisfaisant eût été obtenu si les Anglais n'avaient pas insisté sur deux points peu importants de détail. M. Rush exprima comme sa conviction certaine, qui paraîtrait avoir été également celle de M. Gallatin, que « si lord Castlereagh (qui assistait alors au congrès d'Aix-la-Chapelle) avait été à Londres, le succès de leur négociation n'eût pas été douteux. » [1]

Discussions en 1823.

La presse des matelots fut discutée de nouveau sans amener aucun résultat, d'après des instructions de même nature transmises à M. Rush en 1823. [2]

Elle fit également partie des nombreuses questions confiées à M. Gallatin en 1826. Cet éminent diplomate, quoique autorisé à recevoir et à discuter de nouvelles propositions, ne fut pas autorisé par suite de ce qui était arrivé précédemment, à en faire lui-même. Il se convainquit « que, quoique M. Canning (alors premier ministre) fût, comme l'avait été lord Castlereagh, plus libéral que l'opinion publique ou que l'orgueil national, il ne se sentait néanmoins pas assez fort pour faire face à ces sentiments et pour fournir de nouvelles armes à ses adversaires; et, quoique sa conviction fût qu'un arrangement tel qu'il pourrait l'espérer était très à désirer, il n'était pas préparé alors à en faire la proposition. » [3]

Dispositions favorables de l'Angleterre en 1828.

Après le départ de M. Gallatin, lord Dudley nous donna à entendre que le ministère dont le duc de Wellington était devenu le chef serait disposé à entrer en arrangement sur une base que l'on supposait devoir être agréée par les États-Unis.

Cette suggestion du secrétaire des affaires étrangères anglais, fut dûment communiquée par nous au gouvernement à Washington, mais sans amener de nouvelles négociations. [4]

Instructions à M. Barbour en 1828.

M. Barbour, se rendant à Londres en 1828, comme ministre des États-Unis, reçut les mêmes instructions qui avaient été

[1] Rush, *Memoranda of a residence in London*, p. 445.

[2] M. Adams, secrétaire d'État, à M. Rush, 28 Juillet 1823. *Cong. Doc.*, 18e *Cong.*, 2e *sess. Senate. Confidential.*

[3] *MS. dépêches.* M. Gallatin à M. Clay, secrétaire d'État, 28 Juillet 1827.

[4] *Ibid.*, M. W. B. Lawrence à M. Clay, 5 Avril 1828.

données à M. Gallatin. M. Clay, se référant en outre à toutes les tentatives faites pour exercer le droit réclamé par les Anglais, disait: «Au premier cas de presse d'un matelot américain, vous protesterez fermement, quoique respectueusement, et vous ferez savoir au gouvernement britannique, que ce gouvernement-ci ne peut et ne veut pas se soumettre à ce prétendu droit.» [1]

La presse ne sera pas tolérée par les États-Unis.

Condition de l'acte de 1813.

Quoique la condition de l'acte de 1813, qui équivalait à une prohibition de naturalisation pour les matelots étrangers, n'ait pas été portée de nouveau à la connaissance du gouvernement britannique, elle est restée dans notre statut, comme moyen de concilier les prétentions de l'Angleterre avec l'immunité de notre drapeau, jusqu'au 26 Juin 1848, époque à laquelle la condition exigée d'une résidence suivie a été rayée de la loi. [2]

Principe sur lequel l'Angleterre a basé sa prétention.

L'Angleterre n'a jamais soutenu qu'elle eût le droit de guerre de saisir ses sujets à bord des navires neutres. Dans son exposé des causes de la guerre de 1812, le prince-régent établit que l'exercice du droit de presse n'était qu'un accessoire du droit de visite pour rechercher des marchandises ennemies et de contrebande. On n'avait jamais prétendu, disait-il, que les vaisseaux de guerre anglais pussent rechercher des matelots à bord d'un navire marchand neutre, mais il n'admettrait jamais que, dans l'exercice du droit indubitable et jusqu'alors incontesté de visite, appliqué à des navires marchands neutres en temps de guerre, on pût considérer la saisie des matelots anglais qui seraient trouvés à bord de ces navires, comme une violation du pavillon neutre; il ne voyait pas non plus en quoi la saisie de tels matelots à bord de tels navires pouvait être considérée comme une mesure hostile ou une cause justifiable de guerre. [3]

La prétention de l'Angleterre, de se saisir, en vertu de

[1] *Ex. Doc.* No. 111, 33e *Cong.*, 1re *session.*

[2] *U. S. Statutes at large*, vol. IX, p. 240. Voir pour un résumé très-complet des négociations sur la presse des matelots (*impressment*) *Report of the Royal Commission on the Laws of Naturalisation and Allegiance*, 1869, p. 30—40. Voir aussi Cockburn, *Nationality, or law relating to subjects and aliens*, p. 72.

[3] *Annual Register* 1813, p. 2.

l'allégeance perpétuelle, de ses sujets et surtout de ses matelots, ne doit pas se confondre avec le droit de guerre d'arrêter, à bord des navires neutres, les personnes assimilées à la contrebande de guerre. L'exercice de ce droit de la part des États-Unis pendant la récente guerre civile, a donné lieu à l'intervention des puissances européennes qui avaient adopté un principe conventionnel tout différent du droit des gens tel qu'il est interprété par les tribunaux d'amirauté de l'Angleterre et des États-Unis. Nous discuterons en temps et lieu la saisie opérée en Novembre 1861, à bord d'un paquebot anglais, par le commandant d'un vapeur de guerre américain, des ministres ou commissaires accrédités par les soi-disant États confédérés auprès de l'Angleterre et de la France, ainsi que de leurs secrétaires de légation, pendant qu'ils étaient *in itinere* pour le lieu de leur destination. Cette arrestation, on le sait, fut suivie de la demande faite par l'Angleterre pour la libération des personnes arrêtées.[1] Ce cas n'est cité ici que pour ce qu'il peut avoir de rapports avec la question de la presse.

Cas de MM. Mason et Slidell.

Quoique la règle que maintiennent les hommes d'État et les publicistes du continent, et qui demande une immunité absolue pour toutes les personnes à bord des navires neutres, excepté dans le cas spécifié de celles engagées actuellement au service militaire de l'ennemi, puisse exclure toute application ultérieure de la pratique vexatoire de la presse, il faut observer que cette prétention, soutenue par la Grande-Bretagne seule, repose sur une base bien différente de celle qui se présentait dans le cas des commissaires confédérés. Le droit d'arrêter M. Slidell et M. Mason, s'il était valide, existait *jure belli*, c'est-à-dire par le droit des gens, et était entièrement indépendant du droit municipal ou intérieur, tandis « que le droit réclamé par un belligérant de rechercher et de saisir à bord des navires neutres, en pleine mer, les personnes qui lui sont soumises, comme l'a bien expliqué M. Madison, ne s'appuie sur aucun droit de guerre, mais bien sur une prérogative dérivée du droit souverain, et impliquerait la supposition extravagante qu'une nation a le droit de faire exécuter

Distinction entre la presse et l'arrestation provenant du droit de guerre.

M. Madison sur la presse.

[1] Voir part. IV, chap. III, § 23, 24 *infra*.

en tous temps et en tous cas ses lois et ses propres règlements, à bord des navires d'une autre nation qui ne seraient pas dans ces limites territoriales. »[1]

Quarterly Review. Dans un examen anglais de l'affaire du Trent, il est dit: « Tout ce que le gouvernement fédéral peut alléguer, c'est que nous agissions de la même manière avant la guerre de 1812, lorsque nous arrêtions les navires américains pour y saisir des matelots que nous déclarions être anglais. De fait, ce n'était pas la même chose, car nous ne faisions que revendiquer les droits de la couronne au service de ses propres matelots; nous n'imputions aux navires sur lesquels ces matelots pouvaient se trouver, aucune atteinte à la neutralité, et nous n'avions conséquemment pas le droit de les conduire devant une cour de prises; s'il fallait que ce droit fût exercé, il devait l'être nécessairement par nos officiers de marine. »

L'auteur de l'article ajoute: « Nous ne prétendons toutefois pas justifier tous les actes commis par nous, il y a un demi-siècle. La loi pour la presse des matelots a été abolie, et il est certain que, pendant les cinquante dernières années, rien de la sorte n'a été tenté ni même imaginé par l'Angleterre. Le droit des gens est déduit des pratiques observées par les nations, et comme, pendant notre dernière guerre (quoique nous eussions grandement besoin de matelots), nous n'avons pas ravivé notre prétention à saisir nos matelots à bord des navires américains, cette prétention peut être considérée comme ayant été décidément abandonnée. »[2]

Edinburgh Review. « La vérité est, dit un autre publiciste anglais, que cette pratique n'a jamais été basée sur aucun principe du droit des gens, mais sur un principe du droit particulier du pays, qui n'est pas d'accord avec le droit des gens. Ce principe constituait la doctrine de la soumission inaliénable des sujets à leur souverain. Il en était déduit que le souverain a un droit, comme souverain, de réclamer les personnes et les services de ses sujets partout où ils pourront se trouver, et, en particulier, que les matelots n'étaient pas protégés par le

[1] M. Madison, secrétaire d'État à M. Rose, 1er Mars 1808. *Parliamentary Papers*, February 1809, p. 29. *Leopard and Chesapeake.*

[2] *Quarterly Review*, No. CCXXI, art. 8, January 1862.

pavillon neutre, n'ayant pas le droit de servir une puissance neutre sans licence du roi. D'après l'ancienne théorie de soumission, il pouvait donc se saisir d'eux partout où ils se trouveraient. Par l'interprétation moderne du droit des gens, le principe d'indépendance territoriale est devenu toutefois le plus important des deux principes. Toute souveraineté étrangère devient sujette, dans les limites territoriales ou sous le pavillon d'un autre État. D'après le code des prises, l'auteur d'une capture ne peut réclamer de part dans un navire capturé ou dans sa cargaison, avant que la cour qui administre le droit des gens n'ait prononcé la légalité de la prise. Comme la saisie des matelots anglais à bord des navires anglais, basée sur leur soumission au roi George, était un droit d'après la loi anglaise, et non un droit d'après la loi des nations, les cours d'amirauté n'avaient aucune juridiction en cette matière.» [1]

Sur quel principe reposait la demande de lord Russell.

Lord Russell, en demandant, par sa note du 3 Décembre 1861, la libération des commissaires confédérés, ne citait aucun principe spécifique à l'appui de sa demande. M. Thouvenel, dans sa dépêche de même date, adressée au ministre français à Washington, se référait aux déclarations faites précédemment par le gouvernement américain à l'endroit de la presse. L'intervention amicale de la France, basée sur cette exposition, ayant obtenu l'approbation générale, on pourrait en déduire que M. Seward était pleinement justifié, en inférant de la demande anglaise, non-seulement une assimilation à la loi continentale sur la contrebande de guerre, adoptée plus tard par l'Angleterre en termes formels, mais aussi, comme conséquence de celle-ci, l'abandon de toute prétention relative à la saisie de sujets anglais ou d'autres à bord des navires neutres, sous n'importe quel prétexte, ne rentrant pas dans l'exception concédée relativement aux personnes employées au service militaire de l'ennemi.

Droit conventionnel du continent et droit des nations.

Principe de la reddition d'après M. Seward.

Le secrétaire d'État, en acquiesçant à la demande de l'Angleterre, semble avoir ignoré dans sa note la distinction entre le droit souverain de prendre ses maletots à bord de nos navires marchands, maintenu jusqu'alors par l'Angleterre et nié par les

[1] *Edinburgh Review*, No. CCXXXIII, art. 10, January 1862.

États-Unis, et le droit de guerre d'après lequel le capitaine Wilkes avait agi. Au contraire, il se fondait, pour faire droit à la réclamation anglaise, sur les principes qui avaient toujours guidé le gouvernement américain lorsqu'il résistait au droit de presse et refusait d'admettre qu'un officier naval appartenant à un belligérant pût prendre sur lui-même de prononcer sur la liberté de tout individu trouvé à bord d'un navire neutre; mais tout cela n'avait pas le moindre rapport à la matière en question.[1]

[1] Voir M. Seward à lord Lyons, 26 Décembre 1861. *Parliamentary Papers* 1862, *North America*, No. 5, p. 26. 37e *Cong.*, 2e *Sess.*, *Senate Ex. Doc.* No. 8, p. 12. Voir aussi Part. IV, chap. III, § 25 *infra.*

APPENDICE.

Voir § VII, p. 390.

LOIS DES DIFFÉRENTS PAYS SUR LE MARIAGE RELATIVEMENT AUX BIENS DES FEMMES MARIÉES.

Il existe sur le continent européen deux systèmes de droit applicables aux droits des personnes mariées, dans aucun desquels l'individualité de la femme n'est supprimée, comme dans le droit commun anglais, et quoique dans beaucoup de cas le mari exerce l'administration durant le mariage, les droits de propriété de la femme n'en sont pas moins réservés d'une façon ou d'une autre et elle se trouve protégée par la loi contre l'imprévoyance du mari.

Système du continent et droit commun anglais.

Sur le continent où la question des droits de propriété de la femme se présente, il est nécessaire de choisir entre le régime dotal, lequel est quelquefois purement romain et d'autres fois soumis à de grandes modifications, et la communauté de biens, qui est d'origine allemande et qui existe de même sous différentes formes. Ces systèmes ne sont obligatoires nulle part, si ce n'est en l'absence de contrats expressément stipulés, lesquels, dans quelques pays, peuvent même se faire après le mariage. Le droit de faire de tels contrats de mariage est en parfait accord avec les termes positifs de la loi, et non pas, comme en Angleterre et en Amérique, dans le but apparent de s'y soustraire.

Régime dotal et communauté de biens.

D'après la loi romaine sur laquelle est fondé le système dotal moderne, le mari avait seul l'administration de la dot donnée par le père à sa fille à l'occasion de son mariage, mais en règle générale, le droit du mari sur cette dot cessait à la dissolution du mariage, et elle revenait à la femme ou à sa

Système dotal moderne basé sur le droit romain.

famille. Cependant, la constitution d'une dot n'était pas essentielle pour la validité du mariage: c'était une des matières à régler par conventions spéciales. Tous les biens de la femme non inclus dans la dot étaient dits paraphernaux (*parapherna*); la femme en restait propriétaire, et le mari ne possédait aucuns droits sur ces biens.[1]

Libre arrangement par contrat d'après la loi française.

La loi française accorde la liberté la plus entière pour l'arrangement, par contrat, des intérêts des époux, à condition cependant que le contrat ne soit pas en opposition avec la politique générale de la France et surtout qu'il ne change en rien l'ordre légal des successions soit par rapport à eux-mêmes dans la succession de leurs enfants ou descendants, soit par rapport à leurs enfants entre eux. Non-seulement il pourra être fait des stipulations spéciales, mais les époux pourront en général déclarer s'ils entendent se marier sous le régime de la communauté, sous le régime dotal (dont nous avons rapporté les traits principaux, tels qu'ils existaient dans le droit romain), ou sous le régime de la séparation de biens, attendu que le Code prononce sur les conséquences qui pourraient résulter de l'adoption de l'un ou l'autre de ces systèmes.

Régime de communauté.

Il n'est pas nécessaire non plus que l'un de ces systèmes soit adopté dans son entier; ils pourront, au contraire, être modifiés ou fondus ensemble pour répondre aux vues des parties. En l'absence de toute déclaration néanmoins, ce sera le régime de la communauté, lequel peut par conséquent se considérer comme le droit commun de France, qui régira le mariage. D'après cette loi, le mari et la femme deviennent possesseurs en commun de tout le mobilier qu'ils possédaient au jour de la célébration du mariage, ensemble de tout le mobilier qui leur échoit pendant le mariage à titre de succession ou même de donation, si le donateur n'a exprimé le contraire, et de tous les immeubles qui sont acquis pendant le mariage. Les immeubles que les époux possédaient au jour du mariage ou qui leur échoient pendant son cours à titre de succession, n'entrent point en communauté. Il en est de même des donations d'immeubles faites pendant le mariage à l'un des deux époux, à moins que le donateur ne déclare expressément le contraire.

[1] MACKENZIE, *Studies on Roman law*, p. 93.

Le mari administre seul les biens de la communauté, et il peut les vendre, aliéner et hypothéquer sans le consentement de la femme. Il a également l'administration de tous les biens personnels de la femme, qui sont exclus de la communauté, mais il ne peut aliéner les immeubles personnels de celle-ci sans son consentement. La donation testamentaire faite par le mari ne peut excéder sa part dans la communauté à la dissolution. A la mort naturelle ou civile de l'un des époux, il est fait un inventaire de l'actif et du passif de la communauté, et le surplus est réparti entre l'époux survivant et les représentants de l'époux défunt.

Mari est l'administrateur.

D'après le régime dotal le mari seul a, pendant le mariage, l'administration de tous les biens dotaux, mais les immeubles constitués en dot ne peuvent être aliénés ni hypothéqués pendant le mariage ni par la femme, ni par les deux conjointement, sauf quelques exceptions, à moins que l'aliénation n'ait été permise par le contrat de mariage. La femme pourra néanmoins, sous certaines conditions, faire des dispositions pour l'établissement des enfants issus du mariage actuel ou d'un mariage antérieur. Le tribunal permettra également la vente, en certains cas, des biens dotaux, comme lorsqu'il s'agira par exemple de tirer le mari ou la femme de prison ou de fournir des aliments à la famille dans les cas prévus dans le code.

Régime dotal.

La femme a l'administration et la jouissance de ses biens paraphernaux, mais elle ne peut les aliéner ni paraître en jugement à raison desdits biens sans l'autorisation de son mari, ou à son refus, sans la permission de la justice.

Biens paraphernaux.

Lorsque les époux ont stipulé par leur contrat de mariage qu'ils seraient séparés de biens, la femme conserve l'entière administration de ses biens meubles et immeubles et la jouissance libre de ses revenus.

Chacun des époux contribue aux charges du mariage, suivant les conventions contenues en leur contrat, et, s'il n'en existe point à cet égard, la femme contribue à ces charges jusqu'à concurrence du tiers de ses revenus. Dans aucun cas, ni à la faveur d'aucune stipulation, la femme ne peut aliéner les immeubles sans le consentement spécial de son mari, ou, à son refus, sans y être autorisée par justice. Toute autori-

Contributions aux charges du mariage.

La femme ne peut aliéner les immeubles.

sation générale d'aliéner les immeubles donnée à la femme, soit par contrat de mariage, soit depuis, est nulle.[1]

Communauté limitée aux acquêts.

La communauté peut n'embrasser que les acquêts, laissant à chacun des époux la jouissance de ses biens personnels, ou bien les époux peuvent établir par leur contrat de mariage une communauté universelle de leurs biens, tant meubles qu'immeubles.

Déclaration de se marier sans communauté.

La simple déclaration par les époux qu'ils se marient sans communauté, ne constitue pas ce que l'on désigne comme séparation de biens, régime où la femme, ainsi que nous l'avons vu, a l'administration de tous ses biens, sous tous les rapports, excepté qu'elle ne peut disposer d'aucun de ses immeubles sans le consentement de son mari. La clause que les époux se marient sans communauté ne donne point à la femme le droit d'administrer ses biens, ni d'en percevoir les fruits: ces fruits sont censés apportés au mari pour soutenir les charges du mariage. Le mari conserve l'administration des biens meubles et immeubles de la femme, et, par suite, le droit de percevoir tout le mobilier qu'elle apporte en dot ou qui lui échoit pendant le mariage, sauf la restitution qu'il en doit faire après la dissolution du mariage, ou après la séparation de biens qui serait prononcée par la justice.

Douaire d'après l'ancienne loi française.

D'après l'ancienne loi française, le douaire de la femme était tout ce que la convention ou la loi lui accordait. La coutume d'Orléans, à défaut de douaire conventionnel, accordait à la femme pour douaire, l'usufruit de la moitié de tous les héritages que le mari avait lors de la consommation du mariage, et de ceux qui lui advenaient de père et de mère, aïeul et aïeule et autres ascendants. Ce statut était réel et n'exerçait par conséquent son empire que sur les héritages situés dans le territoire. Le douaire sur les autres héritages se réglait par les coutumes des lieux où ils étaient situés. Les coutumes se partageaient entre la moitié et le tiers. On en trouve un résumé dans le traité du douaire de Pothier.[2]

Mais le douaire n'existe plus en France. D'après le code Napoléon, le conjoint survivant n'a droit à rien, pas même à des aliments sur la fortune du conjoint prédécédé et ne lui

[1] *Codes français*, art. 1536, 1537, 1538.

[2] Voir Pothier, *Œuvres etc.*, tom. I, p. 298. *Ibid.*, tom. II, p. 317.

succède que lorsqu'il n'y a plus de parents au 12me degré, ni d'enfants naturels.[1]

Loi espagnole.

D'après la loi espagnole, la communauté est limitée aux acquêts, chacun des époux conservant ses propres biens et étant responsable pour ses propres dettes. Lorsqu'aucun inventaire n'a été fait cependant au moment du mariage, et lorsqu'il n'existe aucun moyen de reconnaître les biens qui appartiennent à chacun des époux, les meubles sont considérés comme acquêts et sont soumis à la règle de la communauté. D'après cette même loi, si la femme renonce à la communauté avant la célébration du mariage, elle est mariée d'après un régime qui équivaut à la séparation de biens et non d'après le régime français sans communauté.

Quand les meubles sont considérés comme acquêts.

La jurisprudence espagnole admet un système semblable au régime français sans communauté, c'est-à-dire, un régime qui n'accorde à la femme ni les avantages de la communauté, ni ceux de la séparation de biens. Mais il faut pour que ce régime ait cours, qu'il ait été expressément stipulé dans le contrat de mariage. Voici quels en sont les effets sur les biens. La femme n'a aucune part aux acquêts et elle ne peut non plus avoir l'administration de ses propres biens, tandis qu'en l'absence d'une pareille stipulation, elle retiendrait cette administration comme cela a lieu dans le régime français de la séparation de biens.

Renonciation de la communauté et mariage d'après un régime qui équivaut à la séparation des biens de la loi française.

La dot de la femme peut lui être donnée, soit par ses parents, soit par d'autres personnes, et avant ou pendant le

Dot égale à la légitime.

[1] Il paraîtrait que cette omission d'une provision pour l'époux survivant était arrivée sans intention. Lors de la discussion dans le Conseil d'État sur le 773me article, «Maleville observe qu'on a omis dans ce chapitre une disposition reçue par la jurisprudence, qui donnait une pension à l'époux survivant, lorsqu'il était pauvre, et qu'il ne recueillait pas la succession. TREILHARD répond que par l'article 55 (d'après le résumé de SAINT JOSEPH, l'article 754) on lui accorde l'usufruit d'un tiers des biens.» *Motifs du code civil*, tom. II, p. 335. Cette inadvertance inconcevable, dit SAINT JOSEPH, de la part d'un des principaux rédacteurs du Code, arrêta toute discussion sur un point si important et a été la cause d'une omission relevée avec autant d'empressement que de justice par les autres législations. SAINT JOSEPH, *Correspondance des Codes*, tom. I, p. VII.

mariage. Les parents sont tenus de fournir à leur fille une dot égale à sa *part légitime* (c'est-à-dire égale à la part à laquelle elle aurait légalement droit dans la fortune des parents en cas de succession), en déduisant de cette part les biens que la mariée pourrait posséder de son propre chef. L'obligation cesse d'exister, dès que la fille se marie sans le consentement de ses parents. Tous les biens que la femme acquiert pendant son mariage, par don, legs ou succession, viennent s'ajouter à la dot. Le mari a l'usufruit de la dot et en est responsable. Il a l'administration de tous les biens personnels, mais il est tenu de fournir une garantie légale pour leur valeur. Ni la femme, ni le mari, separément, ni tous deux conjointement, ne peuvent mettre une charge sur les immeubles qui font partie de la dot ou les hypothéquer, à moins qu'ils n'y soient autorisés conjointement par un tribunal. Le mari est tenu de remplacer dès qu'il le pourra la perte qu'en aura subi la dot.

L'obligation n'existe pas si la fille se marie sans le consentement de parents.

Biens ajoutés à la dot.

Mari administrateur des biens de la femme fournit caution.

Code italien.

Régime dotal et régime de la communauté.

Il n'existe pas de régime légal.

Le code italien s'est borné à organiser deux régimes, le régime dotal et le régime de la communauté. Mais l'un et l'autre ne pourront jamais être que conventionnels; il n'existe pas de régime légal. Dans le silence des parties, la loi ne veut rien supposer, rien présumer, pas plus le régime dotal que le régime de la communauté. Sous quel régime les conjoints seront-ils alors mariés? La loi ne le dit pas formellement, car elle se borne à tracer dans deux chapitres distincts les règles de la dotalité et celles de la communauté, et nulle part elle ne prévoit l'hypothèse d'un mariage conclu sans contrat préalable. Cependant, comme l'article 1425 déclare que tous les biens de la femme non constitués en dot sont paraphernaux, il faut admettre que, s'il n'y a pas eu contrat de mariage, ou si le contrat n'adopte ni le régime dotal ni celui de la communauté, les biens de la femme seront régis par les principes de la paraphernalité, qui sont identiques à ceux que le Code Napoléon a consacrés. Seulement la contribution de la femme aux charges du ménage est différemment réglée. L'article 1575 du Code Napoléon porte en effet que si tous les biens de la femme sont paraphernaux, et s'il n'y a pas de convention dans le contrat pour lui faire supporter une portion des charges du mariage, la femme y contribue jusqu'à concur-

Biens paraphernaux dans l'absence d'un contrat.

Principes identiques à ceux du Code Napoléon à l'exception des contributions aux charges du ménage.

rence du tiers de ses revenus. On sait qu'il peut y avoir quelque difficulté dans le cas où ce tiers serait insuffisant. La loi italienne se borne à déclarer que les deux conjoints doivent contribuer aux charges du ménage, chacun en proportion de sa fortune (art. 1426 et 138).[1]

Droit commun de l'Allemagne. Conventions matrimoniales faites avant ou pendant le mariage.

Le droit commun de l'Allemagne reconnaît pleinement, de même que les codes de Prusse et de Saxe, le droit des époux de faire leurs contrats de mariage de la façon qu'il leur plaira, en se soumettant aux mêmes restrictions qui sont imposées par le code français, que les contrats ne peuvent être en opposition avec la politique de l'État. Les conventions matrimoniales peuvent être rédigées aussi bien pendant le mariage qu'auparavant. Les époux peuvent, par contrat de mariage, disposer réciproquement, ou au profit de l'un des conjoints seulement, de tout ou partie de leurs successions, sauf les droits des héritiers nécessaires et legitimes; ces dispositions sont irrévocables. Les époux peuvent stipuler d'une manière générale, contrairement à ce que le code français permet, que leur association sera régie par l'une des coutumes, lois ou statuts locaux. Le régime dotal a prévalu dans la majeure partie de l'Allemagne; c'est celui des codes de l'Autriche et aussi de la Bavière, mais c'est le régime de la communauté qui a prévalu dans une grande partie des pays qui constituent les États prussiens.

Communauté légale varie dans les différents pays.

La communauté légale varie dans les diverses contrées où le régime de la communauté s'est conservé. Dans beaucoup de contrées elle est universelle et comprend tous les meubles et immeubles.

Droits accordés à la veuve.

Toutes les lois accordent à la veuve, tant qu'elle ne se remarie pas, certains droits dans les biens de son mari qui peuvent être valables pendant sa vie seulement ou dont elle pourra jouir en toute propriété. La femme peut aliéner ses immeubles sans le consentement spécial de son mari, à moins que la loi locale ne l'assujettisse à l'autorité maritale. Le caractère dotal des biens appartenant à la femme ne doit donner lieu à aucun doute. Le mari est tenu de prouver que les biens sont dotaux et non pas paraphernaux. Si la dot est en danger, la femme peut en réclamer la restitution contre des tiers.

La femme peut aliéner ses immeubles.

Tous ses biens paraphernaux à moins qu'ils ne soient prouvés être dotaux.

[1] HUC et ORSIER, *Code italien civil*, tom. I, p. 259.

Hypothèque pour la dot sur les biens du mari.

La femme ou ses héritiers ont une hypothèque générale sur les biens du mari pour la restitution de la dot, et ils ont également une hypothèque légale sur les biens du mari pour la restitution des biens paraphernaux.

Prusse.

Administration des biens de la femme.

Biens qui contribuent aux charges de l'établissement.

Apport.

Biens réservés de la femme.

L'autorisation pour ester en jugement inutile.

Le mari ne peut aliéner les immeubles.

Dans quels cas on peut enlever au mari l'administration de l'apport.

En Prusse, les biens de la femme passent, par le mariage, sous l'administration du mari, en tant que cette administration n'a pas été réservée à la femme par la loi ou par les conventions matrimoniales. Les biens sur lesquels les époux contribuent aux charges de l'établissement, sont administrés par le mari. Dans les biens réservés à la femme on comprend tout ce qui sert à son usage personnel, le don nuptial (*Morgengabe*), et ceux qui sont déterminés à cet effet. La partie des biens de la femme dont l'administration n'est réservée ni par la loi ni par le contrat, est réputée apport. La femme a l'administration, l'usufruit et la libre disposition de sa fortune réservée. Les économies faites par la femme sur sa fortune réservée, lui appartiennent; les immeubles et capitaux inscrits sous son nom et qu'elle aurait acquis par une industrie séparée de celle de son mari, font partie de l'apport, à moins qu'elle n'ait fait le commerce exclusivement avec ses biens réservés, ou qu'il n'y ait eu stipulation contraire. L'autorisation du mari est inutile à la femme pour ester en jugement quand il s'agit d'un acte relatif à la fortune réservée. Le mari exerce tous les droits et les devoirs d'un usufruitier sur les biens de la femme, mais il ne pourra aliéner ni grever les immeubles qui en font partie, ni disposer des capitaux inscrits en son nom ou sous celui de ses auteurs on donateurs, sans le consentement de sa femme. Mais il est des cas, comme lorsqu'il s'agit, par exemple, de réparations indispensables aux fonds, où le tribunal, au refus de la femme, pourra autoriser le mari à faire les actes nécessaires. Le mari a la libre disposition du mobilier qui fait partie de l'apport, mais il ne peut disposer du mobilier réservé. La femme ne peut faire enlever au mari l'administration et l'usufruit de son apport que dans le cas où il ne pourvoirait pas à son entretien et à celui de ses enfants d'une manière convenable et conforme à leur état. Lorsque les dettes de la femme sont antérieures au mariage, ses créanciers peuvent exercer leurs poursuites sur sa personne et sur tous ses biens; mais si ces dettes ont été cachées au mari et réduisent ses apports, celui-ci peut exercer son recours sur sa fortune réservée. La communauté des biens n'existe entre époux qu'autant qu'elle est établie par les lois provinciales ou par les statuts. Les conjoints peuvent entre eux et en tous temps faire des contrats d'*héritage* sur leurs successions, et les révoquer de même, mais la femme sera, dans ce cas, assistée d'un conseil. Le *douaire* consiste dans une pension allouée à la femme par le mari pour son entretien pendant son veuvage. La veuve a droit au mobilier du ménage qui comprend son trousseau complet, les meubles d'un usage ordinaire et les provisions. La moitié de la portion héréditaire fixée par la loi à l'époux survivant, est regardée comme une légitime et soumise aux mêmes règles. Avant la division des biens du mari ou de la femme, l'époux survivant reprend possession de ses propres biens.

Contrats d'héritage entre les époux.

En Saxe, lorsqu'il n'y a pas eu de contrat, la règle générale est que le mari a l'usufruit et l'administration de la fortune que la femme possède lors de la conclusion du mariage, de même que de celle qu'elle acquiert pendant le mariage. Il est responsable en cas de fraude ou de négligence. Il y a des clauses concernant la dot, laquelle comprend la masse qui est donnée ou promise par les parents, ou par des tiers, comme la part que la femme doit contribuer pour le maintien de la famille. Les parents sont obligés de donner une dot à la fille pour l'établissement de l'état de maison; cette dot doit être fixée d'après une estimation de leur fortune et en ayant égard à l'état du mari. L'obligation de fournir une dot n'a pas lieu, si la fille a de la fortune pour subvenir aux frais de l'établissement, ou si elle est mariée sans le consentement des personnes obligées à faire la dotation.

Saxe.

Le mari administrateur, quand il n'y a pas de contrat.

Dot donnée ou promise par les parents.

Quant à ce que la femme acquiert par des services qui n'ont aucun rapport au ménage ni aux affaires, ou à l'état du mari, elle en a la propriété, mais le mari a le droit de l'usufruit et de l'administration. Si la femme a donné cet acquêt au mari pour l'employer dans le ménage ou l'a elle-même employé dans le ménage, elle ne peut, après la dissolution du mariage, en réclamer la restitution. Pour être valable contre les tiers, le titre usufruitier du mari n'a pas besoin d'être inscrit au registre. Si des objets de la fortune de la femme sont ap-

Biens de la femme acquis par ses services.

Biens remplacés par le mari.

portés au mari avec l'indication de la valeur, il en devient le propriétaire, il en a la responsabilité et doit remplacer après la dissolution du mariage, la valeur indiquée. Aucun des deux conjoints n'est tenu à remplir sur ses propres deniers l'engagement de l'autre.

Engagements de la femme.

Tous les engagements de la femme valablement contractés avant ou pendant le mariage, doivent être remplis avec sa propre fortune, mais ce n'est qu'en certains cas seulement que sa fortune réservée répondra des engagements contractés pendant le mariage. Si par une mauvaise administration le mari met en danger la fortune que la femme apporte en mariage, celle-ci peut demander qu'on lui en remette l'administration, et si le mari est en faillite, la femme peut réclamer sa fortune dans l'inventaire. Le droit du mari à l'usufruit et à l'administration de la fortune que la femme apporte en ménage, expire à la dissolution du mariage. Le mari est tenu, aussitôt après la dissolution du mariage, à rendre, d'après les prescriptions sur l'usufruit, la fortune que la femme avait apportée en mariage. Les contrats de mariage, par lesquels sont fixés ou changés les effets du mariage, peuvent être faits avant ou pendant le mariage. Si la femme s'est réservé, avec le consentement du mari, la libre disposition de sa fortune ou d'une partie de cette fortune, ou si un tiers, qui a donné de la fortune a la femme, a décidé que la femme doit en avoir la libre disposition, la femme peut, faute d'une autre clause, disposer, sans la coopération du mari, de cette fortune réservée, l'administrer, en retirer les fruits pour son propre compte et l'employer pour son usage. Si les deux conjoints s'entendent pour admettre la communauté générale des biens, toute la fortune possédée par eux à l'époque de la conclusion du mariage ou acquise pendant le mariage, devient commune sans autre forme, si aucune autre stipulation n'a eu lieu, à partir de l'époque de la conclusion du contrat, et si le contrat a été conclu avant le mariage, à partir de l'époque de la conclusion du mariage. A l'égard des choses et des droits dont l'acquisition exige une inscription au cadastre ou au registre des hypothèques, l'acceptation du régime de la communauté donne un motif de droit (*Rechtsgrund*) à l'inscription.

Mauvaise administration du mari.

Expiration de l'administration du mari.

Contrats de mariage faits pendant le mariage.

Communauté générale des biens.

Autriche.

Le code autrichien de 1811 s'appliquait, jusqu'à la récente séparation législative de la Hongrie d'avec les provinces cisleithanes, à tout l'empire autrichien. Les règlements relatifs à l'obligation des parents à fournir une dot, sont pareils à ceux du code saxon. Le douaire ou don nuptial est ce que le mari ou un tiers donne à la mariée comme supplément à la dot. La femme n'en a pas la jouissance pendant le mariage, et elle n'en acquiert la propriété que si elle survit au mari. Aucun douaire, de la nature de la dot d'une femme, n'est dû à la femme qui se marie, mais comme la future femme a droit à une dot prélevée sur la fortune de ses parents, les parents du futur doivent, de leur coté, le pourvoir d'un établissement proportionné à leur fortune. La *Morgengabe* est le présent que le mari promet de faire à sa femme au lendemain du mariage. Lorsque le présent a été stipulé, on admet, en cas de doute, qu'il a été fait dans le cours des trois premières années du mariage. Le mariage n'établit pas, par lui-même, une communauté de biens entre le mari et la femme. Pour qu'il en soit ainsi, il faut que le contrat en fasse mention: le code en détermine la forme et l'étendue.

Douaire.

Morgengabe.

La communauté ne s'établit pas d'elle-même.

A défaut de stipulation expresse, chacun des conjoints conserve ses droits sur ses propres biens et sur ceux qui viendraient s'y ajouter par acquêts pendant le mariage. Il n'existe pas de communauté entre les époux. Le mari est censé l'administrateur des biens de sa femme, si elle ne s'y oppose pas. Sous ce rapport, le mari est considéré comme le mandataire responsable des fonds ou capitaux seulement, mais il n'est pas tenu à rendre compte des revenus perçus pendant le mariage. A moins de stipulations contraires, ses comptes sont considérés comme liquidés du jour où cesse son administration. L'administration de la fortune de la femme, peut, en cas de danger pour la dot, être enlevée au mari, alors même qu'elle lui eût été confiée par contrat spécial. La veuve a droit à un douaire, à partir de l'époque de la mort du mari, et elle doit lui être payée par quartier, et d'avance. La veuve qui se remarie, perd son douaire. La validité ou la nullité des donations entre maris et femmes sont réglées par les prescriptions générales relatives aux donations. Le mari et la femme peuvent faire des dispositions en faveur d'héritiers, ou bien se déclarer mutuellement héritiers l'un de l'autre. Ils peuvent conclure un accord relativement à leur succession, par lequel ils se pro-

Les conjoints conservent leurs droits sur leurs propres biens.

Le mari administrateur des biens de sa femme.

En cas de danger elle peut être enlevée au mari.

Droit de la veuve à un douaire.

Disposition en faveur d'héritiers—héritiers l'un de l'autre.

mettent réciproquement leur fortune et déclarent l'accepter. Les dispositions relatives aux contrats en général sont applicables à ces accords entre maris et femmes au sujet de la succession. Plusieurs des clauses du Code s'appliquent à la dissolution du mariage par le divorce.

Le système anglais exceptionnel.

Nous nous sommes référé à quelques-unes des clauses des lois des principaux États du continent relatives aux biens des femmes mariées, voulant prouver que le système anglais et américain, basé sur le fait que l'existence de la femme se fond dans celle du mari, est tout à fait exceptionnel. Et à ce propos, on ne peut s'empêcher de remarquer que, quels que soient les droits des parties indépendamment du contrat, et quelle que soit leur habileté à faire des contrats, c'est à la loi elle-même de les établir, le devoir des juges étant d'expliquer la loi que la législature leur a fournie, et non de chercher à s'y soustraire par des subterfuges. La séparation des pouvoirs exécutif, judiciaire, législatif, a été, dans les temps modernes et dans tous les gouvernements constitutionnels, considérée comme essentielle à la sécurité des personnes et de la propriété. Le témoignage devant le comité de la Chambre des Communes en 1868 a suffisamment expliqué jusqu'à quel point les usurpations des Cours d'Équité d'Angleterre ont prévalu dans l'adoption d'un système qui se trouvait directement opposé au droit commun (*common law*).

Droits des parties doivent être établis par la loi.

Séparation des pouvoirs exécutif, législatif et judiciaire.

Cours d'Équité d'Angleterre.

Quoique les Cours d'Équité aient pu, en certains cas, remédier à des abus, il n'en est pas moins vrai que les adoucissements provenant de pareilles sources ne justifient pas la rétention de lois qui sont radicalement fausses en principe. Il n'appartient pas davantage aux juges de suppléer aux omissions de la législature ni de les corriger. C'est en effet une anomalie que de se trouver en présence de deux juridictions indépendantes administrant la loi d'un pays, et on ne saurait y trouver qu'une justification temporaire.

Anomalie de deux juridictions indépendantes.

Usufruits et fidéicommis.

Le système des usufruits et des fidéicommis sur lequel s'est si fortement basé la réputation des juristes anglais, n'a servi qu'à compliquer les droits des parties. Prohibés par le code français, ils ne sont plus admis dans plusieurs des États de l'Union américaine, malgré leur prestige séculaire. Quoique les préteurs romains eussent introduit des innovations pour adoucir la sévérité des lois décemvirales, il n'en est pas moins vrai que l'équité de Rome, à laquelle on a voulu assimiler la juridiction anglaise de chancellerie, alors même qu'elle s'éloignait le plus du droit civil, était toujours administrée par les mêmes tribunaux. Le préteur était le premier juge d'Équité en même temps que le magistrat suprême du droit commun, et le droit romain, tel qu'il est arrivé jusqu'à nous, depuis Justinien, ne contient qu'un système uniforme.

Équité de Rome.

Préteur premier juge d'Équité magistrat suprême du droit commun.

La grande différence qui existe entre les contrats faits ailleurs, et les contrats de mariage anglais, c'est que les premiers, soit qu'ils se réfèrent à l'un des régimes connus ou qu'ils contiennent des stipulations spéciales, se font entre les parties actuelles, et n'exigent point l'intervention de tiers ou de fidéicommissaires, de la solvabilité ou de la fidélité desquels les droits et les intérêts de la femme peuvent essentiellement dépendre. Il est bien connu que, d'après le droit de l'Angleterre, tous les immeubles de la femme passent, pendant son mariage, sous le contrôle absolu du mari et qu'il a droit à la totalité des profits. En cas de naissance d'un enfant à n'importe quel moment du mariage, il a droit à la propriété entière pendant sa propre vie. La loi d'autrefois accordait une certaine protection aux intérêts de la femme, en ce qu'elle défendait de transférer les immeubles qui appartenaient à la femme, mais cette clause a disparu avec l'acte de 3 et 4 Guillaume IV, c. 74, d'après lequel une femme mariée est autorisée à disposer de ses immeubles par un acte (*deed*), avec l'agrément de son mari toutefois et sans que le contrôle du produit des immeubles lui revienne. Le mari n'a pas seulement droit pendant sa vie aux profits et à la gérance des biens tenus par bail ou à terme emphytéotique, mais il peut en disposer par acte pendant le mariage, et s'il survit à sa femme, ces biens deviennent sa propriété absolue. La seule restriction imposée à la propriété absolue du mari, c'est qu'il ne peut disposer de ces biens de sa femme (biens tenus par bail à terme) par testament, et s'il n'en a pas disposé et que sa femme lui survive, ces biens lui reviennent à elle en vertu de son titre original et ne sont pas transmis à ses exécuteurs. Pour ce qui est des biens meubles appartenant à la femme au moment de son mariage, ou de ceux qui lui reviennent pendant le mariage, ils sont absolument

Différence entre les contrats de mariage faits ailleurs et en Angleterre.

Droits de la femme d'après la loi commune anglaise.

Immeubles passent sous le contrôle du mari.

Acte de 3 et 4 Guill. IV, c. 74.

Terres à bail.

Restriction sur l'autorité absolue du mari sur les terres tenues par bail.

Biens meubles de la femme au mariage.

à son mari, et il en est pratiquement de même pour les choses en action, à moins qu'il ne meure avant qu'elles ne soient réduites à possession. Si elle meurt la première, ces biens meubles n'en sont pas moins absolument à lui, en vertu du caractère technique de sa prise de possession en qualité d'administrateur.

Biens *paraphernaux* d'après la loi anglaise.

Parmi les exceptions au droit absolu du mari sur les biens de sa femme, nous trouvons mentionnés les biens *paraphernaux* de celle-ci; mais il ne faudrait pas confondre ce terme, tel qu'il est employé dans la loi anglaise, avec le même terme employé comme nous l'avons vu dans les codes du continent. Le code anglais ne comprend sous ce terme que ses meilleurs vêtements et les ornements appartenant à son état, *si le mari n'en a pas disposé pendant sa vie.*

Actes passés pour la protection des femmes mariées.

Les clauses très-restrictives des actes récents du Parlement, passés pour la protection des femmes mariées, nous font clairement déduire la différence existant entre la législation anglaise et la législation continentale. L'adoucissement apporté à la situation de la femme mariée se borne à ceci, c'est que, si le mari abandonne sa femme sans motif plausible, celle-ci peut obtenir des juges aux sessions inférieures (*justices of petty sessions*), ou du juge ordinaire (*Judge Ordinary*), un ordre en vertu duquel tout l'argent ou tous les biens qu'elle pourra acquérir par sa propre et légitime industrie ou dont elle viendra en possession pendant son abandonnement (*desertion*), seront protégés et lui appartiendront, tout comme si elle était femme seule.

Douaire accordé pour l'abandon de ses droits de propriété et de personne.

Dans la dernière édition des Commentaires de Stephen, nous trouvons encore le douaire compris parmi les avantages réservés en compensation à la femme pour l'abandon de tous ses droits de propriété et de personne. Il est vrai que le paragraphe ajoute «à moins que l'on n'ait pris des dispositions pour rendre son droit nul ou le limiter.»

Importance du douaire sous l'ancienne loi.

Sous le droit commun, et à l'époque où la propriété était presque exclusivement limitée aux immeubles, le douaire constituait une stipulation des plus importantes pour la femme qui survivait à son mari. Mais lorsque les biens personnels vinrent à constituer une grande portion de la richesse accumulée du pays, au lieu de les faire entrer également dans le douaire de la femme, on laissa dépendre les intérêts de la femme dans les fonds de son mari ou dans d'autres placements d'argent, de la succession *ab intestat* ou du bon vouloir du mari, exprimé dans les dispositions testamentaires, tandis que d'un autre côté, le droit de la femme aux immeubles, d'après l'ancien droit commun, a été abrogé en pratique.

D'après le droit commun, tel qu'il existait autrefois, la veuve avait droit pour sa vie au tiers de la valeur des terres avec les améliorations, à la possession desquelles son mari était arrivé à n'importe quelle époque pendant son mariage, et que n'importe qu'elle descendance qu'il aurait pu avoir d'elle, aurait eu la faculté d'hériter. Telle est généralement la loi en Amérique même aujourd'hui, pour ce qui est des biens tenus par le mari et à la transmission desquels la femme n'aurait pas pris part. Je remarque en effet dans un acte passé en 1867 dans l'État du Michigan, que la femme y conserve expressément son droit au douaire provenant du droit commun, tandis que le mari perd son droit de courtoisie provenant aussi du droit commun (*Common Law right of curtesy*). Je n'ai pas connaissance non plus d'un seul cas dans un État de l'Union américaine, où, tout en ayant donné à la femme le contrôle de ses propres biens, on lui ait enlevé les droits existant précédemment sur les biens du mari. Il est digne de remarque, que d'après les statuts généraux du Massachusetts, le montant payé à la femme pour racheter le douaire, est placé sur le même pied que ses profits, et que tous deux deviennent sa propriété séparée.

Droit de douaire sous l'ancienne loi et tel qu'il existe aux États-Unis.

Douaire et courtoisie (*curtesy*) dans les États-Unis.

En 1836, un acte du parlement fut passé, par lequel il fut décidé, sans donner aucune autre compensation à la femme, que toutes les dispositions faites de ses terres par le mari (qu'elles fussent absolues ou partielles, ou faites par transmission durant sa vie ou par testament) de même que toutes les dettes et charges attachées à ces terres, seraient valides et effectives contre le droit au douaire.[1]

Acte du Parlement de 1836 abrogeant le douaire dans la plus grande partie des cas.

Rien ne prouve plus effectivement que ce sont les hommes et non les femmes qui font les lois, que le fait que, tout en abrogeant virtuellement le douaire, on a conservé les charges résultant de la tenure par courtoisie (*tenancy by curtesy*). Nous voyons en effet que celles-ci sont retenues dans l'acte maintenant proposé. Quant aux mariages à conclure dans la suite,

Les charges par courtoisie préservées.

[1] STEPHEN'S *Commentaries*, vol. I, p. 285.

nous ne pouvons guère trouver de raison à faire valoir en faveur d'une telle disposition. Pourquoi en effet ne pas placer, en tous cas, la courtoisie (*curtesy*) du mari sur le même pied que le douaire de la femme, que le mari peut exclure par testament, alors que la courtoisie s'étend encore à tous les immeubles auxquels la femme peut avoir droit à sa mort?

Clause relative aux biens personnels de la femme.

La clause relative aux biens personnels en cas de mort de la femme ab intestat, et qui donne au mari la même part distributive que la femme recevrait en cas de mort du mari, nous paraît un progrès sur les actes passés par les États américains. Ceux-ci laissent souvent les anciennes lois intactes, de sorte que dans de tels cas, le mari reçoit la totalité des biens.

Married women's Property Bill in England.

Les traits généraux du *Married Women's Property Bill* sont, que la femme mariée pourra tenir, acquérir, transmettre des immeubles et des biens personnels et en disposer, et ester en justice comme si elle était femme seule [1].

[1] On parle ici de l'acte proposé de 1869 qui n'est pas devenu loi. L'acte du 33 et 34 Vict., c. 93, 1870, est de beaucoup plus limité. En voici les dispositions principales:

Les gages et salaires acquis ou gagnés par une femme mariée, postérieurement à la promulgation du présent acte, dans un emploi, une profession ou un commerce quelconque, où la femme est engagée, ou qu'elle exerce d'une manière distincte de son mari, de même que toutes sommes d'argent ou autres biens acquis par elle dans l'exercice de quelque talent littéraire, artistique ou scientifique, et tout placement de pareils gages, salaires, sommes d'argent ou biens, seront considérés et traités comme propriété particulière de la femme affectée à son usage personnel, sans que son mari ait aucun droit à exercer sur ces biens, et les quittances de la femme vaudront seules décharge pour ces gages, salaires, sommes d'argent et autres biens.

Le mariage ne fait pas non plus obstacle à ce que les femmes conservent comme leur propriété séparée:

Des dépôts dans les caisses d'épargne et des annuités de l'État (sect. 2);

Des sommes placées en fonds publics (sect. 3);

Des actions et obligations entièrement libérées dans des sociétés par actions [*joint stock companies*], (sect. 4);

Des actions dans des sociétés industrielles, de prévoyance, de secours mutuels, de maisons ouvrières et de crédit populaire (sect. 5);

Des polices d'assurances sur leur propre vie ou sur celle de leurs maris (sect. 10).

Les États-Unis et l'Angleterre ayant le même droit commun, ces deux pays peuvent étudier réciproquement l'effet des changements introduits dans la législation avant de les adopter eux-mêmes. Ce n'est qu'en 1840 que le Vermont a donné l'exemple d'une dérogation aux droits du mari sur les biens de la femme. Cet exemple a été suivi par une grande partie des autres États de l'Union. Nous ne mentionnerons ici à ce propos que les lois de l'État de New-York, comme étant l'État le plus important de l'Union et celui avec lequel les citoyens des autres nations ont le plus de contact. Un acte passé déjà en 1840, et amendé en 1866, permet à la femme mariée d'effectuer une assurance, en son propre nom ou en celui d'un tiers et pour son propre usage, sur la vie de son mari, et dont le montant devra lui être payé, à la mort du mari, à elle, ou à ses enfants si elle meurt la première, à l'exclusion des représentants ou des créanciers du mari. La seule restriction à cette clause, c'est que l'exemption ne s'appliquera pas là où le montant de la prime, payée annuellement *sur les fonds du mari*, dépassera trois cents dollars.

Législation aux États-Unis sur les biens des femmes mariées.

Loi de New-York.

Actes de 1860 et 1862.

Toute propriété mobilière qui pourrait échoir à une femme mariée après la promulgation de cet acte, dans une succession *ab intestat*, ainsi que toute somme d'argent supérieure à 200 livres qu'elle pourrait acquérir par donation ou legs, lui appartiendra en propre pour son usage particulier. Dans le cas où elle aurait droit en vertu d'une donation ou d'un testament à plus de 200 livres en une fois, elle pourra réclamer son droit équitable à une constitution de dot (*equity to a settlement*), suivant le mode suivi jusqu'à présent.

Si une femme mariée après la promulgation de cette loi, acquiert des biens immeubles dans une succession *ab intestat*, les revenus de ces biens lui appartiendront pour son usage particulier.

Aucun époux marié sous l'empire du présent acte, ne sera tenu des dettes de sa femme contractées avant le mariage, mais la femme pourra être poursuivie pour de pareilles dettes, et ses biens propres seront affectés à leur paiement, comme si elle n'était pas mariée.

Lorsque le mari d'une femme qui a des biens personnels, est à la charge de la paroisse en qualité d'indigent, la femme est obligée envers la paroisse pour son entretien, absolument comme le mari est obligé envers la commune pour l'entretien de sa femme indigente.

Toute femme mariée ayant des biens personnels sera soumise, pour l'entretien de ses enfants, à toutes les obligations qui incombent aujourd'hui du même chef à la veuve: il est bien entendu cependant que rien dans la présente loi ne dispensera le mari de toutes les obligations auxquelles il est légalement soumis aujourd'hui pour l'entretien de ses enfants. *Revue de droit international* (1871), tom. III, p. 200.

Acte de 1848.

Par l'acte de 1848 il fut déclaré que les meubles et immeubles d'une femme qui pourrait plus tard se marier, et qu'elle posséderait au moment du mariage, de même que les rentes, revenus et profits qui en proviendraient, ne seront pas mis à la disposition du mari et ne répondront pas pour ses dettes: ils continueront au contraire à lui appartenir uniquement et séparément comme si elle était femme seule. Les biens meubles et immeubles, les rentes, les profits et les revenus en provenant, d'une femme déjà mariée, ne seront pas à la disposition du mari, mais lui appartiendront uniquement et séparément comme si elle était femme seule, excepté jusqu'au point où ces biens peuvent être tenus de répondre pour les dettes de son mari contractées auparavant. Toute femme mariée pourra recevoir des biens meubles et immeubles par héritage, donation, cession, disposition testamentaire ou legs, de toute autre personne que son mari: elle pourra les tenir pour son propre usage séparé, et les transmettre, de son vivant ou par disposition testamentaire, de même que les interêts ou propriétés y comprises, les rentes, revenus ou profits en provenant, de la même manière et avec le même effet que si elle n'était pas mariée. En outre, ces biens ne seront pas à la disposition du mari et ne répondront pas pour ses dettes.

Les biens meubles et immeubles sont à la disposition de la femme.

Elle peut recevoir des biens meubles et immeubles par testament etc., et les transmettre.

Les biens meubles et immeubles actuellement possédés par une femme.

Les actes subséquents de 1860 et de 1862 déclaraient que les biens meubles et immeubles actuellement possédés par une femme mariée, lui appartiendraient uniquement et séparément; de plus, que ce qui lui viendrait par héritage, disposition testamentaire, legs, donation ou concession; ce qu'elle acquerrait par son commerce, ses affaires, son travail ou ses services fournis ou exécutés pour son propre compte séparé; ce qu'une femme mariée posséderait dans cet État à l'époque de son mariage; les rentes, revenus et produits de tels biens, continueraient, malgré son mariage, à être sa propriété unique et séparée, et pourraient être employés, perçus et placés en son propre nom, sans être soumis à l'intervention ou au contrôle du mari, ni rendus responsables pour les dettes de celui-ci, excepté pour celles qui auraient été contractées par elle pour son maintien à elle et celui de ses enfants en qualité d'agent du mari.

Pouvoir d'une femme mariée sur ses biens.

Une femme mariée pourra faire des contrats pour ses biens séparés et personnels: elle pourra les vendre, céder et transférer, elle pourra faire n'importe quel commerce ou affaire, exécuter n'importe quels travaux ou services pour son propre compte séparé, et les gains de toute femme mariée provenant de son commerce, de ses transactions, de son travail ou de ses services, lui appartiendront uniquement et séparément, et elle pourra les employer ou placer en son propre nom. Les contrats conclus par elle n'auront pas d'effet sur le mari. Par l'acte de 1862, la femme doit répondre pour les frais de procès intentés par elle pour le compte de ses biens séparés, et l'on pourra mettre à exécution contre ses biens séparés tout jugement prononcé contre elle.

Consentement de la femme à un apprentissage.

Le consentement par écrit de la mère, de même que celui du mari, sera rendu nécessaire pour engager un enfant en service ou en apprentissage. Un acte de 1851 permettait aux femmes mariées de voter pour l'élection des directeurs ou des fidéicommissaires des compagnies incorporées dont elles seraient actionnaires. Un acte passé en 1863 permet à la femme d'administrer sans le mari, en vertu de lettres d'administration.

Abolition en 1830 de toute distinction entre les titres légaux et les titres équitables.

Déjà à l'époque de la révision des Statuts qui eut lieu en 1830, l'État de New-York avait aboli toute distinction entre les titres légaux et les titres équitables, *legal and equitable titles*, déclarant qu'aucune disposition testamentaire ne pourrait établir un simple fidéicommis formel pour les terres. Il y eut quelques cas cependant où l'on permit les fidéicommis, exprès pour un objet spécial, comme par exemple pour recevoir les revenus et les profits de la terre, et les appliquer à une pension viagère ou de moindre durée. Un acte passé en 1849, permettait aux femmes mariées, dont les biens, en vertu de l'ancienne législation, étaient confiés à des fidéicommis, et qui étaient compris dans l'exception susdite, d'en reprendre le contrôle. Il permettait le transfert à la femme mariée par le fidéicommis, des biens tenus en fidéicommis pour elle, sur sa demande et sur un certificat émanant de l'un des juges de la Cour suprême et reconnaissant l'habileté de la femme à administrer ses biens. Le même acte déclarait que tous les contrats faits entre des personnes ayant le mariage en vue, auraient plein effet après que le mariage aurait eu lieu.

Fidéicommis exprès.

Acte de 1849.

Transmission par le fidéicommis des biens tenus en dépôt pour la femme.

Nous voudrions placer ici une observation sur le *bill* anglais de 1868 aussi bien que sur les actes américains. Lorsque le mari prenait possession de tous les biens de sa femme, de même que des siens, on ne pouvait s'adresser qu'à lui pour subvenir aux dépenses du ménage commun. Mais si on réserve les biens à la femme, il n'y a pas de raison pour qu'elle ne contribue pas aux dépenses de ménage. C'est là, sous une forme ou sous une autre, la règle du continent de l'Europe.

Homesteads. Exemption du foyer domestique des ventes judiciaires.

Il n'est pas hors de propos peut-être d'ajouter ici, comme ayant rapport au sujet de ces remarques, qu'il existe aujourd'hui dans une assez grande partie des États de l'Union Américaine, des statuts qui exemptent le foyer domestique (*homestead*) des ventes judiciaires. Il en est ainsi dans l'Ohio, l'Illinois, New-York, le Wisconsin, le Massachusetts, le Texas, le Maine, la Californie, le Michigan, le New-Hampshire, l'Jowa, le Vermont, et d'une manière restreinte, dans le Mississipi, la Pensylvanie, l'Indiana et la Louisiane. Dans certains États — dans le Texas, le Wisconsin, l'Indiana et la Californie — cette exception a été le sujet d'une stipulation constitutionnelle expresse. Dans tous les États, *l'étendue* du *homestead* ou *la valeur* de celui-ci se trouve limitée, quelquefois même l'une et l'autre. Il y a également une restriction relative à l'aliénation, le propriétaire, s'il est marié, ne pouvant vendre ou transférer le *homestead* à moins que sa femme n'y concoure et ne signe l'acte de transfert.

But de l'exemption du *homestead.*

Le but que l'on a eu surtout en vue en exemptant le *homestead*, «a été de protéger et de préserver le *home*, lequel, suivant le langage des jugements des tribunaux, n'est pas pour le mari seulement, mais pour sa femme et ses enfants, et doit fournir un asile où ils pourront vivre en sécurité à l'abri des revers de fortune et des réclamations des créanciers.» Les clauses de l'acte ont spécialement pour but «de protéger la femme et les enfants contre la négligence, les infortunes et l'imprévoyance du père et du mari.» Le *homestead policy* a de plus une portée politique. «On a voulu, dit la Cour Suprême du Texas, non-seulement protéger les citoyens et les familles contre le besoin, mais aussi les porter à nourrir les sentiments d'indépendance qui sont si essentiels au maintien des institutions libres. Si, à la mort du mari, le droit au *homestead* survit dans les personnes de la veuve et des membres de la famille, la loi les protégera dans la jouissance de ce droit contre l'intervention injuste des héritiers légaux ou des créanciers généraux.»

ADDENDA.

Insérer page 20, *ligne* 13.

La jurisprudence française, telle qu'elle existait lors de la cession du pays, en 1776, à l'Angleterre, a toujours été la base des lois du Bas-Canada.

L'acte de la législature de la Province du Canada, d'après lequel une commission pour rédiger un Code fut nommée en 1866, débute ainsi:

«Considérant que les lois du Bas-Canada, en matière civile, sont principalement celles qui, à l'époque de la cession du pays à la couronne d'Angleterre, étaient en vigueur dans cette partie de la France, régie par la coutume de Paris, modifiée par des statuts de la Province, ou par l'introduction de certaines parties des lois d'Angleterre dans des cas spéciaux, et considérant que les lois et coutumes suivies en France, à l'époque ci-dessus mentionnée, y ont été modifiées et réduites en un Code général, et considérant que pour les raisons susdites et les grands avantages qui sont résultés pour la France, comme pour l'État de la Louisiane et d'autres endroits, de la codification des lois, il est évidemment expédient de pourvoir à la codification des lois civiles du Bas-Canada.»

En rédigeant les Codes, les commissaires disaient qu'ils n'y incorporeraient que les dispositions qu'ils tiendraient pour être alors réellement en force, et citeraient les autorités sur lesquelles ils s'appuieraient pour juger qu'elles le sont ainsi; ils pourront suggérer les amendements qu'ils croiront désirables, mais mentionneront les amendements séparément et distinctement, accompagnés des raisons sur lesquelles ils sont fondés.

Dans tout l'ouvrage, au lieu de suivre implicitement les codes français, on a conservé plusieurs règles de l'ancienne loi et intercalé aussi des articles qui s'étaient glissés dans les lois de la Province, des *Statutes* et de la loi commune d'Angleterre.

Entre autres différences, on n'a pas établi le partage coactif du Code Napoléon des biens entre les enfants; mais, comme aux États-Unis, tout père et toute mère a la libre disposition de ses biens de son vivant et par testament, même au préjudice de ses enfants.

Les enfants ou leurs descendants succèdent à leurs père et mère, aïeuls et aïeules ou autres ascendants, sans distinction de sexe, ni de primogéniture, et encore qu'ils soient issus de différents lits.

On a conservé, sauf quelques exceptions indiquées, les dispositions de la coutume de Paris.

Quant aux conventions matrimoniales, on a exclu le système dotal et la loi suppose que, sans convention expresse, les parties ont voulu se rapporter à la communauté légale de biens et au douaire coutumier, douaire établi sur les biens du mari au profit de la femme en usufruit et des enfants en propriété.

On a évité quelques entraves sur le mariage en n'adoptant pas les sommations respectueuses en cas de mariage des majeurs.

Le code a été précédé de rapports très-érudits où les commissaires ont indiqué les sources des articles. C'est à Sir George E. Cartier, à l'époque Procureur Général, qu'on est grandement redevable du perfectionnement de l'ouvrage. Rapports des Commissaires I—X, 1865—1866. Code Civil du Bas-Canada. Code Civil de Procédure du Bas-Canada, Québec 1867.

Insérer page 49, *ligne* 34.

Un code de procédure civile est en vigueur dans l'État de New-York depuis 1848. Le Code politique (*Political Code*) fut complété par les Commissaires en 1859. Le Code civil en Février 1865. Le Code pénal en Décembre 1864. Ces trois derniers codes ne sont pas passés à l'état de lois.

Insérer à la note 1, *page* 50.

Malheureusement la force du jugement dans le cas de Hepburn *vs.* Griswold (WALLACE's *Reports*, vol. VIII, p. 603) a été infirmée par le jugement subséquent dans les cas de Knox *vs.* Lee et de Parker *vs.* Davis (*Ibid.*, vol. XII, p. 457). On ne peut que regretter cette dernière décision. Non-seulement elle donne un cours forcé au papier monnaie, à la volonté du Congrès, pour un temps indéfini, mais le résultat n'a été effectué que par des moyens qui frappent l'indépendance du tribunal fédéral, tant vantée par les publicistes que nous avons cités.

Dans l'intervalle entre les deux jugements, le Président, avec l'avis du Sénat, avait ajouté au tribunal suprême deux nouveaux juges dont les vues au sujet de *legal tender* avaient été énoncées d'avance. Ces juges se rangeant du côté de la minorité telle qu'elle existait jusqu'alors, ont réussi à faire se prononcer la cour dans un sens tout contraire au principe du jugement auquel notre note se rapporte.

Insérer page 93, ligne 11.

Cet acte ne s'appliquait qu'aux individus qui ne pouvaient acquérir des immeubles autrement que par l'entremise de cette loi. Il n'autorisait pas la transmission des biens-fonds d'un citoyen natif ou naturalisé à des héritiers étrangers. Sprat *vs.* Spratt, PETERS' *Reports*, vol. I, p. 343; *ibid.*, vol. IV, p. 394. D'après la loi actuelle du Maryland, telle qu'elle existe maintenant, les étrangers résidant actuellement dans l'État, peuvent acquérir et posséder des immeubles par achat, ou des immeubles auxquels, s'ils étaient citoyens, ils auraient droit par héritage, pourvu que, si un étranger mâle acquiert un intérêt quelconque dans des biens-fonds, il déclare dans l'espace d'un an son intention de devenir citoyen, et de se faire naturaliser douze mois après qu'il le peut; et s'il meurt dans l'année, après avoir acquis de tels biens, sans faire la déclaration indiquée, ou s'il meurt dans le temps prescrit pour devenir citoyen, les biens-fonds passeront à ses héritiers, pourvu que ses héritiers, s'ils sont étrangers mâles, remplissent les conditions de ce statut (*Maryland Code*, 1860, vol. I, p. 18).

Dans son message au commencement de la session de la législature de New-York, de 1872, le gouverneur Hoffman recommandait sérieusement la passation immédiate d'un acte qui abrogeât l'incapacité légale des descendants de femmes américaines mariées à l'étranger d'hériter des biens-fonds dans cet état, et appelait aussi l'attention de la législature sur l'action du Congrès et du pouvoir du gouvernement fédéral qui fait les traités (*treaty making power*) laquelle rendrait, pour ainsi dire, nécessaire, l'abrogation de toutes les distinctions relatives aux immeubles tenus par des étrangers (*aliens*).

Conformément à la recommandation du gouverneur, l'acte suivant fut passé; c'est en substance le même que le second acte que nous avions suggéré à la page 58 de notre livre, publié à ce propos, sous le titre de «*Disabilities of American Women married abroad*.»

«Acte pour autoriser la transmission d'immeubles aux citoyennes des États-Unis et à leurs descendants, malgré leur mariage avec des étrangers (*aliens*). Passé le 20 Mars 1872, par un vote des deux tiers.

«Le peuple de l'État de New-York, représenté au Sénat et à l'Assemblée, décrète comme suit:

«Section 1ère. Les immeubles dans cet État, appartenant aujourd'hui, ou arrivant dans la suite, ou descendant à une femme née aux États-Unis, ou qui en a été autrement citoyenne, descendront à sa mort, et malgré son mariage avec un étranger (*alien*) et sa résidence à l'étranger, aux enfants légitimes issus de ce mariage s'il y en a, et à leurs descendants, de la même manière, et avec le même effet, que si ces enfants et leurs descendants étaient citoyens natifs ou naturalisés des États-Unis. Et le titre aux immeubles possédés aujourd'hui par une femme, ainsi située, ou qui descendront, ou seront transmis, ou autrement conférés à elle ou à ses enfants légitimes, ou à leurs descendants, ne pourra être infirmé, ni affecté, en raison de son mariage avec un *alien*, ou de la qualité d'étranger (*alien*) de ses enfants ou de leurs descendants.

«Section 2me. Cet acte entrera immédiatement en vigueur.»

Cet acte ne touche nécessairement pas aux anomalies qui se trouvent dans les lois de New-York, concernant les étrangers (*aliens*) en général et qui sont le résultat des essais imparfaits tentés précédemment pour la révision des Statuts, de même que de l'acte d'expatriation du Congrès, et des traités des États-Unis avec les puissances étrangères qui sont discutés dans ce Commentaire.

Nos remarques continuent donc à s'appliquer à l'importance de l'abrogation de toutes les incapacités des étrangers (*aliens*), tout comme si une réforme partielle n'avait pas eu lieu.

D'après les lois du Jowa, du 31 Mars 1868, et du 8 Avril 1868, «tous les étrangers, soit qu'ils résident aux États-Unis ou dans un pays étranger, pourront dans cet État, acquérir et tenir des biens meubles ou immeubles, et en jouir, de même que des intérêts en provenant, par achat, donation, transmission, ou héritage, et pourront transmettre, hypothéquer ces dits meubles et immeubles, et en disposer, de la même manière et avec le même effet que si ces étrangers étaient des citoyens nés aux États-Unis. Et tous les biens, meubles ou immeubles, situés dans cet État, et appartenant à un étranger, devront descendre, s'il n'y a pas de dispositions testamentaires à leur égard, à la mort du possesseur, aux héritiers de cet étranger, soit qu'ils résident aux États-Unis ou dans un pays étranger. Ces héritiers seront placés sur le même pied que les héritiers universels des citoyens natifs des États-Unis.» *Lois de l'État de Jowa*, 1868, pp. 62, 168.

Insérer page 177, *ligne* 10.

D'après le Code de Procédure civile du Bas-Canada:

«Toute corporation ou personne, dûment autorisée à l'étranger, à ester en jugement, peut exercer cette faculté devant tout tribunal du Bas-Canada.

«Toute personne qui par les lois d'un pays étranger, a droit de représenter une personne qui y est décédée ou y a fait son testament, laissant des biens dans le Bas-Canada, peut également ester en jugement devant les tribunaux du Bas-Canada, en cette qualité.»

Insérer page 414, *ligne* 32.

Depuis la date de notre rapport au Sénat de Rhode-Island en 1851, outre l'abrogation de la contrainte par corps dans cet État, des changements importants, à ce sujet, ont été introduits dans les constitutions et dans les lois d'autres États de l'Union

Américaine. — Tous ces changements-là ont été faits dans le but de favoriser la liberté personnelle du citoyen, et de défendre son incarcération pour dettes. Si ce système existe encore comme un remède dans les cas de contrats, ce n'est qu'exceptionnellement et que préventivement contre la fraude. La Constitution de la Georgie de 1868, déclare qu'il n'y aura pas d'emprisonnement pour dettes. C'est la loi d'aujourd'hui dans le territoire du Colorado, et depuis 1853 dans le district de Columbia, la caution ne peut être exigée dans une action provenant d'un contrat.

Il y a une telle stipulation dans la Constitution de Minnesota, mais on a ajouté à la clause, que cette disposition n'empêcherait pas la législature de pourvoir à l'emprisonnement ou au cautionnement de personnes accusées d'avoir frauduleusement contracté des dettes.

L'acte de la Caroline du Sud, de 1870, déclare que personne ne sera mis en état d'arrestation dans une action civile, à moins que dans des cas exceptionnels indiqués dans l'acte. Ces cas ont trait à la fraude ou aux fonds reçus dans une capacité fiduciaire, et pour toute arrestation, il faut un ordre spécial du juge.

Dans l'État de Massachusetts on a substitué $ 20 au lieu de $ 10 comme minimum de la somme pour laquelle un débiteur peut être arrêté, ou être pris par exécution. Aucune arrestation ne peut être faite, à moins que pour des actes impliquant la fraude.

FIN DU TOME TROISIÈME.

ERRATA.

Page 44, note, *subis* au lieu de *subi*.
» 46, ligne 28 *S'il n'y a* au lieu de *s'il y a*.
» 46, note ligne 2 *Tayler* au lieu de *Jayler*.
» 48, ligne 6, *reconnaissance* au lieu de *connaissance*.
» 49, dernière ligne, insérer *loi non écrite* au lieu de *loi écrite*.
» 75, note 4 *M^c^Lean's Reports*, *vol. IV*, *p. 75*, au lieu de *ibid.* vol. XII, p. 169.
» 102, ligne 2 *soient* au lieu de *sont*.
» 127, » 8 *quotité* au lieu de *question*.
» 185, » 11 supprimer *de* avant *ceux*.
» 193, » 28 *n'ont pas* au lieu de *non pas*.
» 229, en marge *1868* au lieu de *1818*.
» 345, dernière ligne *301* au lieu de *361*.
» 353, ligne 8 *dispositions* au lieu de *discussions*.
» 370, » 16 *faire dériver* au lieu de *dériver*.
» 389, » 7 *avaient été* au lieu de *avaient être*.

IMPRIMERIE DE F. A. BROCKHAUS A LEIPZIG.